2025

**TRIGÉSIMA SÉTIMA**
EDIÇÃO

*Julio Fabbrini Mirabete*
*Renato N. Fabbrini*

# 1

# MANUAL *de* DIREITO PENAL

**PARTE GERAL**
ARTIGOS 1 a 120 do CP

**Dados Internacionais de Catalogação na Publicação (CIP) de acordo com ISBD**

M672m     Mirabete, Julio Fabbrini

    Manual de Direito Penal: Parte Geral Arts. 1º a 120 do CP / Julio Fabbrini Mirabete, Renato N. Fabbrini. - 37. ed. - Indaiatuba, SP : Editora Foco, 2025.

    560 p. ; 17cm x 24cm. – (v.1)

    Inclui índice e bibliografia.

    ISBN: 978-65-6120-232-9

    1. Direito. 2. Direito Penal. I. Fabbrini, Renato N. II. Título. III. Série.

2024-4417                                                                                                    CDD 345    CDU 343

**Elaborado por Vagner Rodolfo da Silva - CRB-8/9410**
**Índices para Catálogo Sistemático:**
1. Direito penal 345
2. Direito penal 343

**TRIGÉSIMA SÉTIMA**
EDIÇÃO

*Julio Fabbrini Mirabete*
*Renato N. Fabbrini*

# 1

# MANUAL *de* DIREITO PENAL

**PARTE GERAL**
ARTIGOS 1 a 120 do CP

2025 © Editora Foco
**Autores:** Julio Fabbrini Mirabete e Renato N. Fabbrini
**Revisora Jurídica:** Patricia Camargo Bergamasco
**Diretor Acadêmico:** Leonardo Pereira
**Editor:** Roberta Densa
**Coordenadora Editorial:** Paula Morishita
**Capa Criação:** Leonardo Hermano
**Diagramação:** Ladislau Lima e Aparecida Lima
**Impressão miolo e capa:** FORMA CERTA

**DIREITOS AUTORAIS:** É proibida a reprodução parcial ou total desta publicação, por qualquer forma ou meio, sem a prévia autorização da Editora FOCO, com exceção do teor das questões de concursos públicos que, por serem atos oficiais, não são protegidas como Direitos Autorais, na forma do Artigo 8º, IV, da Lei 9.610/1998. Referida vedação se estende às características gráficas da obra e sua editoração. A punição para a violação dos Direitos Autorais é crime previsto no Artigo 184 do Código Penal e as sanções civis às violações dos Direitos Autorais estão previstas nos Artigos 101 a 110 da Lei 9.610/1998. Os comentários das questões são de responsabilidade dos autores.

**NOTAS DA EDITORA:**

**Atualizações e erratas:** A presente obra é vendida como está, atualizada até a data do seu fechamento, informação que consta na página II do livro. Havendo a publicação de legislação de suma relevância, a editora, de forma discricionária, se empenhará em disponibilizar atualização futura.

**Erratas:** A Editora se compromete a disponibilizar no site www.editorafoco.com.br, na seção Atualizações, eventuais erratas por razões de erros técnicos ou de conteúdo. Solicitamos, outrossim, que o leitor faça a gentileza de colaborar com a perfeição da obra, comunicando eventual erro encontrado por meio de mensagem para contato@editorafoco.com.br. O acesso será disponibilizado durante a vigência da edição da obra.

Impresso no Brasil (1.2025) – Data de Fechamento (1.2025)

**2025**
Todos os direitos reservados à
Editora Foco Jurídico Ltda.
Rua Antonio Brunetti, 593 – Jd. Morada do Sol
CEP 13348-533 – Indaiatuba – SP

E-mail: contato@editorafoco.com.br
www.editorafoco.com.br

# NOTA À 37ª EDIÇÃO

O *Manual de Direito Penal*, de **Julio Fabbrini Mirabete**, foi concebido pelo autor como obra destinada aos acadêmicos que pela primeira vez entram em contato com o Direito Penal e aos candidatos a concursos públicos em que essa matéria é obrigatória.

Embora se tenha adotado na estrutura do crime a teoria finalista da ação, vencedora na doutrina e inspiradora das legislações modernas, segue a obra uma linha de exegese do direito positivo brasileiro.

A 37ª edição da Parte Geral, a 38ª edição do Volume 2 e a 35ª edição do Volume 3, que compõem a Parte Especial, resultam de uma integral revisão e atualização da obra, encontrando-se em conformidade com o texto vigente do Código Penal, observadas todas as leis que alteraram o Estatuto.

Os livros estão atualizados também em face dos textos vigentes da Constituição Federal, da Lei de Execução Penal e do Código de Processo Penal, bem como de outros diplomas que contêm normas de natureza penal ou que geram reflexos sobre a vigência e interpretação de normas penais e processuais penais.

As constantes alterações dos estatutos e a profusão de leis extravagantes nos últimos anos têm exigido especial atenção do estudante e do operador do Direito Penal. Com a preocupação de manter o leitor permanentemente atualizado, procedemos ao exame das inovações em suas relações com o Código Penal.

Essas últimas edições dos três volumes do *Manual de Direito Penal* foram elaboradas com atenção, também, às mudanças de orientação verificadas, nos últimos anos, na jurisprudência pátria, principalmente do Supremo Tribunal Federal e do Superior Tribunal de Justiça, a respeito de diversas questões de natureza penal e processual penal.

Com o objetivo de propiciar maior fluidez à leitura, as referências jurisprudenciais constam de listagem organizada por capítulos, inserida ao final do livro. Em notas de rodapé, mantêm-se as citações doutrinárias e os comentários considerados de interesse mais imediato para o leitor.

Pedem-se desde já desculpas pelas eventuais imperfeições do texto, aceitando-se com humildade as críticas que possam caber a este trabalho.

*Renato N. Fabbrini*

# ABREVIATURAS
# REVISTAS DE DOUTRINA, JURISPRUDÊNCIA E PARECERES

AJURIS: Revista da Associação de Juízes do Rio Grande do Sul.

*DJe: Diário da Justiça Eletrônico.*

*DJU: Diário da Justiça. Imprensa Oficial da União.*

FRANCESCHINI: Jurisprudência do Tribunal de Alçada Criminal de São Paulo, J.L.V. de Azevedo Franceschini, Leud.

FRANCESCHINI e MANOEL PEDRO: Jurisprudência Criminal do Tribunal de Alçada de São Paulo. José Luiz V. de Azevedo e Manoel Pedro Pimentel, Lex.

JCAT: Jurisprudência Catarinense.

JSTF: Jurisprudência do Supremo Tribunal Federal, Lex.

JSTJ: Jurisprudência do Superior Tribunal de Justiça e Tribunais Regionais Federais, Lex.

JTACrSP: Julgados do Tribunal de Alçada Criminal de São Paulo, Lex.

JTAERGS: Julgados do Tribunal de Alçada do Estado do Rio Grande do Sul.

JTJ: Jurisprudência do Tribunal de Justiça (*antiga Revista de Jurisprudência do Tribunal de Justiça de São Paulo*).

*JURISPENAL: Revista de Jurisprudência do Supremo Tribunal Federal.*

*JUS: Revista do Ministério Público de Minas Gerais.*

*JUSTITIA: Revista do Ministério Público de São Paulo e da Associação Paulista do Ministério Público.*

*RBCCRIM: Revista Brasileira de Ciências Criminais.*

*RDP: Revista de Direito Penal. Borsói.*

*RF: Revista Forense, Forense.*

*RJDTACRIM: Revista de Julgados e Doutrina do Tribunal de Alçada Criminal de São Paulo.*

*RJTACRIM: Revista de Julgados do Tribunal de Alçada Criminal de São Paulo.*

*RJTJERGS: Revista de Jurisprudência do Tribunal de Justiça do Estado do Rio Grande do Sul.*

*RJTJESP: Revista de Jurisprudência do Tribunal de Justiça do Estado de São Paulo, Lex.*

*RSTJ: Revista do Superior Tribunal de Justiça.*

*RT: Revista dos Tribunais, Editora Revista dos Tribunais.*

*RTJ: Revista Trimestral de Jurisprudência do Supremo Tribunal Federal.*

# SUMÁRIO

NOTA À 37ª EDIÇÃO .................................................................................. V

ABREVIATURAS REVISTAS DE DOUTRINA, JURISPRUDÊNCIA E PARECERES............ VII

1. INTRODUÇÃO ........................................................................................ 1
   1.1 Conceito de Direito Penal ................................................................ 1
      1.1.1 Nota introdutória ................................................................... 1
      1.1.2 Denominação ......................................................................... 1
      1.1.3 Conceito de Direito Penal ..................................................... 2
      1.1.4 Caracteres do Direito Penal .................................................. 4
      1.1.5 Posição enciclopédica ............................................................ 5
      1.1.6 Direito Penal objetivo e Direito Penal subjetivo .................. 6
      1.1.7 Direito Penal comum e Direito Penal especial .................... 6
      1.1.8 Direito Penal substantivo e Direito Penal adjetivo .............. 7
   1.2 Relações do Direito Penal ................................................................ 7
      1.2.1 Introdução ............................................................................. 7
      1.2.2 Relações com as ciências jurídicas fundamentais ................ 7
      1.2.3 Relações com outros ramos de ciências jurídicas ................ 8
      1.2.4 Relação com as disciplinas auxiliares ................................... 11
   1.3 Criminologia e ciências penais ........................................................ 12
      1.3.1 Criminologia ......................................................................... 12
      1.3.2 Criminologia crítica .............................................................. 12
      1.3.3 Biologia criminal ................................................................... 13
      1.3.4 Sociologia criminal ................................................................ 14
      1.3.5 Conclusão .............................................................................. 16
   1.4 Breve história do Direito Penal ....................................................... 16
      1.4.1 Tempos primitivos ................................................................ 16
      1.4.2 Fases da vingança penal ....................................................... 17
      1.4.3 Direito Penal dos hebreus .................................................... 18
      1.4.4 Direito romano ...................................................................... 18
      1.4.5 Direito germânico ................................................................. 18

|     |       | 1.4.6 Direito canônico .................................................................................. | 19 |
| --- | ----- | --- | --- |
|     |       | 1.4.7 Direito medieval ................................................................................. | 19 |
|     |       | 1.4.8 Período humanitário .......................................................................... | 19 |
|     |       | 1.4.9 Escola Clássica .................................................................................. | 20 |
|     |       | 1.4.10 Período criminológico e Escola Positiva ......................................... | 21 |
|     |       | 1.4.11 Escolas mistas e tendência contemporânea .................................... | 24 |
|     |       | 1.4.12 Direito Penal no Brasil .................................................................... | 24 |
|     |       | 1.4.13 A reforma do sistema penal (Lei nº 7.209, de 11-7-1984) .............. | 26 |
|     |       | 1.4.14 Leis posteriores à reforma e atuais tendências do legislador ........ | 27 |
|     | 1.5   | Fontes do Direito Penal ..................................................................................... | 31 |
|     |       | 1.5.1 Conceito ............................................................................................. | 31 |
|     |       | 1.5.2 Fontes materiais ................................................................................. | 31 |
|     |       | 1.5.3 Fontes formais ................................................................................... | 32 |
|     |       | 1.5.4 Analogia ............................................................................................. | 33 |
|     | 1.6   | Lei penal ............................................................................................................. | 34 |
|     |       | 1.6.1 Caracteres ........................................................................................... | 34 |
|     |       | 1.6.2 Classificações .................................................................................... | 35 |
|     |       | 1.6.3 Norma penal em branco ................................................................... | 36 |
|     |       | 1.6.4 Interpretação da lei penal ................................................................ | 37 |
|     |       | 1.6.5 Espécies de interpretação ................................................................ | 37 |
|     |       | 1.6.6 Elementos de interpretação ............................................................. | 40 |
|     |       | 1.6.7 Vigência e revogação da lei penal .................................................. | 41 |
| 2.  | APLICAÇÃO DA LEI PENAL .................................................................................... | | 43 |
|     | 2.1   | Princípio da legalidade ..................................................................................... | 43 |
|     |       | 2.1.1 Conceito e histórico .......................................................................... | 43 |
|     |       | 2.1.2 Princípios decorrentes ..................................................................... | 45 |
|     | 2.2   | Outros princípios e garantias constitucionais ............................................... | 46 |
|     | 2.3   | Outros princípios ............................................................................................... | 47 |
|     | 2.4   | A lei penal no tempo ......................................................................................... | 47 |
|     |       | 2.4.1 Introdução ......................................................................................... | 47 |
|     |       | 2.4.2 Princípios da lei penal no tempo .................................................... | 48 |
|     |       | 2.4.3 *Novatio legis* incriminadora ............................................................. | 49 |
|     |       | 2.4.4 *Abolitio criminis* ............................................................................... | 49 |
|     |       | 2.4.5 *Novatio legis in pejus* ....................................................................... | 50 |
|     |       | 2.4.6 *Novatio legis in mellius* .................................................................... | 51 |

| | | | |
|---|---|---|---|
| | 2.4.7 | Lei intermediária | 53 |
| | 2.4.8 | Conjugação de leis | 53 |
| | 2.4.9 | Competência para a aplicação da lei mais benéfica | 54 |
| | 2.4.10 | Leis temporárias e excepcionais | 55 |
| | 2.4.11 | A retroatividade e a lei penal em branco | 55 |
| | 2.4.12 | Retroatividade e lei processual | 56 |
| | 2.4.13 | Tempo do crime | 57 |
| 2.5 | Lei penal no espaço | | 59 |
| | 2.5.1 | Introdução | 59 |
| | 2.5.2 | Princípios de aplicação da lei penal no espaço | 59 |
| | 2.5.3 | Territorialidade | 60 |
| | 2.5.4 | Conceito de território | 61 |
| | 2.5.5 | Lugar do crime | 64 |
| | 2.5.6 | Extraterritorialidade incondicionada | 65 |
| | 2.5.7 | Extraterritorialidade condicionada | 67 |
| | 2.5.8 | Pena cumprida no estrangeiro | 68 |
| 2.6 | Lei penal em relação às pessoas | | 69 |
| | 2.6.1 | Introdução | 69 |
| | 2.6.2 | Imunidades diplomáticas e consulares | 69 |
| | 2.6.3 | Imunidades parlamentares | 71 |
| | 2.6.4 | Imunidades absolutas | 71 |
| | 2.6.5 | Imunidades relativas | 73 |
| | 2.6.6 | Imunidades de deputados estaduais e vereadores | 77 |
| | 2.6.7 | Outras prerrogativas | 79 |
| | 2.6.8 | A extradição | 81 |
| 2.7 | Disposições finais sobre a aplicação da lei penal | | 84 |
| | 2.7.1 | Eficácia de sentença estrangeira | 84 |
| | 2.7.2 | Contagem de prazo | 85 |
| | 2.7.3 | Frações não computáveis na pena | 85 |
| | 2.7.4 | Legislação especial | 86 |
| **3. FATO TÍPICO** | | | **87** |
| 3.1 | Conceitos de crime | | 87 |
| | 3.1.1 | Introdução | 87 |
| | 3.1.2 | Conceitos formais | 87 |
| | 3.1.3 | Conceitos materiais | 87 |

|   |   |   |   |
|---|---|---|---|
|   | 3.1.4 | Conceitos analíticos | 89 |
|   | 3.1.5 | Características do crime sob o aspecto formal | 90 |
|   | 3.1.6 | Requisitos, elementos e circunstâncias do crime | 91 |
|   | 3.1.7 | Ilícito penal e ilícito civil | 91 |
|   | 3.1.8 | O crime na teoria geral do direito | 92 |
|   | 3.1.9 | O tipo penal | 92 |
|   | 3.1.10 | Tipos dolosos e tipos culposos | 93 |
| 3.2 | Fato típico | | 93 |
|   | 3.2.1 | Elementos | 93 |
|   | 3.2.2 | Teorias sobre a conduta | 94 |
|   | 3.2.3 | Teoria causalista | 94 |
|   | 3.2.4 | Teoria finalista | 95 |
|   | 3.2.5 | Teoria social | 96 |
|   | 3.2.6 | Conceito, características e elementos da conduta | 96 |
|   | 3.2.7 | Formas de conduta | 97 |
|   | 3.2.8 | Caso fortuito e força maior | 102 |
|   | 3.2.9 | O resultado | 102 |
|   | 3.2.10 | Relação de causalidade | 103 |
|   | 3.2.11 | Causa superveniente | 106 |
|   | 3.2.12 | Tipicidade | 107 |
|   | 3.2.13 | Princípio da insignificância (ou da bagatela) | 111 |
|   | 3.2.14 | Princípio da intervenção mínima | 114 |
|   | 3.2.15 | Conflito aparente de normas | 114 |
| 3.3 | Sujeito ativo do crime | | 116 |
|   | 3.3.1 | Sujeito ativo | 116 |
|   | 3.3.2 | Capacidade penal do sujeito ativo | 117 |
|   | 3.3.3 | Capacidade especial do sujeito ativo | 119 |
| 3.4 | Sujeito passivo do crime | | 120 |
|   | 3.4.1 | Sujeito passivo | 120 |
|   | 3.4.2 | Casos especiais | 121 |
| 3.5 | Objetos do crime | | 122 |
|   | 3.5.1 | Objeto jurídico | 122 |
|   | 3.5.2 | Objeto material | 123 |
| 3.6 | Título e classificação das infrações penais | | 123 |
|   | 3.6.1 | Título do delito | 123 |

- 3.6.2 Classificação dos crimes ........... 124
- 3.6.3 Crime, delito e contravenção ........... 124
- 3.6.4 Crimes instantâneos, permanentes e instantâneos de efeitos permanentes .. 125
- 3.6.5 Crimes comissivos, omissivos puros e omissivos impróprios ........... 126
- 3.6.6 Crimes unissubjetivos e plurissubjetivos ........... 127
- 3.6.7 Crimes simples, qualificados e privilegiados ........... 127
- 3.6.8 Crime progressivo e progressão criminosa ........... 128
- 3.6.9 Crime habitual ........... 129
- 3.6.10 Crime profissional ........... 129
- 3.6.11 Crime exaurido ........... 129
- 3.6.12 Crimes de ação única e de ação múltipla ........... 129
- 3.6.13 Crimes unissubsistentes e plurissubsistentes ........... 130
- 3.6.14 Crimes materiais, formais e de mera conduta ........... 130
- 3.6.15 Crimes de dano e de perigo ........... 130
- 3.6.16 Crimes complexos ........... 131
- 3.6.17 Crimes comuns, crimes próprios e crimes de mão própria ........... 131
- 3.6.18 Crimes principais e crimes acessórios ........... 132
- 3.6.19 Crimes vagos ........... 132
- 3.6.20 Crimes comuns e crimes políticos ........... 132
- 3.6.21 Crimes militares ........... 133
- 3.6.22 Crimes hediondos ........... 133
- 3.6.23 Crime organizado ........... 136
- 3.6.24 Infrações de menor potencial ofensivo ........... 138
- 3.6.25 Outras classificações ........... 139
- 3.7 Crime doloso ........... 139
  - 3.7.1 Teorias sobre o dolo ........... 139
  - 3.7.2 Conceito e elementos do dolo ........... 139
  - 3.7.3 Dolo no Código Penal ........... 140
  - 3.7.4 Tipo subjetivo ........... 142
  - 3.7.5 Elementos subjetivos do tipo ........... 143
  - 3.7.6 Espécies de dolo ........... 144
  - 3.7.7 Dolo e pena ........... 144
  - 3.7.8 Elemento subjetivo nas contravenções ........... 145
- 3.8 Crime culposo ........... 145
  - 3.8.1 Conceito de culpa ........... 145

|  |  |  |  |
|---|---|---|---|
| | 3.8.2 | Conduta | 146 |
| | 3.8.3 | Dever de cuidado objetivo | 146 |
| | 3.8.4 | Resultado | 147 |
| | 3.8.5 | Previsibilidade | 148 |
| | 3.8.6 | Tipicidade | 149 |
| | 3.8.7 | Modalidades de culpa | 150 |
| | 3.8.8 | Espécies de culpa | 151 |
| | 3.8.9 | Graus da culpa | 152 |
| | 3.8.10 | Compensação e concorrência de culpas | 153 |
| | 3.8.11 | Excepcionalidade do crime culposo | 153 |
| 3.9 | Crime preterdoloso | | 154 |
| | 3.9.1 | Crimes qualificados pelo resultado | 154 |
| | 3.9.2 | Crime preterdoloso | 154 |
| | 3.9.3 | Responsabilidade objetiva | 156 |
| 3.10 | Crime consumado e tentativa | | 156 |
| | 3.10.1 | Consumação | 156 |
| | 3.10.2 | *Iter criminis* e tentativa | 157 |
| | 3.10.3 | Elementos da tentativa | 159 |
| | 3.10.4 | Punibilidade da tentativa | 160 |
| | 3.10.5 | Inadmissibilidade da tentativa | 161 |
| | 3.10.6 | Desistência voluntária | 163 |
| | 3.10.7 | Arrependimento eficaz | 164 |
| | 3.10.8 | Arrependimento posterior | 165 |
| | 3.10.9 | Crime impossível | 167 |
| | 3.10.10 | Crime putativo | 168 |
| | 3.10.11 | Crime provocado | 169 |
| 3.11 | Erro de tipo | | 170 |
| | 3.11.1 | Conceito | 170 |
| | 3.11.2 | Erro sobre elementos do tipo | 171 |
| | 3.11.3 | Erro culposo | 173 |
| | 3.11.4 | Erro provocado por terceiro | 173 |
| | 3.11.5 | Erro sobre a pessoa | 174 |
| 4. ANTIJURIDICIDADE | | | 175 |
| 4.1 | Antijuridicidade | | 175 |
| | 4.1.1 | Conceito | 175 |

|       |        | 4.1.2 Antijuridicidade material ................................................................ | 176 |
|-------|--------|----------|-----|
|       |        | 4.1.3 Caráter da antijuridicidade ................................................................. | 177 |
|       |        | 4.1.4 Exclusão da antijuridicidade ............................................................... | 177 |
|       |        | 4.1.5 Causas supralegais de exclusão da antijuridicidade ........................... | 178 |
|       | 4.2 Estado de necessidade ................................................................................... | | 179 |
|       |        | 4.2.1 Conceito ................................................................................................. | 179 |
|       |        | 4.2.2 Requisitos ............................................................................................... | 180 |
|       |        | 4.2.3 Exclusão do estado de necessidade ................................................... | 183 |
|       |        | 4.2.4 Casos específicos ................................................................................. | 184 |
|       |        | 4.2.5 Excesso .................................................................................................. | 184 |
|       |        | 4.2.6 Estado de necessidade putativo ........................................................ | 184 |
|       | 4.3 Legítima defesa ............................................................................................. | | 184 |
|       |        | 4.3.1 Conceito e fundamento ..................................................................... | 184 |
|       |        | 4.3.2 Agressão atual ou iminente e injusta .............................................. | 185 |
|       |        | 4.3.3 Direito próprio ou alheio .................................................................. | 187 |
|       |        | 4.3.4 Uso moderado dos meios necessários ........................................... | 188 |
|       |        | 4.3.5 Inevitabilidade da agressão ............................................................. | 189 |
|       |        | 4.3.6 Elemento subjetivo ............................................................................ | 189 |
|       |        | 4.3.7 Excesso .................................................................................................. | 189 |
|       |        | 4.3.8 Legítima defesa recíproca ................................................................. | 190 |
|       |        | 4.3.9 Provocação e desafio ......................................................................... | 190 |
|       |        | 4.3.10 Legítima defesa putativa .................................................................. | 190 |
|       |        | 4.3.11 Legítima defesa e estado de necessidade ...................................... | 191 |
|       | 4.4 Estrito cumprimento de dever legal e exercício regular de direito ......... | | 191 |
|       |        | 4.4.1 Estrito cumprimento de dever legal ............................................... | 191 |
|       |        | 4.4.2 Exercício regular de direito .............................................................. | 193 |
|       |        | 4.4.3 Ofendículos ......................................................................................... | 193 |
|       |        | 4.4.4 Violência esportiva ............................................................................. | 194 |
|       |        | 4.4.5 Intervenções médicas e cirúrgicas ................................................... | 194 |
|       |        | 4.4.6 Consentimento do ofendido ............................................................ | 195 |
|       | 4.5 Excesso nas causas justificativas ................................................................. | | 196 |
|       |        | 4.5.1 Excesso doloso e culposo ................................................................. | 196 |

**5. CULPABILIDADE** .................................................................................................... 199

    5.1 Culpabilidade ................................................................................................. 199

        5.1.1 Teorias e conceito ............................................................................. 199

|         |       |                                                                                           |     |
|---------|-------|-------------------------------------------------------------------------------------------|-----|
|         | 5.1.2 | Elementos da culpabilidade                                                                | 201 |
|         | 5.1.3 | Exclusão da culpabilidade                                                                 | 202 |
|         | 5.1.4 | Inexigibilidade de conduta diversa                                                        | 203 |
| 5.2     | Erro de proibição                                                                                 | 204 |
|         | 5.2.1 | Introdução                                                                                | 204 |
|         | 5.2.2 | Erro de proibição                                                                         | 205 |
|         | 5.2.3 | Desconhecimento da lei                                                                    | 206 |
|         | 5.2.4 | Erro sobre a ilicitude do fato                                                            | 208 |
|         | 5.2.5 | Descriminantes putativas                                                                  | 209 |
|         | 5.2.6 | Erro provocado nas descriminantes putativas                                               | 211 |
| 5.3     | Coação irresistível e obediência hierárquica                                              | 211 |
|         | 5.3.1 | Coação física irresistível                                                                | 211 |
|         | 5.3.2 | Coação moral irresistível                                                                 | 212 |
|         | 5.3.3 | Obediência hierárquica                                                                    | 213 |
| 5.4     | Imputabilidade                                                                            | 215 |
|         | 5.4.1 | Sistemas e conceito                                                                       | 215 |
|         | 5.4.2 | Inimputabilidade por doença mental ou desenvolvimento mental incompleto ou retardado      | 216 |
|         | 5.4.3 | Culpabilidade diminuída                                                                   | 219 |
|         | 5.4.4 | *Actio libera in causa*                                                                   | 221 |
| 5.5     | Menoridade                                                                                | 222 |
|         | 5.5.1 | Menoridade penal                                                                          | 222 |
|         | 5.5.2 | Tempo da maioridade                                                                       | 223 |
|         | 5.5.3 | Legislação especial                                                                       | 224 |
|         | 5.5.4 | Agentes menores de 21 anos                                                                | 224 |
| 5.6     | Emoção e paixão                                                                           | 225 |
|         | 5.6.1 | Emoção e paixão                                                                           | 225 |
|         | 5.6.2 | Emoção ou paixão e aplicação da pena                                                      | 226 |
| 5.7     | Embriaguez                                                                                | 227 |
|         | 5.7.1 | Conceito                                                                                  | 227 |
|         | 5.7.2 | *Actio libera in causa* e responsabilidade objetiva na embriaguez                         | 227 |
|         | 5.7.3 | Embriaguez fortuita                                                                       | 228 |
|         | 5.7.4 | Tipos de embriaguez                                                                       | 229 |
|         | 5.7.5 | Embriaguez e leis especiais                                                               | 230 |

## 6. CONCURSO DE PESSOAS ............ 233

### 6.1 Concurso de pessoas ............ 233
- 6.1.1 Introdução ............ 233
- 6.1.2 Teorias ............ 234
- 6.1.3 Causalidade física e psíquica ............ 236
- 6.1.4 Requisitos ............ 237
- 6.1.5 Autoria ............ 238
- 6.1.6 Coautoria ............ 240
- 6.1.7 Participação ............ 241
- 6.1.8 Autoria mediata ............ 242
- 6.1.9 Concurso de pessoas e crimes por omissão ............ 242
- 6.1.10 Coautoria em crime culposo ............ 243
- 6.1.11 Cooperação dolosamente distinta ............ 244
- 6.1.12 Punibilidade no concurso de agentes ............ 246
- 6.1.13 Qualificadoras e agravantes ............ 248
- 6.1.14 Concurso e circunstâncias do crime ............ 248
- 6.1.15 Concurso e execução do crime ............ 250
- 6.1.16 Autoria incerta ............ 251
- 6.1.17 Multidão delinquente ............ 252

## 7. AS PENAS ............ 253

### 7.1 As penas em geral ............ 253
- 7.1.1 Origem ............ 253
- 7.1.2 Escolas penais ............ 254
- 7.1.3 Conceito, características e classificação ............ 256
- 7.1.4 Sistemas penitenciários ............ 260
- 7.1.5 As penas na Lei nº 7.209/84 ............ 261

### 7.2 Penas privativas de liberdade ............ 262
- 7.2.1 Introdução ............ 262
- 7.2.2 Reclusão e detenção ............ 263
- 7.2.3 Exame criminológico ............ 265
- 7.2.4 Regimes ............ 266
- 7.2.5 Regime inicial ............ 269
- 7.2.6 Progressão de regime: requisito objetivo ............ 272
- 7.2.7 Progressão em crimes hediondos e equiparados ............ 274
- 7.2.8 Progressão em crime de organização criminosa ............ 275

|  |  |  |  |
|---|---|---|---|
| | 7.2.9 | Progressão: requisito subjetivo | 275 |
| | 7.2.10 | Regressão | 277 |
| | 7.2.11 | Deveres e direitos do preso | 278 |
| | 7.2.12 | Trabalho do preso | 280 |
| | 7.2.13 | Remição | 281 |
| | 7.2.14 | Detração | 285 |
| 7.3 | Penas restritivas de direitos | | 289 |
| | 7.3.1 | Classificação | 289 |
| | 7.3.2 | Prestação pecuniária | 292 |
| | 7.3.3 | Perda de bens e valores | 293 |
| | 7.3.4 | Prestação de serviços à comunidade ou a entidades públicas | 293 |
| | 7.3.5 | Interdição temporária de direitos | 295 |
| | 7.3.6 | Limitação de fim de semana | 300 |
| | 7.3.7 | Cominação | 302 |
| | 7.3.8 | Substituição | 303 |
| | 7.3.9 | Opções do juiz | 307 |
| | 7.3.10 | Conversão | 309 |
| 7.4 | A multa | | 311 |
| | 7.4.1 | Conceito e características | 311 |
| | 7.4.2 | Cominação e aplicação | 315 |
| | 7.4.3 | Pagamento da multa | 316 |
| | 7.4.4 | Impossibilidade de conversão da multa | 319 |
| 7.5 | Aplicação da pena | | 320 |
| | 7.5.1 | Circunstâncias do crime | 320 |
| | 7.5.2 | Circunstâncias judiciais | 321 |
| | 7.5.3 | Circunstâncias agravantes | 324 |
| | 7.5.4 | Reincidência | 331 |
| | 7.5.5 | Agravantes no concurso de agentes | 335 |
| | 7.5.6 | Circunstâncias atenuantes | 336 |
| | 7.5.7 | Fixação da pena | 340 |
| 7.6 | Concurso de crimes | | 344 |
| | 7.6.1 | Sistemas de aplicação da pena | 344 |
| | 7.6.2 | Concurso material | 345 |
| | 7.6.3 | Concurso formal | 346 |
| | 7.6.4 | Crime continuado | 347 |
| | 7.6.5 | Erro na execução | 351 |

| | | | |
|---|---|---|---|
| | 7.6.6 | Resultado diverso do pretendido | 351 |
| | 7.6.7 | Limite das penas | 352 |
| 7.7 | Suspensão condicional da pena | | 353 |
| | 7.7.1 | Conceito e natureza | 353 |
| | 7.7.2 | Pressupostos | 354 |
| | 7.7.3 | Espécies | 356 |
| | 7.7.4 | Condições | 358 |
| | 7.7.5 | Período de prova e efeitos | 361 |
| | 7.7.6 | Revogação e cassação obrigatórias | 362 |
| | 7.7.7 | Revogação facultativa | 363 |
| | 7.7.8 | Prorrogação do período de prova e extinção da pena | 363 |
| 7.8 | Livramento condicional | | 364 |
| | 7.8.1 | Conceito | 364 |
| | 7.8.2 | Pressupostos objetivos | 365 |
| | 7.8.3 | Pressupostos subjetivos | 367 |
| | 7.8.4 | Concessão e condições | 369 |
| | 7.8.5 | Revogação obrigatória | 371 |
| | 7.8.6 | Revogação facultativa | 371 |
| | 7.8.7 | Restauração | 372 |
| | 7.8.8 | Prorrogação e extinção | 372 |

## 8. EFEITOS DA CONDENAÇÃO ... 375

| | | | |
|---|---|---|---|
| 8.1 | Efeitos penais | | 375 |
| | 8.1.1 | Condenação | 375 |
| | 8.1.2 | Efeitos penais secundários | 375 |
| 8.2 | Efeitos extrapenais | | 376 |
| | 8.2.1 | Espécies | 376 |
| | 8.2.2 | Reparação *ex delicto* | 376 |
| | 8.2.3 | Efeitos da sentença absolutória | 379 |
| | 8.2.4 | Confisco | 380 |
| | 8.2.5 | Incapacidade para o exercício do poder familiar, tutela ou curatela | 384 |
| | 8.2.6 | Efeitos administrativos e políticos | 385 |
| | 8.2.7 | Efeitos trabalhistas | 389 |

## 9. REABILITAÇÃO ... 391

| | | | |
|---|---|---|---|
| 9.1 | Reabilitação | | 391 |
| | 9.1.1 | Conceito | 391 |

    9.1.2 Pressupostos ............................................................. 391

    9.1.3 Efeitos ...................................................................... 394

    9.1.4 Revogação ................................................................ 396

## 10. MEDIDAS DE SEGURANÇA ............................................................. 397

  10.1 Medidas de segurança em geral ................................................. 397

    10.1.1 Conceito ................................................................. 397

    10.1.2 Princípios ............................................................... 398

    10.1.3 Pressupostos ........................................................... 398

    10.1.4 Aplicação ................................................................ 399

    10.1.5 Execução e revogação ............................................. 401

  10.2 Medidas de segurança em espécie ............................................. 402

    10.2.1 Internação ............................................................... 402

    10.2.2 Tratamento ambulatorial ......................................... 403

    10.2.3 Aplicação ................................................................ 404

    10.2.4 Início da execução ................................................... 406

    10.2.5 Extinção da punibilidade ........................................ 406

## 11. AÇÃO PENAL ................................................................................... 409

  11.1 Ação penal pública ..................................................................... 409

    11.1.1 Conceito ................................................................. 409

    11.1.2 Ação penal pública ................................................. 410

    11.1.3 Representação do ofendido .................................... 411

    11.1.4 Requisição do Ministro da Justiça .......................... 412

    11.1.5 Procedimento de ofício .......................................... 413

    11.1.6 Ação penal no crime complexo .............................. 413

    11.1.7 O ofendido e a ação pública ................................... 414

  11.2 Ação penal privada ..................................................................... 415

    11.2.1 Espécies ................................................................... 415

    11.2.2 Ação privada exclusiva ........................................... 416

    11.2.3 Ação privada subsidiária ........................................ 417

    11.2.4 O ofendido e a ação privada .................................. 418

## 12. EXTINÇÃO DA PUNIBILIDADE ...................................................... 421

  12.1 Punibilidade ................................................................................ 421

    12.1.1 Conceito ................................................................. 421

    12.1.2 Condições objetivas de punibilidade ..................... 421

12.2 Extinção da punibilidade – I ............................................................................. 422
    12.2.1 Causas extintivas ................................................................................ 422
    12.2.2 Efeitos.................................................................................................... 423
    12.2.3 Causas não previstas no art. 107 do CP ........................................ 423
    12.2.4 Morte do agente................................................................................... 424
    12.2.5 Anistia.................................................................................................... 425
    12.2.6 Graça e indulto .................................................................................... 426
    12.2.7 *Abolitio criminis* ................................................................................. 429
    12.2.8 Decadência............................................................................................ 429
    12.2.9 Perempção............................................................................................. 431
    12.2.10 Renúncia.............................................................................................. 434
    12.2.11 Perdão do ofendido........................................................................... 436
    12.2.12 Perdão judicial.................................................................................... 437
12.3 Extinção da punibilidade – II (reparação) ....................................................... 440
    12.3.1 Introdução............................................................................................. 440
    12.3.2 Retratação.............................................................................................. 440
    12.3.3 Reparação do dano.............................................................................. 441
    12.3.4 O casamento do agente com a vítima e da vítima com terceiro e a revogação dos incisos VII e VIII, do artigo 107 do Código Penal .............. 442
12.4 Extinção da punibilidade – III (prescrição) ..................................................... 444
    12.4.1 Conceito e espécies ............................................................................. 444
    12.4.2 Prazos da prescrição da pretensão punitiva................................... 445
    12.4.3 Prazos da prescrição da pretensão executória............................... 446
    12.4.4 Redução dos prazos............................................................................ 448
    12.4.5 Início do prazo da prescrição da pretensão punitiva................... 449
    12.4.6 Início do prazo de prescrição da pretensão executória.............. 451
    12.4.7 Interrupção do prazo de prescrição da pretensão punitiva....... 452
    12.4.8 Interrupção do prazo de prescrição da pretensão executória .. 455
    12.4.9 Comunicabilidade das causas de interrupção .............................. 455
    12.4.10 Suspensão do prazo .......................................................................... 456
    12.4.11 Prescrição intercorrente ................................................................... 459
    12.4.12 Prescrição retroativa ......................................................................... 461
    12.4.13 Recurso da acusação ........................................................................ 464
    12.4.14 Condenação em segunda instância ............................................... 464
    12.4.15 Prescrição das penas restritivas de direitos ................................ 464
    12.4.16 Prescrição e mérito ........................................................................... 465

  12.4.17 Prescrição e perdão judicial .................................................................................... 465

  12.4.18 Prazos paralelos ..................................................................................................... 466

  12.4.19 Prescrição e legislação especial ............................................................................ 466

**REFERÊNCIAS JURISPRUDENCIAIS** ................................................................................... 469

 Capítulo 2 ................................................................................................................................. 469

 Capítulo 3 ................................................................................................................................. 470

 Capítulo 4 ................................................................................................................................. 473

 Capítulo 5 ................................................................................................................................. 474

 Capítulo 6 ................................................................................................................................. 475

 Capítulo 7 ................................................................................................................................. 476

 Capítulo 8 ................................................................................................................................. 485

 Capítulo 9 ................................................................................................................................. 485

 Capítulo 10 ............................................................................................................................... 486

 Capítulo 11 ............................................................................................................................... 487

 Capítulo 12 ............................................................................................................................... 488

**BIBLIOGRAFIA** ........................................................................................................................... 495

**ÍNDICE REMISSIVO** .................................................................................................................. 507

# 1
# INTRODUÇÃO

## 1.1 CONCEITO DE DIREITO PENAL

### 1.1.1 Nota introdutória

A vida em sociedade exige um complexo de normas disciplinadoras que estabeleça as regras indispensáveis ao convívio entre os indivíduos que a compõem. O conjunto dessas regras, denominado *direito positivo*, que deve ser obedecido e cumprido por todos os integrantes do grupo social, prevê as consequências e sanções aos que violarem seus preceitos. À reunião das normas jurídicas pelas quais o Estado proíbe determinadas condutas, sob ameaça de sanção penal, estabelecendo ainda os princípios gerais e os pressupostos para a aplicação das penas e das medidas de segurança, dá-se o nome de *Direito Penal*.

A expressão *Direito Penal*, porém, designa também o sistema de interpretação da legislação penal, ou seja, a Ciência do Direito Penal,[1] conjunto de conhecimentos e princípios ordenados metodicamente, de modo que torne possível a elucidação do conteúdo das normas e dos institutos em que eles se agrupam, com vistas em sua aplicação aos casos ocorrentes, segundo critérios rigorosos de justiça.[2]

### 1.1.2 Denominação

As denominações tradicionais para a matéria referente ao crime e às suas consequências são *Direito Penal* e *Direito Criminal*. A primeira delas é largamente utilizada, principalmente, nos países ocidentais, como Alemanha, França, Espanha, Itália etc., embora a segunda ainda seja usada com frequência. Entre nós, a denominação passou a ser utilizada no *Código Penal* da República (1890), a que se sucederam a *Consolidação das Leis Penais* (1936) e o *Código Penal* vigente (de 1940), que a consagrou no direito pátrio. A nova Constituição Federal, mantendo a tradição, refere-se à competência da União para legislar sobre "direito penal" (art. 22, I).

---

1. Cf. ZAFFARONI, Eugênio Raúl. *Manual de derecho penal:* parte general. Buenos Aires: Ediar, 1977. p. 21.
2. Cf. TOLEDO, Francisco de Assis. *Princípios básicos de direito penal.* São Paulo: Saraiva, 1982. p. 1-2; GARCIA, Basileu. *Instituições de direito penal.* 5. ed. São Paulo: Max Limonad, 1980. p. 9.

Embora *Direito Criminal* seja expressão mais abrangente, relacionada que está com o fato principal do fenômeno jurídico (crime), alongando-se a seus efeitos jurídicos, um dos quais é a pena, será utilizada aqui a denominação já tradicional de *Direito Penal*, em consonância com a legislação pátria e o currículo oficial dos cursos de Direito.

Subsistem, porém, resquícios da denominação antiga: usa-se nas leis de organização judiciária a denominação *Varas Criminais*; é conhecido como advogado *criminalista* aquele que se dedica ao Direito Penal etc.

Durante a evolução moderna do Direito Penal, foram sugeridos outros nomes: Direito Repressivo, Princípios de Criminologia, Direito de Defesa Social, Direito Sancionador, Direito Restaurador, Direito Protetor dos Criminosos etc. Nenhum deles, todavia, obteve maior preferência por parte dos doutrinadores nem foi acatado pelas legislações contemporâneas.

### 1.1.3 Conceito de Direito Penal

Como já se observou, das necessidades humanas decorrentes da vida em sociedade surge o Direito, que visa garantir as condições indispensáveis à coexistência dos elementos que compõem o grupo social. O fato que contraria a norma de Direito, ofendendo ou pondo em perigo um bem alheio ou a própria existência da sociedade, é um *ilícito jurídico*, que pode ter consequências meramente civis ou possibilitar a aplicação de sanções penais. No primeiro caso, tem-se somente um *ilícito civil*, que acarretará àquele que o praticou apenas uma reparação civil: aquele que, por culpa, causar dano a alguém será obrigado a indenizá-lo; o devedor que não efetua o pagamento tempestivamente sofrerá a execução com a penhora de bens e sua venda em hasta pública, arcando com o ônus decorrente do atraso (multa, correção monetária etc.); o cônjuge que abandona o lar estará sujeito à separação judicial ou ao divórcio etc.

Muitas vezes, porém, essas sanções civis se mostram insuficientes para coibir a prática de ilícitos jurídicos graves, que atingem não apenas interesses individuais, mas também bens jurídicos relevantes, em condutas profundamente lesivas à vida social. Arma-se o Estado, então, contra os respectivos autores desses fatos, cominando e aplicando sanções severas por meio de um conjunto de normas jurídicas que constituem o Direito Penal. Justificam-se as disposições penais quando meios menos incisivos, como os de Direito Civil ou Direito Público, não bastam ao interesse de eficiente proteção aos bens jurídicos.[3]

Como o Estado não pode aplicar as sanções penais arbitrariamente, na legislação penal são definidos esses fatos graves, que passam a ser *ilícitos penais* (crimes e contravenções), estabelecendo-se as penas e as medidas de segurança aplicáveis aos infratores dessas normas. Assim, àquele que pratica um homicídio simples será aplicada a pena de seis a vinte anos de reclusão, o inimputável que comete um ilícito penal será submetido

---

3. Cf. WESSELS, Johannes. *Direito penal*: parte geral. Porto Alegre: Sergio Antonio Fabris, 1976. p. 4.

a uma medida de segurança, ao chamado *semi-imputável* poder-se-á aplicar uma pena ou submetê-lo a uma medida de segurança etc.

Segundo o pensamento de Binding e Jescheck, o Direito Penal tem, assim, um caráter *fragmentário*, pois não encerra um sistema exaustivo de proteção aos bens jurídicos, mas apenas elege, conforme o critério do "merecimento da pena", determinados pontos essenciais. Mas, enquanto o primeiro entendia ser esse o defeito do Direito Penal, Jescheck considera um mérito e uma característica essencial do Estado liberal do Direito que se reduza a criminalização àquelas ações que, por sua perigosidade e reprovabilidade, exigem e merecem no interesse da proteção social, inequivocamente, a sanção penal.[4]

Pode-se dizer, assim, que o fim do Direito Penal é a proteção da sociedade e, mais precisamente, a defesa dos bens jurídicos fundamentais (vida, integridade física e mental, honra, liberdade, patrimônio, paz pública etc.). Deve-se observar, contudo, que alguns desses bens jurídicos não são tutelados penalmente quando, a critério do legislador, não é relevantemente antissocial a ação que o lesou, ou seja, não é acentuado o desvalor da conduta do autor da lesão. Por isso, não estão sujeitos às sanções penais, por exemplo, aquele que, culposamente, destrói coisa alheia, o que pratica um ato obsceno em lugar privado não aberto ou exposto ao público desde que não constitua um crime contra a honra etc.

Do exposto, derivam as definições de Direito Penal que passamos a reproduzir: "é o conjunto de normas jurídicas que o Estado estabelece para combater o crime, através das penas e medidas de segurança",[5] é "o conjunto de normas jurídicas que regulam o poder punitivo do Estado, tendo em vista os fatos de natureza criminal e as medidas aplicáveis a quem os pratica;"[6] é "o conjunto de normas que ligam ao crime, como fato, a pena como consequência, e disciplinam também as relações jurídicas daí derivadas, para estabelecer a aplicabilidade de medidas de segurança e a tutela do direito de liberdade em face do poder de punir do Estado";[7] é "o conjunto de normas e disposições jurídicas que regulam o exercício do poder sancionador e preventivo do Estado, estabelecendo o conceito do crime como pressuposto da ação estatal, assim como a responsabilidade do sujeito ativo, e associando à infração da norma uma pena finalista ou uma medida de segurança".[8]

Não se pode deixar de reconhecer, entretanto, que, ao menos em caráter secundário, o Direito Penal tem uma aspiração ética: deseja evitar o cometimento de crimes que afetam de forma intolerável os bens jurídicos penalmente tutelados.[9] Essa finalidade

---

4. Cf. JESCHECK, Hans-Heinrich. *Tratado de derecho penal*: parte general. 3. ed. Barcelona: Bosch, 1981. v. 1, p. 73.
5. GARCIA Basileu. Ob. cit. p. 8.
6. NORONHA, E. Magalhães. *Direito penal*. 15. ed. São Paulo: Saraiva, 1978. v. 1, p. 12.
7. MARQUES, José Frederico. *Curso de direito penal*. São Paulo: Saraiva, 1954. v. 1, p. 11.
8. ASÚA, Luis Jiménez de. *Tratado de derecho penal*. Buenos Aires: Losada, 1950. v. 1, p. 27.
9. ZAFFARONI, Eugênio Raúl. Ob. cit. p. 31.

ética não é, todavia, um fim em si mesma, mas a razão da prevenção penal, da tutela da lei penal aos bens jurídicos preeminentes.[10] Assim, a tarefa imediata do Direito Penal é de natureza eminentemente jurídica e, como tal, primordialmente destinada à proteção dos bens jurídicos.

### 1.1.4 Caracteres do Direito Penal

Diz-se que o Direito Penal é uma ciência cultural e normativa. É uma ciência *cultural* porque indaga o *dever ser*, traduzindo-se em regras de conduta que devem ser observadas por todos no respeito aos mais relevantes interesses sociais. Diferencia-se, assim, das ciências naturais, em que o objeto de estudo é o *ser*, o objeto em si mesmo.

É também uma ciência *normativa*, pois seu objeto é o estudo da lei, da norma, do direito positivo, como dado fundamental e indiscutível em sua observância obrigatória. Não se preocupa, portanto, com a verificação da gênese do crime, dos fatos que levam à criminalidade ou dos aspectos sociais que podem determinar a prática do ilícito, preocupações próprias das ciências causais explicativas, como a Criminologia, a Sociologia Criminal etc. O Direito Penal positivo é valorativo, finalista e sancionador.

A norma penal é *valorativa* porque tutela os valores mais elevados da sociedade, dispondo-os em uma escala hierárquica e valorando os fatos de acordo com a sua gravidade. Quanto mais grave o crime, o desvalor da ação, mais severa será a sanção aplicável a seu autor.

Tem ainda a lei penal caráter *finalista*, porquanto visa à proteção de bens e interesses jurídicos merecedores da tutela mais eficiente que só podem ser eficazmente protegidos pela ameaça legal de aplicação de sanções de poder intimidativo maior, como a pena. Essa prevenção é a maior finalidade da lei penal.

Discute-se se o Direito Penal é constitutivo, primário e autônomo ou se tem caráter sancionador, secundário e acessório. Afirma-se que se trata de um direito constitutivo porque possui um ilícito próprio, oriundo da tipicidade, uma sanção peculiar (pena), e institutos exclusivos como o *sursis*, o livramento condicional, o indulto etc. Lembra Walter de Abreu Garcez que "as normas jurídicas não se recolhem a comportamentos estanques, mas sim atuam em harmonia no quadro de uma sistematização geral, sem que por tais correlações se possa falar em acessoriedade, secundariedade ou complementariedade de umas e outras".[11] Tal iteração não retiraria, portanto, o caráter constitutivo do Direito Penal.

---

10. WELZEL considera que a missão mais relevante do Direito Penal é de natureza ético-social em caráter positivo, ao contrário do que ocorre com a finalidade de proteção dos bens jurídicos, predominantemente de caráter negativo. WELZEL, Hans. *Derecho penal alemán*: parte general. 11. ed. Santiago: Editora Jurídica de Chile, 1970. p. 13. No mesmo sentido: BATTAGLINI, Giulio. *Direito penal*. São Paulo: Saraiva/Edusp, 1973. v. 1, p. 6-8.

11. GARCEZ, Walter de Abreu. *Curso básico de direito penal*: parte geral. São Paulo: José Bushatsky, 1972. p. 14-15.

Em princípio, porém, não se pode falar de autonomia do ilícito penal e, portanto, do caráter constitutivo do Direito Penal. A contrariedade do fato ao direito não é meramente de ordem penal; sua antijuridicidade resulta de sua infração a todo o ordenamento jurídico. A lei penal, portanto, não cria a antijuridicidade, mas apenas se limita a cominar penas às condutas que já são antijurídicas em face de outros ramos do Direito (Civil, Comercial, Administrativo, Tributário, Processual etc.), e a descriminalização de um fato não lhe retirará a sua ilicitude. Revela-se, assim, que a norma penal é *sancionadora*, reforçando a tutela jurídica dos bens regidos pela legislação extrapenal. Protege penalmente o patrimônio no crime de furto, a instituição do casamento no delito de bigamia, a regularidade do comércio nos ilícitos falimentares, a Administração Pública no peculato, já disciplinados nas leis civis, comerciais, administrativas etc. Apesar disso, a tutela penal alcança bens jurídicos que não são objeto das leis extrapenais, como a integridade física e a vida, por exemplo, no crime de omissão de socorro, em que a infração a uma simples regra de solidariedade humana é elevada à categoria de ilícito penal. Também as tentativas e os crimes de perigo em que não haja qualquer dano restariam sem sanção jurídica se não fosse a existência do Direito Penal positivo. Por essa razão, o mais correto é afirmar, como Zaffaroni, que "o Direito Penal é predominantemente *sancionador* e excepcionalmente *constitutivo*".[12]

Como ciência jurídica, o Direito Penal tem caráter *dogmático*, já que se fundamenta no direito positivo, exigindo-se o cumprimento de todas suas normas pela sua obrigatoriedade. Por essa razão, seu método de estudo não é experimental, como na Criminologia, por exemplo, mas *técnico-jurídico*. Desenvolve-se esse método na interpretação das normas, na definição de princípios, na construção de institutos próprios e na sistematização final de normas, princípios e institutos. Deve o estudioso de Direito Penal, contudo, evitar o excesso de dogmatismo, já que a lei e a sua aplicação, pelo íntimo contato com o indivíduo e a sociedade, exigem que se observe a realidade da vida, suas manifestações e exigências sociais e a evolução dos costumes.

### 1.1.5 Posição enciclopédica

Deve-se situar o Direito Penal como componente da Enciclopédia Jurídica na divisão do Direito em Público e Privado. Atende ele, de maneira imediata e prevalecente, ao interesse geral e estabelece as relações jurídicas entre o Estado, num plano superior, e o indivíduo, que deve obedecer aos comandos imperativos daquele. As normas penais devem ser obedecidas pelos particulares, que não as podem submeter a qualquer composição de vontades, como ocorre no campo do Direito Privado. Assim, conclui-se que o Direito Penal pertence ao *Direito Público*.

Destinado, além disso, a viger nos limites territoriais como direito positivo de determinado país, embora possa alcançar fatos ocorridos no exterior, é o Direito Penal

---

12. ZAFFARONI, Eugênio Raúl. Ob. cit. p. 34.

ramo do Direito Público *interno*. Mesmo as normas referentes à extraterritorialidade da lei penal só obrigam o país a que pertencem e somente de forma indireta repercutem no estrangeiro por meio dos tratados e convenções internacionais.

### 1.1.6 Direito Penal objetivo e Direito Penal subjetivo

Denomina-se Direito Penal *objetivo* o conjunto de normas que regulam a ação estatal, definindo os crimes e cominando as respectivas sanções. Somente o Estado, em sua função de promover o bem comum e combater a criminalidade, tem o direito de estabelecer e aplicar essas sanções. É, pois, o único e exclusivo titular do "direito de punir" (*jus puniendi*) que constitui o que se denomina Direito Penal *subjetivo*. O direito de punir, todavia, não é arbitrário, mas limitado pelo próprio Estado ao elaborar este as normas que constituem o Direito subjetivo de liberdade que é o de não ser punido senão de acordo com a lei ditada pelo Estado. Só a lei pode estabelecer o que é proibido penalmente e quais são as sanções aplicáveis aos autores dos fatos definidos na legislação como infrações penais.

Anibal Bruno contesta a existência do Direito Penal subjetivo ao afirmar que a manifestação do exercício da Justiça penal é decorrente do poder soberano do Estado, do poder jurídico destinado a cumprir sua função de assegurar as condições de existência e a continuidade da organização social.[13] Esse poder jurídico (*jus imperii*), todavia, existe em momento anterior ao direito positivo; é o poder do Estado de estabelecer a norma penal como atributo da soberania. Só após a elaboração da norma que define as infrações penais, vigente a lei penal, surge o *jus puniendi*, ou seja, o direito de punir, de acordo com a legislação e não como resultado de dominação do Estado. Correta, pois, se nos afigura a afirmação de que o Direito Penal subjetivo é o "direito de punir" do Estado.

### 1.1.7 Direito Penal comum e Direito Penal especial

Distinguem os doutrinadores o *Direito Penal comum*, que se aplica a todas as pessoas e aos atos delitivos em geral, do *Direito Penal especial* dirigido a uma classe de indivíduos de acordo com sua qualidade especial, e a certos atos ilícitos particularizados. A distinção entre ambos, porém, não é precisa, tanto que a divisão só pode ser assinalada tendo em vista o órgão encarregado de aplicar o Direito objetivo comum ou especial.[14] Nesse aspecto, são de Direito Penal comum o Código Penal e as leis extravagantes (Lei das Contravenções Penais, Lei de Economia Popular, Lei de Drogas, Lei de Falência etc.), sujeitas à aplicação pela Justiça comum. São de Direito Penal especial o Código Penal Militar, aplicado pela Justiça Militar; a lei do *impeachment* do Presidente da República, dos prefeitos municipais etc. aplicáveis pelas Câmaras Legislativas.

---

13. BRUNO, Anibal. *Direito penal*. Rio de Janeiro: Forense, 1959. v. 1, p. 19-24.
14. Cf. MARQUES, José Frederico. Ob. cit. p. 20-22; JESUS, Damásio E. de. *Direito penal*. 8. ed. São Paulo: Saraiva, 1983. p. 8; NORONHA, E. Magalhães. Ob. cit. p. 17; PIEDADE JUNIOR, Heitor. *Direito penal*: a nova parte geral. Rio de Janeiro: Forense, 1985. v. 1, p. 3.

A citada distinção, porém, não encontra apoio na legislação, que se refere genericamente à *legislação especial* como sendo aquela que não consta do Código Penal (arts. 12 e 360 do CP). Assim, pode-se falar em legislação penal *comum* em relação ao Código Penal, e em legislação penal *especial* como sendo as normas penais que não se encontram no referido Estatuto.

### 1.1.8 Direito Penal substantivo e Direito Penal adjetivo

Antiga e já superada é a distinção entre Direito Penal *substantivo* (ou material) e Direito Penal *adjetivo* (*ou formal*). O primeiro é representado pelas normas que definem as figuras penais, estabelecendo as sanções respectivas, bem como os princípios gerais a elas relativos (Código Penal, Lei das Contravenções Penais etc.). O segundo constitui-se de preceitos de aplicação do direito substantivo e de organização judiciária. Modernamente, essa distinção já não tem razão de ser, uma vez que as últimas normas ganharam autonomia com o reconhecimento da existência do Direito *Processual Penal*. Este não é parte ou complemento do Direito Penal, mas objeto de ciência diversa, destinada ao estudo da lei referente à aplicação do Direito Penal objetivo. Isto não impede que de um mesmo diploma legal constem normas de Direito Penal e de Direito Processual Penal, como é o caso da Lei de Drogas, da Lei de Falência, da Lei de Responsabilidade de Prefeitos etc.

## 1.2 RELAÇÕES DO DIREITO PENAL

### 1.2.1 Introdução

Como o sistema jurídico de um país é formado de elementos que se completam, sem contradições, o Direito Penal, como uma das partes desse todo, tem íntima correlação com os demais ramos das ciências jurídicas.

Existem, também, ciências que, sem se destinarem propriamente ao estudo do crime, trazem subsídios e esclarecimentos a certas questões da doutrina e elementos científicos indispensáveis, sobretudo, à aplicação da lei penal. Além disso, criaram-se ciências criminológicas, causal-explicativas, destinadas ao estudo do crime como uma forma do comportamento humano, episódio de desajustamento do homem às condições fundamentais da convivência social. Devem-se, pois, estudar as relações do Direito Penal com as ciências jurídicas fundamentais e outros ramos de estudos jurídicos, com as chamadas disciplinas auxiliares e com as ciências penais, em especial a Criminologia.

### 1.2.2 Relações com as ciências jurídicas fundamentais

Relaciona-se o Direito Penal, como todos os demais ramos das ciências jurídicas, com a *Filosofia do Direito*. As investigações desta levam à fixação de princípios lógicos, à formulação de conceitos básicos e à definição de categorias fundamentais e indispensáveis à elaboração da lei penal. Assim, há fundamentos filosóficos nos conceitos de delito, pena, imputabilidade, irresponsabilidade, dolo, culpa, causalidade, erro etc.

Além disso, para a elaboração e aplicação da lei penal, na descrição dos fatos criminosos e no estabelecimento de sanções, faz-se um juízo de valor sobre a conduta humana, numa operação eminentemente ética (*Filosofia Moral*), e tanto a elaboração legislativa como a interpretação do ordenamento jurídico devem ser presididas por métodos dedutivos lógicos (*Lógica*).

Com a *Teoria Geral do Direito*, em que são elaborados conceitos e institutos jurídicos válidos para todos os ramos do Direito, relaciona-se o Direito Penal. No ordenamento jurídico do Estado, há uma série de regras fundamentais elaboradas em consonância com a lógica e a deontologia do Direito (Filosofia), em que as ciências jurídicas vão haurir diretrizes capitais. Essa ciência, denominada Teoria Geral do Direito, com método e técnica jurídica, serve de intermediária para que a Filosofia do Direito penetre no Direito Penal e coordene as regras básicas na conceituação de vários institutos penais.

Estudando o ordenamento jurídico em suas causas e funções sociais, a *Sociologia Jurídica* tem por foco o fenômeno jurídico como fato social, resultante de processos sociais. Como o enfoque do Direito Penal é sempre dirigido a uma conduta humana ou fato social, é necessário para o estudo de suas instituições e conceitos o conhecimento da realidade social subjacente. Daí as relações entre essas ciências e a grande colaboração que pode a Sociologia Jurídica prestar ao Direito Penal, principalmente num de seus ramos, a Sociologia Criminal.

### 1.2.3 Relações com outros ramos de ciências jurídicas

O Direito Penal, como os demais ramos das ciências jurídicas, relaciona-se com o *Direito Constitucional*, em que se definem o Estado e seus fins, bem como os direitos individuais, políticos e sociais. Diante do princípio de supremacia da Constituição na hierarquia das leis, o Direito Penal deve nela enquadrar-se e, como o crime é um conflito entre os direitos do indivíduo e a sociedade, é na Carta Magna que se estabelecem normas específicas para resolvê-lo de acordo com o sentido político da lei fundamental, exercendo-se, assim, influência decisiva sobre as normas punitivas. Por essa razão, no art. 5º da nova Constituição Federal, são estabelecidos princípios relacionados com anterioridade da lei penal (XXXIX), sua irretroatividade como regra e a retroatividade da mais benigna (XL), dispositivos a respeito dos crimes de racismo, tortura, tráfico ilícito de entorpecentes e drogas afins, terrorismo (XLII, XLIII), da personalidade da pena (XLV), de sua individualização e espécies (XLVI, XLVII) etc. Refere-se, ainda, a Constituição à fonte da legislação penal (art. 22), à anistia (arts. 21, XVII, e 48, VIII), a efeitos políticos da condenação (art. 55, VI), ao indulto (art. 84, XII) etc.

Como é administrativa a função de punir, é evidente o relacionamento do Direito Penal com o *Direito Administrativo*. A lei penal é aplicada através dos agentes da Administração (Juiz, Promotor de Justiça, Delegado de Polícia etc.); utilizam-se conceitos de Direito Administrativo na lei penal ("cargo", "função", "rendas públicas" etc.); punem-se fatos que atentam contra a regularidade da Administração Pública (arts. 312 a 359-H do CP), estabelecem-se dispositivos específicos a respeito de crimes praticados por funcionários públicos (arts. 312 a 326 do CP e Lei nº 13.869, de 5-9-2019 – Lei de Abuso de Autoridade); prevê-se como efeito da condenação a perda de cargo, da função pública ou do mandato eletivo (art. 92, inciso I); as penas são cumpridas em estabelecimentos públicos etc.

O *Direito Processual Penal*, já denominado Direito Penal Adjetivo, é um ramo jurídico autônomo, em que se prevê a forma de realização e aplicação da lei penal, tornando efetiva sua função de prevenção e repressão dos crimes. É íntima a relação entre o Direito Penal e o Direito Processual Penal, porque é através deste que se decide sobre a procedência de aplicação do *jus puniendi* (Direito Penal Subjetivo) do Estado, em conflito como o *jus libertatis* do acusado. Por essa razão, o Código Penal contém dispositivos a respeito da ação penal, que será disciplinada no Código de Processo Penal e nas leis extravagantes, para a efetivação do *jus puniendi* do Estado. Acresce ainda que, no Código Penal, são definidos como crimes certos fatos que lesam ou põem em perigo a regularidade da administração da Justiça, seja esta civil ou penal (arts. 338 a 359).

Há também correlação do Direito Penal com o *Direito Processual Civil*, em que se fornecem normas comuns ao Direito Processual Penal. São os dispositivos referentes aos atos processuais, às ações, às sentenças, aos recursos etc.

Como se acentua a cooperação internacional na repressão ao crime, fala-se em *Direito Penal Internacional* como o ramo do Direito que tem por objetivo a luta contra a criminalidade universal. Define-o Celso D. Albuquerque Mello como sendo "o ramo de Direito Penal que determina a competência do Estado na ordem internacional para a repressão dos delitos, bem como regulamenta a cooperação entre os estados em matéria penal".[15] O Código Penal, aliás, consagra, no art. 7º, incisos I e II, e § 3º, regras que se inspiram nesses princípios. A incidência da lei penal no espaço implica a existência de relações jurídicas entre os países e, consequentemente, a necessidade de normas jurídicas para resolver eventual aplicação simultânea de leis penais (nacional e estrangeira). Com base em tratados e convenções internacionais, o art. 7º, inciso II, *a*, do CP, estabelece regra a respeito dos crimes que, embora *cometidos* no estrangeiro, o Brasil se obrigou a reprimir (tráfico de pessoas, tráfico de entorpecentes, roubos de aeronaves e sequestros de passageiros, falsificação de moeda etc.). A Lei de Migração, que substituiu a Lei dos Estrangeiros, fixa os requisitos para a extradição. Há, pois, evidente correlação entre o Direito Penal Internacional e o Direito Penal.

Deve-se fazer referência também ao *Direito Internacional Penal*, ramo do Direito Internacional Público que tem por objetivo a luta contra as infrações internacionais. Pode ele ser definido como "o conjunto de regras jurídicas concernentes às infrações

---

15. MELLO, Celso D. de Albuquerque. *Direito penal e direito internacional*. Rio de Janeiro: Freitas Bastos, 1978. p. 14.

internacionais, que constituem violações de direito internacional".[16] Entrariam nessa categoria de ilícitos os crimes de guerra, contra a paz, contra a humanidade, além do terrorismo, pirataria, discriminação racial etc. Trata-se, porém, de um direito ainda por ser construído e cujos princípios gerais, iniciados após a Segunda Guerra Mundial, ainda estão sendo elaborados. Tem-se procurado estabelecer uma jurisdição penal Internacional e nessa conceituação poderiam ser incluídos, ainda que com reservas, o Tribunal Militar Internacional de Nuremberg e o Tribunal Militar Internacional para Extremo-Oriente. Embora a divisão do mundo em blocos, a ideia de soberania e outros fatores venham dificultando a afirmação na sociedade internacional do ideal de uma Corte Internacional Criminal,[17] pelo Estatuto de Roma (17-6-1998) criou-se o Tribunal Penal Internacional para o julgamento dos crimes mais graves que afetam a comunidade internacional em seu conjunto, como o crime de genocídio, os crimes contra a humanidade e os crimes de guerra. O texto do Estatuto, assinado pelo Brasil em 7-2-2000, foi aprovado pelo Decreto Legislativo nº 112/2002 e promulgado pelo Decreto nº 4.388, de 25-9-2002. A Constituição Federal passou a prever no art. 5º, § 4º, acrescentado pela Emenda Constitucional nº 45, de 8-12-2004, que "o Brasil se submete à jurisdição de Tribunal Penal Internacional a cuja criação tenha manifestado adesão".

São inúmeras, também, as afinidades do Direito Penal com o *Direito Privado*. Como direito eminentemente sancionador, a contribuição do primeiro é decisiva para reforçar a tutela jurídica do segundo com a cominação de sanções punitivas aos atos ilícitos. Quanto ao *Direito Civil*, por exemplo, um mesmo fato pode caracterizar um ilícito penal e obrigar a uma reparação civil. O atropelamento culposo constitui uma infração à lei civil quanto aos danos pessoais sofridos pela vítima, importando em indenização de caráter econômico, enquanto, ao mesmo tempo, é um ilícito penal que acarreta sanção mais grave, no caso pena privativa de liberdade ou interdição de direito. Tutela ainda o Direito Penal o patrimônio, ao descrever delitos como furto, roubo, estelionato etc.; posse, no esbulho possessório; família, na bigamia, abandono material etc. Ademais, muitas noções constantes das definições de crimes são fornecidas pelo Direito Civil, como as de "casamento", "erro", "ascendente", "descendente", "cônjuge", "irmão", "tutor" ou "curador" etc., indispensáveis para a interpretação e aplicação da lei penal.

Com relação ao *Direito Comercial* ou *Empresarial*, tutela a lei penal institutos como o cheque, a duplicata, o conhecimento de depósito ou *warrant* etc. Determina ainda a incriminação da fraude no comércio e tipifica, em lei especial, os crimes falimentares.

Embora alguns neguem a existência de um *Direito Penitenciário*, ganhou ele autonomia na matéria relativa à execução da pena, ao menos em sua disciplina jurídica no Brasil, com a Constituição Federal anterior, que desincorporou as normas de regime penitenciário do Direito Penal e do Direito Processual Penal. A nova Carta Magna in-

---

16. PLAWSKY, Stanislaw. *Étude des principes fondamentaux du droit international penal*. Paris: Librairie Générale de Droit et de Jurisprudence, 1972. p. 9-10.
17. Cf. MELLO, Celso D. de Albuquerque. Ob. cit. p. 215.

clui na competência concorrente da União, Estados e Distrito Federal as leis de "direito penitenciário" (art. 24, I), limitando o âmbito da primeira às "normas gerais" (art. 24, § 1º). Na verdade, enquanto as sanções de outros ramos do Direito são de fácil execução devido a seu caráter meramente reparador, o cumprimento das penas, principalmente das privativas de liberdade, por suas finalidades diversas (retribuição, prevenção, recuperação), apresenta maior complexidade. A dificuldade da execução levou então a uma exigência de maior desenvolvimento das regras para sua regulamentação. No Brasil, elaborou-se pela primeira vez uma Lei de Execução Penal, dissociando-a do Direito Penal e do Direito Processual Penal. Não há como negar, aliás como acentua Zaffaroni, citando Pettinato, que deve existir um conjunto de normas positivas que se refiram aos diferentes sistemas de penas, à custódia e tratamento, à organização e direção das instituições e estabelecimentos que cumpram com os fins de prevenção, retribuição e reabilitação do delinquente e dos organismos de ajuda para os internados e liberados.[18]

Com a criação no Código Penal das penas alternativas de restrição de direitos (prestação de serviços à comunidade, interdição temporária de direitos, limitação de fim de semana e, posteriormente, prestação pecuniária e perda de bens e valores), pode-se avançar no sentido de que esse ramo jurídico deve transformar-se em verdadeiro Direito de Execução Penal.

Relaciona-se ainda o Direito Penal com o *Direito do Trabalho*, principalmente no que tange aos crimes contra a Organização do Trabalho (arts. 197 a 207 do CP) e aos efeitos trabalhistas da sentença penal (arts. 482, *d*, e parágrafo único, e 483, *e* e *f* da CLT).

Por fim, é inegável o relacionamento do Direito Penal com o *Direito Tributário* quando contém a repressão aos crimes de sonegação fiscal ou contra a ordem tributária (Leis nos 4.729/65 e 8.137/90) e com o *Direito Financeiro* quando incrimina condutas praticadas contra as Finanças Públicas (arts. 359-A a 359-H do CP).

### 1.2.4 Relação com as disciplinas auxiliares

Referem-se os autores às "ciências auxiliares" como sendo aquelas disciplinas que servem à aplicação prática do Direito Penal. São elas a Medicina Legal, a Criminalística e a Psiquiatria Forense.

Na *Medicina Legal*, que é a aplicação de conhecimentos médicos para a realização de leis penais ou civis, verificam-se a existência, a extensão e a natureza dos danos à saúde e à vida (exames de lesões corporais, necroscópicos), a ocorrência de atentados sexuais (exame de conjunção carnal ou atos libidinosos), a matéria de toxicologia (envenenamento, intoxicação alcoólica e por tóxicos) etc.

A *Criminalística*, também chamada *Polícia Científica*, é a técnica que resulta da aplicação de várias ciências à investigação criminal, colaborando na descoberta dos

---
18. Cf. ZAFFARONI, Eugênio Raúl. Ob. cit. p. 71.

crimes e na identificação de seus autores. Seu objetivo é o estudo de provas periciais referentes a pegadas, manchas, impressões digitais, projéteis, locais de crime etc.

A *Psiquiatria Forense*, originalmente ramo da Medicina, é considerada hoje ciência à parte. Seu objetivo é o estudo dos distúrbios mentais em face dos problemas judiciários, tais como os da imputabilidade, da necessidade de tratamento curativo nos autores de crimes chamados "semi-imputáveis", da deficiência mental como causa da vulnerabilidade da vítima em crimes sexuais (arts. 217-A, § 1º, e 218-C do CP) etc.

## 1.3 CRIMINOLOGIA E CIÊNCIAS PENAIS

### 1.3.1 Criminologia

Segundo Israel Drapkin Senderey, "a Criminologia é um conjunto de conhecimentos que estudam os fenômenos e as causas da criminalidade, a personalidade do delinquente e sua conduta delituosa e a maneira de ressocializá-lo".[19] Nesse sentido, há uma distinção precisa entre essa ciência e o Direito Penal. Enquanto neste a preocupação básica é a dogmática, ou seja, o estudo das normas enquanto normas, da Criminologia se exige um conhecimento profundo do conjunto de estudos que compõem a enciclopédia das ciências penais. O delito e o delinquente, na Criminologia, não são encarados do ponto de vista jurídico, mas examinados, por meio de observação e experimentação, sob enfoques diversos. O crime é considerado como fato humano e social; o criminoso é tido como ser biológico e agente social, influenciado por fatores genéticos e constitucionais, bem como pelas injunções externas que conduzem à prática da infração penal, e, numa postura moderna, agente de *comportamento desviante*. Em resumo, estuda-se na Criminologia a causação do crime, as medidas recomendadas para tentar evitá-lo, a pessoa do delinquente e os caminhos para sua recuperação.

### 1.3.2 Criminologia crítica

O distanciamento provocado pela reação da Escola Técnico-jurídica contra a intromissão excessiva da Criminologia no campo da ciência penal, porém, levou à verificação de que esta não pode viver exclusivamente do estudo dos sistemas normativos, em exercícios de pura lógica formal, fazendo do direito legislado o seu único objeto. Surgiu então um movimento de aproximação das duas ciências, com a conclusão de que a Criminologia não deve ter por objeto apenas o crime e o criminoso como institucionalizados pelo direito positivo, mas deve questionar também os fatos mais relevantes, adotando uma postura filosófica. Nesse posicionamento, a que se deu o nome de *Criminologia crítica*, cabe questionar os fatos "tais como a violação dos direitos fundamentais do homem, a infligência de castigos físicos e de torturas em países não

---

19. SENDEREY, Israel Drapkin. *Manual de criminologia*. São Paulo: José Bushatsky, 1978. p. 6.

democráticos; a prática de terrorismo e de guerrilhas; a corrupção política, econômica e administrativa",[20] tudo isso, como afirma Lopez-Rey, como "expressão da decadência dos sistemas socioeconômicos e políticos, sejam quais forem suas etiquetas".[21] Cabe à Criminologia crítica cumprir seu papel, como afirma Manoel Pedro Pimentel, "retendo como material de interesse para o Direito Penal apenas o que efetivamente mereça punição reclamada pelo consenso social, e denunciando todos os expedientes destinados a incriminar condutas que, apenas por serem contrárias aos interesses dos poderosos do momento, política ou economicamente, venham a ser transformadas em crimes".[22] Em suma, há que se ter por lema a frase do Ministro da Justiça francês na abertura do Instituto Criminológico em Vaucresson, em 1956: "Devemos não só comparar os fatos com o Direito, mas também o Direito com os fatos."

Cezar Roberto Bitencourt resume a essência da Criminologia Crítica na contestação a princípios estabelecidos no Direito Penal. Quanto ao *princípio do bem e do mal*, diz que a criminalidade é um fenômeno social "normal" (e não patológico) de toda estrutura social, cumprindo uma função útil ao desenvolvimento sociocultural; ao *princípio da culpabilidade* opõe as teorias das subculturas, diante da qual o comportamento humano não representa a expressão de uma atitude interior dirigida contra o valor que tutela a norma penal, pois não existe um único sistema de valor, o oficial, mas uma série de subsistemas que se transmitem aos indivíduos através dos mecanismos de socialização e de aprendizagem dos grupos e do ambiente em que o indivíduo se encontra inserto; questiona o *princípio do fim ou da prevenção* da pena, com o entendimento de que a ressocialização não pode ser conseguida numa instituição como a prisão, que sempre é convertida num microcosmo no qual se reproduzem e se agravam as graves contradições existentes no sistema social exterior etc.[23]

### 1.3.3 Biologia criminal

Adotando a classificação de Mezger, aceita por Battaglini, pode-se dividir a Criminologia em dois grandes ramos: o da Biologia Criminal e o da Sociologia Criminal.[24] Não se deve esquecer, entretanto, de que as ciências penais que compõem essa classificação têm íntima correlação, confundindo-se e interpenetrando-se, muitas vezes, o âmbito de seus estudos.

Estuda-se na *Biologia Criminal* o crime como fenômeno individual, ocupando-se essa ciência das condições naturais do homem criminoso em seu aspecto físico, fisiológico e psicológico. Inclui ela os estudos da Antropologia, Psicologia e Endocrinologia criminais.

---

20. PIMENTEL, Manoel Pedro. *O crime e a pena na atualidade*. São Paulo: Revista dos Tribunais, 1983. p. 40.
21. Manifesto criminológico. *Revista de Direito Penal*. Rio de Janeiro: Forense, nº 24, p. 9.
22. PIMENTEL, Manoel Pedro. Ob. cit. p. 43.
23. O objetivo ressocializador na visão da Criminologia Crítica, *RT* 662/247-256.
24. Cf. BATTAGLINI, Giulio. Ob. cit. p. 17-21.

A *Antropologia Criminal*, criada por César Lombroso, preocupa-se com os diferentes aspectos do homem no que concerne a sua constituição física, aos fatores endógenos (raça, genética, hereditariedade etc.) e à atuação do delinquente no ambiente físico e social. Estuda-se, pois, o homem delinquente em seu aspecto anatômico e físico. Embora já superada a conceituação do criminoso nato de Lombroso (item 1.4.10), há investigações modernas a respeito dos cromossomos e até das impressões digitais como identificadores de seres humanos geneticamente inclinados à prática de atos antissociais.[25]

Além do sentido restrito de indagação dos caracteres puramente constitucionais do homem delinquente, a expressão "Antropologia Criminal" tem sido utilizada como denominação da ciência que tem por objeto o estudo do homem delinquente, no que se confunde com a própria Biologia Criminal, ou mesmo da investigação das culturas e subculturas criminais, âmbito da Sociologia Criminal.

A *Psicologia Criminal*, resultante das ideias pioneiras de Feuerbach e Romagnosi, trata do diagnóstico e prognóstico criminais. Ocupa-se com o estudo das condições psicológicas do homem na formação do ato criminoso, do dolo e da culpa, da periculosidade e até do problema objetivo da aplicação da pena e da medida de segurança. Tal estudo torna-se extremamente útil na prevenção do crime e na disciplina dos institutos da liberdade condicional, da prisão aberta, das penas alternativas etc. Divide-se em *Psicologia Individual*, criada por Adler, com base na psicanálise criminal (Freud, Adler, Jung), em que se estuda o delinquente isoladamente no sentido da reconstrução dinâmica do delito, considerado algumas vezes como resultado de um conflito psíquico; *Psicologia Coletiva*, que tem por objeto o estudo da criminalidade das multidões em especial; e *Psicologia Forense* (ou *Judiciária*), que se ocupa do estudo dos participantes do processo judicial (réu, testemunhas, juiz, advogado, vítima etc.).[26]

A *Endocrinologia Criminal*, também componente da Biologia Criminal, é a ciência que estuda as glândulas endócrinas, ou seja, as glândulas de secreção interna (tiroide, suprarrenal, gônadas etc.) e sua influência na conduta do homem, sustentando alguns cientistas ser seu mau funcionamento o responsável pela má conduta do delinquente.[27]

### 1.3.4 Sociologia criminal

Tomando o crime como um fato da vida em sociedade, a *Sociologia Criminal* estuda-o como expressão de certas condições do grupo social. Criada por Henrique Ferri (item 1.4.10), preocupa-se essa ciência, preponderantemente, com os fatores externos (exógenos) na causação do crime, bem como com suas consequências para a

---

25. A propósito da genética, idade, sexo, raça e herança patológica no homem criminoso: SENDEREY, Israel Drapkin. Ob. cit. p. 110-165. Contestando a tese: SERRAT, Saulo Monte. Fatores biológicos da criminalidade: uma falência persistente, *RT* 639/403-404.
26. Famosa, nesse campo, é a obra de ALTAVILLA, Enrico. *Psicologia judiciária*. 2. ed. Coimbra: Armênio Amado, 1957.
27. A propósito do tema: BRANCO, Victorino Prata Castelo. *Criminologia*. São Paulo: Sugestões Literárias, 1980. p. 125-131.

coletividade. Serve-se a Sociologia Criminal da *Estatística Criminal* como método ou técnica para o estudo quantitativo dos fenômenos criminais.

Não dispensa a Sociologia Criminal a colaboração de outras ciências ou técnicas que auxiliam o estudo do crime como fato social e os meios mais eficazes de prevenção e repressão criminal. Nessa situação, está a *Política Criminal*, que é um conjunto de princípios, produtos da investigação científica e da experiência, sobre os quais o Estado deve basear-se para prevenir e reprimir a criminalidade. A diferença entre Criminologia e Política Criminal – diz bem Senderey – repousa no fato de esta ser um ramo do Direito Penal; não estuda o delinquente, deixando isto a cargo da Criminologia e, fundada nos resultados obtidos por esta, dita os meios de prevenção e repressão à delinquência.[28] Seu objeto, portanto, é fornecer orientação aos elaboradores da lei para que o combate à criminalidade se faça em bases racionais, com os meios adequados, e estabelecer críticas à lei vigente para as reformas recomendadas. Já a "Política Criminal Alternativa", formada pelas correntes da Nova Criminologia ou Criminologia Crítica, vê o sistema penal organizado ideologicamente, protegendo interesses das classes dominantes, ao sancionar mais gravemente condutas típicas de grupos marginalizados, propondo a extinção da pena privativa de liberdade, por meio de um programa gradativo de despenalização, desjudicialização e descriminalização.[29]

A *Vitimologia*, por sua vez, preocupa-se com a pessoa do sujeito passivo da infração penal e com sua contribuição para a existência do crime. Com as pesquisas de Von Henting, percebeu-se que a vítima pode ser colaboradora do ato criminoso, uma "vítima nata" (personalidades insuportáveis, pessoas sarcásticas e irritantes, homossexuais e prostitutas etc.). A nova ciência aponta, a par do binômio crime-criminoso, a dupla vítima-criminoso, aquela personagem tão importante como o delinquente na apreciação do fato delituoso.[30] Os estudos, porém, estenderam-se para incluir investigações e propor soluções a respeito da necessidade da reparação do dano material e moral à vítima do crime. Atentos a esses problemas, os autores do anteprojeto da reforma da Parte Geral incluíram como sanção a "multa reparatória", excluído, porém, do projeto convertido em lei. Foi incluída, todavia, com fundamento nos estudos da Vitimologia, o "comportamento da vítima" como uma das circunstâncias que devem ser consideradas pelo juiz para a fixação da pena do autor do crime (art. 59 do CP).

Por fim, deve-se mencionar a *Biotipologia Criminal*, que tem por objeto a classificação dos criminosos para a correta aplicação da execução da pena. Como bem afirma Manoel Pedro Pimentel, "mesmo com a precariedade conceptual do que seja *tipo puro*, é possível falar-se em uma *biotipologia criminal*, estabelecendo-se classificações nas quais certos indivíduos podem ser agrupados, por serem portadores de anomalias orgânicas ou funcionais características, que comprovadamente estão presentes na gênese das condutas agressivas".[31]

---

28. SENDEREY, Israel Drapkin. Ob. cit. p. 71.
29. MARQUES, Oswaldo Henrique Duek. Sistema penal para o terceiro milênio, *RT* 663/390-392.
30. Cf. ALVES, Roque de Brito. A vitimologia, *RT* 616/415.
31. PIMENTEL, Manoel Pedro. Ob. cit. p. 29.

## 1.3.5 Conclusão

O estudo do delito como fenômeno social, como foi visto, é do âmbito da Sociologia Criminal, assim como o crime, como fato individual, pertence ao campo de observação da Biologia Criminal. Entretanto, a interpenetração dessas ciências, para o estudo da gênese do delito, é incontestável. Notou Gemelli que a dinâmica da ação do ambiente não pode ser separada "da dinâmica da personalidade por serem dois aspectos de um só dinamismo que necessitam ser ponderados por quem pretenda compreender o significado de uma ação delituosa".[32]

## 1.4 BREVE HISTÓRIA DO DIREITO PENAL

### 1.4.1 Tempos primitivos

Embora a história do Direito Penal tenha surgido com o próprio homem, não se pode falar em um sistema orgânico de princípios penais nos tempos primitivos. Nos grupos sociais dessa era, envoltos em ambiente mágico (vedas) e religioso, a peste, a seca e todos os fenômenos naturais maléficos eram tidos como resultantes das forças divinas ("totem") encolerizadas pela prática de fatos que exigiam reparação. Para aplacar a ira dos deuses, criaram-se séries de proibições (religiosas, sociais e políticas), conhecidas por "tabu", que, não obedecidas, acarretavam castigo.[33] A infração *totêmica* ou a desobediência *tabu* levou a coletividade à punição do infrator para desagravar a entidade, gerando-se assim o que, modernamente, denominados "crime" e "pena". O castigo infligido era o sacrifício da própria vida do transgressor ou a "oferenda por este de objetos valiosos (animais, peles e frutas) à divindade, no altar montado em sua honra".[34] A pena, em sua origem remota, nada mais significava senão a vingança, revide à agressão sofrida, desproporcionada com a ofensa e aplicada sem preocupação de justiça.[35]

Várias foram as fases de evolução da vingança penal, etapas essas que não se sucederam sistematicamente, com épocas de transição e adoção de princípios diversos, normalmente envolvidos em sentido religioso. Para facilitar a exposição, pode-se

---

32. MARQUES, José Frederico. Ob. cit. p. 62-63.
33. *Tabu*, palavra de origem polinésia que não comporta exata tradução, significa ao mesmo tempo o sagrado e o proibido, o impuro, o terrível. Cf. PIMENTEL, Manoel Pedro. Ob. cit. p. 119.
34. GARCEZ, Walter de Abreu. Ob. cit. p. 66.
35. Juarez Tavares, em nota à obra de Wessels, afirma: "Segundo nos revelam os dados históricos, o Direito Penal não existiu sempre. Seu aparecimento se dá, propriamente, no período superior da barbárie, com a primeira grande divisão social do trabalho e a consequente divisão da sociedade em classes e a implantação do Estado. [...] O Direito Penal somente se estrutura quando a produção, já desenvolvida com o emprego de instrumentos de metal e da agricultura, apresenta considerável quantidade de reservas de excedentes e exige o suplemento de mão-de-obra, cindindo a antiga organização gentílica, alicerçada no trabalho solidário e comum, para substituí-lo pela propriedade privada dos meios de produção e pelo trabalho escravo. Com isso se estratificou a sociedade em classes, e, por consequência, se criaram contradições antagônicas que deveriam, agora, ser disciplinadas por um poder central e por normas rígidas, de caráter penal, para garantir a nova ordem." WESSELS, Johannes. Ob. cit. p. 2-3, *nota* 1.

aceitar a divisão estabelecida por Noronha, que distingue as fases de vingança privada, vingança divina e vingança pública.

### 1.4.2 Fases da vingança penal

Na denominada fase da *vingança privada*, cometido um crime, ocorria a reação da vítima, dos parentes e até do grupo social (tribo), que agiam sem proporção à ofensa, atingindo não só o ofensor, como também todo o seu grupo. Se o transgressor fosse membro da tribo, podia ser punido com a "expulsão da paz" (banimento), que o deixava à mercê de outros grupos, que lhe infligiam, invariavelmente, a morte. Caso a violação fosse praticada por elemento estranho à tribo, a reação era a da "vingança de sangue", considerada como obrigação religiosa e sagrada, "verdadeira guerra movida pelo grupo ofendido àquele a que pertencia o ofensor, culminando, não raro, com a eliminação completa de um dos grupos".[36]

Com a evolução social, para evitar a dizimação das tribos, surge o *talião* (de *talis* = tal), que limita a reação à ofensa a um mal idêntico ao praticado (sangue por sangue, olho por olho, dente por dente). Adotado no Código de Hamurábi (Babilônia), no Êxodo (povo hebraico) e na Lei das XII Tábuas (Roma), foi ele um grande avanço na história do Direito Penal por reduzir a abrangência da ação punitiva.

Posteriormente, surge a *composição*, sistema pelo qual o ofensor se livrava do castigo com a compra de sua liberdade (pagamento em moeda, gado, armas etc.). Adotada, também, pelo Código de Hamurábi, pelo Pentateuco e pelo Código de Manu (Índia), foi a composição largamente aceita pelo Direito Germânico, sendo a origem remota das formas modernas de indenização do Direito Civil e da multa do Direito Penal.

A fase da *vingança divina* deve-se à influência decisiva da religião na vida dos povos antigos.[37] O Direito Penal impregnou-se de sentido místico desde seus primórdios, já que se devia reprimir o crime como satisfação aos deuses pela ofensa praticada no grupo social. O castigo, ou oferenda, por delegação divina era aplicado pelos sacerdotes que infligiam penas severas, cruéis e desumanas, visando especialmente à intimidação. Legislação típica dessa fase é o Código de Manu, mas esses princípios foram adotados na Babilônia, no Egito (*Cinco Livros*), na China (*Livros das Cinco Penas*), na Pérsia (*Avesta*) e pelo povo de Israel (*Pentateuco*).

Com a maior organização social, atingiu-se a fase da *vingança pública*. No sentido de se dar maior estabilidade ao Estado, visou-se à segurança do príncipe ou soberano pela aplicação da pena, ainda severa e cruel. Também em obediência ao sentido religioso, o Estado justificava a proteção ao soberano que, na Grécia, por exemplo, governava em nome de Zeus, e era seu intérprete e mandatário. O mesmo ocorreu em Roma,

---

36. GARCEZ, Walter de Abreu. Ob. cit. p. 66.
37. Leitura obrigatória sobre o assunto é a obra de COULANGES, Fustel de. *Cidade antiga*. 8. ed. Porto: Livraria Clássica Editora, 1954.

com aplicação da Lei das XII Tábuas. Em fase posterior, porém, libertou-se a pena de seu caráter religioso, transformando-se a responsabilidade do grupo em individual (do autor do fato), em positiva contribuição ao aperfeiçoamento de humanização dos costumes penais.

### 1.4.3 Direito Penal dos hebreus

Após a etapa da Legislação Mosaica, evoluiu o Direito Penal do Povo hebreu com o *Talmud*. Substituiu-se a pena de talião pela multa, prisão e imposição de gravames físicos, sendo praticamente extinta a pena de morte, aplicando-se em seu lugar a prisão perpétua sem trabalhos forçados. Os crimes poderiam ser classificados em duas espécies: delitos contra a divindade e crimes contra o semelhante. O Talmud, assim, foi um formidável suavizador dos rigores da lei mosaica. Estabeleciam-se, inclusive, garantias rudimentares em favor do réu, contra os perigos da denunciação caluniosa e do falso testemunho, de consequências gravíssimas e tantas vezes irreparáveis para o condenado inocente, máxime num sistema repressivo em que a palavra das testemunhas assumia excepcional importância na pesquisa da verdade.[38]

### 1.4.4 Direito romano

Em Roma, evoluindo-se das fases de vingança, por meio do talião e da composição, bem como da vingança divina na época da realeza, Direito e Religião separam-se. Dividem-se os delitos em *crimina pública* (segurança da cidade, *parricidium*), ou crimes *majestatis*, e *delicta privata* (infrações consideradas menos graves, reprimidas por particulares). Seguiu-se a eles a criação dos *crimina extraordinária* (entre as outras duas categorias). Finalmente, a pena torna-se, em regra, pública. As sanções são mitigadas, e é praticamente abolida a pena de morte, substituída pelo exílio e pela deportação (*interdictio acquae et igni*).

Contribuiu o Direito Romano decisivamente para a evolução do Direito Penal com a criação de princípios penais sobre o erro, culpa (*leve* e *lata*), dolo (*bonus* e *malus*), imputabilidade, coação irresistível, agravantes, atenuantes, legítima defesa etc.

### 1.4.5 Direito germânico

O Direito Penal germânico primitivo não era composto de leis escritas, mas constituído apenas pelo costume. Ditado por características acentuadamente de vingança privada, estava ele sujeito à reação indiscriminada e à composição. Só muito mais tarde foi aplicado o *talião* por influência do Direito Romano e do cristianismo. Outra característica do direito bárbaro foi a ausência de distinção entre dolo, culpa e caso

---

38. A respeito do assunto: SILVA, Jorge Medeiros. O direito penal dos hebreus. *Justitia* 107/19-26, e LEVAI, Emeric. O julgamento de Susana. *Justitia* 57/85-107.

fortuito, determinando-se a punição do autor do fato sempre em relação ao dano por ele causado e não de acordo com o aspecto subjetivo de seu ato. No processo, vigoravam as "ordálias" ou "juízos de Deus" (prova de água fervente, de ferro em brasa etc.) e os duelos judiciários, com os quais se decidiam os litígios, "pessoalmente ou através de lutadores profissionais".[39]

### 1.4.6 Direito canônico

Entre a época dos direitos romano e germânico e a do direito moderno, estendeu-se o *Direito Canônico* ou o Direito Penal da Igreja, com a influência decisiva do cristianismo na legislação penal. Assimilando o Direito Romano e adaptando este às novas condições sociais, a Igreja contribuiu de maneira relevante para a humanização do Direito Penal, embora politicamente sua luta metódica visasse obter o predomínio do Papado sobre o poder temporal para proteger os interesses religiosos de dominação. Proclamou-se a igualdade entre os homens, acentuou-se o aspecto subjetivo do crime e da responsabilidade penal e tentou-se banir as ordálias e os duelos judiciários. Promoveu-se a mitigação das penas que passaram a ter como fim não só a expiação, mas também a regeneração do criminoso pelo arrependimento e purgação da culpa, o que levou, paradoxalmente, aos excessos da Inquisição. A jurisdição penal eclesiástica, entretanto, era infensa à pena de morte, entregando-se o condenado ao poder civil para a execução.

### 1.4.7 Direito medieval

No período medieval, as práticas penais entrelaçaram-se e influenciaram-se reciprocamente nos direitos romano, canônico e bárbaro. O Direito Penal, pródigo na cominação da pena de morte, executada pelas formas mais cruéis (fogueira, afogamento, soterramento, enforcamento etc.), visava especificamente à intimidação. As sanções penais eram desiguais, dependendo da condição social e política do réu, sendo comuns o confisco, a mutilação, os açoites, a tortura e as penas infamantes. Proscrito o sistema de composição, o caráter público do Direito Penal é exclusivo, sendo exercido em defesa do Estado e da religião. O arbítrio judiciário, todavia, cria em torno da justiça penal uma atmosfera de incerteza, insegurança e verdadeiro terror.

### 1.4.8 Período humanitário

É no decorrer do Iluminismo que se inicia o denominado Período Humanitário do Direito Penal, movimento que pregou a reforma das leis e da administração da justiça penal no fim do século XVIII. É nesse momento que o homem moderno toma consciência crítica do problema penal como problema filosófico e jurídico que é. Os temas

---

39. FRAGOSO, Heleno Cláudio. *Lições de direito penal*: parte geral. 4. ed. Rio de Janeiro: Forense, 1980. p. 31.

em torno dos quais se desenvolve a nova ciência são, sobretudo, os do fundamento do direito de punir e da legitimidade das penas.[40]

Em 1764, Cesar Bonesana, Marquês de *Beccaria* (nascido em Florença, em 1738), filósofo imbuído dos princípios pregados por Rousseau e Montesquieu, fez publicar em Milão, a obra *Dei delitti e delle pene* (Dos delitos e das penas), um pequeno livro que se tornou o símbolo da reação liberal ao desumano panorama penal então vigente. Demonstrando a necessidade de reforma das leis penais, Beccaria, inspirado na concepção do Contrato Social de Rousseau, propõe novo fundamento à justiça penal: um fim utilitário e político que deve, porém, ser sempre limitado pela lei moral. São os seguintes os princípios básicos pregados pelo filósofo que, não sendo totalmente original, firmou em sua obra os postulados básicos do Direito Penal moderno, muitos dos quais adotados pela Declaração dos Direitos do Homem, da Revolução Francesa:

1. Os cidadãos, por viverem em sociedade, cedem apenas uma parcela de sua liberdade e direitos. Por essa razão, não se podem aplicar penas que atinjam direitos não cedidos, como acontece nos casos da pena de morte e das sanções cruéis.

2. Só as leis podem fixar as penas, não se permitindo ao juiz interpretá-las ou aplicar sanções arbitrariamente.

3. As leis devem ser conhecidas pelo povo, redigidas com clareza para que possam ser compreendidas e obedecidas por todos os cidadãos.

4. A prisão preventiva somente se justifica diante de prova da existência do crime e de sua autoria.

5. Devem ser admitidas em Juízo todas as provas, inclusive a palavra dos condenados (mortos civis).

6. Não se justificam as penas de confisco, que atingem os herdeiros do condenado, e as infamantes, que recaem sobre toda a família do criminoso.

7. Não se deve permitir o testemunho secreto, a tortura para o interrogatório e os juízos de Deus, que não levam à descoberta da verdade.

8. A pena deve ser utilizada como profilaxia social, não só para intimidar o cidadão, mas também para recuperar o delinquente.

### 1.4.9 Escola Clássica

As ideias fundamentais do Iluminismo expostas magistralmente por Beccaria estão nas obras de vários autores que escreveram na primeira metade do século XIX e que são reunidos sob a denominação de *Escola Clássica*, nome que foi criado pelos positivistas com sentido pejorativo, mas que hoje serve para reunir os doutrinadores dessa época.

---

40. Cf. NUVOLONE, Pietro. *O sistema do direito penal*. São Paulo: Revista dos Tribunais, 1981. v. 1, p. 1.

Seu maior expoente, no período jurídico ou prático, foi *Francesco Carrara*, autor do monumental *Programa del corso di diritto criminale* (1859). Para ele, o delito é um "ente jurídico" impelido por duas forças: a física, que é o movimento corpóreo e o dano do crime, e a moral, constituída da vontade livre e consciente do criminoso. O livre arbítrio como pressuposto da afirmação da responsabilidade e da aplicação da pena é o eixo do sistema carrariano.

Carrara definia o crime como "a infração da lei do Estado, promulgada para proteger a segurança dos cidadãos, resultante de um ato externo do homem, positivo ou negativo, moralmente imputável e politicamente danoso". É "infração da lei do Estado" em decorrência do princípio da reserva legal (ou da legalidade), segundo o qual só é crime o fato que infringe a lei penal. "Promulgada" porque se refere o autor apenas à regra legal, à norma judiciária e não às "leis" morais ou religiosas. Visa a norma "proteger a segurança dos cidadãos" porque a lei deve tutelar os bens jurídicos. O crime é um fato em que se viola a tutela do Estado, infringindo-se a lei e, portanto, passa a ser ele um "ente jurídico". Afirma o mestre que é o delito "resultante de um ato do homem" porque somente o homem pode delinquir, e "externo" por não ser punível a mera intenção ou cogitação criminosa. Ensina que o ato pode ser "positivo" quando se refere a ação (fazer) ou "negativo" quando se relaciona com a omissão (não fazer o devido). O criminoso é "moralmente imputável" já que a sanção se fundamenta no livre arbítrio de que dispõe o ser humano são, e o ilícito é "politicamente danoso" por perturbar ou prejudicar o cidadão (vítima) e a própria sociedade, pela instabilidade, alarma e repercussão sociais que provoca.

Para a Escola Clássica, o método que deve ser utilizado no Direito Penal é o *dedutivo ou lógico-abstrato* (já que se trata de uma ciência jurídica), e não experimental, próprio das ciências naturais. Quanto à pena, é tida como tutela jurídica, ou seja, como proteção aos bens jurídicos tutelados penalmente. A sanção não pode ser arbitrária; regula-se pelo dano sofrido, inclusive, e, embora retributiva, tem também finalidade de defesa social.

Deve-se mencionar também a chamada *Escola Correcionalista*, de Carlos Cristian Frederico Krause e Carlos David Augusto Roeder (ou Röder), de inspiração clássica, que considera o Direito como necessário a que se cumpra o destino do homem, como uma missão moral da descoberta da liberdade. Deve-se estudar o criminoso para *corrigi-lo* e *recuperá-lo*, por meio da pena indeterminada. Não se pode, segundo tais ideias, determinar *a priori* a duração da pena, devendo ela existir apenas enquanto necessária à recuperação do delinquente. Participaram dessas ideias Dorado Montero, Concepción Arenal e Luís Jiménez de Asúa.

### 1.4.10 Período criminológico e Escola Positiva

O movimento naturalista do século XVIII, que pregava a supremacia da investigação experimental em oposição à indagação puramente racional, influenciou o Direito Penal. Numa época de franco predomínio do pensamento positivista no campo da

Filosofia (Augusto Comte), das teorias evolucionistas de Darwin e Lamarck e das ideias de John Stuart Mill e Spencer, surgiu a chamada *Escola Positiva*.

O movimento criminológico do Direito Penal iniciou-se com os estudos do médico italiano e professor em Turim *César Lombroso,* que publicou em 1876 (ou 1878), o famoso livro *L'uomo delinquente studiato in rapporto, all'antropologia, alla medicina legale e alle discipline carcerarie,* expondo suas teorias e abrindo nova etapa na evolução das ideias penais. Considerando o crime como manifestação da personalidade humana e produto de várias causas, Lombroso estuda o delinquente do ponto de vista biológico. Criou com seus estudos a Antropologia Criminal e, nela, a figura do *criminoso nato*. Esse pioneiro firmou alguns conceitos básicos, alguns ampliados, outros retificados por seus seguidores, que deram novas diretrizes e abriram novos caminhos no estudo do crime e do criminoso como uma semente para uma árvore hoje conhecida como Criminologia. Apesar dos exageros da teoria lombrosiana, seus estudos abriram nova estrada na luta contra a criminalidade.

São as seguintes as ideias de Lombroso:

1. O crime é um fenômeno biológico, não um ente jurídico, como afirmava Carrara. Por essa razão, o método que deve ser utilizado em seu estudo é o experimental, e não o lógico-dedutivo dos clássicos.

2. O criminoso é um ser atávico e representa a regressão do homem ao primitivismo. É um selvagem e nasce delinquente como outros nascem sábios ou doentios, fenômeno que, na Biologia, é chamado de *degeneração*.

3. O *criminoso nato* apresenta características físicas e morfológicas específicas, como assimetria craniana, fronte fugidia, zigomas salientes, face ampla e larga, cabelos abundantes e barba escassa etc.

4. O criminoso nato é insensível fisicamente, resistente ao traumatismo, canhoto ou ambidestro, moralmente insensível, impulsivo, vaidoso e preguiçoso.

5. A causa da degeneração que conduz ao nascimento do criminoso é a *epilepsia* (evidente ou larvada), que ataca os centros nervosos, deturpa o desenvolvimento do organismo e produz regressões atávicas.

6. Existe a "loucura moral", que deixa íntegra a inteligência, suprimindo, porém, o senso moral.

7. O criminoso é, assim, um ser atávico, com fundo epiléptico e semelhante ao louco moral, doente antes que culpado e que deve ser tratado e não punido.

Apesar da evidente incoerência da definição do criminoso nato e dos exageros a que chegou o pioneiro da Escola Positiva e criador da Antropologia Criminal, os estudos de Lombroso ampliaram os horizontes do Direito Penal, que caminhava para um dogmatismo exacerbado.

A ideia de uma tendência para o crime em certos homens não foi sepultada com Lombroso. Desde os tempos de Mendel se sabe que os cromossomos podem intervir na transmissão de traços hereditários e nas deficiências genéticas. Estudos recentes, inclusive em várias instituições como manicômios, levaram à suspeita de que os homens com cromossomos XYY (o normal é a constituição XY) se caracterizam por conduta antissocial, baixa inteligência, mau gênio, tendência para a violência e marcada propensão para o crime. É também admissível que muitas características mentais, como a correlação introversão-extroversão, certas enfermidades mentais do grupo psicótico e a tendência à neurose, sejam condicionadas pela existência de fatores genéticos ainda hoje pouco conhecidos e estudados. O trabalho realizado a respeito do comportamento de gêmeos por Francisco Galton, Newmann, Freeman, Holzinger e, entre nós, por Hilário Veiga de Carvalho tem levado à conclusão de que os elementos recebidos por herança biológica, embora possam não condicionar um estilo de vida no sentido de tornar um homem predestinado em qualquer direção, influem no modo de ser do indivíduo.[41]

A Escola Positiva, porém, tem seu maior vulto em *Henrique Ferri*, criador da Sociologia Criminal ao publicar o livro que leva esse nome. Discípulo dissidente de Lombroso, ressaltou ele a importância de um trinômio causal do delito: os fatores antropológicos, sociais e físicos. Aceitando o determinismo, Ferri afirmava ser o homem "responsável" por viver em sociedade. Dividiu os criminosos em cinco categorias: o *nato,* conforme propusera Lombroso; o *louco,* portador de doença mental; o *habitual,* produto do meio social; o *ocasional,* indivíduo sem firmeza de caráter e versátil na prática do crime; e o *passional,* homem honesto, mas de temperamento nervoso e sensibilidade exagerada.[42] Dividiu as paixões em *sociais* (amor, piedade etc.), que devem ser amparadas e incentivadas, e *antissociais* (ódio, inveja, avareza etc.), que devem ser reprimidas severamente.

Rafael Garófalo, iniciador da chamada fase jurídica do positivismo italiano, sustentava que existem no homem dois sentimentos básicos, a piedade e a probidade (ou justiça), e que o delito é sempre uma lesão desses sentimentos. Em sua obra *Criminologia,* em que se usou pela primeira vez essa denominação para as ciências penais, estuda o delito, o delinquente e a pena, ressaltando a *temibilità* (perversidade constante e ativa do delinquente e a quantidade do mal que se deve temer por parte do mesmo).

Os princípios básicos da Escola Positiva são, em resumo:

1. O crime é fenômeno natural e social, sujeito às influências do meio e de múltiplos fatores, exigindo o estudo pelo método experimental.

2. A responsabilidade penal é responsabilidade social, por viver o criminoso em sociedade, e tem por base a sua periculosidade.

---

41. Cf. CARVALHO, Hilário Veiga de. *Manual de introdução ao estudo da criminologia.* Coletânea Acácio Nogueira. Secretaria de Segurança Pública de SP. São Paulo, 1953. p. 101; MELLO, Dirceu de. Herança e crime. *Justitia* 94/145.
42. Sobre a atuação de Ferri na defesa de criminosos passionais: FERRI, Henrique. *Discursos de defesa*: defesas penais. 4. ed. Coimbra: Armênio Amado Editor.

3. A pena é medida de defesa social, visando à recuperação do criminoso ou à sua neutralização.
4. O criminoso é sempre, psicologicamente, um anormal, de forma temporária ou permanente.

### 1.4.11 Escolas mistas e tendência contemporânea

Procurando conciliar os princípios da Escola Clássica e o tecnicismo jurídico com a Escola Positiva, surgiram escolas ecléticas, mistas, como a *Terceira Escola* (Alimena, Carnevale, Impalomeni) e a *Escola Moderna Alemã*. Aproveitando as ideias de clássicos e positivistas, separava-se o Direito Penal das demais ciências penais, contribuindo de certa forma para a evolução dos dois estudos. Referiam-se os estudiosos à causalidade do crime e não a sua fatalidade, excluindo, portanto, o tipo criminal antropológico, e pregavam a reforma social como dever do Estado no combate ao crime. Da Escola Moderna Alemã resultou grande influência no terreno das realizações práticas, como a elaboração de leis, criando-se o instituto das medidas de segurança, o livramento condicional, o *sursis* etc.

Hoje, como reação ao *positivismo jurídico,* em que se pregava a redução do Direito ao estudo da lei vigente, os penalistas passaram a preocupar-se com a pessoa do condenado em uma perspectiva humanista, instituindo-se a doutrina da *Nova Defesa Social.* Para esta, a sociedade apenas é defendida à medida que se proporciona a adaptação do condenado ao convívio social.

### 1.4.12 Direito Penal no Brasil

Quando se processou a colonização do Brasil, embora as tribos aqui existentes apresentassem diferentes estágios de evolução, as ideias de Direito Penal que podem ser atribuídas aos indígenas estavam ligadas ao direito costumeiro, encontrando-se nele a vingança privada, a vingança coletiva e o talião. Entretanto, como bem acentua José Henrique Pierangelli, "dado o seu primarismo, as práticas punitivas das tribos selvagens que habitavam o nosso país em nenhum momento influíram na nossa legislação".[43]

No período colonial, estiveram em vigor no Brasil as Ordenações Afonsinas (até 1512) e Manuelinas (até 1569), substituídas estas últimas pelo Código de D. Sebastião (até 1603). Passou-se, então, para as Ordenações Filipinas, que refletiam o direito penal dos tempos medievais. O crime era confundido com o pecado e com a ofensa moral, punindo-se severamente os hereges, apóstatas, feiticeiros e benzedores. Eram crimes a

---

43. PIERANGELLI, José Henrique. *Códigos Penais do Brasil:* evolução histórica. Bauru: Jalovi, 1980. p. 6. Nesse sentido, CERNICCHIARO, Luiz Vicente. Estrutura do direito penal. 2. ed. São Paulo: José Bushatsky, 1970. p. 35.

blasfêmia, a bênção de cães, a relação sexual de cristão com infiel etc.[44] As penas, severas e cruéis (açoites, degredo, mutilação, queimaduras etc.), visavam infundir o temor pelo castigo. Além da larga cominação da pena de morte, executada pela forca, pela tortura, pelo fogo etc., eram comuns as penas infamantes, o confisco e as galés.

Proclamada a Independência, previa a Constituição de 1824 que se elaborasse nova legislação penal e, em 16-12-1830, era sancionado o *Código Criminal do Império*.[45] De índole liberal, o Código Criminal (o único diploma penal básico que vigorou no Brasil por iniciativa do Poder Legislativo e elaborado pelo Parlamento) fixava um esboço de individualização da pena, previa a existência de atenuantes e agravantes e estabelecia um julgamento especial para os menores de 14 anos. A pena de morte, a ser executada pela forca, só foi aceita após acalorados debates no Congresso e visava coibir a prática de crimes pelos escravos.

Com a proclamação da República, foi editado em 11-10-1890 o novo estatuto básico, agora com a denominação de *Código Penal*. Logo, foi ele alvo de duras críticas pelas falhas que apresentava e que decorriam, evidentemente, da pressa com que fora elaborado. Aboliu-se a pena de morte e instalou-se o regime penitenciário de caráter correcional, o que constituía um avanço na legislação penal. Entretanto, o Código era mal sistematizado e, por isso, foi modificado por inúmeras leis até que, dada a confusão estabelecida pelos novos diplomas legais, foram todas reunidas na Consolidação das Leis Penais, pelo Decreto nº 22.213, de 14-12-1932.

Em 1º-1-1942, porém, entrou em vigor o *Código Penal (Decreto-lei nº 2.848, de 7-12-1940)*, que ainda é nossa legislação penal fundamental. Teve o código origem em projeto de Alcântara Machado, submetido ao trabalho de uma comissão revisora composta de Nelson Hungria, Vieira Braga, Narcélio de Queiroz e Roberto Lira. É uma legislação eclética, em que se aceitam os postulados das escolas Clássica e Positiva, aproveitando-se, regra geral, o que de melhor havia nas legislações modernas de orientação liberal, em especial nos códigos italiano e suíço.[46] Seus princípios básicos, conforme assinala Heitor Costa Junior, são: a adoção do dualismo culpabilidade-pena e periculosidade-medida de segurança; a consideração a respeito da personalidade do criminoso; a aceitação excepcional da responsabilidade objetiva.[47]

---

44. A propósito do assunto: PINHO, Ruy Rebello. *História do direito penal brasileiro*: período colonial. São Paulo: Editora Universidade de São Paulo, 1973.
45. A respeito do Código Criminal do Império: MACHADO NETO, Zahidé. *Direito penal e estrutura social*. São Paulo: Editora da Universidade de São Paulo/Saraiva, 1979; BARBOSA, Marcelo Fortes. O Direito penal imperial, *Justitia* 76/105-113. A revista *Justitia*, em edição especial sobre o sesquicentenário do Código Criminal do Império, contém os seguintes artigos: A primeira sistematização penal do Brasil, de S. Silva Barreto; A personalidade de Tobias Barreto e o Código Criminal de 1830, de Mamede José Coelho Filho; O centenário do Código Criminal, de Vicente de Paulo, Vicente de Azevedo; e O início da codificação penal ibero-americana, de José Henrique Pierangelli, *Justitia* 109/9-51.
46. Sobre a influência da Escola Positiva no CP: TAVARES, Osvaldo Hamilton. A escola positiva e sua influência na legislação penal brasileira. *Justitia* 77/7-21. Sobre virtudes e defeitos do Código; TOLEDO, Francisco de Assis. Sistema criminal brasileiro, *Justitia* 112/126-128.
47. Cf. COSTA JUNIOR, Heitor. Aspectos da "parte geral" do anteprojeto do código penal. *RT* 555/459.

Tentou-se a substituição do Código pelo Decreto-lei nº 1.004, de 21-1-1969. As críticas a esse novo estatuto, porém, foram tão acentuadas que foi ele modificado substancialmente pela Lei nº 6.016, de 31-12-1973. Mesmo assim, após vários adiamentos da data em que passaria a viger, foi revogado pela Lei nº 6.578, de 11-10-1978.

### 1.4.13 A reforma do sistema penal (Lei nº 7.209, de 11-7-1984)

Após o insucesso da tentativa de reforma do Código Penal, o Chefe do Executivo, pela Portaria nº 1.043, de 27-11-1980, instituiu uma comissão para a elaboração de um anteprojeto de lei de reforma da Parte Geral do Código Penal de 1940. Presidida por Francisco de Assis Toledo e constituída por Francisco Serrano Neves, Miguel Reale Junior, Renê Ariel Dotti, Ricardo Antunes Andreucci, Rogério Lauria Tucci e Helio Fonseca, a comissão apresentou seu trabalho apoiado no princípio de *nullum crimen sine culpa* e na ideia de reformulação do elenco tradicional das penas. Como principais inovações podem ser citadas:

1. A reformulação do instituto de erro, adotando-se a distinção entre erro de tipo e erro de proibição como excludentes da culpabilidade.

2. A norma especial referente aos crimes qualificados pelo resultado para excluir-se a responsabilidade objetiva.

3. A reformulação do capítulo referente ao concurso de agentes para resolver o problema do desvio subjetivo entre os participantes do crime.

4. A extinção da divisão entre penas principais e acessórias e a criação das penas alternativas (restritivas de direito) para os crimes de menor gravidade.

5. A criação da chamada multa reparatória.

6. O abandono do sistema duplo-binário das medidas de segurança e a exclusão da presunção de periculosidade.

Em trabalho de revisão, para que se incorporasse material resultante dos debates havidos em torno do anteprojeto e ainda sob a coordenação de Francisco de Assis Toledo e com a participação de Dínio de Santos Garcia, Jair Leonardo Lopes e Miguel Reale Junior, excluiu-se do anteprojeto a contestada multa "reparatória" e efetuaram-se algumas alterações de aperfeiçoamento do anteprojeto. Encaminhado ao Congresso o Projeto de Lei nº 1.656-A, de 1983, foi ele aprovado sem qualquer modificação de vulto, não obstante as propostas de emendas apresentadas na Câmara dos Deputados e no Senado, transformando-se na Lei nº 7.209, de 11-7-1984, para viger seis meses após a data da publicação.

A nova lei é resultado de um influxo liberal e de uma mentalidade humanista em que se procurou criar novas medidas penais para os crimes de pequena relevância, evitando-se o encarceramento de seus autores por curto lapso de tempo. Respeita a dignidade do homem que delinquiu, tratado como ser livre e responsável, enfatizando-se a culpabilidade como indispensável à responsabilidade penal.

Em contrapartida, a insegurança resultante do progressivo aumento de violência urbana e da criminalidade em geral não encontrou resposta na nova lei que, neste passo, apenas possibilitou ao juiz a aplicação de penas mais elevadas nos crimes continuados praticados com violência ou ameaça. Parece-nos criticável também o repúdio ao critério da periculosidade e à ausência da distinção entre criminosos perigosos e não perigosos como tema básico para a aplicação e execução das penas e medidas de segurança (a lei não se refere praticamente à periculosidade do agente). Essa omissão, que só não ocorre quanto ao criminoso reincidente, pode dificultar ainda mais a repressão penal como forma de defesa social.

Não se assegurou assim a harmônica conciliação da defesa dos interesses sociais com a preservação dos direitos e garantias individuais, que devia presidir a reforma conforme a "carta de princípios" formulada pelo 1º Congresso Brasileiro de Política Criminal e Penitenciária realizado em 1981, em Brasília. Isso já levou à afirmação de que, "sob qualquer ângulo que se encare o problema da expansão alarmante da criminalidade, a reforma da legislação substantiva ganha pouca relevância".[48]

Sentindo a necessidade de alteração da legislação penal, especialmente no que diz respeito à Parte Especial do Código Penal e às leis penais especiais, o Conselho Nacional de Política Criminal e Penitenciária, em 1994, fixou como diretriz "enfatizar a necessidade de se efetivar a reforma do Código Penal, do Código de Processo Penal e da Lei de Execução Penal como pressuposto básico para o aperfeiçoamento e dinamização da Justiça Criminal" (art. 1º da Resolução nº 7, de 11-7-1994).

### 1.4.14 Leis posteriores à reforma e atuais tendências do legislador

A preocupação com a adaptação da legislação penal aos nossos tempos tem ensejado várias alterações no Código Penal. Após a reforma de 1984, 15 diplomas modificaram 20 artigos da Parte Geral e, desde o início de vigência do Código, 55 leis promoveram, na Parte Especial, a alteração ou a revogação de 98 artigos e a inclusão de 57 novos artigos. Essas alterações, bem como a edição de elevado número de leis extravagantes nas últimas décadas, refletem as principais tendências do legislador pátrio:

1. Evitar a aplicação de penas privativas de liberdade de curta duração nos delitos de menor gravidade, sobretudo quando atribuídos a réus primários. Os exemplos mais claros nessa direção são: a eliminação da possibilidade de conversão da multa em privação de liberdade (art. 51, com a redação dada pela Lei nº 9.268, de 1º-4-1996 e alterada pela Lei nº 13.964, de 24-12-2019); a criação de novas penas restritivas de direito e a ampliação das hipóteses de cabimento da substituição da pena privativa de liberdade (arts. 43 a 47, altera-

---

48. A reforma do Código Penal – Parte Geral, trabalho dos Promotores de Justiça de São Paulo no Tribunal do Júri: Antonio Sérgio Caldas de Camargo Aranha, Antonio Visconti, José Benedito de Azevedo Marques, Luiz Antonio Fleury Filho, Maria Cláudia de Souza Foz, Osvaldo Hamilton Tavares, Paulo Edson Marques, Pedro Franco de Campos e Walter de Almeida Guilherme.

dos pela Lei nº 9.714, de 25-11-1998); a instituição da composição dos danos civis e da transação penal nas infrações de menor potencial ofensivo, assim consideradas aquelas às quais a lei comina pena máxima não superior a dois anos, bem como da suspensão condicional do processo nos crimes em que a pena mínima cominada não exceda um ano (arts. 61, 72 a 76 e 89, da Lei nº 9.099, de 26-9-1995); a previsão do acordo de não persecução penal (art. 28-A do CPP, incluído pela Lei nº 13.964, de 24-12-2019).

2. Maior rigor na punição dos crimes mais graves. Essa preocupação do legislador, que se externou principalmente na edição da Lei dos Crimes Hediondos, determinou a elevação das penas cominadas para as infrações mais graves (arts. 155, § 4º-A, 157, §§ 2º, incisos V, 2º-A, inciso I, 2º-B, 3º, 158, § 3º, 159, 213, 218-B, 267, 270, 272, 273 etc.) e a vedação ou imposição de maiores restrições à concessão de benefícios legais nesses casos como a fiança, a liberdade provisória, o indulto, a progressão de regime, o livramento condicional etc. (art. 2º da Lei nº 8.072, de 25-7-1990, art. 83, inciso V, do CP, art. 44 da Lei de Drogas etc.). Mais recentemente foram elevadas as penas cominadas para o homicídio praticado contra autoridades ou agentes responsáveis pela segurança pública (Lei nº 13.142, de 6-7-2015) ou contra menor de 14 anos (Lei nº 14.344, de 24-5-2022) e alterado para 40 anos o tempo máximo de cumprimento de penas privativas de liberdade. Elevaram-se as penas cominadas para o feminicídio, agora previsto como crime autônomo (art. 121-A, incluído pela Lei nº 14.994, de 9-10-2024).

3. Mais severa repressão à criminalidade organizada. A proliferação e o fortalecimento das organizações criminosas e a sofisticação dos seus métodos de atuação conduziram o legislador a engendrar respostas potencialmente mais eficazes no combate a essa forma de criminalidade, mediante a edição de normas de caráter penal e processual penal. Entre essas normas podem-se lembrar: os arts. 159, § 1º, e 288 do CP e o art. 8º da Lei nº 8.072, de 25-7-1990, a Lei nº 12.720, de 27-9-2012, que inseriu o art. 288-A, tipificando o crime de constituição de milícia privada e cominou penas mais severas para o homicídio e a lesão corporal praticados por essa associação criminosa ou por grupos de extermínio; a Lei nº 12.850, de 2-8-2013, que, revogando a Lei nº 9.034, de 3-5-1995, tipificou o crime de organização criminosa e deu nova disciplina à investigação, ao procedimento e aos meios de obtenção de prova nos delitos dela decorrentes; a Lei nº 13.260, de 16-3-2016, que definiu os crimes de terrorismo e determina a aplicação da Lei nº 12.850/2013 na sua investigação, processo e julgamento; a Lei nº 9.807, de 13-7-1999, que prevê medidas de proteção a vítimas e testemunhas ameaçadas e aos acusados e condenados colaboradores; o art. 1º, §§ 4º e 5º, da Lei de *lavagem* de dinheiro (Lei nº 9.613, de 3-3-1998), a Lei nº 13.964, de 24-12-2019, que mais recentemente alterou dispositivos do

Código Penal, do Código de Processo Penal, da Lei de Execução Penal e mais 15 leis especiais, com atenção à repressão da criminalidade organizada.

4. Adaptação da legislação penal às mudanças ocorridas no meio social. No esforço desenvolvido nesse sentido pelo legislador pátrio incluem-se: (a) a recente substituição de antigos diplomas legais que tutelavam áreas tradicionais de proteção penal, como a Lei nº 11.343, de 23-8-2006 (Lei de drogas ilícitas), a Lei nº 11.101, de 9-2-2005 (Lei de Falências), a Lei nº 10.826, de 22-11-2003 (Estatuto do Desarmamento), e a Lei nº 9.279, de 14-5-1996 (Lei de Propriedade Industrial); (b) o reconhecimento da maior relevância de bens jurídicos a merecerem especial tutela penal, como, por exemplo, o meio ambiente (Lei nº 9.605, de 12-2-1998), os direitos do consumidor (arts. 61 a 80 da Lei nº 8.078, de 11-9-1990), a proteção da criança e do adolescente (arts. 225 a 258-B da Lei nº 8.069, de 13-7-1990, a Lei nº 14.344, de 24-5-2022 e a Lei nº 14.811, de 12-1-2024) e a segurança no trânsito (arts. 291 a 312 da Lei nº 9.503, de 23-9-1997); (c) a adaptação do quadro normativo às inovações tecnológicas, como as ocorridas nos campos da informática (arts. 154-A, 184, 298, 313-A, 313-B, 325, § 1º, do CP, art. 241-A do ECA, art. 12 da Lei nº 9.609, de 19-2-1998), da engenharia genética (arts. 24 a 29 da Lei nº 11.105, de 24-3-2005, que dispõe sobre a política de biossegurança) etc.; (d) as transformações havidas nos costumes, que conduziram, por exemplo, à descriminalização do adultério, da sedução e do rapto consensual (revogação dos arts. 217, 219 a 222, e 240 do CP), à tipificação do assédio sexual (art. 216-A), à descrição de novos tipos penais tutelando a "dignidade sexual" (Lei nº 12.015, de 7-8-2009), à previsão do estupro contra vítima do sexo masculino (art. 213), a importunação sexual (art. 215-A) etc.

5. Adaptação da legislação pátria aos acordos internacionais firmados pelo Brasil. Nas duas últimas décadas diversos tratados e convenções internacionais em matéria penal e processual penal firmados pelo país foram promulgados e seus textos, publicados, passaram a integrar o Ordenamento interno. Por força dos compromissos assumidos nessas convenções, também foram editadas leis penais disciplinando as matérias nelas tratadas. Esses acordos versam sobre princípios e regras gerais garantidoras de direitos fundamentais, a repressão a determinados ilícitos que violam intensamente direitos fundamentais da pessoa humana e que frequentemente assumem um caráter transnacional e sobre a colaboração entre os países em investigações, processos e procedimentos em matéria penal, processual penal e de execução penal.[49]

Em matéria processual penal, a reforma progressiva do Código de Processo Penal (Leis nº 10.792, de 1º-12-2003, 11.113, de 13-5-2005, 11.435, de 28-12-2006,

---

[49]. A respeito dos tratados e convenções internacionais firmados pelo Brasil em matéria penal e processual penal: Mirabete, Julio Fabbrini. *Código Penal interpretado*. 8. ed. São Paulo: Atlas, 2013, item 7.4.

11.449, de 5-1-2007, 11.689, de 9-6-2008, 11.690, de 9-6-2008, 11.719, de 20-6-2008, 11.900, de 8-1-2009, 12.403, de 4-5-2011, 12.681, de 4-7-2012, 12.694, de 24-7-2012, 12.736, de 30-11-2012 e 13.964, de 24-12-2019) e a entrada em vigor de várias leis especiais evidenciam que o principal desafio do legislador na atualidade consiste na conciliação de normas que assegurem de forma mais eficaz as garantias individuais, principalmente no que diz respeito à fiel observância do contraditório e da ampla defesa, com as necessidades de simplificação dos procedimentos e de maior rapidez na entrega da prestação jurisdicional. Outras alterações significativas na legislação processual penal vinculam-se à disciplina legal de procedimentos que favoreçam a investigações de infrações penais, como a interceptação de comunicação telefônica, a captação ambiental de sinais eletromagnéticos ópticos ou acústicos, a infiltração de agentes policiais, inclusive virtualmente na *internet*, a ação controlada, a delação premiada etc., e de medidas cautelares destinadas a assegurar a reparação do dano causado pela infração e a impedir que seus autores se locupletem do proveito auferido com sua prática.

Em que pesem as reformas do Código Penal e do Código de Processo Penal, bem como todo o esforço legislativo desenvolvido nas últimas duas décadas, a sociedade brasileira continua a conviver com taxas elevadas de criminalidade. Embora essencial, o contínuo aperfeiçoamento do quadro normativo jamais será garantidor do respeito às leis. A mera cominação em lei de sanções mais severas também não se constitui, evidentemente, em fator importante na prevenção de infrações penais se é notório o alto grau de impunidade, que enfraquece o caráter intimidativo das penas em geral. O reduzidíssimo percentual das infrações penais que são investigadas e esclarecidas, a falta de celeridade no julgamento de seus autores e um sistema prisional extremamente deficiente, tanto em termos de vagas, disciplina e segurança como de respeito às garantias individuais, são indicativos claros de que as instituições e órgãos públicos envolvidos em todas as fases da persecução penal, por diversas razões, ainda falham na missão de assegurar um grau indispensável de efetividade da lei penal. Essas deficiências encontram-se, não raras vezes, nas raízes de alterações legislativas que representam retrocessos em matéria penal. Na execução da pena, por exemplo, as alterações da Lei de Execução Penal promovidas pela Lei nº 10.792, de 1º-12-2003, que contribuíram para a redução da importância do exame criminológico e das funções da Comissão Técnica de Classificação e do Conselho Penitenciário, tiveram a indisfarçável motivação de reduzir artificiosamente o *déficit* de vagas do sistema prisional mediante o favorecimento da concessão da progressão do regime e do livramento condicional, de forma indistinta a criminosos de maior ou menor periculosidade social, com claros prejuízos à individualização da pena, à defesa social e aos avanços trazidos pela Reforma de 1984.

Por outro lado, a quase absoluta ausência de informações e de dados sistematizados e disponibilizados que possibilitariam a identificação de fatores de criminalidade em áreas específicas e que poderiam subsidiar a formulação de políticas públicas voltadas à prevenção de infrações penais alia-se, frequentemente, à falta de vontade política dos governantes e à incapacidade estrutural revelada pela Administração Pública no planejamento e execução de políticas dessa natureza.

## 1.5 FONTES DO DIREITO PENAL

### 1.5.1 Conceito

Fonte, em sentido figurado, significa origem, princípio, causa. Quando se fala em fontes do Direito Penal, está-se estabelecendo de onde provém, de onde se origina a lei penal.

As fontes podem ser *materiais* (ou substanciais, ou de produção), se informam a gênese, a substância, a matéria de que é feito o Direito Penal, como é produzido, elaborado; e *formais* (ou de conhecimento, ou de cognição), se se referem ao modo pelo qual se exterioriza o direito, pelo qual se dá ele a conhecer.

### 1.5.2 Fontes materiais

A única fonte de produção do Direito Penal é o *Estado*. Determina a Constituição Federal que compete privativamente à União legislar sobre "direito penal" (art. 22, I). A Carta magna, porém, inovou ao prever a possibilidade de lei complementar autorizar os Estados a legislar sobre questões específicas das matérias relacionadas no art. 22. Assim, ao menos em tese, existe a possibilidade de o Estado-membro legislar sobre a matéria particular, restrita, de direito penal, se autorizado por lei complementar.

O Estado, todavia, não pode legislar arbitrariamente, pois encontra seu fundamento na moral vigente, na vida social, no progresso e nos imperativos da civilização. Assim, como fonte remota e originária da norma jurídica está a "consciência do povo em dado momento do seu desenvolvimento histórico, consciência onde se fazem sentir as necessidades sociais e as aspirações da cultura, da qual uma das expressões é o fenômeno jurídico".[50]

Novas questões surgidas com a evolução técnica e científica, como o transplante de órgãos, a cirurgia em transexuais, a inseminação artificial, o nascimento de "bebês de proveta", o processo de *clonagem* e o desenvolvimento de organismos geneticamente modificados (transgênicos), frutos da engenharia genética, o devassamento da vida íntima das pessoas por aparelhos sofisticados de gravação, fotografia e escuta telefônica, a evolução da informática e das possibilidades de comunicação de dados e de acesso a informações por meio da *internet*, a poluição nas grandes cidades, nos mares, nos rios e na atmosfera etc., exigem a atualização do ordenamento jurídico, inclusive no que

---

50. BRUNO, Anibal. Ob. cit. v. 1, p. 187.

se refere à repressão penal, para que o Direito Penal não se torne obsoleto, superado e, portanto, injusto ou insuficiente para proteger os bens jurídicos individuais e sociais ameaçados pelo progresso da técnica ou da moral.

### 1.5.3 Fontes formais

As fontes formais que exteriorizam o direito, que lhe dão "forma" e o revelam, dividem-se em fontes *diretas* (ou imediatas) e *indiretas* (ou mediatas ou subsidiárias).

A única fonte direta do Direito Penal, diante do princípio da reserva legal (item 2.1.1), é a lei. Dada a amplitude de seu estudo, será ela objeto de capítulo à parte (item 1.6.1).

Apontam-se como fontes indiretas ou subsidiárias do Direito Penal os costumes e os princípios gerais do direito, referidos expressamente na Lei de Introdução às Normas do Direito Brasileiro (LINDB) (art. 4º).

O *costume* é uma regra de conduta praticada de modo geral, constante e uniforme, com a consciência de sua obrigatoriedade. Evidentemente, não se pode falar em criação ou revogação de crimes pelo costume, dado o princípio da legalidade. Não se pode negar, entretanto, sua influência na interpretação e na elaboração da lei penal. No primeiro caso, somente por meio do costume se poderá aquilatar o exato significado dos termos *honra, dignidade, decoro* (art. 140), *meios de correção e disciplina* (art. 136), *ato obsceno* (art. 233) etc. A transformação dos costumes, por sua vez, tem levado à extinção de alguns tipos penais, como o adultério e a sedução, à criação de outros, como o assédio sexual (art. 216-A), o registro não autorizado da intimidade sexual (art. 216-B), a importunação sexual (art. 215-A), ou a modificação de crimes anteriores, como nos casos do estupro (arts. 213 e 217-A), e da violação sexual mediante fraude (art. 215)[51], bem como a reclamos pela descriminalização ou por regras mais brandas em casos como o de aborto (arts. 124 a 126) etc.[52] Entretanto, mesmo reconhecendo que o costume pode ser acolhido em benefício do cidadão, para seu nascimento são exigíveis seus requisitos essenciais (reconhecimento geral e vontade geral de que a norma costumeira atue como direito vigente), o que não se confunde com a mera tolerância ou omissão de algumas autoridades, motivo pelo qual não se pode alegá-lo, por exemplo, para deixar de reprimir o denominado "jogo do bicho".[53]

---

51. Os arts. 217, 219, 220 e 240 do CP, que previam os crimes de sedução, rapto violento ou mediante fraude, rapto consensual e adultério, foram revogados pela Lei nº 11.106, de 28-3-2005, que também eliminou de tipos penais a exigência de que a vítima fosse *mulher honesta*. A Lei nº 12.015, de 7-8-2009, introduziu profundas modificações nos crimes sexuais previstos no Título VI da Parte Especial do CP, sob a atual denominação "Crimes contra a Dignidade Sexual".
52. Em recente decisão, a 1ª Turma do STF considerou inconstitucional a criminalização do aborto no primeiro trimestre da gestação: HC 124306-RJ, j. em 9-8-2016, *DJe* de 17-3-2017.
53. ARAUJO, Alcyr Menna Barreto de. Juiz não pode ignorar lei ainda em vigor. O Estado de S. Paulo, *Justitia*, 8-2-92, p. 6.

Os *princípios gerais do direito* são premissas éticas extraídas da legislação, do ordenamento jurídico. Está o Direito Penal sujeito às influências desses princípios, estabelecidos com a consciência ética do povo em determinada civilização, que podem suprir lacunas e omissões da lei penal. Cita-se como exemplo de aplicação dessa fonte indireta a não punição da mãe que fura as orelhas da filha, que praticaria assim um crime de lesões corporais, quando o faz para colocar-lhe brincos.

A *equidade*, correspondência jurídica e ética perfeita da norma às circunstâncias do caso concreto a que é aplicada, conforme definição de Noronha,[54] não é fonte do Direito Penal, mas forma de interpretação da norma. O mesmo se diga da doutrina e da jurisprudência (item 1.6.5). Também não são fontes os tratados e convenções internacionais, que só passam a viger no país após o *referendum* do Congresso, tornando-se, assim, lei e fonte direta do Direito Penal.

### 1.5.4 Analogia

A *analogia*, também contemplada no art. 4º da Lei de Introdução às Normas do Direito Brasileiro (LINDB), antes denominada Lei de Introdução ao Código Civil (LICC), é uma forma de autointegração da lei. Na lacuna desta, aplica-se ao fato não regulado expressamente pela norma jurídica um dispositivo que disciplina hipótese semelhante.

Diante do princípio da legalidade do crime e da pena, pelo qual não se pode impor sanção penal a fato não previsto em lei (item 2.1.1), é inadmissível o emprego da analogia para *criar* ilícitos penais ou estabelecer sanções criminais. Nada impede, entretanto, a aplicação da analogia às normas não incriminadoras quando se vise, na lacuna evidente da lei, favorecer a situação do réu por um princípio de equidade. Há, no caso, a chamada "analogia *in bonam partem*", que não contraria o princípio da reserva legal, podendo ser utilizada diante do disposto no já citado art. 4º da LINDB. Ressalte-se, porém, que só podem ser supridas as *lacunas legais involuntárias*; onde uma regra legal tenha caráter definitivo não há lugar para a analogia, ou seja, não há possibilidade de sua aplicação *contra legem*. Podem ser apontados como casos de aplicação da analogia:

1. A não punibilidade do dano de coisa comum fungível cujo valor não excede a quota a que tem direito o agente, diante do disposto no art. 156, § 2º, referente ao crime de furto.

2. O afastamento para a progressão de regime da exigência de reparação do dano pelo condenado por crime contra a administração pública (art. 33, § 4º), no caso de impossibilidade de fazê-lo, em face do que dispõem os arts. 78, § 2º, e 83, IV, em relação ao *sursis* e ao livramento condicional.

3. Antes da vigência da Lei nº 12.015, de 7-8-2009, a exclusão da pena nos casos de aborto que se pratica em mulher vítima de atentado violento ao pudor, que

---

54. NORONHA, E. Magalhães. Ob. cit. p. 60.

engravidou pela prática do ato delituoso, diante do que dispõe o art. 128, inciso II, do CP, que se refere apenas ao crime de estupro.

4. A punição por simples crime culposo, no excesso por culpa no estado de necessidade e exercício de direito ou cumprimento do dever legal, diante do que previa o art. 21, parágrafo único, da lei anterior, referente à legítima defesa, lacuna eliminada pela disposição genérica do art. 23, parágrafo único, da lei nova.

5. A extinção da punibilidade pelo casamento da autora de crime contra os costumes com o ofendido desses delitos, diante do que dispunha o art. 108, inciso VIII, em sua redação original, referindo-se apenas ao agente do sexo masculino, falha sanada pela nova redação dada ao art. 107, VII, que foi posteriormente revogado pela Lei nº 11.106, de 28-3-2005.

No desempenho de suas funções jurisdicionais, como o juiz deve manter-se sintonizado com a realidade social que o envolve, procurando aplicar a lei abstrata de modo mais amplo e inteligente e interpretando com larguza formas estáticas, que, por sua rigidez, levam à ineficiência das instituições e ao desprestígio da Justiça, a criativa utilização da analogia *in bonam partem* é um modo eficaz de atingir tal desiderato.[55]

## 1.6 LEI PENAL

### 1.6.1 Caracteres

Como já se afirmou anteriormente, a *lei* é a única fonte formal direta do Direito Penal. No Brasil, além do Código Penal, é ela constituída pela Lei das Contravenções Penais, pelo Código Penal Militar, e pelos dispositivos referentes à matéria nas leis de drogas (Lei nº 11.343, de 23-8-2006), falências (Lei nº 11.101, de 9-2-2005), armas (Lei nº 10.826, de 22-12-2003), meio ambiente (Lei nº 9.605, de 12-2-1998), consumidor (Lei nº 8.078, de 11-9-1990) etc.

Como sobrepuja as demais normas jurídicas, devido ao valor dos bens que tutela, e ainda pela severidade das sanções que impõe, a lei penal deve ser precisa e clara. Compõe-se de duas partes: o *comando principal* (ou preceito primário) e a *sanção* (ou preceito secundário). Tomando-se o art. 121, *caput*, por exemplo, temos: "Matar alguém" (preceito primário) – "Pena, reclusão, de seis a vinte anos" (preceito secundário). Da conjugação dessas duas partes surge a proibição (*norma*): "é proibido matar". Nesses dispositivos, de lei penal em sentido estrito (incriminadora), são descritas as condutas consideradas criminosas e, portanto, sujeitas a sanções penais. O indivíduo só pode ser punido se praticar um dos fatos descritos como crime, diante do consagrado princípio da legalidade do art. 1º do CP (item 2.1.1).

---

55. Cf. SOUZA, Carlos Aurélio Mota de. Lacunas e interpretação na lei penal, *RJDTACRIM* 21/25-28.

Afirma-se que a lei penal apresenta as seguintes características: é imperativa, geral, impessoal e exclusiva, regulando apenas fatos futuros.

É *imperativa* porque a violação do preceito primário acarreta a pena. É *geral* por estar destinada a todos, mesmo aos inimputáveis, sujeitos à medida de segurança. É *impessoal* por não se referir a pessoas determinadas e *exclusiva* porque somente ela pode definir crimes e cominar sanções e, por fim, se aplica apenas a *fatos futuros*, não alcançando os pretéritos, a não ser quando aplicada em benefício do agente criminoso (item 2.2.6).

### 1.6.2 Classificações

As leis penais podem ser gerais ou especiais. São *gerais* as que vigem em todo o território e *especiais* as que vigem apenas em determinados segmentos dele. Seria lei especial aquela que cominasse sanção ao agente que desperdiçasse água na região Nordeste do país, por exemplo. Não há no Brasil leis especiais de Direito Penal, embora não esteja proibida constitucionalmente sua elaboração. As normas estaduais a respeito da execução da pena são de Direito Penitenciário ou de Execução Penal (art. 24, I, da CF).

Fala-se também em leis *comuns* e leis *especiais*. As primeiras correspondem ao Direito Penal comum e as segundas ao Direito Penal especial, distinção já examinada anteriormente (item 1.1.7).

Leis penais *ordinárias* são as que vigem em qualquer circunstância. Leis *excepcionais* são as destinadas a viger em situações de emergência, como nas hipóteses de estado de sítio, de guerra, de calamidade pública etc. Uma lei penal que cominasse sanção àquele que não apagasse as luzes de sua residência à noite durante o estado de guerra seria lei excepcional. No mesmo caso estaria a norma que proibisse, sob sanção penal, o desperdício de água em época de calamidade pública (item 2.2.10). Cessada a situação de emergência, perde a vigência (autorrevogação).

Classificação que deve ser ressaltada é a que distingue as leis penais *incriminadoras* (lei penal em sentido estrito) das *não incriminadoras* (lei penal em sentido amplo). Lei penal incriminadora é a que define os tipos penais e comina as respectivas sanções. No Código Penal vigente, figuram a partir do art. 121.

As leis penais não incriminadoras podem ser subdivididas em explicativas (ou complementares) e permissivas. As normas *explicativas* esclarecem o conteúdo de outras ou fornecem princípios gerais para a aplicação das penas. São preceitos explicativos os conceitos de "reincidência" (art. 63), de "casa" (art. 150, § 4º), de "funcionário público" para os efeitos penais (art. 327), bem como as regras sobre a aplicação da lei penal (arts. 1º e ss.), as referentes à aplicação da pena (arts. 59 e 60) etc.

Leis *permissivas* são as que não consideram como ilícitos ou isentam de pena o autor de fatos que, em tese, são típicos. São as hipóteses, por exemplo, dos arts. 23,

24 e 25 (estado de necessidade, legítima defesa, estrito cumprimento de dever legal e exercício regular de direito); do art. 142 (imunidades nos crimes contra a honra); do art. 348, § 2º (imunidades no crime de favorecimento pessoal); dos arts. 20 e 21 (erro sobre o elemento do tipo e sobre a ilicitude do fato); do art. 26 (inimputabilidade) etc.

### 1.6.3 Norma penal em branco

Referem-se os doutrinadores às chamadas normas penais em branco (ou leis penais em branco). Enquanto a maioria das normas penais incriminadoras é composta de normas *completas* que possuem preceito e sanções integrais de modo que sejam aplicadas sem a complementação de outras, existem algumas com preceitos indeterminados ou genéricos, que devem ser preenchidos ou completados. As *normas penais em branco* são, portanto, as de conteúdo incompleto, vago, exigindo complementação por outra norma jurídica (lei, decreto, regulamento, portaria etc.) para que possam ser aplicadas ao fato concreto. Esse complemento pode já existir quando da vigência da lei penal em branco ou ser posterior a ela.

Aponta-se, porém, uma distinção com fundamento na categoria legislativa das normas que devem ser conjugadas para sua aplicação. Norma penal em branco *em sentido estrito* é apenas aquela cujo complemento está contido em outra regra jurídica procedente de uma instância legislativa diversa, seja de categoria superior seja inferior àquela. Como exemplos dessa espécie podem ser apontados: o art. 330 do CP, que prevê o crime de desobediência à *ordem legal*, quando esta é fundamentada em norma jurídica que não seja lei (decreto, regulamento etc.); o art. 269, que se refere à omissão de notificação de doença relacionada em regulamento; os arts. 12, 14 e 16 do Estatuto do Desarmamento (Lei nº 10.826, de 22-12-2003), que tipificam o porte e a posse ilegal de arma de fogo e que são complementados por decreto etc. As leis penais em branco em sentido estrito não afetam o princípio da reserva legal, pois sempre haverá uma *lei* anterior, embora complementada por regra jurídica de outra espécie.

Existem também as normas penais em branco *em sentido amplo* (ou normas incompletas, ou fragmentos de normas). Em primeiro lugar, há os dispositivos legais que têm seu complemento na própria lei. Exemplos destes são: o art. 304, que prevê o crime do uso de papéis falsificados ou alterados previstos nos arts. 297 a 302; os arts. 309 e 338, que se referem ao "território nacional", explicitado agora no art. 5º, § 1º; o art. 276, que se refere à venda de produtos nas condições previstas nos arts. 274 e 275 etc. Em segundo lugar, existem leis cujo complemento se encontra em outros diplomas legais. São exemplos destas: o art. 237, que se refere ao crime de conhecimento prévio de impedimento, que só pode ser aplicado recorrendo-se ao art. 1.521 do Código Civil, que disciplina os impedimentos que causam a nulidade absoluta do casamento nos termos do art. 1.548, inciso II, do mesmo estatuto; o art. 177, que tipifica a fraude e o abuso na fundação ou administração de sociedade por ações, disciplinadas estas por leis especiais; o art. 178, que prevê o crime de emissão irregular de *warrant* ou conhecimento de depósito, regulamentados por leis comerciais etc.

A distinção entre as normas penais em branco em sentido estrito e as *fragmentárias* prende-se à circunstância de que, quanto a estas, o legislador não tem necessidade de pedir ou de autoconceder-se autorização para legislar, podendo complementar a qualquer tempo a lei penal.[56]

Há que se fazer também a distinção entre norma penal em branco, em que a complementação do tipo é efetuada mediante uma regra jurídica, e os tipos abertos, em que essa complementação é realizada pela jurisprudência e pela doutrina, por não conterem a determinação dos elementos do dever jurídico cuja violação significa realização do tipo, tal como ocorre nos crimes culposos e nos crimes omissivos impróprios.[57]

### 1.6.4 Interpretação da lei penal

Na época em que viveu Beccaria ocorriam abusos na interpretação da lei penal, aplicada com parcialidade a arbítrio dos julgadores. Por essa razão, chegou-se a dizer que era perigoso "consultar o espírito da lei". A interpretação, contudo, é indispensável, mesmo quanto às leis mais claras, ao menos para se alcançar o sentido léxico dos termos delas constantes. Pode-se conceituar a interpretação como "o processo lógico que procura estabelecer a vontade contida na norma jurídica".[58] A ciência ou método que se preocupa com a interpretação da lei é denominado *Hermenêutica*.

### 1.6.5 Espécies de interpretação

Quanto ao *sujeito* que realiza a interpretação, pode ser ela *autêntica*, *jurisprudencial* (ou judicial) e *doutrinária*.

A interpretação *autêntica* é a que procede da mesma origem que a lei e tem força obrigatória. Quando vem inserida na própria legislação, é chamada *contextual*. São os casos, por exemplo, do conceito de "funcionário público" para os efeitos penais, estabelecido no art. 327, e também o de que se deve entender por "casa" para a configuração do crime de violação de domicílio, conforme dispõem os §§ 4º e 5º, do art. 150. A interpretação, porém, pode ser promovida por lei *posterior*, elaborada para esclarecer o sentido duvidoso de uma lei já em vigor.

A "exposição de motivos" de uma lei, que é a justificativa do projeto que deve ser convertido em diploma legal, não é interpretação autêntica, pois originária do autor do projeto (na maioria dos casos, o Executivo). É, assim, de acordo com a qualificação de quem o elabora, interpretação doutrinária.

A jurisprudência pode ser conceituada como o conjunto de manifestações judiciais sobre determinado assunto legal, exaradas num sentido razoavelmente constante. A

---

56. Cf. PIMENTEL, Manoel Pedro. Ob. cit. p. 51-53.
57. Cf. MACHADO, Miguel Pedrosa. Breve confronto entre normas penais em branco e tipos abertos. *Livro de Estudos* Jurídicos, nº 11. p. 147-151.
58. NORONHA, E. Magalhães. Ob. cit. p. 80.

interpretação *jurisprudencial* (ou judicial) é, assim, a orientação que os juízes e tribunais vêm dando à norma, sem, entretanto, ter força vinculativa. Podem ser incluídas como interpretação jurisprudencial as *súmulas* do STF e do STJ e as *decisões de uniformização de jurisprudência* dos tribunais.

A Constituição Federal, porém, prevê a possibilidade de o STF, após reiteradas decisões sobre matéria constitucional, aprovar, por decisão de dois terços de seus membros, nos termos da lei, súmula com efeito *vinculante* em relação aos demais órgãos do Poder Judiciário e à administração pública, a respeito da validade, interpretação e eficácia de normas determinadas, no caso de existência de controvérsia que acarrete grave insegurança jurídica e relevante multiplicação de processos (art. 103-A, inserido pela EC nº 45, de 8-12-2004). O dispositivo constitucional foi regulamentado pela Lei nº 11.417, de 19-12-2006. A súmula vinculante diferencia-se das demais súmulas, que também refletem a jurisprudência assentada no STF, porque, enquanto estas se limitam a indicar a orientação firmada pela Corte sobre determinada matéria, sem força obrigatória, aquela se caracteriza por sua imperatividade. O efeito vinculante, por força da Constituição, assegura, antecipadamente, a prevalência da interpretação contida no enunciado da súmula sobre interpretações divergentes que poderiam ser dadas à mesma norma jurídica por outros órgãos jurisdicionais ou pela administração pública. Com a sua publicação, a súmula vinculante passa a estabelecer, portanto, limites às possibilidades de interpretação de determinada norma jurídica, ficando vedadas a prolação de decisões e a edição de atos que contrariem o seu enunciado, sob pena de nulidade. Para a hipótese de violação da súmula vinculante, prevê a Constituição o cabimento da reclamação para o STF, que, ao julgar o recurso, "anulará o ato administrativo ou cassará a decisão judicial reclamada, e determinará que outra seja proferida com ou sem a aplicação da súmula, conforme o caso" (art. 103-A, § 3º, da CF). Reforçando esse caráter impositivo, a Lei nº 11.417, de 19-12-2006, prevê a possibilidade de impugnação da decisão ou ato contrário à súmula também por outros meios admissíveis (art. 7º), como o *habeas corpus* ou outros recursos previstos em lei, bem como determina, na hipótese de ato administrativo, que a autoridade prolatora e o órgão competente "deverão adequar as futuras decisões administrativas em casos semelhantes, sob pena de responsabilização pessoal nas esferas cível, administrativa e penal" (art. 9º, que acrescentou o art. 64-B à Lei nº 9.784, de 29-1-1999). A súmula vinculante pode versar sobre matéria penal ou processual penal (Súmulas 9, 11, 14, 24, 26, 35, 45, 56).

O efeito vinculante é também conferido pela Constituição às decisões do STF proferidas nas ações diretas de inconstitucionalidade e nas ações declaratórias de constitucionalidade (art. 102, § 2º, com a redação dada pela EC nº 45, de 8-12-2004).

Por fim, a interpretação pode ser *doutrinária*, quando constituída da *communis opinio doctorum*, ou seja, do entendimento dado aos dispositivos legais pelos escritores ou comentadores do Direito, que não tem, evidentemente, força obrigatória.

Relativamente ao *meio empregado*, a interpretação pode ser *gramatical* (ou literal), *lógica* e *teleológica*.

Na primeira, procura-se fixar o sentido das palavras ou expressões empregadas pelo legislador. Examina-se a "letra da lei", em sua função *gramatical*, quanto a seu significado no vernáculo. Se esta for insuficiente, é necessário que se busque a vontade da lei, seu conteúdo, por meio de um confronto *lógico* entre os seus dispositivos. Há que se indagar também, por vezes, do sentido *teleológico* da lei, com vista na apuração do valor e finalidade do dispositivo.

Quanto aos *resultados* obtidos com a interpretação, pode ser ela *declarativa*, *restritiva* e *extensiva*.

A interpretação *declarativa* ocorre quando o texto examinado não é ampliado nem restringido, encontrando-se apenas o significado oculto do termo ou expressão utilizada pela lei. Quando, por exemplo, se afirma que, no art. 141, inciso III, pelo sistema utilizado pelo Código Penal, "várias pessoas" quer significar mais de duas (quando a lei se contenta com duas é ela expressa), está-se procedendo a uma interpretação declarativa.

A interpretação pode ser *restritiva* quando se *reduz o alcance da lei* para que se possa encontrar sua vontade exata. Ao se afirmar que o art. 28 se refere apenas à emoção, à paixão e à embriaguez "não patológicas", a fim de harmonizá-lo com o disposto no art. 26 e seu parágrafo, está-se limitando o alcance daquele dispositivo para que não contradiga o determinado por este. Não fosse essa a interpretação, poder-se-ia aplicar o art. 28, inciso II, punindo-se o agente, e, ao mesmo tempo, isentá-lo da pena, nos termos do art. 26, *caput*. Na expressão "venda em hasta pública" contida no art. 335 deve ser excluída aquela realizada judicialmente, inserida no art. 358 como objeto de crime contra a Administração da Justiça. No art. 332, do conceito de "funcionário público" deve ser excluído o "juiz, jurado, órgão do Ministério Público, funcionário de justiça, perito, tradutor, intérprete ou testemunha", referidos no crime de exploração de prestígio contra a Administração da Justiça (art. 357).

A interpretação *extensiva* ocorre quando é necessário *ampliar o sentido ou alcance da lei*. Deve-se concluir, por exemplo, que o art. 130 inclui não só o perigo, mas também o próprio contágio da moléstia venérea; que no art. 168, a expressão "coisa alheia" inclui a coisa comum (que, em parte, é alheia); que o art. 235 se refere não só à bigamia, como também à poligamia; que o "serviço de estrada de ferro" do art. 260 inclui o serviço de *metrô* (que nada mais é que um trem que corre sobre trilhos em zona urbana) etc.

Fala-se, ainda, em interpretação *progressiva* para se abarcarem no processo novas concepções ditadas pelas transformações sociais, científicas, jurídicas ou morais que devem permear a lei penal estabelecida. É o que ocorre quando se busca o sentido das expressões "perigo de vida" (art. 129, § 1º, inciso II) e "moléstia grave" (art. 131) diante dos progressos da Medicina; da concepção de "doença mental" (art. 26) por força das novas descobertas da Psiquiatria; do que é "obsceno" numa representação teatral ou exibição cinematográfica (art. 234, parágrafo único, II) etc.

Por fim, referem-se os doutrinadores à *interpretação analógica*. Quando fórmulas casuísticas inscritas em um dispositivo penal são seguidas de espécies genéricas, abertas, utiliza-se a semelhança (analogia) para uma correta interpretação destas últimas.

Assim, no que se refere a lei a condições "semelhantes" às de tempo, lugar e maneira de execução (art. 71, *caput*); a "outro recurso" análogo à traição, emboscada e dissimulação (art. 61, II, *c*); à "substância de efeitos análogos" ao álcool (art. 28, II); a "outro sinal indicativo de linha divisória" como tapume ou marco (art. 161); a casa "do mesmo gênero" que a taberna e casa de jogo (art. 150, § 5º, II), a própria lei obriga o intérprete a buscar o entendimento com fundamento na semelhança com as fórmulas específicas expressamente consignadas nesses dispositivos.

Alguns doutrinadores colocam sob a mesma denominação as interpretações extensiva e analógica.[59]

Não se confunde a *interpretação analógica*, que é a busca da vontade da norma por meio da semelhança com fórmulas usadas pelo legislador, com a *analogia*, que é forma de autointegração da lei com a aplicação a um fato não regulado por esta de uma norma que disciplina ocorrência semelhante (item 1.5.4).

### 1.6.6 Elementos de interpretação

Pode o intérprete utilizar-se, isolada ou conjuntamente, de vários elementos para buscar a vontade da norma; são os elementos de interpretação: sistemático, rubrica, legislação comparada, conceitos extrajurídicos e a própria história da lei.

De grande valia é o elemento *sistemático* quando se procura a interpretação para harmonizar o texto interpretado com o contexto da lei, elaborada, ao menos em tese, em um sistema lógico. O parágrafo de um dispositivo, por exemplo, deve ser sempre analisado, tendo-se em vista o *caput* do artigo e este de acordo com o capítulo a que pertence. Como exemplo, pode-se afirmar que a agravação da pena no *furto noturno*, por estar prevista no § 1º do art. 155, não se aplica aos furtos qualificados, previstos no § 4º do mesmo artigo[60].

A *rubrica*, que é a denominação jurídica do dispositivo e, no caso da lei penal, muitas vezes o *nomem juris* do delito, é fator que pode levar a um esclarecimento maior sobre o texto interpretado. A palavra "correspondência" citada no art. 152 somente pode referir-se à *comercial*, como indica a rubrica do dispositivo; o "conteúdo" de documento particular ou de correspondência confidencial só pode ser um *segredo*, como deixa clara a rubrica do art. 153.

---

59. PIMENTEL, Manoel Pedro. Ob. cit. p. 56.
60. STJ: REsp 1888756-SP, j. em 14-9-2022, *DJe* de 16-9-2022.

A *legislação comparada*, ou seja, o confronto da lei pátria com a lei de outros países, pode também levar a uma melhor interpretação do texto legal, em especial quando se tomam por referência leis que serviram de inspiração para a norma jurídica nacional.

Não se podem desprezar, também, os *elementos extrajurídicos*, que são esclarecimentos técnicos, científicos, filosóficos e políticos úteis à descoberta da vontade exata da norma. Por eles pode-se entender o que significa "veneno" (Química e Biologia), "asfixia" (Medicina), "doença mental" (Psiquiatria), "causa" (Filosofia) etc.

O *histórico* da lei, que inclui seu anteprojeto, projeto original, modificações das comissões revisoras, debates legislativos e mesmo as notícias referidas na exposição de motivos, também auxilia a interpretação. Quanto ao novo texto da Parte Geral, por exemplo, pode-se citar a preocupação com a exclusão da responsabilidade objetiva denunciada pelo professor Francisco de Assis Toledo no ofício em que encaminhou ao Ministro da Justiça o anteprojeto; a exclusão no projeto do conceito de "causa" e sua reintrodução durante os trabalhos legislativos (art. 13, *caput*, segunda parte) etc. podem fornecer valiosos elementos para a interpretação do novo texto.

### 1.6.7 Vigência e revogação da lei penal

Em princípio, a lei é elaborada para viger por tempo indeterminado. Após a promulgação, que é o ato governamental que declara a existência da lei e ordena sua execução, é ela publicada. Ao período decorrente entre a publicação e a data em que começa sua vigência, destinado a dar tempo ao conhecimento dela aos cidadãos, é dado o nome de *vacatio legis*. Esse período é de 45 dias quando a própria lei não dispõe de modo contrário e de três meses para a sua aplicação nos Estados estrangeiros, quando esta é admitida (art. 1º e seu § 1º, da LINDB). A contagem do prazo para que a lei entre em vigor está prevista nos §§ 1º e 2º do art. 8º da Lei Complementar nº 95, de 26-2-1998, com a redação que lhes foi dada pela Lei Complementar nº 107, de 26-4-2001.

Encerra-se a vigência da lei com sua *revogação*, que pode ser *expressa* (quando declarada na lei revogadora) ou *tácita* (quando a lei posterior regulamenta a matéria disciplinada pela antiga). A revogação pode ser parcial, caso em que é denominada *derrogação*, ou total, quando é chamada de *ab-rogação*. Existe a *autorrevogação* quando cessa a situação de emergência na lei excepcional ou se esgota o prazo da lei temporária.

Como nos demais ramos do dircito, a lei somente é revogada por outra lei. Mesmo assim, Jescheck considera que o costume pode ser eficaz no campo penal, sempre que beneficie o cidadão, para derrogar, atenuar ou limitar os tipos penais. Exige, porém, que a regra costumeira goze do reconhecimento geral como direito vigente e deve revelar-se em uso contínuo da vontade da comunidade como direito em vigor.[61]

---

61. Nesse sentido: JESCHECK, Hans-Henrich. *Tratado de derecho penal:* parte general. Barcelona: Bosch, 1981. v. 1, p. 151; *RSTJ 29/296-297*.

# 2
# APLICAÇÃO DA LEI PENAL

## 2.1 PRINCÍPIO DA LEGALIDADE

### 2.1.1 Conceito e histórico

O princípio da *legalidade* (da reserva legal) está inscrito no art. 1º do Código Penal: "Não há crime sem lei anterior que o defina. Não há pena sem prévia cominação legal." Representa ele talvez a mais importante conquista de índole política, constituindo norma básica do Direito Penal moderno. Na nova Constituição Federal, em redação superior às anteriores, dispõe-se que "não há crime sem lei anterior que o defina, nem pena sem prévia cominação legal (art. 5º, XXXIX)".

O princípio *nullum crimen, nulla poena sine lege*, assim formulado por Feuerbach, tem sua origem remota na Magna Carta, de João Sem Terra, em seu art. 39, que estabelecia que nenhum homem livre podia ser punido senão pela *lei da terra*. Ao que parece, todavia, tratava-se apenas de uma garantia processual e não penal. No Direito Romano o princípio prevaleceu quanto aos *crimina publica*, mas não na *cognitio extraordinaria*.

A causa próxima do princípio da legalidade, porém, está no Iluminismo (século XVIII), tendo sido incluído no art. 8º da "Declaração dos Direitos do Homem e do Cidadão", de 26-8-1789, nos seguintes termos: "Ninguém pode ser punido senão em virtude de uma lei estabelecida e promulgada anteriormente ao delito e legalmente aplicada." Antes disso, porém, já fora inscrito nas legislações das colônias americanas que se tornavam independentes: Filadélfia (1774), Virgínia (1776) e Maryland (1776), para depois fazer parte do Código Penal Austríaco (1787), do Código Penal Francês (1791) e do Código Napoleônico (1810), irradiando-se para todo o mundo civilizado. No Brasil, foi inscrito na Constituição de 1824 e repetido em todas as cartas constitucionais subsequentes.

Pelo princípio da legalidade alguém só pode ser punido se, anteriormente ao fato por ele praticado, existir uma lei que o considere como crime. Ainda que o fato seja imoral, antissocial ou danoso, não haverá possibilidade de se punir o autor, sendo irrelevante a circunstância de entrar em vigor, posteriormente, uma lei que o preveja como crime.

O também denominado *princípio da reserva legal* tem, entre vários significados, o da reserva absoluta da *lei* (emanada do Poder Legislativo, através de procedimento estabelecido em nível constitucional) para a definição dos crimes e cominação das sanções penais, o que afasta não só outras fontes do direito como as regras jurídicas que não são lei em sentido estrito, embora tenham o mesmo efeito, como ocorre, por exemplo, com a *medida provisória*, instrumento totalmente inadequado para tal finalidade.[1] Mesmo antes da Emenda Constitucional nº 32, de 11-9-2001, que proibiu expressamente a edição de medidas provisórias sobre matérias relativas a direito penal e processual penal (art. 62, § 1º, I, *b*, da CF) já decidira o STJ que o poder de legislar sobre matéria penal é privativo do Congresso Nacional.[(1)]

O postulado básico inclui também, aliás, o princípio da *anterioridade* da lei penal no relativo ao crime e à pena. Somente poderá ser aplicada ao criminoso pena que esteja prevista anteriormente na lei como aplicável ao autor do crime praticado. Trata-se, pois, de dupla garantia, de ordem criminal (*nullum crimen sine praevia lege*) e penal (*nulla poena sine praevia lege*).

Exige o princípio ora em estudo que a lei defina abstratamente um fato, ou seja, uma conduta determinada de modo que se possa reconhecer qual o comportamento considerado como ilícito. Vigora com o princípio da legalidade formal o *princípio da taxatividade*, que obriga a que sejam precisas as leis penais, de modo que não pairem dúvidas quanto a sua aplicação ao caso concreto. Infringe, assim, o princípio da legalidade a descrição penal vaga e indeterminada que não permite precisar a abrangência do preceito primário da lei penal, possibilitando com isso o arbítrio do julgador.[2]

Também infringe o princípio da legalidade a cominação de penas relativamente indeterminadas em margens elásticas, "não determinado o *quantum* aplicado ao condenado e criando uma incerteza para este a respeito do tempo de privação de sua liberdade".[3]

Há países que não adotam o princípio da legalidade. Na Inglaterra, não há nenhuma disposição constitucional expressa a esse respeito, e o Código Penal dinamarquês de 1930 estabelece que um fato é punível também quando "inteiramente assimilável" a determinada incriminação. Alterou-se na Alemanha nazista o Código Penal em 1935 para permitir-se a punição de qualquer fato segundo "os princípios fundamentais do direito penal" e "o são sentimento do povo", mas o princípio da legalidade foi restaurado pelas forças aliadas em 30-1-1946. Na União Soviética, o princípio da reserva legal, suprimido desde 1919, foi novamente inscrito na legislação pelo Código Penal de 1960.

Em razão do princípio da legalidade é vedado o uso da analogia para punir alguém por um fato não previsto em lei, por ser este semelhante a outro por ela definido.[4]

---

1. Nesse sentido: FRANCO, Alberto Silva. A medida provisória e o princípio da legalidade. *RT* 648/366-369; GOMES, Luiz Flávio. A lei formal como fonte única do Direito Penal (incriminador). *RT* 656/257-268; FILOMENO, José Geraldo Brito. Infrações penais e medidas provisórias, *RT* 659/367-370.
2. Cf. FRAGOSO, Heleno Cláudio. Observações sobre o princípio da reserva legal. *Revista de Direito Penal*, 1/86-88.
3. Cf. FRANCO, Alberto Silva. As "margens penais" e a "pena relativamente indeterminada", *JTACrSP* 45/27-33, em crítica ao Código Penal de 1969 (Decreto-lei nº 1.004, de 21-01-1969).
4. Admitiu-se no Brasil a analogia no art. 5º, § 3º, Decreto-lei nº 4.166, de 11-3-1942, quando estavam suspensas as garantias constitucionais (estado de guerra) na época da ditadura de Getúlio Vargas.

Como acentua Francisco de Assis Toledo, o princípio da legalidade é obtido no quadro da denominada "função de garantia penal", que provoca seu desdobramento em quatro princípios:

(a) *nullum crimen, nulla poena sine lege praevia* (proibição da edição de leis retroativas que fundamentem ou agravem a punibilidade);

(b) *nullum crimen, nulla poena sine lege scripta* (proibição da fundamentação ou do agravamento da punibilidade pelo direito consuetudinário);

(c) *nullum crimen, nulla poena sine lege stricta* (proibição da fundamentação ou do agravamento da punibilidade pela analogia);

(d) *nullum crimen, nulla poena sine lege certa* (a proibição de leis penais indeterminadas).[5]

O princípio do *nullum crimen sine lege* é complementado pela tipicidade, como se verá no momento oportuno (item 3.2.12).

Além do princípio da legalidade e seus desdobramentos, que têm a função de garantia contra o arbítrio na punição do acusado de um crime, a Constituição Federal, visando assegurar a proteção de alguns direitos fundamentais pelo Direito Penal, ordena que determinadas condutas que violam esses direitos sejam objeto de tipificação pelo legislador e que e alguns desses crimes recebam tratamento penal mais rigoroso. São os denominados *mandados constitucionais de criminalização*.[6] Nesse sentido prevê a Magna Carta: "a lei punirá qualquer discriminação atentatória dos direitos e liberdades fundamentais (art. 5º, XLI); "a prática do racismo constitui crime inafiançável e imprescritível, sujeito à pena de reclusão, nos termos da lei" (art. 5º, XLII); "a lei considerará crimes inafiançáveis e insuscetíveis de graça ou anistia a prática da tortura, o tráfico ilícito de entorpecentes e drogas afins, o terrorismo e os definidos como crimes hediondos, por eles respondendo os mandantes, os executores e os que, podendo evitá-los, se omitirem" (art. 5º, XLIII); "constitui crime inafiançável e imprescritível a ação de grupos armados, civis ou militares, contra a ordem constitucional e o Estado Democrático (art. 5º, XLIV); proteção do salário na forma da lei, constituindo crime sua retenção dolosa (art. 7º, X); "as condutas e atividades consideradas lesivas ao meio ambiente sujeitarão os infratores, pessoas físicas ou jurídicas, a sanções penais e administrativas, independentemente da obrigação de reparar os danos causados"(art. 225, § 3º); "a lei punirá severamente o abuso, a violência e a exploração sexual da criança e do adolescente" (art. 227, § 4º).[7]

### 2.1.2 Princípios decorrentes

Decorrente do princípio da legalidade, a doutrina tem reconhecido uma série de outros princípios (princípio da intervenção mínima, princípio da proporcionalidade,

---

5. *Princípios básicos de Direito Penal*. 2. ed. São Paulo: Saraiva, 1986. p. 25-28.
6. RAMOS, André de Carvalho. *Curso de Direitos Humanos*. 8ª Edição. Saraiva jur., 2021. p. 886.
7. Em observância a esses mandados constitucionais de criminalização, diante da omissão do legislador e mediante a invocação do princípio da proibição da proteção deficiente, o STF já considerou condutas homofóbicas passíveis de punição como racismo (ADO 26-DF, j. em 13-6-2019, *DJe* de 6-10-2019).

princípio da humanidade e princípio da culpabilidade) que formam um todo indivisível, de modo que a realização de cada um é imprescindível para "que todos possam se conformar em um Direito Penal com os fundamentos materiais do Estado Democrático de Direito".[8]

Pelo *princípio da intervenção mínima*, o Direito Penal somente deve intervir nos casos de ataques muito graves aos bens jurídicos mais importantes, deixando os demais à aplicação das sanções extrapenais (vide item 3.2.14).

De acordo com o *princípio da proporcionalidade*, num aspecto defensivo, exige-se uma proporção entre o desvalor da ação praticada pelo agente e a sanção a ser a ele infligida, e, num aspecto prevencionista, um equilíbrio entre a prevenção geral (quando visa intimidar todos os componentes da sociedade) e a prevenção especial (quando objetiva impedir que o delinquente pratique novos crimes, intimidando-o e corrigindo-o) para o comportamento do agente que vai ser submetido à sanção penal (item 7.1.3).

Por força do *princípio da humanidade*, na execução das sanções penais deve existir uma responsabilidade social com relação ao sentenciado, em uma livre disposição de ajuda e assistência sociais direcionadas à recuperação do condenado.

Por fim, em virtude do *princípio da culpabilidade*, além da exigência de dolo ou culpa na conduta do agente, afastada a responsabilidade objetiva, é indispensável que a pena seja imposta ao agente por sua própria ação (culpabilidade pelo fato) e não por eventual defeito de caráter adquirido culpavelmente pela sua vida pregressa (culpabilidade pela forma de vida) (item 5.1.1).

## 2.2 OUTROS PRINCÍPIOS E GARANTIAS CONSTITUCIONAIS

Para garantir a justa e correta aplicação da lei penal são formulados outros princípios, entre nós consagrados entre os direitos e garantias fundamentais previstos no art. 5º da Constituição Federal. Assim, segundo o inciso LIV, "ninguém será privado da liberdade ou de seus bens sem o devido processo legal" (*nulla poena sine juditio*). Está limitado o poder do legislador, que não pode impor pena, cabendo ao Judiciário a aplicação dessa sanção. Por isso, determina-se também que "a lei não excluirá da apreciação do Poder Judiciário lesão ou ameaça a direito" (inciso XXXV); que "aos litigantes, em processo judicial ou administrativo, e aos acusados em geral são assegurados o contraditório e ampla defesa, com os meios e recursos a ela inerentes" (inciso LV); que "ninguém será considerado culpado até o trânsito em julgado de sentença penal condenatória" (inciso LVII) (princípio da *presunção de inocência* ou *estado de inocência*); que "nenhuma pena passará da pessoa do condenado" (inciso XLV) (princípio da *personalidade* ou da *intranscendência*); que "ninguém será preso senão em flagrante delito ou por ordem escrita e fundamentada de autoridade judiciária competente, salvo nos casos de transgressão militar ou crime propriamente militar, definidos em lei" (inciso LXI); que "a prisão ilegal

---

8. SANTOS, Lycurgo de Castro. O princípio de legalidade no moderno direito penal. *Revista Brasileira de Ciências Criminais*, nº 15, p. 188.

será imediatamente relaxada pela autoridade judiciária" (inciso LXV), que "a todos, no âmbito judicial e administrativo, são assegurados a razoável duração do processo e os meios que garantam a celeridade de sua tramitação" (inciso LXXVIII) etc.

Por fim, a lei só pode ser aplicada pelo juiz com jurisdição (*nemo judex sine lege*), pois a Magna Carta estabelece que "ninguém será processado nem sentenciado senão pela autoridade competente" (art. 5º, LIII), prevendo os órgãos judiciários que aplicarão a lei penal (arts. 92 ss) e determinando ainda que "não haverá juízo ou tribunal de exceção" (art. 5º, XXXVII). Continua assegurado o princípio de juiz natural (juiz legal, juiz constitucional), órgão abstratamente considerado, cujo poder jurisdicional emana da Constituição.

## 2.3 OUTROS PRINCÍPIOS

De acordo com o *princípio da confiança,* porque a todos se impõe o dever objetivo de cuidado, i.é, de se comportarem em consonância com o ordenamento jurídico e evitarem danos a terceiros, não se pode exigir que as pessoas ajam desconfiando do comportamento de outrem para além do que a razoabilidade e as regras da experiência recomendam (v. item 3.8.5).

Pelo *princípio da alteridade* ou *transcendência*, o Direito Penal não deve criminalizar fatos internos, meramente psíquicos, do indivíduo que não transcendam a esfera do pensamento, ainda que moralmente condenáveis, porque há de se ocupar somente dos comportamentos exteriores que afetem as relações interpessoais.

Menciona-se como *princípio da adequação social* o pensamento que embasou a teoria da ação social ou da adequação social, de acordo com a qual não haverá fato típico sem relevância social da conduta, porque realizada esta dentro do âmbito de normalidade no meio social, não possuindo, em consequência, relevância jurídico-penal (v. item 3.2.5).

Fala-se em *princípio da fragmentariedade* por ter o Direito Penal um caráter *fragmentário*, i. é, por não encerrar um sistema completo de proteção aos bens jurídicos, mas apenas eleger os fatos de maior gravidade como merecedores de sanção penal (v. item 1.1.3).

O *princípio da subsidiariedade* visa solucionar hipótese de conflito aparente de normas e consiste na anulação da lei subsidiária pela principal. Aplica-se a norma subsidiária quando inexistente no fato algum dos elementos do tipo geral (v. item 3.2.15)

## 2.4 A LEI PENAL NO TEMPO

### 2.4.1 Introdução

De acordo com o princípio *tempus regit actum*, a lei rege, em geral, os fatos praticados durante sua vigência. Não pode, em tese, alcançar fatos ocorridos em período anterior ao início de sua vigência nem ser aplicada àqueles ocorridos após sua revogação.

Entretanto, por disposição expressa do próprio diploma legal, é possível a ocorrência da retroatividade e da ultratividade da lei. Denomina-se *retroatividade* o fenômeno pelo qual uma norma jurídica é aplicada a fato ocorrido antes do início de sua *vigência* e *ultratividade* à aplicação dela após sua revogação.

Em tema de aplicação da lei penal quanto ao tempo, vigora o princípio *tempus regit actum* que se harmoniza com a garantia da reserva legal. Assim, no caso da ocorrência de um fato criminoso sob a vigência de determinada lei penal, nenhuma questão surgirá se for objeto de sentença e se esta for executada enquanto essa norma jurídica estiver em vigor. Entretanto, praticada a conduta durante a vigência da lei penal, posteriormente modificada por novos preceitos, surge um conflito de leis penais no tempo se ainda não se esgotaram as consequências jurídicas da prática dessa infração penal. São os casos, por exemplo, da prática de um delito em que a ação ocorre durante a vigência de uma lei e a consumação se dá sob o império de outra; do crime ocorrido durante a vigência de uma norma, sendo o fato julgado após sua revogação; da execução de sentença condenatória proferida durante a vigência de lei anterior revogada etc. Devem-se fixar, pois, os princípios que devem ser obedecidos quando do surgimento desses conflitos de leis penais no que se refere a sua aplicação no tempo.

### 2.4.2 Princípios da lei penal no tempo

Pelo princípio da anterioridade da lei penal (art. 1º), está estabelecido que não há crime ou pena sem lei anterior, o que configura a regra geral da *irretroatividade* da lei penal. Por um lado, esse princípio, todavia, somente se aplica à lei mais severa que a anterior, pois a lei nova mais benigna (*lex mitior*) vai alcançar o fato praticado antes do início de sua vigência, ocorrendo, assim, a *retroatividade da lei mais benigna*. Por outro lado, ainda de acordo com o princípio estabelecido na Constituição Federal (art. 5º, XL), entrando em vigor lei mais severa que a anterior (*lex gravior*), não vai ela alcançar o fato praticado anteriormente. Nessa hipótese, continua a ser aplicada a lei anterior, mesmo após sua revogação, em decorrência do princípio da *ultratividade da lei mais benigna*. Nesse sentido, pelo Decreto nº 678, de 6-11-1992, foi promulgada a Convenção Americana Sobre Direitos Humanos (Pacto de São José da Costa Rica), de 22-11-1969, que, no art. 9º, prevê tais princípios: "Ninguém pode ser condenado por ações ou omissões que, no momento em que forem cometidas, não sejam delituosas, de acordo com o direito aplicável. Tampouco se pode impor pena mais grave que a aplicável no momento da perpetração do delito. Se depois da perpetração do delito a lei dispuser a imposição de pena mais leve, o delinquente será por isso beneficiado."

Em resumo, havendo conflito de leis penais com o surgimento de novos preceitos jurídicos após a prática do fato delituoso, será aplicada sempre a lei mais favorável. Isso significa que a lei penal mais benigna tem *extratividade* (é retroativa e ultrativa) e, a *contrario sensu*, a lei mais severa não tem *extratividade* (não é retroativa ou ultrativa).

É o que se verifica com a solução legal das hipóteses de conflitos de leis penais no tempo:

1º) *novatio legis* incriminadora;

2º) *abolitio criminis*;

3º) *novatio legis in pejus*; e

4º) *novatio legis in mellius*.

### 2.4.3 *Novatio legis* incriminadora

A primeira hipótese trata da lei nova que torna típico fato anteriormente não incriminado (*novatio legis* incriminadora). Evidentemente, a lei nova não pode ser aplicada diante do princípio da anterioridade da lei penal previsto no art. 5º, XXXIX, da CF e no art. 1º do CP. Nessa hipótese, a lei penal é irretroativa. Existem estudos no Executivo com vistas a um projeto de reforma da Parte Especial do Código Penal, em que se tipificam fatos que hoje são atípicos. Os autores desses fatos, que não estiverem já descritos na lei penal, não poderão ser alcançados pela nova lei, se aprovado o eventual projeto calcado nesses estudos, enquanto praticados antes do início de sua vigência.

### 2.4.4 *Abolitio criminis*

Ocorre a chamada *abolitio criminis* quando a lei nova já não incrimina fato que anteriormente era considerado como ilícito penal. Dispõe o art. 2º, *caput*, do CP: "Ninguém pode ser punido por fato que lei posterior deixa de considerar crime, cessando em virtude dela a execução e os efeitos penais da sentença condenatória."

Trata-se nesse dispositivo da aplicação do princípio da retroatividade da lei mais benigna. A nova lei, que se presume ser mais perfeita que a anterior, demonstrando não haver mais, por parte do Estado, interesse na punição do autor de determinado fato, retroage para alcançá-lo. Assim, não mais podem ser responsabilizados penalmente os autores de adultério e sedução diante da revogação dos arts. 240 e 217 do CP pela Lei nº 11.106, de 28-3-2005, ainda que praticado o fato anteriormente à vigência da nova lei.

Expressamente, o dispositivo alcança também os fatos definitivamente julgados, ou seja, a execução da sentença condenatória e todos os efeitos penais dessa decisão. Ocorrerá a extinção da punibilidade prevista no art. 107, III, do CP. O sentenciado será posto em liberdade se estiver cumprindo pena, voltará à condição de primário, não estará mais submetido ao *sursis* ou livramento condicional, cessará a medida de segurança imposta etc.

Não há *abolitio criminis* se a conduta praticada pelo acusado e prevista na norma revogada é ainda submissível a outra norma penal em vigor. A revogação do art. 214 do CP pela Lei nº 12.015, de 7-8-2009, por exemplo, não configura hipótese de *abolitio criminis* porque a conduta antes descrita como atentado violento ao pudor permanece típica em face da nova redação dada pela mesma lei ao art. 213 do CP. Havendo já imputação por denúncia ou queixa, pode a inicial ser aditada antes da sentença final para correção ou suprimento com o fim de definir sua nova tipicidade, sendo ainda possível ao Juiz dar ao fato definição jurídica diversa da que constar do pedido.[2]

Como não é possível delegar à medida provisória matéria que se refira a direito penal (arts. 5º, XXXIX, e 62, § 1º, I, *b*, da CF), não pode ela instituir a *abolitio criminis*.

Pela *abolitio criminis* se fazem desaparecer o delito e todos seus reflexos penais, permanecendo apenas os civis. Nesta parte, a sentença condenatória transitada em julgado, sem embargo da *abolitio criminis*, torna certa a obrigação de indenizar o dano causado pelo crime (art. 91, inc. I, do CP). Isto porque já ficou reconhecida em juízo a ocorrência do fato e estabelecida sua autoria; o fato já não é crime, mas um ilícito civil que obriga à reparação do dano. O art. 2º, *caput*, do CP, portanto, não tem efeitos civis ou processuais civis.

### 2.4.5 *Novatio legis in pejus*

A terceira hipótese refere-se à nova lei mais severa que a anterior (*novatio legis in pejus*). Vige, no caso, o princípio da irretroatividade da lei penal previsto no art. 5º, XL, da CF: "*a lei penal não retroagirá*, salvo para beneficiar o réu". Permanecendo na lei nova a definição do crime, mas aumentadas suas consequências penais, esta norma mais severa não será aplicada.[3] [9] Nessa situação estão as leis posteriores em que se comina pena mais grave em qualidade (reclusão em vez de detenção, por exemplo) ou quantidade (de dois a oito anos, em vez de um a quatro, por exemplo); se acrescentam circunstâncias qualificadoras ou agravantes não previstas anteriormente; se eliminam atenuantes ou causas de extinção da punibilidade; se exigem mais requisitos para a concessão de benefícios etc.[4]

São exemplos de normas de direito penal que por seu caráter mais severo não se aplicam aos delitos praticados antes de suas respectivas vigências: os arts. 1º, 5º, 6º, 8º, *caput*, e 9º, da Lei nº 8.072, de 25-7-1990 (que dispõe sobre crimes hediondos); o art. 110 da Lei nº 10.741, de 1º-10-2003 (Estatuto da Pessoa Idosa), que alterou o Código Penal para prever como agravante genérica, causa de aumento de pena ou qualificadora de certos crimes a circunstância de ser a vítima pessoa idosa; os arts. 2º e 3º da Lei nº 10.763, de 12-11-2003, que elevaram as penas cominadas nos arts. 317 e 333 do Código Penal; o inciso IX do art. 121 que agrava as penas do homicídio praticado contra menor de 14 anos, inserido pela Lei nº 14.344, de 24-5-2022; o art. 121-A que elevou as penas do feminicídio, agora previsto como crime autônomo; a revogação dos incisos VII e VIII do art. 107 do Código Penal, que previam a possibilidade de extinção da punibilidade nos crimes contra os costumes pelo casamento do ofendido com o agente ou com terceiro, pela Lei nº 11.106, de 28-3-2005; a Lei nº 14.071, de 13-10-2020, que vedou o benefício da substituição da

---

9. Não retroage também a lei interpretativa.

pena privativa de liberdade pela restritiva de direitos aos crimes de homicídio culposo e lesão corporal culposa, descritos nos arts. 302, § 3º e 303, § 2º do CTB, etc.

As Constituições Federais brasileiras não consagravam o princípio da anterioridade da lei quanto à medida de segurança, uma vez que os dispositivos relativos ao assunto referiam-se somente ao crime e à pena. Por essa razão, possibilitavam, em tese, a aplicação de medida de segurança instituída após o fato.[10] A nova Carta Magna, porém, prevê em dispositivo à parte o princípio geral da irretroatividade da lei penal. Determina o art. 5º, inciso XL, que "a lei penal não retroagirá, salvo para beneficiar o réu", impossibilitando, assim, que se crie ou se agrave medida de segurança para sua aplicação a fatos anteriores a sua vigência. Não devem ser agasalhadas as afirmações de que não são penais as leis que regulam a medida de segurança, ou de que esta visa à reeducação e cura e, portanto, "beneficiam" o autor da infração ou, ainda, de que, enquanto as penas encaram o passado (crime), as medidas de segurança voltam-se para o presente ou futuro (periculosidade do agente). As regras a respeito da medida de segurança são leis *penais* e sua aplicação deve obedecer sempre ao princípio da anterioridade por força do agora claro dispositivo constitucional citado.

Pela legislação vigente somente é possível a aplicação de medida de segurança (internação em hospital de custódia e tratamento psiquiátrico e tratamento ambulatorial) aos inimputáveis e eventualmente aos chamados semi-imputáveis (em substituição à pena, quando necessário). A regra vale mesmo com relação aos crimes praticados antes da vigência da Lei nº 7.209, diante do princípio da retroatividade da lei mais benigna previsto no art. 5º, inciso XL, da CF e no art. 2º, parágrafo único, do CP (item 2.4.6).

### 2.4.6 Novatio legis in mellius

A última hipótese é a da lei nova mais favorável que a anterior (*novatio legis in mellius*). Além da *abolitio criminis*, a lei nova pode favorecer o agente de várias maneiras. Regula o assunto o art. 2º, parágrafo único, com a seguinte redação: "A lei posterior, que de qualquer modo favorecer o agente, aplica-se aos fatos anteriores, ainda que decididos por sentença condenatória transitada em julgado."[5] Refere-se o artigo citado aos dispositivos da lei nova que, ainda incriminando o fato, cominam penas menos rigorosas, em qualidade ou quantidade, ou favorecem o agente de outra forma, acrescentando circunstância atenuante não prevista, eliminando agravante anteriormente prevista, prevendo a suspensão condicional com maior amplitude, estabelecendo novos casos de extinção da punibilidade, reduzindo os requisitos para a concessão de benefícios etc.[6] Até mesmo a regra que trata de substituição da pena privativa de liberdade por restritiva de direitos admite a aplicação retroativa.[7]

---

10. Entendiam que a lei deveria prever expressamente o princípio da anterioridade também quanto à medida de segurança: ZAFFARONI, Eugênio Raúl. Manual de derecho penal: parte general. Buenos Aires: Ediar, 1977. p. 141; COSTA JUNIOR, Heitor. Aspectos da "parte geral" do anteprojeto do Código Penal. *RT* 555/461. Os códigos penais da Alemanha e Portugal preveem regras a respeito do tema.

Ainda que se esteja procedendo à execução da sentença, aplica-se a lei nova, quer comine pena menos rigorosa, quer favoreça o agente de outra forma, pois, nos termos do novo texto, prevalece a *lex mitior* que, de *qualquer modo*, favorece o agente, sem nenhuma limitação.

A atual Constituição Federal, como as anteriores, parece restringir o princípio ao permitir a retroatividade da lei apenas quando *"beneficiar o réu"* (art. 5º, XL), excluindo assim *o condenado*. Entretanto, embora a palavra *réu*, em seu sentido estrito, designe a pessoa que está sendo acusada no processo penal condenatório, numa interpretação extensiva obrigatória quando se interpretam os dispositivos referentes aos direitos individuais na Constituição, deve ela abranger também aquele que está sendo submetido à execução da pena ou da medida de segurança. O processo de execução, segundo se tem entendido, nada mais é do que a última etapa do processo penal condenatório. Assim, também é "réu", em sentido amplo, aquele que é sujeito passivo na execução penal.

Ainda que assim não se entendesse, o art. 2º, parágrafo único, do CP, é taxativo, assegurando a aplicação da lei posterior mais benigna aos fatos anteriores ainda que decididos por sentença condenatória transitada em julgado. Não se infringe a regra constitucional que preserva a *coisa julgada* no art. 5º, XXXVI, da CF, porque este dispositivo se refere apenas às garantias individuais e não aos direitos do Estado como titular do *jus puniendi.*

Como exemplos de leis penais mais favoráveis, por estabelecerem redução de pena, têm retroatividade os arts. 7º e 8º, parágrafo único, da Lei nº 8.072, de 25-7-1990, que preveem uma causa de diminuição obrigatória da pena aos associados ou participantes dos crimes de extorsão mediante sequestro (art. 159, § 4º, do CP) e associação criminosa (art. 288 do CP), bem como aos crimes praticados por esta quando os denunciarem a autoridade, facilitando a libertação do sequestrado ou o desmantelamento da quadrilha. Também são normas mais benignas, dotadas de retroatividade, as que se referem às medidas penais de *composição* (acordo entre as partes), *transação* (pela aceitação de aplicação imediata de pena não privativa de liberdade) e *suspensão condicional do processo* previstas, respectivamente, nos arts. 74, 76 e 89 da Lei nº 9.099, de 26-9-1995, que regula os Juizados Cíveis e Criminais.[8] São ainda retroativas, entre outras normas, as normas que alteraram os arts. 43, 44, 45, 46, 47 e 55 do Código Penal, criando novas sanções penais substitutivas da pena privativa de liberdade e aumentando a possibilidade de sua aplicação, bem como a que modificou o art. 77, instituindo o *sursis* humanitário (Lei nº 9.714, de 25-11-1998). É também exemplo de lei penal mais benigna a que criou nova causa de extinção da punibilidade consistente no cumprimento integral de acordo de não persecução penal, conforme art. 28-A do Código de Processo Penal, acrescentado pela Lei nº 13.964, de 24-12-2019.

## 2.4.7 Lei intermediária

No caso de vigência de três leis sucessivas, deve-se ressaltar que sempre será aplicada a lei mais benigna, entre elas: a posterior será retroativa quanto às anteriores e a antiga será ultrativa em relação àquelas que a sucederem. Se, entre as leis que se sucedem, surge uma intermediária mais benigna, embora não seja nem a do tempo do crime nem daquele em que a lei vai ser aplicada, essa lei intermediária mais benévola deve ser aplicada, *ex vi* do art. 2º, parágrafo único, do CP.[9] Como exemplo, temos que na redação original do Código Penal, o emprego no roubo de qualquer "arma", inclusive a arma branca, constituía circunstância que determinava o aumento da pena de um terço até metade, nos termos do § 2º, I. Com a vigência da Lei nº 13.654, de 23-4-2018, que revogou esse dispositivo, somente o emprego de arma de fogo determinava o acréscimo de dois terços, conforme o novo § 2º-A, I. Posteriormente, a Lei nº 13.964, e 24-12-2019, inseriu o inciso VII no mesmo § 2º, prevendo o aumento de um terço até metade na hipótese do emprego de "arma branca". Assim, o agente que cometeu um roubo com o emprego de arma branca anteriormente à vigência da Lei nº 13.964, de 24-12-2019, que se deu em 23-1-2020, terá direito à aplicação da Lei nº 13.654, de 23-4-2018, a lei intermediária, mais benigna, independentemente do momento do crime e do tempo da sentença.

## 2.4.8 Conjugação de leis

É praticamente impossível determinar todas as regras teóricas que devem ser utilizadas na apuração da lei mais favorável entre aquelas postas ao intérprete. Assim, tem-se entendido que somente diante do caso concreto, com a aplicação hipotética das duas leis em confronto, se poderá escolher a mais benigna. Há sugestões, inclusive, no sentido de se deixar ao interessado a escolha da lei que mais lhe convém quando surgir uma dúvida no conflito intertemporal da lei penal. Não parece absurdo que se permita ao defensor do réu ou condenado escolher aquela que mais convier a este quando, havendo conflito, somente o interessado possa aquilatar o que mais o beneficia.[11]

Alguns doutrinadores entendem que, na hipótese de a lei nova favorecer o agente em um aspecto, possibilitando-lhe os *sursis*, por exemplo, e prejudicá-lo em outro, cominando pena mais severa em quantidade, deverá ser aplicada apenas uma lei, a que, afinal, favorece o agente. A melhor solução, porém, é a de que pode haver combinação das duas leis, aplicando-se sempre os dispositivos mais benéficos.[12]

A conjugação pode ser efetuada não só com a inclusão de um dispositivo da outra lei, como também com a combinação de partes de dispositivos das leis anterior e posterior. Apesar das críticas de que não é permitido ao julgador a aplicação de uma

---

11. Nesse sentido se pronuncia HUNGRIA, Nelson. *Comentários ao Código Penal*. 5. ed. Rio de Janeiro: Forense, 1978. v. 1. t. 1. p. 123-124.
12. MARQUES, José Frederico. *Curso de direito penal*. São Paulo: Saraiva, 1954. v. 1; NORONHA, E. Magalhães. Ob. cit. p. 87-88; GARCIA, Basileu. *Instituições de direito penal*. 5. ed. São Paulo: Max Limonad, 1980. Na jurisprudência, *RT* 515/359, 710/330; *JTACrSP* 50/392, 52/226-7, 84/346. Contra *RTJ* 94/505, 96/547, 142/564.

"terceira lei" (formada por parte de duas), essa orientação afigura-se mais aceitável, considerando-se que o sentido da Constituição é de que se aplique sempre a norma mais favorável. Se lhe está afeto escolher o "todo" para que o réu tenha tratamento penal mais favorável e benigno, nada há que lhe obste selecionar parte de um todo e parte de outro, para cumprir uma regra constitucional que deve sobrepairar a pruridos de Lógica Formal.[13] O Código Penal Militar proíbe expressamente a conjugação de duas leis para a apuração da maior benignidade (art. 2º, § 2º).

### 2.4.9 Competência para a aplicação da lei mais benéfica

A aplicação da lei mais favorável cabe ao magistrado que presidir o processo enquanto não houver proferido sentença, ou, se o feito já estiver sentenciado, ao Tribunal que julgar eventual recurso.[10]

Entretanto, de acordo com o disposto no art. 13 do Decreto-lei nº 3.931, de 11-12-1941 (Lei de Introdução ao Código de Processo Penal), "a aplicação da lei nova a fato julgado por sentença condenatória irrecorrível, nos casos previstos no art. 2º e seu parágrafo, do Código Penal, far-se-á mediante despacho do juiz, de ofício, ou a requerimento do condenado ou do Ministério Público", cabendo da decisão recurso em sentido estrito (§§ 1º e 2º do citado artigo). Nesse sentido, era a orientação predominante, sumulada pelo STF. Diz a Súmula 611: "Transitada em julgado a sentença condenatória, compete ao Juízo das execuções a aplicação de lei mais benigna."[11] Argumentava-se, porém, que o art. 13 da LICPP limitara-se à aplicação da lei nova com relação às condenações ocorridas na vigência da então Consolidação das Leis Penais.[12] Assim, tratando-se de alteração legislativa ocorrida na vigência do atual Código Penal, seria cabível, no caso, a revisão.[13] Numa posição intermediária, justificava-se a competência do Tribunal para aplicar a lei mais benéfica quando se tivesse de analisar, em profundidade, a prova contida nos autos, como ocorria, por exemplo, quando se tinha de efetuar um novo processo de individualização da pena.[14]

De qualquer forma, hoje é praticamente pacífico que a competência para a aplicação da lei nova mais benigna é do juiz da execução, nos termos do art. 66, inciso I, da Lei de Execução Penal, tendo como recurso cabível o agravo em execução, sem efeito suspensivo (art. 197 da LEP). Nada obsta que o juiz da execução requisite os autos principais para apreciar todos os elementos dos autos, a fim de aplicar a lei nova. É, aliás, obrigatório que o faça quando a aplicação da nova lei mais benigna depende da existência de pressupostos ou requisitos, especialmente os subjetivos, que só podem ser apreciados com o exame da prova.

Não é possível utilizar-se a revisão para tal fim uma vez que não está a hipótese de aplicação de nova lei relacionada entre aquelas que admitem o referido recurso (art.

---

13. MARQUES, José Frederico. Ob. cit. p. 192. Na jurisprudência, admitiu-se a tese para a aplicação ao autor de crime de posse de entorpecentes da pena privativa de liberdade da lei anterior (Lei nº 5.726, de 1971) e da pena pecuniária da lei posterior (Lei nº 6.368, de 1976): *JTACrSP* 50/392, 52/226, 58/313.

621 do CPP). Ademais, a utilização desse procedimento suprimiria um grau de jurisdição, subtraindo-se às partes, condenado e Ministério Público, o recurso cabível. A aplicação da lei nova mais benigna só pode ser efetuada na revisão criminal se for esta intentada com fundamento em um dos incisos do art. 621 do CPP, e admitida por essa razão, tratar-se também da hipótese de *novatio legis in mellius*.

Dadas suas características, não é possível a aplicação da lei nova através do processo sumário do *habeas corpus*.[15] Pode-se admiti-lo, entretanto, nos casos de flagrante ilegalidade, em que não são necessárias indagações aprofundadas a respeito de circunstâncias objetivas e subjetivas a serem aferidas nos autos do processo.

### 2.4.10 Leis temporárias e excepcionais

De acordo com o art. 3º do CP, "a lei excepcional ou temporária, embora decorrido o período de sua duração ou cessadas as circunstâncias que a determinaram, aplica-se ao fato praticado durante sua vigência". Leis *temporárias* são as que possuem vigência previamente fixada pelo legislador e leis *excepcionais* as que vigem durante situações de emergência (item 1.6.2). Essas espécies de leis, segundo o dispositivo citado, têm ultratividade, ou seja, aplicam-se ao fato cometido sob seu império, mesmo depois de revogadas pelo decurso do tempo ou pela superação do estado excepcional. Não se trata aqui do tipo de *abolitio criminis* já examinado (item 2.2.4).[14] A circunstância de ter sido o fato praticado durante o prazo fixado pelo legislador (temporária) ou durante a situação de emergência (excepcional) é elemento temporal do próprio fato típico, como o é, por exemplo, a "idade escolar" para o crime previsto no art. 246 do CP.[15] Exemplo recente de lei temporária é a Lei nº 12.663, de 5-6-2012 ("Lei Geral da Copa"), que definiu tipos penais (arts. 30 a 35) e que teve a sua vigência limitada ao período compreendido entre 1º-1-2013 e 31-12-2014, conforme normas expressas (arts. 36 e 71). O que possibilita a punição é a circunstância de ter sido a conduta praticada durante o prazo de tempo em que a conduta era exigida e a norma necessária à salvaguarda dos bens jurídicos expostos naquela ocasião especial. Não se trata, assim, da superveniência de lei mais perfeita ou de desinteresse pela punição do agente (que determinam a elaboração da lei nova) e sim da desnecessidade de vigência da lei após aquela situação excepcional ser superada. Além disso, se não existisse o dispositivo citado, o réu procrastinaria o processo até que a lei não mais estivesse em vigor, o que a tornaria inócua, em desigualdade com aquele que não o fizesse, vindo a ser condenado e cumprindo pena.

### 2.4.11 A retroatividade e a lei penal em branco

Discute-se, também, o direito intertemporal no que diz respeito à lei penal em branco (item 1.6.3). Revogada a norma complementar (decreto, portaria, regulamento

---
14. Caso de extinção da punibilidade segundo o art. 107, III.
15. Cf. MARQUES, José Frederico. Ob. cit. p. 200-202; JESUS, Damásio E. de. *Direito penal*. 8. ed. São Paulo: Saraiva, 1983. v. 1. p. 88-90.

etc.), não desaparecerá o crime. Não é porque um artigo de consumo deixou de ser tabelado ou o preço fixado superou o pago pelo comprador, por exemplo, que se deixará de punir aquele que transgrediu a tabela então em vigor, se prevista a conduta como crime contra a economia popular. Nesse sentido, é pacífica a jurisprudência.[16] O que foi revogado ou alterado é a norma complementar e não a lei. Para os que entendem que a norma complementar integra a lei penal, sendo ela excepcional ou temporária possui também o caráter de ultratividade diante do art. 3º do CP.[16]

Não terá ultratividade a lei penal em branco, porém, se a norma complementar não estiver ligada a uma circunstância temporal ou excepcional, verificando-se que a revogação da norma complementar ou mesmo da lei temporária ou excepcional flagrantemente se revela em aperfeiçoamento da legislação. É o que ocorreria, por exemplo, a respeito da exclusão de uma moléstia no regulamento que complementa o art. 269 do CP (que trata da omissão de notificação de doença), ao se verificar que a moléstia não é infectocontagiosa, como se supunha. Não se poderia falar, no caso, em crime, pois nem por presunção se poderia dizer que houve lesão ou perigo de lesão a bem jurídico, ofensa indispensável à caracterização dos ilícitos penais.

Assim, pode-se concluir que há de se fazer uma distinção: (a) se a norma penal em branco tem caráter excepcional ou temporário, aplica-se o art. 3º do CP, sendo a norma complementar ultrativa; (b) se, ao contrário, não tem ela caráter temporário ou excepcional, aplica-se o art. 2º, parágrafo único, ocorrendo a *abolitio criminis*.

De acordo com Soler, só tem importância a variação da norma complementar na aplicação retroativa da lei penal em branco quando esta provoca uma real modificação da figura abstrata do direito penal, e não quando importe a mera modificação de circunstância que, na realidade, deixa subsistente a norma penal.[17]

### 2.4.12 Retroatividade e lei processual

Não segue a lei processual penal os princípios referentes à aplicação da lei penal no tempo. Segundo o disposto no art. 2º do CPP, "a lei processual penal aplicar-se-á desde logo, sem prejuízo da validade dos atos realizados sob a vigência da lei anterior". Não há que se cogitar, no caso, de lei mais benigna ou mais severa. A partir da data de início da vigência, a lei posterior passa a regular os atos processuais, a competência etc. (salvo disposição expressa em contrário), permanecendo válidos os atos já praticados.[17]

Consideram-se de aplicação imediata os dispositivos referentes à fiança, liberdade provisória e prisão temporária, ainda quando mais severos, como se decidiu por ocasião da entrada em vigor da Lei nº 8.072, de 25-7-1990.[18] A matéria, entretanto, deve ser repensada, uma vez que as normas referentes às espécies de prisão provisória,

---

16. A respeito do assunto, ver argumento acrescentado por PIERANGELLI, José Henrique. A norma penal em branco e sua validade temporal. *RJTJESP* 85/27 e *RT* 584/312.
17. Cf. SOLER, Sebastian. *Derecho penal*. v. 1, p. 192-193.

à liberdade provisória e à fiança, podem ser idôneas a lesar o direito de liberdade do acusado, contendo pois uma carga expressiva de caráter substantivo. Já se afirmou: "As normas que repercutam, direta ou indiretamente, sobre a liberdade do cidadão, contemplando medidas que tratem, originariamente ou não, da sua privação antes do trânsito em julgado da decisão condenatória, são normas apenas formalmente processuais, mas essencialmente materiais, independentemente do caráter da legislação que contenha." [18] Dessa forma, deveria o legislador prever, e o intérprete considerar, nessas hipóteses, a não aplicação de tais normas, quando mais severas, aos autores dos fatos ocorridos anteriormente a sua vigência.

Existem, aliás, leis processuais que possuem carga penal, por influírem diretamente em institutos penais, como na fixação da pena, extinção da punibilidade etc. Essas normas mistas obedecem aos princípios da retroatividade da lei mais benigna e irretroatividade da lei mais severa, sob pena de infringência aos princípios constitucionais. É o que ocorre, por exemplo, com o art. 88 da Lei nº 9.099/95, que passou a exigir a representação no crime de lesões corporais leves e lesões culposas e com o estelionato, que, como regra, também passou a ser apurado mediante ação penal pública condicionada a partir da edição da Lei nº 13.964, de 24-12-2019.[19] Só não se aplicam tais princípios quando o caráter penal da nova lei está condicionado ao instituto ou assunto por ela regulado, não podendo colidir com a natureza da matéria versada. Quando a situação de fato, no momento em que a *lex mitior* entra em vigor, não mais condiz com a natureza do instituto mais benéfico, e, portanto, com a finalidade para a qual foi ele instituído, não há que se falar em retroatividade dessa norma, limitada que está a aplicação da lei por sua própria natureza jurídica. Exemplo é o do instituto da suspensão do processo em caso de não comparecimento do acusado para o interrogatório quando citado por edital que causa concomitantemente a suspensão do prazo prescricional, conforme a nova redação do art. 366, *caput*, do CPP determinada pela Lei nº 9.271, de 17-4-1996.[20]

### 2.4.13 Tempo do crime

Necessário se torna saber qual é o *tempo do crime,* ou seja, a ocasião, o momento, a data em que se considera praticado o delito para a aplicação da lei penal a seu autor. A necessidade de se estabelecer o tempo do crime decorre dos problemas que podem surgir para a aplicação da lei penal, como nas hipóteses de se saber qual lei deve ser aplicada (se foi cometido durante a vigência da lei anterior ou posterior), e nos casos de imputabilidade (saber se ao tempo do crime o agente era imputável ou não), da anistia (concedida geralmente com relação a crimes praticados até determinada data), da prescrição (data em que se começa a contar o prazo) etc.

Três são as teorias a respeito da determinação do tempo do crime. Pela teoria da *atividade,* considera-se como tempo do crime o momento da conduta (ação ou

---

18. SHOLZ, Leônidas Ribeiro. A eficiência temporal das normas sobre prisão e liberdade. *Revista Brasileira de Ciências Criminais*, nº 14, p. 200.

omissão). Exemplificando, teríamos o momento em que o agente efetua os disparos contra a vítima ou atropela o ofendido (no homicídio doloso ou culposo); ou ilude o ofendido, com manobra fraudulenta, para obter vantagem ilícita (no estelionato); ou deixa de prestar socorro ao ferido (omissão de socorro); pouco importando a ocasião em que o sujeito passivo venha a morrer, ou o agente obtenha a vantagem indevida etc. Pela teoria do *resultado* (ou do efeito), considera-se tempo do crime o momento de sua consumação, não se levando em conta a ocasião em que o agente praticou a ação. Seria, pois, o momento da morte da vítima (no homicídio), o da obtenção da vantagem indevida (no estelionato) etc. Por fim, a teoria *mista* considera como tempo do crime tanto o momento da conduta como o do resultado.

Ao contrário da legislação anterior e seguindo a orientação do CP português, a lei vigente define o tempo do crime no art. 4º: "Considera-se praticado o crime no momento da ação em omissão, ainda que outro seja o momento do resultado." Consagrou-se na lei a orientação preconizada pela doutrina (como se reconhece na exposição de motivos da lei nova, item 10), que se fundava no entendimento de que implicitamente a lei adotara o princípio da atividade diante do disposto no original art. 22, que tratava da inimputabilidade. Em decorrência da adoção desse princípio, aquele que praticou a conduta na vigência da lei anterior terá direito à aplicação da lei mais benéfica em confronto com a posterior, ainda que o resultado tenha ocorrido na vigência desta; o menor de 18 anos não será considerado imputável mesmo que a consumação se dê quando tiver completado essa idade; ao agente que passou a sofrer de doença mental após a ação, mas antes da consumação, será aplicada pena etc.

Justifica-se plenamente a adoção da teoria da atividade, que evita a incongruência de o fato ser considerado crime em decorrência da lei vigente na época do resultado quando não o era no momento da ação ou omissão.

Há casos, especiais, porém, que devem ser examinados à luz do que já foi exposto. Nos crimes permanentes como o sequestro, a extorsão mediante sequestro etc., tanto a ação como a consumação se prolongam no tempo, uma vez que o agente continua privando de liberdade a vítima (item 3.6.4). Assim, sobrevindo lei nova mais severa durante o tempo da privação de liberdade, a *lex gravior* será aplicada, pois o agente ainda está praticando a ação na vigência da lei posterior. O mesmo ocorre no caso do crime continuado (item 7.6.4), em que dois ou mais dos delitos componentes forem praticados durante a vigência da lei posterior mais severa. Contemplando as duas hipóteses, dispõe a Súmula 711 do STF que a lei penal mais grave aplica-se ao crime continuado ou ao crime permanente se a sua vigência é anterior à cessação da continuidade ou da permanência.

Quanto ao termo inicial do prazo de prescrição, porém, não se aplica a regra geral da atividade adotada expressamente pelo Código. Determina-se que a prescrição, antes de transitar em julgado a sentença final, começa a correr do dia em que o crime se consumou, nos crimes permanentes do dia em que cessou a permanência, nos de bigamia e nos de falsificação e alteração de assentamento do registro civil da data em que o fato se tornou conhecido e nos crimes contra a dignidade sexual de crianças e adolescentes da data em que a vítima completar 18 (dezoito) anos (art. 111, V). Na decadência, o prazo é contado do dia em que o ofendido veio a saber quem é o autor do crime ou, em se tratando de ação privada subsidiária, do dia em que se esgota o prazo para oferecimento da denúncia (art. 103).

## 2.5 LEI PENAL NO ESPAÇO

### 2.5.1 Introdução

Pode um crime violar interesses de dois ou mais países, quer por ter sido a ação praticada no território de um e a consumação dar-se em outro, quer porque o delito atinge bem jurídico de um Estado embora praticado no exterior, quer pela necessidade da extradição para a aplicação da lei penal etc. É necessário, portanto, que o ordenamento jurídico defina a possibilidade da aplicação da lei nacional em tais casos. Essas normas, que para alguns fazem parte do Direito Penal Internacional, são, na realidade, de Direito Penal interno, já que não estabelecem preceitos ou sanções destinadas a outros Estados (item 1.2.3, sobre Direito Penal Internacional e Direito Internacional Penal).

Assim, embora os dispositivos referentes à aplicação da lei no espaço tenham, muitas vezes, fundamento em tratados, convenções e regras internacionais, constam do Código Penal.

### 2.5.2 Princípios de aplicação da lei penal no espaço

Apontam-se na doutrina cinco princípios a respeito da aplicação da lei penal no espaço.

O princípio de *territorialidade* prevê a aplicação da lei nacional ao fato praticado no território do próprio país. Decorre ele da soberania do Estado, o que significa que tem jurisdição sobre as pessoas que se encontram em seu território. Contudo, a aplicação absoluta desse princípio "pode conduzir à impunidade, uma vez que o Estado só se encontraria obrigado a julgar os crimes cometidos no seu território, podendo, em consequência, não julgar os que foram praticados no estrangeiro".[19]

O princípio da *nacionalidade* (ou de personalidade) cogita da aplicação da lei do país de origem do agente, pouco importando o local onde o crime foi cometido. Pode-se, assim, punir o autor do delito, se nacional, quer tenha praticado o delito em seu país, quer o tenha feito fora dos limites territoriais. O Estado tem o direito de exigir que seu cidadão no estrangeiro tenha determinado comportamento. Esse princípio subdivide-se em duas subespécies: o da nacionalidade *ativa*, em que so-

---

[19] MELLO, Celso D. de Albuquerque. *Direito penal e direito internacional*. Rio de Janeiro: Freitas Bastos, 1978. p. 118.

mente se considera se o autor do delito é nacional, sem se cogitar da vítima; e o da nacionalidade *passiva*, que exige, para a aplicação da lei penal, sejam nacionais o autor e o ofendido do ilícito penal.

Pelo princípio de *proteção* (da competência real, de defesa), aplica-se a lei do país ao fato que atinge bem jurídico nacional, sem nenhuma consideração a respeito do local onde foi praticado o crime ou da nacionalidade do agente. Por esta última circunstância, difere do princípio da nacionalidade passiva. Defendem-se, assim, os bens jurídicos que o Estado considera fundamentais.

Pelo princípio da *competência universal* (ou da justiça cosmopolita), o criminoso deve ser julgado e punido onde for detido, segundo as leis desse país, não se levando em conta o lugar do crime, a nacionalidade do autor ou o bem jurídico lesado. "O fundamento desta teoria, segundo João Mestieri, é ser o crime um mal universal, e por isso todos os Estados têm interesse em coibir a sua prática e proteger os bens jurídicos da lesão provocada pela infração penal." [20] Seria este o princípio ideal no combate à criminalidade, evitando-se a impunidade pela fuga do agente do país em que cometeu o delito. Esbarra ele, contudo, nos problemas de diversidade de legislação penal entre países, na dificuldade de colheita da prova etc.

Por fim, há o princípio da *representação*, subsidiário, que determina a aplicação da lei do país quando, por deficiência legislativa ou desinteresse de outro que deveria reprimir o crime, este não o faz, e diz respeito aos delitos cometidos em aeronaves ou embarcações. É uma aplicação do princípio da *nacionalidade*, mas não a do agente ou da vítima, e sim do meio de transporte em que ocorreu o crime.[21]

Não há, todavia, nenhuma legislação que adote integral e exclusivamente apenas um desses princípios. Preveem as leis a adoção de um sistema em que a base fundamental é um dos princípios citados (normalmente o da territorialidade), complementado por disposições fundadas nos demais. São assim elaboradas normas que visam combater os crimes praticados no país ou no exterior, desde que, quanto aos últimos, de alguma forma atinjam interesses nacionais, sejam eles do Estado ou privados, ou por outro motivo surja um compromisso do país em efetuar a repressão.

## 2.5.3 Territorialidade

Prevê o art. 5º do CP: "Aplica-se a lei brasileira, sem prejuízo de convenções, tratados e regras de direito internacional, ao crime cometido no território nacional." É evidente, portanto, que nossa legislação consagra, como base para a aplicação da lei penal no espaço, o princípio da territorialidade. Não se trata da adoção absoluta do princípio, uma vez que se ressalva a não aplicação da lei penal brasileira ao crime cometido no território nacional em decorrência das convenções, tratados e regras internacionais,

---

20. MESTIERI, João. *Teoria elementar de direito criminal*. Rio de Janeiro: Cadernos Didáticos, 1971. p. 124.
21. MELLO, Celso D. de Albuquerque. Ob. cit. p. 35.

como na hipótese dos crimes praticados por agentes diplomáticos. Além disso, a regra da territorialidade é complementada por outras disposições fundadas em diversos dos sistemas já enunciados, ocorrendo a chamada extraterritorialidade (itens 2.5.6 e 2.5.7). Fala-se, portanto, no que tange ao disposto no Código Penal, de territorialidade *temperada*.

### 2.5.4 Conceito de território

Também com relação ao conceito de território em sentido amplo, para efeito de aplicação da lei penal, inovou a lei penal (contrariando os que entendem que deveria o assunto ser objeto do Direito Internacional Público) para incluir o que se deve entender como extensão do território nacional (art. 5º, § 1º).

Em sentido *estrito* (material), território abrange o solo (e subsolo) sem solução de continuidade e com limites reconhecidos, as águas interiores, o mar territorial, a plataforma continental e o espaço aéreo. Pelo art. 2º da Lei nº 8.617, de 4-1-1993, a soberania do Brasil "estende-se ao mar territorial, ao espaço aéreo sobrejacente, bem como ao seu leito e subsolo".

As *águas interiores* são as compreendidas entre a costa do Estado e a linha de base do mar territorial.[22] Havendo ocupação soberana de dois ou mais países sobre rios, lagos, baías e golfos internacionais, o território estender-se-á até a fronteira. Esta pode ser determinada, segundo convenções e tratados, pela linha *mediana*, equidistante das margens, ou pela linha do talvegue (*Talweg*), que acompanha a maior profundidade do rio, lago etc. Quando se trata de montanhas, a linha divisória é feita pelas cumeadas ou divisores de águas.

O *mar territorial* constitui-se da faixa ao longo da costa, incluindo o leito e o subsolo respectivos (plataforma continental). Os limites do mar territorial foram estabelecidos, no Brasil, pelo Decreto-lei nº 1.098, de 25-3-1970, que o fixou em 200 milhas marítimas de largura, medidas a partir da linha da baixa-mar do litoral continental e insular brasileiro, adotada como referência nas cartas náuticas brasileiras.[23] Posteriormente, porém, o país aderiu à Convenção Internacional sobre o Direito do Mar, pela qual o conceito de soberania absoluta sobre a faixa de 200 milhas da costa fica transformado para o de zona de exploração econômica, exclusiva, limitando-se a incorporação territorial às 12 milhas do litoral. Entretanto, embora pelo texto do Decreto Legislativo nº 5, de 9-11-1987, tenha sido concedida a aprovação da referida Convenção, concluída em Montego Bay, e o Brasil tenha depositado na ONU seu instrumento de ratificação em 22-12-1988, o Decreto Executivo nº 99.165, de 12-3-1990, que a promulgara, foi revogado pelo Decreto nº 99.263, de 24-5-1990. Entretanto, o Decreto nº 1.530, de 22-6-1995, declara que, tendo o Congresso Nacional aprovado a Convenção das Nações

---

22. Cf. MELLO, Celso D. de Albuquerque. Ob. cit. p. 25, nota 1.
23. Cf. FRAGOSO, Heleno Cláudio. Ob. cit. p. 117.

Unidas sobre o Direito do Mar, por meio do Decreto Legislativo nº 5, de 9-11-1987, entrou ela em vigor internacional e para o Brasil, em 16-11-1994, de conformidade com seu art. 308, § 1º. De qualquer forma, por fim, pela Lei nº 8.617, de 4-1-1993, ficou definido o limite do mar territorial brasileiro: "O mar territorial brasileiro compreende uma faixa de doze milhas marítimas de largura, medidas a partir da linha de baixa-mar do litoral continental e insular, tal como indicada nas cartas náuticas de grande escala, reconhecidas oficialmente no Brasil" (art. 1º, *caput*). Nos locais da costa brasileira que apresentam recortes, reentrâncias ou franja de ilhas que exijam a adoção do método de linhas de base retas (art. 1º, parágrafo único, da Lei nº 8.167), os pontos para o seu traçado são os previstos no Decreto nº 8.400, de 4-2-2015, que revogou o Decreto nº 4.983, de 10-2-2004. Sobre o assunto, também dispõem: o Decreto nº 6.136, de 26-6-2007, que promulgou a Convenção para a Supressão de Atos Ilícitos contra a Segurança da Navegação Marítima e o Protocolo para a Supressão de Atos Ilícitos contra a Segurança de Plataformas Fixas Localizadas na Plataforma Continental; o Decreto nº 2.596, de 18-5-1998, regulamentando a Lei nº 9.537, de 11-12-1997, que dispõe sobre a segurança do tráfego aquaviário em águas sob jurisdição nacional; o Decreto nº 6.678, de 8-12-2008, que aprovou o VII Plano Setorial para os Recursos do Mar; o Decreto nº 3.939, de 26-9-2001, alterado pelo Decreto nº 6.979, de 8-10-2009, que dispõe sobre a Comissão Interministerial para os Recursos do Mar (CIRM) e dá outras providências; o Decreto nº 4.810, de 19-8-2003, que estabelece normas para operação de embarcações pesqueiras nas zonas brasileiras de pesca, alto-mar e por meio de acordos internacionais, o Decreto nº 4.895, de 25-11-2003, que regulamenta a autorização de uso de águas públicas para exploração da aquicultura.

Faz parte ainda do território em sentido estrito o *espaço aéreo*. Sobre este, três são as teorias: a teoria da absoluta *liberdade* do ar, segundo a qual não existe domínio por nenhum Estado, podendo o espaço aéreo ser utilizado por todos os países, sem restrições; a teoria da *soberania até os prédios mais elevados ou o alcance das baterias antiaéreas*, que delimitaria a soberania até os sinais concretos do domínio do Estado no espaço; e a teoria da *soberania sobre a coluna atmosférica* pelo país subjacente, delimitada por linhas imaginárias que se situam perpendicularmente aos limites do território físico, incluindo o mar territorial.

Prevalece entre nós a teoria da soberania sobre a coluna atmosférica, prevista inicialmente pelo Código Brasileiro do Ar (Decreto-lei nº 32, de 18-11-1966), e, agora, pelo art. 11 do Código Brasileiro da Aeronáutica (Lei nº 7.565, de 19-12-1986).

Dispõe, porém, o art. 5º, § 1º, a respeito do *território por extensão* (ou ficção) nos seguintes termos: "Para os efeitos penais, consideram-se como extensão do território nacional as embarcações e aeronaves brasileiras, de natureza pública ou a serviço do governo brasileiro onde quer que se encontrem, bem como as aeronaves e as embarcações brasileiras, mercantes ou de propriedade privada, que se achem, respectivamente, no espaço aéreo correspondente ou em alto-mar."

As embarcações (navios, barcos, iates etc.) de natureza pública abrangem os vasos de guerra,[24] e as que estão a serviço do governo brasileiro incluem o transporte de chefes de Estado e de diplomatas. As aeronaves públicas classificam-se em civis e militares. As aeronaves militares são as que integram as Forças Armadas, inclusive as requisitadas na forma da lei para missões militares (art. 107, § 1º, do Código Brasileiro da Aeronáutica), e as aeronaves públicas civis são as utilizadas pelo Estado em serviço público que não seja de natureza militar, por exemplo, aeronave de polícia (art. 107, § 3º, do Código Brasileiro de Aeronáutica). Assim, cometido o crime no interior dessas embarcações e aeronaves, onde quer que estejam (alto-mar, mar territorial, portos e aeroportos estrangeiros), é aplicável a lei brasileira pela regra da territorialidade.

Os atos praticados pela equipagem dessas embarcações que se encontra fora de bordo a título particular estão sujeitos à jurisdição penal do Estado territorial onde ela se encontra, mas se ela se encontra em serviço comandado, a jurisdição é do Estado nacional da embarcação, de natureza pública ou a serviço público. O art. 303 da Lei nº 7.565, de 19-12-1986 (Código Brasileiro de Aeronáutica), foi alterado pela Lei nº 9.614, de 5-3-1998, para incluir hipótese de destruição de aeronave classificada como hostil quando esgotados os meios coercitivos legalmente previstos.

Pelo § 1º do art. 5º, são também consideradas território nacional as embarcações e aeronaves brasileiras, mercantes ou de propriedade privada que se acham em alto-mar (partes do mar que não são águas interiores ou mar territorial estrangeiro) ou o estejam sobrevoando. Nessa hipótese, prevalece a denominada "lei da bandeira" ou "princípio do pavilhão", que considera as embarcações e aeronaves como extensões do território do país em que se acham matriculadas. Sobre a inscrição das embarcações brasileiras dispõe a Lei nº 7.652, de 3-2-1988, que regulamenta o Registro da Propriedade Marítima, alterada pela Lei nº 9.774, de 21-12-1998.

Registre-se a má redação do dispositivo, que se refere ao crime cometido no "espaço aéreo correspondente ou em alto-mar", que só pode significar "em alto-mar ou no espaço aéreo correspondente." Isto porque não pode estar referindo-se ao *espaço aéreo* correspondente ao *território*, já que este é também elemento do mesmo território em sentido estrito.

Não serão extensão do território brasileiro as embarcações e aeronaves nacionais quando ingressarem no mar territorial estrangeiro ou o sobrevoarem. O Brasil, aliás, não ratificou a Convenção de Genebra que permitia restrições a esse princípio internacional (art. 19). O Superior Tribunal de Justiça, aliás, entendeu ter sido praticado em território brasileiro crime ocorrido a bordo de navio mercante estrangeiro em águas territoriais brasileiras, afastando a incidência do art. 301 do Código de Bustamante,

---

24. Segundo a Convenção de Genebra (1958) sobre o alto-mar, é navio de guerra o "pertencente à marinha de guerra de Estado e que traga os sinais exteriores distintivos dos navios de guerra de sua nacionalidade. O comandante deve estar a serviço do Estado; seu nome deve figurar na lista de oficiais da frota militar e a respectiva tripulação deve estar submetida a regras de disciplina militar". MELLO, Celso D. de Albuquerque. Ob. cit. p. 26, nota 8.

tanto mais quando os países de nacionalidade de autor e vítima e da bandeira do navio não eram signatários da Convenção de Havana.[21]

Aos crimes praticados nos barcos salva-vidas ou destroços do navio naufragado aplica-se também a lei da bandeira. Os barcos ou destroços são considerados remanescentes da nave (ou aeronave), e assim, extensão do território do país em que estava ela matriculada.

Discute-se a possibilidade de se dar asilo ao indivíduo que, tendo praticado crime em território estrangeiro, o procura em navio nacional. Pelas regras internacionais caberá asilo em caso de crimes político, de opinião ou puramente militar, devendo o capitão da embarcação, nos demais crimes, entregar o autor às autoridades locais.

O Brasil abriu mão de aplicação da lei penal a crime cometido no espaço aéreo brasileiro em algumas hipóteses. Em decorrência de convenção internacional a que aderiu, comprometeu-se pelo Decreto-lei nº 479, de 27-2-1969, a não intervir no voo de aeronave privada no espaço aéreo brasileiro a fim de exercer sua jurisdição penal em relação a uma infração cometida a bordo, a menos que produza efeitos no país ou atinja seus interesses. Dispõe, porém, o art. 5º, § 2º: "É também aplicável a lei brasileira aos crimes praticados a bordo de aeronaves ou embarcações estrangeiras de propriedade privada, achando-se aquelas em pouso no território nacional ou em voo no espaço aéreo correspondente, e estas em porto ou mar territorial do Brasil." O dispositivo é supérfluo no que tange à aplicação da lei brasileira aos crimes cometidos a bordo de aeronaves em pouso no território nacional e de embarcações no porto ou mar territorial do Brasil, uma vez que está tratando de crimes praticados em *território brasileiro*.

Em resumo, compreendendo o território nacional, para os efeitos penais, todos os elementos mencionados (território, embarcações e aeronaves brasileiras de natureza pública ou a serviço do governo brasileiro, onde quer que se encontrem, embarcações e aeronaves brasileiras, mercantes ou de propriedade privada, que se achem, respectivamente, em alto-mar ou no espaço aéreo correspondente), qualquer crime praticado nesses locais é alcançado, *obrigatoriamente*, pela lei penal brasileira, excetuando-se apenas as hipóteses de não aplicação da lei registradas em convenções, tratados e regras de direito internacional.

### 2.5.5 Lugar do crime

Para a aplicação da regra da territorialidade é necessário, entretanto, que se esclareça qual é o *lugar do crime*.

Três são as teorias a respeito desse assunto:

1ª) A teoria da *atividade* (ou da ação), em que o lugar do crime é o local da conduta criminosa (ação ou omissão), como, por exemplo, aquele em que foram efetuados os disparos (no homicídio) etc.

2ª) A teoria do *resultado* (ou do efeito), em que se considera para a aplicação da lei o local da consumação (ou do resultado) do crime, como, por exemplo, o lugar em que a vítima vem a morrer.

3ª) A teoria da *ubiquidade* (ou da unidade, ou mista), pela qual se entende como lugar do crime tanto o local da conduta como o do resultado, sendo, no homicídio, aquele em que foram efetuados os disparos e também onde ocorreu a morte.

A fixação do critério é necessária nos chamados *crimes a distância*, em que a ação é praticada em um país estrangeiro e a consumação ocorre no Brasil ou vice-versa. No Brasil, adotou-se a última das teorias mencionadas, pelo Código Penal brasileiro, que, no art. 6º, declara: "Considera-se praticado o crime no lugar em que ocorreu a ação ou omissão, no todo ou em parte, bem como onde se produziu ou deveria produzir-se o resultado." O dispositivo é bastante abrangente quando se refere a toda a ação, ou parte dela. Estão excluídos da lei nacional, porém, os atos preparatórios que não configurem início de execução (item 3.10.2).[25]

A expressão "deveria produzir-se o resultado" refere-se às hipóteses de tentativa. Aplicar-se-á a lei brasileira ao crime tentado cuja conduta tenha sido praticada fora dos limites territoriais (ou do território por extensão), desde que o impedimento da consumação se tenha dado no país. Não será aplicada a lei brasileira, porém, aos casos de interrupção da execução e antecipação involuntária da consumação ocorridos fora do Brasil, ainda que a intenção do agente fosse obter o resultado no território nacional.

Infeliz foi o legislador, porém, ao não se referir como na lei anterior ao resultado *parcial*.[26] É possível que a ação ocorra fora do território e que o agente não pretenda que o resultado se produza no país, mas neste ocorra parte do resultado. Como a lei se refere à "parte" da ação ou da omissão, mas não à "parte" do resultado, e esta não possa ser confundida com "todo" o resultado, o dispositivo não abrangeria essa hipótese. Entretanto, consulta melhor aos interesses nacionais a interpretação de que *parte* do resultado é também *resultado*, aplicando-se a lei brasileira no caso de resultado parcial no Brasil.

Também não vige a regra da territorialidade na hipótese de conduta e resultado ocorridos no exterior quando se produzam no território apenas efeitos secundários do crime.

Ao contrário do que prevê o Código de Processo Penal que, como regra, estabelece a competência *ratione loci* pelo "lugar em que se consumar a infração" (art. 70), o art. 63 da Lei nº 9.099, de 26-9-1995, que dispõe sobre os Juizados Especiais Cíveis e Criminais, determina a competência destes pelo "lugar em que foi praticada a infração penal", ou seja, pelo *lugar do crime*, cujo conceito é o previsto no art. 6º do Código Penal.

## 2.5.6 Extraterritorialidade incondicionada

O art. 7º do CP prevê a aplicação da lei brasileira a crimes cometidos no estrangeiro, nas condições referidas em seus parágrafos e incisos. São os casos de *extraterritorialidade* da lei penal, que adota, além do básico, outros princípios, como já se anotou (item 2.3.2).

---

25. Cf. NUVOLONE, Pietro. *O sistema do direito penal*. São Paulo: Revista dos Tribunais, 1981. v. 1, p. 64.
26. O art. 4º referia-se expressamente ao crime cometido no território nacional ou que nele, embora *parcialmente*, produziu ou devia produzir seu resultado.

O inciso I refere-se aos casos de extraterritorialidade *incondicionada*, uma vez que é obrigatória a aplicação da lei brasileira ao crime cometido fora do território brasileiro. Peca a lei da mesma imprecisão da anterior ao se referir aos crimes cometidos "no estrangeiro", em vez de "fora do território nacional". Figure-se a hipótese de crime cometido em local que não está sob a jurisdição de qualquer país, praticado por um brasileiro, contra a vida ou a liberdade do Presidente da República etc. Deve-se, no caso, utilizar-se a interpretação extensiva para se entender que "no estrangeiro" quer significar "fora do território nacional".

As hipóteses do inciso I, com exceção da última (*d*), fundadas no princípio de proteção, são as consignadas nas alíneas a seguir enumeradas.

a) Contra a vida ou a liberdade do Presidente da República. Crimes contra a vida, na hipótese, são os de homicídios e de induzimento, instigação ou auxílio a suicídio ou a automutilação (Capítulo I da Parte Especial), e delitos contra a liberdade individual são os previstos no Capítulo VI (arts. 146 a 154-B do CP). Como a lei se utiliza de expressões técnicas, a redação do dispositivo faz com que não se possam incluir crimes graves como latrocínio, extorsão mediante sequestro seguido de morte etc., que são considerados como crimes contra o patrimônio. Melhor seria referir-se a lei a crimes que "atentem contra a vida ou a liberdade do Presidente da República".

b) Contra o patrimônio ou a fé pública da União, do Distrito Federal, de Estado, de Território, de Município, de empresa pública, sociedade de economia mista, autarquia ou fundação instituída pelo Poder Público. Refere-se a lei aos crimes contra o patrimônio (arts. 155 a 180) e contra a fé pública (arts. 289 a 311-A) quando são vítimas as pessoas jurídicas mencionadas no dispositivo.

c) Contra a administração pública, por quem está a seu serviço. Podem ser incluídos os crimes previstos entre os arts. 312 a 326, bem como os demais constantes do Título XI, desde que praticados por agente considerado funcionário público para os efeitos penais, conceituado no art. 327 do CP.

d) De genocídio, quando o agente for brasileiro ou domiciliado no Brasil. Trata-se de inovação no CP. O genocídio pode ser definido como o crime perpetrado com a intenção de destruir grupos étnicos, sociais, religiosos ou nacionais[27] e está previsto na Lei nº 2.889, de 1º-10-1956, que não o considera crime político para efeito de extradição. Também são crimes de genocídio os ilícitos previstos nos arts. 208 e 401 do Código Penal Militar, e a eles se equipara o induzir ou instigar dolosamente a prática de esterilização cirúrgica quando praticado contra a coletividade (art. 17 e seu parágrafo único da Lei nº 9.263, de 12-1-1996). Nesta última hipótese, adotou-se o princípio da justiça ou competência universal.

---

27. MELLO, Celso D. de Albuquerque. Ob. cit. p. 122.

Em todas essas hipóteses, o agente é punido segundo a lei brasileira, ainda que absolvido ou condenado no estrangeiro. É o que dispõe o art. 7º, § 1º. Isso não significa que serão executadas integralmente penas aplicadas em dois países, pois a pena cumprida no estrangeiro atenua a pena imposta no Brasil quando diversas, ou nela é computada, quando idênticas (art. 8º) (item 2.3.8).

### 2.5.7 Extraterritorialidade condicionada

O inciso II do art. 7º prevê três hipóteses de aplicação da lei brasileira a autores de crimes cometidos no estrangeiro, desde que preenchidos os requisitos previstos no § 2º do mesmo artigo. São casos de extraterritorialidade *condicionada*, pois dependem dessas condições. Tais casos são os seguintes:

a) Crimes que, por tratado ou convenção, o Brasil se obrigou a reprimir. Utilizou-se, aqui, o princípio da justiça ou competência universal para a repressão aos delitos que atingem vários países, como os atos de pirataria, o tráfico de mulheres e crianças, o tráfico de entorpecentes, o tráfico de armas, a difusão de publicações obscenas, a prática de crime a bordo de aeronaves, a danificação ou destruição de cabos submarinos etc., todos objetos de convenções e tratados a que o Brasil aderiu.

b) Crimes praticados por brasileiro. Tendo o país o dever de obrigar seu nacional a cumprir as leis, permite-se a aplicação da lei brasileira ao crime por ele cometido no estrangeiro. Trata o dispositivo da aplicação do princípio da nacionalidade ou personalidade ativa.

c) Crimes praticados em aeronaves ou embarcações brasileiras, mercantes ou de propriedade privada, quando em território estrangeiro e aí não sejam julgados. Inclui-se no CP o princípio da representação, conforme recomendação da comissão de redação do Código Penal Tipo para a América Latina, ausente da lei anterior. É uma regra subsidiária; aplica-se a lei brasileira quando, por qualquer razão, não forem julgados os crimes pelo Estado que deveria fazê-lo pelo princípio da territorialidade.

A aplicação da lei brasileira, nessas três hipóteses, entretanto, fica subordinada a todas as condições estabelecidas pelo § 2º do art. 7º. Depende, portanto, das condições a seguir relacionadas:

a) Entrada do agente no território nacional. Não importa que a presença seja breve ou longa, a negócio ou a passeio, voluntária ou não, legal ou clandestina. A saída do agente não prejudicará o andamento da ação penal instaurada.

b) Ser o fato punível também no país em que foi praticado. Em virtude da diversidade de legislações, é possível que um fato, considerado crime no Brasil, não o seja no país onde for ele praticado, impedindo-se a aplicação da lei brasileira. Na hipótese de o crime ter sido praticado em local onde nenhum país tem jurisdição (alto-mar, certas regiões polares), é possível a aplicação da lei brasileira.[28]

c) Estar o crime incluído entre aqueles pelos quais a lei brasileira autoriza a extradição. Como não são todos os delitos que permitem a extradição do agente, exclui-se a possibilidade de aplicação da lei brasileira nessa hipótese.

d) Não ter sido o agente absolvido no estrangeiro ou não ter aí cumprido a pena. Pode-se aplicar a lei brasileira somente quando o agente não foi julgado no estrangeiro ou, se condenado, não se executou a pena imposta.

e) Não ter sido o agente perdoado no estrangeiro ou, por outro motivo, não estar extinta a punibilidade, segundo a lei mais favorável. Caso o agente tenha sido perdoado ou tenha ocorrido outra das causas de extinção da punibilidade, previstas, no Brasil, no art. 107 do CP (*abolitio criminis*, decadência, prescrição etc.) ou estando o agente ao abrigo de dispositivo da lei estrangeira que consigna outras hipóteses de causas extintivas ou lhes dá maior amplitude, não é possível a aplicação da lei nacional.

O art. 7º, § 3º, prevê uma última hipótese de aplicação da lei brasileira: a do crime cometido por estrangeiro contra brasileiro fora do Brasil. É ainda um dispositivo calcado na teoria de proteção, além dos casos de extraterritorialidade incondicionada (item 2.3.6). Exige o dispositivo em estudo, porém, além das condições já mencionadas, outras duas:

• que não tenha sido pedida ou tenha sido negada a extradição (pode ter sido requerida, mas não concedida) (item 2.4.8);

• que haja requisição do Ministro da Justiça (item 2.5.1).

Por exceção prevista em lei, tratando-se do crime de tortura, praticado no estrangeiro contra brasileiro ou encontrando-se o agente em local sob jurisdição brasileira, aplica-se a lei brasileira, independentemente de qualquer outra condição (art. 2º da Lei nº 9.455, de 7-4-1997).

De acordo com o disposto no art. 109 da CF, em certos casos de extraterritorialidade o agente será submetido à Justiça Federal (incisos V e IX).[22]

## 2.5.8 Pena cumprida no estrangeiro

Considerando que, sendo possível a aplicação da lei brasileira a crimes cometidos em território de outro país, ocorrerá também a incidência da lei estrangeira, dispõe o Código como se deve proceder para se evitar a dupla punição. Reza o art. 8º: "A pena cumprida no estrangeiro atenua a pena imposta no Brasil pelo mesmo crime, quando diversas, ou nela é computada, quando idênticas." Assim, cumprida a pena pelo sujeito ativo do crime no estrangeiro, será ela descontada na execução pela lei brasileira

---
28. Cf. FRAGOSO, Heleno Cláudio. Ob. cit. p. 127.

quando forem idênticas (penas privativas de liberdade, por exemplo), respondendo efetivamente o sentenciado pelo saldo a cumprir se a pena imposta no Brasil for mais severa. Se a pena cumprida no estrangeiro for superior à imposta no País, é evidente que esta não será executada.

No caso de penas diversas (privativas de liberdade e pecuniárias, por exemplo), aquela cumprida no estrangeiro atenuará a aplicada no Brasil, de acordo com a decisão do juiz no caso concreto, já que não há regras legais a respeito dos critérios de atenuação que devem ser obedecidos.

## 2.6 LEI PENAL EM RELAÇÃO ÀS PESSOAS

### 2.6.1 Introdução

O art. 5º, ao encampar o princípio da territorialidade temperada, faz ressalva aos tratados, convenções e regras de direito internacional. Por exceção, não se aplicará a lei brasileira ao crime praticado no Brasil em decorrência das funções internacionais exercidas pelo autor do ilícito. Trata-se, aqui, das imunidades diplomáticas decorrentes do Direito Internacional Público.

Há também exceções à aplicação da lei penal previstas pelo Direito Público interno, denominadas imunidades parlamentares.

Em ambos os casos, os privilégios da imunidade não se referem à pessoa do criminoso, mas têm em vista a função exercida pelo autor do crime com o que não se viola o preceito constitucional da igualdade dos cidadãos perante a lei.

### 2.6.2 Imunidades diplomáticas e consulares

Diz bem Fragoso: "A concessão de privilégios a representantes diplomáticos, relativamente aos atos ilícitos por eles praticados, é antiga praxe no direito das gentes, fundando-se no respeito e consideração ao Estado que representam, e na necessidade de cercar sua atividade de garantia para o perfeito desempenho de sua missão diplomática." [29] Já dizia Montesquieu que os agentes diplomáticos são a palavra do Príncipe que representam e essa palavra deve ser livre (*L'Esprit des lois*, liv. 26, Cap. 21).

Entende-se que os chefes de Estado e os representantes de governos estrangeiros estão excluídos da jurisdição criminal dos países em que exercem suas funções.[30] É possível, porém, a renúncia à imunidade da jurisdição penal que, entretanto, é da competência do Estado acreditante, e não do agente diplomático, pela própria natureza do

---

29. FRAGOSO, Heleno Cláudio. Ob. cit. p. 130.
30. Cf. BRUNO, Anibal. *Direito penal*. Rio de Janeiro: Forense, 1959. v. 1, p. 232; e JESUS, Damásio E. de. *Direito penal*. 8. ed. São Paulo: Saraiva, 1983. p. 133.

instituto. A imunidade não afasta, porém, a possibilidade de ser o agente diplomático processado em seu Estado de origem.

Fundamentalmente, a questão das imunidades diplomáticas está prevista na Convenção de Viena, assinada a 18-4-1961, aprovada no Brasil pelo Decreto Legislativo nº 103, de 1964, ratificada em 23-2-1965 e promulgada pelo Decreto nº 56.435, de 8-6-1965.

Referem-se elas a qualquer delito e se estendem a todos os agentes diplomáticos (embaixador, secretários da embaixada, pessoal técnico e administrativo das representações), aos componentes da família deles e aos funcionários das organizações internacionais (ONU, OEA etc.) quando em serviço.

Os agentes diplomáticos gozam de imunidade de jurisdição penal e não podem ser processados, presos ou detidos, nem obrigados a depor como testemunha. A imunidade tem início com a entrada do agente diplomático no território do Estado acreditado para assumir seu posto e perdura enquanto permanecer no exercício de suas funções até que venha a sair do país ou transcorra o prazo fixado para fazê-lo. Nesses casos, a imunidade persiste em relação aos atos anteriormente praticados no exercício de sua função.

Cobre também a imunidade o chefe de Estado estrangeiro que visita o país, bem como os membros de sua comitiva.

As imunidades diplomáticas serão relativas, porque restritas aos atos oficiais, se o agente diplomático for nacional ou tiver residência permanente no país em que desempenha suas funções. Estão excluídos da proteção os empregados particulares dos agentes diplomáticos, ainda que da mesma nacionalidade destes.

As sedes diplomáticas (embaixadas, sedes de organismos internacionais etc.) já não são consideradas extensão de território estrangeiro, embora sejam invioláveis como garantia aos representantes alienígenas. Na Convenção de Viena, determina-se que "os locais das missões diplomáticas são invioláveis, não podendo ser objeto de busca, requisição, embargo ou medida de execução". Fica assegurada a proteção a seus arquivos, documentos, correspondência etc. Os delitos cometidos nas representações diplomáticas serão alcançados pela lei brasileira se praticados por pessoas que não gozem de imunidade.

As *imunidades consulares*, mais restritas do que as imunidades diplomáticas, são previstas pela Convenção de Viena sobre as Relações Consulares, assinada em 24-4-1963 e internamente promulgada pelo Decreto nº 61.078, de 26-7-1967.

Prevê a Convenção a imunidade de jurisdição em relação aos atos realizados no exercício das funções consulares. Gozam da imunidade os funcionários consulares, entre os quais os chefes de repartição consular, cônsul-geral, cônsul, vice-cônsul, agente consular e os empregados consulares, que exercem serviços técnicos ou administrativos na repartição consular. Somente o Estado que envia o funcionário pode renunciar, expressamente, mediante comunicação escrita ao Estado receptor, à imunidade que lhe é reconhecida.

Não se cuidando de crime praticado no exercício de suas funções, os funcionários consulares podem ser detidos ou presos preventivamente, mas somente por ordem da autoridade judiciária competente e por crime grave. Têm eles o dever de prestar depoimento quando intimados, mas não sobre fatos relacionados com o exercício de suas funções e não se sujeitam à condução coercitiva ou sanção no caso de recusa. São invioláveis as sedes consulares, as malas consulares, os arquivos, documentos e as correspondências oficiais, onde quer que estejam. A imunidade de jurisdição prevista para os funcionários de carreira se estende aos atos oficiais praticados pelos funcionários consulares honorários, entre os quais o cônsul honorário. Esses também não têm o dever de depor sobre os atos oficiais, mas podem ser presos, em flagrante delito ou preventivamente, por infração estranha ao exercício funcional, independentemente de sua gravidade.

### 2.6.3 Imunidades parlamentares

As imunidades parlamentares compõem a "prerrogativa que assegura aos membros do Congresso a mais ampla liberdade de palavra, no exercício de suas funções, e os protege contra abusos e violações por parte dos outros Poderes constitucionais." [31] Para que o Poder Legislativo, em sua totalidade, e seus membros, individualmente, possam atuar com liberdade e independência, a Constituição outorga em favor dos congressistas algumas prerrogativas e, entre elas, as imunidades. Não há Poder Legislativo que possa representar, com fidelidade e coragem, os interesses do povo sem essa garantia constitucional. A imunidade, por não ser apenas um direito subjetivo do parlamentar, mas um direito cujo titular é o próprio Parlamento, é irrenunciável.

São duas suas espécies: a de natureza *material* ou substantiva, denominada *imunidade absoluta* ou *inviolabilidade*, e a de natureza *formal* ou processual, denominada *imunidade relativa*.

### 2.6.4 Imunidades absolutas

Quanto à natureza jurídica das imunidades absolutas ou da inviolabilidade, as posições são as mais controvertidas. São reproduzidos a seguir os esclarecimentos de Antonio Edying Caccuri: "Pontes de Miranda, Nelson Hungria e José Celso de Mello Filho entendem-na como uma *causa excludente de crime* e, semelhantemente, Basileu Garcia, como *causa que se opõe à formação do crime;* Heleno Cláudio Fragoso considera-a *causa pessoal de exclusão de pena;* Damásio de Jesus, *causa funcional de exclusão ou isenção de pena;* Anibal Bruno, *causa pessoal e funcional de isenção de pena;* Vicente Sabino Junior, *causa de exclusão de criminalidade;* Magalhães Noronha, *causa de irresponsabilidade;* José Frederico Marques, *causa de incapacidade penal por razões*

---

31. MAXIMILIANO, Carlos. *Comentários à constituição brasileira.* 5. ed. Rio de Janeiro: Freitas Bastos, 1954. v. 11, p. 44-45.

*políticas."* [32] Conclui o citado autor, aliás, que se trata de "causa impeditiva de aplicação da lei (ou causa paralisadora da eficácia da lei, relativamente aos congressistas, em razão de suas funções)".[33]

Após inúmeras modificações nos textos constitucionais do país, a Carta Magna ainda assegura aos parlamentares (deputados e senadores) a inviolabilidade ou imunidade absoluta pelas suas opiniões, palavras e votos. Por força da Emenda Constitucional nº 35, promulgada em 20-12-2001, a inviolabilidade, prevista no art. 53, *caput*, da Carta Magna, ficou assim estabelecida: "Os Deputados e Senadores são invioláveis, civil e penalmente, por quaisquer de suas opiniões, palavras e votos." Ao contrário do preceito constitucional anterior à Constituição de 1988, não é necessário que, por ocasião do fato, o congressista se encontre no exercício de suas funções legislativas ou que a manifestação que constitui ilícito penal verse sobre matéria parlamentar. Numa interpretação restritiva, porém, tem-se entendido, inclusive nos Tribunais Superiores, que inexiste a imunidade se a ofensa não tem nexo de implicação recíproca entre a manifestação do pensamento do congressista e sua condição.[34] A inviolabilidade pela manifestação do pensamento tem sido considerada elementar no regime representativo e inerente ao exercício do mandato.[35] A imunidade absoluta, nos novos termos constitucionais, estende-se a todos os crimes de opinião, também chamados de "crimes da palavra", não respondendo os parlamentares por delitos contra a honra, de incitação ao crime, de apologia de crime ou criminoso etc., previstos no Código Penal, ou em qualquer outra lei penal especial.[36]

Ao contrário da redação anterior, o art. 53, *caput*, da Constituição Federal restringiu o alcance da inviolabilidade, válida apenas para os direitos penal e civil, excluindo-a das matérias administrativa, disciplinar e política.

Sendo inerente ao mandato, a imunidade parlamentar absoluta é irrenunciável, não se podendo instaurar inquérito policial ou ação penal mesmo que o parlamentar os autorize. Trata-se de instituto que visa preservar não a pessoa do parlamentar, mas o próprio regime representativo, possibilitando a atuação livre e independente do Parlamento.

Não se exigindo agora que o fato ocorra no exercício do mandato, não perde a imunidade o deputado ou senador que estiver afastado das funções legislativas por

---

32. CACCURI, Antonio Edying. Imunidades parlamentares. *RT* 554/298.
33. Ob. cit. p. 299.
34. *RT* 648/318; FERREIRA, Manuel Alceu Affonso. A amplitude da inviolabilidade parlamentar. *O Estado de S. Paulo*, 26-11-90, p. 47.
35. Nesse sentido, FRAGOSO, Heleno Cláudio, HUNGRIA, Nelson. *Comentários ao Código Penal*. 5. ed. Rio de Janeiro: Forense, 1977. v. 1, t. 1, p. 253.
36. Hungria exclui alguns delitos, citando como exemplos a traição ao mandato e o crime praticado em detrimento de interesse nacional (HUNGRIA, Nelson. Ob. cit. p. 188). Fragoso, porém, assegura que a inviolabilidade subsiste em qualquer caso de crime contra a segurança nacional, mesmo quando se tratar da chamada ofensa subversiva (ob. cit., p. 134). Estão incluídos na imunidade os crimes eleitorais de opinião: STF: Inq. 1.391-PR – Rel. Min. Néri da Silveira, j. 23-6-1999.

ter sido nomeado Ministro de Estado, por estar licenciado etc. Decidiu o STF que as manifestações dos parlamentares fora do exercício estrito do mandato, mas em consequência deste, ou seja, em funções relacionadas a ele, estão abrangidas pela imunidade material.[23] A imunidade parlamentar, porém, não se estende ao corréu do ilícito que não goze dessa prerrogativa, como deixa claro a Súmula 245 do STF.

O período coberto pela imunidade absoluta inicia-se com a diplomação do deputado ou senador, já que este é o termo inicial previsto na Constituição Federal, expressamente, para as imunidades relativas (art. 53, § 1º), e se encerra com o término do mandato. Mesmo após o término ou a perda do mandato, o deputado ou senador não poderá ser processado pelo fato constitutivo de crime de opinião praticado por ele durante o período de imunidade.

A regra que concede a imunidade absoluta aos parlamentares na Constituição é lei penal e por força da própria Carta Magna tem efeito retroativo. É autoaplicável, sem necessitar, portanto, de outra lei que empreste validade e exequibilidade ao dispositivo. [24] Está extinta, pois, a punibilidade quanto aos deputados e senadores que estão sendo processados ou foram condenados por crimes de opinião (crimes contra a honra e contra a segurança nacional, que estiverem excluídos da imunidade absoluta pelos dispositivos constitucionais anteriores). Essa retroatividade refere-se também aos crimes praticados por deputados estaduais e prefeitos municipais, com as restrições inerentes às imunidades destes.[25] (item 2.4.6).

## 2.6.5 Imunidades relativas

As imunidades relativas são as que se referem à prisão, ao processo, às prerrogativas de foro e para servir como testemunha, embora somente as duas primeiras sejam incluídas na noção de imunidade em sentido estrito.

Quanto à primeira hipótese, prevê o art. 53, § 2º, primeira parte, da CF, com a redação que lhe foi dada pela EC nº 35, de 20-12-2001, que "desde a expedição do diploma, os membros do Congresso Nacional não poderão ser presos, salvo em flagrante de crime inafiançável". Na segunda parte do mesmo artigo assinala que, ocorrendo a prisão por crime inafiançável, "os autos serão remetidos dentro de vinte e quatro horas à Casa respectiva, para que, pelo voto da maioria de seus membros, resolva sobre a prisão". Nunca podem ocorrer, portanto, a prisão e a autuação em flagrante delito se o parlamentar tiver praticado crime afiançável. Sendo o delito inafiançável, deve ser efetuada a prisão e lavrado o auto, comunicando a autoridade policial os fatos à Câmara ou ao Senado, conforme o caso, que, por maioria absoluta, poderá determinar a soltura.

A manutenção da prisão em flagrante por juízo político da casa legislativa não é suficiente, porém, para a continuidade da custódia, porque, diante das alterações havidas no Código de Processo Penal, a prisão em flagrante não mais pode perdurar no tempo, exigindo-se, sempre, que o Poder Judiciário se pronuncie, desde logo, sobre a efetiva necessidade ou não da prisão cautelar à vista dos requisitos e fundamentos legais que autorizam a sua conversão em prisão preventiva.

Quanto ao processo, a imunidade relativa, que na Constituição anterior era apenas um caso de sustação do processo, voltou com a Carta de 1988 a se constituir em prévia licença por parte das Casas Legislativas para a instauração da ação penal contra parlamentar. Dispunha o art. 53, § 1º, segunda parte, que, desde a expedição do diploma, os membros do Congresso Nacional não poderiam ser processados criminalmente sem prévia licença de sua Casa. Entretanto, tal imunidade foi eliminada com a nova redação dada ao art. 53 e parágrafos da Constituição pela Emenda nº 35/01. Assim, por denúncia do Procurador-geral da República, cometido crime comum, poderá o Supremo Tribunal Federal determinar a instauração da ação penal, independentemente de qualquer licença da Câmara ou Senado. A revogação dessa imunidade alcança, de imediato, os autores de crimes comuns praticados até a data da promulgação da Emenda Constitucional nº 35, inclusive nos casos em que já foi pedida pelo Supremo Tribunal Federal a licença prévia à Câmara dos Deputados ou ao Senado. Não é o caso, porém, das licenças negadas pelo Legislativo; existe aí um ato jurídico perfeito que não pode ser atingido por nova norma, ainda que constitucional. Os novos dispositivos contidos no art. 53 e parágrafos da Constituição Federal têm aplicação imediata mas não retroativa.

Permite-se, porém, de qualquer forma, que a ação penal por crime comum praticado após a diplomação seja suspensa até a decisão final. Dispõe o art. 53, § 3º, com a nova redação: "Recebida a denúncia contra Senador ou Deputado, por crime ocorrido após a diplomação, o Supremo Tribunal Federal dará ciência à Casa respectiva, que, por iniciativa de partido político nela representado e pelo voto da maioria de seus membros, poderá, até a decisão final, sustar o andamento da ação." Esse pedido de sustação, entretanto, deve ser apreciado pela Casa respectiva no prazo improrrogável de 45 dias do seu recebimento pela Mesa Diretora. A decisão final a que alude o dispositivo é a que decorre do julgamento do processo penal pelo Supremo Tribunal Federal.

Diante de recentes instaurações de inquéritos policiais e do ajuizamento de ações penais em face de membros do Congresso Nacional, o Supremo Tribunal Federal tem proferido decisões a respeito do cabimento e limites, no curso da apuração dos ilícitos penais, da aplicabilidade de medidas cautelares previstas no Código de Processo Penal diversas da prisão (art. 319) e, principalmente, da suspensão do exercício do mandato eletivo e dos cargos de presidência das duas casas legislativas. A submissão de todos aos ditames da Lei, a responsabilização, inclusive penal, dos agentes públicos em geral e o repúdio a privilégios odiosos são pedras angulares do princípio republicano acolhido pela Constituição Federal, o qual deve orientar a interpretação, não somente das normas legais, mas, também, das contidas no próprio texto constitucional, entre as quais as que versam sobre as imunidades parlamentares. Essas regras, como visto, não se destinam a assegurar qualquer privilégio ao detentor de mandato eletivo, mas visam garantir o funcionamento livre e independente das casas legislativas, resguardando-o contra interferências abusivas, inclusive as eventualmente decorrentes da atuação de outros poderes do Estado. Assim, o princípio republicano recomenda, fortemente, que as normas que regulam as imunidades parlamentares sejam interpretadas restritivamente, afastando-se a interpretação extensiva e a hipótese de mero favorecimento pessoal do parlamentar sobre o qual recaia a suspeita da prática de um ilícito penal. Restritas à deliberação sobre a prisão e à possibilidade de suspensão do processo, não pode o parlamento se opor à investigação, quando ainda não há processo, ou à aplicação pelo Poder Judiciário de medidas cautelares não privativas de liberdade previstas no Código de Processo Penal. Deve-se admitir, inclusive, a possibilidade de afastamento cautelar do parlamentar do exercício do mandato ou da presidência de uma das casas legislativas, se relevantes indícios forem colhidos nos autos de que o parlamentar dele se vale para persistir na prática de crimes ou para obstruir a ação da Justiça. Nesses casos, a aplicação da medida cautelar, cuja imposição não é vedada pela Constituição, fundamenta-se na necessidade de garantia da ordem pública e da aplicação da lei penal e está em consonância com o princípio da inafastabilidade da jurisdição.[37]

Numa interpretação lógica do art. 53 da CF, crimes comuns são todos aqueles não abrangidos pela imunidade absoluta (crimes de opinião), inclusive os definidos em leis penais especiais. Não se trata de opor aqui a espécie de crimes comuns aos crimes de responsabilidade referidos pelo art. 85 ou aos crimes políticos. Os membros do Congresso estão protegidos pela imunidade absoluta nos crimes de opinião e pela possibilidade de sustação da ação penal nos crimes comuns praticados após a diplomação (art. 53, § 4º, da CF, com a nova redação).

A imunidade parlamentar visa assegurar o livre exercício das funções públicas dos deputados e senadores, mas não deve conceder aos representantes do povo uma impunidade assegurada por seus pares. Por essa razão, prevê-se que a sustação do processo suspenda o curso da prescrição enquanto durar o mandato (art. 53, § 5º, da CF). Extinto o mandato do autor do crime comum, recomeça a correr o prazo prescricional, não mais necessitando-se de manifestação do Legislativo para o prosseguimento do processo.

A Constituição Federal continua a reconhecer também a imunidade para servir de testemunha. Dispõe o art. 53, § 6º, na nova redação, que "os Deputados e Senadores não serão obrigados a testemunhar sobre informações recebidas ou prestadas em razão do exercício do mandato, nem sobre as pessoas que lhes confiaram ou deles receberam informações". Quanto ao mais, porém, os congressistas deverão prestar depoimentos,

---

37. Em casos concretos de maior relevância, o STF decidiu pela possibilidade da suspensão do exercício do mandato de deputado federal e, por consequência, da Presidência da Câmara, se existentes elementos indicativos de que dele se valeria o parlamentar para cometimento de crimes ou obstrução da apuração de ilícitos (AC 4070-DF, j. em 5-5-2016, DJe de 21-10-2016). Decidiu-se, também, pela viabilidade da aplicação de medidas cautelares previstas no Código de Processo Penal e da suspensão do exercício do mandato de senador, na hipótese de indícios de que o parlamentar dele se prevaleceria para tentar obstruir a investigação de infrações penais, afirmando-se, porém, na mesma decisão, a inadmissibilidade da decretação da prisão preventiva, uma vez não configurada a situação única para a medida constritiva prevista na Constituição Federal, a de prisão em flagrante por crime inafiançável (AgAC 4327-DF, j. em 26-9-2017, DJe de 27-10-2017). Julgando, no entanto, ação declaratória de inconstitucionalidade, decidiu o STF que na hipótese de aplicação de medida cautelar que implique a suspensão ou restrição ao regular exercício do mandato parlamentar, os autos devem ser remetidos à casa legislativa respectiva para que resolva sobre o acolhimento ou não dos efeitos da decisão, procedendo-se analogamente ao disposto no art. 53, § 2º da CF (ADI 5526-DF, j. em 11-10-2017).

praticando crimes de desobediência se se recusarem a prestá-los, ou de falso testemunho se calarem ou falsearem a verdade (art. 342 do CP).

As imunidades absoluta e relativas dos deputados e senadores subsistirão durante o estado de sítio, só podendo ser suspensas mediante o voto de dois terços dos membros da Câmara respectiva, nos casos de atos praticados fora do recinto do Congresso e que sejam incompatíveis com a execução da medida. Nas demais hipóteses, ou seja, de qualquer crime praticado no recinto do Congresso ou que não sejam incompatíveis com o estado de sítio praticados fora dele, são asseguradas as imunidades parlamentares (art. 53, § 8º, da CF).

Por fim, confere a Constituição Federal aos membros do Congresso Nacional a prerrogativa de foro, sendo eles julgados pelo Supremo Tribunal Federal (arts. 53, § 1º, e 102, I, *b*). Essa competência abrangia quaisquer crimes praticados pelos parlamentares, incluindo os crimes eleitorais, que também são crimes comuns com relação às imunidades, e aqueles praticados fora das atividades parlamentares. Discutindo, porém, a limitação do foro de prerrogativa de função conferido pela Constituição aos membros do Congresso Nacional, o Pretório Excelso decidiu, por maioria de votos, que a competência do STF por prerrogativa de função para os parlamentares federais restringe-se aos casos de crimes comuns cometidos após a diplomação e relacionados ao cargo. Fundamenta-se a decisão no devido respeito aos princípios da igualdade e da responsabilidade penal dos agentes públicos, consectários do princípio republicano consagrado na Constituição Federal. Decidiu, também, o Pretório Excelso sobre o momento da fixação definitiva da competência do STF e de outras cortes para o julgamento das ações por prerrogativa de função. Entenderam os ministros que, após a instrução processual, com a publicação do despacho de intimação para apresentação de alegações finais, a competência para processar e julgar as ações penais não será mais afetada em razão de o parlamentar ou outro agente público vier a ocupar cargo ou deixar o cargo que ocupava. Portanto, se o agente público deixar o cargo, por qualquer motivo, antes da conclusão da instrução processual, cessa a competência por prerrogativa de foro e será feita a remessa dos autos ao Juízo competente; encerrada, porém, a instrução processual, o órgão superior continua competente, mesmo se o detentor do foro por prerrogativa perder o cargo, privilegiando-se, assim, a prorrogação da competência e o princípio da identidade física do juiz.[38] Revendo, porém, entendimentos anteriores, o STF vem apreciando a tese no sentido de que "a prerrogativa de foro para julgamento de crimes praticados no cargo e em razão das funções subsiste mesmo após o afastamento do cargo, ainda que o inquérito ou a ação penal sejam iniciados depois de cessado seu exercício" (Inq. 4787).

A Lei nº 10.628, de 24 de dezembro de 2002, alterando o art. 84 do Código de Processo Penal, passou a prever também a competência pela prerrogativa de função do Superior Tribunal de Justiça, dos Tribunais Regionais Federais e dos Tribunais de Justiça dos Estados e do Distrito Federal, relativamente às pessoas que devam responder perante eles por crimes comuns e de responsabilidade. A Súmula 394 do STF, que garantia

---

38. (QO na AP 937, julgado em 3-5-2018, *DJe* de 11-12-2018).

a permanência do foro privilegiado após a cessação do exercício funcional quando se cuidava de crime cometido durante esse exercício,[26] foi cancelada em julgamento de 25-8-1999. Todavia, o novo § 1º do art. 84 do CPP passou a prever que, para os crimes relacionados à atividade funcional, prorroga-se a competência especial mesmo após a cessação do exercício da função e ainda que posteriormente seja instaurado o inquérito ou a ação penal. O novo § 2º do art. 84 do CPP passou a estabelecer a mesma competência por prerrogativa de foro para o julgamento da ação de improbidade prevista pela Lei nº 8.429/92. O STF, porém, julgando ação direta de inconstitucionalidade, declarou a inconstitucionalidade da Lei nº 10.628, de 24-12-2002, que acresceu os §§ 1º e 2º ao art. 84.[39] Não pode mesmo a lei ordinária, sem autorização da Constituição Federal, conferir foro privilegiado a autoridade ou funcionário público ou estender a ex-ocupante de cargo público ou mandato eletivo a prerrogativa de foro constitucionalmente estabelecida para os seus titulares exclusivamente em razão da relevância das funções públicas inerentes ao exercício do cargo ou do mandato. Assim, cessado o exercício funcional, a ação penal deve ser proposta ou prosseguir perante o juízo competente de primeiro grau, ressalvada, neste último caso, como visto acima, a hipótese de já ter sido publicado o despacho que determinou a intimação das partes para a apresentação de alegações finais. Ressalte-se que, embora a imunidade parlamentar não se estenda ao corréu sem essa prerrogativa (Súmula 245 do STF), ou àquele que teve cessado o exercício funcional, a competência por prerrogativa de função, por conexão, o abrange. Segundo a Súmula 704 do STF, "não viola as garantias do juiz natural, da ampla defesa e do devido processo legal a atração por continência ou conexão do processo do corréu ao foro por prerrogativa de função de um dos denunciados".

Observe-se, porém, que a verificação da conexão ou continência não determina, obrigatoriamente, a unidade de processo e julgamento e a consequente alteração da competência com relação ao acusado que não tenha prerrogativa de foro, porque prevista expressamente, em cláusula aberta, a possibilidade de separação facultativa dos processos nas hipóteses legais (art. 80 do CPP). Assim, ainda que configurada a conexão ou a continência, pode o tribunal decidir pela cisão dos processos, "por motivo relevante" ou interesse da Justiça.[40]

### 2.6.6 Imunidades de deputados estaduais e vereadores

Os deputados estaduais também devem gozar da imunidade parlamentar e das prerrogativas que lhes têm sido reconhecidas pelas diversas Constituições dos Estados-membros desde a Proclamação da República. Os Estados-membros devem, obrigatoriamente, incluir tais garantias em sua organização porque a Carta Magna impõe, sob pena de inter-

---

39. O STF julgou procedentes, por maioria de votos, as ações diretas de inconstitucionalidade nº 2.860-0, proposta pela Associação dos Magistrados Brasileiros (AMB), e nº 2.797-2, proposta pela Associação Nacional dos Membros do Ministério Público (CONAMP), em julgamento realizado em 15-9-2005 – *DJU* de 19-12-2006, p. 37.
40. Nesse sentido, confira: Mirabete, Júlio. *Processo Penal*, p. 172.

venção federal, a observância do sistema representativo e do princípio de independência e harmonia dos Poderes.[41] De qualquer forma, as imunidades dos deputados federais pela Constituição Federal, inclusive emendas, são automaticamente deferidas aos deputados estaduais, já que preconiza o art. 27, § 1º, da Carta que se lhes aplicam as regras da Constituição Federal referentes às imunidades. As Constituições dos Estados, porém, devem adaptar-se à Constituição Federal e prever expressamente tais imunidades, nos exatos termos da Carta Federal, mantendo como foro por prerrogativa de função o Tribunal de Justiça do Estado. Restou, assim, superado o entendimento adotado na Súmula 3 do STF, segundo o qual as imunidades parlamentares concedidas aos deputados estaduais seriam válidas apenas em relação às autoridades judiciárias estaduais e locais, não podendo ser invocadas em face do Poder Judiciário Federal.[42] Tratando-se de crime da competência da Justiça Federal, os deputados estaduais devem ser julgados pelo Tribunal Regional Federal [27] e nos crimes eleitorais pelo Tribunal Regional Eleitoral.[28]

Os vereadores, que haviam perdido a imunidade absoluta a partir de 1964, readquiriram-na. Nos termos da Constituição Federal, está garantida a "inviolabilidade dos Vereadores por suas opiniões, palavras e votos no exercício do mandato e na circunscrição do Município" (art. 29, VIII).[43] A imunidade material é conferida, portanto, apenas às manifestações decorrentes do específico e restrito exercício do mandado eletivo, de discursos, relatórios, comunicações, pareceres etc., não abarcando as afirmações exaradas como cidadão, de interesse pessoal etc.[29] Também não estão protegidos os parlamentares municipais quando praticarem o crime de opinião fora da circunscrição do Município em que servem.[30] Os vereadores não são detentores da imunidade processual, isto é, a ação penal não pode ser suspensa por deliberação da Câmara dos Vereadores, podem ser presos em flagrante delito por crimes afiançáveis etc.

A imunidade material não se estende ao advogado. Embora a Constituição Federal disponha que é inviolável por seus atos e manifestações no exercício da profissão, acrescenta que a inviolabilidade se dará "nos limites da lei" (art. 133). Cabe-lhe, portanto, a imunidade judiciária prevista no art. 142, I, do Código Penal,[31] ampliada pelo art. 7º, § 2º, da Lei nº 8.906, de 4-7-1994 (Estatuto da OAB), que previa: "O advogado tem imunidade profissional, não constituindo injúria, difamação ou desacato puníveis qualquer manifestação de sua parte, no exercício de sua atividade, em juízo ou fora dele, sem prejuízo das sanções disciplinares perante a OAB, pelos excessos que cometer." O dispositivo, porém, foi declarado inconstitucional pelo STF em relação ao crime de desacato[44] e, posteriormente, revogado pela Lei nº 14.365, de 2-6-2022.

---

41. CACCURI, Antonio Edying. Ob. cit. p. 300. No mesmo sentido: BAPTISTA, Cleômenes Mário Dias. As imunidades parlamentares. *RT* 562/276.
42. MELLO FILHO, José Celso de. A imunidade dos deputados estaduais. *Justitia*, 114/167. O Tribunal Pleno declarou superada a Súmula 3 no julgamento do RE 45.6679/DF, na sessão de 15-12-2005.
43. Nesse sentido, MEDICI, Sérgio de Oliveira. Imunidades parlamentares na nova Constituição, *RT* 666/403-404; *JSTJ* 34/277; *RSTJ* 25/132; *RT* 648/309 e 336, 672/325, 781/686; *JTAERGS* 72/24, 76/78, 77/26, 91/17.
44. O art. 7º, § 2º, do Estatuto da OAB, na parte em que prevê a imunidade do advogado em relação ao crime de desacato, após a suspensão de sua eficácia por medida liminar concedida em 1994, foi declarado inconstitucional pelo STF em ação direta de inconstitucionalidade julgada em 17-5-2006 (ADIN 1.127-8, *DOU* de 26-5-2006).

## 2.6.7 Outras prerrogativas

Ao contrário do que ocorre nas monarquias constitucionais, em que os soberanos são invioláveis, não respondendo pelas infrações penais, os chefes de Estado ou Presidentes da República não gozam da imunidade absoluta, outorgando-se-lhes apenas prerrogativas de função. No Brasil, o Presidente da República, após licença da Câmara Federal pelo voto de dois terços, será julgado pelo STF nos crimes comuns (art. 102, I, *b*, da CF), e pelo Senado Federal nos delitos de responsabilidade (art. 86, da CF). Ao Senado Federal também compete o julgamento, nos crimes de responsabilidade, do Vice-presidente da República e dos Ministros de Estado e dos Comandantes da Marinha, Exército e Aeronáutica quando se tratar de crimes conexos com os praticados pelo Presidente e pelo Vice-presidente (art. 52, I, da CF, com a redação da EC nº 23, de 2-9-1999). Compete, por fim, ao Senado Federal, o julgamento, ainda nos crimes de responsabilidade, dos Ministros do Supremo Tribunal Federal, dos membros do Conselho Nacional de Justiça e do Conselho Nacional do Ministério Público, do Procurador-Geral da República e do Advogado-Geral da União (art. 52, II, com a redação da EC nº 45, de 8-12-2004). Os crimes de responsabilidade são os previstos no art. 85 e incisos da CF, mas deverão estar definidos em lei, conforme dispõe o parágrafo único desse artigo. Cristalizou-se na Súmula Vinculante nº 46 o entendimento de que a competência legislativa para definição dos crimes de responsabilidade e previsão das respectivas normas de processo e julgamento é sempre da União, conforme, aliás, já enunciava a Súmula 722 do STF. Deve-se entender que a Constituição Federal de 1988 não revogou as figuras penais previstas na Lei nº 1.079, de 10-4-1950, que define os crimes de responsabilidade, já que não lhe são contrárias.[45] Quanto aos crimes comuns, diante do art. 86, § 4º, da CF, o Presidente da República é detentor de imunidade temporária com relação a atos estranhos ao exercício de suas funções e, nesse caso, somente poderá ser processado após ter deixado o exercício do cargo.[(32)] Tratando-se de crime comum cometido no exercício de suas funções, o juízo de recebimento da denúncia pelo STF somente pode ocorrer, como visto, após a admissibilidade da acusação pelo voto de dois terços da Câmara dos Deputados. Nessa hipótese, o Presidente ficará suspenso de suas funções, pelo prazo máximo de 180 dias, cessando o afastamento se nesse período não ocorrer o julgamento (art. 86, §§ 1º e 2º). Porque no caso de recebimento da denúncia, o afastamento do Presidente da República é automático, decidiu o STF que, nas hipóteses de impedimento do Presidente e Vice-Presidente ou nos casos de vacância, não poderão assumir a Chefia do Poder Executivo, de acordo com a linha sucessória estabelecida no art. 80 da CF, os presidentes dos poderes que forem réus em ação penal já instaurada.[46]

---

45. Sobre o assunto: GUASQUE, Denise Freitas Fabião. O "impeachment" do Presidente da República, *RT* 684/400-404; MARTINS, Ives Gandra da Silva. Aspectos procedimentais do instituto jurídico do "impeachment" e conformação da figura da improbidade administrativa, *RT* 685/285-299; VIEIRA, Antonio Cláudio de Lima. Sobre o "impeachment" na Câmara dos Deputados, *RT* 685/403-407; ALMEIDA, Agassiz de. A Nação e o "impeachment", *RT* 686/423-434.
46. ADPF 402 MC-DF, j. em 22-6-2017, *DJe* de 27-6-2017.

Compete também ao STF julgar originariamente, por crimes comuns, o Vice-presidente e o Procurador-geral da República e, por crimes comuns e de responsabilidade os Ministros de Estado (excetuados os conexos com os do Presidente ou Vice-presidente da República, para os quais é competente o Senado Federal), os membros dos Tribunais Superiores, os do Tribunal de Contas da União e os chefes de missão diplomática de caráter permanente (art. 102, I, *c*, da CF). Pela Emenda Constitucional nº 23, de 2-7-1999, foram incluídos no dispositivo os Comandantes da Marinha, do Exército e da Aeronáutica.

Compete ao Superior Tribunal de Justiça processar e julgar originariamente: "nos crimes comuns, os Governadores dos Estados e do Distrito Federal, e, nestes e nos de responsabilidade, os desembargadores dos Tribunais de Justiça dos Estados e do Distrito Federal, os membros dos Tribunais de Contas dos Estados e do Distrito Federal, os dos Tribunais Regionais Federais, dos Tribunais Regionais Eleitorais e do Trabalho, os membros dos Conselhos ou Tribunais de Contas dos Municípios e os do Ministério Público da União que oficiem perante tribunais" (art. 105, I, *a*).[47] Os Vice-governadores não têm foro privilegiado na Constituição Federal, devendo as Constituições Estaduais fixar para eles a competência do Tribunal de Justiça do Estado.

Compete aos Tribunais Regionais Federais processar e julgar, originariamente, "os juízes federais da área de sua jurisdição, incluídos os da Justiça Militar e da Justiça do Trabalho, nos crimes comuns e de responsabilidade, e os membros do Ministério Público da União, ressalvada a competência da Justiça Eleitoral" (art. 108, I, *a*).

Adquiriram também o foro por prerrogativa de função os prefeitos municipais, que devem ser julgados originariamente pelo Tribunal de Justiça dos Estados (art. 29, X).[48]

A norma, porém, nos termos da Súmula 702 do STF, é aplicável somente aos crimes de competência da Justiça comum estadual. Fora dessa hipótese, o prefeito será julgado pelo tribunal de segundo grau da Justiça competente. Assim, tratando-se de crime da competência da Justiça comum federal, a competência originária é do Tribunal Regional Federal. Dispõe a Súmula 703 do STF, no mesmo sentido da Súmula 164 do STJ, que "a extinção do mandato do Prefeito não impede a instauração de processo pela prática dos crimes previstos no art. 1º do DL 201/67". Os alcaides não são detentores da imunidade absoluta ou referente à prisão, processo ou para testemunhar.

---

47. Quanto a Governador de Estado, não há exigência na Constituição Federal da prévia admissão da acusação pela Assembleia Legislativa (*RT* 672/348). São, porém, compatíveis com a Carta Magna as normas das Constituições Estaduais que a exigem, conforme já decidiu o STF, tanto nos crimes comuns (*RT* 715/563 – RE 159.230-PB, j. em 28-3-1994, *DJ* de 10-6-1994; HC 86.015-PB, j. em 16-8-2005, *DJ* de 2-9-2005; ADI 4.791- PR, j. em 12-2-2015, *DJe* de 24-04-2015). Como nos de responsabilidade (ADI 4.792-ES, j. em 12-2-2015, *DJe* de 24-4-2015; ADI 4.800-RO, j. em 12-2-2015; *DJe* de 24-4-2015; ADI 5540-MG).
48. O STF firmou a orientação de que são crimes comuns os ilícitos previstos no art. 1º do Decreto-lei nº 201/67, devendo ser julgados pelo Tribunal de Justiça, e que são crimes de responsabilidade as infrações político-administrativas inscritas no art. 4º do mesmo diploma, a serem apreciadas pela Câmara dos Vereadores (HC 71.991-1 *MG-DJU* de 2-3-95, p. 4.022). Luiz Celso de Barros entende inconstitucional parte do art. 74, I, da Constituição do Estado de São Paulo, que restringiu a competência do Tribunal de Justiça aos crimes comuns: A Constituição paulista e os crimes de responsabilidade, *RT* 651/386-387.

Segundo a Súmula 451 do STF, o foro especial não se estende ao crime cometido após a cessação definitiva do exercício funcional. Assim, Ministros, Desembargadores, Procuradores etc. que praticarem crime após o exercício funcional (exoneração, aposentadoria etc.) não gozam da prerrogativa.

Tratando-se de crime relacionado a atos administrativos praticados durante o exercício funcional, a competência especial por prerrogativa de função prevaleceria após a cessação desse exercício, mesmo quando não iniciado antes o inquérito policial ou a ação penal, segundo o disposto no art. 84, § 1º, do CPP, com a redação dada pela Lei nº 10.628, de 24-12-2002. O dispositivo, no entanto, foi declarado inconstitucional pelo STF (item 2.4.5).

O foro por prerrogativa de função não previsto na Constituição Federal, mas estabelecido exclusivamente em Constituição estadual, não prevalece sobre a competência do Tribunal do Júri, porque fixada esta na própria Carta Magna (art. 5º, XXXVIII, *d*), conforme teor da Súmula 721 do STF e, agora, também, da Súmula Vinculante nº 45.

### 2.6.8 A extradição

Compete ao Estado reprimir toda e qualquer delinquência que surgir em seu território. Entretanto, se um indivíduo se evade dele, com o fito de eximir-se de sanções penais, cria a seguir um conflito de soberania que impossibilita, com isso, o Estado lesado de invadir o território de outro para submeter o criminoso à devida repressão, sem se comprometer com as leis de convivência internacional.[49] Entretanto, a própria noção de justiça exige que os criminosos sejam punidos; existe um interesse comum e o dever moral dos Estados em reprimir o crime; a luta contra ele é um objetivo de todas as nações. Por essa razão, existe o processo de extradição.

Extradição é o ato pelo qual uma nação entrega a outra um autor de crime para ser julgado ou punido. Em relação ao Estado que a solicita, a extradição é *ativa*; em relação ao que a concede, *passiva*. Assenta-se ela em tratados e convenções internacionais, fundadas principalmente no Código de Bustamante, instituído na Convenção de Havana de 1928. Por regular relações internacionais, é seu pressuposto que seja ela requerida por governo de país estrangeiro e não por autoridade estrangeira.[33]

Entre nós, regula a extradição a Lei nº 13.445, de 24-5-2017, Lei de Migração, que revogou o Estatuto dos Estrangeiros.

A extradição poderá ser concedida quando o governo requerente se fundamentar em tratado ou quando prometer ao Brasil a reciprocidade.[50] O STF já autorizou a extradição em decorrência dessa promessa de reciprocidade do Estado requerente.[35] Havendo conflito entre a lei e o tratado, prevalece este por conter normas específicas.[36]

---

49. FERREIRA, Zoroastro de Paiva. A extradição e o direito internacional penal. *Tribuna da Justiça*, 30 nov. 1983, p. 8.
50. Havendo tratado, não há necessidade de promessa de reciprocidade.[34]

O princípio geral de que toda pessoa pode ser extraditada sofre exceções inclusive de ordem constitucional. Veda-se, pela nova Carta, a extradição de brasileiro nato em qualquer hipótese, enquanto o naturalizado só poderá ser extraditado em decorrência de crime comum praticado antes da naturalização ou na hipótese de comprovado envolvimento em tráfico ilícito de entorpecentes e drogas afins (art. 5º, LI).

É de ressaltar que a legislação nacional não impede a extradição de estrangeiro casado com brasileiro ou que tenha filho brasileiro que esteja sob sua guarda e dele dependa economicamente, como o faz no processo de expulsão (Súmula 421 e art. 55, II, "a" e "b", da Lei nº 13.445, de 24-5-2017),[51] o que, afinal, redunda em prejuízo de pessoas nacionais.

Não será concedida a extradição de estrangeiro por crime político ou de opinião (art. 5º, LII da CF). Quanto ao crime político, o entendimento é de que somente será impedida a extradição quando se tratar de delito político *puro*. Para se verificar se há, ou não, preponderância do crime comum (crime político *relativo*), levam-se em conta, inclusive, circunstâncias exteriores do delito, não estando vinculado o STF à decisão do tribunal de outro país que já tenha negado a extradição.[38] Prevê a lei que o STF poderá deixar de considerar crime político os delitos de guerra, genocídio, terrorismo e crimes contra a humanidade, além de atentado contra chefe de Estado ou quaisquer autoridades (art. 82, § 4º, da Lei nº 13.445, de 24-5-2017).

A Constituição Federal veda a extradição nas hipóteses mencionadas, mas não impede que a lei estabeleça outros casos em que não se admitirá a medida.

De acordo com a Lei de Migração, também não se concede a extradição: se o fato que motivar o pedido não for considerado crime no Brasil ou no Estado requerente,[40] se o Brasil for competente, segundo suas leis, para julgar o crime imputado ao extraditando (itens 2.3.6 e 2.3.7),[41] se a lei brasileira impuser ao crime a pena de prisão inferior a dois anos; se o extraditando estiver respondendo a processo ou já houver sido condenado ou absolvido no Brasil pelo mesmo fato em que se fundar o pedido; se estiver extinta a punibilidade pela prescrição segundo a lei brasileira ou a do Estado requerente;[42] se o extraditando houver de responder, no Estado requerente, perante tribunal ou juízo de exceção;[43] o extraditando for beneficiário de refúgio, nos termos da Lei nº 9.474, de 22 de julho de 1997, ou de asilo territorial (art. 82, IX). Se o extraditando é processado ou condenado no Brasil por crime punível com pena privativa de liberdade, a extradição somente pode ser executada após a conclusão do processo e o cumprimento da pena eventualmente imposta. (art. 95). Contudo, a instauração de processo ou a condenação, no Brasil, por infração de menor potencial ofensivo não é óbice à imediata efetivação da extradição que tenha sido concedida (art. 95, § 2º).

---

51. *RT* 650/338, 706/401, 712/483. Não aceita o STF a aplicação analógica da Súmula 1, que veda a expulsão de estrangeiro com família brasileira (art. 75 da Lei nº 6.815/80 – art. 55 da Lei 13.445/2017); *RT* 657/365, 668/359, 727/409.

No tocante à possibilidade de aplicação da lei brasileira ao crime cometido pelo extraditando, o Supremo Tribunal Federal tem acentuado que, mesmo em ocorrendo concurso de jurisdições penais entre o Brasil e o Estado requerente de extradição, torna-se lícito deferi-la naquelas hipóteses em que o fato delituoso, ainda que pertencendo cumulativamente ao domínio das leis brasileiras, não haja originado procedimento penal-persecutório contra o extraditando perante órgãos do Poder Judiciário do Brasil.[44]

A prisão do estrangeiro, em regime fechado, constituía pressuposto necessário ao regular processamento da ação de extradição passiva, após a formalização do pedido pelo Estado interessado. De acordo, porém, com a Lei de Migração, a prisão cautelar poderá ser solicitada por ocasião do pedido de extradição ou anteriormente, em caso de urgência. Nesta última hipótese, o pedido de extradição deverá ser formalizado no prazo de 60 dias a contar da cientificação da prisão, sob pena de ser o extraditando posto em liberdade e não mais se admitir novo pedido de prisão cautelar pelo mesmo fato, antes da formal solicitação da extradição (art. 84, §§ 4º e 5º). Formalizado o pedido de extradição e deferido o requerimento de prisão cautelar, a privação de liberdade poderá ser prorrogada até o julgamento do final do pedido de extradição (art. 84, § 6º).

Cabe ao STF o julgamento do pedido de extradição (art. 102, I, g, da CF) e o consentimento do extraditando não dispensa o controle do tribunal sobre a sua legalidade.[52] A Suprema Corte, porém, não deve examinar o mérito da condenação ou emitir juízo a respeito de vícios que porventura tenham maculado o processo no Estado requerente.[46] Discute-se no STF a obrigatoriedade ou discricionariedade do Executivo na efetivação da entrega do extraditando após o deferimento da extradição. Já se decidiu que cabe sempre ao Executivo decidir ou não pela efetivação da extradição, podendo negá-la apesar da decisão favorável do STF. Com a decisão deferitória do pedido de extradição cessa a competência do STF, não lhe competindo velar pela efetiva entrega do extraditando, nem fiscalizar a observância, por parte do Estado requerente, dos compromissos ou dos limites porventura explicitados na decisão judicial, já que isso é de responsabilidade do Governo Brasileiro. Reconheceu-se na Suprema Corte que a decisão de deferimento da extradição não vincula o Presidente da República[47].

Prevê, também, a Lei de Migração que não se efetivará a entrega do extraditando sem que o Estado requerente assuma os compromissos elencados (art. 96). Julgada procedente a extradição e autorizada a entrega do extraditando, se o país requerente não o retirar no prazo de 60 dias, será ele colocado em liberdade, sem prejuízo de outras eventuais medidas aplicáveis (art. 92).

---

52. Nesse sentido, *RT* 651/343; CALIXTO, Nagi. Indisponibilidade do controle jurisdicional na extradição, *RT* 658/257-259. Já se julgou impossível a renúncia do extraditando que desejava se colocar à disposição do Estado requerente independentemente de pronunciamento judicial: *RT* 658/364-5.

## 2.7 DISPOSIÇÕES FINAIS SOBRE A APLICAÇÃO DA LEI PENAL

### 2.7.1 Eficácia de sentença estrangeira

A sentença penal estrangeira produz alguns efeitos no Brasil, independentemente de qualquer condição, como se pode verificar nos institutos da reincidência (art. 63) e da detração (art. 42), nas condições impostas a respeito da extraterritorialidade (art. 7º, § 2º, *d* e *e*) etc. É considerada, nesses casos, como *fato jurídico*, capaz de produzir efeitos jurídicos perante a lei brasileira. Bastará, pois, uma prova documental idônea (certidão devidamente traduzida, por exemplo) para que a sentença estrangeira produza aqueles efeitos previstos expressamente na lei penal brasileira.[53]

Em certas situações, porém, prevê a lei a *homologação* da sentença penal estrangeira para que esta produza os efeitos que a própria norma especifica. Dispõe o art. 9º do CP que a sentença estrangeira será homologada, quando produzir no caso concreto as mesmas consequências que a lei brasileira lhe atribui, em duas hipóteses. A primeira é a de *obrigar o condenado à reparação do dano, a restituições e a outros efeitos civis*. Se for possível a execução da sentença penal condenatória brasileira no juízo civil (art. 91, I), pode-se homologar a sentença estrangeira para o mesmo efeito.[49] Essa homologação depende, porém, de "pedido da parte interessada" (art. 9º, parágrafo único, *a*). A segunda é a de *sujeitar o sentenciado a medida de segurança*. As medidas de segurança estão previstas no art. 96 do CP. Imposta uma delas no país estrangeiro, será executada no Brasil desde que exista tratado de extradição com o país de cuja autoridade judiciária emanou a sentença ou, na falta de tratado, haja requisição do Ministro da Justiça (art. 9º, parágrafo único, *b*). Não há outras hipóteses de homologação, apesar da referência, no dispositivo, a "outros efeitos". Prega-se, porém, a necessidade de alteração da lei para se permitir a homologação da sentença estrangeira a fim de sujeitar o condenado aos efeitos previstos em convenções e tratados firmados pelo Brasil relativos à transferência de presos e execução de sentenças penais estrangeiras.[54]

Dispunha o art. 102, I, *h*, da CF, que a homologação da sentença estrangeira competia ao Supremo Tribunal Federal e, nos termos de seu Regimento Interno, a seu Presidente (art. 13, IX). O dispositivo, porém, foi revogado pela Emenda Constitucional nº 45, de 8-12-04, que transferiu a competência para o Superior Tribunal de Justiça (art. 105, I, *i*, da CF).

---

53. Segundo o *STF*, não é indispensável carta de sentença; basta esta.[48]
54. Nesse sentido, ARAÚJO JR., João Marcello de. Cooperação internacional na luta contra o crime. Transferência de condenados. Execução da sentença penal estrangeira: novo conceito. *Livro de Estudos Jurídicos*, nº 9/76-91. Pelo Decreto nº 5.919, de 3-10-2006, foi promulgada a Convenção Interamericana sobre o cumprimento de sentenças penais no exterior, concluída em Mánágua em 9-6-1993 e ratificada pelo Brasil em 26-4-2001, que versa sobre o cumprimento, no país de origem do condenado, da sentença penal proferida no exterior.

## 2.7.2 Contagem de prazo

O dia do começo inclui-se no cômputo do prazo (art. 10, 1ª parte, do CP).[50] Trata-se, no dispositivo, de disciplinar a contagem do prazo penal que tem relevância especial nos casos de duração da pena,[51] do livramento condicional, do *sursis*, da decadência, da prescrição[52] etc., institutos de Direito Penal. Pelo dispositivo, ao contrário do que ocorre no direito processual, por exemplo, o dia do fato que dá origem ao cômputo do prazo é nele computado, ainda que se trate de fração de dia. Afirma-se com razão que, nos casos em que dois dispositivos se apliquem ao fato, um de direito penal e outro de direito processual, como na decadência, a solução a ser acatada é a de se aplicar a regra de direito penal, no tratamento mais favorável ao autor do crime.[53]

Pela segunda parte do art. 10, "contam-se os dias, os meses e os anos pelo calendário comum". Há no caso imprecisão terminológica. O calendário comum a que se refere o legislador tem o nome de gregoriano, em contraposição ao juliano, judeu, árabe etc. Significa o dispositivo que o mês é contado não pelo número real de dias (28, 29, 30 ou 31), e sim de determinado dia à véspera do mesmo dia do mês subsequente. Da mesma forma, um ano é contado de certo dia do mês à véspera do dia idêntico daquele mês no ano seguinte.[54] Estará cumprida a pena de um mês de detenção, por exemplo, entre os dias 20 de fevereiro e 19 de março, ou a de um ano entre os dias 20 de fevereiro a 19 de fevereiro do ano seguinte, pouco importando se se trata ou não de ano bissexto.[55] De acordo com o estabelecido, o prazo do mês ou ano penal tem sempre um dia a menos que o mês e o ano civil disciplinados pela Lei nº 810, de 6-9-1949.

Os prazos penais são improrrogáveis.[56] Aplicam-se às leis especiais.[57]

## 2.7.3 Frações não computáveis na pena

Segundo o art. 11, desprezam-se, nas penas privativas de liberdade e nas restritivas de direitos, as frações de dia e, na pena de multa, as frações de cruzeiro. Decorrendo dos cálculos estabelecidos pelo julgador redução ou aumento de pena que importe em fração do dia, será esta desprezada, reduzindo-se aquela para o número inteiro. Não se aplica, por exemplo, pena de 20 dias e 8 horas, mas de 20 dias. O mesmo se diga das penas restritivas de direito (prestação de serviços à comunidade, interdição temporária de direitos e limitação de fim de semana). Também se tem entendido que, por analogia com o art. 11, deve ser desprezada a fração de *dia-multa*, como se faz para o dia de pena privativa de liberdade.[58]

Também são desprezadas, segundo a lei, nas penas de multa aplicadas, fixadas em dias-multa, as frações de cruzeiro. Embora a lei, na época de sua elaboração, se referisse à moeda vigente, há que se fazer uma interpretação progressiva. Extintos o cruzeiro antigo e o cruzado, o novo cruzeiro e o cruzeiro real, o real é a unidade monetária

---

55. Quando a lei prevê pena de meses ou anos, o juiz não pode fixá-la em um total de dias, pois os meses não têm, sempre, 30 dias.[55]

nacional, devendo ser desprezados os centavos, fração da nova moeda brasileira. É evidentemente inadmissível, como deixa claro o art. 11, o arredondamento de fração da moeda para mais.[59]

Extingue-se a pena de multa quando toda a reprimenda é uma fração da moeda unitária nacional, não se podendo executar o que a lei expressamente manda desprezar.[60]

### 2.7.4 Legislação especial

As *regras gerais* do Código Penal, ou seja, aquelas previstas na Parte Geral e em alguns dispositivos da Parte Especial (art. 327, por exemplo, que se refere ao conceito de funcionário público), aplicam-se aos fatos incriminados por lei especial, se esta não dispõe de modo diverso. É o que preceitua o art. 12 do CP, referindo-se assim à Lei das Contravenções Penais, ao Código Penal Militar, à Lei de Economia Popular, à Lei de Falências, à Lei de Tóxicos etc. Assim, por exemplo, tratando-se de crime de tráfico de entorpecentes, aplicar-se-á à tentativa o disposto no art. 14, inciso II e parágrafo único do CP, por não estabelecer a lei especial nenhuma regra a respeito do *conatus*. Tratando-se de contravenção, porém, não se punirá a tentativa, como o determina o citado artigo, por dispor de modo diverso essa lei especial (art. 4º da LCP).

# 3
# FATO TÍPICO

## 3.1 CONCEITOS DE CRIME

### 3.1.1 Introdução

Em consequência do caráter dogmático do Direito Penal, o conceito de crime é essencialmente jurídico. Entretanto, ao contrário de leis antigas, o Código Penal vigente não contém uma definição de crime, que é deixada à elaboração da doutrina. Nesta, tem-se procurado definir o ilícito penal sob três aspectos diversos. Atendendo-se ao aspecto externo, puramente nominal do fato, obtém-se uma definição *formal*; observando-se o conteúdo do fato punível, consegue-se uma definição *material* ou *substancial*; e examinando-se as características ou aspectos do crime, chega-se a um conceito, também formal, mas *analítico* da infração penal.

### 3.1.2 Conceitos formais

Sob o aspecto formal, podem-se citar os seguintes conceitos de crime: "Crime é o fato humano contrário à lei" (Carmignani); "Crime é qualquer ação legalmente punível";[1] "Crime é toda ação ou omissão proibida pela lei sob ameaça de pena";[2] "Crime é uma conduta (ação ou omissão) contrária ao Direito, a que a lei atribui uma pena".[3] Essas definições, entretanto, alcançam apenas um dos aspectos do fenômeno criminal, o mais aparente, que é a *contradição do fato a uma norma de direito*, ou seja, sua ilegalidade como fato contrário à norma penal. Não penetram, contudo, em sua essência, em seu conteúdo, em sua "matéria".

### 3.1.3 Conceitos materiais

Como as definições formais visam apenas ao aspecto externo do crime, é necessário indagar a razão que levou o legislador a prever a punição dos autores de certos fatos e não de outros, como também conhecer o critério utilizado para distinguir os ilícitos penais de outras condutas lesivas, obtendo-se assim um conceito material

---
1. MAGGIORE, Giuseppe. *Diritto penale*. 5. ed. Bolonha: Nicola Zanelli, 1951. v. 1, p. 189.
2. FRAGOSO, Heleno Cláudio. *Lições de direito penal*: parte geral. 4. ed. Rio de Janeiro: Forense, 1980. p. 148.
3. PIMENTEL, Manoel Pedro. *O crime e a pena na atualidade*. São Paulo: Revista dos Tribunais, 1983. p. 2.

ou substancial de crime. As investigações dos estudiosos desenvolveram-se nesse sentido e abrangem inclusive ciências extrajurídicas como a Sociologia, a Filosofia, a Psicologia etc. Para uns, o tema central do conceito de crime reside no *caráter danoso do ato*; para outros, no *antagonismo da conduta com a moral;* e para terceiros, no *estado psíquico do agente.* Essas conceituações, entretanto, esbarram na dificuldade decorrente de sofrer o fenômeno delituoso flutuações no tempo, no espaço, na filosofia política do Estado etc.

A melhor orientação para obtenção de um conceito material de crime, como afirma Noronha, é aquela que tem em vista o bem protegido pela lei penal.[4] Tem o Estado a finalidade de obter o bem coletivo, mantendo a ordem, a harmonia e o equilíbrio social, qualquer que seja a finalidade do Estado (bem comum, bem do proletariado etc.) ou seu regime político (democracia, autoritarismo, socialismo etc.). Tem o Estado que velar pela paz interna, pela segurança e estabilidade coletivas diante dos conflitos inevitáveis entre os interesses dos indivíduos e entre os destes e os do poder constituído. Para isso, é necessário valorar os bens ou interesses individuais ou coletivos, protegendo-se, através da lei penal, aqueles que mais são atingidos quando da transgressão do ordenamento jurídico. Essa proteção é efetuada através do estabelecimento e da aplicação da pena, passando esses bens a ser juridicamente tutelados pela lei penal. Chega-se, assim, a conceitos materiais ou substanciais de crime: "Crime é a conduta humana que lesa ou expõe a perigo um bem jurídico protegido pela lei penal";[5] "Crime é a ação ou omissão que, a juízo do legislador, contrasta violentamente com valores ou interesses do corpo social, de modo a exigir seja proibida sob ameaça de pena, ou que se considere afastável somente através da sanção penal";[6] "Crime é qualquer fato do homem, lesivo de um interesse, que possa comprometer as condições de existência, de conservação e de desenvolvimento da sociedade." [7] Jiménez de Asua considera o crime como a conduta considerada pelo legislador como contrária a uma norma de cultura reconhecida pelo Estado e lesiva de bens juridicamente protegidos, procedente de um homem imputável que manifesta com sua agressão perigosidade social.[8]

A referência nessas definições, porém, a "valores ou interesses do corpo social", "condições de existência, de conservação e de desenvolvimento da sociedade" e "norma de cultura" apresenta problemas; Manoel Pedro Pimentel afirma que resta "ainda dificuldade em se fixar o critério segundo o qual o legislador consideraria a conduta como contrária à norma de cultura".[9] Não se construiu ainda, assim, um conceito material inatacável de crime.

---

4. Cf. NORONHA, E. Magalhães. *Direito penal.* 15. ed. São Paulo: Saraiva, 1978. v. 1, p. 105.
5. NORONHA, E. Magalhães. Ob. cit. p. 105.
6. FRAGOSO, Heleno Cláudio. Ob. cit. p. 149.
7. BETTIOL, Giuseppi. *Direito penal*: parte geral. Coimbra: Coimbra Editora, 1970. v. 2, nº 9.
8. ASUA, Jiménez de. *Tratado de derecho penal.* Buenos Aires: Losada, 1951. v. 3. p. 61.
9. PIMENTEL, Manoel Pedro. Ob. cit. p. 8.

### 3.1.4 Conceitos analíticos

O conceito formal de delito com referência aos elementos que o compõem (melhor seria falar-se em aspectos ou características do crime), de caráter analítico, tem evoluído. Battaglini, embora reconheça que o delito é um *todo unitário*, decompõe-no em elementos por razões práticas, definindo-o como o "fato humano descrito no tipo legal e cometido com culpa, ao qual é aplicável a pena".[10] Basileu Garcia conceitua-o como a "ação humana, antijurídica, típica, culpável e punível". A punibilidade, mesmo considerada como a "possibilidade de aplicar-se a pena", não é, porém, elemento do crime. Afirma Hungria que "um fato pode ser típico, antijurídico, culpado e ameaçado de pena, isto é, criminoso, e, no entanto, anormalmente deixar de acarretar a efetiva imposição de pena".[11] Essa exclusão ocorre nos casos de não aplicação da pena por causas pessoais de isenção (art. 181, incisos I e II, art. 348, § 2º etc.) ou pela extinção da punibilidade (art. 107). Nesses casos, o crime persiste, inexistindo apenas a punibilidade.

Por essas razões, passou-se a conceituar o crime como a "ação típica, antijurídica e culpável". Essa definição vem consignada tanto pelos autores que seguem a teoria causalista (naturalista, clássica, tradicional), como pelos adeptos da teoria finalista da ação (ou da ação finalista) (item 3.2.4). Entretanto, a palavra *culpabilidade*, como se verá, para os primeiros consiste num *vínculo subjetivo que liga a ação ao resultado, ou seja, no dolo* (querer o resultado ou assumir o risco de produzi-lo) ou na *culpa* em sentido estrito (dar causa ao resultado) por imprudência, negligência ou imperícia. Verificando-se a existência de um fato típico (composto de ação, resultado, nexo causal e tipicidade) e antijurídico, examinar-se-á o elemento subjetivo (dolo ou culpa em sentido estrito) e, assim, a culpabilidade.

Com a enunciação da teoria da ação finalista proposta por Hans Welzel, porém, passou-se a entender que a ação (ou conduta) é uma atividade que sempre tem uma finalidade. Admitindo-se sempre que o delito é uma conduta humana voluntária, é evidente que tem ela, necessariamente, uma finalidade. Por isso, no *conceito analítico de crime*, a conduta abrange o *dolo* (querer ou assumir o risco de produzir o resultado) e a *culpa em sentido estrito*. Se a conduta é um dos componentes do fato típico, deve-se definir o crime como "fato típico e antijurídico".[12] O crime existe em si mesmo, por ser um fato típico e antijurídico, e a *culpabilidade* não contém o dolo ou a culpa em sentido estrito, mas significa apenas *a reprovabilidade ou censurabilidade de conduta*. O agente só será responsabilizado por ele se for culpado, ou seja, se houver culpabilidade. Pode existir, portanto, crime sem que haja culpabilidade, ou seja, censurabilidade ou reprovabilidade da conduta, não existindo a condição indispensável à imposição de pena.[13]

---

10. BATTAGLINI, Giulio. *Direito penal*. São Paulo: Saraiva/Edusp, 1973. v. 1, p. 129.
11. HUNGRIA, Nelson, FRAGOSO, Heleno Cláudio. *Comentários ao Código Penal*. 5. ed. Rio de Janeiro: Forense, 1978. v. 1, t. 2, p. 26.
12. JESUS, Damásio E. de. *Direito penal*. 8. ed. São Paulo: Saraiva, 1983. v. 1, p. 410.
13. Mesmo assim, os finalistas continuam definindo o crime como ação típica antijurídica e culpável: FRAGOSO, Heleno Cláudio. Ob. cit. p. 156; TOLEDO, Francisco de Assis. *Princípios básicos de direito penal*. São Paulo:

*Injusto ou antijuridicidade* é, pois, a desaprovação do ato; *culpabilidade*, a atribuição de tal ato a seu autor.[14]

Deve-se lembrar também que o delito, conduta típica e ilícita, pode ensejar, como resposta final, tanto a pena como a medida de segurança. Por isso, diz bem Walter Coelho: "Podemos, pois, reafirmar, em perspectiva bem mais acurada e extensiva, que o crime é o *fato humano típico e ilícito*, em que a culpabilidade é o pressuposto da pena, e a *periculosidade* o pressuposto da *medida de segurança*."[15]

### 3.1.5 Características do crime sob o aspecto formal

Para a existência do crime, é necessária uma conduta humana positiva (ação em sentido estrito) ou negativa (omissão). É necessário, ainda, que essa conduta seja típica, que esteja descrita na lei como infração penal. Por fim, só haverá crime se o fato for antijurídico, contrário ao direito por não estar protegido por causa que exclua sua injuridicidade. Assim, são *características do crime, sob o aspecto analítico*:

a) a tipicidade;

b) a antijuridicidade.

Fato típico é o comportamento humano (positivo ou negativo) que provoca, em regra, um resultado, e é previsto como infração penal. Assim, se *A* mata *B* em comportamento voluntário, pratica o fato típico descrito no art. 121 do CP (matar alguém) e, em princípio, um crime de homicídio.

Fato antijurídico é aquele que contraria o ordenamento jurídico. No Direito Penal, a antijuridicidade é a relação de contrariedade entre o fato típico praticado e o ordenamento jurídico. Se em princípio for injurídico o fato típico, não será contrário ao direito quando estiver protegido pela própria lei penal. Exemplificando: matar alguém é fato típico se o agente o fez dolosa ou culposamente, mas não será antijurídico se o agente praticar a conduta em estado de necessidade, em legítima defesa etc. Não há, nessas hipóteses, crime.

A *culpabilidade*, tida como componente do crime pelos doutrinadores causalistas, é conceituada pela teoria finalista da ação como a reprovação da ordem jurídica em face de estar ligado o homem a um fato típico e antijurídico. É, em última análise, a contradição entre a vontade do agente e a vontade da norma. Assim conceituada, a *culpabilidade* não é característica, aspecto ou elemento do crime, e sim mera condição para se impor a pena pela *reprovabilidade da conduta*.

---

Saraiva, 1982. p. 148; ZAFFARONI, Eugênio Raúl. *Manual de derecho penal*: parte geral. Buenos Aires: Ediar, 1977. p. 257. A razão é que consideram *crime* o fato típico e antijurídico que é reprovável, censurável, o que constitui a culpabilidade. Para Damásio E. de Jesus, porém, a censurabilidade da conduta típica é externa ao fato típico e antijurídico; é a condição para que seja imposta a pena, como se verá no capítulo referente à culpabilidade.

14. CONDE, Francisco Muñoz. *Teoria geral do delito*. Porto Alegre: Sergio Antonio Fabris, 1988. p. 3.
15. *Teoria geral do crime*. Porto Alegre: Sergio Antonio Fabris, 1991. p. 36.

Anote-se, porém, que, para a maioria da doutrina, embora o juízo da reprovabilidade tenha como destinatário o agente, ele é construído a partir do fato concreto, que "é o suporte que exprime uma contradição entre a vontade do sujeito e a vontade da norma", e, assim, como diz David Teixeira de Azevedo, "não se encontra o juízo normativo, portanto, desligado do fato, a recair isoladamente sobre o sujeito",[16] o que, segundo o jurista, justifica o conceito *tripartido* do crime (tipicidade, antijuridicidade e culpabilidade).

A *punibilidade* é apenas a consequência jurídica do delito e não uma sua característica.

### 3.1.6  Requisitos, elementos e circunstâncias do crime

São requisitos genéricos do crime a *tipicidade* e a *antijuridicidade*, como já se afirmou.

Os requisitos específicos do delito os *elementos, elementares* ou, como impropriamente a lei se refere no art. 30 do CP, as *circunstâncias elementares*. Esses elementos são as várias formas que assumem os requisitos genéricos nos diversos tipos penais. São o verbo que descreve a conduta, o objeto material, os sujeitos ativo e passivo etc. inscritos na figura penal. Inexistente um elemento qualquer da descrição legal, não há crime. Exemplificando: no fato típico denominado furto, previsto no art. 155 do CP, se a coisa tirada não for "alheia", inexistirá tal delito, pois a descrição desse fato é "subtrair para si ou para outrem coisa *alheia* móvel".

São *circunstâncias* do crime determinados dados que, agregados à figura típica fundamental, têm função de aumentar ou diminuir suas consequências jurídicas, em especial a pena. A prática do crime contra ascendente é circunstância que agrava a pena dos crimes dolosos (agravante genérica) e o homicídio praticado por asfixia contém uma circunstância qualificadora. O fato de o agente ter praticado crime sob a influência de multidão em tumulto, se não o provocou, é circunstância atenuante de qualquer delito e a prática do homicídio por relevante valor moral é circunstância que causa diminuição de pena nesse ilícito. Inexistentes essas circunstâncias, o crime permanece, desaparecendo apenas a agravação ou atenuação da pena.

### 3.1.7  Ilícito penal e ilícito civil

Não existe diferença de natureza ontológica entre *crime* (ilícito penal) e *ilícito civil*, pois ambos ferem o ordenamento jurídico. Ocorre que, entendendo o legislador que determinados fatos antijurídicos não atingem bens jurídicos tão relevantes que devam ser protegidos pela lei penal, não os eleva à categoria de ilícito penal. Resulta, pois, que a única diferença entre o ilícito penal e o ilícito civil é meramente formal, ou seja, aquela

---

16. A culpabilidade e o conceito *tri-partido* de crime. *Revista Brasileira de Ciências Criminais*, nº 2, p. 46-55.

estabelecida pela lei penal. Estabelece o legislador, através das figuras penais, quais os ilícitos que devem ser reprimidos através de sanções penais, prevendo-os como *ilícitos penais*, enquanto os demais estarão sujeitos apenas às sanções civis (indenização, restituição, multa civil etc.), administrativas (suspensão e demissão de funcionário etc.), tributárias (multa tributária, acréscimos etc.) etc. Estes serão então ilícitos civis, administrativos, tributários etc.[17]

A distinção assinalada não impede que, além da sanção penal ao autor de um crime de furto, seja imposta a sanção civil (restituição ou indenização), ao de peculato a sanção administrativa (exoneração do serviço público), ao de sonegação fiscal a pecuniária (multa) etc.

### 3.1.8  O crime na teoria geral do direito

O crime é um *ente jurídico*, como dizia Carrara, e, portanto, deve enquadrar-se na teoria geral do direito. Pode-se afirmar que não é um *ato jurídico*, uma vez que uma de suas características não é a finalidade do agente de obter as consequências jurídicas do fato, o que ocorre com aquele. Como o crime é apenas uma conduta humana de efeitos jurídicos involuntários (imposição de pena etc.) e um ato que contrasta com a ordem jurídica (ato ilícito), pode-se situar o crime entre os *fatos jurídicos*.

### 3.1.9  O tipo penal

Como o Estado, através do ordenamento jurídico, quer sancionar com penas as condutas intoleráveis para a vida em comunidade, tutelando os bens jurídicos fundamentais, poderia fazê-lo com uma norma geral que permitisse a aplicação de sanções penais a todos aqueles que praticassem um fato profundamente lesivo a esses bens. Nessas condições, porém, os destinatários da norma não poderiam saber exatamente quais as condutas que estariam proibidas nem o juiz poderia saber quais penas deveria impor. Por isso, a lei deve especificar exatamente a matéria de suas proibições, os fatos que são proibidos sob ameaça de sanção penal, ou seja, o que é considerado crime. Isso é feito através dos *tipos penais*.

A expressão *tipo* não é, normalmente, empregada pela lei, mas foi introduzida no Código Penal com a reforma da Parte Geral de 1984 (art. 20). Ela constitui tradução livre da palavra alemã *Tatbestand*. O termo *tipo* exprime a ideia de "modelo", "esquema" e é uma figura puramente conceitual. Tipo é, no dizer de Welzel, a descrição concreta da conduta proibida, ou seja, do conteúdo ou da matéria da norma.[18]

O tipo é predominantemente descritivo porque composto de elementos objetivos, que são os mais importantes para distinguir uma conduta qualquer. Entre esses elementos, o mais significativo é o verbo, que é precisamente a palavra que serve gra-

---

17. Sobre a distinção entre ilícito penal e ilícito administrativo: CRETELLA Junior, J. Ilícito penal e ilícito administrativo. *Justitia* 79/139-154.
18. WELZEL, Hans. *Derecho penal alemán*: parte general. 11. ed. Santiago: Jurídica de Chile, 1970. p. 76. A nova lei emprega a expressão "tipo legal de crime" (art. 20).

maticalmente para distinguir uma ação.[19] Não obstante, às vezes, além dos elementos puramente descritivos (objetivos), o tipo contém elementos subjetivos ou normativos, como se verá oportunamente.

### 3.1.10 Tipos dolosos e tipos culposos

Com os estudos iniciados a partir da criação da teoria finalista da ação, verificou-se que é imprescindível distinguir os crimes dolosos dos crimes culposos, já que são estruturalmente distintos. A razão funda-se no fato de que *dolo* e *culpa* não integram a "culpabilidade", mas fazem parte do próprio fato típico. Como bem assinala Manoel Pedro Pimentel: "Segundo os ensinamentos da teoria da ação finalista, dolo e culpa são elementos psicológicos que animam a conduta, ligando o agente ao seu fato. Esses elementos, portanto, não são a causa da reprovabilidade da conduta, situando-se no terreno da tipicidade e não da culpabilidade."[20]

Estuda-se a seguir, em primeiro lugar, a estrutura do tipo doloso, que se compõe de duas partes: tipo objetivo e tipo subjetivo. O *tipo objetivo* (descrição abstrata de um comportamento) compreende a ação delituosa descrita com todas suas características descritivas e, às vezes, de elementos normativos e subjetivos. Compõem o tipo, assim, o verbo, o objeto material, o resultado, circunstâncias de tempo, lugar, modo e meios executivos, finalidades da ação etc. O *tipo subjetivo* compreende necessariamente o *dolo*, como elemento intencional e genérico, e, eventualmente, outros elementos subjetivos especiais da conduta, chamados elementos subjetivos do tipo (injusto).[21]

Em seguida, serão estudados os tipos culposos. Nos crimes culposos a estrutura é bem diversa daquela dos crimes dolosos. Em geral, no tipo somente está descrito o resultado, ou seja, a lesão ou perigo de lesão do bem jurídico, constituindo-se assim num "tipo aberto". A ação proibida deve ser estabelecida pelo juiz de acordo com o entendimento ("critério") da posição do garantidor e dos cuidados objetivos devidos pelo sujeito ativo para evitar um resultado lesivo.[22]

## 3.2 FATO TÍPICO

### 3.2.1 Elementos

Já foi visto que o crime é um fato típico e antijurídico. Para que se possa afirmar que o fato concreto tem tipicidade, é necessário que ele se contenha perfeitamente na

---

19. Ct. ZAFFARONI, Eugênio Raúl. Ob. cit. p. 306.
20. PIMENTEL, Manoel Pedro. Ob. cit. p. 69. No mesmo sentido: LUISI, Luiz. *O tipo penal, a teoria finalista e a nova legislação penal*. Porto Alegre: Sergio Antonio Fabris, 1987. p. 73.
21. A doutrina tradicional desconhece o conteúdo do *tipo subjetivo* por considerar o dolo como elemento ou forma de culpabilidade e não componente do fato típico.
22. WELZEL, Hans. Ob. cit. p. 75. Nesse sentido, afirma Juarez Tavares que o crime culposo "contém, em lugar do tipo subjetivo, uma característica normativa aberta: o desatendimento ao *cuidado objetivo exigido ao autor*". TAVARES, Juarez. *Teoria do delito*: variações e tendências. São Paulo: Revista dos Tribunais, 1980. p. 68.

descrição legal, ou seja, que haja perfeita adequação do fato concreto ao tipo penal. Deve-se, por isso, verificar de que se compõe o fato típico. São *elementos* do fato típico:

a) conduta (ação ou omissão);

b) o resultado;

c) a relação de causalidade;

d) a tipicidade.

Caso o fato concreto não apresente um desses elementos, não é fato típico e, portanto, não é crime. Excetua-se, no caso, a tentativa, em que não ocorre o resultado.

### 3.2.2 Teorias sobre a conduta

Não há crime sem ação *(nullum crimen sine conducta)*. É sobre o conceito de *ação* (que se pode denominar *conduta*, já que a palavra *ação* tem sentido amplo, que abrange a ação em sentido estrito, que é o fazer, e a omissão, que é o não fazer o devido) que repousa a divergência mais expressiva entre os penalistas. Conforme o sentido que se dê à palavra *ação*, modifica-se o conceito estrutural do crime. Examinam-se a seguir, sumariamente, as teorias mais divulgadas: a teoria causalista, a teoria finalista e a teoria social da ação.

### 3.2.3 Teoria causalista

Para a teoria *causalista* (naturalista, tradicional, clássica, causal-naturalista), a conduta é um comportamento humano voluntário no mundo exterior, que consiste em fazer ou não fazer. É um processo mecânico, muscular e voluntário (porque não é um ato reflexo), em que se prescinde do fim a que essa vontade se dirige. Basta que se tenha a certeza de que o agente atuou voluntariamente, sendo irrelevante o que queria, para se afirmar que praticou a ação típica.[23] Assim, se um homem pressiona voluntariamente o gatilho de uma arma, que dispara, vindo o projétil a atingir uma pessoa, causando-lhe a morte, essa pessoa praticou uma ação típica ("matar alguém") inscrita no art. 121 do CP. Embora não neguem que a conduta implica uma finalidade, os causalistas entendem que, para se concluir pela existência de ação típica, deve-se apreciar o comportamento sem qualquer indagação a respeito de sua ilicitude ou de sua culpabilidade, ou seja, consideram que a ação é a manifestação da vontade sem conteúdo finalístico. Esse conteúdo (fim da conduta) deve ser apreciado na culpabilidade, como elemento dela.

Critica-se essa posição clássica. Nos termos propostos pelos causalistas, o conceito *jurídico penal* da conduta humana difere do conceito *real*. Está-se cindindo um fenômeno real, separando-se a *ação* voluntária de seu *conteúdo* (o fim do agente ao praticar a ação)

---

23. Adotam a teoria tradicional: Von Liszt, Belling, Radbruch, Pietro Nervolone, Dall'Ora, Battaglini, Asua, Cuello Calon, e, entre nós, Basileu Garcia, Nelson Hungria, Frederico Marques, Costa e Silva, Magalhães Noronha, Aníbal Bruno, João Bernardino Gonzaga, Salgado Martins.

e ignorando-se que toda ação humana tem sempre um fim. Isso implica dificuldade, por exemplo, na conceituação da tentativa, pois a tipicidade desta exige que se verifique de imediato a finalidade da ação. Também não se pode explicar convenientemente pela teoria tradicional a tipicidade quando o tipo penal contém elementos subjetivos (finalidade da ação, ânimo do agente etc.), que fazem parte da própria descrição legal e onde a vontade final do agente está indissoluvelmente ligada a sua ação.

### 3.2.4 Teoria finalista

Para a teoria finalista da ação (ou da ação finalista), como todo comportamento do homem tem uma finalidade, a conduta é uma atividade final humana e não um comportamento simplesmente causal. Como ela é um fazer (ou não fazer) voluntário, implica necessariamente uma finalidade. Não se concebe vontade de nada ou para nada, e sim dirigida a um *fim*. A conduta realiza-se mediante a manifestação da vontade dirigida a um fim. O *conteúdo* da vontade está na ação, é a vontade dirigida a um fim, e integra a própria conduta e assim deve ser apreciada juridicamente.[24]

Em suma, a vontade constitui elemento indispensável à ação típica de qualquer crime, sendo seu próprio cerne. Isso, entretanto, não tem o condão de deslocar para o âmbito da ação típica, igualmente, o exame do conteúdo de formação dessa vontade, estudo que há de se reservar à culpabilidade.[25]

No crime doloso, a finalidade da conduta é a vontade de concretizar um fato ilícito (item 3.7.2). No crime culposo, o fim da conduta não está dirigido ao resultado lesivo, mas o agente é autor de fato típico por não ter empregado em seu comportamento os cuidados necessários para evitar o evento (item 3.8.2).

Assim, para os finalistas, na hipótese de ter o agente premido o gatilho voluntariamente, efetuando o disparo e atingindo outra pessoa que vem a morrer, somente terá praticado um fato típico se tinha como fim esse resultado ou se assumiu conscientemente o risco de produzi-lo (homicídio doloso) ou se não tomou as cautelas necessárias ao manejar a arma para dispará-la, limpá-la etc. (homicídio culposo). Não haveria fato típico se o agente, por exemplo, com as cautelas exigíveis, estivesse praticando tiro ao alvo, vindo a atingir uma pessoa que se escondera atrás do alvo por estar sendo perseguida por um desafeto.

---

24. Com fundamento na teoria finalista e perante a lei vigente, sustenta acertadamente Geraldo Batista de Siqueira que é possível o trancamento da ação penal através de *habeas corpus* quando demonstrada na impetração a inexistência do tipo subjetivo. SIQUEIRA, Geraldo Batista de. A teoria finalista da ação no STF. *Jurispenal* do STF 30/30-5. Como a denúncia deve ser rejeitada quando o fato narrado evidentemente não constitui crime, não há realmente justa causa para a ação penal se não houver qualquer elemento que indique a existência do tipo subjetivo. A ação penal somente deve ser instaurada quando houver alguma prova da existência do *crime* e indícios da autoria, apurando-se, no transcorrer do processo, a culpabilidade, ou seja, a reprovabilidade da conduta. Adotam a teoria finalista, além de seu sistematizador, Hans Welzel: Maurach, Bettiol (com reservas) e, entre nós, Damásio E. de Jesus, Juarez Tavares, Heleno Cláudio Fragoso, Manoel Pedro Pimentel, José Henrique Pierangelli e Francisco de Assis Toledo (com reservas).

25. Cf. PEDROSO, Fernando de Almeida. Ação típica: teoria da vontade direcionada. *RT* 702/313-322; *Direito penal*. São Paulo: Leud, 1993. p. 75.

## 3.2.5 Teoria social

A teoria social da ação (ou da ação socialmente adequada, da adequação social ou normativa) surgiu para ser uma ponte entre as teorias causalista e finalista. Para essa teoria a ação é a conduta socialmente relevante, dominada ou dominável pela vontade humana.[26] A relevância social da ação é o critério conceitual comum a todas as formas de comportamento e, portanto, também ao crime. Entende-se que o "comportamento" é a resposta do homem a uma exigência posta em determinada situação conhecida, ou pelo menos passível de ser conhecida, constituindo-se na realização de uma possibilidade de reação, de que ele dispõe em razão de sua liberdade.[27] Como o Direito Penal só comina pena às condutas socialmente danosas e como socialmente relevante é toda conduta que afeta a relação do indivíduo para com seu meio, sem *relevância social* não há *relevância jurídico-penal*. Só haverá fato típico, portanto, *segundo a relevância social da ação*.[28]

Se um pugilista fere seu adversário porque quer feri-lo, mas não atua em função de menosprezo à integridade física deste, o significado de sua ação é positivo. O cirurgião que faz uma incisão no paciente quer curá-lo, quer que ele se recupere. Nessas hipóteses, embora ocorram lesões no corpo do adversário e do paciente, não há ação típica de ofender a integridade corporal ou a saúde de outrem, que constitui, em tese, o crime de lesões corporais.[29] A ação socialmente adequada está desde o início excluída do tipo porque se realiza dentro do âmbito de normalidade social.[30]

As críticas feitas a essa teoria residem na dificuldade de conceituar-se o que seja relevância social da conduta, pois tal exigiria um juízo de valor, ético. Tratar-se-ia de um critério vago e impreciso que, inclusive, influiria nos limites da antijuridicidade, tornando também indeterminada a tipicidade.

## 3.2.6 Conceito, características e elementos da conduta

Acatando a teoria finalista, pode-se perfeitamente aceitar a definição de conduta fornecida por Damásio E. de Jesus:

"Conduta é a ação ou omissão humana consciente e dirigida a determinada finalidade." [31]

Apresenta a conduta várias *características*, a seguir mencionadas.

---

26. Cf. Wessels, Johannes. *Direito penal*: parte geral. Porto Alegre: Sergio Antonio Fabris, 1976. p. 22.
27. Cf. JESCHECK, Hans-Heinrich. *Tratado de derecho penal*: parte general. Barcelona: Bosch, 1981. p. 296.
28. Defendem a teoria social: Johannes Wessels, Eberhardt Schmidt, Engish Jescheck, Kienapfel, Maihofer, Mezger, R. Lange, Oehler, E. A. Wolf, Sabatini, Petrocelli, C. Fiore, Soler e, entre nós, Miguel Reale Júnior, Nilo Batista e Everardo da Cunha Luna.
29. Os exemplos são de REALE JÚNIOR, Miguel. *Antijuridicidade concreta*. São Paulo: José Bushatsky, 1974. p. 57.
30. TOLEDO, Francisco de Assis. *Princípios básicos de direito penal*. 2. ed. São Paulo: Saraiva, 1986. p. 119.
31. JESUS, Damásio E. de. Ob. cit. p. 211.

É um comportamento *humano*, não estando incluídos, portanto, os fatos naturais (raio, chuva, terremoto), os do mundo animal e os atos praticados pelas pessoas jurídicas. Caso um cão morda alguém, a mando de uma pessoa, a conduta é praticada por esta e não pelo animal. Respondem penalmente pelos atos criminosos os diretores ou prepostos da pessoa jurídica envolvida em um ilícito penal (item 3.3.2).

A conduta exige a necessidade de uma repercussão externa da vontade do agente. O pensar e o querer humanos não preenchem as características da ação enquanto não se tenha iniciado a manifestação exterior dessa vontade. Não constituem conduta o simples pensamento, a cogitação, o planejamento intelectual da prática de um crime.

Constituem *elementos* da conduta um ato de vontade dirigido a um fim e a manifestação dessa vontade (atuação), que abrange o aspecto *psíquico* (campo intelectual derivado do comando cerebral) e o aspecto *mecânico* ou neuromuscular (movimento ou abstenção de movimento).[32]

Ato voluntário não implica que a vontade seja livre, que seja querido o resultado. O ato é voluntário quando existe uma decisão por parte do agente, quando não é um simples resultado mecânico. "A conduta é voluntária – diz Pierangelli – ainda quando a decisão do agente não tenha sido tomada livremente, ou quando este a tome motivado por coação ou por circunstâncias extraordinárias, uma vez que isso se resolve no campo da culpabilidade e não no da conduta, pois em ambas as situações a conduta sempre existirá. *Conduta não significa conduta livre*." [33]

A vontade domina a conduta dolosa ou culposa. A diferença é que, na ação dolosa, a voluntariedade alcança o resultado, enquanto na culposa só vai até a causa do resultado. Por isso, diz bem Francisco de Assis Toledo, que a conduta, ou ação em sentido amplo, é "o comportamento humano, dominado ou dominável pela vontade, dirigido para a lesão ou para a exposição a perigo de lesão de um bem jurídico, ou, ainda, para a causação de uma possível lesão a um bem jurídico." [34]

Não constituem conduta os atos em que não intervém a vontade. Exemplos de *ausência de conduta*: *coação física irresistível* (o homem que está amarrado não pode praticar uma conduta omissiva, por exemplo) e movimento ou abstenção de movimento em casos de sonho, sonambulismo, hipnose, embriaguez completa, desmaio e outros estados de inconsciência.

### 3.2.7 Formas de conduta

A conduta é, em regra, consubstanciada em uma ação em sentido estrito ou *comissão*, que é um movimento corpóreo, um fazer, um comportamento ativo (atirar, subtrair, ofender etc.). Poderá, entretanto, constituir-se numa *omissão*, que, segundo

---
32. Ibidem. p. 211-2.
33. PIERANGELLI, José Henrique. Conduta: "pedra angular" da teoria do delito. *RT* 573/318.
34. Ob. cit. p. 77.

a teoria normativa, é a inatividade, a abstenção de movimento, é o "não fazer alguma coisa que é devida". O fundamento de todo crime omissivo constitui-se em uma ação esperada e na não realização de um comportamento exigido do sujeito.

Quanto à omissão, ela é *elemento do tipo penal* (crimes omissivos próprios ou puros), como nos delitos de omissão de socorro (art. 135), omissão de notificação de doença (art. 269) etc., ou apenas *forma de alcançar o resultado* previsto em um crime comissivo, passando a ser, nessa hipótese, crime omissivo impróprio (ou comissivo por omissão, ou comissivo-omissivo). Nestes casos, a conduta descrita no tipo é comissiva, de fazer (matar, por exemplo), mas o resultado ocorre por não tê-lo impedido o sujeito ativo. Para que este responda pelo crime, porém, é necessário que tenha o *dever de agir* (dever *jurídico* de agir), ou seja, o dever de impedir o resultado, fundado, segundo uns, na "teoria da ação esperada" e, segundo outros, na obrigação de atender.

A nova lei passou a prever expressamente quando a omissão é penalmente relevante e estabeleceu quais as hipóteses em que o omitente devia agir para evitar o resultado. Nos termos do art. 13, § 2º, o dever de agir incumbe a quem:

"a) tenha por lei obrigação de cuidado, proteção ou vigilância;

b) de outra forma, assumiu a responsabilidade de impedir o resultado;

c) com seu comportamento anterior, criou o risco da ocorrência do resultado."[35]

A primeira hipótese (alínea *a*) refere-se ao dever *legal*. Deriva o dever de agir de uma norma jurídica que obriga alguém ao cuidado, proteção ou vigilância do bem jurídico.

Pode parecer supérflua a referência feita no dispositivo ao *cuidado, proteção* ou *vigilância*, já que, existindo a norma jurídica que obriga o sujeito a impedir o resultado, desnecessário seria a menção casuística àquelas situações. Como a lei não deve conter palavras inúteis, impõe-se a conclusão de que o legislador quis abranger inclusive os deveres que estão *implícitos* na legislação e excluir aqueles que têm outros deveres que não os citados especificamente. Exemplos de *dever legal* previstos na alínea *a* são: o dos pais de alimentar e cuidar dos filhos, o do diretor do presídio e o dos carcereiros de zelarem e protegerem os presos, o dos policiais em serviço para assegurarem a segurança pública e das pessoas em particular etc.

Nas hipóteses previstas nas demais alíneas, que, a rigor, agora são também de dever *legal,* porque previstas nos dispositivos em estudo, faz-se referência ao que, na doutrina, se denomina a posição de *garantidor* (ou *garante*) da não ocorrência do resultado. Somente pode ser autor de conduta típica omissiva imprópria aquele que se achar em

---

35. Consagrou a lei o conceito de *dever jurídico* preconizado pela doutrina, embora se possa formular a questão de que é difícil uma fórmula genérica para abranger todas as hipóteses em que se deve obrigar o sujeito a agir. Diz-se na exposição de motivo do projeto de reforma penal: "No art. 13, § 2º, cuida o Projeto dos destinatários, em concreto, das normas preceptivas, subordinados à previa existência de um dever de agir. Ao introduzir o conceito da omissão relevante, e ao extremar, no texto da lei, as hipóteses em que estará presente o dever de agir, estabelece-se a clara identificação dos sujeitos a que se destinam as normas preceptivas" (item 13). Por essa razão, não se poderá abranger o agente que não estiver em uma das situações previstas agora na lei penal.

posição de *garante*, vale dizer, em uma relação com o sujeito passivo que o obrigue a garantir a conservação, reparação ou restauração do bem jurídico penalmente tutelado.[36]

Trata a alínea *b* da aceitação pelo sujeito do dever de impedir o evento por ter assumido previamente essa responsabilidade. Referindo-se àquele que, "de outra forma, assumiu a responsabilidade de impedir o resultado", a lei abrange o dever originado de uma manifestação unilateral de vontade (função tutelar ou de encargo sem mandato) ou de um contrato. Na primeira hipótese, formulam-se como exemplos da posição de garantidor o do médico que presta serviço de urgência em um pronto-socorro; o daquele que se propõe a conduzir um ébrio para sua casa, pessoas que passam a ser garantidoras da não ocorrência de resultados lesivos com relação ao ferido ou embriagado. Exemplos citados de dever gerados *por contrato*, diante da projeção social deste como espécie de dever de direito público, são o do guia que se obriga a conduzir o explorador por terrenos perigosos; o do enfermeiro que é admitido para cuidar do doente; o do guarda de segurança particular contratado para vigiar uma residência ou estabelecimento comercial ou industrial; o do capataz da fazenda que deve cuidar da colheita; o do operador de máquinas que deve lubrificá-las etc. Ressalta-se na doutrina que, em tais casos, o dever de agir deriva principalmente de uma situação de fato e não apenas do contrato. Não serão autores de crime o guarda de segurança que se atrasou para o serviço, não impedindo a ação de depredadores e o salva-vidas que faltou ao trabalho no dia em que uma criança se afoga na piscina. Responderá, porém, pelo crime a enfermeira que, tendo permanecido no quarto do doente após o término do horário de seu turno, não impede sua morte.

Por último, refere-se a lei, na alínea *c*, ao "comportamento anterior" do sujeito que criou o risco da ocorrência do resultado, devendo, por isso, agir para impedi-lo. Essa hipótese, chamada *ingerência* na doutrina, é a que mais gera discussões, a ponto de já se ter afirmado que a fixação precisa da posição de garante, nessa situação, é problema de solução difícil, senão impossível.

Afirmam os doutrinadores estrangeiros que o dever de agir existe em toda a conduta perigosa, ainda que não antijurídica, vale dizer, ainda que o sujeito tenha causado o risco sem culpa. Apontam-se como exemplos de garantidores: o causador involuntário de um incêndio; o acompanhante do nadador principiante induzido a atravessar a nado um rio; o empregador que descobre ter ficado preso um operário no recinto da fábrica; o construtor de veículo com relação à segurança do automóvel; a posse de animais, de substâncias explosivas ou inflamáveis etc. Inclui-se ainda a obrigação de evitar a ação de terceiros por quem o sujeito é responsável (filho menor, tutelado, incapaz etc.).

A elasticidade que se deu à expressão *conduta anterior* na nova lei penal acenderá a discussão a respeito dos limites da posição de garantidor. Não se referindo à conduta necessariamente culposa, poder-se-á argumentar pela responsabilização por homicídio doloso, por exemplo, não só do motorista que atropelou um pedestre por imprudência,

---

36. Cf. ZAFFARONI, Eugênio Raúl. Ob. cit. p. 389.

como aquele que o fez sem culpa, quando não prestarem socorro na tentativa de evitar a morte da vítima. Enquanto terceiro responderá apenas pelo crime de omissão de socorro (art. 135), o causador da lesão e, portanto, do perigo de morte da vítima, por ser *garantidor* da não ocorrência do resultado, será responsável por homicídio doloso (se aceita tal elasticidade). Ressalte-se que a lei vigente (art. 121, §§ 3º e 4º do CP e art. 302, § 1º, III, do CTB), em flagrante contradição com a nova Parte Geral, prevê na espécie, para o atropelador que atuou com culpa e não socorreu a vítima, um crime de homicídio culposo com agravação de pena.

Outra hipótese problemática é a do sujeito que, agindo em legítima defesa e ferindo o agressor, não o socorre ao vê-lo caído e esvaindo-se em sangue na porta de sua casa. A ressalva feita por alguns doutrinadores de que, nessa hipótese, o "causador" do perigo foi o próprio agressor não convence e também não fixa precisamente a posição de garantidor.

Como se vê, a questão ainda está em estudo e a sedimentação dos critérios para a delimitação da situação de *garante* nas hipóteses de ingerência é tarefa afeita agora à jurisprudência e à doutrina. Pensamos que somente uma interpretação restritiva do art. 13, § 2º, letra *c*, poderá levar a uma aplicação mais equânime da lei, evitando-se o perigo de soluções iníquas. Deve ser aplicado o dispositivo em estudo apenas quando a lei não disciplinar o fato concreto em dispositivo específico.

Só tem relevância penal a omissão de providência com virtude de impedir o resultado, por quem podia e devia agir nesse sentido.[1] Além disso, como no Direito Penal não se admite a culpa presumida, a imputação pelo resultado exige que se saiba qual a providência omitida pelo sujeito que poderia ter impedido o resultado, sem o que não se pode atribuir a ele a responsabilidade pelo fato.[2]

Quando inexiste o dever de agir, fala-se em *conivência (crimen silenti)* ou *participação negativa*, o que não caracteriza sequer o concurso em face da lei.[3]

Presente o dever de agir, a omissão será atribuída penalmente ao garantidor desde que, no caso concreto, *pudesse* agir para evitar o resultado, como deixa claro o art. 13, § 2º. A possibilidade de agir deve ser entendida como a capacidade concreta para a execução de determinada ação com a finalidade de evitar o resultado. Pode agir quem:

a) tem conhecimento da situação de fato;

b) tem consciência da condição que o coloca na qualidade de garantidor;

c) tem consciência de que pode executar a ação;

d) tem a possibilidade real-física de executar a ação.[37]

A possibilidade física somente existe quando a execução da ação teria evitado o resultado. Como já se decidiu, é preciso comprovar que a conduta devida teria impedido

---

37. Conforme ensinamentos de: WELZEL, Hans. Ob. cit. p. 282-283: ZAFFARONI, Eugênio Raúl. Ob. cit. p. 391-393; SHÖNE, Wolfgang. Conduta, ação e omissão. *Revista de Direito Penal* 27/31-39.

o resultado.⁽⁴⁾ Essa possibilidade deve ser apreciada como um grau de probabilidade que se limita com a certeza.[38] Em todas as hipóteses do dever de agir, não haverá crime se o garantidor, embora não evitando o resultado, se esforçou seriamente para impedi-lo. Neste caso não há dolo ou culpa, mas simples caso fortuito.

Pode ocorrer que haja risco para aquele que se omite, indagando-se assim se deve ser responsabilizado pelo delito caracterizado pela omissão, ou seja, se é responsável pelo resultado quando se omitiu pelo perigo existente para um bem jurídico próprio ou alheio que lhe causaria a ação exigida para evitar o evento. É preciso verificar se a ação era juridicamente exigida ao omitente. Embora preveja a lei que o dever de agir só existe quando o sujeito pode agir, deve ele arrostar o perigo desde que no caso haja a probabilidade de evitar o resultado.[39] A conclusão se impõe pelo sistema do Código. Basta observar que, ao tratar do estado de necessidade, a lei nega a justificativa àquele que tem o dever legal de enfrentar o perigo (art. 24, § 1º). Se se adotasse a solução oposta, chegar-se-ia à conclusão de que a lei contém uma contradição: de um lado permitiria a justificação pela existência de risco para o omitente (art. 13, § 2º) e de outro excluiria a justificativa do fato quando houvesse perigo para quem tem o dever de enfrentá-lo (art. 24, § 1º).

Podendo o garantidor agir, a conduta deverá ser apreciada em seu elemento subjetivo: dolo ou culpa. O dolo, como se verá, é a vontade dirigida à realização do tipo penal (item 3.7.2). Na hipótese da omissão, configura-se o dolo na vontade de realizar a conduta típica, ou seja, na vontade de não impedir o resultado. Não se exige, pois, que o omitente deseje o evento, bastando a consciência de que deve agir e a vontade de não fazê-lo.

É também possível a omissão por culpa em sentido estrito, respondendo por crime culposo o omitente nas seguintes hipóteses:

a) erro de apreciação da situação típica, como, por exemplo, o pai que, ouvindo gritos do filho, não o socorre, pensando que se trata de uma brincadeira, enquanto a criança se afoga;

b) erro na execução da ação, como, por exemplo, em jogar substância inflamável em lugar de água para apagar um incêndio, deixando de verificar a natureza do líquido que está utilizando;

c) erro sobre a possibilidade de agir, como, por exemplo, quando o garantidor supõe que a vítima está afogando-se em lugar profundo do rio, onde seria impossível salvá-la, permitindo que ela se afogue em águas rasas.

---

38. WELZEL, Hans. Ob. cit. p. 392.
39. Nesse sentido, ressaltando as exceções previstas na legislação alemã: MAURACH, Reinhart. *Tratado de derecho penal*. Barcelona: Ariel, 1962. p. 293-294. Poderá haver, evidentemente, uma causa descriminante, desde que preenchidos todos os seus requisitos, conforme WELZEL, Hans. Ob. cit. p. 302. Inexistente a causa justificativa, a culpabilidade restaria excluída pela inexigibilidade de conduta diversa que, entretanto, não é prevista em nossa lei, salvo na hipótese de coação moral irresistível.

O crime comissivo por omissão, por existir somente quando o sujeito tem o dever de agir, é um crime próprio (item 3.6.17). Não havendo o dever de agir, estabelecido pelo art. 13, § 2º, o sujeito poderá responder, conforme a hipótese, por crime de omissão de socorro (art. 135).

Há autores que entendem que seria necessário especificar, nos diversos tipos penais, expressamente, a possibilidade da configuração omissiva, para assim se atender aos pressupostos do princípio da reserva legal.[40] Entretanto, como qualquer tipo penal comissivo também pode ser realizado por omissão, entendemos suficiente para preservar o princípio da legalidade o estabelecimento das hipóteses da existência do dever de agir para evitar o resultado que, conjugadas com os tipos em tese comissivos, lhe dão a tipicidade indireta. Preserva-se, com tais disposições, o referido princípio da reserva legal.

### 3.2.8 Caso fortuito e força maior

Não há fato típico na ocorrência de resultado lesivo em decorrência de caso fortuito ou força maior.

Fortuito é aquilo que se mostra imprevisível, quando não inevitável; é o que chega sem ser esperado e por força estranha à vontade do homem que não o pode impedir. Com a ocorrência do caso fortuito, não deixa de existir conduta, mas não será ela atribuída ao agente por ausência de dolo ou culpa em sentido estrito.[41] Não se pode reconhecer conduta típica na ação do motorista em que, por um acidente decorrente da queima de fusível de seu veículo, causa lesões ou morte de alguém.[(5)] Não se pode atribuir o resultado lesivo decorrente da ruptura do mecanismo de direção quando se desenrola a condução do veículo em condições normais,[(6)] do incêndio provocado pelo cigarro que é derrubado do cinzeiro por um golpe de ar inesperado etc.

Na mesma situação estão os casos de *força maior*. Exemplo desta, sempre citado, é o da coação física irresistível. Não há crime comissivo se o agente, por força física do coator, preme o gatilho de uma arma, causando a morte de alguém, ou, na omissão típica, quando sua inatividade decorre do fato de ter sido posto em situação de inconsciência, a sua revelia, por terceiro.

### 3.2.9 O resultado

Não basta a conduta para que o crime exista, pois é exigido, como vimos, o segundo elemento do fato típico, que é o *resultado*. Segundo um conceito *naturalístico*, é ele a

---

40. Nesse sentido: FRANCO, Alberto Silva et al. *Código penal e sua interpretação jurisprudencial*. 4. ed. São Paulo: Revista dos Tribunais, 1979. p. 74; RODRIGUES, Eduardo Silveira Melo. A relevância causal da omissão. *Revista Brasileira de Ciências Criminais* 14/149-166; TAVARES, Juarez. Alguns aspectos da estrutura dos crimes omissivos. *Revista Brasileira de Ciências Criminais*, 15/125-157.
41. Para os causalistas o caso fortuito e a força maior excluem a culpabilidade.

modificação do mundo exterior provocado pelo comportamento humano voluntário. É "o efeito natural da ação que configura a conduta típica, ou seja, o fato tipicamente relevante produzido no mundo exterior pelo movimento corpóreo do agente e a ele ligado por relação de causalidade".[42] É a morte da vítima (no homicídio), a destruição, inutilização ou deterioração da coisa (no dano) etc.

A lei prevê, porém, crimes em que não existe tal modificação no mundo exterior (na injúria oral, no ato obsceno, na violação do domicílio etc.). Entretanto, ao mesmo tempo, afirma-se no art. 13 que a existência do crime depende do resultado. Dessa forma, deve-se buscar um conceito *jurídico* ou *normativo* de resultado, evitando-se a incompatibilidade absoluta entre os dispositivos que descrevem comportamentos que não provocam a modificação no mundo exterior e o disposto no art. 13. Assim, *resultado* deve ser entendido como lesão ou perigo de lesão de um interesse protegido pela norma penal. Como todos os crimes ocasionam lesão ou, ao menos, perigo ao bem jurídico tutelado, harmonizam-se os dispositivos legais.

Segundo Damásio, o resultado pode ser físico (dano, por exemplo), fisiológico (lesão, morte) ou psicológico (o temor no crime de ameaça, o sentimento do ofendido na injúria etc.).[43]

Quanto à exigência de resultado naturalístico, os crimes podem ser materiais, formais ou de mera conduta (item 3.6.14).

### 3.2.10 Relação de causalidade

Para haver fato típico é ainda necessário que exista *relação de causalidade* entre a conduta e o resultado.

O conceito de causa não é jurídico, mas da natureza; é a conexão, a ligação que existe numa sucessão de acontecimentos que pode ser entendida pelo homem. Causar, como ensinam os léxicos, é motivar, originar, produzir fenômeno natural que independe de definição.

Para estabelecer, porém, o que se deve entender por *causa* em sentido jurídico penal, várias teorias foram elaboradas: a da causalidade adequada (causa é a condição mais adequada para produzir o resultado); a da eficiência (é a condição mais eficaz na produção do evento); a da relevância jurídica (é tudo que concorre para o evento ajustado à figura penal ou adequado ao tipo) etc.

Como a relação causa-efeito é um fenômeno da natureza e há sérias divergências na doutrina a respeito do conceito jurídico que deve ser dado ao nexo causal, tem-se proposto a eliminação do conceito legal de causa.[44] No projeto da reforma, o Ministro

---

42. FRAGOSO, Heleno Cláudio. Ob. cit. p. 170.
43. JESUS, Damásio E. de. Ob. cit. p. 229.
44. LUNA, Everardo da Cunha. Causalidade e responsabilidade objetiva no Código Penal de 1969. *Justitia* 77/35-8; COSTA JUNIOR, Heitor. Aspectos da "parte geral" do anteprojeto do código penal. *RT* 555/461.

da Justiça salientava a inconveniência de manter a definição de causa "quando ainda discrepantes as teorias e consequentemente imprecisa a doutrina sobre a exatidão do conceito" (item 12 da exposição de motivos). Durante a tramitação do projeto no Congresso, porém, inseriu-se novamente a regra da lei anterior, prevendo o art. 13: "O resultado, de que depende a existência do crime, somente é imputável a quem lhe deu causa. Considera-se causa a ação ou omissão sem a qual o resultado não teria ocorrido." [45]

O dispositivo mantém na legislação penal a *teoria da equivalência das condições* ou *equivalência dos antecedentes*. Não se distingue entre *causa* (aquilo que uma coisa depende quanto à existência) e *condição* (o que permite à causa produzir seus efeitos, seja positivamente a título de instrumento ou meio, seja negativamente, afastando os obstáculos).[46] As forças concorrentes equivalem-se e sem uma delas o fato não teria ocorrido (*conditio sine qua non*). Todos os fatos que concorrem para a eclosão do evento devem ser considerados causa deste.[7] [47] Basta que a ação tenha sido condição para o resultado, mesmo que tenham concorrido para o evento outros fatos, a ação é causa e o agente é causador dele.

Para que se possa reconhecer se a condição é causa do resultado, utiliza-se o *processo hipotético de eliminação*, segundo o qual causa é todo antecedente que não pode ser suprimido *in mente* sem afetar o resultado.[48] Assim, se a vítima se fere na fuga quando procura fugir à agressão, há relação de causalidade, pois se, hipoteticamente, se suprimisse a agressão, a vítima não fugiria e, portanto, não sofreria a lesão.[8]

Não se elimina a relação de causalidade pela existência de uma *concausa* (preexistente, concomitante ou superveniente). A concausa é outra causa, que, ligada à primeira, concorre para o resultado. Assim, a possibilidade da existência de causas concorrentes para o resultado, preexistentes ou concomitantes com a do agente, nunca exclui a imputação, já que não há o rompimento da cadeia causal entre a conduta dele e o resultado. [9] É inegável o nexo causal na morte: por hemorragia de uma lesão leve por ser a vítima hemofílica; por complicações surgidas no tratamento da vítima de atropelamento em virtude de apresentar condição de diabética;[10] por insuficiência cardíaca decorrente de violenta emoção seguida de lesões corporais;[49] por ser hipertensa e estar a vítima

---

45. Objetou-se, em reunião da Comissão de Justiça da Câmara dos Deputados quando da tramitação do projeto, que a adoção pela lei da teoria da equivalência dos antecedentes não trouxera dificuldades para a aplicação da lei e, se não incluída na reforma, as dificuldades surgiriam em decorrência da extrema diversidade de teorias a respeito da relação de causalidade posta à frente dos magistrados que iriam aplicar a nova lei.
46. Os conceitos de *causa* e *condição* são de JOUVERT, R. *Curso de filosofia*. 5. ed. Rio de Janeiro: Agir, 1961. p. 295.
47. "Basta que determinada atividade seja condição do resultado, concorrendo à sua verificação, para que se repute causa desse resultado. O ato da pessoa que contribua como simples auxiliar para a obtenção do resultado criminoso não deixa de ser causa do resultado. Se alguém coadjuvou no crime com certa parcela de ação, embora mínima, criando, assim, condição do acontecimento delituoso, é seu causador, nos termos do art. 11 do CP. Se o causou, deve responder como autor" (*RT* 548/289).
48. Cf. FRAGOSO, Heleno Cláudio. Ob. cit. p. 167.
49. *RJTJESP* 1/210. Nuvolone, referindo-se ao projeto do código italiano, esclarece que prevê ele a redução da pena na hipótese de concausas preexistentes, simultâneas ou supervenientes ignoradas ou não previstas pelo agente.

em adiantado estado de gravidez por ocasião da agressão[11] etc. A questão ligada ao conhecimento ou não do agente a respeito das condições particulares da vítima é resolvida quando da apreciação do elemento subjetivo do crime.

Critica-se a adoção da teoria da equivalência das condições com a afirmação de que a corrente causal poderia ir ao infinito. Assim, se o agente dispara um revólver contra a vítima, matando-a, deram também causa ao resultado o que lhe emprestou a arma, o que a vendeu ao fornecedor, o fabricante que a encaminhou ao vendedor, o fornecedor da matéria-prima para a fabricação do revólver etc. A objeção não tem razão de ser. Mesmo estabelecida a relação de causalidade entre o ato e o resultado, a relevância penal da causalidade acha-se limitada pelo elemento subjetivo do fato típico, por ter o agente querido o fato ou por ter dado causa ao resultado ao não tomar as cautelas que dele se exigia, ou seja, só pratica conduta típica quem agiu com dolo ou culpa. A rigor, a adoção do princípio da *conditio sine qua non* tem mais relevância para excluir quem não praticou conduta típica do que para incluir quem a cometeu.

Deve existir sempre o nexo causal para a atribuição de uma conduta típica ao agente.[12] Não havendo nexo causal, não há que se cogitar de responsabilidade penal. Não se reconheceu o nexo causal nos seguintes casos: na morte natural da vítima de uma agressão;[13] na explosão de um forno com relação ao gerente da indústria que não praticou ação ou omissão ligada ao seu funcionamento;[14] no desabamento do imóvel em relação ao seu proprietário porque locado ao inquilino que não lhe permitia o acesso à coisa locada.[15]

A simples dúvida a respeito da existência do nexo de causalidade impede a responsabilização do agente pelo resultado.[16]

Manteve a lei a disposição em que se afirma que a *omissão* também é causa do resultado. Não há, contudo, nexo causal entre a omissão e o resultado, uma vez que do nada, nada surge. Como bem acentua Damásio, a estrutura da conduta omissiva é essencialmente normativa, não naturalística.[50] O omitente responde pelo resultado não porque causou o resultado, mas porque não agiu para impedi-lo, realizando a conduta a que estava obrigado (item 3.6.5).[51]

---

NUVOLONE, Pietro. Il *principio di oggettivita e il principio di soggettivita nel nuovo codice penale brasiliano*. JTACrSP 33/12-3.

50. JESUS, Damásio E. de. Ob. cit. p. 234-235. Com a modificação operada no projeto que foi transformado na Lei nº 7.209, ficou estabelecida uma contradição doutrinária. Enquanto no caput do art. 13 se adota a *teoria da condição negativa*, que prevê a equiparação entre ação e omissão como causas do resultado, o § 2º do mesmo dispositivo encampa a *teoria normativa*, pela qual a omissão não é causa do resultado, atribuindo-se este ao agente por não ter agido para impedi-lo quando tinha o dever de fazê-lo (item 3.2.7).

51. FRAGOSO, Heleno Cláudio. Ob. cit. p. 166; ZAFFARONI, Eugênio Raúl. Ob. cit. p. 387. No projeto da Lei nº 7.209/84, adotava-se essa realidade: "O resultado, de que depende a existência do crime, somente é imputável a quem, por ação, o tenha causado, ou, por omissão, não o tenha impedido". Segundo Francisco de Assis Toledo, apoiado em Hungria, o nada, no mundo físico, é transformado em algo dotado de relevância jurídico-penal diante de um resultado físico, e o omitente deve ser considerado como causador do resultado. TOLEDO, Francisco de Assis. Ob. cit. p. 171-173.

### 3.2.11 Causa superveniente

Praticada a conduta, é possível que ocorra uma segunda causa que determine a ocorrência do resultado, como, por exemplo, a queda de uma viga do teto (por caso fortuito ou por ação independente de outrem) sobre a cabeça da vítima de envenenamento enquanto esteja ela em seu lugar por não ter sentido ainda os efeitos da substância ingerida. Essa segunda causa, superveniente, sendo totalmente independente da primeira, impede o fluxo do nexo causal entre a conduta (envenenamento) e o resultado (morte por traumatismo encefálico). Diante do art. 13, *caput*, a conduta, não sendo condição do resultado (que existiria ainda que não tivesse sido praticada a ação), implica a responsabilidade pelos fatos ocorridos até a causa superveniente. Na hipótese, o autor do envenenamento responderia pela tentativa de homicídio, nos termos do art. 13, *caput*, pela inexistência de relação entre essas causas.

Prevê, porém, o art. 13, § 1º: "A superveniência de causa relativamente independente exclui a imputação quando, por si só, produziu o resultado; os fatos anteriores, entretanto, imputam-se a quem os praticou." O advérbio *relativamente* foi inserido na lei diante das críticas ao antigo art. 11, parágrafo único, na lei anterior.[52]

Causa superveniente relativamente independente é a que sobrevêm à ação ou omissão, mas que, por sua intervenção, faz com que esse determinado evento ocorra em circunstância de tempo, ou de lugar, ou, ainda, de outras modalidades diversas das que teriam ocorrido se a série causal antecedente prosseguisse em sua atuação normal.[53] Já a expressão *por si só* não quer dizer que a segunda causa seja independente da primeira (no mundo fático é decorrente daquela), mas que o evento ocorreu de *maneira* independente do fato do primeiro agente.[54] Trunca-se, para os efeitos legais, a cadeia de causalidade quando a conduta anterior, embora criminosa de *per si*, não esteja na linha necessária do desdobramento objetivo causal.[17]

Segundo a doutrina, resolvem-se as dúvidas quanto à responsabilidade do agente nas hipóteses previstas pelo parágrafo citado quando se examina a causa superveniente que mantém essa relação relativa com a causa anterior: se estiver ela fora do desdobramento físico necessário, normal, o agente não é punido pelo resultado; se estiver ela dentro desse desdobramento necessário, o agente é responsável pelo evento.[55] O exemplo já lembrado quanto à primeira hipótese é o da vítima de tentativa de homicídio que

---

52. A defeituosa redação do dispositivo anterior obrigava os intérpretes a considerar que a lei se referia apenas à causa *relativamente* independente, pois se se tratasse de condição absolutamente independente, a primeira não seria causa e o problema já estaria resolvido pelo disposto na cabeça do dispositivo.
53. Cf. BONATELLI, Calmette Satyro. Do nexo causal subjetivo no futuro código penal. *Justitia* 70/103.
54. Basileu, ao apreciar o Código Penal de 1969, que também previa a mesma redação da lei vigente, escreveu: "O advérbio 'relativamente' entra em choque com o 'por si só', que aparece logo adiante. A causa (ou condição) que por si só produz o resultado, se o produz por si só, não pode estar associada a conduta da gente. E entretanto está associada, porque é uma causa relativamente independente da Conduta. Independência relativa é, ainda, dependência." GARCIA, Basileu. Em torno do novo Código Penal. *RT* 425/257.
55. Cf. HUNGRIA, Nelson. Ob. cit. v. 1, t. II. p. 68-69; NORONHA, E. Magalhães. Ob. cit. p. 131; JESUS, Damásio E. de. Ob. cit. p. 238.

morre em decorrência do incêndio no hospital para onde foi levada. Na jurisprudência, colhem-se os seguintes exemplos: a morte da vítima que, em resultado do choque do ônibus com um poste de iluminação, sai ilesa do veículo e recebe a descarga elétrica que lhe causa a morte;[18] a morte da vítima em decorrência de cirurgia facial, que não tinha por objetivo afastar perigo de vida provocado pela lesão, mas tão só corrigir o defeito por esta causado;[19] a morte da vítima ao descer do veículo em movimento, embora tivesse o motorista aberto a porta do mesmo antes do ponto de desembarque.[20] Nesses exemplos, embora haja dependência da segunda causa com a primeira, aquela "por si só" é condição do resultado, estando esta fora do desdobramento natural dos fatos. Nessas hipóteses, o agente da primeira causa responde pelos fatos anteriores (tentativa de homicídio, lesões corporais etc.).

Se a causa sucessiva, porém, está na linha do desdobramento físico ou anatomo-patológico do resultado da ação primeira, o resultado é atribuído ao agente da primeira causa.[21] Exemplos clássicos são os do ferido que, levado ao hospital, morre por choque anafilático ou colapso cardíaco provocado pela anestesia ministrada quando os médicos estão praticando uma intervenção cirúrgica para salvá-lo. Exemplos colhidos na jurisprudência: choque anestésico por excesso de éter ou por imprudência dos médicos operadores;[22] parada cardiorrespiratória, durante cirurgia ortopédica a que se submeteu a vítima para reparação de fratura decorrente do atropelamento;[23] broncopneumonia em virtude de internação em decorrência das lesões sofridas pela vítima;[24] complicação resultante da cirurgia em vítima de inúmeros pontapés contra ela desferidos pelo réu;[56] infecção em face da cirurgia a que foi submetida a vítima de várias facadas.[25]

Nessas hipóteses, ao autor é atribuído o resultado final (morte), já que a segunda causa guarda relação, embora relativa, com a primeira, num desdobramento causal obrigatório.

Em outros termos, a causa superveniente *não rompe* o nexo de causalidade quando constituir um prolongamento ou desdobramento da ação cometida pelo agente, formando uma cadeia unilinear, *desde que a causa anterior tenha um peso ponderável, seja consistente e mantenha certa correspondência lógica com o resultado mais lesivo* a final verificado. O requisito da *significância* é imprescindível para evitar possíveis despautérios.[26]

### 3.2.12 Tipicidade

Como último elemento do fato típico tem-se a *tipicidade*, que é a correspondência exata, a adequação perfeita entre o fato natural, concreto, e a descrição contida na lei. Como o tipo penal é composto não só de elementos objetivos, mas também de elementos normativos e subjetivos, é indispensável para a existência da tipicidade que não só o fato,

---

56. PINTO, Sebastião da Silva. Crime e relação de causalidade. A concausa superveniente, *RT* 624/273-279. Nesse sentido, *JTJ* 158/304-306 (no corpo do acórdão).

objetivamente considerado, mas também sua antijuridicidade e os elementos subjetivos se subsumam a ele. Há tipicidade no homicídio se o agente pratica a conduta de "matar alguém" (elementos objetivos), mas só há *violação de segredo profissional* se a revelação ocorrer "sem justa causa" (elemento normativo), e somente haverá *assédio sexual* se o constrangimento for praticado "com o intuito de obter vantagem ou favorecimento sexual" (elemento subjetivo). Só existe fato típico quando o fato natural estiver também preenchido pelo tipo subjetivo.

Reconhece-se na doutrina moderna que o tipo penal tem duas funções. A primeira é a de *garantia*, já que aperfeiçoa e sustenta o princípio da legalidade do crime (item 2.1.1). A segunda é a de *indicar a antijuridicidade do fato* a sua contrariedade ao ordenamento jurídico. A tipicidade é o indício da antijuridicidade do fato. Praticado um fato típico, presume-se também sua antijuridicidade, presunção que somente cessa diante da existência de uma causa que a exclua. Assim, se *A* mata *B* voluntariamente, há um fato típico e, em princípio, antijurídico, mas, se o fez, por exemplo, em legítima defesa, não existirá a antijuridicidade. Não sendo o fato antijurídico, não há crime. Há fatos, porém, antijurídicos que não são típicos, como, por exemplo, a fuga de preso sem ameaça ou violência e sem a colaboração de outrem, o dano culposo etc. São eles fatos contrários ao ordenamento jurídico, mas não fatos típicos.

Como não se pode admitir que em um sistema normativo uma norma mande ou permita o que outra proíbe, há os que afirmam que a tipicidade é a averiguação não só da proibição referida no tipo penal como a indagação a respeito de todo o sistema normativo. Existiria assim o que se denomina *tipicidade conglobante*, corretivo da tipicidade legal, não sendo típica, dessa forma, a conduta de quem atua em estrito cumprimento do dever legal, em legítima defesa etc.

Nem sempre a adequação do fato ao tipo penal se opera de forma direta, sendo necessário à tipicidade que se complete o tipo penal com outras normas, contidas na parte geral dos códigos. É o que se chama de *tipicidade indireta*, como ocorre na tentativa (art. 14, inc. II) e no concurso de agentes (art. 29).[57]

Fala-se também em tipos *fechados*, em que a tipicidade indica a antijuridicidade sem qualquer ressalva, condição ou restrição, e em tipos *abertos*, como acontece com os crimes culposos, em geral, em que "a conduta não expressa completamente a transgressão de uma norma, pois nesta categoria o resultado é que confere vida à ilicitude, uma vez que a conduta era, em si mesma, legítima".[58] Transfere-se assim ao intérprete a tarefa de tipificar cada conduta com fundamento em doutrina e jurisprudência, valendo-se, para tanto, de elementos não integrantes expressamente do tipo. Entretanto, nem todos os tipos culposos são abertos (ex.: art. 180, § 3º, do CP) e nem todos os tipos dolosos são fechados (ex.: art. 157, do CP, ao se referir a "qualquer meio" para reduzir a capacidade de resistência).

---

57. Cf. PEREZ, Gabriel Nettuzzi. A conduta e a tipicidade indireta. *Justitia* 58/14.
58. PIMENTEL, Manoel Pedro. Ob. cit. p. 65.

Num sentido amplo, *tipo* é a descrição abstrata da ação proibida ou da ação *permitida*. Existem, pois, tipos *incriminadores*, descritivos das condutas proibidas, e tipos *permissivos* ou *justificadores*, descritivos das condutas permitidas. Os primeiros, na expressão de Francisco de Assis Toledo, são os *tipos legais de crime*, que só podem ser criados pelo legislador (*nullum crimen sine lege*); os segundos são as denominadas causas de justificação ou de exclusão da ilicitude.[59]

A *atipicidade* é a ausência de tipicidade. Diz-se que pode ser total (*absoluta*), como, por exemplo, no exercer o meretrício, ou *específica*, quando inexistente um elemento objetivo que caracteriza determinado crime, como, por exemplo, não ser recém-nascida a vítima morta pela mãe (em se tratando de infanticídio) ou quando falta um elemento normativo do tipo (existência de justa causa para a prática das condutas descritas nos arts. 151, 153, 154 etc.). A distinção parece desnecessária. Ou o fato preenche todas as características de um tipo, ocorrendo tipicidade, ou não o faz, sendo *atípico*.

O tipo, como já foi visto, é o conjunto dos elementos descritivos do crime contidos na lei penal. Embora a lei, em princípio, deva restringir-se à definição objetiva, precisa e pormenorizada, para evitar-se a necessidade de um juízo de valor na apreciação da tipicidade, muitas vezes a figura penal contém elementos outros que não puramente descritivos. Quando tal ocorre, está-se diante da *tipicidade anormal*.

Tipo normal é aquele que contém apenas uma descrição *objetiva*, puramente descritiva, como ocorre nos crimes de homicídio (art. 121), lesões corporais (art. 129) etc. O conhecimento do tipo opera-se "através de simples verificação sensorial, o que ocorre quando a lei se refere a *membro, explosivo, parto, homem, mulher* etc. A identificação de tais elementos dispensa qualquer valoração." [60]

Tipos *anormais* são as descrições legais de fatos que contêm não só elementos objetivos referentes ao aspecto material do fato, mas também alguns outros que exigem apreciação mais acurada da conduta, quer por conduzirem a um julgamento de valor, quer por levarem à interpretação de termos jurídicos ou extrajurídicos, quer, ainda, por exigirem aferição do ânimo ou do intuito do agente quando pratica a ação.

Em primeiro lugar, têm-se os elementos *normativos* do tipo, que exigem, nas circunstâncias do fato natural, um *juízo de valor para que se possa dizer haver tipicidade*. Podem referir-se ao *injusto*, à antijuridicidade, como nas expressões *indevidamente, sem justa causa* (arts. 151, 153 etc.). Só haverá tipicidade, por exemplo, quanto ao crime de violação de correspondência, quando o agente devassou o conteúdo de correspondência fechada, dirigida a outrem, sem que estivesse de qualquer forma autorizado a fazê-lo, já que há casos em que essa conduta é permitida pelo ordenamento jurídico (pais lerem a correspondência de filho menor, as secretárias a do empregador etc.). A inclusão de um elemento normativo, nessas hipóteses, ocorre porque a conduta "normalmente" é lícita. Pode também o elemento constituir-se em um *termo jurídico*, como o de "cheque"

---
59. Ob. cit. p. 78.
60. FRAGOSO, Heleno Cláudio. Ob. cit. p. 162-163.

(art. 171, § 2º, VI), "documento" (arts. 297, 298 etc.), "funcionário público" (arts. 312, 320 etc.), e só haverá tipicidade se, no fato natural, estiverem preenchidos os requisitos legais ou simplesmente jurídicos de suas definições. Por fim, pode referir-se a lei a um elemento *extrajurídico*, em que se exige um juízo de valoração ao apreciar-se o fato concreto. É o que se verificava, por exemplo, nos crimes de posse sexual mediante fraude (art. 215) e rapto (art. 219), que continham a expressão *mulher honesta*, e no de sedução (art. 217), em que se aludia à *inexperiência* da vítima, antes da Lei nº 11.106, de 28-3-2005,[61] e o que ocorre nos crimes descritos nos arts. 233 e 234, que se referem a ato e a objeto *obsceno*, no crime de injúria (art. 140), em que se menciona a *dignidade* e o *decoro* do ofendido etc. Nesses casos, para a averiguação da tipicidade é necessário que se busque nos costumes vigentes o exato conceito de "honestidade" ou "inexperiência" da mulher, do que é "obsceno" ou "ofensivo ao pudor" ou que se apure se, nas condições pessoais do ofendido, as palavras a ele dirigidas podem ser consideradas como ofensivas a sua honra etc.

Existem também os tipos anormais que contêm *elementos subjetivos do tipo*,[62] que se referem ao *intuito do agente quando pratica o fato* (um especial fim de agir), ou aludem a certa tendência subjetiva da ação ou a características particulares do ânimo com que o agente atua. Só existirá o fato típico referente ao art. 134 quando o agente expuser ou abandonar o recém-nascido *com a finalidade* de ocultar desonra própria; só ocorrerá o delito de contágio de moléstia grave contemplado no art. 131 quando o agente praticar ato capaz de produzir o contágio *com o fim* de transmitir a doença a outrem etc. Francisco de Assis Toledo, com fundamento em Maurach, os denomina tipos incongruentes, em que a lei estende o tipo subjetivo além do objetivo, não sendo necessária a concretização do *fim* mencionado no tipo para a consumação do delito.[63] Em outra categoria de elementos subjetivos do tipo estão certas tendências subjetivas da ação, como, por exemplo, a intenção de satisfazer desejos libidinosos que estão descritos nos crimes de estupro (art. 213) e violação sexual mediante fraude (art. 215), indicados pela expressão *outro ato libidinoso*. Também constitui elemento subjetivo do ilícito o estado de consciência do agente a respeito de determinado fato inscrito em certas descrições legais. Só existe o crime de receptação dolosa se o agente *sabe* que a coisa adquirida é produto de crime (art. 180, *caput*); de propalação ou divulgação da calúnia quando o agente, *sabendo falsa* a imputação, a propala ou divulga (art. 138, § 1º); de denunciação caluniosa quando o autor imputa à vítima crime, infração ético-disciplinar ou ato ímprobo *de que o sabe* inocente (art. 339). Por último, registram certos tipos penais as características particulares do ânimo com que o agente atua, como nas

---

61. A Lei nº 11.106, de 28-3-2005, reconhecendo a transformação dos costumes, introduziu modificações nos crimes sexuais previstos no Código Penal, entre as quais a revogação dos arts. 217 e 219 e a exclusão do estatuto de referências à honestidade da mulher.
62. Fala-se, também, em elemento subjetivo do *injusto*. A distinção, embora sutil, revela que o elemento subjetivo do injusto se refere à antijuridicidade, ou seja, ao elemento informativo. Cf. PIMENTEL, Manoel Pedro. Ob. cit. p. 81-83.
63. Cf. Ob. cit. p. 138-139.

hipóteses de homicídios praticados por *motivo torpe* ou *fútil* (art. 121, § 2º, incs. I e II); de induzimento a suicídio ou a automutilação por *motivo egoístico, torpe* ou *fútil* (art. 122, § 3º, inc. I), e também pela forma com que pratica o ilícito, como no homicídio por *meio cruel*, que se refere à perversidade (art. 121, § 2º, inc. III).

Há casos em que coexistem elementos normativos e subjetivos, além dos objetivos. É o que se constata, por exemplo, quando se analisa o crime de prevaricação (art. 319): retardar ou deixar de praticar, *indevidamente* (elemento normativo), ato de ofício, ou praticá-lo contra expressa disposição de lei, *para satisfazer interesse ou sentimento pessoal* (elemento subjetivo).

Em determinadas hipóteses, mudando-se o elemento subjetivo do tipo poderão existir crimes diversos. Se o arrebatamento de um adolescente se der *com o fim de obter, para si ou para outrem, qualquer vantagem, como condição ou preço de regaste*, o crime será o de extorsão mediante sequestro qualificado (art. 159, § 1º); se for praticado *com fins libidinosos*, haverá sequestro duplamente qualificado (art. 148, § 1º, IV e V); se o intuito for o de *colocação em lar substituto* o delito será previsto no art. 237 do ECA.

### 3.2.13 Princípio da insignificância (ou da bagatela)

Sendo o crime uma ofensa a um interesse dirigido a um bem jurídico relevante, preocupa-se a doutrina em estabelecer um princípio para excluir do direito penal certas lesões insignificantes. Claus Roxin propôs o chamado *princípio da insignificância*, que permite na maioria dos tipos excluir, em princípio, os danos de pouca importância.[64] Não há crime de dano ou furto quando a coisa alheia não tem qualquer significação para o proprietário da coisa;[(27) 65] não existe descaminho na posse de pequena quantidade de produto estrangeiro, de valor reduzido, que não cause uma lesão de certa expressão para o fisco; não há peculato quando o servidor público se apropria de ninharias do Estado (folhas de papel, caneta esferográfica etc.); não há crime contra a honra quando não se afeta significativamente a dignidade, a reputação, a honra de outrem;[66] não há lesão corporal em pequenos danos à integridade física;[(28)] não há maus-tratos quando não se ocasiona prejuízo considerável ao bem-estar corporal;[67] não há dano no estrago ao patrimônio público de pequena monta;[(29)] não há estelionato quando o agente se utiliza de fraude para não pagar passagem de ônibus;[(30)] não há furto quando a res subtraída é economicamente insignificante; não há corrupção passiva quando o funcionário aceita um "mimo" de pequena expressão econômica etc. É preciso, porém, que estejam comprovados o desvalor do dano, o da ação e o da culpabilidade.[(31)] Nos casos de ínfima afetação do bem jurídico, o conteúdo do injusto é tão pequeno que não subsiste nenhu-

---

64. Política criminal y sistema del derecho penal. Barcelona, 1972. p. 52-3.
65. Contra: ARRUDA JUNIOR, Célio de. Furto: valor irrisório da "res furtiva". *Justitia* 125/255.
66. Exemplos de TOLEDO, Francisco de Assis. Ob. cit. p. 121. Nesse sentido: *RJDTACRIM* 1/216.
67. Exemplos de VARES, Juarez, citado por TUBENCHLAK, James. *Estudos Penais*. Rio de Janeiro: Forense, 1986, p. 277.

ma razão para o *pathos* ético da pena. É indispensável que o fato tenha acarretado uma ofensa de certa magnitude ao bem jurídico protegido para que se possa concluir por um juízo positivo de tipicidade. Com base em um enfoque de modernização da Justiça Criminal, não mais se discute que os responsáveis por lesões aos bens jurídicos só devem ser submetidos à sanção criminal quando esta se torna indispensável à adequação da justiça e à segurança dos valores da sociedade. Ainda a mínima pena aplicada seria desproporcional à significação social do fato.[68]

A excludente da tipicidade (do injusto) pelo princípio da insignificância (ou da bagatela), que a doutrina e a jurisprudência vêm admitindo, não está inserta na lei brasileira,[32] mas é aceita por analogia, ou interpretação interativa, desde que não *contra legem*. Não há como confundir, por exemplo, pequeno valor da coisa subtraída com valor insignificante ou ínfimo; no primeiro caso há somente um abrandamento da pena, no segundo há exclusão da tipicidade.[33] Somente uma quantidade de maconha totalmente inexpressiva, incapaz inclusive de permitir "o prazer de fumar", poderá ter o condão de tornar atípica a ação de seu portador.[34] No Estado do Rio Grande do Sul, já se absolveu réu acusado pelo crime de posse de entorpecente, por ser mínima (1 grama) a quantidade do tóxico,[35] mas o Tribunal de Justiça acabou não aceitando tal orientação, mantendo aquela dos tribunais superiores.[36]

Para os adeptos da teoria social da ação também não haveria nessas hipóteses uma conduta típica. A ação socialmente adequada não é necessariamente modelar, de um ponto de vista ético, dela se exigindo apenas que se situe dentro da moldura do comportamento socialmente permitido e não se pode castigar aquilo que a sociedade considera correto.[69]

Para alguns, entretanto, o princípio da insignificância é uma espécie do gênero "ausência de perigosidade social e, embora o fato seja típico e antijurídico, a conduta pode deixar de ser considerada criminosa".[70]

Na jurisprudência, tem-se aceito que são quatro os aspectos essenciais do fato a serem considerados: 1) a mínima ofensividade da conduta; 2) a ausência de periculosidade social da ação; 3) o reduzidíssimo grau de reprovabilidade do comportamento do agente; e 4) a inexpressividade da lesão jurídica causada.[37] Acentua-se que na aplicação do princípio da insignificância devem ser considerados somente os aspectos objetivos do fato, excluindo-se outros de caráter subjetivo (antecedentes, personalidade, motivação etc.), os quais estariam vinculados à culpabilidade. Ou o fato praticado pelo agente, objetivamente e em si mesmo considerado, é contrário ao Ordenamento Penal ou não é. Parte da jurisprudência, porém, inclina-se para a consideração também de critérios subjetivos. A controvérsia tem se evidenciado, sobretudo, nos casos

---

68. SANGUINE, Odone. Observações sobre o princípio da insignificância. *Fascículos de Ciências Penais*. Porto Alegre, v. 3/47, nº 1, 1990.
69. Cf. TOLEDO, Francisco de Assis. Ob. cit. p. 120.
70. Cf. GESSINGER, Ruy Armando. *Da dispensa da pena*: perdão judicial. Porto Alegre: Sergio Antonio Fabris, 1984. p. 22.

de maus antecedentes, reincidência, habitualidade ou prática reiterada de delitos que individualmente seriam considerados de bagatela, mas em seu conjunto apontam para um maior grau de reprovabilidade ou de periculosidade social. Consistindo a culpabilidade na reprovabilidade da conduta típica e antijurídica, é certo que não se devem invocar critérios de medida de culpabilidade atinentes à pessoa do agente para afastar a insignificância onde esta deve ser reconhecida. A insignificância há de ser aferida de forma objetiva, porque a antijuridicidade é uma medida objetiva, diante do caráter de validade geral da norma e porque a verificação da contrariedade ou não de um fato ao Ordenamento independe de quem o praticou. Não se pode perder de vista, porém, que o princípio da insignificância veio a ser acolhido como um corretivo da tipicidade geral e que a sua aplicação, portanto, não deixa de ter o caráter da excepcionalidade. Deve-se lembrar, também, que a sua aplicação pressupõe um juízo valorativo sobre o grau de afetação do bem jurídico que, embora principie pela apreciação da lesão ou do perigo suportado pelo titular do bem atingido pelo comportamento do agente, dirige-se à aferição da ofensa por ela provocada ao ordenamento penal e do risco criado à integridade da ordem social. Impõe-se, assim, elevada dose de cautela na aplicação do princípio da insignificância para se evitar a impunidade de comportamentos que, embora provoquem danos de menor monta, sejam significativamente reprováveis ou revelem alguma periculosidade social, bem como para não se incentivar, pela antevisão da possibilidade de afastamento da sanção penal, a habitualidade ou a proliferação de ataques aos bens tutelados pelo ordenamento jurídico. Tem-se admitido a aplicação do princípio de insignificância em diversos delitos como os de dano,[38] furto,[39] estelionato, descaminho,[40] lesão corporal,[41] crimes contra o meio ambiente[42] etc. Não se tem reconhecido a sua incidência em delitos relacionados com drogas ilícitas, por se tratar de crimes de perigo abstrato,[43] e no roubo, que é praticado com violência ou grave ameaça a pessoa.[44] A não incidência do princípio nos casos de violência doméstica contra a mulher cristalizou-se no STJ nos termos da Súmula 589: "É inaplicável o princípio da insignificância nos crimes ou contravenções penais praticados contra a mulher no âmbito das relações domésticas." Tratando-se de crime contra a administração pública tem-se decidido pela inaplicabilidade do princípio da insignificância, por não se tutelar na norma somente o patrimônio público, mas também a moralidade administrativa e a fé pública, devendo prevalecer, assim, o interesse do Estado na repressão de ilícitos dessa espécie.[45] Essa orientação também se consolidou no STJ e é objeto da Súmula 599: "O princípio da insignificância é inaplicável aos crimes contra a administração pública".

Com as cautelas necessárias, reconhecendo caber induvidosamente na hipótese examinada o princípio da insignificância, não deve o delegado instaurar o inquérito policial, o promotor de justiça oferecer denúncia, o juiz recebê-la ou, após a instrução, condenar o acusado. Há no caso exclusão da tipicidade do fato e, portanto, não há crime a ser apurado.[71]

---

71. Cf. QUEIROZ, Carlos Alberto Marchi. A autoridade policial e o princípio da insignificância, *RT* 710/390-391.

### 3.2.14 Princípio da intervenção mínima

O crime não se distingue das infrações extrapenais de forma qualitativa, mas apenas quantitativamente. Como a intervenção do Direito Penal é requisitada por uma necessidade mais elevada de proteção à coletividade, o delito deve consubstanciar em um *injusto* mais grave e revelar uma culpabilidade mais elevada; deve ser uma infração que merece a sanção penal. O desvalor do resultado, o desvalor da ação e a reprovabilidade da atitude interna do autor é que convertem o fato em um "exemplo insuportável", que seria um mau precedente se o Estado não o reprimisse mediante a sanção penal. Isso significa que a pena deve ser reservada para os casos em que constitua o único meio de proteção suficiente da ordem social frente aos ataques relevantes.[72] Apenas as condutas deletérias da espinha dorsal axiológica do sistema global histórico-cultural da sociedade devem ser tipificadas e reprimidas. Não se devem incriminar os fatos em que a conduta não implique risco concreto ou lesão a nenhum dos bens jurídicos reconhecidos pela ordem normativa constitucional. O ordenamento positivo, pois, deve ter como *excepcional* a previsão de sanções penais e não se apresentar como um instrumento de satisfação de situações contingentes e particulares, muitas vezes servindo apenas a interesses políticos do momento para aplacar o clamor público exacerbado pela propaganda. Além disso, a sanção penal estabelecida para cada delito deve ser aquela "necessária e suficiente para a reprovação e prevenção do crime" (na expressão acolhida pelo art. 59 do CP), evitando-se o excesso punitivo sobretudo com a utilização abusiva da pena privativa de liberdade. Essas ideias, consubstanciadas no chamado *princípio da intervenção mínima*, servem para inspirar o legislador, que deve buscar na realidade fática o substancial *dever-ser* para tornar efetiva a tutela dos bens e interesses considerados relevantes quando dos movimentos de criminalização, neocriminalização, descriminalização e despenalização.

### 3.2.15 Conflito aparente de normas

Pertence ao capítulo da tipicidade o exame do problema do conflito aparente de normas. Quando a um mesmo fato supostamente podem ser aplicadas normas diferentes, da mesma ou de diversas leis penais, surge o que é denominado conflito ou concurso aparente de normas. Dois são seus pressupostos:

a) a unidade de fato;

b) a pluralidade de normas que (aparentemente) identificam o mesmo fato delituoso.

Como é impossível que duas normas incriminadoras venham a incidir sobre um só fato natural, o que é vedado pelo princípio *non bis in idem*, é indispensável que se verifique qual delas deve ser aplicada ao caso concreto.

---

72. Cf. JESCHECK, Hans-Heinrich. Ob. cit. p. 70-71.

Embora ainda não se tenham conseguido soluções teóricas para todas as dúvidas sobre o conflito aparente de normas, a doutrina tem fixado quatro princípios para resolvê-lo: o da especialidade; o da subsidiariedade; o da consunção e o da alternatividade.[73]

O princípio da *especialidade* consiste na derrogação da lei geral pela especial. A norma é especial quando acrescenta à norma geral um ou vários requisitos. O infanticídio (art. 123), por exemplo, é norma especial com relação ao homicídio (art. 121), uma vez que, além dos elementos deste, exige que a autora seja a mãe da vítima e esteja sob a influência do estado puerperal e que o ofendido seja recém-nascido. Quando o crime de lesão corporal culposa é praticado na direção de veículo automotor, a norma especial a ser aplicada é a do art. 303 do Código de Trânsito Brasileiro, que anula, no caso, o art. 129, § 6º, do Código Penal (lei geral). A adequação ao tipo especial afasta a possibilidade de aplicação do tipo geral.

O princípio da *subsidiariedade* consiste na anulação da lei subsidiária pela principal. Aplica-se a norma subsidiária, que é uma espécie de tipo de reserva, apenas quando inexiste no fato algum dos elementos do tipo geral. Haverá apenas o crime de ameaça (art. 147) quando não é proferida para forçar alguém a não fazer o que a lei permite ou a não fazer o que ela não manda, o que caracteriza o crime de constrangimento ilegal (art. 146), ou a não se submeter à conjunção carnal violenta, o que tipificaria o estupro (art. 213) etc. São casos de subsidiariedade *tácita* ou *implícita* porque decorrem apenas da falta de adequação típica do fato ao tipo geral. Também ocorre a aplicação da norma subsidiária quando esta prevê expressamente sua incidência no caso de não constituir o fato um crime mais grave (subsidiariedade *expressa*). Aplica-se o art. 132 (perigo para a vida ou à saúde de outrem) quando o disparo é efetuado sem que o agente tente o homicídio ou cause lesão; ocorre o delito de simulação de casamento (art. 239) se o agente não pretende, por exemplo, obter vantagem ilícita do fato, o que consubstanciaria o delito de estelionato (art. 171) etc.[74]

O princípio da *consunção* (ou absorção) consiste na anulação da norma que já está contida em outra; ou seja, na aplicação da lei de âmbito maior, mais gravemente apenada, desprezando-se a outra, de âmbito menor. Pode ocorrer que o tipo consumido seja *meio* de um crime maior, como no caso do delito de violação de domicílio (art. 150), praticado para proceder-se ao furto (art. 155).[46] É possível que o crime menor seja componente de outro, como nos casos de *crime complexo*: o de roubo (art. 157) inclui o de furto (art. 155) e o de lesões corporais (art. 129) ou ameaça (art. 147). Pode ocorrer a absorção no *crime progressivo*, como nas hipóteses de homicídio (art. 121),

---

73. Há doutrinadores que reduzem os princípios a três e até a dois. Marcelo Fortes Barbosa afirma existirem apenas dois: o da consunção, que se subdivide em consunção especial e consunção temporal; e o da especialidade. Cf. BARBOSA, Marcelo Fortes. *Concurso de normas penais*. São Paulo: Revista dos Tribunais, 1976. p. 190.
74. Entende-se que o princípio da subsidiariedade não existe para resolver conflito aparente de normas, mas como simples regra de adequação típica direta. Nas hipóteses que seriam resolvidas pela subsidiariedade, existe *um fato* e a ele se aplica *determinada descrição penal*. A inexistência de certas circunstâncias no *tipo subjetivo* (intenção da prática de conjunção carnal, de matar, de obter vantagem ilícita etc.) apenas demonstra que o *objetivo* é outro (subsidiário), normalmente menos grave.

que anula a aplicação do art. 129 (lesões corporais); de crime de lesões corporais e de tentativa de homicídio que consomem o crime de perigo para a vida ou saúde de outrem (art. 132) etc. Já se decidiu pela absorção do porte ilegal de arma utilizada na prática de homicídio[47] e de lesões corporais.[48]

O princípio da *alternatividade* indica que o agente só será punido por uma das modalidades inscritas nos chamados crimes de ação múltipla, embora possa praticar duas ou mais condutas do mesmo tipo penal. Exemplificando: se instigar alguém ao suicídio e, em seguida, auxiliar a vítima na prática do ato, o agente somente responderá por instigação ou auxílio, e não pelas duas condutas. O mesmo ocorrerá nos casos dos arts. 150, 161 do CP, 33 da Lei nº 11.343, de 23-8-2006 (Lei de Drogas) etc.[75]

## 3.3 SUJEITO ATIVO DO CRIME

### 3.3.1 Sujeito ativo

Sujeito ativo do crime é aquele que pratica a conduta descrita na lei, ou seja, o fato típico. Só o homem, isoladamente ou associado a outros (coautoria ou participação), pode ser sujeito ativo do crime, embora na Antiguidade e na Idade Média ocorressem muitos processos contra animais.[76] A capacidade geral para praticar crime existe em todos os homens. "Capaz de ação em sentido jurídico – afirma Wessels – é toda pessoa natural independentemente de sua idade ou de seu estado psíquico, portanto também os doentes mentais."[77]

O conceito abrange não só aquele que pratica o núcleo da figura típica (o que mata, o que subtrai etc.), como também o coautor ou partícipe, que colaboram de alguma forma na conduta típica. Entre os sujeitos ativos do crime, porém, deve ser distinguido o *autor do crime*, quando se exige uma capacidade especial (item 3.3.3). A possibilidade de a ação típica não ser praticada pela pessoa com a capacidade especial exigida, que apenas colabora na conduta de terceiro, será examinada no capítulo do concurso de agentes (item 6.1.5).

O sujeito ativo do crime pode receber, conforme a situação processual ou o aspecto pelo qual é examinado, o nome de *agente* (arts. 14, II, 15 do CP), *indiciado, acusado,*

---

75. Fábio Bittencourt da Rosa, ao se referir ao princípio da alternatividade, afirma. "No Código Penal brasileiro vigente, como em outros diplomas, flagramos um conflito que exige o socorro ao princípio da alternatividade. Absolutamente iguais, do ponto de vista fático e jurídico, são a tentativa de homicídio ou a lesão corporal com dolo eventual e os crimes de perigo concreto consumados no art. 130 e ss. Quem quer causar perigo concreto à vida ou à saúde de alguém está assumindo o risco de praticar os crimes do art. 121 ou do art. 129 da legislação penal pátria." ROSA, Fábio Bittencourt da. Concurso aparente de leis e casos concretos. *RT* 537/254. Não aceitamos, porém, nessas hipóteses, a possibilidade de tentativa de crime com dolo eventual (item 3.10.3).
76. Em Savigny, na França, por volta de 1456, um tribunal condenou à forca, juntamente com os filhotes, uma porca que havia causado a morte de um menino. A sentença, executada em praça pública, foi cumprida apenas em parte, uma vez que os leitõezinhos foram agraciados no último instante, em consideração a sua tenra idade.
77. WESSELS, Johannes. Ob. cit. p. 23.

*denunciado, réu, sentenciado, condenado, recluso, detento* (nas normas processuais) e *criminoso* ou *delinquente* (como objeto das ciências penais).

### 3.3.2 Capacidade penal do sujeito ativo

Capacidade penal é o conjunto das condições exigidas para que um sujeito possa tornar-se titular de direitos ou obrigações no campo do Direito Penal.[78] Nesse sentido, distinguem-se *capacidade penal* (que se verifica inclusive em momentos anteriores ou posteriores ao crime) e *imputabilidade* (contemporânea do delito). Um imputável, nos termos do art. 26 do CP, pode não ter capacidade penal se passar a sofrer de doença mental após o delito (art. 41).[79]

Existe *incapacidade penal* quando se faz referência aos *mortos*, aos *entes inanimados* e aos *animais*, que podem ser apenas objeto ou instrumentos do crime.

A *pessoa jurídica* não pode ser sujeito ativo de crime, quer se entenda ser ela *ficção legal* (Savigny, Ihering), *realidade objetiva* (Gierke, Zitelmann), *realidade técnica* (Planiol, Ripert) ou se adote a teoria *institucionalista* (Hauriou). É impossível a uma *ficção* a prática de fatos criminosos, e aos entes reais compostos de pessoas físicas não se adapta o conceito penal de dolo ou culpa (puramente subjetivo). Ademais, não seria possível aplicar às pessoas jurídicas muitas das penas previstas na legislação penal (corporais, privativas de liberdade etc.). Diz-se que a pessoa jurídica não delinque através de seus membros; são os membros que praticam os crimes através das pessoas morais. Assim, só os responsáveis concretos pelos atos ilícitos (gerentes, diretores etc.) são responsabilizados penalmente, inclusive pelas condutas criminosas praticadas contra a pessoa jurídica (art. 177 do CP). Com a reforma penal de 1984 excluiu-se até a possibilidade de aplicação de medidas penais contra a pessoa jurídica, como a "interdição de estabelecimento comercial ou industrial ou de sede de sociedade ou associação" (art. 99 do CP, na redação da lei anterior). Restaram, assim, apenas medidas civis quando a pessoa jurídica é nociva aos interesses sociais (dissolução da sociedade, p. ex.).

Apesar das dificuldades de ordem doutrinária, porém, a necessidade crescente de definir a colaboração de diretores ou sócios na prática de ilícitos penais tem levado o Direito Penal moderno a caminhar no sentido de responsabilizar-se a pessoa jurídica como sujeito ativo do crime. Seguindo esta orientação, a Constituição Federal instituiu essa possibilidade, prevendo que a lei estabeleça a responsabilidade da pessoa jurídica, sem prejuízo daquela dos dirigentes, para sujeitá-la às punições compatíveis com sua natureza "nos atos praticados contra a ordem econômica e financeira e contra a economia popular" (art. 173, § 5º) e nas "condutas e atividades consideradas lesivas ao meio ambiente" (art. 225, § 3º).

---

78. JESUS, Damásio E. de. Ob. cit. p. 158.
79. Quanto aos inimputáveis, ver item 5.4.2.

Entre as penas compatíveis com a natureza da pessoa jurídica estão, na previsão constitucional, a "perda de bens", a "multa" e a "suspensão ou interdição de direitos" (como a do exercício de atividades financeiras, comerciais, industriais etc.). Não se veda, aliás, que a lei crie outras sanções penais além dessas, como deixa claro o art. 5º, XLVI, da CF. Os dispositivos constitucionais citados, porém, não são autoaplicáveis já que, em se tratando de infrações penais, há necessidade de que a lei defina os crimes e estabeleça as sanções penais a que ficarão sujeitas as pessoas jurídicas. Ademais, é necessário que o legislador estabeleça as normas relativas à responsabilidade penal da pessoa jurídica uma vez que não se ajustam a ela os elementos subjetivos do delito (dolo, culpa, imputabilidade etc.).[80] Também seria cabível a solução adotada no Código Penal francês de 1994, pela qual a condenação da pessoa jurídica ocorre, por responsabilidade penal presumida, em decorrência do reconhecimento da responsabilidade da pessoa natural que a dirige.[81]

Melhor seria que se evitasse a aplicação de pena à pessoa jurídica, estabelecendo-se que perda de bens, multa e suspensão ou interdição de direitos sejam impostas como medidas de segurança ou efeitos da condenação nos processos em que fossem consideradas culpadas as pessoas físicas por ela responsáveis. Entretanto, na esteira da Constituição Federal, a Lei nº 9.605, de 12-2-1998, que dispõe sobre as sanções penais e administrativas derivadas de condutas e atividades lesivas ao meio ambiente, prevê que as pessoas jurídicas são responsabilizadas penalmente nos casos em que a infração seja cometida por decisão de seu representante legal ou contratual, ou de seu órgão colegiado, no interesse ou benefício de sua entidade (art. 3º), cominando para elas, isoladas, cumulativas ou alternativamente, as penas de multa, de prestação de serviços à comunidade e outras penas restritivas de direitos (suspensão parcial ou total de atividades, interdição temporária de estabelecimento, obra ou atividade e proibição de contratar com o Poder Público e dele obter subsídios, subvenções ou doações) (arts. 21 a 23).

---

80. José Henrique Pierangelli, com fundamento nos princípios constitucionais da personalidade (art. 5º, II, da CF) e da responsabilidade pessoal (art. 5º, XLV, da CF), e especialmente, em interpretação gramatical do art. 225, § 3º, da Constituição Federal, aderiu também a essa opinião, de impossibilidade de se considerar a pessoa jurídica como sujeito ativo de infração penal (A responsabilidade penal das pessoas jurídicas e a Constituição, *RT* 684/278-285). No mesmo sentido, COELHO, Walter. Ob. cit. p. 39-48. SALES, Sheila Jorge Selim de. *Do sujeito ativo na parte especial do código penal*. Belo Horizonte: Del Rey, 1993. p. 41-45; PEDROSA, Ronaldo Leite. Pessoa jurídica delinque? *Revista de Estudos Jurídicos*, nº 8, p. 173-175; DOTTI, René Ariel. A incapacidade criminal da pessoa jurídica, *RBBC* 11/184-207. Por outro lado, há os que sustentam a tese de que é possível e necessário responsabilizar-se penalmente a pessoa jurídica: ROTHENBURG, Walter Claudius. A pessoa jurídica criminosa. *RT* 717/359-367; CAPELLI, Silvia. Responsabilidade penal da pessoa jurídica em matéria ambiental. *Revista AJUFE*, nº 44, p. 64-68; FRANCINI, Karina Prado. Responsabilidade da pessoa jurídica. *Doutrina* 2/134-141; TIEDEMANN, Klaus. *Responsabilidad penal de personas juridicas y empresas en derecho comparado*. *Revista Brasileira de Ciências Criminais* 11/22-35; FONSECA, Edson. A natureza jurídica dos bens ambientais como fundamento da responsabilidade penal da pessoa jurídica. *Boletim do IBCCrim* 38/3.
81. Cf. BENETI, Sidnei A. Responsabilidade penal da pessoa jurídica: notas diante da primeira condenação na justiça francesa. *RT*, 731/471-476; PRADO, Luiz Regis. Responsabilidade penal da pessoa jurídica: o modelo francês, *Boletim do IBCCrim* 46/3; ZANELLATO, Marco Antonio. *La responsabilité penale des persones morales*. Ministério Público Paulista, jan./fev. 1996, p. 22.

Após a vigência da Lei nº 9.605, sedimentou-se na jurisprudência a possibilidade de responsabilidade penal da pessoa jurídica por crime contra o meio ambiente. Se a pessoa jurídica possui existência própria e atua no meio social, nos termos do ordenamento jurídico, pode praticar ilícitos e se a Constituição e a Lei preveem, de forma clara, a possibilidade de sua responsabilização penal, não há por que afastá-la sob o pretexto da dificuldade de sua harmonização com a teoria do crime. Para que esta seja admissível, exige a Lei que o delito decorra de decisão de seu representante ou órgão colegiado, no interesse ou no benefício da entidade. Na hipótese de se valer a pessoa natural de sua condição de dirigente da pessoa jurídica para praticar um delito contra o meio ambiente objetivando proveito exclusivamente pessoal, somente aquela responderá penalmente pelo fato. A possibilidade de responsabilidade penal da pessoa jurídica por crime contra o meio ambiente não exclui a da pessoa física que seja autora, coautora ou partícipe do fato, respondendo esta, sempre, na medida de sua culpabilidade (arts. 2º e 3º, parágrafo único). Prevê a lei, aliás, também a punição do diretor, administrador, membro de conselho e de órgão técnico, o auditor, o gerente, o preposto ou mandatário de pessoa jurídica que, sabendo da conduta criminosa de outrem, deixa de impedir a sua prática, quando podia agir para evitá-la.[49] Trata-se, aqui, da instituição por lei de um dever jurídico de agir para evitar o resultado lesivo, que torna penalmente relevante a omissão de quem ocupa alguma das citadas posições. A responsabilização da pessoa jurídica, segundo entendimento que vem sendo adotado pelo Superior Tribunal de Justiça, somente é possível na hipótese de imputação simultânea da infração à pessoa jurídica e à pessoa física que atua em nome e em benefício da entidade.[50] De acordo com essa orientação, a ausência de identificação da pessoa física que participou do fato delituoso tornaria inviável a instauração da ação penal.

Tem-se decidido, também, que o acordo de colaboração premiada não pode ser celebrado com pessoa jurídica, sendo nulos também os termos de adesão ao referido acordo[82].

### 3.3.3 Capacidade especial do sujeito ativo

A maioria dos crimes pode ser praticada por qualquer pessoa, bastando para isso a capacidade geral. Para alguns delitos, entretanto, é necessária a existência de uma capacidade especial, ou seja, certa *posição jurídica* (ser funcionário público, no crime previsto no art. 312, ser médico, no delito inscrito no art. 269 etc.) ou *posição de fato* (ser gestante no delito previsto no art. 124, ser mãe da vítima no infanticídio etc.). Nesses casos, os sujeitos ativos são chamados pessoas *qualificadas*, não se podendo falar em peculato quando não é autor, coautor ou partícipe funcionário público, ou no crime do art. 124 se não houver a gestante que consinta no aborto. Tal distinção dá origem às espécies de crimes *próprios* ou *especiais* e de delitos de *mão própria* ou de *atuação pessoal* (item 3.6.17). Às vezes, a qualidade do sujeito ativo constitui: *qualificadora do*

---
82. STJ: RHC 154979-SP, j. em 9-8-2022, *DJe* de 15-8-2022.

delito (ascendente, descendente, cônjuge ou companheiro da vítima no art. 148, § 1º, I; ascendente, descendente, cônjuge ou companheiro, irmão, tutor ou curador da vítima, no art. 227, § 1º etc.); *causa especial de aumento de pena* (ascendente, descendente, cônjuge, irmão, tutor ou curador da vítima, no art. 133, § 3º, inc. II; depositário, tutor, curador, síndico, inventariante, testamenteiro etc., no art. 168, parágrafo único, incisos I, II e III); *causa especial de diminuição de pena* (primário, nos arts. 155, § 2º, 170 etc.); *espécie de ação penal* (ação penal pública condicionada para cônjuge desquitado ou judicialmente separado, irmão, tio ou sobrinho, com quem o agente coabita, no art. 182) etc.[83]

Por vezes, é necessária a capacidade especial do sujeito ativo para a aplicação de normas *permissivas* de exclusão de crime ou isenção de pena, como, por exemplo, ser médico para praticar o aborto quando a gravidez resulta de estupro (art. 128, II); parte ou procurador da parte para gozar da imunidade judiciária (art. 142, I); funcionário público para gozar de imunidade no conceito desfavorável no cumprimento de dever de ofício (art. 142, III); cônjuge, ascendente ou descendente para obter a imunidade em certos crimes contra o patrimônio (art. 181) etc.

## 3.4 SUJEITO PASSIVO DO CRIME

### 3.4.1 Sujeito passivo

Sujeito passivo do crime é o titular do bem jurídico lesado ou ameaçado pela conduta criminosa. Nada impede que, em um delito, dois ou mais sujeitos passivos existam: desde que tenham sido lesados ou ameaçados em seus bens jurídicos referidos no tipo, são vítimas do crime. Exemplificando, são sujeitos passivos de crime: aquele que morre (no homicídio), aquele que é ferido (na lesão corporal), o possuidor da coisa móvel (no furto), o detentor da coisa que sofre a violência e o proprietário da coisa (no roubo), o Estado (na prevaricação) etc.

Há duas espécies de sujeito passivo. Fala-se em sujeito passivo *constante* ou *formal*, ou seja, o Estado que, sendo titular do mandamento proibitivo, é lesado pela conduta do sujeito ativo. Sujeito passivo *eventual* ou *material* é o titular do interesse penalmente protegido, podendo ser o homem (art. 121), a pessoa jurídica (art. 171, § 2º, V) o Estado (crimes contra a Administração Pública) e uma coletividade destituída de personalidade jurídica (arts. 209, 210 etc.).

Há uma tendência moderna em alguns países para eliminar dos códigos os conhecidos como *delitos sem vítima*, ou delitos que não provocam dano social (na verdade, há sempre vítima, a coletividade), tais como, a pornografia, o aborto consentido etc.[84]

---

83. Sobre o assunto, exaustivamente: SALES, Sheila Jorge Selim de. *Do sujeito ativo na parte especial do código penal*. Belo Horizonte: Del Rey, 1993. p. 71-95.
84. Cf. NUVOLONE, Pietro, *Scienza e tecnica nel nuovo codice penale brasiliano. L'oggeto del reato: problemi di scienza, di tecnica e di politica legislativa*. JTACrSP 32/15 e Justitia 86/75.

### 3.4.2 Casos especiais

Embora toda pessoa humana possa ser sujeito passivo de crime, há hipótese em que a lei se refere à vítima em relação às suas condições físicas (idade, sexo etc.) ou psíquicas (doente mental etc.). Assim, o sujeito passivo de determinados delitos só pode ser um incapaz, como o *recém-nascido* no crime de infanticídio (art. 123), *menor em idade escolar* no abandono intelectual (art. 246), menor de 14 anos na corrupção de menores (art. 218) etc.

A *pessoa jurídica* como titular de bens jurídicos protegidos pela lei penal pode ser sujeito passivo de determinados crimes. Não é possível cometer homicídio contra pessoa jurídica, mas pode ser ela vítima de crimes contra o patrimônio (furto, roubo, estelionato etc.). Quanto à discussão a respeito dos crimes contra a honra, tem-se entendido que a pessoa jurídica pode ser sujeito passivo do delito de difamação. No entanto, diante da redação atual do Código Penal, não se pode imputar o crime previsto no art. 139 ao autor de ofensa a uma pessoa jurídica, por se referir o tipo penal, como sujeito passivo do crime, a *alguém*, que somente pode ser a pessoa física ou humana.[51] A mesma razão impede falar em crime de calúnia (art. 138) praticado contra pessoa jurídica, embora possível a sua responsabilização penal por crimes contra o meio ambiente (Lei nº 9.605, de 12-2-1998). A possibilidade de difamação contra pessoa jurídica era prevista pela Lei de Imprensa (art. 21, § 1º, *a*, da Lei nº 5.250, de 9-2-1967).[85] [52]

O *Estado*, pessoa jurídica de direito público e titular de bens jurídicos, é também sujeito passivo material de inúmeros delitos, em especial os previstos a partir do art. 312 do CP.

Podem existir crimes com sujeito passivo não determinado, nos quais o interesse lesado pertence genericamente a uma coletividade indeterminada, concretizando-se, a cada vez, em sujeitos diferentes (por exemplo, os crimes contra a incolumidade pública, os crimes contra o sentimento religioso e o respeito aos mortos etc.). São estes últimos chamados *crimes vagos* (item 3.6.19).

O *morto*, não sendo titular de direitos, não é sujeito passivo de crime. Punem-se, entretanto, os delitos contra o respeito aos mortos (arts. 209 a 212), sendo vítimas, no caso, a família ou a coletividade.

Os *animais* também não são vítimas de crime e podem apenas aparecer como objeto material do crime (furto, dano), em que o sujeito passivo é o proprietário do animal ou, na contravenção prevista no art. 64 da LCP, em que o proprietário ou a coletividade é o sujeito passivo.

O homem não pode ser, ao mesmo tempo, sujeito ativo e sujeito passivo. Na autolesão haverá, eventualmente, o crime de fraude contra seguro (art. 171, § 2º, V) e na autoacusação falsa a vítima é o Estado (art. 341). Não punindo a lei a tentativa de sui-

---

85. O STF declarou que a Lei de Imprensa (Lei nº 5.250, de 9-2-1967), em sua integralidade, não foi recepcionada pela Constituição Federal de 1988 (ADPF 130-7, j. em 30-4-2009, *DOU* de 12-5-2009, p. 1).

cídio, somente haverá crime no induzimento, instigação ou auxílio para a prática dele (art. 122), e sujeito ativo é aquele que induz, instiga etc. Na rixa (art. 137), os rixentos, embora pratiquem a ação criminosa e possam sofrer as consequências dela, são sujeitos ativos da conduta que realizam e vítimas dos demais participantes.[86]

O conceito de *prejudicado* não se confunde com o de sujeito passivo do crime. Às vezes, o titular do bem jurídico constante do tipo é uma pessoa e outra sofre também prejuízo. No homicídio, por exemplo, a família da vítima é também prejudicada, mas não vítima. Pode-se conceituar o prejudicado como "qualquer pessoa a quem o crime haja causado um prejuízo patrimonial ou não, tendo por consequência direito ao ressarcimento, enquanto o sujeito passivo é o titular do interesse jurídico violado, que também tem esse direito (salvo exceções)".[87]

## 3.5 OBJETOS DO CRIME

### 3.5.1 Objeto jurídico

Objeto do delito é tudo aquilo contra o que se dirige a conduta criminosa. Devem ser considerados, em seu estudo, o objeto jurídico e o material.

Objeto jurídico do crime é o bem-interesse protegido pela lei penal ou, como diz Nuvolone, "o bem ou interesse que o legislador tutela, em linha abstrata de tipicidade (fato típico), mediante uma incriminação penal".[88] Conceituam-se *bem* como tudo aquilo que satisfaz a uma necessidade humana, inclusive as de natureza moral, espiritual etc., e *interesse* como o liame psicológico em torno desse bem, ou seja, o valor que tem para seu titular. São bens jurídicos a vida (protegida nas tipificações de homicídio, infanticídio etc.), a integridade física (lesões corporais), a honra (calúnia, difamação e injúria), o patrimônio (furto, roubo, estelionato), a paz pública etc. A disposição dos títulos e capítulos da Parte Especial do Código Penal obedece a um critério que leva em consideração o objeto jurídico do crime, colocando-se em primeiro lugar os bens jurídicos mais importantes: vida, integridade corporal, honra, patrimônio etc.

A defesa dos bens jurídicos pelo direito penal não está, porém, sendo eficiente e já se diz que o déficit de sua tutela real é apenas "compensado" pela criação, junto ao público, de uma ilusão de segurança e de um sentimento de confiança no ordenamento e nas instituições que têm uma base real cada vez mais fragilizada. Por essa razão, exige-se como alternativa uma "luta civil e cultural pela organização da tutela pública dos interesses dos indivíduos e da comunidade, da defesa dos direitos dos

---

86. Em sentido contrário, afirma-se que as pessoas que se agridem mutuamente são sujeitos ativos e passivos ao mesmo tempo: DELMANTO, Celso. *Código Penal anotado*. 5. ed. São Paulo: Saraiva, 1984. p. 180.
87. JESUS, Damásio E. de. Ob. cit. p. 168.
88. NUVOLONE, Pietro. Ob. cit. *JTACrSP* 32/11 e *Justitia* 86/70.

mais fracos contra a prepotência dos mais fortes, com formas mais diferenciadas, justas e eficazes (instrumentais) que aquelas 'simbólicas' oferecidas pelo sistema da justiça criminal".[89]

### 3.5.2 Objeto material

Objeto material ou substancial do crime é a pessoa ou coisa sobre a qual recai a conduta criminosa, ou seja, aquilo que a ação delituosa atinge. Está ele direta ou indiretamente indicado na figura penal. Assim, "alguém" (o ser humano) é objeto material do crime de homicídio (art. 121), a "coisa alheia móvel" o é dos delitos de furto (art. 155) e roubo (art. 157), o "documento" o é do crime previsto no art. 298 etc.

Há casos em que se confundem na mesma pessoa o sujeito passivo e o objeto do crime. Nas lesões corporais a pessoa que sofre a ofensa à integridade corporal é, ao mesmo tempo, sujeito passivo e objeto material do crime previsto no art. 129 do CP (a ação é exercida sobre seu corpo). Existem, porém, crimes sem objeto material, como ocorre no crime de ato obsceno (art. 233), no de falso testemunho (art. 342) etc.

Não há que confundir o objeto material do crime e o "corpo de delito"; embora possam coincidir, este é constituído do conjunto de todos os elementos sensíveis do fato criminoso, como prova dele, incluindo-se os instrumentos, os meios e outros objetos (arma, vestes da vítima, papéis etc.).

## 3.6 TÍTULO E CLASSIFICAÇÃO DAS INFRAÇÕES PENAIS

### 3.6.1 Título do delito

Utiliza-se a expressão *infração penal* para abranger o *crime* e a *contravenção*, segundo a classificação dada pela lei (item 3.6.3)

Título da infração penal é sua denominação jurídica. Exemplificando, no art. 121, *caput*, o título é *homicídio simples*, no art. 155, *caput*, é *furto*, no art. 42 da LCP é *perturbação do trabalho ou do sossego alheios* etc. Às vezes, são juntadas ao tipo básico, descrito na cabeça do artigo, circunstâncias que modificam a gravidade do crime e, em consequência, o seu título. No art. 121, § 2º, o título é *homicídio qualificado*, no art. 155, § 4º, é *furto qualificado* etc. Distinguem-se também o título *genérico*, em que são abrangidos os crimes que atentam contra um bem jurídico único (crimes contra a vida, crimes contra o patrimônio etc.) e o título *específico* (homicídio, furto etc.).[90]

---

[89]. BARATTA, Alessandro. Funções instrumentais e simbólicas do Direito Penal. Lineamentos de uma teoria do bem jurídico. *Revista Brasileira de Ciências Criminais*, nº 5, p. 24.
[90]. Cf. JESUS, Damásio E. de. Ob. cit. p. 171-172.

### 3.6.2 Classificação dos crimes

Há várias classificações de crimes, ora porque se atenta à gravidade do fato, ora à forma de execução, ora ao resultado etc. Serão examinadas apenas as classificações que maior interesse prático contêm, atentando-se, em primeiro lugar, àquela que se refere a todas as infrações penais.

### 3.6.3 Crime, delito e contravenção

Quanto à gravidade do fato, há dois sistemas de classificação das infrações penais. O primeiro, denominado *tricotômico*, ou divisão *tripartida*, classifica as infrações penais em *crimes, delitos* e *contravenções*. Esse sistema é adotado na França, Alemanha, Bélgica, Áustria, Japão, Grécia etc. No sistema *dicotômico*, ou de divisão *bipartida*, a classificação é de *crimes* ou *delitos* (como sinônimos) e *contravenções*, adotado na Itália, Peru, Suíça, Dinamarca, Noruega, Finlândia, Holanda e pela nossa legislação.[91]

Não há, na realidade, diferença de natureza entre as infrações penais, pois a distinção reside apenas na espécie da sanção cominada à infração penal (mais ou menos severa). Mesmo no relativo às contravenções inexiste diferença intrínseca, substancial, qualitativa, que as separa dos crimes ou delitos, sendo essa infração conhecida como *crime-anão*. Mesmo que a lei se refira apenas à "ação ou omissão voluntária" como elemento subjetivo das contravenções, admitindo o dolo e a culpa apenas excepcionalmente (art. 3º da LCP), não existe diferença entre os elementos subjetivos do crime e dessa infração. A *voluntariedade* da conduta caracteriza o *dolo natural* tanto em uma como em outra infração penal[92] (item 3.7.8).

Apenas a lei fornece distinção *formal*, quantitativa, recorrendo à espécie de pena para diferenciar o crime (ou delito) da contravenção. Segundo o art. 1º, do Decreto-lei nº 3.914, de 9-12-1941 (Lei de Introdução ao Código Penal), ao crime é cominada pena de reclusão ou de detenção e multa, esta última sempre alternativa ou cumulativa com aquela; à contravenção é cominada pena de prisão simples, e/ou multa ou apenas esta. A Lei nº 7.209, de 11-7-84, apesar da introdução das penas alternativas, não alterou essa distinção. Em exceção à norma do art. 1º da LICP, a Lei de Drogas, sob a denominação de *crimes,* define infrações penais, praticadas por usuários de drogas, às quais não comina pena privativa de liberdade (art. 28, *caput* e § 1º da Lei nº 11.343, de 23-8-2006). Não há que se cogitar, porém, tão somente em razão da deficiente técnica legislativa, da ocorrência de hipótese de descriminalização da conduta.[53] O STF, porém, no caso da posse da substância *Cannabis sativa*, afastou a existência de crime para consumo pessoal, mantida, porém a ilicitude extrapenal da conduta, e o reconhecimento da ilicitude extrapenal da conduta.[93]

---

91. Cf. PIMENTEL, Manoel Pedro. Ob. cit. p. 1.
92. Assim pensava PIMENTEL, Manoel Pedro. *Contravenções penais*. 2. ed. São Paulo: Revista dos Tribunais, 1978. p. 20-25.
93. STF, RE 635659, j. em 26-6-2024, *DJe* de 27-9-2024.

### 3.6.4 Crimes instantâneos, permanentes e instantâneos de efeitos permanentes

A forma de ação oferece critérios para várias classificações de crimes. A primeira delas é a distinção entre crimes instantâneos, permanentes e instantâneos de efeitos permanentes.

*Crime instantâneo* é aquele que, uma vez consumado, está encerrado, a consumação não se prolonga. Isso não quer dizer que a ação seja rápida, mas que a consumação ocorre em determinado momento e não mais prossegue. O homicídio, por exemplo, consuma-se no momento da morte da vítima, pouco importando o tempo decorrido entre a ação e o resultado; no delito de lesões corporais, o crime consuma-se quando ocorre o ferimento ou a perturbação à saúde; no furto, a consumação dá-se com a subtração, ou seja, quando a vítima já não tem a posse da coisa etc.

*Crime permanente* existe quando a consumação se prolonga no tempo, dependente da ação do sujeito ativo. No sequestro ou cárcere privado (art. 148), por exemplo, a consumação se protrai durante todo o tempo em que a vítima fica privada de liberdade, a partir do momento em que foi arrebatada pelo agente, o que também ocorre no crime de extorsão mediante sequestro (art. 159) etc. Na violação de domicílio (art. 150), a consumação ocorre durante o tempo em que o agente se encontra na casa ou dependências da vítima contra sua vontade expressa ou tácita.

*Crimes instantâneos de efeitos permanentes* ocorrem quando, consumada a infração em dado momento, os efeitos permanecem, independentemente da vontade do sujeito ativo. Na bigamia (art. 235), não é possível aos agentes desfazer o segundo casamento.

A distinção entre essas espécies de crimes é a seguinte: a principal característica do crime permanente é a possibilidade de o agente poder fazer cessar sua atividade delituosa, pois a consumação, nele, continua indefinidamente, enquanto no crime instantâneo, ainda que de efeitos permanentes, a consumação se dá em determinado instante, e não pode mais ser cessada pelo agente porque já ocorrida.

Interesse prático da distinção é o de ser possível, de acordo com a legislação processual, a prisão em flagrante quando da consumação do delito. Assim, pode ser preso e autuado em flagrante o autor do sequestro enquanto a vítima estiver privada de liberdade, já que o crime ainda está sendo praticado (consumado).

Também de interesse prático é saber se o crime permanente fica interrompido quando o Estado inicia, através de inquérito ou processo, a repressão criminal, passando-se, após a atuação do Estado, a novo delito.[94] A resposta deve ser afirmativa, pois repugna à consciência jurídica que os fatos posteriores fiquem impunes[95].

---

94. Ver a esse respeito SANTANA, J. B. de. Delito permanente: momento de sua interrupção. *Justitia* 59/182-183; *RT* 634/298. STJ, AREsp 1.619.918-SP, j. em 2-6-2020, *DJe* de 15-6-2020.
95. "Quanto ao crime permanente e ao crime habitual a coisa julgada de uma ação penal refere-se apenas aos fatos ocorridos até o oferecimento da denúncia. Os posteriores devem ser objeto de novo processo" (Código de Processo Penal Anotado, Júlio Fabbrini Mirabete, 4ª ed., pg. 180).

Não se confunde a classificação de crimes instantâneos e crimes permanentes com a de delitos *de fato permanente* e delitos *de fato transeunte*. Esta classificação diz respeito principalmente ao processo penal. Nos primeiros, exige-se o exame de corpo de delito, pois deixam eles vestígios (homicídio, lesões corporais, estupro etc.), nos demais não, bastando outros elementos probatórios para a formação do corpo de delito.

### 3.6.5 Crimes comissivos, omissivos puros e omissivos impróprios

*Crimes comissivos* são os que exigem, segundo o tipo penal objetivo, em princípio, uma atividade positiva do agente, um fazer. Na rixa (art. 137) será o "participar"; no furto (art. 155) o "subtrair"; na violação de correspondência (art. 151) o "devassar" etc.

*Crimes omissivos* (ou omissivos puros) são os que objetivamente são descritos com uma conduta negativa, de não fazer o que a lei determina, consistindo a omissão na transgressão da norma jurídica e não sendo necessário qualquer resultado naturalístico.[96] Para a existência do crime, basta que o autor se omita quando deve agir. Cometem crimes omissivos puros os que não prestam assistência a pessoa ferida (omissão de socorro, art. 135), o médico que não comunica a ocorrência de moléstia cuja notificação é compulsória (art. 269), o funcionário que deixa de responsabilizar seu subordinado que cometeu infração no exercício do cargo (condescendência criminosa, art. 320) ou abandona cargo público (art. 323) etc.

Fala-se também em *crimes de conduta mista*, em que no tipo penal se inscreve uma fase inicial comissiva, de fazer, de movimento, e uma final de omissão, de não fazer o devido. Exemplo clássico se encontra no art. 169, II, que trata do crime de apropriação de coisa achada. Na primeira fase, o agente se apossa da coisa alheia perdida, mas o crime somente ocorre se, dentro do prazo de 15 dias, o autor não a restitui ao legítimo possuidor ou não a entrega à autoridade competente.

Nos *crimes omissivos impróprios* (ou comissivos por omissão, ou comissivos-omissivos), a omissão consiste na transgressão do dever jurídico de impedir o resultado, praticando-se o crime que, abstratamente, é comissivo. A omissão é forma ou meio de se alcançar um resultado (no crime doloso). Nos crimes omissivos impróprios a lei descreve uma conduta de fazer, mas o agente se nega a cumprir o *dever de agir*, a que já aludimos (item 3.2.7). Exemplos são o da mãe que deixa de amamentar ou cuidar do filho causando-lhe a morte; do médico ou da enfermeira que não ministra o medicamento necessário ao paciente, que vem a morrer; do administrador que deixa perecer animal ou deteriorar-se a colheita; do mecânico que não lubrifica a máquina que está a seus cuidados etc.[97] (item 3.2.7). Não havendo obrigação jurídica de agir para evitar o resultado, não se pode falar em crime comissivo por omissão.[(54)]

---

96. O conceito é normativo. Não há crime pelo simples fato de o agente omitir-se; é necessário que se omita de fazer algo *devido*, algo a que está juridicamente *obrigado*.
97. A omissão nesses casos pode ser dolosa ou culposa, respondendo o agente segundo elemento subjetivo. Assim, na omissão culposa que causa a destruição, inutilização ou deterioração da coisa alheia não haverá crime por ausência de tipicidade do fato.

### 3.6.6 Crimes unissubjetivos e plurissubjetivos

*Crime unissubjetivo* (monossubjetivo, unilateral) é aquele que pode ser praticado por uma só pessoa, embora nada impeça a coautoria ou participação. Os delitos de calúnia (art. 138), estelionato (art. 171), roubo (art. 157), por exemplo, podem ser cometidos por uma única pessoa. É possível, entretanto, a conduta de duas ou mais pessoas no fato, ocorrendo, na hipótese, concurso de agentes.

*Crime plurissubjetivo* (coletivo, de concurso necessário) é aquele que, por sua conceituação típica, exige *dois ou mais agentes para a prática da conduta criminosa*. Essas condutas podem ser *paralelas*, como no crime de associação criminosa (art. 288), em que a atividade de todos tem o mesmo objetivo, um fim único; *convergentes*, como nos crimes bilaterais, em que é possível que uma delas não seja culpável e que tem como exemplos mais citados a bigamia (art. 235) e, antes da revogação do art. 240, o adultério; ou *divergentes*, em que as ações são dirigidas de uns contra outros, como na rixa (art. 137).

Fala-se em *crimes plurissubjetivos passivos*, que demandam mais de um sujeito passivo na infração, como ocorre na violação de correspondência, em que são vítimas o remetente e o destinatário (crime de dupla subjetividade passiva).

### 3.6.7 Crimes simples, qualificados e privilegiados

*Crime simples* é o tipo básico, fundamental, que contém os elementos mínimos e determina seu conteúdo subjetivo sem qualquer circunstância que aumente ou diminua sua gravidade. Há homicídio simples (art. 121, *caput*), furto simples (art. 155, *caput*) etc.

*Crime qualificado* é aquele em que ao tipo básico a lei acrescenta circunstância que agrava sua natureza, elevando os limites da pena. Não surge a formação de um novo tipo penal, mas apenas uma forma mais grave de ilícito. Chama-se homicídio qualificado, por exemplo, aquele praticado "mediante paga ou promessa de recompensa, ou por outro motivo torpe" (art. 121, § 2º, I); denomina-se furto qualificado o praticado "com destruição ou rompimento de obstáculo à subtração da coisa" (art. 155, § 4º, I); considera-se qualificado o delito de injúria consistente em violência ou vias de fato (art. 140, § 2º, 1ª parte) etc. Os crimes qualificados pelo resultado serão objeto de estudo à parte (item 3.9.1).

*Crime privilegiado* existe quando ao tipo básico a lei acrescenta circunstância que o torna menos grave, diminuindo, em consequência, suas sanções. São crimes privilegiados, por exemplo, o homicídio praticado por relevante valor moral (eutanásia, por exemplo), previsto no art. 121, § 1º, o furto de pequeno valor praticado por agente primário (art. 155, § 2º); o estelionato que causa pequeno prejuízo, desde que primário o autor (art. 171, § 1º) etc. Nessas hipóteses, as circunstâncias que envolvem o fato típico fazem com que o crime seja menos severamente apenado.

Os tipos qualificados e privilegiados são, em contraposição aos tipos básicos, *tipos derivados*.

### 3.6.8 Crime progressivo e progressão criminosa

No *crime progressivo,* um tipo abstratamente considerado contém *implicitamente* outro que deve necessariamente ser realizado para se alcançar o resultado. O anterior é simples passagem para o posterior e fica absorvido por este. Assim, no homicídio, é necessário que exista, em decorrência da conduta, lesão corporal que ocasione a morte. Na rixa estão contidos implicitamente as eventuais lesões corporais ou as vias de fato ou o perigo para a vida ou saúde de outrem. Nessas hipóteses, o agente estará incurso, respectivamente, *apenas* no art. 121 ou no art. 137, e não nos arts. 129 e 132 do CP ou 21 da LCP.

Difere o crime progressivo do crime complexo porque neste há continência *expressa* de outro (item 3.6.16).

Também se distingue o crime progressivo da *progressão criminosa*. Nesta, há duas ou mais infrações penais, ou seja, há dois fatos e não só um (como no crime progressivo). O agente pretende praticar um crime e, em seguida, resolve praticar outro mais grave. Assim, após ter causado lesões corporais à vítima, o agente, agora com dolo de homicídio, a mata; o ladrão, após ter subtraído a coisa alheia móvel ao encontrar pessoa que pretende obstar a posse da *res furtiva*, vem a agredi-la, passando do furto ao roubo. Diz bem Walter Coelho: "Na progressão criminosa há, pois, pluralidade de condutas delitivas encadeadas por uma sequência causal e certa unidade de contexto. Da mesma forma, desdobra-se o elemento psicológico, com dolos distintos em momentos diversos." [98]

Há também progressão criminosa, todavia, no antefato *(antefactum)* não punível e no pós-fato *(postfactum)* não punível. No antefato não punível a primeira infração é menos grave que a segunda (exemplos: a falsidade ideológica praticada para o crime de bigamia; porte ilegal de arma para o homicídio etc.). No pós-fato não punível a primeira infração é mais grave ou da mesma gravidade que a segunda (exemplos: o furto da coisa e sua posterior destruição, que é o crime de dano; a falsificação do documento e o uso do documento falso; a falsificação da moeda e sua introdução no meio circulante).[99] Em todas essas hipóteses, o autor desses fatos típicos deve ser punido somente pelo crime mais grave.[100] Indispensável, entretanto, que os fatos estejam sempre em um mesmo contexto, isto é, que um seja praticado para o cometimento ou em decorrência do outro. Diz-se que a não punição do *ante* ou *pós-fato* se dá pelo conflito aparente de normas (absorção), mas na verdade deriva de medidas de equidade e política criminal.

---

98. Ob. cit. p. 143.
99. Há autores que entendem que só há progressão criminosa quando os fatos têm como vítima sempre a mesma pessoa.
100. Na jurisprudência, porém, as soluções são bastante diversificadas. Vide, por exemplo, as soluções apontadas para a falsificação e uso de documento falso destinado à prática do estelionato (item 11.2.10 do Manual, Parte Especial, v. 3). A absorção do crime mais grave pelo crime mais leve é, porém, um paradoxo (*RT* 536/307).

### 3.6.9 Crime habitual

*Crime habitual* é, normalmente, constituído de uma reiteração de atos, penalmente indiferentes *de per si*, que constituem um todo, um delito apenas, traduzindo geralmente um modo ou estilo de vida. Embora a prática de um ato apenas não seja típica, o conjunto de vários, praticados com habitualidade, configurará o crime. Por vezes, a lei refere-se expressamente à habitualidade, como no curandeirismo (art. 284, I) ou no crime de perseguição (art. 147-A); outras vezes a descrição da conduta demonstra a necessidade da reiteração, como no *exercer* ilegalmente a medicina (art. 282), no *manter* casa de prostituição (art. 229), no *participar* dos lucros da prostituta ou se *fazer sustentar* por ela (art. 230).

### 3.6.10 Crime profissional

O *crime profissional* é qualquer delito praticado por aquele que exerce uma profissão, utilizando-se dela para a atividade ilícita. Assim, o aborto praticado por médicos ou parteiras, o furto qualificado com chave falsa ou rompimento de obstáculos por serralheiro etc.

Não se deve confundir o crime profissional com os criminosos profissionais ou habituais, que praticam os crimes como se exercessem uma "profissão" (pistoleiros, ladrões etc.).

### 3.6.11 Crime exaurido

Diz-se *crime exaurido* quando, após a consumação, que ocorre quando estiverem preenchidos no fato concreto o tipo objetivo (item 3.10.1), o agente o leva a consequências mais lesivas. O recebimento do resgate no crime de extorsão mediante sequestro (art. 159) exaure o delito que se consumara com o arrebatamento da vítima; a efetiva posse da terra no crime de alteração de limites (art. 161) exaure o crime que se consumara com a supressão ou o deslocamento do sinal indicativo da linha divisória etc. O crime é o mesmo, embora as consequências dele sejam mais graves e o juiz deva levar essa circunstância em conta na aplicação da pena.

### 3.6.12 Crimes de ação única e de ação múltipla

O *crime de ação única* é aquele cujo tipo penal contém apenas uma modalidade de conduta, expressa no verbo que constitui o núcleo da figura típica. É o que ocorre no homicídio com a conduta de *matar*, no furto com a de *subtrair* etc.

Já no *crime de ação múltipla* (ou de conteúdo variado) o tipo contém várias modalidades de conduta, em vários verbos, qualquer deles caracterizando a prática de crime. Pode-se praticar o crime definido no art. 122, induzindo, instigando ou prestando auxílio ao suicida, o do art. 234 mediante a fabricação, importação, exportação, aquisição ou guarda de objeto obsceno etc.

### 3.6.13 Crimes unissubsistentes e plurissubsistentes

O *crime unissubsistente* realiza-se com apenas um ato, ou seja, a conduta é *una e indivisível*, como na injúria ou ameaça orais (arts. 140 e 147), o uso do documento falso (art. 304) etc. Tais crimes não permitem o fracionamento da conduta, e é inadmissível a tentativa deles (item 3.10.5).

O *crime plurissubsistente*, ao contrário, é composto de *vários atos*, que integram a conduta, ou seja, existem fases que podem ser separadas, fracionando-se o crime. Admitem, portanto, a tentativa, e constituem a maioria dos delitos: homicídio (art. 121), furto (art. 155), roubo (art. 157) etc.

### 3.6.14 Crimes materiais, formais e de mera conduta

Quanto ao resultado, os crimes podem ser materiais, formais ou de mera conduta.

No *crime material* há necessidade de um resultado externo à ação, descrito na lei, e que se destaca lógica e cronologicamente da conduta. Esse resultado deve ser considerado de acordo com o sentido naturalístico da palavra, e não com relação a seu conteúdo jurídico, pois todos os crimes provocam lesão ou perigo para o bem jurídico (item 3.2.9). Exemplos são o homicídio (morte), furto e roubo (subtração), dano (destruição, inutilização) etc.

No *crime formal* não há necessidade de realização daquilo que é pretendido pelo agente, e o resultado jurídico previsto no tipo ocorre ao mesmo tempo em que se desenrola a conduta, "havendo separação lógica e não cronológica entre a conduta e o resultado".[101] No delito de ameaça (art. 147), a consumação dá-se com a prática do fato, não se exigindo que a vítima realmente fique intimidada; no de injúria (art. 140) é suficiente que ela exista, independentemente da reação psicológica do ofendido etc. A lei antecipa o resultado no tipo; por isso, são chamados crimes de *consumação antecipada*.

Nos *crimes de mera conduta* (ou de simples atividade) a lei não exige qualquer resultado naturalístico, contentando-se com a ação ou omissão do agente. Não sendo relevante o resultado material, há uma ofensa (de dano ou de perigo) presumida pela lei diante da prática da conduta. Exemplos são a violação de domicílio (art. 150), o ato obsceno (art. 233), a omissão de notificação de doença (art. 269), a condescendência criminosa (art. 320) e a maioria das contravenções.

### 3.6.15 Crimes de dano e de perigo

Quanto ao resultado, podem ainda os crimes ser divididos em duas espécies: os *crimes de dano* e os *crimes de perigo*. Os primeiros só se consumam com a efetiva lesão do bem jurídico visado, por exemplo, lesão à vida, no homicídio; ao patrimônio, no furto; à honra, na injúria etc.

---

101. PIMENTEL, Manoel Pedro. *O crime e a pena na atualidade*. São Paulo: Revista dos Tribunais, 1983. p. 40.

Nos crimes de perigo, o delito consuma-se com o simples perigo criado para o bem jurídico. O perigo pode ser *individual*, quando expõe ao risco o interesse de uma só ou de um número determinado de pessoas (arts. 130, 132 etc.), ou *coletivo* (comum), quando ficam expostos ao risco os interesses jurídicos de um número indeterminado de pessoas, tais como nos crimes de perigo comum (arts. 250, 251, 254 etc.).

Às vezes a lei exige o perigo *concreto*, que deve ser comprovado (arts. 130, 134 etc.); outras vezes refere-se ao perigo *abstrato*, presumido pela norma que se contenta com a prática do fato e pressupõe ser ele perigoso (arts. 135, 253 etc.).

### 3.6.16 Crimes complexos

São *simples* os crimes em que o tipo é único e que ofendem apenas um bem jurídico. Como exemplos podem ser citados a ameaça (art. 147), em que se ofende apenas a liberdade psíquica da vítima; o furto simples (art. 155, *caput*), em que o ofendido é apenas o patrimônio etc.

São *complexos* os crimes que encerram dois ou mais tipos em uma única descrição legal (crime complexo em sentido *estrito*) ou os que, em uma figura típica, abrangem um tipo simples, acrescido de fatos ou circunstâncias que, em si, não são típicos (crime complexo em sentido *amplo*). Como exemplos dos primeiros, têm-se o roubo (art. 157), que nada mais é que a reunião de um crime de furto (art. 155) e de ameaça (art. 147) ou lesão (art. 129), ofendendo o patrimônio e a liberdade psíquica da vítima ou sua integridade corporal; e a extorsão mediante sequestro (art. 159), composta de extorsão (art. 158) e de sequestro (art. 148), que ofendem a liberdade e o patrimônio. Como exemplos de crimes complexos em sentido amplo têm-se o constrangimento ilegal (art. 146), que encerra o crime de ameaça (art. 147) ou violência (art. 129 do CP ou 21 da LCP) e outro fato, que é a vítima fazer o que não quer ou não fazer o que deseja; e o estupro (art. 213), que encerra também a violência e a ameaça e, como outro fato, a conjunção carnal ou a prática de outro ato libidinoso.

### 3.6.17 Crimes comuns, crimes próprios e crimes de mão própria

Os *crimes comuns* podem ser praticados por qualquer pessoa (arts. 121, 122, 129, 135 etc.).

Os *crimes próprios* (ou especiais), como já se viu, são aqueles que exigem ser o agente portador de uma capacidade especial (item 3.3.3). O tipo penal limita o círculo do autor, que deve encontrar-se em uma posição jurídica, como funcionário público (arts. 312 ss), médico (art. 269), ou de fato, como mãe da vítima (art. 123), pai ou mãe (art. 246) etc.

Os *crimes de mão própria* (ou de atuação pessoal) distinguem-se dos delitos próprios porque estes são suscetíveis de ser cometidos por um número limitado de pessoas, que podem, no entanto, valer-se de outras para executá-los, enquanto nos delitos de mão própria – embora passíveis de serem cometidos por qualquer pessoa – *ninguém os pratica por intermédio de outrem*.[102] Como exemplos têm-se o de falsidade ideológica de atestado médico (art. 302) e o de falso testemunho ou falsa perícia (art. 342).

### 3.6.18 Crimes principais e crimes acessórios

Os *crimes principais* independem da prática de delito anterior. Os *crimes acessórios*, como a denominação indica, sempre pressupõem a existência de uma infração penal anterior, a ele ligada pelo dispositivo penal que, no tipo, faz referência àquela. O crime de receptação (art. 180), por exemplo, só existe se antes foi cometido outro delito (furto, roubo, estelionato etc.); o mesmo ocorre nos crimes de favorecimento pessoal (art. 348), de favorecimento real (art. 349), no de uso de documento falso (art. 304) etc.

### 3.6.19 Crimes vagos

Crimes *vagos* são aqueles em que o sujeito passivo é uma coletividade destituída de personalidade jurídica, como a família, amigos, grupo, plateia etc. Exemplos são encontrados no impedimento ou perturbação de cerimônia funerária (art. 209), na violação de sepultura (art. 210), no vilipêndio a cadáver (art. 212), no aborto com o consentimento da gestante (art. 126), na alteração da substância alimentícia ou medicinal (art. 273) etc.

### 3.6.20 Crimes comuns e crimes políticos

Os *crimes comuns* são os que atingem bens jurídicos do indivíduo, da família, da sociedade e do próprio Estado, estando definidos no Código Penal e em leis especiais. Já os *crimes políticos* lesam ou põem em perigo a própria segurança interna ou externa do Estado.

Existem os crimes políticos *puros* ou *próprios*, que têm por objeto jurídico apenas a ordem política, sem que sejam atingidos bens ou interesses jurídicos individuais ou outros do Estado.

Os crimes políticos *relativos* ou *impróprios* são os que expõem a perigo ou lesam também bens jurídicos individuais ou outros que não a segurança do Estado. O genocídio é crime político relativo.

---

102. Cf. MARQUES, José Frederico. *Tratado de direito penal*. 2. ed. São Paulo: Saraiva, 1966, v. 3, p. 22. O crime de mão própria, porém, pode ser crime *próprio*, como ocorre no caso do art. 302.

## 3.6.21 Crimes militares

No Código Penal Militar (Decreto-lei nº 1.001, de 21-10-1969), estão definidos os *crimes militares*, que se dividem, segundo a lei, em crimes militares em tempo de paz (art. 9º) e crimes militares em tempo de guerra (art. 10). Também os crimes militares podem ser *puros* ou *próprios* (puramente militares) e *impróprios*. Os primeiros são os que somente estão definidos no CPM; os crimes militares impróprios são aqueles cuja definição típica, embora prevista na lei penal comum, é praticada nas condições estabelecidas no art. 9º, II, e no art. 10, III, do CPM.[103]

Árdua, por vezes, é a tarefa de distinguir se o fato é crime comum ou militar, principalmente nos casos de ilícitos praticados por policiais militares.

Para Jorge Alberto Romeiro há que se fazer uma distinção. Afirma: "Assim, a diferença entre *crimes propriamente militares* ou *militares próprios* (na concepção clássica) e *crimes próprios militares* seria a seguinte: os primeiros exigiriam apenas a qualidade de militar para o agente; enquanto que os segundos, além da referida qualidade, um *plus*, uma particular posição jurídica para o agente, como a de comandante nos crimes acima exemplificados" (arts. 198, 201, 372, 373 do CPM).[104]

## 3.6.22 Crimes hediondos

Com o fim de tornar mais eficientes os instrumentos jurídicos de combate às infrações penais mais graves, dispôs a Constituição Federal de 1988 que são considerados inafiançáveis e insuscetíveis de graça ou anistia os crimes definidos como hediondos (art. 5º, inc. XLIII). Tais crimes que, por sua natureza ou pela forma de execução, se mostram repugnantes, causando clamor público e intensa repulsa, são relacionados no art. 1º da Lei nº 8.072, de 25-7-1990, que sofreu as modificações introduzidas pelas Leis nº 8.930, de 6-9-1994, 9.695, de 20-8-1998, 12.015, de 7-8-2009, e 12.978, de 21-5-2014, 13.104, de 9-3-2015, 13.142, de 6-7-2015, 13.497, de 26-10-2017, 13.769, de 19-12-2018, 13.964, de 24-12-2019, 14.344, de 24-5-2022, 14.688, de 20-9-2023, 14.811, de 12-1-2024 e 14.994, de 9-10-2024.

De acordo com a redação atual do art. 1º da Lei nº 8.072/1990, são considerados hediondos os seguintes crimes previstos no Código Penal, tentados ou consumados:

> I - **homicídio** (art. 121), quando praticado em atividade típica de grupo de extermínio, ainda que cometido por um só agente, e homicídio qualificado (art. 121, § 2º, I, II, III, IV, V, VII, VIII e IX);
>
> I-A - **lesão corporal dolosa** de natureza gravíssima (art. 129, § 2º) ou seguida de morte (art. 129, § 3º), quando praticadas contra autoridade ou agente descrito nos arts. 142 e 144 da Constituição Federal, integrantes do sistema prisional e da Força Nacional de Segurança Pública, no exercício da função ou em decorrência dela, ou contra seu cônjuge, companheiro ou parente consanguíneo até terceiro grau, em razão dessa condição;
>
> I-B – **feminicídio** (art. 121-A);

---

103. Pela Constituição, compete à Justiça Militar processar e julgar "os crimes militares definidos em lei" (art. 124, *caput*).
104. Crime propriamente militar. *Ajuris* 61, p. 191.

II - **roubo**, quando circunstanciado pela restrição de liberdade da vítima (art. 157, § 2º, inciso V), pelo emprego de arma de fogo, de uso proibido ou restrito (art. 157, § 2º-B) ou não (art. 157, § 2º-A, inciso I), ou qualificado pelo resultado lesão corporal grave ou morte (art. 157, § 3º);

III - **extorsão** qualificada pela restrição da liberdade da vítima com a ocorrência de lesão corporal ou morte (art. 158, § 3º);

IV - **extorsão mediante sequestro** e na forma qualificada (art. 159, *caput* e seus §§ 1º, 2º e 3º);

V - **estupro**, nas formas simples e qualificadas (art. 213, *caput* e §§ 1º e 2º);

VI - **estupro de vulnerável**, também nas formas simples e qualificadas (art. 217-A, *caput* e §§ 1º, 3º, 4º);

VII - **epidemia** com resultado morte (art. 267, § 1º);

VII-B - **falsificação, corrupção, adulteração** ou **alteração** de produto destinado a fins terapêuticos ou medicinais (art. 273, *caput* e § 1º, § 1º-A e § 1º-B, do CP;

VIII - **favorecimento da prostituição** ou outra forma de exploração sexual de criança ou adolescente ou de vulnerável (art. 218-B, *caput* e §§ 1º e 2º);

IX - **furto** qualificado pelo emprego de explosivo ou de artefato análogo que cause perigo comum (art. 155, § 4º-A).

X - **induzimento, instigação ou auxílio a suicídio ou a automutilação** realizados por meio da rede de computadores, de rede social ou transmitidos em tempo real (art.122, *caput* e § 4º);

XI - **sequestro e cárcere privado** cometido contra menor de 18 (dezoito) nos (art. 148, § 1º, inciso IV);

XII - **tráfico de pessoas** cometido contra **criança ou adolescente** (art. 149-A, *caput*, incisos I a V, e § 1º, inciso II).

De acordo com o parágrafo único do mesmo art. 1º, são também considerados hediondos os crimes, tentados ou consumados, previstos em outros diplomas legais:

I - **genocídio** (arts. 1º, 2º e 3º da Lei nº 2.889, de 1º-10-1956);

II - **posse ou porte ilegal de arma de fogo de uso proibido** (art. 16 da Lei nº 10.826, de 22-12-2003);

III - **comércio ilegal de armas de fogo** (art. 17 da Lei nº 10.826, de 22-12-2003);

IV - **tráfico internacional** de arma de fogo, acessório ou munição (art. 18 da Lei nº 10.826, de 22-12-2003);

V - crime de **organização criminosa**, quando direcionado à prática de crime hediondo ou equiparado;

VI - os crimes previstos no **Código Penal Militar** que apresentem identidade com os crimes do art. 1º;[55]

VII – os crimes previstos no **§ 1º do art. 240 e no art. 241-B** da Lei nº 8.069, de 13 de julho de 1990 (**Estatuto da Criança e do Adolescente**).

A Lei nº 8.930, de 6-9-1994, excluiu do rol dos crimes hediondos, acreditamos que inadvertidamente, o envenenamento de água potável ou de substância alimentícia ou medicinal qualificado pela morte (art. 270 c.c. o art. 285). De afirmar-se, também, que, admitindo-se a possibilidade do homicídio qualificado-privilegiado, não pode ser ele considerado como crime hediondo. Sendo ele privilegiado, foi praticado por "relevante valor social ou moral" ou "sob o domínio de violenta emoção, logo após injusta provocação da vítima" (art. 121, § 1º, do CP), não podendo, ao mesmo tempo, ser considerado repugnante, repulsivo etc. apenas por ter sido praticado em uma das circunstâncias qualificadoras de caráter objetivo referidas no § 2º do art. 121.[56]

De acordo com a lei vigente, os crimes definidos como hediondos, além da tortura, do tráfico ilícito de entorpecentes e drogas afins e do terrorismo, são insuscetíveis de anistia, graça, indulto e fiança (art. 2º, incisos I e II). Por força da Lei nº 11.464, de

28-3-2007, que deu nova redação ao art. 2º da Lei nº 8.072/90, eliminou-se a proibição da concessão da liberdade provisória aos autores de crimes hediondos e equiparados, permanecendo vedada somente a fiança (inciso II), na esteira do mandamento constitucional. Persiste, porém, a restrição legal em relação aos crimes de tráfico de entorpecentes em face da existência de norma expressa, contida no art. 44 da Lei nº 11.343, de 23-8-2006. Embora também se sustente que o dispositivo teria sido derrogado tacitamente pela Lei nº 11.464, por lhe ser posterior, a melhor orientação é de que a especialidade da Lei de Drogas em relação à Lei dos Crimes Hediondos assegura a continuidade de vigência da proibição da liberdade provisória aos autores dos crimes descritos nos arts. 33, *caput* e § 1º, e 34 a 37.[57] Todavia, em recentes julgados, o STF tem reconhecido, *incidenter tantum*, a inconstitucionalidade da vedação à liberdade provisória contida no art. 44 da Lei nº 11.343/2006, por ofensa aos princípios da presunção de inocência e da proporcionalidade.[58]

Previa a Lei nº 8.072/90, que a pena aplicada por crimes hediondos ou equiparados deveria ser executada integralmente em regime fechado. A Lei nº 11.464, de 28-3-2007, afastou a vedação à progressão de regime, estabelecendo, porém, que o regime inicial será sempre o fechado. No entanto, o STF recentemente declarou também, *incidenter tantum*, a inconstitucionalidade da norma que prevê a obrigatoriedade do regime inicial fechado contida no art. 2º, § 1º, da Lei dos Crimes Hediondos, por afronta ao princípio da individualização da pena (v. itens 7.2.5 e 7.2.6). A hediondez do crime influi, também, no tempo de cumprimento de pena exigido para a progressão de regime, que recebeu nova disciplina, conferida pela Lei nº 13.964, de 24-12-2019, nos termos do que passou a prever o art. 112, incisos V a VIII, da Lei de Execução Penal.

O livramento condicional só é permitido após o cumprimento de dois terços da pena, se o agente não for reincidente específico em crimes dessa natureza (art. 83, V, do CP) (v. item 7.8.2). Também passou a ser vedada a concessão do livramento condicional para o condenado, primário ou reincidente, se da prática do crime hediondo resultou morte (art. 112, VI, *a* e VIII, da Lei de Execução Penal).

Além disso, a prisão temporária terá o prazo máximo de 30 dias, prorrogável por igual período em caso de extrema e comprovada necessidade (art. 2º, § 4º).

Os crimes de terrorismo foram definidos, recentemente, pela Lei nº 13.260, de 16-3-2016, e a eles se aplicam as mencionadas disposições da Lei nº 8.072/90, conforme previsto, aliás, no art. 17 daquele diploma legal.

Dispõe, ainda, o art. 2º, § 3º, da Lei nº 8.072/90 que o condenado por sentença recorrível poderá apelar em liberdade quando assim o permitir o juiz, em decisão fundamentada, a seu critério. Deve-se observar, porém, que, por força das alterações introduzidas pela Lei nº 11.719, de 20-6-2008, determina o Código de Processo Penal que o juiz, por ocasião da prolação da sentença condenatória, necessariamente deverá decidir, de forma fundamentada, sobre a manutenção da prisão que lhe seja anterior ou sobre a decretação da prisão preventiva (art. 387, § 1º).

Os processos em que se apuram crimes hediondos ou violência contra a mulher terão prioridade de tramitação em todas as instâncias, conforme determina o art. 394-A do Código de Processo Penal, inserido pela Lei nº 13.285, de 10-5-2016 e posteriormente alterado pela Lei nº 14.994, de 9-10-2024.

A Lei nº 13.964/2019 inseriu o § 2º no art. 122 da LEP vedando a concessão do benefício da saída temporária ao condenado que cumpre pena por praticar crime hediondo com resultado morte.

### 3.6.23 Crime organizado

A dificuldade de fixação dos critérios que seriam os essenciais para o reconhecimento da existência de uma organização criminosa tem ensejado diversas definições legais e doutrinárias. Por um conceito doutrinário mais restritivo, tem-se entendido que organização criminosa é aquela que, por suas características, demonstre a existência de estrutura criminal, operando de forma sistematizada, com planejamento empresarial, divisão de trabalho, pautas de condutas em códigos procedimentais rígidos, simbiose com o Estado, divisão territorial e, finalmente, atuação regional, nacional ou internacional. Na Lei nº 9.034, de 3-5-1995, primeiro diploma que disciplinou os meios de repressão às ações praticadas por organizações criminosas, preferiu-se uma decisão simplista, definindo-se como crime organizado aqueles que decorrerem "de ações de quadrilha ou bando" (art. 1º). Tentando corrigir esse conceito, a Lei nº 10.217, de 11-4-2001, que alterou os arts. 1º e 2º daquele diploma, referiu-se a "ilícitos decorrentes de ações praticadas por quadrilha ou bando ou organizações ou associações criminosas de qualquer tipo". A Convenção das Nações Unidas contra o Crime Organizado Transnacional, da qual é o Brasil signatário e cujo texto foi publicado pelo Decreto nº 5.015, de 12-3-2004, conceitua "grupo criminoso organizado" como o "grupo estruturado de três ou mais pessoas, existente há algum tempo e atuando concertadamente com o propósito de cometer uma ou mais infrações graves ou enunciadas na presente Convenção, com a intenção de obter, direta ou indiretamente, um benefício econômico ou outro benefício material" (art. 2º). Novo conceito de organização criminosa foi introduzido pela Lei nº 12.694, de 24-7-2012, modificada pela Lei nº 13.964, de 24-12-2019) que disciplina a faculdade do juiz de primeiro grau, ou dos Tribunais em segundo grau, nos crimes praticados por organizações criminosas, de decidir pela formação de colegiado para a prática de qualquer ato processual, como a decretação da prisão preventiva, a sentença, o julgamento de pedidos de progressão de regime, livramento condicional, inclusão no regime disciplinar diferenciado etc. Considera-se organização criminosa, para os fins dessa lei, "a associação de 3 (três) ou mais pessoas, estruturalmente ordenada e caracterizada pela divisão de tarefas, ainda que informalmente, com objetivo de obter, direta ou indiretamente, vantagem de qualquer natureza, mediante a prática de crimes cuja pena máxima seja igual ou superior a 4 (quatro) anos ou que sejam de caráter transnacional" (art. 2º). Esse conceito, com algumas modificações, foi adotado pela Lei nº 12.850, de 2-8-2013, que revogou a Lei nº 9.034, de 3-5-1995, e que passou a dispor sobre a investigação e os meios de obtenção de prova na repressão ao crime organizado.

De acordo com a Lei nº 12.850, de 2-8-2013, "considera-se organização criminosa a associação de 4 (quatro) ou mais pessoas, estruturalmente ordenada e caracterizada pela divisão de tarefas, ainda que informalmente, com objetivo de obter, direta ou indiretamente, vantagem de qualquer natureza, mediante a prática de infrações penais cujas penas máximas sejam superiores a 4 (quatro) anos ou que sejam de caráter transnacional" (art. 1º, § 1º). O novo diploma legal também definiu como crime a conduta de "promover, constituir, financiar ou integrar, pessoalmente ou por interposta pessoa, organização criminosa" (art. 2º, § 1º) e alterou o tipo previsto no art. 288 do Código Penal, passando a exigir para sua configuração a associação de no mínimo três pessoas e alterando seu *nomen juris* de "quadrilha ou bando" para "associação criminosa". Diferenciaram-se, assim, os conceitos de associação criminosa (art. 288 do CP) e organização criminosa (art. 1º, § 1º, da Lei nº 12.850/2013). Enquanto para a caracterização da primeira é suficiente a associação de três ou mais pessoas para o fim específico de cometer crimes, a organização criminosa somente se configura com o preenchimento dos requisitos estabelecidos na nova lei.

Na apuração dos crimes decorrentes de organização criminosa, incidem as regras contidas na lei especial, entre as quais as que disciplinam meios de obtenção de prova, como a colaboração premiada, a ação controlada, a infiltração de agentes policiais, inclusive na *internet*, o acesso a registros de comunicações telefônicas e telemáticas e a interceptação destas, a quebra de sigilo financeiro, bancário e fiscal etc. Para o agente colaborador está prevista a possibilidade de concessão de diversos benefícios, como a faculdade de abster-se o Ministério Público de oferecer denúncia, a redução de pena, a substituição de pena privativa de liberdade por restritiva de direitos, o perdão judicial e a progressão de regime mesmo na ausência dos requisitos legais. A Lei nº 13.964, de 24-12-2019, introduziu modificações na Lei nº 12.850/2013, disciplinando pormenorizadamente a celebração do acordo de colaboração premiada, que pode ser firmado entre o colaborador e o Ministério Público ou a autoridade policial, no curso do inquérito ou do processo, bem como suas consequências e possibilidade de revogação. Para os integrantes das organizações criminosas (art. 3º-A a 3º-C, art. 4º, §§ 4º, 7º, 7º-A e B, 8º, 10-A, 13, 16, art. 5º, VI, art. 7º, § 3º). A mesma Lei prevê, também, que o condenado expressamente em sentença por integrar organização criminosa ou por crime praticado por meio de organização criminosa não poderá progredir de regime de cumprimento de pena ou obter livramento condicional ou outros benefícios prisionais se houver elementos probatórios que indiquem a manutenção do vínculo associativo (art. 2º, § 9). Prevê-se ainda, que as lideranças de organizações criminosas armadas ou que tenham armas à disposição deverão iniciar o cumprimento da pena em estabelecimentos penais de segurança máxima (art. 2º, § 8º).

As normas contidas na Lei de organização criminosa aplicam-se à investigação, processo e julgamento dos crimes de terrorismo (art. 1º, § 2º, II, da Lei nº 12.850/2013 e art. 16 da Lei nº 13.260/2016) e, subsidiariamente, ao crime de tráfico de pessoas (art. 9º da Lei nº 13.344, de 6-10-2016).

### 3.6.24 Infrações de menor potencial ofensivo

Em obediência ao disposto no art. 98 da Constituição Federal, a Lei nº 9.099, de 26-9-1995, criou os Juizados Especiais Cíveis e Criminais, estabelecendo a competência destes para *as infrações penais de menor potencial ofensivo* e definindo-as como sendo "as contravenções penais e os crimes a que a lei comine pena máxima não superior a um ano", excetuando os casos em que a lei preveja procedimento especial. A Lei nº 10.259, de 12-7-2001, que dispõe sobre a instituição dos Juizados Especiais Cíveis e Criminais no âmbito da Justiça Federal, alargou o conceito de infração de menor potencial ofensivo, para abranger "os crimes a que a lei comine pena máxima não superior a dois anos, ou multa" (art. 2º, parágrafo único), sujeitos ou não a procedimento especial. Embora previsto no dispositivo que esse conceito era restrito ao âmbito da Justiça Federal, houve revogação tácita do art. 61 da Lei nº 9.099/95 em decorrência de lei posterior, de mesmo nível hierárquico, que definiu de forma diversa o mesmo objeto e também porque o princípio constitucional da isonomia (art. 5º, *caput*, da CF) impede diferenciação de tratamento penal para a mesma espécie de infração somente em razão da competência para o julgamento.[59] [105] A Lei nº 11.313, de 28-6-2006, porém, unificou o conceito de infração de menor potencial ofensivo ao conferir nova redação ao art. 61 da Lei nº 9.099/95 e ao art. 2º da Lei nº 10.259/2001. Nos termos da lei vigente, consideram-se infrações penais de menor potencial ofensivo "as contravenções penais e os crimes a que a lei comine pena máxima não superior a 2 (dois) anos, cumulada ou não com multa" (art. 61 da Lei nº 9.099/95).

As disposições da Lei nº 9.099 não se aplicam no âmbito da Justiça Militar (art. 90-A, inserido pela Lei nº 9.839, de 27-9-1999). A Lei nº 11.340, de 7-8-2006, prevê expressamente o afastamento da Lei nº 9.099/95 nos crimes praticados com violência doméstica ou familiar contra a mulher, independentemente da pena cominada para o delito (art. 41).[106] A regra é também aplicável aos crimes praticados com violência doméstica e familiar contra a criança e o adolescente (art. 226, § 1º do ECA).

Os crimes previstos na Lei nº 9.503/97 (Código de Trânsito Brasileiro) para os quais se cominada pena superior a dois anos não são infrações de menor potencial ofensivo. O disposto no art. 291 do CTB, que determina a aplicação da Lei nº 9.099/95 aos crimes cometidos na condução de veículos automotores, é expressamente condicionado à cláusula "no que couber" e não tem o condão de transformar em infrações de menor potencial ofensivo aquelas que não se inserem em sua definição legal.[60]

---

105. No sentido da revogação do art. 61 da Lei nº 9.099/95, antes da vigência da Lei nº 11.313/06. Mirabete, Julio Fabbrini. *Juizados especiais criminais*. 5. ed. São Paulo: Atlas, 2002. p. 55.
106. A respeito do assunto: MIRABETE, Julio Fabbrini e FABBRINI, Renato Nascimento. *Manual de direito penal*. 38. ed. São Paulo: Foco, 2025. v. 2, item 5.1.18.

### 3.6.25 Outras classificações

Outras classificações de infrações penais existem. Entre elas serão examinadas, oportunamente, as que se referem a crimes continuados (item 7.6.4), crimes de ação pública e da ação privada (item 11.1.1), crimes dolosos (item 3.7.2), culposos (item 3.8.1) e preterdolosos ou preterintencionais (item 3.9.2), crimes putativos (item 3.10.10), crime impossível (item 3.10.9), crime provocado (item 3.10.11), crimes falhos (item 3.10.3), crime multitudinário (item 6.1.17) etc.

## 3.7 CRIME DOLOSO

### 3.7.1 Teorias sobre o dolo

Três são as teorias que procuram estabelecer o conteúdo do dolo: a da vontade, a da representação e a do assentimento.

Para a *teoria da vontade*, age dolosamente quem pratica a ação consciente e voluntariamente. É necessário para sua existência, portanto, a consciência da conduta e do resultado e que o agente a pratique voluntariamente.

Para a *teoria da representação*, o dolo é a simples previsão do resultado. Embora não se negue a existência da vontade na ação, o que importa para essa posição é a consciência de que a conduta provocará o resultado. Argumenta-se, contudo, que a simples previsão do resultado, sem a vontade efetivamente exercida na ação, nada representa e que, além disso, quem tem vontade de causar o resultado evidentemente tem a representação deste. Nesses termos, a representação já está prevista na teoria da vontade.

Para a *teoria do assentimento* (ou do consentimento) faz parte do dolo a previsão do resultado a que o agente adere, não sendo necessário que ele o queira. Para a teoria em apreço, portanto, existe dolo simplesmente quando o agente consente em causar o resultado ao praticar a conduta.

Como será visto, o Código Penal Brasileiro adotou a teoria da vontade quanto ao dolo direto e a teoria do assentimento ao conceituar o dolo eventual.

### 3.7.2 Conceito e elementos do dolo

Ao se examinar a conduta, verifica-se que, segundo a teoria finalista, é ela um comportamento voluntário (não reflexo) e que o conteúdo da vontade é seu fim. Nessa concepção, a vontade é o componente subjetivo da conduta, faz parte dela e dela é inseparável. Se *A* mata *B*, não se pode dizer de imediato que praticou um fato típico (homicídio), embora essa descrição esteja no art. 121 do CP ("matar alguém"). Isto porque o simples fato de causar o resultado (morte) não basta para preencher o tipo penal objetivo. É indispensável que se indague do conteúdo da vontade do autor do fato, ou seja, o fim que estava contido na ação, já que a ação não pode ser compreendida sem que se considere a vontade do agente. Toda ação consciente é dirigida pela consciência do que se quer e pela decisão de querer realizá-la, ou seja, pela vontade. A vontade é querer alguma coisa e o dolo é a vontade dirigida à realização do tipo penal. Assim, pode-se definir o dolo como a consciência e a vontade na realização da conduta típica,[107] ou a vontade da ação orientada para a realização do tipo.[108]

São elementos do dolo, portanto, a *consciência* (conhecimento do fato – que constitui a ação típica) e a *vontade* (elemento volitivo de realizar esse fato). A consciência do autor deve referir-se a todos os elementos do tipo, prevendo ele os dados essenciais dos elementos típicos futuros em especial o resultado e o processo causal. A vontade consiste em resolver executar a ação típica, estendendo-se a todos os elementos objetivos conhecidos pelo autor que servem de base a sua decisão em praticá-la.[109] Numa concepção psicodinâmica, inspirada na psicanálise de Sigmund Freud, também se tem definido o dolo como "a atitude interior de adesão aos próprios impulsos intrapsíquicos antissociais", em que predomina a ideia do *animus*, ou seja, a má-fé criminosa.[110]

O dolo inclui não só o objetivo que o agente pretende alcançar, mas também os meios empregados e as consequências secundárias de sua atuação. Há duas fases na conduta: uma interna e outra externa. A interna opera-se no pensamento do autor (e se não passa disso é penalmente indiferente), e consiste em:

a) propor-se a um fim (matar um inimigo, por exemplo);

b) selecionar os meios para realizar essa finalidade (escolher um explosivo, por exemplo); e

c) considerar os efeitos concomitantes que se unem ao fim pretendido (a destruição da casa do inimigo, a morte de outras pessoas que estejam com ele etc.).

A segunda fase consiste em exteriorizar a conduta, numa atividade em que se utilizam os meios selecionados conforme a normal e usual capacidade humana de previsão. Caso o sujeito pratique a conduta nessas condições, age com dolo e a ele se podem atribuir o fato e suas consequências diretas (morte do inimigo e de outras pessoas, a demolição da casa, o perigo para os transeuntes etc.).

### 3.7.3 Dolo no Código Penal

Reza o art. 18, inciso I, do CP: "Diz-se o crime: doloso, quando o agente quis o resultado ou assumiu o risco de produzi-lo." Como resultado deve-se entender a lesão ou perigo de lesão de um bem jurídico (item 3.2.9).[111]

---

107. Cf. FRAGOSO, Heleno Cláudio. Ob. cit. p. 174.
108. Cf. WELZEL, Hans. Ob. cit. p. 95. Para alguns finalistas, porém, o dolo não é integrante da conduta mas está no mundo pré-jurídico; na conduta está a finalidade. Para esses, o dolo é a *finalidade tipificada*.
109. Cf. JESCHECK, Hans-Heinrich. Ob. cit. p. 398-399.
110. Cf. MORSELLI, Elio. O elemento subjetivo do crime à luz da moderna criminologia. *RBCC* 8/7-13.
111. Como bem anota Heitor Costa Junior, a forma empregada na lei (então projeto) é extremamente simples e doutrinariamente insatisfatória, não sendo necessária a referência ao resultado no conceito de dolo. Sua su-

Na primeira parte do dispositivo a lei refere-se ao agente que quer o resultado. É o que se denomina *dolo direto*; o agente realiza a conduta com o fim de obter o resultado. Assim, quer matar (art. 121), quer causar lesão corporal (art. 129), quer subtrair (art. 155) etc.

Fala-se em dolo direto de *primeiro grau* quando o autor quer realizar precisamente o resultado (quer matar e dispara contra a vítima) e de dolo direto de segundo grau, quando não quer diretamente o resultado, mas o admite como necessariamente unido ao resultado que busca (quer derrubar um muro e dirige a motoniveladora contra este por sobre uma pessoa que se interpõe em seu caminho). Distingue-se o dolo direto de segundo grau do dolo eventual porque, no primeiro, o autor tem consciência de que o resultado é *inevitável*, no dolo eventual ele aparece como resultado *possível*[112]

Na segunda parte do inciso em estudo, a lei trata do *dolo eventual*. Nesta hipótese, a vontade do agente não está dirigida para a obtenção do resultado; o que ele quer é algo diverso, mas, prevendo que o evento possa ocorrer, assume assim mesmo o risco de causá-lo. Essa possibilidade de ocorrência do resultado não o detém e ele pratica a conduta, consentindo no resultado. Há dolo eventual, portanto, quando o autor tem seriamente como possível a realização do tipo legal se praticar a conduta e se conforma com isso. Exemplos de dolo eventual são o do motorista que avança com o automóvel contra uma multidão, porque está com pressa de chegar a seu destino, por exemplo, aceitando o risco da morte de um ou mais pedestres; do médico que ministra medicamento que sabe poder conduzir à morte o paciente, apenas para testar o produto etc. Encontram-se na jurisprudência alguns casos de homicídio com dolo eventual: desferir pauladas na vítima, a fim de com ela manter relações sexuais, estuprando-a em seguida e provocando-lhe a morte em consequência dos golpes desferidos;[61] atirar em outrem para assustá-lo;[62] atropelar ciclista e, em vez de deter a marcha do veículo, acelerá-lo, visando arremessar ao solo a vítima que caíra sobre o carro;[63] dirigir caminhão, em alta velocidade, na contramão, embriagado, batendo em automóvel que trafegava regularmente e matando três pessoas;[64] praticar o militar a "roleta russa", acionando por vezes o revólver carregado com um cartucho só e apontando-o sucessivamente a cada um de seus subordinados, para experimentar a sorte deles;[65] participar de inaceitável disputa automobilística realizada em via pública ("racha"), ocasionando morte[66] etc.

Age também com dolo eventual o agente que, na dúvida a respeito de um dos elementos do tipo, se arrisca em concretizá-lo. Atua com dolo eventual e comete estupro de vulnerável (art. 217-A) aquele que, na ignorância, dúvida ou incerteza quanto à

---

gestão para o anteprojeto era a técnica empregada no Código Penal Tipo para a América Latina. Diz o autor: "Na discussão da matéria no Instituto de Ciências Penais resultou a seguinte redação: 'Art. 18. Diz-se o crime doloso, quando o agente: I – representando um fato que corresponde a um tipo legal de crime, atua com a vontade de o realizar; II – representa a realização de um fato que corresponde a um tipo legal de crime como consequência necessária da conduta que empreende; III – representando a probabilidade de realizar um fato que corresponde a um tipo legal de crime, ainda assim atua conformando-se com sua realização.'" COSTA JUNIOR, Heitor. Ob. cit. p. 462.
112. (Cf, PUIG Santiago Mir. *Derecho penal*: parte general. 3. ed. Barcelona: PPU, 1990. p. 261.

idade da vítima (que é menor de 14 anos), com ela mantém conjunção carnal ou pratica outro ato libidinoso.[67]

Em certos tipos penais, porém, em que a descrição da conduta impõe um conhecimento especial da circunstância que dá colorido ao fato (exemplos: ser a coisa produto de crime, na receptação – art. 180; conhecer a existência de impedimento – art. 237; prestar-se a figurar como proprietário ou possuidor de valor pertencente a estrangeiro, no crime de falsidade em prejuízo da nacionalização de sociedade – art. 310), não há que se falar em dolo eventual.[113] Nessas hipóteses típicas, é indispensável a certeza a respeito do elemento do tipo.

Prevalece em relação ao dolo eventual a teoria do assentimento, ao menos nos termos em que é ele definido na lei. Justifica-se a equiparação do dolo direto ao dolo eventual na legislação penal porque arriscar-se conscientemente a produzir um resultado vale tanto quanto querê-lo.

### 3.7.4 Tipo subjetivo

Nos tipos normais, composto apenas de elementos objetivos (descritivos), basta o dolo, ou seja, a vontade de realizar a conduta típica ou voluntariamente consentir que ela se realize. Basta, pois, que o agente tenha conhecimento dos elementos objetivos (verbo, sujeito passivo etc.). Existem, porém, tipos constituídos também por elementos normativos (item 3.2.12), e deve o agente também ter consciência deles. Deve saber, por exemplo, quem devassa correspondência *indevidamente* (art. 151), que o ato por ele praticado é *obsceno* (art. 233) etc. Assim, a aferição do conhecimento dos elementos normativos apresenta maiores dificuldades que a dos elementos objetivos, entendendo-se na doutrina que esse conhecimento é uma valoração não propriamente jurídica, mas paralela ao profano, ou seja, do não especialista, e que se leva em conta inclusive o nível social do autor para seu reconhecimento no caso concreto.[114]

Além de tudo, porém, em certos tipos penais anormais, que contêm elementos subjetivos, o dolo, ou seja, a consciência e vontade a respeito dos elementos objetivos e normativos não basta; são necessários esses elementos subjetivos no autor para que haja correspondência entre a conduta do agente e o tipo penal (o que é explicado na doutrina com a denominação de *congruência*). Dessa forma, para haver o crime de assédio sexual é necessário o intuito de obter vantagem ou favorecimento sexual (art. 216-A), para existir o abandono de recém-nascido é necessário que seja ele praticado para ocultar desonra própria (art. 134) etc.

Dessa distinção surge uma diferença. A carga subjetiva é denominada de *tipo subjetivo* e se esgota apenas no dolo quando o tipo penal contém apenas elementos objetivos e normativos, mas, naqueles em que existem elementos subjetivos, deve abranger estes.

---

113. Cf. PIMENTEL, Manoel Pedro. Ob. cit. p. 80-81.
114. Cf. PUIG, Santiago Mir. *Derecho penal*: parte general. 3. ed. Barcelona: PPU, 1990. p. 258-259.

Por isso, pode-se dizer que o tipo subjetivo é o dolo e eventualmente o dolo e outros elementos subjetivos inscritos ou implícitos no tipo penal abstrato.[115]

### 3.7.5 Elementos subjetivos do tipo

Distingue a doutrina várias espécies de elementos subjetivos do tipo.

A primeira delas relaciona-se com a finalidade última do agente, ou seja, a meta que o agente deseja obter com a prática da conduta inscrita no núcleo do tipo e descrita no verbo principal do tipo penal. É o *fim especial da conduta* que está inscrito no próprio tipo. É, por exemplo, a finalidade de "ocultar desonra própria" no crime de exposição ou abandono de recém-nascido (art. 134), a de "transmitir moléstia grave", no delito de perigo de contágio de moléstia grave (art. 131), o "intuito de haver indenização ou valor de seguro" na fraude para recebimento de indenização ou valor de seguro (art. 171, § 2º, V) etc. Na doutrina tradicional, a vontade de praticar o núcleo do tipo é chamada *dolo genérico* e a finalidade especial, *dolo específico* (item 3.7.6).

A segunda espécie de elemento subjetivo do tipo é a que se refere a uma tendência especial da ação, própria de certos crimes sexuais, como, por exemplo, o desejo de satisfazer à lascívia no crime de violação sexual mediante fraude (art. 215). O ginecologista que, a pretexto de efetuar um exame na mulher, com os toques procura satisfazer sua lascívia, está praticando o crime de violação sexual mediante fraude. Só a tendência de sua ação é que diferencia esse fato típico de um mero exame ginecológico.

Constitui também elemento subjetivo do tipo o estado de consciência do agente a respeito de determinada circunstância inscrita em certas descrições legais. Só existe o crime de receptação dolosa se, além da vontade do agente em adquirir a coisa, *sabe* que ela é produto de crime (art. 180, *caput*); de propalação ou divulgação de calúnia quando o agente, *sabendo falsa* a imputação a propala ou divulga (art. 138, § 1º); de denunciação caluniosa quando o autor imputa à vítima crime, infração ético-disciplinar ou ato ímprobo *de que o sabe* inocente (art. 339).

Por fim, há elementos subjetivos ligados ao momento especial de ânimo do agente. Assim, só haverá homicídio qualificado por meio "cruel" se o agente agir por crueldade; só haverá homicídio qualificado por "motivo torpe" se houver o intuito ignóbil do agente etc.[116]

---

115. Para alguns autores, porém, *dolo* é o termo utilizado para abranger todos os elementos subjetivos do agente necessários para abranger a totalidade da figura penal, não utilizando, portanto, a expressão *tipo subjetivo*.
116. Para alguns finalistas, motivos do crime não dizem respeito ao tipo subjetivo e sim à culpabilidade. Tal se nos afigura correto somente quando o motivo não é elemento do tipo penal objetivo, indicando apenas maior ou menor censurabilidade da conduta. Quando o motivo está contido na descrição penal, faz ele parte do tipo subjetivo do agente.

### 3.7.6 Espécies de dolo

Distingue-se na doutrina o dolo *direto* ou *determinado* do dolo *indireto* ou *indeterminado*. No primeiro, o agente quer determinado resultado, como a morte da vítima, por exemplo, no homicídio. No segundo, o conteúdo do dolo não é preciso, definido. Neste caso, poderá existir o dolo *alternativo*, em que o agente quer, entre dois ou mais resultados (matar ou ferir, por exemplo), qualquer deles[117] ou o dolo *eventual* (item 3.7.3).

Refere-se ainda a doutrina ao dolo *de dano*, em que o agente quer ou assume o risco de causar lesão efetiva (arts. 121, 155 etc.) e ao dolo *de perigo*, em que o autor da conduta quer apenas o perigo (arts. 132, 133 etc.). São essas espécies, porém, substancialmente idênticas. Dolo existe quando o agente quer ou consente na realização da figura típica ou, nos termos da lei, quando quer ou consente no resultado, não importando que esse tipo (ou evento) seja de dano ou de perigo.

Distinção da doutrina tradicional é aquela que separa as espécies de dolo em dolo genérico e dolo específico. Dolo *genérico* é a vontade de realizar o fato descrito na lei, em seu núcleo (vontade de matar, de subtrair etc.). Dolo *específico* é a vontade de realizar o fato com um fim especial (fim libidinoso, de obter vantagem indevida etc.). Foi visto, entretanto, que a distinção é falha, pois o que existe são os elementos subjetivos do tipo (itens 3.7.4 e 3.7.5).

Fala-se, por fim, em dolo *geral*. Existe este nos casos em que o agente, supondo ter conseguido o resultado pretendido, pratica nova ação que, esta sim, vem a resultar no evento. É o exemplo da vítima de golpes de faca em tentativa de homicídio que é atirada ao mar pelo agente, na suposição de já tê-lo eliminado, causando-lhe a morte por afogamento. Responderá ele por homicídio doloso consumado em decorrência do denominado dolo geral quando, tecnicamente, haveria tentativa de homicídio seguida de homicídio culposo.

### 3.7.7 Dolo e pena

A quantidade da pena não varia segundo a espécie de dolo como previsto no art. 18, inciso I. Assim, em homicídio simples, a pena será a cominada abstratamente para o crime (reclusão de 6 a 20 anos), quer ocorra o dolo direto, quer tenha o agente atuado com dolo eventual. Na aplicação da pena, porém, o juiz poderá levar em consideração a espécie de dolo. Na lei anterior fazia-se referência expressa à intensidade do dolo como uma das circunstâncias judiciais destinadas a orientar o julgador. A vigente apenas refere-se à culpabilidade.

---

117. "Não é possível entrar-se na mente do acusado para saber o que efetivamente pretendia. Entretanto, acionando dispositivo gravemente lesivo, também mortal, na direção da vítima, ou mesmo que fosse no sentido de lecioná-la, em verdade assumiu o risco óbvio, até natural, de ferir ou matar o visado" (TACRIM – SP – Ap. Crim. 63.731. Relator Ary Belfort). FRANCO, Alberto Silva, BETANHO, Luiz Carlos, FELTRIN, Sebastião Oscar. *Código penal e sua interpretação jurisprudencial*. 4. ed. São Paulo: Revista dos Tribunais, 1979. v. 1. t. 1. p. 87-88.

### 3.7.8 Elemento subjetivo nas contravenções

Diz o art. 3º da Lei das Contravenções Penais que, para a existência da contravenção, basta a ação ou omissão voluntária, devendo-se, todavia, ter em conta o dolo ou a culpa se a lei faz depender, de uma ou de outra, qualquer efeito jurídico. Em correspondência com a definição de dolo extraída do Código Penal, dispensa a LCP, como regra geral, a vontade de causar o resultado ou de assumir o risco de produzi-lo, bastando a vontade de conduta, como a de praticar vias de fato (art. 21), a de fingir-se funcionário público (art. 45) etc.

Entretanto, a vontade do dolo não está necessariamente em querer o resultado, mas apenas em ser dirigida a ele, razão pela qual se entende que não há distinção entre o tipo subjetivo do crime e o da contravenção. Em ambas se exige o dolo natural consistente na vontade de realização do tipo, colocando-se o agente consciente e deliberadamente em situação ilícita.[118]

A exceção a que se refere a lei contravencional quanto ao dolo e à culpa diz respeito a outros elementos subjetivos das contravenções, como nas expressões *por acinte ou motivo reprovável*, referida no revogado art. 65, ou *por ociosidade ou cupidez*, mencionada no revogado art. 60,[119] que constituem momento especial do ânimo do agente ao praticar a ação ou omissão, uma das espécies de elementos subjetivos da ilicitude (item 3.7.5, *in fine*).

## 3.8 CRIME CULPOSO

### 3.8.1 Conceito de culpa

Apesar de longa elaboração doutrinária, não se chegou ainda a um conceito perfeito de culpa em sentido estrito, e, assim, do crime culposo. Por essa razão, mesmo com a reforma da Parte Geral, a lei limita-se a prever as modalidades da culpa, declarando o art. 18, inciso II, que o crime é culposo "quando o agente deu causa ao resultado por imprudência, negligência ou imperícia".

Para o Código Penal Tipo para a América Latina, no art. 26, "age com culpa quem realiza o fato legalmente descrito por inobservância do dever de cuidado que lhe incumbe, de acordo com as circunstâncias e suas condições pessoais, e, no caso de representá-lo como possível, se conduz na confiança de poder evitá-lo". Tem-se conceituado na doutrina o crime culposo como a conduta voluntária (ação ou omissão) que produz

---

118. Cf. PIMENTEL, Manoel Pedro. *Contravenções penais*. 2. ed. São Paulo: Revista dos Tribunais, 1978. p. 20-22.
119. O art. 60 da LCP que descrevia a contravenção de mendicância foi revogado pela Lei nº 11.983, de 16-7-2009; o art. 65 da LCP que descrevia molestar alguém ou perturbar-lhe a tranquilidade foi revogado pela Lei nº 14.132, de 31-3-2021.

resultado antijurídico não querido, mas previsível, e excepcionalmente previsto, que podia, com a devida atenção, ser evitado.

São assim elementos do crime culposo:

a) a conduta;

b) a inobservância do dever de cuidado objetivo;

c) o resultado lesivo involuntário;

d) a previsibilidade; e

e) a tipicidade.

### 3.8.2 Conduta

Enquanto nos crimes dolosos a vontade está dirigida à realização de resultados objetivos ilícitos, os tipos culposos ocupam-se não com o fim da conduta, mas com as consequências antissociais que a conduta vai produzir; no crime culposo o que importa não é o fim do agente (que é normalmente lícito), mas o modo e a forma imprópria com que atua. Os tipos culposos proíbem, assim, condutas em decorrência da forma de atuar do agente para um fim proposto e não pelo fim em si. O elemento decisivo da ilicitude do fato culposo reside não propriamente no resultado lesivo causado pelo agente, mas no *desvalor da ação* que praticou. Se um motorista, por exemplo, dirige velozmente para chegar a tempo de assistir à missa domingueira e vem a atropelar um pedestre, o fim lícito não importa, pois agiu ilicitamente ao não atender ao cuidado necessário a que estava obrigado em sua ação, dando causa ao resultado lesivo (lesão, morte).[120] Essa inobservância do dever de cuidado faz com que essa sua ação configure uma ação típica. A conduta culposa é, portanto, elemento do fato típico.

### 3.8.3 Dever de cuidado objetivo

A cada homem, na comunidade social, incumbe o dever de praticar os atos da vida com as cautelas necessárias para que de seu atuar não resulte dano a bens jurídicos alheios. Quem vive em sociedade não deve, com uma ação irrefletida, causar dano a terceiro, sendo-lhe exigido o dever de cuidado indispensável a evitar tais lesões. Assim, se o agente não observa esses cuidados indispensáveis, causando com isso dano a bem

---

120. Tem-se afirmado que o fim da conduta, nos crimes culposos, é penalmente irrelevante. Entretanto, é ele inerente à própria ação e pode influir na modalidade de culpa com que atua o sujeito. Supondo-se o fato de alguém sair de uma garagem dirigindo o veículo em marcha à ré e atropelando um pedestre, a modalidade da ação culposa pode ser determinada pelo fim da ação. Se o motorista não observou as cautelas necessárias porque desejava sair rapidamente de casa, haverá imprudência; se, entretanto, o veículo foi posto em marcha à ré pelo agente que, desconhecendo a posição da alavanca do câmbio porque era inábil, desejava experimentar seu funcionamento, haverá imperícia. Outro exemplo: se um médico efetua uma intervenção cirúrgica com o fim de testar uma técnica ainda não explorada e ela se revela prejudicial, causando a morte do paciente, haverá imprudência; se o fez porque supunha, erroneamente, que era a técnica adequada para salvá-lo, haverá imperícia.

jurídico alheio, responderá por ele. É a inobservância do cuidado objetivo exigível do agente que torna a conduta antijurídica.

Como muitas das atividades humanas podem provocar perigo para os bens jurídicos, sendo inerentes a elas um risco que não pode ser suprimido inteiramente sob pena de serem totalmente proibidas (dirigir um veículo, operar um maquinismo, lidar com substâncias tóxicas etc.), procura a lei estabelecer quais os deveres e cuidados que o agente deve ter quando desempenha certas atividades (velocidade máxima permitida nas ruas e estradas, utilização de equipamento próprio em atividades industriais, exigência de autorização para exercer determinadas profissões etc.). É impossível, porém, uma regulamentação jurídica que esgote todas as possíveis violações de cuidados nas atividades humanas. Além disso, às vezes a violação de uma norma jurídica não significa que o agente tenha agido sem as cautelas exigíveis no caso concreto. Quando não se pode distinguir pelas normas jurídicas se, em determinado fato lesivo a um bem jurídico, foram obedecidas as cautelas exigíveis, somente se poderá verificar o âmbito do cuidado exigido no caso concreto se forem considerados os aspectos particulares relacionados com a ocorrência. Essa verificação inclui a indagação a respeito da possibilidade de reconhecimento do risco de causar uma lesão e da forma que o agente se coloca diante dessa possibilidade. Deve-se confrontar a conduta do agente que causou o resultado lesivo com aquela que teria um homem razoável e prudente em lugar do autor. Se o agente não cumpriu com o dever de diligência que aquele teria observado, a conduta é típica, e o causador do resultado terá atuado com imprudência, negligência ou imperícia (item 3.8.7). É proibida e, pois, típica, a conduta que, desatendendo ao cuidado, a diligência ou à perícia exigíveis nas circunstâncias em que o fato ocorreu, provoca o resultado. A inobservância do cuidado objetivo exigível conduz à antijuridicidade.[68]

### 3.8.4 Resultado

Em si mesma, a inobservância do dever de cuidado não constitui conduta típica porque é necessário outro elemento do tipo culposo: o resultado. Só haverá ilícito penal culposo se da ação contrária ao cuidado resultar lesão a um bem jurídico. Se, apesar da ação descuidada do agente, não houver resultado lesivo, não haverá crime culposo.

O resultado não deixa de ser um "componente de azar" da conduta humana no crime culposo (dirigir sem atenção *pode* ou *não* causar colisão e lesões em outra pessoa). Não existindo o resultado (não havendo a colisão), não se responsabilizará por crime culposo o agente que inobservou o cuidado necessário, ressalvada a hipótese em que a conduta constituir, por si mesma, um ilícito penal. Na ausência de resultado lesivo não pratica crime culposo, por exemplo, o motorista que dirige em estado de sonolência, mas aquele que conduz o veículo em estado de embriaguez ou sob influência de drogas comete o crime previsto no art. 306 do CTB. A exigência do resultado lesivo para a existência do crime culposo justifica-se pela função política garantidora que deve orientar o legislador na elaboração do tipo penal.[121]

Não haverá crime culposo mesmo que a conduta contrarie os cuidados objetivos e se verifica que o resultado se produziria da mesma forma, independentemente da ação descuidada do agente. Assim, se alguém se atira sob as rodas do veículo que é dirigido pelo motorista na contramão de direção, não se pode imputar a este o resultado (morte do suicida). Trata-se, no caso, de mero caso fortuito.

Evidentemente, deve haver no crime culposo, como em todo fato típico, a relação de causalidade entre a ação e o resultado, obedecendo-se ao que dispõe a lei brasileira no art. 13 do CP (item 3.2.10).

### 3.8.5 Previsibilidade

O tipo culposo é diverso do doloso. Há na conduta não uma vontade dirigida à realização do tipo, mas apenas um conhecimento potencial de sua concretização, vale dizer, uma possibilidade de conhecimento de que o resultado lesivo pode ocorrer. Esse aspecto subjetivo da culpa é a possibilidade de conhecer o perigo que a conduta descuidada do sujeito cria para os bens jurídicos alheios, e a possibilidade de prever o resultado conforme o conhecimento do agente. A essa possibilidade de conhecimento e previsão dá-se o nome de *previsibilidade*.

A previsibilidade – como anota Damásio – é a possibilidade de ser antevisto o resultado, nas condições em que o sujeito se encontrava.[122] Exige-se que o agente, nas circunstâncias em que se encontrava, pudesse prever o resultado de seu ato. A condição mínima de culpa em sentido estrito é a previsibilidade; ela não existe se o resultado vai além da previsão.[(69)]

A rigor, porém, quase todos os fatos naturais podem ser previstos pelo homem (inclusive de uma pessoa poder atirar-se sob as rodas do automóvel que se está dirigindo). É evidente, porém, que não é essa previsibilidade em abstrato de que se fala. Se não se interpreta o critério de previsibilidade informadora da culpa com certa flexibilidade, o resultado lesivo sempre seria atribuído a seu causador. Não se pode confundir o dever de prever, fundado na diligência ordinária de um homem qualquer, com o poder de previsão. Diz-se, então, que estão fora do tipo penal dos delitos culposos os resultados que estão fora da *previsibilidade objetiva* de um homem razoável, não sendo culposo o ato quando o resultado só teria sido evitado por pessoa extremamente prudente. Assim, só é típica a conduta culposa quando se puder estabelecer que o fato era possível de ser previsto pela perspicácia comum, normal dos homens.[123]

---

121. Cf. ZAFFARONI, Eugênio Raúl. Ob. cit. p. 364.
122. Cf. JESUS, Damásio E. de. Ob. cit. p. 283.
123. Cf. WELZEL, Hans. Ob. cit. p. 194; JESUS, Damásio E. de. Ob. cit. p. 284; FRAGOSO, Heleno Cláudio. Ob. cit. p. 284.

Os homens, porém, são distintos no que concerne à inteligência, sagacidade, instrução, conhecimentos técnicos específicos etc., variando a condição de prever os fatos em cada um. Assim, a previsibilidade, segundo a doutrina, deve ser estabelecida também conforme a capacidade de previsão de cada indivíduo. A essa condição dá-se o nome de *previsibilidade subjetiva*. Verificado que o fato é típico diante da previsibilidade objetiva (do homem razoável), só haverá reprovabilidade ou censurabilidade da conduta (culpabilidade) se o sujeito pudesse prevê-la (previsibilidade subjetiva).[124]

Há que se atentar, porém, para o princípio do *risco tolerado*. Há comportamentos perigosos imprescindíveis, que não podem ser evitados e, portanto, não podem ser tidos como ilícitos (médico que realiza uma cirurgia em circunstâncias precárias podendo causar a morte do paciente; piloto de corridas que pelas condições da pista pode fazer seu veículo derrapar e causar a morte de espectadores etc.).

A previsibilidade também está sujeita ao princípio *da confiança*. O dever objetivo de cuidado é dirigido a todos, de se comportarem adequadamente, não se podendo exigir que as pessoas ajam desconfiando do comportamento de seus semelhantes. Assim, o motorista tem a confiança, espera *(ação esperada)*, que o pedestre não atravesse a rua em local ou momento inadequado, sem olhar para os veículos que ali trafegam. Se ele o faz, sendo colhido pelo automóvel, inexiste a culpa. Para a determinação em concreto da conduta correta de um, não se pode, portanto, deixar de considerar aquilo que seria lícito, nas circunstâncias, esperar-se de outrem, ou melhor, da própria vítima.[125]

Se o fato for previsível, pode o agente, no caso concreto, prevê-lo ou não. Não tendo sido previsto o resultado, existirá a chamada culpa inconsciente; se previsto, pode ocorrer a culpa consciente ou dolo eventual (item 3.8.8). Inexistente a previsibilidade, não responde o agente pelo resultado, ou seja, inexiste o crime culposo.[(70)]

### 3.8.6 Tipicidade

Nos crimes culposos a ação não está descrita como nos crimes dolosos. São normalmente *tipos abertos* que necessitam de complementação de uma norma de caráter geral, que se encontra fora do tipo, e mesmo de elementos do tipo doloso correspondente.

---

124. Essa colocação doutrinária, para nós, não é perfeita. Em primeiro lugar, por se fundar a previsibilidade objetiva em uma abstração (homem razoável, homem médio, homem padrão, homem modelo etc.) que não se consegue caracterizar suficientemente. Em segundo porque fica excluída a tipicidade do fato praticado por alguém que, por suas qualificações, tem maiores possibilidades de prever o resultado que o homem comum (um piloto de corridas ou um motorista profissional, em se tratando da previsão com relação a problemas de trânsito, um eletricista no que diz respeito aos perigos de máquinas movidas a energia elétrica, o químico quanto às substâncias tóxicas etc.). Adotando-se a teoria exposta, não há fato típico se praticado pela pessoa mais qualificada, embora por suas condições pudesse prever o resultado e operar com maiores cuidados do que os exigidos do homem comum. Por essa razão, estamos com Zaffaroni quando afirma que a previsibilidade deve ser estabelecida conforme a capacidade de previsão de cada indivíduo, sem que para isso se tenha de recorrer a nenhum "termo médio" ou "critério de normalidade" (ZAFFARONI, Eugênio Raúl. Ob. cit. p. 369). Assim, pode haver ou não tipicidade conforme a capacidade de prever do sujeito ativo. A previsibilidade subjetiva é, para nós, elemento psicológico (subjetivo) do tipo culposo.
125. TOLEDO, Francisco de Assis. Ob. cit. p. 290.

Assim, a lei brasileira prevê no art. 129, § 6º: "Se a lesão é culposa: Pena – detenção, de dois meses a um ano" e no art. 250, § 2º: "Se culposo o incêndio, a pena é de detenção, de seis meses a dois anos", exigindo-se para a adequação do fato a esses tipos penais a complementação prevista no art. 18, inciso II (conceito legal para o entendimento do crime culposo), no art. 129, *caput* (que prevê a lesão corporal como ofensa à integridade corporal ou à saúde de outrem) e também, no art. 250, *caput* (que prevê na conceituação do incêndio a exposição de perigo à vida, à integridade física ou ao patrimônio de outrem).

A tipicidade nos crimes culposos determina-se através da comparação entre a conduta do agente e o comportamento presumível que, nas circunstâncias, teria uma pessoa de discernimento e prudência ordinários. É típica a ação que provocou o resultado quando se observa que não atendeu o agente ao cuidado e à atenção adequados às circunstâncias.[126] Em suma, a culpa, à semelhança do dolo, é uma atitude contrária ao dever; portanto, reprovável da vontade, no dizer de Antolisei.[(71)]

### 3.8.7 Modalidades de culpa

As *modalidades* de culpa, ou formas de manifestação da falta do cuidado objetivo, estão discriminadas no art. 18, inciso II: imprudência, negligência ou imperícia.

A *imprudência* é uma atitude em que o agente atua com precipitação, inconsideração, com afoiteza, sem cautelas, não usando de seus poderes inibidores. Exemplos: manejar ou limpar arma carregada próximo a outras pessoas; caçar em local de excursões; dirigir sem óculos quando há defeito na visão, fatigado, com sono, em velocidade incompatível com o local e as condições atmosféricas etc.

A *negligência* é inércia psíquica, a indiferença do agente que, podendo tomar as cautelas exigíveis, não o faz por displicência ou preguiça mental. Exemplos: não colocar avisos junto a valetas abertas para um reparo na via pública; não deixar freado automóvel quando estacionado; deixar substância tóxica ao alcance de crianças etc.

A *imperícia* é a incapacidade, a falta de conhecimentos técnicos no exercício de arte ou profissão, não tomando o agente em consideração o que sabe ou deve saber. Exemplos: não saber dirigir um veículo, não estar habilitado para uma cirurgia que exija conhecimentos apurados etc. A imperícia pressupõe sempre a qualidade de habilitação *legal* para a *arte* (motorista amador, por exemplo) ou *profissão* (motorista profissional, médico, engenheiro etc.). Havendo inabilidade para o desempenho da atividade fora da profissão (motorista sem carta de habilitação, médico não diplomado etc.), a culpa é imputada ao agente por imprudência ou negligência, conforme o caso. São imprudentes o motorista não habilitado legalmente que não sabe dirigir, o curandeiro que pratica intervenção cirúrgica etc.

---

126. FRAGOSO, Heleno Cláudio. Ob. cit. p. 226-227. Ver a propósito do conceito de previsibilidade do homem comum.

Além de serem imprecisos os limites que distinguem essas modalidades de culpa, podem elas coexistir no mesmo fato. Poderá haver imprudência e negligência (pneus gastos que não foram trocados e excesso de velocidade), a negligência e a imperícia (profissional incompetente que age sem providências específicas), a imperícia e a imprudência (motorista canhestro recém-habilitado que dirige em velocidade incompatível com o local) etc.

De especial interesse é o crime culposo nos casos de médicos, cirurgiões e outros profissionais. Haverá negligência se o profissional esquecer um instrumento no abdômen do paciente, quando de intervenção cirúrgica, ou trocar, por engano, a dosagem do remédio na receita; haverá imprudência quando procurar técnica mais difícil e não testada para delicada intervenção ou para a construção de uma ponte etc. É necessário, entretanto, que se distinga a culpa do chamado *erro profissional*. Este ocorre quando, empregados os conhecimentos normais da Medicina, por exemplo, chega o médico à conclusão errada no diagnóstico, intervenção cirúrgica etc., não sendo o fato típico. Segundo a doutrina e a jurisprudência, só a falta grosseira desses profissionais consubstancia a culpa penal, pois exigência maior provocaria a paralisação da Ciência, impedindo os pesquisadores de tentarem métodos novos de cura, de edificações etc.[127]

### 3.8.8 Espécies de culpa

Refere-se a doutrina à culpa inconsciente e à culpa consciente, também chamada culpa com previsão.

A culpa *inconsciente* existe quando o agente não prevê o resultado que é previsível. Não há no agente o conhecimento efetivo do perigo que sua conduta provoca para o bem jurídico alheio.

A culpa *consciente* ocorre quando o agente prevê o resultado, mas espera, sinceramente, que não ocorrerá. Há no agente a representação da possibilidade do resultado, mas ele a afasta por entender que o evitará, que sua habilidade impedirá o evento lesivo que está dentro de sua previsão.[128] Exemplo clássico dessa espécie de culpa é o do caçador que, avistando um companheiro próximo do animal que deseja abater, confia em sua condição de perito atirador para não atingi-lo quando disparar, causando, ao final, lesões ou morte da vítima ao desfechar o tiro.

A culpa consciente avizinha-se do dolo *eventual*, mas com ela não se confunde. Naquela, o agente, embora prevendo o resultado, não o aceita como possível. Neste, o agente prevê o resultado, não se importando que venha ele a ocorrer. Pela lei penal estão equiparadas a culpa inconsciente e a culpa com previsão, "pois tanto vale não ter consciência da anormalidade da própria conduta, quanto estar consciente dela, mas confiando,

---

127. Cf. HUNGRIA, Nelson. Ob. cit. p. 205. *RT* 571/388. Sobre as características do *erro profissional* (erro escusável) dos médicos; RAMOS, Pedro Lúcio Tavares. Erro médico: aspecto jurídico e médico-legal. *RT* 625/419.
128. Cf. CALLEGARI, André Luís. Dolo eventual, culpa consciente e acidente de trânsito. *RT* 717/513.

sinceramente, em que o resultado lesivo não sobrevirá".[129] Já quanto ao dolo eventual, este se integra por estes dois componentes – representação da possibilidade do resultado e anuência a que ele ocorra, assumindo o agente o risco de produzi-lo.[130] Igualmente, a lei não o distingue do dolo direto ou eventual, punindo o autor por crime doloso.

Distingue-se, ainda, a culpa *própria*, em que o agente não quer o resultado nem assume o risco de produzi-lo, da culpa *imprópria*, também denominada culpa por extensão, equiparação ou assimilação. Deriva esta do erro de tipo inescusável (item 3.11.3), do erro inescusável nas descriminantes putativas (item 5.2.5) ou do excesso nas causas justificativas (item 4.5.1). Nessas hipóteses, o sujeito *quer* o resultado, mas sua vontade está viciada por um erro que poderia, com o cuidado necessário, ter evitado. Assinala Damásio que a denominação é incorreta, uma vez que na chamada culpa imprópria se tem, na verdade, um crime doloso e que o legislador aplica a pena do crime culposo.[131] O tratamento do fato como crime culposo justifica-se porque o agente deu causa ao resultado por não atender ao cuidado objetivo que dele se exigia na prática do ato.

Diz-se que a culpa é *presumida* quando, não se indagando se no caso concreto estão presentes os elementos da conduta culposa, o agente é punido por determinação legal, que presume a ocorrência dela. Na legislação anterior ao CP de 1940 ocorria punição por crime culposo quando o agente causasse o resultado apenas por ter infringido uma disposição regulamentar (dirigir sem habilitação legal, acima do limite estabelecido na rodovia etc.), ainda que não houvesse imprudência, negligência ou imperícia. A culpa presumida, forma de responsabilidade objetiva, já não é prevista na legislação penal.[(72)] Assim, a culpa deve ficar provada, não se aceitando presunções ou deduções que não se alicercem em prova concreta e induvidosa.[(73)]

A inobservância de disposição regulamentar poderá, entretanto, caracterizar uma contravenção (dirigir embarcação sem habilitação nos termos do art. 32 da LCP, por exemplo) ou apenas um ilícito administrativo (dirigir veículo automotor em velocidade proibida em rodovias, nos termos do art. 218 do CTB).

### 3.8.9 Graus da culpa

Distinção do Direito Romano é a derivada do grau da culpa: *grave* (ou lata), *leve* e *levíssima*, de acordo com a maior ou menor possibilidade de previsão do resultado e mesmo dos cuidados objetivos tomados ou não pelo sujeito. Esses graus, não distinguidos expressamente na lei, têm interesse somente na aplicação da pena. Embora a lei nova já não se refira ao grau de culpa como uma das circunstâncias que devem ser aferidas pelo juiz para a fixação da pena, deve ser ela levada em consideração como uma das circunstâncias do fato (art. 59).

---

129. Exposições de motivos do CP de 1940.
130. Cf. MOTTA JÚNIOR, Eliseu Florentino da. Dolo eventual ou culpa consciente? Em busca da distinção. *Justitia* 162/9-19.
131. Cf. JESUS, Damásio E. de. Ob. cit. p. 287.

Tem-se entendido que está isento de responsabilidade o agente que dá causa ao resultado com culpa levíssima.[74] Tal distinção é fundada na afirmação de que o evento, na hipótese de culpa levíssima, só poderia ser evitado se seu causador atuasse com atenção extraordinária, o que equivaleria praticamente ao caso fortuito.[132] Em sentido contrário, porém, manifestam-se alguns doutrinadores diante do silêncio da lei penal a respeito do assunto.[133] A distinção perde seu interesse já que estará excluída a responsabilidade penal quando o agente atuou com as cautelas a que estava obrigado em decorrência de suas condições pessoais.

### 3.8.10 Compensação e concorrência de culpas

Ao contrário do que ocorre no Direito Civil (art. 945 do CC), as culpas *não se compensam* na área penal.[75] Havendo culpa do agente e da vítima, aquele não se escusa da responsabilidade pelo resultado lesivo causado a esta. A imprudência do pedestre que cruza a via pública em local inadequado não afasta a do motorista que, trafegando na contramão, vem a atropelá-lo. Em matéria criminal, a *culpa recíproca* apenas produz efeitos quanto à fixação da pena (o art. 59 alude ao "comportamento da vítima" como uma das circunstâncias a serem consideradas), ficando neutralizada a culpa do agente somente quando demonstrado inequivocamente que o atuar da vítima tenha sido a causa exclusiva do evento.[76] Sendo o evento decorrente de culpa exclusiva da "vítima", evidentemente não há ilícito culposo a ser considerado.[77]

Há *concorrência de culpas* quando dois ou mais agentes (excetuada a coautoria, em que deve haver um liame psicológico entre eles) causam resultado lesivo por imprudência, negligência ou imperícia. Todos respondem pelos eventos lesivos.[78] Uma tríplice colisão, em que ocorra lesões corporais ou morte, por exemplo, os motoristas que agiram culposamente (velocidade incompatível com o local, imperícia na manobra, reflexos lentos em decorrência de sono ou fadiga etc.) serão responsabilizados pelo resultado.

### 3.8.11 Excepcionalidade do crime culposo

Nos termos do art. 18, parágrafo único, os crimes são, regra geral, dolosos. Assim, em princípio, o agente só responde pelos fatos que praticar se quis realizar a conduta típica. Ocorrerá, entretanto, crime culposo quando o fato for expressamente previsto na lei, na forma culposa. Há homicídio culposo (art. 121, § 3º), lesões corporais culposas (art. 129, § 6º), incêndio culposo (art. 250, § 2º) etc., mas não, por exemplo, dano culposo, já que o art. 163 somente prevê a forma dolosa para quem destruir, inutilizar ou deteriorar coisa alheia.

---

132. Cf. GARCIA, Basileu. *Instituições de direito penal*. 5. ed. São Paulo: Max Limonad, 1980. v. 1. t. 1. p. 297. Alguns afirmam que o princípio não é absoluto: HUNGRIA, Nelson. Ob. cit. p. 202; NORONHA, E. de Magalhães. Ob. cit. p. 152.
133. JESUS, Damásio E. de. Ob. cit. p. 288; BRUNO, Aníbal. *Direito penal*. Rio de Janeiro: Forense, 1959. v. 2, p. 94; MARTINS, José Salgado. *Direito penal*. São Paulo: Saraiva, 1974. p. 233.

## 3.9 CRIME PRETERDOLOSO

### 3.9.1 Crimes qualificados pelo resultado

Pela regra geral, o dolo deve cobrir todos os elementos da tipicidade. Por vezes, porém, para o tipo básico do crime a lei prevê, em parágrafo, pena mais severa quando ocorre resultado mais grave do que aquele previsto no tipo fundamental. Regra geral, o dispositivo é constituído da expressão se resulta evento de maior lesividade. Assim, comina-se pena mais rigorosa do que a prevista para o tipo fundamental se resulta "morte" (art. 159, § 3º); "lesão corporal de natureza grave" ou "morte" (arts. 127, 137, parágrafo único, 157, § 3º) etc. Têm-se denominado tais infrações de *crimes qualificados pelo resultado.*

É de anotar, todavia, que o resultado acrescido ao tipo simples pode ocorrer por dolo, culpa ou mero nexo causal. Evidentemente, em tese é possível diferenciar nitidamente essas várias hipóteses, relacionadas em grau de crescente gravidade. A lei penal brasileira, porém, não cogita expressamente dessa distinção. Tome-se a hipótese, por exemplo, do crime de extorsão mediante sequestro (art. 159). Decorrendo do fato lesão corporal de natureza grave (deformidade permanente pela perda da orelha da vítima, por exemplo), pode-se, quanto à ocorrência desse resultado, figurar várias hipóteses:

1ª) foi ele querido pelo agente (que desejava causar na vítima a amputação, para encaminhar ao pai do sequestrado a orelha deste);

2ª) o agente assumiu o risco de produzir a amputação (aceitou o resultado quando praticou a violência, causando a mutilação);

3ª) o agente podia prever o resultado não querido e não previsto (golpeou a vítima que caiu sobre cacos de garrafa espalhados no chão);

4ª) não houve dolo ou culpa do agente, presente o simples nexo causal (um ferimento superficial que se infeccionou quando a vítima tentava escapar do cárcere privado).

Nas duas primeiras hipóteses há crime doloso em todos seus elementos. Na terceira, entretanto, não há dolo quanto ao resultado acrescido do tipo fundamental, ocorrendo o que se tem denominado *crime preterdoloso* (ou preterintencional), já que o evento está fora do dolo. Na última hipótese, em que não há dolo ou culpa quanto ao resultado referido, existe apenas o nexo causal que liga o sujeito ativo ao evento.

### 3.9.2 Crime preterdoloso

O crime preterdoloso é um crime misto, em que há uma conduta que é dolosa, por dirigir-se a um fim típico, e que é culposa pela causação de outro resultado que não era objeto do crime fundamental pela inobservância do cuidado objetivo. Não há aqui um terceiro elemento subjetivo, ou forma nova de dolo ou mesmo de culpa. Como bem acentua Pimentel, "é somente a combinação de dois elementos – dolo e culpa – que se apresentam sucessivamente no decurso do fato delituoso: *a conduta inicial é dolosa, enquanto o resultado final dela advindo é culposo*".[134] Há, como se tem afirmado, dolo no antecedente e culpa no consequente.

Durante a vigência da lei anterior, discutia-se, na última hipótese, se se devia responsabilizar o agente pelo crime qualificado pelo resultado. Alguns advogavam a punição pela responsabilidade objetiva (simples relação de causalidade) pelo silêncio da lei a respeito do assunto ou com fundamento no princípio de que quem lesa assume sempre o risco pelo resultado mais grave (*versare in re illicita*).[135] Para outros, porém, era necessário que, nessas hipóteses, houvesse ao menos culpa em relação ao evento agregado ao tipo fundamental, compartilhando dessa opinião a jurisprudência.[136] Pela redação da lei nova, porém, dispõe o art. 19 do CP: "Pelo resultado que agrava especialmente a pena, só responde o agente que o houver causado ao menos culposamente." Dirimiu-se, portanto, a questão em termos legais com a preocupação do legislador em evitar a punição pela responsabilidade objetiva. O agente somente responderá pelo crime qualificado pelo resultado quando atuar ao menos com culpa em sentido estrito com relação ao evento acrescido ao tipo fundamental.[137] Adotou-se na nova lei a recomendação da Comissão de Redação do Código Penal Tipo para a América Latina.

Há, porém, que se fazer um reparo à lei, que ainda equipara formas diversas de elementos subjetivos nos crimes qualificados pelo resultado, estabelecendo limites idênticos de pena para quem causou o resultado mais grave por dolo e o que o provocou por culpa. Enquanto não forem modificados na Parte Especial os dispositivos referentes aos chamados crimes preterintencionais, cabe ao juiz, na fixação da pena, dosá-la diante da circunstância fática, observando se o resultado mais grave foi causado por dolo ou culpa.

O art. 19 aplica-se somente aos crimes qualificados pelo resultado, já que a rubrica do dispositivo se refere à "agravação pelo resultado" e o texto do dispositivo ao

---

134. PIMENTEL, Manoel Pedro. *O crime e a pena na atualidade*. São Paulo: Revista dos Tribunais, 1983. p. 87.
135. Cf. SILVA, A. J. da Costa e. Lesões corporais. *Justitia* 52/81; SILVEIRA, Euclides Custódio da. *Direito penal. Crimes contra a pessoa*. 2. ed. São Paulo: Revista dos Tribunais, 1973. p. 151. Escrevíamos a esse respeito. "Diante dos termos em que foi consagrado o crime qualificado pelo resultado em nossa lei, que não menciona a culpa na sua estrutura típica, pensamos que não se exige a verificação de elemento subjetivo, quanto ao evento mais grave. Aceitando-se que a solução legal não é a melhor, deve-se propugnar pela modificação do código, com a inserção do dispositivo que era previsto no Decreto-lei nº 1.004 (novo Código Penal), que não foi posto em vigor: 'Pelos resultados que agravam especialmente as penas só responde o agente quando os houver causado pelo menos, culposamente'" (*Manual de direito penal*: parte geral. São Paulo: Atlas, 1984. p. 82).
136. HUNGRIA, Nelson. Ob. cit. p. 140; NORONHA, E. Magalhães. Ob. cit. p. 154-155; JESUS, Damásio. Ob. cit. p. 291; FRAGOSO, Heleno Cláudio. Ob. cit. p. 180.
137. Na exposição de motivos da lei nova: "Retoma o projeto, no art. 19, o princípio da culpabilidade, nos denominados crimes qualificados pelo resultado, que o Código vigente submeteu a injustificada responsabilidade objetiva. A regra se estende a todas as causas de aumento situados no desdobramento causal da ação" (item 16). Propunha-se a eliminação de dispositivo semelhante no Código Penal de 1969, sob o argumento de que o agente deve responder pelo *plus*, fundamentando-se na responsabilidade objetiva: LUNA, Everardo da Cunha. Causalidade e responsabilidade objetiva no código penal de 1969. *Justitia* 77/37-8.

"resultado que agrava *especialmente* a pena". Quando se trata, porém, de outra espécie de qualificadora, de causa geral ou especial de aumento de pena e de circunstância agravante, indispensável é a existência do dolo por parte do agente, ou seja, que preencha o agente todas as características do tipo e dessas circunstâncias agravadoras. A tal entendimento levam o art. 18, inciso I, e parágrafo único, que se refere ao crime doloso, e o art. 29, *caput*, que menciona a culpabilidade do agente para a incidência da sanção penal (item 6.1.14).

### 3.9.3 Responsabilidade objetiva

Responsabilidade penal objetiva significa que a lei determina que o agente responda pelo resultado ainda que agindo sem dolo ou culpa, o que contraria a doutrina do Direito Penal fundado na responsabilidade pessoal e na culpabilidade. Mesmo nas infrações penais lesivas ao meio ambiente, definidos na Lei nº 9.605, de 12-2-1998, ao prever a responsabilidade penal das pessoas jurídicas, dispõe-se, no art. 3º, *caput*, que estas apenas podem responder por tais ilícitos quando a infração for "cometida por decisão de seu representante legal ou contratual, ou de seu órgão colegiado, no interesse ou benefício da sua entidade", exigindo, assim, dolo ou culpa dessas pessoas naturais. Reforçando tal entendimento, dispõe o parágrafo único do mesmo artigo: "A responsabilidade das pessoas jurídicas não exclui a das pessoas físicas, autoras, coautoras ou partícipes do mesmo fato."

Apesar do intuito do legislador da reforma da Parte Geral, denunciado na exposição de motivos quando se afirma que ficaram eliminados "os resíduos de responsabilidade objetiva", alguns permanecem na legislação penal. É o que ocorre na hipótese de crime praticado em estado de embriaguez culposa ou voluntária completa (exceto na preordenada).[138]

### 3.10 CRIME CONSUMADO E TENTATIVA

### 3.10.1 Consumação

Está consumado o crime quando o tipo está inteiramente realizado, ou seja, quando o fato concreto se subsume no tipo abstrato descrito na lei penal. Preenchidos todos os elementos do tipo objetivo pelo fato natural, ocorreu a consumação. Segundo o art. 14, inciso I, diz-se o crime consumado "quando nele se reúnem todos os elementos de sua definição legal". Consumam-se, assim, o homicídio e o infanticídio com a morte da vítima (arts. 121 e 123), a lesão corporal com a ofensa à integridade corporal ou à saúde

---

138. A modificação da Parte Geral do CP não exclui a responsabilidade objetiva em algumas hipóteses da Parte Especial, como na rixa qualificada pelo resultado *morte* ou *lesão corporal* em decorrência da "participação na rixa" (art. 137, parágrafo único). Trata-se aqui de lei especial que derroga a norma geral, embora haja opiniões em contrário.

(art. 129), o furto com o apossamento da coisa alheia móvel pelo sujeito ativo (art. 155), o estelionato com a obtenção da vantagem indevida (art. 171) etc.

Não se confunde a consumação com o crime *exaurido* (item 3.6.11), pois neste, após a consumação, outros resultados lesivos ocorrem. Assim, o recebimento da vantagem indevida no crime de corrupção passiva (art. 317) é o exaurimento do delito que se consumara com a solicitação; o recebimento do resgate exaure o crime de extorsão mediante sequestro (art. 159), que se consuma com o simples arrebatamento da vítima; o recebimento da vantagem indevida é o exaurimento do crime de concussão (art. 316), que se consuma com sua exigência.[79]

Nos crimes *materiais*, a consumação ocorre com o evento (morte, lesões, dano etc.), enquanto nos *formais* é dispensável o resultado naturalístico e, nos *de mera conduta*, este não existe (item 3.6.14).

Nos crimes *permanentes*, deve-se observar que a consumação se protrai, prolonga no tempo, dependente do sujeito ativo (item 3.6.4).

A tentativa de crime *complexo* (item 3.6.16) configura-se com o começo da execução do crime que inicia a formação do todo unitário e, salvo expressa disposição legal em contrário, a consumação somente ocorre quando os crimes componentes estejam integralmente realizados.[80]

Nos delitos *habituais*, a consumação somente existe quando houver a reiteração de atos, com a habitualidade, já que cada um deles, isoladamente, é indiferente à lei penal (item 3.6.9).

Nos crimes *culposos*, só há consumação com o resultado; se houver inobservância do dever de cuidado, mas o evento não se realizar, não haverá crime (item 3.8.4).

Nos crimes *omissivos*, a consumação ocorre no local e no momento em que o sujeito ativo deveria agir, mas não o fez. Tratando-se de crime *omissivo impróprio* (item 3.6.5), como a omissão é formada ou meio de se alcançar um resultado, a consumação ocorre com o resultado lesivo e não com a simples inatividade do agente, como nos delitos omissivos puros.

Nos crimes *qualificados pelo resultado*, a consumação ocorre quando estiver concretizado o resultado acrescido ao tipo fundamental (item 3.9.1). Não havendo este, responde o agente pelo tipo doloso antecedente.

### 3.10.2 *Iter criminis* e tentativa

Na realização do crime há um caminho, um itinerário a percorrer entre o momento da ideia de sua realização até aquele em que ocorre a consumação. A esse caminho se dá o nome *iter criminis*, que é composto de uma fase interna (cogitação) e de uma fase externa (atos preparatórios, atos de execução e consumação).

A *cogitação* não é punida, segundo a lei: *cogitationis poenan nemo patitutur* (Ulpiano). Nem mesmo a cogitação externada a terceiros levará a qualquer punição, a não ser que constitua, de *per si*, um fato típico, como ocorre no crime de ameaça (art. 147), de incitação ao crime (art. 286), de associação criminosa (art. 288) etc.

Os *atos preparatórios* são externos ao agente, que passa da cogitação à ação objetiva, como a aquisição de arma para a prática de um homicídio ou a de uma chave falsa para o delito de furto, o estudo do local onde se quer praticar um roubo etc. Também escapam, regra geral, da aplicação da lei penal, apesar da opinião dos positivistas que reclamavam a punição como medida de prevenção criminal (teoria subjetiva), uma vez que a lei exige o início de execução.[81] Por vezes, contudo, o legislador transforma esses atos em tipos penais especiais, quebrando a regra geral, como nas hipóteses de "petrechos para falsificação de moeda" (art. 291), que seria apenas ato preparatório do crime de moeda falsa (art. 289); de atribuir-se falsamente autoridade para celebração de casamento (art. 238), que seria ato preparatório da simulação de casamento (art. 239); de possuir "substância ou engenho explosivo, gás tóxico ou asfixiante, ou material destinado à sua fabricação" (art. 253), que pode ser ato preparatório dos crimes de explosão (art. 251) e de uso de gás tóxico ou asfixiante (art. 252) etc. A Lei que definiu crimes de terrorismo tipificou, porém, de forma genérica a prática de "atos preparatórios de terrorismo com o propósito inequívoco de consumar tal delito", punindo a conduta com a pena prevista para o delito consumado, diminuída de um quarto até metade (art. 5º da Lei nº 13.260, de 16-3-2016).

De qualquer forma, "o ajuste, a determinação ou instigação e o auxílio, salvo disposição expressa em contrário, não são puníveis, se o crime não chega, pelo menos, a ser tentado" (art. 31).

*Atos de execução* (ou *atos executórios*) são os dirigidos diretamente à prática do crime.[82] "quando o autor se põe em relação imediata com a ação típica." [139] A distinção entre atos preparatórios – usualmente impunes – e atos de tentativa – observam Zaffaroni e Pierangelli – é um dos problemas mais árduos da dogmática e, seguramente, o mais difícil da tentativa.[140] Vários critérios são propostos para a diferenciação, considerando-se como atos preparatórios os atos distantes da consumação e atos de execução como os próximos desta; os primeiros não seriam perigosos em si, enquanto os atos executórios colocam em risco o bem jurídico;[83] os atos preparatórios seriam equívocos e os de execução inequívocos[84] etc.

Nenhum desses critérios, contudo, é definitivo, podendo apenas auxiliar a distinção em casos concretos. Os critérios mais aceitos são os do *ataque ao bem jurídico*, critério material, quando se verifica se houve perigo ao bem jurídico, e o do *início da realização do tipo*, critério formal, em que se dá pelo reconhecimento da execução quando se inicia a realização da conduta núcleo do tipo: matar, ofender, subtrair etc.

---

139. WELZEL, Hans. Ob. cit. p. 260.
140. ZAFFARONI, Eugênio Raúl, PIERANGELLI, José Henrique. *Da tentativa*. Bauru: Jalovi, 1981. p. 61.

O Código Brasileiro adotou a *teoria objetiva (formal)* e exige que o autor tenha realizado de maneira efetiva uma parte da própria conduta típica, penetrando, assim, no "núcleo do tipo", ao dispor, no art. 14, que o crime se diz tentado, "quando, iniciada a execução, não se consuma por circunstâncias alheias à vontade do agente". O entendimento, porém, é de que a teoria objetiva necessita de complementação. "A complementação mais usual da formulação objetiva, através de um critério material, é o princípio assentado por Frank, que inclui na tentativa as ações que, por sua vinculação necessária com a ação típica, aparecem como parte integrante dela, segundo uma 'concepção natural'." [141] Welzel propôs ainda o critério objetivo-individual, introduzindo um elemento individualizador (subjetivo), que é o plano do autor, mas que, por sua natureza, é suscetível de ser valorizada por um terceiro elemento, que é a determinação da proximidade imediata à ação típica.[142] A tentativa só pode ser reconhecida quando a conduta é de tal natureza que não deixa dúvida quanto à intenção do agente.[(85)]

A tentativa é a realização incompleta do tipo penal, do modelo descrito na lei. Na tentativa há prática de ato de execução, mas não chega o sujeito à consumação por circunstâncias independentes de sua vontade.

A tipicidade da tentativa decorre da conjugação do tipo penal (arts. 121, 157 etc.) com o dispositivo que a define e prevê sua punição (art. 14, inc. II e parágrafo único). Há uma regra geral, a forma incriminadora principal (tipo penal) e a secundária (dispositivo sobre a tentativa).

Muitos doutrinadores viram na tentativa um delito autônomo, opinião não aceita por outros, que a consideram apenas como a realização incompleta do fato típico.

De notar-se que, sob o ângulo estritamente objetivo, o crime não pode, em hipótese alguma, ser considerado como tentado com relação a um agente e consumado com relação a outro, nos casos em que haja concurso de pessoas. Assim, se dois coautores subtraem coisa alheia móvel, basta que um deles obtenha sua posse para que se considere consumado o furto ou roubo, conforme a hipótese, pouco importando por exemplo, que o outro seja autuado em flagrante delito no momento do fato.

### 3.10.3 Elementos da tentativa

A tentativa situa-se no *iter criminis* a partir da prática de um ato de execução, desde que não haja consumação por circunstâncias alheias à vontade do agente. São, pois, elementos da tentativa: a conduta (ato de execução) e a não consumação por circunstâncias independentes da vontade do agente. Iniciada a prática dos atos executórios, a execução do fato típico pode ser interrompida:

---

141. ZAFFARONI, Eugênio Raúl, PIERANGELLI, José Henrique. Ob. cit. p. 67. Na hipótese, por exemplo, de ser o agente detido no interior de uma casa de onde pretendia subtrair objetos, sem que sequer tenha tocado neles, só impropriamente se pode afirmar que iniciou uma "subtração". Como, porém, para a subtração era necessária a sua entrada em casa alheia, esta aparece como parte integrante da conduta típica "subtrair".
142. Cf. MAGALHÃES, Lúcia Helena, FURTADO, Marcelo Gasque. Da tentativa. *RT* 705/448.

a) por desejo do agente;

b) por circunstâncias alheias à vontade do sujeito ativo.

Na primeira hipótese não há que se falar em tentativa, havendo apenas a desistência voluntária ou o arrependimento eficaz (itens 3.10.6 e 3.10.7). Na segunda, por interrupção externa, haverá tentativa.

Fala-se em duas espécies de tentativa: a tentativa *perfeita* (ou *crime falho*), quando a consumação não ocorre, apesar de ter o agente praticado os atos necessários à produção do evento (a vítima de envenenamento ou de disparos é salva por intervenção dos médicos, por exemplo), e a tentativa *imperfeita*, quando o sujeito ativo não consegue praticar todos os atos necessários à consumação por interferência externa (o agressor é segurado quando está desferindo os golpes, o sujeito é preso antes de obter a posse da coisa alheia que pretenda subtrair etc.).

O elemento *subjetivo* da tentativa é o *dolo do delito consumado*, tanto que no art. 14, II, é mencionada a *vontade do agente*. Não existe dolo especial de tentativa.

Pelo elemento subjetivo é que se pode distinguir, por exemplo, um delito de lesão corporal da tentativa de homicídio: no primeiro, o dolo é a vontade de causar lesão; no segundo, é a de matar.

Sustenta-se na doutrina que há possibilidade de se falar em tentativa com dolo eventual, já que a lei o equiparou ao dolo direto.[143] Há hipóteses evidentes de impossibilidade da tentativa com dolo eventual nos crimes de homicídio e de lesões corporais, pois quem põe em perigo a integridade corporal de alguém voluntariamente, sem desejar causar a lesão, pratica fato típico especial (art. 132); quem põe em risco a vida de alguém, causando-lhe lesão e não querendo sua morte, pratica o crime de lesão corporal de natureza grave (art. 129, § 1º, II). Deve-se entender que, diante do texto legal, se punirá pelo crime menos grave (perigo para a vida ou a saúde de outrem na primeira hipótese e lesão corporal na segunda) quando o agente "assume o risco" de um resultado de lesão ou morte, respectivamente, que ao final não vem a ocorrer.[86] No dolo alternativo, em que o agente quer matar ou ferir, mais grave que o dolo eventual, a solução deve ser idêntica diante do critério objetivo adotado pela legislação. É possível, porém, a tentativa com dolo eventual nas hipóteses em que este deriva da dúvida a respeito de um elemento do tipo (item 3.7.3).

### 3.10.4 Punibilidade da tentativa

Ao punir tentativa, segundo a *teoria da impressão*, o Direito está protegendo um bem jurídico, ainda que este não tenha corrido perigo de maneira efetiva, mas pelo simples fato de a tentativa poder vir a proporcionar a vivência do perigo. A ordem

---

143. Cf. FRAGOSO, Heleno Cláudio. Ob. cit. p. 249; JESUS, Damásio E. de. Ob. cit. p. 302; HUNGRIA, Nelson. Ob. cit. p. 90.

jurídica teme pelo sujeito passivo, mesmo que este não tenha sentido temor algum e nem tenha percebido a ameaça.¹⁴⁴

Duas teorias existem a respeito da punibilidade da tentativa. A *subjetiva* prega a aplicação da mesma pena que a do delito consumado, fundamentando-se na *vontade* do autor contrária ao direito. A *objetiva* propõe para a tentativa pena menor que a do crime consumado, já que a lesão é menor ou não ocorreu qualquer resultado lesivo ou perigo de dano. Foi esta a adotada pelo Código ao determinar que, "salvo disposição em contrário, pune-se a tentativa com a pena correspondente ao crime consumado, diminuída de um a dois terços" (art. 14, parágrafo único). A tendência moderna, porém, é a de que a diminuição deve ser atribuída ao prudente arbítrio do juiz.

A redução da pena concernente à tentativa deve resultar das circunstâncias da própria tentativa.⁽⁸⁷⁾ Isto quer dizer que não devem ser consideradas na redução as atenuantes ou agravantes porventura existentes e sim tendo-se em vista o *iter* percorrido pelo agente em direção à consumação do delito.⁽⁸⁸⁾ A diminuição entre os limites legais deve ter como fundamento elementos objetivos, ou seja, a extensão do *iter criminis* percorrido pelo agente, graduando-se o percentual em face da maior ou menor aproximação da *meta optata*; quanto mais o agente se aprofundou na execução, quanto mais se aproximou da consumação, menor a redução.⁽⁸⁹⁾ Na hipótese de homicídio tem-se considerado em especial a redução máxima para a tentativa branca (não há lesões na vítima).¹⁴⁵ Tem-se também considerado a maior ou menor gravidade da lesão efetiva para a dosagem da pena na tentativa.⁽⁹⁰⁾ Nenhuma diminuição da pena aquém do máximo permitido pode ser imposta sem a devida motivação.⁽⁹¹⁾

No caso de concurso de agentes, como a redução deve ser aferida de acordo com o *iter criminis*, o percentual de diminuição da pena é incindível, de forma a fazer com que seja ela operada de modo uniforme a todos os coautores e partícipes.⁽⁹²⁾

A lei prevê exceções à regra geral no art. 14, parágrafo único, cominando a mesma pena para a consumação e a tentativa do resultado lesivo. É cominada a mesma sanção, por exemplo, para a evasão ou tentativa de evasão com violência do preso (art. 352), para a conduta de votar ou tentar votar duas vezes (art. 309 do Código Eleitoral) etc. Afora as exceções expressas, é obrigatória a redução da pena entre os limites de um e dois terços.

### 3.10.5 Inadmissibilidade da tentativa

Não admite tentativa o crime *culposo*, uma vez que depende sempre de um resultado lesivo diante de sua definição legal (art. 14, II).⁽⁹³⁾ Pode-se, porém, falar em tentativa na culpa *imprópria* (item 3.8.8), uma vez que, nessa hipótese, o agente visa ao evento, que não vem a ocorrer por circunstâncias alheias à sua vontade.⁽⁹⁴⁾ Ocorre na realidade um

---

144. Cf. MAGALHÃES, Lúcia Helena, FURTADO, Marcelo Gasque. Ob. cit. p. 440.
145. STJ: AgRg no HC 731845- MG, j. em 13-9-2022, *DJe* de 16-9-2022.

crime doloso tentado que, por ter sido executado por erro ou excesso culposos, tem o tratamento do crime culposo por disposição legal.

Nos crimes *preterdolosos* não é possível a tentativa quando não se consuma o resultado agregado ao tipo fundamental, pois, nessa hipótese, o evento é que o transforma em crime preterintencional. É ela possível, porém, nos crimes qualificados pelo resultado em que este é abrangido pelo dolo do sujeito. Assim, se em um roubo o sujeito tentar matar a vítima, há tentativa de crime qualificado pelo resultado. A lei brasileira, porém, não oferece solução perfeita para a aplicação da pena, pois os limites fixados no art. 157, § 3º, somente podem ser utilizados se da violência *resulta* "lesão corporal" de natureza "grave" ou "morte". É possível, igualmente, a tentativa de crime preterintencional quanto à não consumação do resultado previsto no tipo básico. Assim, há tentativa de aborto qualificado pela lesão corporal de natureza grave ou morte se ocorreu este resultado em consequência dos meios empregados para a interrupção da gravidez e o aborto não se consumou. Entretanto, a lei comina para o fato pena idêntica à do crime consumado ao se referir, como causa da agravação, aos "meios empregados" para o aborto (art. 127).

Não é possível a ocorrência da tentativa nos crimes *unissubsistentes*, de *ato único* (item 3.6.13), já que é impossível o fracionamento dos atos de execução. Na injúria oral (art. 140), ou a ofensa foi proferida, havendo consumação, ou não o foi, havendo simples cogitação; no uso de documento falso (art. 304) ou o agente praticou um ato de uso e o delito se consumou, ou não, sendo os fatos anteriores impuníveis (evidentemente excluída a falsificação que constitui, *de per si*, um ilícito) etc.

Os crimes *omissivos puros* também não admitem a tentativa, pois não se exige um resultado naturalístico decorrente da omissão. Se o sujeito deixou escoar o momento em que deveria agir, ocorreu a consumação; se ainda pode atuar, não há que se falar no *conatus*.[146] Nos crimes omissivos *impróprios*, admite-se, porém, a tentativa. A mãe que, desejando a morte do filho recém-nascido, deixa de alimentá-lo, sendo a vítima socorrida por terceiro, pratica tentativa de infanticídio.

No crime *complexo* (item 3.6.16) haverá tentativa sempre que não se consumarem os crimes componentes, já que a consumação exige a realização integral do tipo, no caso um todo complexo incindível.[95] A defeituosa redação da lei brasileira, contudo, tem levado a ter-se como consumado o latrocínio, ainda que não se consume a subtração, mas apenas a morte da vítima.[96]

Entende-se que o *crime habitual* não admite tentativa, pois ou há reiteração de atos e consumação, ou não há essa habitualidade e os atos são penalmente indiferentes. Não há que se negar, porém, que, se o sujeito, sem ser médico, instala um consultório e é detido quando de sua primeira "consulta", há caracterização da tentativa do crime previsto no art. 282.[147]

---

146. Contra: ZAFFARONI, Eugênio Raúl, PIERANGELLI, José Henrique. Ob. cit. p. 151-157.
147. Nesse sentido, ZAFFARONI, Eugênio Raúl, PIERANGELLI, José Henrique. Ob. cit. p. 80.

Embora seja possível falar, em tese, em tentativa de contravenção (o agente é impedido por terceiro de praticar vias de fato, por exemplo), a lei exclui a punibilidade nesses casos (art. 4º da LCP).

### 3.10.6 Desistência voluntária

Prevê o art. 15 as hipóteses de desistência voluntária e arrependimento eficaz: "O agente que, voluntariamente, desiste de prosseguir na execução ou impede que o resultado se produza, só responde pelos atos já praticados." [148] Refere-se a lei aos casos de *tentativa abandonada* em que, por razões de política criminal, segundo alguns, se estimula o agente a não consumar o delito. Usando uma expressão de Liszt, há "uma ponte de ouro" para o agente retroceder.[149]

Embora alguns entendam que o dispositivo trata de casos de isenção de pena ou de extinção da punibilidade, a desistência voluntária e o arrependimento eficaz traduzem a exclusão da tipicidade; no fato não há tentativa típica. Interrompida a execução "por vontade do agente" ou se por vontade deste não há consumação, é evidente a falta de adequação típica pelo não preenchimento do segundo elemento da tentativa que é a "não consumação por circunstâncias *alheias* à vontade do agente".[150] Assinala-se até que o dispositivo seria desnecessário diante da conceituação da tentativa na lei penal; ele, porém, espanca qualquer dúvida quanto à possibilidade de punirem-se os atos já praticados.

Na *desistência voluntária*, o agente, embora tenha iniciado a execução, não a leva adiante, desistindo da realização típica. Exemplos são o do sujeito que ingressa na casa da vítima e desiste da subtração que pretendia efetuar, do que efetua apenas um disparo ou um golpe e, dispondo ainda de munição e tendo a vítima a sua mercê, voluntariamente não efetua novos disparos ou não desfere novos golpes etc. Para que ocorra a hipótese prevista no dispositivo, a desistência deve ser voluntária, ou seja, que o agente não tenha sido coagido, moral ou materialmente, à interrupção do *iter criminis*.[97] Não há desistência voluntária e sim tentativa punível se, por exemplo, a vítima se desvencilha da situação;[98] se o agente desiste pelo risco de ser surpreendido em flagrante diante do funcionamento do sistema de alarme;[99] se fica atemorizado porque pessoas se aproximam,[100] pelos gritos da vítima,[101] por sua reação,[102] pela intervenção de terceiros[103] etc.

---

148. A nova lei deu melhor redação à hipótese da desistência voluntária, já que a anterior se referia à desistência "da consumação". Como o dolo não é a vontade de obter a consumação, mas simplesmente a vontade dirigida à realização da conduta típica, a solução adotada é a melhor.
149. "En el momento en que se traspassa de la línea divisoria entre los actos preparatorios impunes y la ejecución punible, se incurre en la pena establecida para la tentativa. Este hecho no puede ya ser alterado, ni anulado por volverse atrás, ni desaparecer del mundo. Sin embargo, puede la legislacion, por razones de Política Criminal, construir un puente de oro para la retirada del agente que ya era suscetible de pena." LISZT, F. von. *Tratado de derecho penal*. Madri: Reus, 1929. v. 3. p. 20.
150. Cf. FRAGOSO, Heleno Cláudio. Ob. cit. p. 252; JESUS, Damásio E. de. Ob. cit. p. 306/307; *RT* 532/384, 551/357; BITTENCOURT, Cézar Roberto. Do crime consumado e do crime tentado. *RT* 646/247-257.

Inocorre desistência voluntária, assim, se o agente, depois de já ter iniciado a execução do delito, percebe os riscos que assumirá caso prossiga em seu intento e, pressentindo a impossibilidade do êxito da empreitada criminosa, conclui que não tem outra alternativa senão fugir.[104] A desistência voluntária somente ocorre quando não forçada por elementos circunstanciais.[105]

Embora a lei exija que a desistência seja voluntária, pode não ser ela espontânea (sugestão de terceiro ou da própria vítima).[106] Voluntária é a desistência em que não há coação física ou moral, e não espontânea é apenas aquela desistência em que a ideia inicial não partiu do agente e sim de outrem. De outro lado, a desistência voluntária prescinde dos motivos do desistente:[107] medo ou piedade, receio de ser descoberto ou repugnância pela própria conduta etc.

Segundo a fórmula de Frank, existirá a desistência voluntária sempre que o agente pode prosseguir, mas não quer; se ele quer, mas não pode, há tentativa.

Responde o agente, conforme o dispositivo determina, pelos atos já praticados. Chama-se isso tentativa *qualificada*.[151] O agente responde pelos atos praticados que, de per si, constituem tipos penais.[108] Exemplos: se o agente penetrou em residência alheia visando a furto, responderá por violação de domicílio;[109] se praticou ato visando ao homicídio, responderá por lesão corporal[110] ou por perigo para a vida ou saúde de outrem;[111] se pretendia inicialmente praticar o estupro, responderá por constrangimento ilegal[112] na ausência de qualquer ato libidinoso;[113] se praticou arrombamento para o furto, por dano[114] etc.

Não há desistência voluntária quando o agente *suspende* a execução e continua a praticá-la posteriormente, aproveitando-se dos atos já executados.[152]

A possibilidade de reconhecimento da desistência voluntária e de seus efeitos em atos preparatórios é curiosa disposição introduzida pela Lei nº 13.260/2016. Prevê a Lei a aplicabilidade do art. 15 do CP ao crime previsto no art. 5º daquele diploma, que tipifica os atos preparatórios de terrorismo (item 3.10.2). Se, após praticar atos preparatórios com o fim de terrorismo o agente desiste de prosseguir em seu intento, somente responderá penalmente por aqueles atos já praticados que eventualmente configurem outras infrações penais.

### 3.10.7 Arrependimento eficaz

No *arrependimento eficaz*, também hipótese de inadequação típica de tentativa, após ter *esgotado os meios de que dispunha para a prática do crime*, o agente arrepende-se e *evita que o resultado ocorra* (ministra antídoto à pessoa envenenada, retira da água a vítima que pretendia afogar, leva para o hospital o ofendido mortalmente ferido,[115] entrega a coisa

---

151. Cf. ZAFFARONI, Eugênio Raúl, PIERANGELLI, José Henrique. Ob. cit. p. 146; JESUS, Damásio E. de Ob. cit. p. 310.
152. Cf. JESUS, Damásio E. de. Ob. cit. p. 309.

que está subtraindo à vítima antes de estar fora da esfera de vigilância desta etc.). Como na desistência, o arrependimento também deve ser voluntário (sem coação), embora não necessariamente espontâneo. O agente pratica nova atividade para evitar o resultado.[116] Na jurisprudência apontam-se os casos em que o agente que subtrai devolve a coisa à vítima antes de percebida a subtração[117] ou de realizada diligência policial.[118]

É imprescindível, para a caracterização do arrependimento eficaz, que a ação do agente seja coroada de êxito; que efetivamente impeça ele a consumação. Evidentemente, não há que se falar em arrependimento eficaz se ocorreu a consumação.[153] Se o agente não impedir o resultado, por mais que tenha feito, responde pelo crime consumado, podendo beneficiar-se, apenas, conforme o caso, na fixação da pena. No caso de arrependimento ou de desistência de um agente, inaptos para impedir que um coautor consume o delito, responde ele pelo crime consumado.[119]

Como na desistência voluntária, o agente responderá pelos atos já praticados, ou seja, pelos resultados já ocorridos (lesões corporais, violação de domicílio etc.).

### 3.10.8 Arrependimento posterior

Prevê o art. 16 que, "nos crimes cometidos sem violência ou grave ameaça à pessoa, reparado o dano ou restituída a coisa, até o recebimento da denúncia ou da queixa, por ato voluntário do agente, a pena será reduzida de um a dois terços".

Trata-se de inovação da Lei nº 7.209, pois na anterior a reparação do dano constituía-se em mera atenuante genérica, como ainda ocorre com o art. 65, III, *b, in fine*. A primeira crítica que se pode fazer é a de que o dispositivo se refere à aplicação da pena e não à teoria do crime e, assim, devia ser incluído no Capítulo V da Parte Geral. Ademais, sua rubrica deveria ser "reparação do dano". Embora seja evidente o intuito do legislador em distingui-lo do artigo anterior (arrependimento *eficaz*), a expressão utilizada é redundante, já que *arrependimento* só pode ser *posterior* ao fato do qual o agente se arrepende.

Acusa-se também o artigo de ser elitista, porque vai permitir apenas a uma minoria a obtenção do benefício. Entretanto, trata-se de providência de Política Criminal, como o denuncia a exposição de motivos do projeto da reforma, para incentivar a reparação do dano imediatamente após o crime, em benefício da vítima, em regra não devidamente amparada na legislação penal.

A origem do dispositivo remonta à orientação criada pelo STF que, nos crimes de fraude de pagamento por meio de cheque (art. 171, § 2º, VI), passou a decidir que havia falta de justa causa para a ação penal se o título fosse pago antes da denúncia, o que se cristalizou na Súmula 554. Por vezes, Juízos e Tribunais tentaram estender essa

---

153. *RT* 377/248; *RJDTACRIM* 8/244. Não há eficácia, lembra Damásio, quando a vítima de um envenenamento se recusa a tomar o antídoto fornecido pelo envenenador e morre. Cf. JESUS, Damásio E. de. Ob. cit. p. 310.

orientação a outros crimes contra o patrimônio, como nas demais espécies de estelionato e na apropriação indébita, o que não vingou no Pretório Excelso.

O disposto no art. 16 é uma causa obrigatória de diminuição da pena, que pode ser reduzida de um a dois terços nos crimes cometidos sem violência ou grave ameaça à pessoa. Abrange, pois, não só os crimes contra o patrimônio (furto, estelionato, apropriação indébita etc.), como também todos os demais em que ocorra um prejuízo patrimonial à vítima.[120] Aplica-se o dispositivo aos crimes dolosos ou culposos consumados ou tentados.

Entretanto, não se aplica nos crimes em que não haja lesão *patrimonial* direta. Não cabe, por exemplo, no crime de lesões corporais culposas quando o agente repara o dano patrimonial do ilícito. Não se pode concordar, portanto, com decisões que concedem a redução nessa hipótese.[121]

A reparação do dano, porém, pode ser causa de extinção da punibilidade, como no caso de peculato culposo (art. 312, § 3º) ou excluir a possibilidade da ação penal, como na hipótese do pagamento do cheque antes da denúncia quanto ao ilícito previsto no art. 171, § 2º, VI (Súmula 554) (item 12.3.3).[122]

O arrependimento posterior não repousa só na inexistência de prejuízo, mas tem por fundamento indissociável a exteriorização do estado psíquico do agente, ou seja, o próprio *arrependimento* que identifica a causa de redução da pena. É indispensável se colha da restituição da *res* ou reparação do dano uma evolução positiva na vontade do agente, o repensar da atividade delituosa. Por isso somente a restituição ou reparação pelo *agente* e não por terceiros acarreta a redução da pena.[123] Mas há decisões em contrário, aceitando a reparação por familiares do acusado.[124]

Para a existência da causa de diminuição de pena, a reparação deve ser *pessoal, completa e voluntária*.[125] Deve abranger todo o prejuízo causado ao sujeito passivo do crime, e a devolução parcial ou o ressarcimento incompleto se constituirão apenas em circunstância atenuante na fixação da pena. Assim o permite o Código na chamada atenuante inominada (art. 66 do CP).[154] Não ocorrerá também a diminuição quando a reparação ocorrer por coação física ou moral, quando o agente foi obrigado a indenizar o ofendido por decisão judicial, quando a coisa foi apreendida em diligência policial etc. Não é indispensável, porém, que a reparação seja espontânea, pois o agente pode ser convencido a, voluntariamente, restituir a coisa ou reparar o dano. Entendendo tratar-se de uma circunstância objetiva, o STJ também decidiu que, havendo a reparação por um dos autores do ilícito, a causa da diminuição de pena estende-se aos coautores ou partícipes.[126]

O critério para a redução da pena, em decorrência do reconhecimento do arrependimento posterior, deve fundamentar-se na presteza do ressarcimento do dano,

---

154. Nesse sentido: GARCIA, Waléria Garcelan Loma. O instituto do arrependimento posterior e o problema da reparação do dano ou da restituição da coisa de forma parcial, *Ministério Público Paulista*, p. 7, maio/jun. 1995.

isto é, quanto mais rapidamente for feito tal ressarcimento, tanto maior será a redução. Quanto mais lento o ressarcimento, menor a redução.[127]

Sem que ocorram todos os pressupostos do art. 16, do CP, não se aplica a redução da pena que, entre outros, exige-se que a restituição da coisa se faça, voluntariamente, até o recebimento da denúncia ou da queixa.[128] Se a reparação for posterior e anteceder o julgamento, constituir-se-á simples circunstância atenuante genérica (art. 65, III, *b*, última parte).

### 3.10.9 Crime impossível

Trata o art. 17 do *crime impossível* (tentativa impossível, tentativa inidônea, tentativa inadequada ou quase crime), ao prever: "Não se pune a tentativa quando, por ineficácia absoluta do meio ou por absoluta impropriedade do objeto, é impossível consumar-se o crime."

Há, portanto, duas espécies diferentes de crime impossível, em que de forma alguma o agente conseguiria chegar à consumação, motivo pelo qual a lei deixa de responsabilizá-lo pelos atos praticados. São hipóteses em que a ação representa atos que, se fossem idôneos os meios ou próprios os objetos, seriam princípio de execução de um crime.

Na primeira parte, o dispositivo refere-se à *ineficácia absoluta do meio* empregado pelo agente para conseguir o resultado. O meio é inadequado, inidôneo, ineficaz para que o sujeito possa obter o resultado pretendido. Esse meio pode ser absolutamente ineficaz por força do próprio agente ou por elementos estranhos a ele. Exemplos clássicos são os da tentativa de homicídio por envenenamento com substância inócua ou com a utilização de revólver desmuniciado ou de arma cujas cápsulas já foram deflagradas.[129]

Há também crime impossível quando para a prática de estelionato o agente utiliza como fraude meio inidôneo para iludir,[130] como ocorre, por exemplo, no uso para esse fim de falsificação grosseira, perceptível a qualquer pessoa, ou em que não existe a preocupação da *imitatio veri*.[131]

Para o reconhecimento do crime impossível é necessário que o meio seja inteiramente ineficaz para a obtenção do resultado. Não exclui a existência da tentativa a utilização de meio *relativamente* inidôneo, quando há um perigo, ainda que mínimo, para o bem jurídico que o agente pretende atingir.[132] A inidoneidade do meio empregado deve ser perquirida em cada caso concreto. Não haverá crime impossível e sim tentativa punível nas hipóteses em que o agente atira em direção à cama da vítima que acaba de levantar-se, em que ministra veneno em quantidade insuficiente etc.[133] Até as condições da vítima podem tornar idôneo um meio normalmente ineficaz: ministrar glicose na substância a ser ingerida por um diabético, provocar susto em pessoa que é portadora de distúrbios cardíacos etc. Evidentemente, não se pode tachar de meio ineficaz aquele que, na prática, demonstra eficácia.

Na segunda parte, o art. 17 refere-se à *absoluta impropriedade do objeto* material do crime, que não existe ou, nas circunstâncias em que se encontra, torna impossível a consumação. Há crime impossível nas manobras abortivas praticadas em mulher que não está grávida, no disparo de um revólver contra um cadáver etc.

Também é indispensável para a caracterização do crime impossível que haja inidoneidade *absoluta* do objeto. "A impropriedade é apenas relativa se, existindo e podendo ser atingido ocasionalmente, o objeto não se encontra onde poderia ser atacado." [155] Tratando-se de roubo e furto, com o objetivo próprio para a subtração de coisa alheia, tem-se entendido que, não portando a vítima dinheiro ou qualquer outro valor, é impossível o crime.[(134)] [156]

Resumindo distinções entre crime impossível e tentativa punível: no crime impossível, enquanto se desenrola a ação do agente ela não sofre interferência alheia, ao passo que na tentativa quase sempre a ação é interrompida por injunção externa. Nesta, também, o resultado delituoso é sempre possível porque os meios empregados são, por sua natureza, idôneos, e o objeto contra o qual o agente dirigiu sua conduta é um bem jurídico suscetível de sofrer lesão ou perigo de lesão, ao passo que, naquele, o emprego de meios ineficazes ou o ataque a objetos impróprios, isto é, a bens jurídicos que não comportam ofensa ou perigo de ofensa, inviabiliza o resultado delituoso.[(135)]

Ainda que o art. 17, aparentemente, indique um caso de isenção de pena, no crime impossível há exclusão da própria tipicidade. Não se pode falar que tenha ocorrido "início de execução" quando se utiliza meio absolutamente ineficaz ou se visa objeto absolutamente impróprio. Só figuradamente se pode dizer que se iniciou a execução de um homicídio quando se apertou o gatilho de uma arma de brinquedo ou se alvejou um cadáver.

Quanto à punibilidade ou não do crime impossível, existem várias teorias. Para a teoria *subjetiva* o agente deve ser punido com a pena da tentativa porque se tem em conta a intenção do delinquente; para a teoria *sintomática*, a medida penal deve ser aplicada se há indício de periculosidade do agente; para a teoria *objetiva*, como não há no crime impossível os elementos objetivos da tentativa e o bem jurídico não corre risco, não há tentativa e o agente não deve ser punido. Na lei anterior adotara-se a teoria objetiva temperada, aplicando-se medida de segurança ao autor do fato, se perigoso (liberdade vigiada). A nova lei, porém, prescindiu dessa providência, extinguiu a medida de segurança e adotou a teoria objetiva *pura*, tal como os códigos penais da Alemanha e Iugoslávia.

### 3.10.10 Crime putativo

Crime putativo ou *imaginário* é aquele em que o agente supõe, por erro, que está praticando uma conduta típica quando o fato não constitui crime. Só existe, portanto, na imaginação do agente. Exemplos são o do agente que, ao praticar conjunção carnal

---
155. FRAGOSO, Heleno Cláudio. Ob. cit. p. 254.
156. Tratando-se de roubo, porém, o crime-meio (ameaça ou lesão) deve ser punido, pois o tipo deste foi realizado integralmente.

com a irmã maior e capaz, supõe praticar o crime de incesto, inexistente na nossa legislação; do que subtrai a coisa para uso momentâneo e a devolve em seguida, crendo que praticou um furto comum (o furto de uso também não é previsto na legislação pátria) etc.[136] Existe no crime putativo, como se diz na doutrina, um erro de direito às avessas.

Evidentemente, a lei nada dispõe a respeito do crime putativo porque seria um truísmo afirmar que "não é crime aquilo que não é crime". Entretanto, a doutrina ocupa-se do assunto pelas semelhanças que apresenta com o crime impossível. Muitos doutrinadores referem-se também a crime putativo por erro de fato (que para nós é crime impossível) e ao crime *provocado* (crime de ensaio ou crime de experiência), a ser versado no próximo item.

### 3.10.11 Crime provocado

Fala-se em *crime provocado* quando o agente é induzido à prática de um crime por terceiro, muitas vezes policial, para que se efetue a prisão em flagrante. Exemplo clássico é o do patrão que, desconfiado de um empregado, facilita tudo para que seja atraído a uma cilada e, assim, apanhá-lo no momento da subtração.

A respeito do assunto estabeleceu o STF a Súmula nº 145: "Não há crime quando a preparação do flagrante pela polícia torna impossível a sua consumação." Entendem alguns que se estabeleceu regra para cuidar do crime putativo, mas a hipótese é a de crime impossível. Verificando-se que há ineficácia absoluta do meio ou absoluta impropriedade do objeto, aplica-se o art. 17; caso contrário, há tentativa punível. Iniciada a execução e havendo a mínima possibilidade de ocorrência do resultado, deve o agente ser responsabilizado pelo *conatus*.[157]

A Súmula 145 refere-se a flagrante *preparado* e passou-se a distinguir entre este e o flagrante *esperado*. Neste, a polícia, previamente informada a respeito de um crime que está sendo ou vai ser praticado, diligencia para impedi-lo e prender o agente em flagrante, sem que para o fato tivesse existido o agente provocador; aqui, é válido o flagrante se existir tentativa.[137]

Em resumo, tem se entendido que, havendo flagrante por ter sido o agente provocado pela Polícia, há crime impossível.[138] De outro lado, não existe flagrante preparado, respondendo o autor pela tentativa, quando o crime não resulta da ação direta do agente provocador.[139]

O enunciado da súmula, porém, permite interpretação diversa: havendo *preparação* do flagrante – trate-se de *crime provocado* ou de *crime esperado* –, ocorrerá crime impossível se o meio for ineficaz, o que pode decorrer no caso concreto das medidas estabelecidas para a prisão em flagrante,[140] ou se o objeto for impróprio, o que dependerá da inexistência do objeto (ausência da vítima, falta de dinheiro ou valores etc.). De outro lado, em qualquer das hipóteses, se ficarem evidenciados elementos que

---
157. Nesse sentido, BRUNO, Aníbal. Ob. cit. p. 127.

indiquem ter havido relativa ineficácia do meio ou impropriedade do objeto, tendo ocorrido concreta possibilidade – que mínima – de o agente obter a consumação do delito, estará presente a tentativa.[141]

Essa orientação também deve ser adotada nas hipóteses de *ação controlada*, consistente no retardamento da intervenção policial, e de *infiltração* de agentes policiais, adotada em procedimentos investigatórios sobre ilícitos praticados por ações de associações ou organizações criminosas, que são autorizadas pela Lei nº 12.850, de 2-8-2013 (arts. 8º a 14), Lei nº 11.343, de 23-8-2006 (art. 53, I e II) e pela Lei nº 9.613, de 3-2-1998 (art. 1º, § 6º).

A propósito do assunto, necessário referir-se ao *agente provocador*, que induz ou instiga outrem à prática de um crime sem desejar a consumação, atuando apenas para possibilitar a prisão em flagrante do executor ou por qualquer outra razão. Havendo consumação, deverá o agente provocador ser responsabilizado pelo ilícito a título de dolo eventual, se sua intenção admitiu levianamente a possibilidade do resultado, ou de culpa, se agiu sem respeitar o dever de cuidado exigível na hipótese.

Evidentemente, não se aplica a Súmula 145 quando o crime já estiver consumado.[142] No caso de tráfico de substância entorpecente tem-se firmado a orientação de que o induzimento do agente, pela polícia, à venda do tóxico, caracteriza o flagrante esperado quando aquele já se encontrava na posse da droga, havendo no caso crime consumado.[143] De outro lado, se a droga foi adquirida após o induzimento da polícia para se efetuar a prisão, ocorre flagrante preparado e, no caso, aplica-se a Súmula 145.[144] Deve-se notar, porém, que, no caso, não há propriamente crime impossível, já que o ilícito ocorreu, mas que, por ter sido ele provocado pela polícia, a prisão em flagrante com a apreensão da droga é prova obtida ilicitamente e, portanto, inadmissível em juízo.

O flagrante preparado não se confunde com o flagrante *forjado*, em que policiais "criam" provas de um crime inexistente, colocando, por exemplo, no bolso de quem é revistado substância entorpecente. Nessa hipótese, evidentemente não há crime ou tentativa a punir com relação ao preso, mas o crime de denunciação caluniosa ou abuso de autoridade, conforme o caso, praticado pelos policiais.

## 3.11 ERRO DE TIPO

### 3.11.1 Conceito

O dolo, como foi visto, deve abranger a consciência e a vontade a respeito dos elementos objetivos do tipo. Assim, estará ele excluído se o autor desconhece ou se engana a respeito de um dos componentes da descrição legal do crime (conduta, pessoa, coisa etc.), seja ele descritivo ou normativo. Exemplificando: um caçador, no meio da mata, dispara sua arma sobre um objeto escuro, supondo tratar-se de um animal, e atinge um fazendeiro; uma pessoa aplica a um ferimento do filho ácido corrosivo, pensando que está utilizando uma pomada; uma gestante ingere substância abortiva na suposição de que está tomando calmante etc. Nesses exemplos, o erro incide sobre elementos do tipo, ou seja, sobre um fato que compõe um dos elementos do tipo: o caçador não sabe que mata "alguém"; o pai não sabe que "ofende a integridade corporal do filho", a gestante não sabe que está ingerindo substância que irá "provocar o aborto".

Um erro que recai sobre elemento normativo do tipo também é erro de tipo excludente do dolo (pela lei anterior era considerado *erro de direito* inescusável). Não age com dolo, por exemplo, o agente que, ao se retirar de um restaurante, leva consigo o guarda-chuva de outrem, supondo ser o seu, pois não sabe que se trata de "coisa *alheia* móvel". Também há erro sobre elemento do tipo na conduta do agente que oferece vantagem a empregado de empresa paraestatal, sabendo-o tal, mas supondo equivocadamente que não está o destinatário da oferta equiparado a "funcionário público" (art. 327).

Em todos os exemplos citados ocorre o que se denomina na doutrina *erro de tipo*. O erro é uma falsa representação da realidade e a ele se equipara a ignorância, que é o total desconhecimento a respeito dessa realidade. No caso de erro de tipo, desaparece a finalidade típica, ou seja, não há no agente a vontade de realizar o tipo objetivo. Como o dolo é querer a realização do tipo objetivo, quando o agente não sabe que está realizando um tipo objetivo, porque se enganou a respeito de um de seus elementos, não age dolosamente: há erro de tipo. São casos em que há tipicidade objetiva (nos exemplos, os tipos de homicídio, lesão corporal, aborto, furto, corrupção ativa), mas não há tipicidade subjetiva por estar ausente o dolo.

### 3.11.2 Erro sobre elementos do tipo

A lei anterior, em vez de referir-se ao erro de tipo, dispunha a respeito do *erro de fato*, como excludente da culpabilidade.[158] A lei vigente, embora em redação não escorreita, dispõe a respeito do erro de tipo, no art. 20, com a rubrica "erro sobre elementos do tipo": "O erro sobre elemento constitutivo do tipo legal de crime exclui o dolo, mas permite a punição por crime culposo, se previsto em lei." Pode-se criticar o legislador porque a expressão *elemento constitutivo* é redundante, já que todo "elemento" é "constitutivo" do tipo. Também é superabundante a expressão *tipo legal*, porque todo tipo penal está na lei. Por fim, o § 1º do art. 20 refere-se às descriminantes putativas, as quais, segundo a teoria dominante, se constituem em erro de proibição e não em erro de tipo (item 5.2.5).[159]

---

158. O art. 17 da lei anterior dispunha: "É isento de pena quem comete o crime por erro quanto ao fato que o constitui, ou quem, por erro plenamente justificado pelas circunstâncias, supõe situação de fato que, se existisse, tornaria a ação legítima."
159. "As *descriminantes putativas* previstas no § 1º do art. 20 do anteprojeto estão topograficamente mal colocadas, pois o erro, nesta hipótese, é uma das formas de erro de proibição, excluindo a culpabilidade por ausência da consciência da ilicitude do fato, mantendo-se perfeitamente íntegro o dolo" (COSTA JUNIOR, Heitor. Ob. cit. p. 462.) De qualquer forma, o erro sobre elemento normativo de descriminante constitui erro de proibição (item 5.2.5).

Nos expressos termos do artigo em estudo, o erro de tipo inevitável exclui o dolo e, portanto, desnatura o fato típico doloso. Nos exemplos citados não existirá crime doloso. Na apuração do crime, o dolo é presumido, cabendo ao acusado comprovar ter agido com erro sobre elemento do tipo.[145]

Na legislação alemã fazia-se referência expressa às *circunstâncias* do crime e não somente aos elementos do tipo. Após a reforma penal, como afirma Jescheck a menção se fez desnecessária. Segundo o ínclito autor, se o que falta é conhecimento dos elementos de um crime qualificado, deverá aplicar-se unicamente o tipo básico. Como os elementos qualificadores constituem também elementos próprios do tipo, não há necessidade de menção expressa à exclusão da qualificadora.[160] Referindo-se a lei brasileira apenas a "elementos constitutivos do tipo", deve-se entender, porém, que o dispositivo abrange também as circunstâncias qualificadoras, as causas de aumento de pena e as circunstâncias agravantes. Fazem essas circunstâncias parte do tipo penal qualificado ou agravado, como elementos deste, e é possível a incidência do erro sobre elas. Suponha-se que o agente cometa um crime sexual contra um descendente, ignorando a situação de parentesco. Não existirá a qualificadora prevista no art. 226, II, por inexistência de dolo com relação àquela circunstância. Suponha-se, ainda, um crime de homicídio ou de lesão corporal em que o sujeito ativo ignora que a vítima está enferma. Não responderá pela agravante prevista no art. 61, II, *h*, terceira hipótese.[161]

O erro relativo a qualquer aspecto da norma complementar da *lei penal em branco*, considerada esta como integrante do tipo, é erro de tipo. Entretanto, quando o erro incide sobre a existência da norma complementar, ocorre erro de proibição.[162]

Eventualmente, o erro de tipo leva a uma desclassificação do crime. Exemplo: o sujeito injuria um funcionário público no exercício da função, desconhecendo a qualidade pessoal da vítima (não sabe que se trata de funcionário público). Não responde por desacato (art. 331), subsistindo a punição por injúria (art. 140).[163]

Distingue-se o erro essencial do erro acidental.

O erro *essencial* é o que recai sobre um elemento do tipo, ou seja, sobre fato constitutivo do crime, e sem o qual o crime não existiria. Assim, o agente não atiraria, no exemplo do caçador, se soubesse que se tratava de um fazendeiro e não do animal que pretendia abater.

---

160. Cf. JESCHECK, Hans-Heinrich. Ob. cit. p. 415. Na legislação espanhola há dispositivo expresso a respeito de erro sobre elemento que agrava a pena, excluindo a agravação (art. 6º, *bis*, "a"): Cf. PUIG, Santiago Mir. Ob. cit. p. 271-273.
161. Nesse sentido: TOLEDO, Francisco de Assis. *O erro no direito penal*. São Paulo: Saraiva, 1977. p. 630; JESUS, Damásio E. de. Ob. cit. p. 270. Refere-se apenas à qualificadora: FRAGOSO, Heleno Cláudio. Ob. cit. p. 270.
162. LUISI, Luiz. *O tipo penal, a teoria finalista e a nova legislação penal*. Porto Alegre: Sergio Antonio Fabris, 1987. p. 116. Nesse sentido, JESCHECK, Hans-Heinrich. Ob. cit. p. 414.
163. Exemplo de JESUS, Damásio E. de. Ob. cit. p. 270.

O erro *acidental* recai sobre circunstâncias acessórias da pessoa ou da coisa estranhas ao tipo, que não constituem elementos do tipo. Sem ele, o crime não deixa de existir.[164] Suponha-se que o agente pretenda subtrair farinha de um armazém e, por engano, acaba levando sacos de farelo. O crime existe, já que o erro não se referiu à "coisa alheia móvel" e sim a uma circunstância dela (farelo e não farinha). O erro acidental pode versar sobre o objeto, como no exemplo supra, ou sobre a pessoa da vítima (item 3.11.5).

O erro de tipo distingue-se do erro de proibição (item 5.2.2). Enquanto o primeiro exclui o dolo, o segundo afasta a compreensão da antijuridicidade. O erro de tipo dá-se quando "o homem não sabe o que faz"; o erro de proibição quando "sabe o que faz", mas acredita que não é contrário à ordem jurídica: o erro de tipo elimina a tipicidade dolosa; o erro de proibição pode eliminar a culpabilidade.[165]

### 3.11.3 Erro culposo

O erro em que incorre o agente pode ser inevitável (invencível) ou evitável (vencível). Se o agente atuou com erro apesar dos cuidados objetivos, o erro é invencível e exclui o dolo e a culpa. Entretanto, se poderia tê-lo evitado com as cautelas exigíveis nas condições em que se encontrava, ocorrerá o *erro culposo*. Neste caso, o erro elimina a tipicidade dolosa (não queria a realização do tipo), mas, havendo culpa, responderá por crime culposo se a lei prevê este.

Dispõe o art. 20, *caput*, que o erro sobre elemento constitutivo do tipo legal de crime "permite a punição por crime culposo, se previsto em lei". Assim, aproveitando-se os exemplos citados anteriormente, se o caçador poderia ter evitado de atirar, por saber que outras pessoas estavam na área – o que o obrigava a maiores cautelas –, responderá por homicídio culposo,[146] o pai, se foi negligente ao examinar a pomada, será responsabilizado por lesão corporal culposa. Não responderá a gestante por crime de aborto mesmo que tenha sido descuidada ao ingerir a substância que acreditava ser um calmante, nem por furto o que, por descuido, subtraiu o guarda-chuva alheio, já que a lei não prevê a modalidade culposa nesses dois delitos.

### 3.11.4 Erro provocado por terceiro

Prevê o art. 20, § 2º: "Responde pelo crime o terceiro que determina o erro." Regula a lei a hipótese de o agente ter atuado por erro em virtude de provocação (ou determinação) de terceiro. Suponha-se que o médico, desejando matar o paciente, entrega à enfermeira uma injeção que contém veneno, afirma que se trata de um anestésico e faz com que ela a aplique. A enfermeira agiu por erro determinado por terceiro, e não dolosamente, respondendo apenas o médico.

---
164. TOLEDO, Francisco de Assis. Ob. cit. p. 50.
165. Cf. ZAFFARONI, Eugênio Raúl. Ob. cit. p. 346.

É possível, porém, que o provocador do erro tenha agido por erro culposo, o mesmo ocorrendo com o executor do fato. O médico receita 10 cm$^3$ de uma substância, quando deveria receitar 1 cm$^3$ e a enfermeira, por falta de cuidado, não observa o engano, injetando a substância e causando a morte do paciente. Ambos responderão por homicídio culposo. Se o autor do fato, aproveitando-se do erro culposo do provocador, causa o resultado, responde por crime doloso por não ter agido com erro.

### 3.11.5 Erro sobre a pessoa

O art. 20, § 3º, prevê o erro sobre a pessoa da vítima:

"O erro quanto à pessoa contra a qual o crime é praticado não isenta de pena. Não se consideram, neste caso, as condições ou qualidades da vítima, senão as da pessoa contra quem o agente queria praticar o crime."

Suponha-se que *A* queira matar *B*, confundindo este na escuridão com *C*, que tem o mesmo porte físico, e alveje este. Trata-se de mero erro acidental e o agente responde pelo homicídio porque pretendia praticar a conduta típica de matar alguém. Dispõe a lei, todavia, que na hipótese se consideram não as condições ou qualidades da vítima real, mas as da pessoa contra quem o sujeito pretendia agir. Assim, se *B* é ascendente de *A*, este responde pelo homicídio praticado contra "ascendente", agravante prevista no art. 61, II, e; se *A* queria matar *B* porque este estuprara sua filha momentos antes, responderá por homicídio privilegiado (violenta emoção logo após a injusta provocação da vítima).

# 4
# ANTIJURIDICIDADE

## 4.1 ANTIJURIDICIDADE

### 4.1.1 Conceito

Foi visto que o crime é fato típico e antijurídico. Assim, para a existência do ilícito penal é necessário que a conduta típica seja, também, antijurídica.

A antijuridicidade é a contradição entre uma conduta e o ordenamento jurídico. O fato típico, até prova em contrário, é um fato que, ajustando-se ao tipo penal, é antijurídico. Existem, entretanto, na lei penal ou no ordenamento jurídico em geral, causas que excluem a antijuridicidade do fato típico. Por essa razão, diz-se que a tipicidade é o indício da antijuridicidade, que será excluída se houver uma causa que elimine sua ilicitude. "Matar alguém" voluntariamente é fato típico, mas não será antijurídico, por exemplo, se o autor do fato agiu em legítima defesa. Nessa hipótese não haverá crime. A antijuridicidade, como elemento na análise conceitual do crime, assume, portanto, o significado de "ausência de causas excludentes de ilicitude". A antijuridicidade é um juízo de *desvalor* que recai sobre a conduta típica, no sentido de que assim o considera o ordenamento jurídico.[1]

Há uma distinção doutrinária entre antijuridicidade e *injusto*. Neste sentido, a antijuridicidade é a contradição que se estabelece entre a conduta e uma norma jurídica, enquanto o injusto é a conduta ilícita em si mesma, é a ação valorada como antijurídica.

Reale Junior refere-se à antijuridicidade *concreta* ao afirmar que não há tipicidade quando a conduta não é antijurídica, ou seja, que, ocorrendo uma causa de justificação, não há adequação típica. Exemplificando com a legítima defesa, escreve: "Ao atuar em legítima defesa, o agente quer, por exemplo, matar o agressor, mas não age, pressupõe o legislador, em função de um menosprezo ao valor vida, mas em função de um outro valor, cuja positividade também é tutelada por outros modelos jurídicos, qual sejam, os valores vida, integridade física, honra, patrimônio, segurança do Estado. Se o agente quis o evento morte do agressor, a sua intenção, entretanto, não se voltava contra o valor tutelado, mas apenas o fato era o meio adequado e necessário para que ele defendesse outro valor. A intenção axiologicamente significativa e negativa que integra o dolo

---
1. Cf. WELZEL, Hans. *Derecho penal alemán*: parte general. 11. ed. Santiago: Jurídica de Chile, 1970. p. 76.

inexiste na legítima defesa. Assim sendo, incorre adequação típica, porque em legítima defesa, estado de necessidade ou exercício regular de direito, a posição valorativa própria da ação, por presunção legal, em vista da presença desses requisitos, não se dirige à negação do valor tutelado e materialmente ofendido".[2] O raciocínio desenvolve-se diante da posição do festejado autor na teoria da ação socialmente adequada, em que o dolo não é a simples vontade de concretizar as características do tipo (dolo natural), exigindo a conotação antissocial que lhe empresta a referida teoria. Justapõem-se, então, a tipicidade e a antijuridicidade, o que, *data venia*, torna vagos e imprecisos os contornos do fato típico.

### 4.1.2 Antijuridicidade material

O positivismo sociológico, criado em oposição ao positivismo jurídico, estabeleceu um conceito *material* de antijuridicidade. Num enfoque sociológico, leva-se em conta, por exemplo, o ordenamento jurídico, do qual se deduz um pensamento do legislador em que se revela ser justificado o fim da ação. Do mesmo modo, poderá não haver conveniência do Estado em responsabilizar o autor de um fato, embora seja este lesivo a um interesse protegido, se estiver justificado pelo ordenamento jurídico. Nessas hipóteses estariam incluídos, por exemplo, a intervenção cirúrgica, o castigo infligido pelo mestre a seus alunos, a lesão a um bem menos importante em salvaguarda de outro de maior valia etc. Neste sentido, afirma Reale Junior: "Uma ação concreta, apesar de adequada ao tipo, será lícita se, a partir dessa ideia de direito como espelho dos valores culturais positivos, constituir meio justo para um fim justo." [3]

Esses conceitos, porém, não deixam de ser vagos, já que se fundamenta a antijuridicidade em valores sociais, morais, políticos etc. Nesse sentido material, a "antijuridicidade não tem conceito pacífico, pois ou apresenta um comportamento antissocial, ou contraria a justiça social, ou ofende as normas de cultura reconhecidas e aceitas pelo Estado, ou infringe uma ideia de justo, que determinado Estado em certa época histórica erigiu como inviolável, sem precisar, no entanto, o seu verdadeiro conteúdo".[4] O que existe, portanto, é sempre um comportamento *típico*, que pode ou não ser ilícito em face do juízo de valor do ordenamento jurídico. Será então jurídico ou antijurídico. Poderá, porém, haver a antijuridicidade e não a tipicidade e, nessa hipótese, embora ilícito o fato, não haverá responsabilidade penal. Assim, como afirma Santoro, a antijuridicidade "é a contradição do fato, eventualmente adequado ao modelo legal, com a ordem jurídica, constituindo a lesão de um interesse protegido".[5]

---

2. REALE JUNIOR, Miguel. Antijuridicidade concreta. São Paulo: José Bushatsky, 1974, p. 53.
3. REALE JUNIOR, Miguel. Ob. cit. p. 112.
4. NAVES, Nilson Vital. Estrutura jurídico-penal do crime. *Justitia* 65/109.
5. SANTORO, Arturo. Circostanze, fatto ed antigiuridicità nella teoria del reato. Studi in onore di Mariano D'Amelio. v. 3. p. 340. In: JESUS, Damásio E. de. *Direito penal*. 8. ed. São Paulo: Saraiva, 1983. v. 1. p. 316.

Como o crime é um fato típico e antijurídico, podendo o autor alegar uma causa de justificação, Francisco de Assis Toledo faz a distinção entre o simplesmente típico e o típico-antijurídico. Diz: "Daí a diferenciação que se poderia fazer entre 'tipo legal' e 'tipo do injusto'. O segundo contém os *elementos essenciais* do primeiro, mais a nota da ilicitude. O primeiro seria um *tipo de injusto condicionado*, isto é, um tipo legal de crime.[6]

### 4.1.3 Caráter da antijuridicidade

Quanto ao caráter da antijuridicidade, há uma teoria *subjetiva*, fundada na noção de que o direito, com o fim de proteger bens, exerce uma função reguladora das vontades individuais e que o comando da lei somente pode dirigir-se àqueles capazes de serem motivados a responderem às exigências da ordem emitida. Assim – afirma Reale Junior –, os incapazes, os loucos e menores, os primeiros em virtude de razões naturais, os últimos, por prescrição legal, não agem contra o direito e "desse modo, a sua ação poderá lesar um interesse, mas não poderá ser considerada contrária ao direito".[7] Para outros, porém, a antijuridicidade tem caráter *objetivo*, resolvendo-se num contraste entre o fato e o ordenamento jurídico, independentemente da capacidade de entendimento ou da imputabilidade do sujeito. Como o dolo integra o tipo penal e a culpabilidade (reprovabilidade) é o elemento valorativo do crime, não deixa de ter antijuridicidade o ato voluntário de um inimputável.[8] Os loucos, menores etc. praticam crime (fato típico e antijurídico), embora esteja ausente a culpabilidade.

### 4.1.4 Exclusão da antijuridicidade

O direito prevê causas que excluem a antijuridicidade do fato típico (causas excludentes da *criminalidade*, causas excludentes da *antijuridicidade,* causas *justificativas,* causas excludentes da *ilicitude, eximentes* ou *descriminantes*). São normas permissivas, também chamadas *tipos permissivos,* que excluem a antijuridicidade por permitirem a prática de um fato típico.

Segundo o entendimento adotado, a exclusão da antijuridicidade não implica o desaparecimento da tipicidade e, por conseguinte, deve-se falar em "conduta típica justificada". De acordo, porém, com a *teoria dos elementos negativos do tipo*, as causas de justificação eliminam a tipicidade. Segundo esta posição, se entende que o *tipo* constitui somente a *parte positiva* do tipo total de injusto, a que se deve juntar a *parte negativa* representada pela concorrência dos pressupostos de uma causa de justificação.[9] Somente será típico o fato que também for antijurídico; presentes os requisitos de uma descriminante não há que se falar em conduta típica.

---

6. *Princípios básicos de direito penal*. 2. ed. São Paulo: Saraiva, 1986. p. 113.
7. REALE JUNIOR, Miguel. Ob. cit. p. 71.
8. Cf. JESUS, Damásio E. de. Ob. cit. p. 319.
9. PUIG, Santiago Mir. *Derecho Penal*: parte general. 3. ed. Barcelona: PPU, 1990. p. 447.

A lei penal brasileira dispõe que "não há crime" quando o agente pratica o fato em estado de necessidade, em legítima defesa, em estrito cumprimento de dever legal ou no exercício regular de direito (art. 23). Além das normas permissivas da Parte Geral, todavia, existem algumas na Parte Especial, como, por exemplo, a possibilidade de o médico praticar aborto se não há outro meio de salvar a vida da gestante ou se a gravidez resulta de estupro (art. 128); a ofensa irrogada em juízo na discussão da causa, pela parte ou por seu procurador; a opinião desfavorável da crítica literária, artística ou científica e o conceito desfavorável emitido por funcionário público, em apreciação ou informação que preste no cumprimento de dever de ofício (art. 142) etc.[10]

Para a maioria dos doutrinadores, presentes no fato os elementos objetivos constantes da norma permissiva, deixa ele de ser antijurídico, não se indagando do conteúdo subjetivo que levou o agente a praticá-lo. Para que o agente atue juridicamente, contudo, é necessário que, além de estarem presentes os elementos objetivos das descriminantes, preencha também o elemento subjetivo. A norma permissiva, ou tipo permissivo, contém elementos subjetivos paralelos aos objetivos. Deve haver também a "congruência" entre a conduta do agente e a norma que contém a causa excludente da antijuridicidade. Não estará em legítima defesa, por exemplo, quem atira em um inimigo sem saber que este está, por baixo do sobretudo, com uma arma prestes a disparar e matá-lo. Embora presentes os requisitos objetivos da legítima defesa, não existem os seus elementos subjetivos. O autor, para praticar fato típico que não seja antijurídico, deve agir no conhecimento da situação de fato justificante e com fundamento em uma autorização que lhe é conferida através disso, ou seja, querer atuar juridicamente.[11]

### 4.1.5 Causas supralegais de exclusão da antijuridicidade

Tem-se sustentado que, além das causas justificativas expressamente consignadas na lei, existem outras, supralegais, não explícitas. A doutrina das justificativas supralegais funda-se na afirmação de que o Direito do Estado, por ser estático, não esgota a totalidade do Direito e a lei não pode esgotar todas as causas de justificativas da conduta humana no plano do ordenamento penal. Como a razão de ser do direito é o equilíbrio da vida social e a antijuridicidade nada mais é do que a lesão de determinado interesse vital aferido perante as normas de cultura reconhecidas pelo Estado, afirma-se que não se deve apreciar o antijurídico apenas diante do direito legislado, mas também dessas

---

10. Havendo uma causa de exclusão da antijuridicidade, o fato típico não constitui crime e, assim, se a descrição de uma denúncia ou queixa evidenciar desde logo a ausência da antijuridicidade na conduta do denunciado ou querelado, deve a peça vestibular ser rejeitada consoante o previsto no art. 43, I, do CPP: *RT* 534/415, 549/389, 553/337, 577/386, 615/311-312, 664/303.
11. Cf. WESSELS, Johannes. *Direito penal*: parte geral. Porto Alegre: Sergio Antonio Fabris, 1976. p. 62-63; ZAFFARONI, Eugênio Raúl. *Manual de derecho penale*: parte general. Buenos Aires: Ediar, 1977. p. 413-415; JESUS, Damásio E. de. Ob. cit. p. 321-323; CONDE, Francisco Muñoz. *Teoria geral do delito*. Porto Alegre: Sergio Antonio Fabris, 1988. p. 94.

normas de cultura.[12] Com tais argumentos justificam-se os fatos que aparentemente não estão regulados no ordenamento jurídico: a correção de menores não sujeitos à autoridade legal de quem os castiga; o tratamento médico (que seria exercício ilegal da medicina) dos pais aos filhos; os castigos não previstos em regulamento escolar aplicados sem abuso por professores etc. Inclui-se também entre essas causas o consentimento expresso do ofendido em relação a danos que atingem bens plenamente disponíveis.[13]

A lei penal, porém, prevê expressamente como causa descriminante o "exercício regular de direito". Assim, pondera Damásio, aplicando o juiz o art. 4º da LINDB, que prevê a possibilidade de decidir de acordo com a analogia, os costumes e os princípios gerais do direito, poderá reconhecer a excludente referida, não pelo dispositivo legal propriamente dito, mas pela norma superior que o inspira.[14] Ou como diz José Adriano Marrey Neto, invocando ainda a *lógica do razoável*, de Recasens Siches: "Às justificativas supralegais são aplicáveis a analogia, os costumes e os princípios gerais de Direito, segundo o critério excelso, de prevalência, em qualquer caso, dos fins sociais a que a lei se destina e das exigências do bem comum. O intérprete pode e deve, em certos casos, ir além da só e mecanicista aplicação do texto legal, buscando solução razoável, conforme ao Direito, na sua acepção mais ampla e que seja também a mais justa para o caso concreto".[15]

## 4.2 ESTADO DE NECESSIDADE

### 4.2.1 Conceito

Prevê o art. 24: "Considera-se em estado de necessidade quem pratica o fato para salvar de perigo atual, que não provocou por sua vontade, nem podia de outro modo evitar, direito próprio ou alheio, cujo sacrifício, nas circunstâncias, não era razoável exigir-se." Segundo o art. 23, I, não há, nessa hipótese, crime; há uma causa excludente da antijuridicidade.

Para alguns doutrinadores o estado de necessidade configura uma *faculdade* e não um direito, pois a todo direito corresponde uma obrigação, o que não ocorre com relação àquele que tem lesado seu bem jurídico por um caso fortuito. Para outros, com os quais concordamos, trata-se de um *direito*, não contra o interesse do lesado, mas em relação ao Estado, que concede ao sujeito esse direito subjetivo através da norma penal.[16]

O estado de necessidade pressupõe um *conflito* entre titulares de *interesses lícitos*, legítimos, em que um pode perecer licitamente para que outro sobreviva. Exemplos

---

12. Sobre o tema: CAMARGO, Ruy Junqueira de Freitas. O delito como fato cultural e o problema das justificativas supralegais. *Justitia* 89/213-232.
13. TOLEDO, Francisco de Assis. *Princípios básicos de direito penal*. 2. ed. São Paulo: Saraiva, 1986. p. 159-160.
14. Cf. JESUS, Damásio E. de. Ob. cit. p. 323-325.
15. MARRREY NETO, José Adriano. Exclusão da ilicitude. *RJDTACRIM* 1/9-15.
16. Cf. JESUS, Damásio E. de. Ob. cit. p. 328.

clássicos de estado de necessidade são o furto famélico,[1] a antropofagia no caso de pessoas perdidas, a destruição de mercadorias de uma embarcação ou aeronave para salvar tripulante e passageiros, a morte de um animal que ataca o agente sem interferência alguma de seu dono etc. Não podendo o Estado acudir aquele que está em perigo, nem devendo tomar partido *a priori* de qualquer dos titulares dos bens em conflito, concede o direito de que se ofenda bem alheio para salvar direito próprio ou de terceiro ante um fato irremediável.

### 4.2.2 Requisitos

São requisitos do estado de necessidade perante a lei penal brasileira:

a) a ameaça a direito próprio ou alheio;

b) a existência de um perigo atual e inevitável;

c) a inexigibilidade do sacrifício do bem ameaçado;

d) uma situação não provocada voluntariamente pelo agente;

e) a inexistência de dever legal de enfrentar o perigo; e

f) o conhecimento da situação de fato justificante.

Para haver estado de necessidade é indispensável que o bem jurídico do sujeito esteja em perigo; que ele pratique o fato típico para evitar um mal que pode ocorrer se não o fizer. Esse mal pode ter sido provocado pela *força da natureza*, citando-se os exemplos da eliminação de um animal selvagem numa reserva florestal, a invasão de domicílio para escapar de um furacão ou uma inundação etc., ou *por ação do homem*, como nas hipóteses de invasão de domicílio para escapar de um sequestro, a destruição de uma coisa alheia para defender-se de agressão de terceiro etc.

É necessário que o sujeito atue para evitar um perigo *atual*, ou seja, que exista a probabilidade de dano, presente e imediata, ao bem jurídico. Não inclui a lei o perigo *iminente*, como o faz na legítima defesa, havendo divergência na doutrina a respeito do assunto. O perigo, contudo, é sempre uma situação de existência da *probabilidade de dano* imediato e, assim, abrange o que está prestes a ocorrer. Não haverá estado de necessidade se a lesão somente é *possível* em futuro remoto ou se o perigo já está conjurado.

Enfim, para o reconhecimento da excludente de estado de necessidade, que legitimaria a conduta do agente, é necessária a ocorrência de um perigo atual, e não um perigo eventual e abstrato.[2]

É requisito, também, que o perigo seja *inevitável*, numa situação em que o agente não podia, de outro modo, evitá-lo. Isso significa que a ação lesiva deva ser imprescindível, como único meio para afastar o perigo.[3] Caso, nas circunstâncias do perigo, possa o agente utilizar-se de outro modo para evitá-lo (fuga, recurso às autoridades públicas etc.), não haverá estado de necessidade na conduta típica adotada pelo sujeito ativo que lesou o bem jurídico desnecessariamente. Não se pode confundir estado de necessidade com estado de precisão, sendo insuficiente, por exemplo, a alegação de dificuldades de ordem econômica para justificar o furto,[4] o roubo, o estelionato etc. Já se tem decidido que dificuldades financeiras, desemprego, situação de penúria e doença não caracterizam o estado de necessidade. Para que a excludente seja acolhida, mister se torna que o agente não tenha outro meio a seu alcance, senão lesando o interesse de outrem.[5]

Também é indispensável para a configuração do estado de necessidade que o agente não tenha provocado o perigo por sua vontade. Inexistirá a excludente, por exemplo, quando aquele que incendiou o imóvel para receber o seguro, mata alguém para escapar do fogo.

Discute-se, na doutrina, se pode ser reconhecida a descriminante em caso de ter o agente provocado o perigo por culpa. Considerando-se que a lei, no artigo em estudo, se refere à *vontade* e que esta, na legislação vigente, implica o conceito de *intencionalidade* (como ocorre na descrição da tentativa, por exemplo), conclui a doutrina que não está excluída a justificativa quando o agente causou culposamente o perigo (o incêndio, o naufrágio etc.).[17] Entretanto, diante da norma do art. 13, § 2º, "c", do CP, que obriga a agir para evitar o resultado aquele que, com seu comportamento anterior (ainda que culposo), criou o risco da ocorrência do resultado, forçoso concluir que se deve excluir o estado de necessidade também nos crimes comissivos quando o agente provocou *culposamente* o perigo.[18]

Determina a lei que se deve verificar também se era ou não razoável exigir-se o sacrifício do bem ameaçado e que foi preservado pela conduta típica. O Código brasileiro adotou a teoria *unitária* e não a teoria *diferenciadora*.[19] Assim, há estado de necessidade não só no sacrifício de um bem menor para salvar um de maior valor, mas também no sacrifício de um bem de valor idêntico ao preservado, como no caso físico do homicídio praticado pelo náufrago para se apoderar da tábua de salvação. Não ocorrerá a justificativa se for de maior importância o bem lesado pelo agente. Pode-se destruir o patrimônio para preservar a vida; não se pode matar para garantir um bem patrimonial. A razoabilidade, todavia, é um conceito de valoração dos bens jurídicos que, muitas vezes, somente no caso concreto poderá ser aferida.

---

17. Nesse sentido: Florian, Battaglini, Maggiore, Asua, Bettiol, Costa e Silva, Basileu Garcia, Aníbal Bruno, Damásio de Jesus, Reale Junior, Heleno Fragoso. Contra, excluindo o estado de necessidade quando o agente provocou o perigo por culpa: Antolisei, Manzini, Frosali, Giuliano, Pannain, Hungria, Frederico Marques, Lyra Filho. Na jurisprudência, tem-se excluído o estado de necessidade em caso de culpa, como na hipótese de lesões corporais culposas em que o acusado invadiu a contramão de direção ao procurar impedir que seu filho menor caísse do banco do veículo que dirigia, uma vez que a criança estava sendo transportada sem as devidas cautelas, o que lhe provocou o perigo da queda (*RT* 546/357), e do motorista que alegou ter sido forçado a subir com o veículo na calçada, atropelando um pedestre, quando provocou o perigo ao deixar de observar o fluxo do tráfego da preferencial quando nela ingressou (*RT* 572/380).
18. Inclinam-se para essa solução Juarez Tavares e Luiz Regis Prado, na nota nº 78 de tradução da obra de CONDE, Francisco Muñoz. Ob. cit. p. 108.
19. Pela teoria *diferenciadora* há estado de necessidade como excludente da *antijuridicidade* quando se salva bem maior em detrimento de menor e estado de necessidade como excludente da *culpabilidade* fundado na não exigibilidade de conduta diversa quando se trata de bens de idêntico valor. Foi ela adotada no Código Penal Militar (arts. 39 e 43).

O estado de necessidade pode ser teoricamente invocado quando da prática de qualquer crime (homicídio, furto, peculato, dano etc.), inclusive nos delitos culposos (por exemplo, o motorista que imprime velocidade incompatível com as condições de tráfego para levar um doente que está à morte ao hospital e provoca colisão e lesões ou morte em terceiro).[20] Entretanto, exigindo a lei como requisito a inevitabilidade do perigo e referindo-se às "circunstâncias" do fato, não se tem admitido a existência de estado de necessidade nos crimes permanentes e habituais.[21]

Sendo o estado de necessidade fato excludente de ilicitude, tem que ser provado para que possa ser acolhido e o ônus da prova, no transcorrer da ação penal, pertence ao réu que o alega.[6]

Prevê o art. 24, § 2º: "Embora seja razoável exigir-se o sacrifício do direito ameaçado, a pena poderá ser reduzida de um a dois terços." Presentes os demais requisitos legais, é facultado ao juiz a redução da pena em casos de sacrifício de bem de maior valor do que o protegido. Não está excluída a antijuridicidade do fato e o agente responderá pelo ilícito praticado, podendo o aplicador da lei, diante das circunstâncias do fato, reduzir a sanção imposta ao sujeito passivo.[7]

Permite a lei o estado de necessidade para preservar qualquer bem jurídico (vida, liberdade, patrimônio, honra etc.) desde que esteja protegido pelo ordenamento jurídico. Não haverá estado de necessidade, por exemplo, se o condenado à morte eliminar o carrasco para evitar a execução.

Possibilita a lei o estado de necessidade em benefício próprio ou em favor de terceiro. Tratando-se de estado de necessidade em favor de terceiro é de se entender que é possível que a excludente abrigue inclusive o agente que atua em benefício de *pessoa jurídica*, que possui bens e interesses que podem ser colocados em risco. O Direito Penal moderno apoia e estimula a mútua cooperação entre os homens, elevando-o, em certas circunstâncias, de dever moral a dever jurídico (v. art. 135 do CP) e a tendência é para ampliar o alcance da justificativa no sentido de mais humana compreensão do conceito de necessidade.[22] Fala-se também em estado de necessidade *defensivo* quando o agente atua contra o causador do perigo, e em estado de necessidade *agressivo* quando lesa bem jurídico de alguém que não provocou a situação de risco.

---

20. Exemplo de estado de necessidade em crime culposo colhido na jurisprudência: "Age em estado de necessidade quem, vendo-se atacado por cão raivoso, dispara arma de fogo contra o animal, não podendo, assim, ser responsabilizado por eventual ricochete de bala que porventura venha a atingir alguém" (*JTACrSP* 43/195).
21. Nos crimes habituais e permanentes, bem como na reiteração criminosa, não estariam presentes os requisitos do estado de necessidade, que exige um perigo *atual* e *inevitável* e na não razoabilidade de exigência do sacrifício do direito nas *circunstâncias* do fato: *RT* 399/309, 383/197, 376/252, 395/368, 377/239; *JTACrSP* 8/205. Já se reconheceu, porém, a excludente em favor de quem exercitava ilegalmente a arte dentária em zona rural distante dos grandes centros e onde inexistia profissional habilitado: *RT* 547/366.
22. Cf. RIBEIRO, Arthur Ferraz. O "estado de necessidade" e o "habeas corpus" e sua sustentação e impetração por pessoa jurídica (*RT* 674/374-375).

Tratando-se de um mesmo fato típico, não há crime quando houver estado de necessidade e, assim, a justificativa estende-se a todos coautores ou partícipes.[23]

Como em todas as causas excludentes da criminalidade, exige-se no estado de necessidade o elemento subjetivo, ou seja, que o sujeito aja com a vontade de preservar o bem jurídico (item 4.1.4). Se o agente, sem saber que o barco em que se encontra juntamente com um desafeto está afundando, mata este e, inconscientemente, salva-se de afogamento, responde pelo homicídio por ausência do elemento subjetivo.

Pressupondo o estado de necessidade um conflito entre titulares de interesses legítimos, é possível, evidentemente, o estado de necessidade *recíproco* (pessoas que se agridem para sair de uma sala de espetáculos em caso de incêndio ou para se apoderar de uma boia na ocasião de um naufrágio etc.).

### 4.2.3 Exclusão do estado de necessidade

Certas pessoas, por estarem encarregadas de funções que, normalmente, as colocam em perigo, não podem eximir-se da responsabilidade pela conduta típica que praticarem numa dessas situações. Prevê o § 1º do art. 24: "Não pode alegar estado de necessidade quem tinha o dever legal de enfrentar o perigo". Dever *legal* é aquele previsto em uma norma jurídica (lei, decreto, regulamento etc.), o que inclui a obrigação funcional do policial, do soldado, do bombeiro, do médico sanitarista, do capitão de navio ou aeronave etc. Responderão eles pelo crime praticado para salvar direito próprio, embora presentes os requisitos do estado de necessidade já assinalados, se estiverem enfrentando o perigo em decorrência de disposição legal.

Discute-se na doutrina se o dispositivo vedaria a excludente àqueles que têm o dever jurídico não previsto em lei de enfrentar o perigo, tal como se afirma na exposição de motivos do CP de 1940, ao se referir a um "especial dever jurídico" (item 17, *in fine*).[24] A opinião predominante, porém, é a de que podem ser beneficiados aqueles que não têm o dever legal, mas o dever jurídico não previsto em lei de enfrentar o perigo.[25]

A lei vigente, porém, ao conceituar o dever de agir na omissão típica, cuida expressamente das espécies de dever jurídico, incluindo aqueles que, de outra forma, assumiram a responsabilidade de impedir o resultado e os que, com seu comportamento, criaram o risco da ocorrência do resultado. Nesses termos, para a lei, o dever de agir passou a ser *legal*, previsto no art. 13, § 2º, do CP. Assim, em uma interpretação sistemática, se o sujeito pratica um fato típico em uma dessas condições, quando podia agir, a conduta é antijurídica (item 3.2.7, parte final). Nessa hipótese, há crime e somente poderá ser excluída a culpabilidade pela inexigibilidade de conduta diversa (item 5.1.2).

---

23. Tal não ocorre quando o fato natural é um só, mas configura tipos diversos para os que o executam. É o caso, por exemplo, do reconhecimento do estado de necessidade de gestante que consentiu no aborto (art. 124) e da exclusão da justificativa na conduta daquele que lhe provocou o aborto (art. 125): *RT* 554/332-335.
24. Nesse sentido, Costa e Silva, Frederico Marques e Magalhães Noronha.
25. Nesse sentido, Hungria, Basileu, Anibal Bruno, Damásio de Jesus, Lyra Filho, Salgado Martins.

O *princípio da exigibilidade* do dever de enfrentar o perigo, porém, não é absoluto. Os limites da exigência de sacrifício devem coincidir com os limites legais ou sociais do exercício de sua profissão. Mais do que isso, não se pode exigir de ninguém um comportamento heroico ou virtuoso.[26]

### 4.2.4 Casos específicos

A fim de evitar qualquer dúvida na aplicação da lei aos fatos que poderiam gerar divergências, prevê o Código, na Parte Especial, alguns casos de estado de necessidade específicos a determinados crimes, ora excluindo a *antijuridicidade* (o aborto para salvar a vida da gestante, no art. 128, inciso I; a intervenção médica ou cirúrgica, sem o consentimento do paciente ou de seu representante legal, se justificada por iminente perigo de vida e a coação exercida para impedir suicídio, no art. 146, § 3º; a invasão de domicílio quando algum crime está sendo praticado ou na iminência de o ser, no art. 150, § 3º, inciso II, ou em caso de desastre, no art. 5º, XI, da CF etc.) ora excluindo a *tipicidade* (a violação de segredo com justa causa, nos arts. 153 e 154, a violação de correspondência por quem está autorizado, no art. 151 etc.).

### 4.2.5 Excesso

Excedendo-se o agente na conduta de preservar o bem jurídico, responderá por ilícito penal se atuou dolosa ou culposamente. Cita-se como exemplo o agente que, podendo apenas ferir a vítima, acaba por causar-lhe a morte. Poderá haver o excesso *doloso* ou *culposo*, a ser apreciado oportunamente (item 4.5.1).

### 4.2.6 Estado de necessidade putativo

Haverá estado de necessidade *putativo* se o agente supõe, por erro, que se encontra em situação de perigo. Supondo o agente, por erro plenamente justificado pelas circunstâncias, estar no meio de um incêndio, não responderá pelas lesões corporais ou morte que vier a causar para salvar-se. Inexiste a justificativa, mas o agente não responde pelo fato por ausência de culpa em decorrência de erro de proibição (item 5.2.5).

## 4.3 LEGÍTIMA DEFESA

### 4.3.1 Conceito e fundamento

A segunda causa de exclusão da antijuridicidade é a legítima defesa, prevista no art. 23, inciso II, e regulada pelo art. 25: "Entende-se em legítima defesa quem, usando moderadamente dos meios necessários, repele injusta agressão, atual ou iminente, a direito seu ou de outrem.

---

26. CONDE, Francisco Muñoz. Ob. cit. p. 108-9.

Várias teorias foram expostas para explicar os fundamentos da legítima defesa.

As teorias *subjetivas*, que a consideram como causa excludente da culpabilidade, fundam-se na perturbação de ânimo da pessoa agredida ou nos motivos determinantes do agente, que conferem licitude ao ato de quem se defende etc.

As teorias *objetivas*, que consideram a legítima defesa como causa excludente da antijuridicidade, fundamentam-se na existência de um direito primário do homem de defender-se, na retomada pelo homem da faculdade de defesa que cedeu ao Estado, na delegação de defesa pelo Estado, na colisão de bens em que o mais valioso deve sobreviver, na autorização para ressalvar o interesse do agredido, no respeito à ordem jurídica, indispensável à convivência ou na ausência de injuridicidade da ação agressiva. É indiscutível que mais acertadas são as teorias objetivas, cada uma delas ressaltando uma das características do fenômeno jurídico em estudo.

São requisitos para a existência da legítima defesa:

a) a reação a uma agressão atual ou iminente e injusta;

b) a defesa de um direito próprio ou alheio;

c) a moderação no emprego dos meios necessários à repulsa; e

d) o elemento subjetivo.

### 4.3.2 Agressão atual ou iminente e injusta

É indispensável que haja, inicialmente, por parte do agente, reação contra aquele que está praticando uma agressão. Agressão é um ato humano que lesa ou põe em perigo um direito. Embora, em geral, implique violência, nem sempre esta estará presente na agressão, pois poderá consistir em um ataque sub-reptício (no furto, por exemplo), e até em uma omissão ilícita (o carcereiro que não cumpre o alvará de soltura, o médico que arbitrariamente não concede alta ao paciente, a pessoa que não sai da residência após sua expulsão pelo morador etc.). É reconhecida a legítima defesa daquele que resiste, ainda que com violência causadora de lesão corporal, a uma prisão ilegal.[8]

Pode-se, inclusive, reagir contra uma agressão culposa. Não é ilícita a conduta de quem, de arma em punho, obriga o motorista de um coletivo, que dirige imprudentemente a ponto de causar risco à vida dos passageiros, a que pare o veículo.

Não é necessário que a agressão integre uma figura típica. Constituem agressões atos que não constituem ilícito penal, como o furto de uso, o dano culposo, a prática de ato obsceno em local não exposto ao público e que, por isso, não se adapta ao art. 233 do CP, a perturbação da tranquilidade domiciliar etc.[27]

---

27. Cf. MAURACH, Reinhart. *Tratado de derecho penal*. Barcelona: Ariel, 1962. v. 1. p. 378; ZAFFARONI, Eugênio Raúl. Ob. cit. p. 421; WELZEL, Hans. *Manual de derecho penal*: parte general. Buenos Aires: Roque Depalma, 1956. p. 91; *JTACrSP* 39/251.

Somente se pode falar em agressão quando parte ela de uma ação humana. Não há legítima defesa e sim estado de necessidade quando alguém atua para afastar um perigo criado pela força da natureza ou por um animal, salvo se este estiver sendo utilizado por outrem para uma agressão. A agressão pode partir da multidão em tumulto e contra esta cabe legítima defesa, ainda que, individualmente, nem todos os componentes desejem a agressão.[9]

*A agressão deve ser atual ou iminente. Atual* é a agressão que está desencadeando-se, iniciando-se ou que ainda está desenrolando-se porque não se concluiu. Defende-se legitimamente a vítima de sequestro, embora já esteja privada da liberdade há algum tempo, pois existe agressão enquanto perdurar essa situação. Pode tratar-se, também, de uma agressão *iminente*, que está prestes a ocorrer, a que existe quando se apresenta um perigo concreto, que não permita demora à repulsa. Não há legítima defesa, porém, contra uma agressão futura, remota, que pode ser evitada por outro meio.[10] O temor, embora fundado, não é suficiente para legitimar a conduta do agente, ainda que verossímil.[11] Não é admissível a excludente sequer contra uma ameaça desacompanhada de perigo concreto, pois não se concebe legítima defesa sem a certeza do perigo, e esta só existe em face de uma agressão imediata, isto é, quando o perigo se apresenta *ictu oculi* como realidade objetiva.[12]

Já se tem defendido a tese, entretanto, da *legítima defesa antecipada* (ou prévia, ou preventiva, ou preordenada) na hipótese em que o agente atua em razão de uma agressão *futura, mas certa*, situação que caberia na expressão *agressão iminente*.[28]

Não atua, porém, em legítima defesa aquele que pratica o fato típico após uma agressão finda, que já cessou.[13]

A reação deve ser imediata à agressão ou tentativa dela; a demora na reação desfigura a descriminante.[14] Quem, provocado pela vítima, se dirige a sua residência, apanha uma arma e volta para o acerto de contas não age licitamente.

Só estará protegido pela lei aquele que reagir a uma agressão *injusta*. Injusta é a agressão não autorizada pelo Direito. Não se deve confundir, porém, agressão injusta e *ato injusto*, que não constitua em si uma agressão e que pode apenas provocar violenta emoção no agente, erigindo-se em certas circunstâncias em atenuante ou causa genérica de diminuição de pena.[15]

Não age em legítima defesa aquele que reage a uma agressão justa: regular prisão em flagrante, cumprimento de mandado judicial, ordem legal de funcionário público etc.

A injustiça da agressão deve ser considerada objetivamente, pelo fato em si, e não quanto à impunibilidade do autor da agressão. Um ataque de um doente mental ou de um menor, embora não constitua ilícito penal punível, justifica a defesa.[29] Pela

---

28. Cf. DOUGLAS, William. Legítima defesa antecipada. *RT* 715/428-430.
29. Cf. WELZEL, Hans. Ob. cit. p. 92; MAURACH, Reinhart. Ob. cit. p. 344; FRAGOSO, Heleno Cláudio. *Lições de direito penal*: parte geral. 4. ed. Rio de Janeiro: Forense. p. 191; *RT* 544/382.

mesma razão, pode o sujeito defender-se de uma agressão acobertada por excludente de culpabilidade (erro de proibição, coação irresistível etc.), já que não desaparece, no caso, a injuridicidade do ataque.

A reação deve ser exercida contra o agressor, mas se, por erro na execução, é atingido bem jurídico de terceiro inocente, nem por isso deixará de existir a justificativa, aplicando-se a regra inserida na lei a respeito do erro de execução, em que se considera a pessoa visada e não a atingida (arts. 73 e 74).[30] Em relação ao terceiro, há apenas um acidente, causa independente da vontade do agente.

### 4.3.3 Direito próprio ou alheio

A defesa deve amparar um *direito próprio* ou *alheio*. Embora, em sua origem, somente se pudesse falar em legítima defesa quando em jogo a vida humana, modernamente se tem disposto que qualquer direito pode ser preservado pela descriminante em apreço. Protegem-se a vida, a integridade física, o patrimônio, a honra, ou seja, os bens materiais ou morais.[16]

Controvertida é a possibilidade da *legítima defesa da honra*. Inegavelmente, o sentido da dignidade pessoal, a boa fama, a honra, enfim, são direitos que podem ser defendidos, mas a repulsa do agredido há de ater-se sempre aos limites impostos pelo art. 25.[17] Na jurisprudência tem-se admitido, aliás, como ato de legítima defesa, a imediata reação física contra injúria verbal, desde que não excessiva a reação.[18] Quanto às lesões corporais ou homicídio praticado pelo sujeito que surpreende o cônjuge em flagrante adultério, há também decisões em que se reconhecia a existência da descriminante.[19] A honra, porém, é atributo pessoal ou personalíssimo, não se deslocando para o corpo de terceiro, mesmo que este seja a esposa ou o marido do adúltero; assim, a maioria da doutrina e jurisprudência é no sentido de não existir a legítima defesa nessas hipóteses.[20][31]

O sujeito pode defender seu bem jurídico (legítima defesa *própria*) ou defender direito alheio (legítima defesa de *terceiro*), pois a lei consagra o elevado sentimento da solidariedade humana. Admite-se, no segundo caso, apenas a defesa de bens indisponíveis quando o titular consente na agressão, mas não quando há agressão consentida e a bens disponíveis. Pode-se defender a vítima de um homicídio consentido, mas não o patrimônio de alguém que consente na subtração, no dano etc., ou na lesão à honra de quem não deseja essa tutela. No parágrafo único do art. 25, incluído pela Lei nº 13.964, de 24-12-2019, dispõe-se que "observados os requisitos previstos no *caput* deste arti-

---

30. Cf. NORONHA, E. Magalhães. *Direito penal.* 15. ed. São Paulo: Saraiva, 1978. p. 204; JESUS, Damásio E. de. Ob. cit. p. 348-349; *RT* 393/129, 595/381-386. Contra, entendendo haver na hipótese estado de necessidade: HUNGRIA, Nelson. *Comentário ao código penal.* 5. ed. Rio de Janeiro: Forense, 1978. v. 1. t. 2, p. 297; FRAGOSO, Heleno Cláudio. Ob. cit. p. 192; ZAFFARONI, Eugênio Raúl. Ob. cit. p. 421; *RT* 569/315; *JTACrSP* 39/178.
31. Por unanimidade, o Supremo Tribunal Federal firmou o entendimento de que a tese da legítima defesa da honra no caso de adultério é inconstitucional, por violar os princípios constitucionais da dignidade da pessoa humana, da proteção à vida e da igualdade de gênero (ADPF 779-DF, j. em 15-03-2021, *DJe* de 20-5-2021).

go, considera-se também em legítima defesa o agente de segurança pública que repele agressão ou risco de agressão a vítima mantida refém durante a prática de crimes". Trata-se de dispositivo em verdade inócuo. Limita-se a norma a particularizar, desnecessariamente, caso de legítima defesa de terceiro na atuação de agente de segurança pública, diante de crime no curso do qual a vítima é mantida refém, situação à qual já era aplicável a descriminante tal como prevista no *caput* do artigo.

A legítima defesa de terceiro inclui a dos bens particulares e também o interesse da coletividade (como na hipótese da prática de atos obscenos em lugar público, da perturbação de uma cerimônia fúnebre etc.), bem como do próprio Estado, preservando-se sua integridade, a administração da justiça, o prestígio de seus funcionários etc.[32]

### 4.3.4 Uso moderado dos meios necessários

Na reação, deve o agente utilizar moderadamente os meios necessários para repelir a agressão atual ou iminente e injusta. Tem-se entendido que *meios necessários* são os que causam o menor dano indispensável à defesa do direito, já que, em princípio, a necessidade se determina de acordo com a força real da agressão.[33] É evidente, porém, que "meio necessário" é aquele de que o agente dispõe no momento em que rechaça a agressão, podendo ser até mesmo desproporcional com o utilizado no ataque, desde que seja o único à sua disposição no momento.[21]

Deve o sujeito ser moderado na reação, ou seja, não ultrapassar o necessário para repeli-la. A legítima defesa, porém, é uma reação humana e não se pode medi-la com um transferidor, milimetricamente, quanto à proporcionalidade de defesa ao ataque sofrido pelo sujeito.[22] Aquele que se defende não pode raciocinar friamente e pesar com perfeito e incomensurável critério essa proporcionalidade, pois no estado emocional em que se encontra não pode dispor de reflexão precisa para exercer sua defesa em equipolência completa com a agressão.[23] Não se deve fazer, portanto, rígido confronto entre o mal sofrido e o mal causado pela reação, que pode ser sensivelmente superior ao primeiro, sem que por isso seja excluída a justificativa,[24] e sim entre os meios defensivos que o agredido tinha a sua disposição e os meios empregados, devendo a reação ser aquilatada tendo em vista as circunstâncias do caso, a personalidade do agressor, o meio ambiente etc. A defesa exercita-se desde a simples atitude de não permitir a lesão até a ofensiva violenta, dependendo das circunstâncias do fato, em razão do bem jurídico defendido e do tipo de crime em que a repulsa se enquadraria.

Havendo flagrante desproporção entre a ofensa e a reação, desnatura-se a legítima defesa.[25] Haverá excesso na hipótese de responder-se a um tapa com um golpe mortal, ou no matar-se uma criança porque penetrou no pomar e apanhou algumas frutas.

---

32. Cf. MAURACH, Reinhart. Ob. cit. p. 379. Contra: CONDE, Francisco Muñoz. Ob. cit. p. 101.
33. WELZEL, Hans. Ob. cit. p. 93.

## 4.3.5 Inevitabilidade da agressão

Tem-se sustentado que também é requisito da legítima defesa a inevitabilidade da agressão. Afirma-se, por isso, que, embora não se obrigue o homem a ser covarde, deverá evitar o confronto se, sem desonra, puder evitar a agressão a ele dirigida.[34] Entretanto, a legitimidade da defesa não pode ficar submetida à exigência de o agente evitar a agressão ou afastar-se discretamente. Afirma Hungria: "Ainda quando tal conduta traduza *generosidade* para o agressor ou simples *prudência* do agredido, há abdicação em face da injustiça e contribuição para maior audácia ou prepotência do agressor." [35] A lei brasileira não exige obrigatoriedade de evitar-se a agressão (*commodus discessus*), como faz a lei italiana. Não repete os termos utilizados na conceituação do estado de necessidade ("nem podia de outro modo evitar") e, assim, o agente poderá sempre exercitar o direito de defesa quando for agredido. Não se obriga alguém a que, por exemplo, sabendo que um desafeto o espera para agredi-lo, dê uma volta no quarteirão para ingressar em casa por outra entrada.

Essa regra, porém, sofre atenuação. Diante das crianças, jovens imaturos, doentes mentais, agentes que atuam em estado de erro etc., as agressões devem ser evitadas, desviadas, a não ser que sejam elas a única forma de defesa dos interesses legítimos.[36]

## 4.3.6 Elemento subjetivo

Como em todas as justificativas, o elemento subjetivo, ou seja, o conhecimento de que está sendo agredido, é indispensável (item 4.1.4).[37] Como já se observou, não se tem em vista apenas o fato objetivo nas justificativas, não ocorrendo a excludente quando o agente supõe estar praticando ato ilícito. Inexistirá a legítima defesa quando, por exemplo, o sujeito atirar em um ladrão que está à porta de sua casa, supondo tratar-se do agente policial que vai cumprir o mandado de prisão expedido contra o autor do disparo.

## 4.3.7 Excesso

Exigindo a lei a moderação no uso dos meios necessários para repelir a agressão, é possível que o agente se exceda na reação. Esse excesso pode decorrer do uso inadequado do meio, quando o sujeito podia utilizar meio menos vulnerante, ou da falta de moderação na repulsa. Haverá então o excesso doloso ou culposo (item 4.5.1). O agressor, ao defender-se do excesso do agredido, atua legitimamente, ocorrendo o que se denomina legítima defesa *sucessiva*.[(26)]

---

34. Cf. FRAGOSO, Heleno Cláudio. Ob. cit. p. 192; JESUS, Damásio E. de. Ob. cit. p. 342; NORONHA, E. Magalhães. Ob. cit. p. 203; ZAFFARONI, Eugênio Raúl. Ob. cit. p. 419-420; WELZEL, Hans. Ob. cit. p. 93; *RT* 474/297.
35. HUNGRIA, Nelson. Ob. cit. p. 292-293, *RT* 624/303.
36. Nesse sentido, TOLEDO, Francisco de Assis, com apoio em Jescheck e Maurach. Ob. cit. 185.
37. Cf. MAURACH, Reinhart. Ob. cit. p. 383; ZAFFARONI, Eugênio Raúl. Ob. cit. p. 426; FRAGOSO, Heleno Cláudio. Ob. cit. p. 191; JESUS, Damásio E. de. Ob. cit. p. 349.

### 4.3.8 Legítima defesa recíproca

Pressupondo a justificativa uma agressão injusta, não é possível falar-se em legítima defesa *recíproca*. Um dos contentores (ou ambos, no caso de duelo) estará agindo ilicitamente quando tomar a iniciativa da agressão. Poderá ocorrer a absolvição de ambos os contentores se, por falta de provas, não se apurar qual deles tomou a iniciativa, mas não se poderá falar em legítima defesa.[27]

Poderá, porém, alguém se defender licitamente quando for atacado por terceiro que supõe ser vítima de agressão, por erro. O primeiro age em legítima defesa *real* e o segundo em legítima defesa *putativa* (item 4.3.10).

### 4.3.9 Provocação e desafio

Questão suscitada na doutrina e na jurisprudência é a de se saber se afasta a legítima defesa a provocação do sujeito que alega legítima defesa. Parte da doutrina entende que é necessário, para a existência da descriminante, não ter o agente provocado o agressor, e assim tem-se decidido muitas vezes.[28] Há ponderável corrente doutrinária e jurisprudencial em sentido contrário, que afirma que a provocação, por si, não afasta a possibilidade da legitimidade da defesa, desde que não constitua uma agressão.[38] A lei brasileira não exclui essa possibilidade. O provocador não pode ficar à mercê da vítima apenas pela provocação. Até mesmo na hipótese de um marido que surpreende a esposa com o amante e a ambos agride, a doutrina e a jurisprudência não exigem que estes se deixem sacrificar inertes, admitindo a excludente ao menos por agirem por instinto de conservação.[29] Não se reconhecerá a justificativa, entretanto, quando a provocação visava justamente desencadear a agressão do provocado para revidar esta; trata-se, na hipótese, de provocação como mero pretexto para uma agressão ilícita.

Não age em legítima defesa aquele que aceita o desafio para a luta.[30] O duelo não é permitido pela legislação brasileira e os contentores responderão pelos ilícitos que praticarem, já que o desafio não cria a necessidade irremovível de delinquir. Também, com maior razão, não há legítima defesa na conduta do agente que procura o desafeto para pedir satisfações, agredindo-o.[31]

### 4.3.10 Legítima defesa putativa

Legítima defesa *putativa* existe quando o agente, supondo por erro que está sendo agredido, repele a suposta agressão. Não está excluída a antijuridicidade do fato porque inexiste um dos seus requisitos (agressão real, atual ou iminente), ocorrendo na hipótese uma excludente da culpabilidade nos termos do art. 20, § 1º (item 5.2.5). Exemplo é o do agente que, em rua mal iluminada, se depara com um inimigo que lhe aponta

---

38. Cf. HUNGRIA, Nelson. Ob. cit. p. 296-7; NORONHA, E. Magalhães. Ob. cit. p. 204; JESUS, Damásio E. de. Ob. cit. p. 346; FRAGOSO, Heleno Cláudio. Ob. cit. p. 191; *RT* 426/413, 463/334, 472/321, 483/345, 492/392; *RJTJERGS* 150/233; *JTACrSP* 45/287, 48/345.

um objeto brilhante e, pensando estar na iminência de uma agressão, lesa o desafeto. Verificando-se que o inimigo não iria atingi-lo, não há legítima defesa real por não ter ocorrido a agressão que a justificaria, mas a excludente da culpabilidade por erro plenamente justificado pelas circunstâncias.

Absolveu-se também o acusado, proprietário de um veículo, que, com o auxílio de outrem, reagiu violentamente contra a vítima que tentava abrir, por equívoco, seu veículo, induzindo o agente a supor que se tratava de furto.[32] Mesmo nessas hipóteses, porém, é sempre indispensável a moderação.[33]

Fala-se da legítima defesa *subjetiva*, denominação muitas vezes usada como sinônimo de defesa putativa, empregada por Hungria para caracterizar o *excesso* da legítima defesa por erro escusável.[39]

### 4.3.11 Legítima defesa e estado de necessidade

Apontam-se várias diferenças entre o estado de necessidade e a legítima defesa, embora muitos considerem esta como uma das espécies daquele. No estado de necessidade há conflito entre titulares de interesses jurídicos lícitos e nesta uma agressão a um bem tutelado. Aquele se exerce contra qualquer causa (de terceiros, caso fortuito etc.), mas só há legítima defesa contra a conduta do homem. No estado de necessidade há *ação* e na legítima defesa, *reação*. Naquele o bem jurídico é exposto a perigo, nesta é exposto a uma agressão. Só há legítima defesa quando se atua contra o agressor; há estado de necessidade na ação contra terceiro inocente. No estado de necessidade a ação é praticada ainda contra agressão justa, como no estado de necessidade *recíproco*; na legítima defesa a agressão deve ser injusta.

Podem coexistir num mesmo fato a legítima defesa com o estado de necessidade, como na hipótese sempre lembrada do agente que quebra uma estatueta de terceiro (estado de necessidade) para defender-se de uma agressão (legítima defesa).

## 4.4 ESTRITO CUMPRIMENTO DE DEVER LEGAL E EXERCÍCIO REGULAR DE DIREITO

### 4.4.1 Estrito cumprimento de dever legal

Não há crime quando o agente pratica o fato no "estrito cumprimento de dever legal" (art. 23, inciso III, primeira parte). Quem cumpre regularmente um dever não pode, ao mesmo tempo, praticar ilícito penal, uma vez que a lei não contém contradições. Falta no caso a antijuridicidade da conduta e, segundo os doutrinadores, o dispositivo seria até dispensável. A excludente, todavia, é prevista expressamente para que se evite

---

39. HUNGRIA, Nelson. Ob. cit. p. 289-290.

qualquer dúvida quanto a sua aplicação, definindo-se na lei os termos exatos de sua caracterização.

A excludente pressupõe no executor um funcionário ou agente público que age por ordem da lei, não se excluindo o particular que exerça função pública (jurado, perito, mesário da Justiça Eleitoral etc.). Estão abrigados pela justificativa o policial que cumpre um mandado de prisão, o meirinho que executa o despejo e o fiscal sanitário que são obrigados à violação de domicílio, o soldado que executa por fuzilamento o condenado ou elimina o inimigo no campo de batalha etc. Agem em estrito cumprimento do dever legal os policiais que empregam força física para cumprir o dever (evitar fuga de presídio, impedir a ação de pessoa armada que está praticando um ilícito ou prestes a fazê-lo, controlar a perturbação da ordem pública etc.).[34]

Refere-se o artigo em discussão ao dever legal, ou seja, ao previsto em norma jurídica (lei, decreto etc.). Pode derivar da própria lei penal ou extrapenal, como, por exemplo, nas disposições jurídicas administrativas. A obediência a uma *ordem* não manifestamente ilegal exclui apenas a culpabilidade (item 5.3.3).

Tratando-se de dever legal, estão excluídas da proteção as obrigações meramente morais, sociais ou religiosas. Haverá violação de domicílio, por exemplo, se um sacerdote forçar a entrada em domicílio para ministrar a extrema-unção; ocorrerá constrangimento ilegal se o policial forçar um passageiro de um coletivo a ceder seu lugar a uma pessoa idosa etc.

Não se admite estrito cumprimento de dever legal nos crimes culposos.[35] A lei não obriga à imprudência, negligência ou imperícia. Entretanto, poder-se-á falar em estado de necessidade na hipótese de motorista de uma ambulância ou de um carro de bombeiros que dirige velozmente e causa lesão a bem jurídico alheio, para apagar um incêndio ou conduzir um paciente em risco de vida para o hospital.

Prevendo o *estrito* cumprimento do dever, exige a lei que se obedeça rigorosamente às condições objetivas a que a ação esteja subordinada. Todo dever é limitado ou regulado em sua execução, e fora dos limites traçados na lei o que se apresenta é o excesso de poder punível.[36]

Não há crime na injúria ou difamação proferida por testemunha em resposta a reperguntas, já que a lei a obriga a dizer a verdade,[37] [40] ou na hipótese específica de ofensa à honra no conceito desfavorável omitido por funcionário público em apreciação ou informação que preste no cumprimento do dever de ofício (art. 142, inc. III).

Reconhecendo-se o estrito cumprimento de dever legal em relação a um autor, o coautor ou partícipe do fato também não pode ser responsabilizado.[41]

---

40. Nessa hipótese, ainda que não seja caso de exercício de função pública, trata-se de dever legal.
41. Trancou-se a ação penal em caso de crime de homicídio de que estava sendo acusado o agente por ter o Tribunal do Júri reconhecido a existência da excludente em relação a apontado coautor.[38]

Exige-se também o elemento subjetivo nessa excludente, ou seja, que o sujeito tenha conhecimento de que está praticando um fato em face de um dever imposto pela lei. Caso contrário, o fato é ilícito.[42]

### 4.4.2 Exercício regular de direito

Não há também crime quando ocorre o fato no "exercício regular de direito" (art. 23, inc. III, segunda parte). Qualquer pessoa pode exercitar um direito subjetivo ou faculdade previsto na lei (penal ou extrapenal). É disposição constitucional que ninguém será obrigado a fazer ou deixar de fazer alguma coisa senão em virtude de lei (art. 5º, inciso II, da CF), excluindo-se a antijuridicidade nas hipóteses em que o sujeito está autorizado a esse comportamento. Há exercício regular de direito na correção dos filhos pelos pais, na prisão em flagrante por particular, no penhor forçado (art. 1.470 do CC), na defesa em esbulho possessório recente (art. 1.210, § 1º do CC),[39] no expulsar, ainda que usando a força, pessoas que entram abusivamente ou permanecem em escritório, clube ou outro local em que lhe está vedado o acesso[40] etc. Não age o sujeito ativo por dever, como na justificativa anterior, mas exercita uma faculdade de agir conforme o Direito. Prevê a lei penal, na Parte Especial, casos específicos de exercício regular de direito: a "imunidade judiciária" (art. 142, inc. I); o direito de crítica (art. 142, inc. II); a coação para evitar suicídio ou para a prática de intervenção cirúrgica (art. 146, § 3º) etc.

Não há exercício regular de direito no constrangimento ilegal ou lesões provocadas pelo cônjuge quando o outro se recusa à prestação do débito conjugal, ainda que imotivadamente,[41] nem no "trote acadêmico" forçado.[43] Nesses casos viola-se a liberdade individual amparada constitucionalmente.

Também é necessário que se obedeça às condições objetivas do direito, que é limitado e, fora dos limites traçados na lei, haverá abuso de direito, excesso.[42] Responde o agente se não exercitar *regularmente* o Direito. Ocorre o crime de maus-tratos quando houver abuso dos meios de correção ou disciplina (art. 136), o exercício arbitrário das próprias razões quando se procura fazer justiça pelas próprias mãos (art. 345) etc.

Exige-se também o elemento subjetivo, a congruência entre a consciência e a vontade do agente com a norma permissiva. Ela diferencia, por exemplo, o ato de correção executado pelo pai, das vias de fato, injúria real ou até lesões quando o genitor não pensa em corrigir, mas em ofender ou causar lesão.[44]

### 4.4.3 Ofendículos

Os ofendículos (*ofendicula, ofensacula*) são aparelhos predispostos para a defesa da propriedade (arame farpado, cacos de vidro em muros etc.) visíveis e a que estão

---

42. Cf. JESUS, Damásio E. de. Ob. cit. p. 357.
43. Contra, apoiando-se no costume: NORONHA, E. Magalhães. Ob. cit. p. 212; MARQUES, José Frederico. *Curso de direito penal*. São Paulo: Saraiva, 1954. v. 2. p. 141.
44. Cf. MAURACH, Reinhart. Ob. cit. p. 422.

equiparados os "meios mecânicos" ocultos (eletrificação de fios, de maçanetas de portas, a instalação de armas prontas para disparar à entrada de intrusos etc.). Trata-se, para nós, de exercício regular de direito.[45] Na doutrina, contudo, comum é assertiva de que se trata de legítima defesa *predisposta ou preordenada*.[46] Para quem exige o elemento subjetivo nas justificativas, parece-nos discutível a aceitação deste último entendimento, pois a consciência da conduta deve estar presente com relação ao fato concreto. Garantindo a lei a inviolabilidade do domicílio, exercita o sujeito uma faculdade ao instalar os ofendículos, ainda que não haja agressão atual ou iminente. Evidentemente, há que não se atuar com excesso (eletrificação de cerca externa, por exemplo),[43] devendo o agente responder, neste caso, por crime doloso ou culposo (item 4.5.1).

### 4.4.4 Violência esportiva

Há esportes que podem provocar danos à integridade corporal ou à vida (boxe, luta livre, futebol etc.). Havendo lesões ou morte, não ocorrerá crime por ter o agente atuado em exercício regular de direito. O Estado autoriza, regularmente, e até incentiva a prática de esportes, socialmente úteis, não podendo punir aqueles que, exercitando um direito, causam dano. No Brasil, a Lei nº 9.615, de 24-3-1998 (Lei Pelé), que revogou a Lei nº 8.672, de 6-7-1993 (Lei Zico), institui as normas gerais sobre a prática dos desportos. Haverá crime apenas quando ocorrer excesso do agente, ou seja, quando a pessoa intencionalmente desobedecer às regras esportivas, causando resultados lesivos.[44] Nesta hipótese, ressalta-se o elemento subjetivo da conduta, agindo ilicitamente aquele que se aproveita da prática para lesar o bem jurídico alheio (vida, integridade corporal etc.). Interessante, a propósito do assunto, é a obra de Giuseppe Del Vecchio.[47]

### 4.4.5 Intervenções médicas e cirúrgicas

Apontam-se também como exercício regular de direito as intervenções médicas e cirúrgicas, por se tratar de atividades autorizadas pelo Estado, que reconhece, estimula, organiza e fiscaliza a profissão médica.[48] Segundo a teoria social da ação, a intervenção médica ou cirúrgica constitui fato atípico, uma vez que só impropriamente se poderá dizer que há ofensa à integridade física da pessoa quando se amputa, por exemplo, a perna do paciente atacado de gangrena, quando se faz um transplante de órgão etc.

---

45. Nesse sentido, a lição de BRUNO, Aníbal. *Direito penal*. Rio de Janeiro: Forense, 1959. v. 2. p. 9-11; *RT* 603/367.
46. JESUS, Damásio E. de. Ob. cit. p. 354-5: HUNGRIA, Nelson. Ob. cit. p. 293-295; *JTACrSP* 15/247; *RT* 304, 464. No mesmo sentido, D'URSO, Luiz Flávio Borges. Obstáculo de defesa divide doutrina e jurisprudência. *O Estado de S. Paulo*, 1-3-91, p. 27.
47. VECCHIO, Giuseppe Del. *La criminalità negli 'sports'*. Turim: Fratelli Bocca, 1927.
48. A propósito da responsabilidade do médico: MONZHEIN, Paulo. A responsabilidade penal do médico. *Justitia* 81/69-84; LEME, Pedro de Alcântara da Silva. O erro médico e suas implicações penais e civis. *Revista Brasileira de Ciências Criminais*, nº 1, p. 121-130; LIMA, Gilberto Baumann de. Culpabilidade do médico e a *lex artis*. *RT* 695/422-431.

Para que exista o exercício regular de direito é indispensável o consentimento do paciente ou de seu representante legal. Inexistente este, poderá haver o estado de necessidade em favor de terceiro (o próprio paciente), como dispõe o art. 146, § 3º, I.

A intervenção médica ou cirúrgica não exclui o crime quando houver imperícia, negligência ou imprudência do agente, respondendo este por delito culposo se não se tratar de simples erro profissional (item 3.8.7).

Assim, são exemplos na jurisprudência da responsabilização penal: por lesões corporais culposas, de médico que, por imperícia, ao submeter a vítima à cirurgia para retirada de pino metálico inserido em osso lesado, pinça nervo ciático conjuntamente com vaso sangrante, acarretando total comprometimento deste nervo, atrofia do membro atingido e equinismo do pé;[45] por homicídio culposo, facultativo que, com imprudência e imperícia ministra drogas contraindicadas para pessoas com histórico de sensibilidade;[46] ainda por homicídio culposo por negligência, plantonista do setor de urgência que deixa de investigar corretamente as circunstâncias do acidente, em seu aspecto de gravidade, e de encaminhar o exame radiológico ao profissional habilitado;[47] pelo mesmo crime, médico erra no diagnóstico e terapia, pela omissão de procedimentos recomendados ante os sintomas exibidos pelo paciente[48] etc.

### 4.4.6 Consentimento do ofendido

O problema do *consentimento do ofendido*, na prática do fato típico, não é solucionado expressamente em nossa lei. Parte da doutrina o considera como causa supralegal de exclusão da ilicitude.[49] Segundo o art. 50 do Código Penal italiano, "não é punível quem lesa ou põe em perigo um direito, com o consentimento da pessoa que desse direito pode validamente dispor". Reconhece-se, portanto, a existência de *bens indisponíveis*, aqueles em cuja conservação há interesse coletivo, do Estado (vida, integridade corporal, família, regularidade da Administração Pública etc.), e *disponíveis*, exclusivamente de interesse privado (patrimônio, honra etc.). Atingidos estes últimos, pode não haver crime, por *exclusão do tipo* (inexiste violação de domicílio quando o morador acaba consentindo na entrada ou permanência do sujeito; não há estelionato quando o agente, ciente da fraude, entrega seu bem jurídico ao que o tenta ludibriar etc.), ou por *exclusão da antijuridicidade* (a injúria e a difamação aceitas pela vítima, embora figuras típicas, não são antijurídicas).

A orientação é válida para o direito pátrio; não haverá crime quando a vítima consente na subtração de um bem, na privação da liberdade, na violação do domicílio, desde que o sujeito passivo que consente livremente na supressão de seu interesse seja pessoa capaz, maior, são etc. O consentimento também pode ser do representante legal do incapaz, quando permitido pelo ordenamento jurídico (internação de um menor em escola, de um doente mental em sanatório etc.).

---

49. Cf. TOLEDO, Francisco de Assis. Ob. cit. p. 202.

Há crime, entretanto, se o sujeito passivo se deixar matar (duelo, eutanásia etc.), posto que a vida é um bem indisponível. Dividem-se os doutrinadores quanto à integridade física, achando uns que se trata de bem disponível.[50] A integridade corporal é bem indisponível, sendo necessária a permissão legal para que se possa causar, no exercício regular de direito, lesão à incolumidade física (transplante de rins de pessoa viva, violência esportiva, exercício de profissões arriscadas – piloto de provas etc.).[51]

Diante da preocupação no mundo moderno no que se refere a casos especiais, de lesão à vida ou à integridade corporal, como os do aborto, eutanásia, transplante de órgãos, operações de mudança de sexo, vasectomia, laqueadura etc., tem-se reacendido a discussão a respeito da classificação rígida de bens disponíveis e indisponíveis, propondo-se uma atenuação dessa divisão.[52]

O consentimento da vítima, por vezes, faz parte do tipo e diminui a gravidade do fato, como se verificava no rapto consensual (art. 220), menos grave do que o rapto violento (art. 219) antes da revogação dos dispositivos,[53] como ocorre no aborto consentido (arts. 124 e 126), de menor gravidade que o aborto sem o consentimento (art. 125) etc.

O consentimento após a prática do ilícito penal não o desnatura, mas pode impedir a ação penal quando esta dependa de iniciativa da vítima.

## 4.5 EXCESSO NAS CAUSAS JUSTIFICATIVAS

### 4.5.1 Excesso doloso e culposo

Dispõe o art. 23, parágrafo único, que o agente responderá pelo excesso doloso ou culposo nas descriminantes (estado de necessidade, legítima defesa, estrito cumprimento de dever legal e exercício regular de direito).[54]

Em todas as justificativas é necessário que o agente não exceda os limites traçados pela lei. Na legítima defesa e no estado de necessidade, não deve o agente ir além da utilização do meio necessário e da necessidade da reação para rechaçar a agressão e na ação para afastar o perigo. No cumprimento do dever legal e no exercício de direito, é indispensável que o agente atue de acordo com o ordenamento jurídico. Se, desneces-

---
50. FRAGOSO, Heleno Cláudio. Ob. cit. p. 198.
51. A respeito do assunto: SILVA, Paulo César Pereira da. A questão da transfusão de sangue em face dos direitos da criança e da crença religiosa dos pais. *Revista de Estudos Jurídicos*, nº 9/48-54; MARREY NETO, José Adriano. Transplante de órgãos – Nova Disciplina – Lei Federal nº 8.489, de 18-11-92, *RJDTACRIM* 16/15-41. A Lei nº 8.489/92 foi revogada pela Lei nº 9.434, de 4-2-1997, que dispõe sobre a remoção de órgãos, tecidos e partes do corpo humano para fins de transplante e tratamento.
52. Cf. PIERANGELLI, José Henrique. *O consentimento do ofendido*: na teoria do delito. 2. ed. São Paulo: Revista dos Tribunais, 1995; BARBOSA, Marcelo Fortes. O consentimento do ofendido, *RT* 718/347-348.
53. Os arts. 219 e 220 foram revogados pela Lei nº 11.106, de 28-3-2005.
54. Na lei anterior, a disposição a respeito do excesso culposo referia-se apenas à legítima defesa. Na doutrina, entendia-se que o dispositivo era aplicável, por analogia, *in bonam partem*, às causas excludentes da antijuridicidade. Seguiu-se a orientação dos códigos da Suíça e Iugoslávia.

sariamente, causa dano maior do que o permitido, não ficam preenchidos os requisitos das citadas descriminantes, devendo responder pelas lesões desnecessárias causadas ao bem jurídico ofendido.[49]

O excesso pode ser *doloso*, hipótese em que o sujeito, após iniciar sua conduta conforme o direito, extrapola seus limites na conduta, querendo um resultado antijurídico desnecessário ou não autorizado legalmente. Excluída a descriminante quanto a esse resultado, responderá o agente por crime doloso pelo evento causado no excesso. Assim, aquele que, podendo apenas ferir, mata a vítima, responderá por homicídio; o que podia evitar a agressão através de vias de fato e causou lesão responderá por esta etc.

*É culposo* o excesso quando o agente queria um resultado necessário, proporcional, autorizado e não o excessivo, que é proveniente de sua indesculpável precipitação, desatenção etc. Na realidade, há uma conduta dolosa, mas, por medida de política criminal, a lei determina que seja fixada a pena do crime culposo, se previsto em lei, já que o sujeito atuou por um erro vencível na sua ação ou reação, diante do temor, aturdimento ou emoção que o levou ao excesso.[50] Também nesta hipótese o agente responderá apenas pelo resultado ocorrido em decorrência do excesso. Na legislação alemã, o excesso na legítima defesa causado por perturbação, medo ou susto, denominado de excesso intensivo, é considerado como causa de exclusão da culpabilidade.[55]

No excesso involuntário (evitável ou inevitável), por *erro de tipo* aplica-se o art. 20 e, se ocorrer por *erro sobre a ilicitude* do fato (sobre a injustiça da agressão, por exemplo), o art. 21.

---

55. Cf. TOLEDO, Francisco de Assis. Ob. cit. p. 318.

# 5
# CULPABILIDADE

## 5.1 CULPABILIDADE

### 5.1.1 Teorias e conceito

As palavras *culpa* e *culpado* têm sentido lexical comum de indicar que uma pessoa é responsável por uma falta, uma transgressão, ou seja, por ter praticado um ato condenável. Somos "culpados" de nossas más ações, de termos causado um dano, uma lesão. Esse resultado lesivo, entretanto, só pode ser atribuído a quem lhe deu causa se essa pessoa pudesse ter procedido de outra forma, se pudesse com seu comportamento ter evitado a lesão.

No Direito Penal da Antiguidade, a responsabilidade *penal* decorria, contudo, do simples fato lesivo, sem que se indagasse da "culpa" do autor da conduta. Percebeu-se, porém, no decorrer da evolução cultural, que somente podem ser aplicadas sanções ao homem causador do resultado lesivo se, com seu comportamento, poderia tê-lo evitado. Não se pode intimidar com proveito o homem com a ameaça da pena simplesmente pelo resultado de sua conduta. Ao contrário, a intimidação é apenas eventualmente eficiente quando se ameaça o homem com pena pelo que fez (e poderia não ter feito) ou pelo que não fez (mas poderia fazer), evitando a lesão a um bem jurídico. Isso significa que é necessário indagar se o homem quis o resultado ou ao menos podia prever que esse evento iria ocorrer. Torna-se assim indispensável, para se falar em culpa, verificar se no fato estavam presentes a *vontade* ou a *previsibilidade*. Desses elementos (vontade e previsibilidade) construíram-se dois conceitos jurídico-penais importantes: o dolo (vontade) e a culpa em sentido estrito (previsibilidade). O crime pode, pois, ser doloso (quando o agente quer o fato) ou culposo (quando o sujeito não quer, mas dá causa ao resultado previsível). Com isso, chegou-se à *teoria psicológica* da culpabilidade: a culpabilidade reside numa ligação de natureza psíquica (psicológica, anímica) entre o sujeito e o fato criminoso. Dolo e culpa, assim, seriam as formas da culpabilidade.

Tal teoria, porém, não explica convenientemente a culpabilidade penal. Verificou-se que na culpa inconsciente (em que o sujeito não prevê o resultado) não há nenhuma ligação psíquica entre o autor e o resultado. Ademais, os atos humanos são penalmente relevantes apenas quando contrariam a norma penal. O dolo e a culpa, em si mesmos, que existem em todos os atos voluntários que causam um dano, não caracterizam a culpabilidade se a conduta não for considerada reprovável pela lei penal.

Por essa razão, a partir dos estudos de Frank, passou-se a entender que o dolo e a culpa eram insuficientes para se falar em culpabilidade, não sendo modalidades, mas elementos desta. Dolo e culpa, como liames psicológicos entre o agente e o fato, devem ser valorados normativamente. Há que se fazer um juízo de censura sobre a conduta. O fato somente é censurável se, nas circunstâncias, se pudesse exigir do agente um comportamento de acordo com o direito.

Assim se formou a *teoria psicológico-normativa* da culpabilidade, então chamada teoria normativa da culpabilidade: a culpabilidade exige o *dolo* ou a *culpa*, que são os elementos psicológicos presentes no autor, e a *reprovabilidade*, um juízo de valor sobre o fato, considerando-se que essa censurabilidade somente existe se há no agente a consciência da ilicitude de sua conduta ou, ao menos, que tenha ele a possibilidade desse conhecimento.

Com o advento da teoria da ação finalista, de Welzel, porém, passou-se a discutir a validade dessa colocação. A ação, como afirmam os finalistas, não pode ser desligada do fim do agente, sob pena de se fraturar a realidade do fato concreto. O fim da conduta, elemento intencional da ação, é inseparável da própria ação. O dolo, por exemplo, é a consciência do que se quer e a vontade de realizar o tipo; se ele não existe, ou seja, se a ação não for dolosa, não há fato típico doloso. O que se elimina com a exclusão do dolo é a própria existência do fato típico e não a mera culpabilidade pelo fato que o sujeito praticou. Assim, o dolo e a culpa não podem ser elementos da culpabilidade; colocando-os como fazendo parte desta, está-se fracionando a estrutura natural da ação. Nesses termos, não se pode aceitar a teoria psicológico-normativa, pois o dolo não pode ser elemento *do fato* e elemento da culpabilidade *pelo fato*.

Chegou-se, assim, à *teoria da culpabilidade*, ou *teoria normativa pura*: o dolo e a culpa pertencem à conduta; os elementos normativos formam todos a culpabilidade, ou seja, a reprovabilidade da conduta. Assim, como diz Francisco de Assis Toledo, "a culpabilidade ganha um elemento – 'a consciência da ilicitude' (consciência do injusto) – mas perde os anteriores elementos 'anímicos-subjetivos' – o dolo e a culpa *stricto sensu* – reduzindo-se, essencialmente, a um juízo de censura".[1]

A culpabilidade é, assim, a reprovabilidade da conduta típica e antijurídica.

Mas, do princípio da culpabilidade se depreende que, em primeiro lugar, toda pena supõe culpabilidade, de modo que não pode ser castigado aquele que atua sem culpabilidade (exclusão da responsabilidade pelo resultado) e, em segundo lugar, que a pena não pode superar a medida da culpabilidade (dosagem da pena no limite da culpabilidade).[2] Por isso, tem-se entendido que em nenhum caso se pode admitir, nem

---

1. TOLEDO, Francisco de Assis. *O erro no direito penal*. São Paulo: Saraiva, 1977. p. 21.
2. JESCHECK, Hans-Heinrich. Ob. cit. p. 30.

por razões ressocializadoras, nem de proteção da sociedade diante do delinquente, ainda que perigoso, uma pena superior ao que permite a culpabilidade.[3]

Hoje, cresce a ideia de que do conceito de culpabilidade não se pode excluir definitivamente o dolo e a culpa. Como se tem afirmado, o dolo ocupa *dupla posição*: em primeiro lugar, como realização consciente e volitiva das circunstâncias objetivas (no fato típico), e, em segundo, como portador do desvalor da atitude interna que o fato expressa.[4] Em nosso Código, por exemplo, o art. 59, ao mencionar como circunstância para a fixação da pena "a culpabilidade" do agente, inclui a apreciação da intensidade do dolo e do grau da culpa.

Fala-se na doutrina em culpabilidade do fato e culpabilidade do autor. Pela *culpabilidade do fato*, adotada pela maioria da doutrina, a censura deve recair sobre o fato praticado pelo agente, ou seja, coloca-se a tônica da censurabilidade no fato do agente. Na *culpabilidade do autor*, a censurabilidade funda-se principalmente na pessoa do agente. Há, assim, a teoria da "culpabilidade pela conduta de vida", em que o agente forma seu caráter pelos maus hábitos e falsas noções adquiridas que não lhe permitem distinguir o lícito do ilícito (Mezger); a teoria da "culpabilidade pela decisão de vida", em que o sujeito toma uma *decisão vital* na opção pelo seu "eu" mau (Bockelman) etc. Na lei penal brasileira, embora a culpabilidade seja fundamentalmente regida pelo fato, há dispositivos que dizem respeito à culpabilidade do autor. Assim, quanto à aplicação da pena, refere-se aos antecedentes, à conduta social e à personalidade do agente (art. 59), à reincidência (art. 61, I, e 63), novamente à personalidade e à reincidência (art. 77) e à conduta social (art. 77, II), à reincidência e aos bons antecedentes (art. 83, I) etc.

### 5.1.2 Elementos da culpabilidade

Para que se possa dizer que uma conduta é reprovável, ou seja, que há culpabilidade, é necessário que o autor da ação tivesse podido agir de acordo com a norma, de acordo com o direito.

Em primeiro lugar, é preciso estabelecer se o sujeito tem certo grau de capacidade psíquica que lhe permitia ter consciência e vontade dentro do que se denomina autodeterminação, ou seja, se tem ele a capacidade de entender, diante de suas condições psíquicas, a antijuridicidade de sua conduta e de adequar essa conduta à sua compreensão.[5] A essa capacidade psíquica denomina-se *imputabilidade*. Esta é, portanto, a condição pessoal de maturidade e sanidade mental que confere ao agente a capacidade de entender o caráter ilícito do fato e de determinar-se segundo esse entendimento.

---

3. ROCHA, Fernando Antonio N. Galvão da. A culpabilidade como fundamento da responsabilidade penal. *RT* 707/279.
4. Nesse sentido: GOMES, Luiz Flávio. *Erro de tipo e erro de proibição*. São Paulo: Revista dos Tribunais, 1992. p. 104.
5. ZAFFARONI, Eugênio Raúl. *Manual de derecho penal*: parte general. Buenos Aires: Ediar, 1977. p. 464.

Para alguns doutrinadores, a imputabilidade não é *elemento* da culpabilidade, mas seu *pressuposto*.[6]

Não basta, porém, a imputabilidade. É indispensável, para o juízo de reprovação, que o sujeito possa conhecer, mediante algum esforço de consciência, a antijuridicidade de sua conduta. É imprescindível apurar se o sujeito poderia estruturar, em lugar da vontade antijurídica da ação praticada, outra conforme o direito, ou seja, se conhecia a ilicitude do fato ou se podia reconhecê-la. Só assim há falta ao dever imposto pelo ordenamento jurídico.[7] Essa condição intelectual é chamada possibilidade de conhecimento da antijuridicidade do fato (ou da ilicitude do fato).

Não é suficiente, porém, a imputabilidade e a possibilidade de conhecimento da antijuridicidade para que a conduta seja reprovável. É também necessário que, nas circunstâncias do fato, fosse possível exigir do sujeito um comportamento diverso daquele que tomou ao praticar o fato típico e antijurídico, pois há circunstâncias ou motivos pessoais que tornam inexigível conduta diversa do agente. É o que se denomina *exigibilidade de conduta diversa*.

Assim, só há culpabilidade se o sujeito, de acordo com suas condições psíquicas, podia estruturar sua consciência e vontade de acordo com o direito (*imputabilidade*); se estava em condições de poder compreender a ilicitude de sua conduta (*possibilidade de conhecimento da ilicitude*); se era possível exigir, nas circunstâncias, conduta diferente daquela do agente (*exigibilidade de conduta diversa*). São esses, portanto, os *elementos da culpabilidade*.

### 5.1.3 Exclusão da culpabilidade

Foi visto que a lei prevê a inexistência de crime quando ocorre uma causa que exclui a antijuridicidade. Existente a antijuridicidade do fato típico, ocorre crime. É necessário, porém, para se impor pena, que se verifique se há culpabilidade, ou seja, se existem os elementos que compõem a reprovabilidade da conduta. Inexistente um deles, não há culpabilidade, condição indeclinável para a imposição da pena.

A lei prevê as causas que excluem a culpabilidade pela ausência de um de seus elementos.

Em primeiro lugar, existem os casos de inimputabilidade do sujeito:

a) doença mental, desenvolvimento mental incompleto e desenvolvimento mental retardado (art. 26);

b) desenvolvimento mental incompleto por presunção legal, do menor de 18 anos (art. 27);

c) embriaguez fortuita completa (art. 28, § 1º).

---

6. Cf. FRAGOSO, Heleno Cláudio. *Lições de direito penal:* parte geral. 4. ed. Rio de Janeiro: Forense, 1980. p. 202.
7. Cf. WELZEL, Hans. *Derecho penal alemán:* parte general. 11. ed. Santiago: Editora Jurídica de Chile, 1970. p. 221.

Há ausência de culpabilidade também pela inexistência da possibilidade de conhecimento do ilícito nas seguintes hipóteses:

a) erro inevitável sobre a ilicitude do fato (art. 21);
b) erro inevitável a respeito do fato que configuraria uma descriminante – descriminantes putativas (art. 20, § 1º);
c) obediência à ordem, não manifestamente ilegal, de superior hierárquico (art. 22, segunda parte).

Por fim, exclui-se a culpabilidade pela inexigibilidade de conduta diversa na coação moral irresistível (art. 22, primeira parte).

### 5.1.4 Inexigibilidade de conduta diversa

Nosso Código Penal não contempla a inexigibilidade de conduta diversa como causa *geral* de exclusão da culpabilidade. Mesmo na doutrina alemã, em que surgiu a moderna concepção de culpabilidade, não se tem admitido tal fundamento para absolver o acusado, ao menos nos crimes dolosos. Diz Jescheck que a teoria de existência de uma causa supralegal de exclusão da culpabilidade consistente na inexigibilidade de outra conduta deve ser afastada, ao menos quanto aos crimes dolosos, tendo aliás passado a segundo plano na doutrina germânica. Segundo o autor, necessário é que no âmbito da culpabilidade sejam previstos expressamente os requisitos fixados para as dirimentes; para ele uma causa supralegal de exclusão pela inexigibilidade de conduta diversa implicaria o enfraquecimento da eficácia da prevenção geral do Direito penal e conduziria a uma desigualdade em sua aplicação. Admite apenas a inexigibilidade de outra conduta, em certas hipóteses, como um "princípio regulativo", mas afirma que não se pode considerá-la como causa supralegal de exclusão da culpabilidade.[8] S. Mir Puig, por seu turno, refere-se apenas à possibilidade de ser alegada a inexigibilidade de outra conduta, como causa supralegal de exclusão da culpabilidade, nas hipóteses de "medo insuperável" na colisão de bens de igual valor, por analogia com o estado de necessidade exculpante, adotado pela legislação espanhola.[9] No Tribunal de Justiça de São Paulo, já se tem decidido que o sistema penal vigente no país somente admite a inexigibilidade de conduta diversa como causa excludente de culpabilidade quando expressamente prevista (como na coação moral irresistível).[1] A tese de que deveria ser inserida a inexigibilidade de conduta diversa como causa geral de exclusão da culpabilidade na lei não foi aceita na reforma de 1984.

Francisco de Assis Toledo, porém, admite a causa supralegal desde que se considere a "não exigibilidade" em seus devidos termos, isto é, não como um *juízo subjetivo* do próprio agente do crime, mas, ao contrário, como um momento do juízo de reprovação

---

8. JESCHECK, Hans-Heinrich. *Tratado de derecho penal*: parte general. Barcelona: Bosch, 1981. v. 1, p. 678.
9. PUIG, Santiago Mir. *Derecho Penal*: parte general. Barcelona: PPU, 1990. p. 643-657.

da culpabilidade normativa, o qual compete ao juiz do processo.[10] Em voto no STJ, o ínclito doutrinador admite, em tese, a causa supralegal, embora no caso de julgamento pelo Tribunal do Júri exija que, na formulação do quesito pertinente, se indague sobre fatos e circunstâncias e não sobre mero conceito jurídico.[11] José Henrique Pierangelli, em defesa da mesma tese, sugere um modelo de quesitação para a espécie.[12] Um óbice a ser considerado para essa posição é, entretanto, a ausência de fundamento legal para a absolvição. A não exigibilidade de conduta diversa é o fundamento de todas as causas de exculpação, e portanto seu *substractum*, e não espécie de causa de exclusão da culpabilidade, que, como as demais, só pode ser reconhecida quando prevista em lei.[13] Poder-se-ia, porém, aventar como solução para a hipótese de reconhecimento da causa supralegal a aplicação da *analogia in bonam partem*. A tese, porém, também é contestada na jurisprudência.[(2)]

De qualquer forma, porém, é justo assinalar que o direito constitucional de individualização da pena pressupõe que o julgador considere as particularidades individuais do condenado em sua relação com um mandamento legal determinado. "Nesse sentido – como diz Fernando N. Galvão da Rocha –, a justa aplicação da pena depende da exequibilidade de um conceito material de culpabilidade, em que a exigibilidade de conduta diversa se apresenta como princípio geral ainda carente de maior compreensão." [14]

## 5.2 ERRO DE PROIBIÇÃO

### 5.2.1 Introdução

Desde o Direito Romano, sempre se dividiu o erro em duas espécies: o *erro de fato*, que incide sobre o fato que constitui o crime; e o *erro de direito*, que se relaciona com a ignorância ou falsa interpretação da lei.

No Código Penal de 1940, a distinção foi mantida. Previa-se no art. 16 que a ignorância ou a errada compreensão da lei não isentavam o agente da responsabilidade penal. No art. 17, previa-se a relevância do erro de fato, isentando-se o autor da pena e dispondo o § 1º do citado artigo a respeito das descriminantes putativas.

---

10. Ob. cit. p. 317. Nesse sentido: *JTAERGS* 96/54.
11. O douto Juiz, no voto, considera também como causas legais de inexigibilidade de conduta diversa o erro de proibição inevitável e a inimputabilidade. Em nosso entendimento, porém, a exclusão da culpabilidade advém, nessas hipóteses, da ausência de potencial conhecimento da ilicitude (*JSTJ* 18/243 e *RT* 660/358). Quanto ao reconhecimento da inexigibilidade de conduta diversa geral em crime culposo, no Tribunal de Alçada Criminal de São Paulo: *RJDTACRIM* 4/110. No caso, parece-nos, caracterizava-se o estado de necessidade.
12. Culpabilidade, inexigibilidade e quesitação de júri. *Livro de Estudos Jurídicos*. Instituto de Estudos Jurídicos, nº 2, p. 428-48. O ministro Francisco de Assis Toledo endossou essa quesitação: Inexigibilidade de outra conduta e quesitação no Júri. *Revista de Estudos Jurídicos*, nº 8, p. 22-31.
13. Cf. BARBOSA, Marcelo Fortes. Culpabilidade, conceito e evolução, *Revista dos Tribunais* 720, p. 374-379.
14. Ob. cit. p. 287.

Essa distinção, porém, revelou-se insuficiente e inadequada, forçando os aplicadores da lei a soluções não suficientemente técnicas para abrandar o rigor do princípio do *error juris nocet*. Ademais, verificou-se que, nos tipos anormais em que existiam elementos normativos, um erro que versava sobre a antijuridicidade excluía o fato típico (item 3.2.12).

Evoluiu, entretanto, a doutrina, estabelecendo-se outra distinção, mais concisa e técnica, entre erro de tipo e erro de proibição.

O *erro de tipo* é o que incide não sobre o fato, mas sobre os elementos do tipo penal. Assim, o erro sobre um elemento do tipo exclui o dolo e, portanto, o próprio fato típico.

O *erro de proibição*, por sua vez, não diz respeito à tipicidade, ao tipo penal, mas a sua antijuridicidade. Não existe, na hipótese de erro de proibição, a consciência da ilicitude (atual ou parcial) do fato, que é um pressuposto ou elemento da culpabilidade. Desde que inevitável o erro, o agente não pode merecer censura pelo fato que praticou ignorando sua ilicitude. O erro de proibição, portanto, não elimina o dolo; o agente pratica um fato típico, mas fica excluída a reprovabilidade da conduta.

Com fundamento nessa distinção, na reforma do Código Penal da Alemanha Federal introduziu-se na legislação a disciplina a respeito do erro de tipo e erro de proibição e, em 1982, a distinção também foi colhida no Código Penal português, com as denominações de "erro sobre circunstâncias do fato" e "erro sobre a ilicitude" (arts. 16 e 17). Os exemplos foram seguidos pelo legislador pátrio na reforma efetuada pela Lei nº 7.209, de 11-7-1984; sobre o erro de tipo já se discorreu anteriormente (item 3.11.2).

### 5.2.2 Erro de proibição

Foi visto que, para existir culpabilidade, necessário se torna que haja no sujeito ao menos a possibilidade de conhecimento da antijuridicidade do fato. Quando o agente não tem ou não lhe é possível esse conhecimento, ocorre o denominado erro de proibição. Há, portanto, *erro de proibição quando o autor supõe, por erro, que seu comportamento é lícito*. Nessa hipótese, o agente atua voluntariamente e, portanto, dolosamente, porque seu erro não incide sobre elementos do tipo; mas não há culpabilidade, já que pratica o fato por erro quanto à ilicitude de sua conduta. Não é possível "censurar-se de culpabilidade o autor de um fato típico penal quando ele próprio, por não ter tido sequer a possibilidade de conhecer o injusto de sua ação, cometeu o fato sem se dar conta de estar infringindo alguma proibição".[15]

O agente, no erro de proibição, faz um *juízo equivocado* sobre aquilo que lhe é permitido fazer na vida em sociedade. Evidentemente, não se exige de todas as pessoas que conheçam exatamente todos os dispositivos legais, mas o erro só é justificável quando o sujeito não tem condições de conhecer a ilicitude de seu comportamento. Não se trata, aliás, de um juízo técnico-jurídico, que somente se poderia exigir dos

---
15. TOLEDO, Francisco de Assis. Ob. cit. p. 71.

mais renomados juristas, mas de um juízo "leigo", "profano", que é emitido de acordo com a opinião dominante no meio social. Se esta consciência não for alcançada, não se poderá punir o agente, porque ausente estará a reprovação pessoal possível, que é a essência da culpabilidade.¹⁶

Existem várias espécies de erro de proibição, ainda não devidamente classificadas na doutrina, que podem ser citadas:

a) ignorância ou errada compreensão da lei penal;

b) erro sobre a existência de uma causa que excluiria a antijuridicidade da conduta;

c) erro que incide sobre a norma proibitiva (não sobre a lei);

d) erro sobre a posição de garantidor;

e) erro sobre os limites de uma causa de justificação;

f) erro sobre os pressupostos fáticos das causas de exclusão da antijuridicidade etc.

### 5.2.3 Desconhecimento da lei

Dispõe o art. 21, em sua primeira parte: "O desconhecimento da lei é inescusável." Sintomaticamente, o legislador refere-se apenas ao "desconhecimento da lei" e não sobre a errada compreensão da lei, como no antigo art. 16. Ignorância é o completo desconhecimento a respeito da realidade. O erro é o conhecimento falso, equivocado, a respeito dessa realidade. Antes eram equiparados pela lei, pois tanto faz desconhecer totalmente o objeto, como ter sobre ele um conhecimento errôneo. Embora a palavra *desconhecer* possa ser interpretada também com um *falso conhecimento*, é visível o intuito do legislador em distinguir a mera ausência de conhecimento da lei, inescusável, do erro de proibição, que pode ser escusável.

O desconhecimento da lei, nos termos do art. 21 em estudo, versa sobre a ignorância a respeito da própria lei penal. O agente supõe ser lícito seu comportamento, porque desconhece a existência de lei penal que o proíba. Trata-se do princípio *ignorantia legis neminen excusat*: promulgada e publicada uma lei, torna-se ela obrigatória em relação a todos, não sendo pensável que, dentro do mesmo Estado, as leis possam ter validade em relação a uns e não em relação a outros que eventualmente a ignorem.¹⁷

Não pode escusar-se o agente com a simples alegação formal de que não sabia haver uma lei estabelecendo punição para o fato praticado. Para haver culpabilidade, diz Jescheck, é bastante que o agente "saiba que seu comportamento contradiz as exigências da ordem comunitária e que, por conseguinte, se acha proibido juridicamente".[3]

---

16. Cf. PIMENTEL, Manoel Pedro. A culpabilidade na reforma penal. *RT* 605/261.
17. TOLEDO, Francisco de Assis. Ob. cit. p. 80.

O indivíduo, como membro da sociedade, tem intuição do que é proibido e pode, assim, evitar a violação da ordem jurídica e a prática de atos lesivos, mesmo nas hipóteses em que os tipos penais não coincidem com a ordem moral, porque se exige que, normalmente, se informe a respeito da regularidade jurídica de seus atos.

O desconhecimento da lei não coincide perfeitamente com a ignorância da ilicitude. Afirma Francisco de Assis Toledo: "Só uma enorme confusão poderia identificar duas coisas diferentes como estas – o desconhecimento do *injusto* e o desconhecimento da *norma legal*. Injusto é algo que não nos é permitido fazer, segundo definição Schmidhauser; lei, em sentido jurídico, é a norma editada pelos órgãos competentes do Estado. A ignorância desta última não pode confundir-se, obviamente, com o desconhecimento do primeiro, até porque a ilicitude de um fato não está no fato em si, nem nas leis vigentes, mas entre ambos, isto é, na relação entre o fato e o ordenamento jurídico." [4] [18]

Institui a lei o princípio da inescusabilidade do desconhecimento da lei e exige que seus preceitos sejam obedecidos por uma razão de ordem prática; se se admitisse a geral desobediência às regras de direito, estas deixariam de ser regras jurídicas. Não se poderá excluir a culpabilidade diante da alegação do autor de que não sabia que era ilícito matar, subtrair coisa alheia, falsificar documento etc.

Durante a vigência da lei anterior, discutia-se se o art. 16 versava apenas sobre o erro de direito penal (a respeito da lei penal) ou se abrangia também o *erro de direito extrapenal* (sobre a lei civil, comercial, administrativa etc.) Surgiram duas orientações: na primeira, de acordo com o contido na exposição de motivos do projeto do Código Penal de 1940, sustentava-se que não havia distinção entre ambos: nenhum erro de direito afasta a responsabilidade penal. Na segunda, afirmava-se que o erro de direito extrapenal era equiparado ao erro de fato, excluindo a culpabilidade, como nas hipóteses da lei penal em branco: o agente ignorava que determinada doença era de notificação compulsória (art. 269) ou que a importação de determinada mercadoria era proibida (art. 334-A). Mesmo os que aceitavam essa equiparação, entretanto, reconheciam que se tratava mais de uma solução de política criminal para diluir o sentido draconiano da lei.[19] O art. 21 refere-se também indistintamente à "lei" (qualquer), e a discussão ainda poderá existir. Entretanto, na maior parte das vezes, o erro de direito extrapenal consistirá em erro de proibição. Assim, aquele que se casa com pessoa cujo cônjuge foi declarado morto para os efeitos civis (arts. 6º, 7º, 37 e 38 do CC) pode não ser culpado do crime de bigamia por erro sobre a ilicitude do fato (item 5.2.4).

Embora não exclua a culpabilidade, o desconhecimento da lei é circunstância atenuante (art. 65, II). Não exige a lei nova, ao contrário da anterior, que esse desconhecimento seja escusável, beneficiando-se com a atenuação da pena ainda aquele que tinha condições de saber que seu comportamento estava vedado pela lei penal.

---
18. Erro de tipo e erro de proibição no projeto de reforma penal (*RT* 578/291).
19. Cf. FRAGOSO, Heleno Cláudio. Ob. cit. p. 212.

Em caso de contravenção, a ignorância ou errada compreensão da lei, quando escusáveis, são hipóteses de aplicação do perdão judicial (art. 8º, da LCP). Havendo, porém, erro inevitável sobre a ilicitude do fato, desaparece a culpabilidade na prática da contravenção diante do disposto agora no Código Penal.

### 5.2.4 Erro sobre a ilicitude do fato

Diz o art. 21, em sua segunda parte: "O erro sobre a ilicitude do fato, se inevitável, isenta de pena; se evitável, poderá diminuí-la de um sexto a um terço."

O dispositivo refere-se ao erro de proibição, que *exclui a culpabilidade do agente pela ausência e impossibilidade de conhecimento da antijuridicidade do fato*. Não foram incluídos na disposição o desconhecimento da lei, tido como não relevante, e o erro sobre os pressupostos fáticos das descriminantes (descriminantes putativas), objeto de dispositivo diverso (item 5.2.5).

A seguir, são apresentadas as hipóteses de aplicação do dispositivo. Em primeiro lugar, não há culpabilidade quando o agente supõe, por erro inevitável, que sua conduta, ainda que típica, não é contrária à lei por estar amparada em uma causa excludente da antijuridicidade. Podem ser citados como exemplos: matar uma pessoa gravemente enferma, a seu pedido, para livrá-la de um mal incurável, supondo o agente que a eutanásia é permitida; vender o relógio que recebeu para conserto depois de escoar-se o prazo em que o proprietário deveria apanhá-lo, supondo o sujeito que a lei permite a venda para pagamento dos serviços de reparos; vender mercadoria do empregador para se pagar de salários atrasados etc.

Outra espécie de erro sobre a ilicitude do fato é o que incide sobre a ilegalidade do comportamento, sobre a *norma penal* (não sobre a lei), conhecido como erro de proibição *direto*. São exemplos de erro direto de proibição a exibição de um filme de caráter obsceno quando o agente supõe lícita sua conduta por ter sido liberado pela censura; a mãe que leva consigo o filho menor que se encontrava sob a guarda de terceiro acreditando não cometer infração penal etc.[5] Há erro de proibição direto também nas hipóteses de engano sobre o direito extrapenal, como no exemplo sempre citado daquele que se casa pela segunda vez supondo que seu casamento anterior com outra mulher é nulo, quando a lei prevê apenas sua anulabilidade.

Também é erro sobre a ilicitude do fato o que incide sobre a existência do dever de agir. O sujeito não sabe que é considerado pela lei como garantidor da não ocorrência do resultado; não tem a consciência da condição que o coloca na qualidade de garante (item 3.2.7). Assim, o tutor, "supondo já ser um pesado ônus ter aceitado os encargos da tutela, pensa não estar obrigado a arriscar sua própria vida para salvar o irrequieto pupilo que está-se afogando".[20]

---

20. Cf. TOLEDO, Francisco de Assis. *O erro no direito penal*. São Paulo: Saraiva, 1977. p. 65.

Pode haver erro de proibição sobre os limites objetivos ou subjetivos de uma causa de justificação. Como exemplos podem ser citados a prática de um furto, supondo estar o autor da subtração em estado de necessidade, visto seu desemprego e estado de dificuldades econômicas, e a chamada "legítima defesa da honra", antes admitida na hipótese de o agente matar o cônjuge ao surpreendê-lo em flagrante adultério.[21]

Em todas as hipóteses de erro sobre a ilicitude do fato, é evidente que somente haverá exclusão da culpabilidade quando for ele invencível, escusável. A esse respeito dispõe o art. 21, parágrafo único: "Considera-se evitável o erro se o agente atua ou se omite sem a consciência da ilicitude do fato, quando lhe era possível, nas circunstâncias, ter ou atingir essa consciência." Erro vencível, que não exclui a culpabilidade, em consequência, é aquele em que se poderia exigir do autor que investigasse sobre a possibilidade ou não de praticar o fato típico.[6] Todo homem deve ser prudente e verificar a ilicitude de seus atos; se há erro por leviandade, imprudência, descuido etc., não se exclui a culpabilidade. Assim, se o agente, nas circunstâncias do fato, tinha ou podia ter consciência da antijuridicidade de sua conduta, mas não a teve por desprezar o dever de informar-se a respeito dela, é culpado.[7] Se não tinha essa possibilidade de consciência sobre a ilicitude da ação (por deficiência intelectual, por impossibilidade física, por circunstâncias de tempo e de lugar etc.), não será punido.

No erro evitável, inescusável, a lei *obriga* a diminuição da pena de um sexto a um terço (art. 21, *caput*, última parte). A redução deve atender à hipótese de menor censurabilidade da conduta. A redução é obrigatória, pois não se pode reconhecer a menor censurabilidade e não diminuir a sanção.

### 5.2.5 Descriminantes putativas

Dispõe o art. 20, § 1º: "É isento de pena quem, por erro plenamente justificado pelas circunstâncias, supõe situação de fato que, se existisse, tornaria a ação legítima. Não há isenção de pena quando o erro deriva de culpa e o fato é punível como crime culposo." Trata a lei, como o expressa a rubrica do dispositivo, das chamadas *descriminantes putativas*: o agente supõe que está agindo licitamente ao imaginar que se encontram presentes os requisitos de uma das causas justificativas previstas em lei.

Há séria controvérsia a respeito da natureza do erro que recai sobre uma causa de justificação.

Para a *teoria limitada da culpabilidade*, as descriminantes putativas constituem-se em *erro de tipo permissivo* e excluem o dolo. Segundo essa teoria, não age dolosamente quem supõe, justificadamente, pelas circunstâncias do fato, que está praticando um fato típico em legítima defesa, em estado de necessidade etc.[22]

---
21. ADPF 779, j. em 15-3-2021, *DJe* de 20-5-2021.
22. Da exposição de motivos da Lei nº 7.209, de 11-7-1984, consta expressamente a adoção da citada teoria ao afirmar-se que se mantém "no tocante às descriminantes putativas a tradição brasileira", que admite a forma

Para a *teoria extremada da culpabilidade* (normativa pura), trata-se de *erro de proibição*, excluindo-se apenas a culpabilidade.[23] Concordamos com esta última orientação. O agente, em decorrência da situação de fato, supõe que sua conduta é lícita, mas age com dolo. Este é a mera vontade de concretizar os elementos do tipo, não se fazendo indagação a respeito da antijuridicidade da conduta (dolo natural). O sujeito age com dolo, mas sua conduta não é reprovável por não ter consciência da ilicitude de sua conduta. Luiz Flávio Gomes, em interessante construção, justifica o tratamento do erro de tipo permissivo, nas chamadas descriminantes putativas, em separado, no art. 20, § 1º, afirmando ser ele um erro *sui generis* situado entre o erro de tipo e o erro de proibição indireto; o erro não afeta o conhecimento do tipo, mas leva o autor a supor que a norma proibitiva é afastada excepcionalmente diante de uma norma permissiva.[24]

Exemplos a respeito do assunto: o agente supõe que uma pessoa vai alvejá-lo e dispara contra ela, verificando-se que a vítima era o guarda-noturno de ronda ou portava revólver de brinquedo apenas para pregar uma peça no agente (legítima defesa putativa); o sujeito supõe que se encontra em meio a um incêndio, dada a quantidade de fumaça e os gritos dos circunstantes, ferindo alguém para safar-se do local e se apura que não havia incêndio (estado de necessidade putativo); o policial, munido de um mandado de prisão, recolhe à prisão, José, supondo que este é João, irmão gêmeo daquele, e o objeto da ordem judicial (estrito cumprimento de dever legal putativo); o particular, que persegue alguém que acabou de cometer o crime, equivoca-se e acaba levando à força para a Delegacia um sósia daquele (exercício regular de direito putativo).[25]

Quando o agente incide em erro não quanto à situação de fato, mas com relação a elemento de direito, não há descriminante putativa, mas *erro sobre* a *ilicitude do fato* regulado pelo art. 21. O agente supõe, por exemplo, que reage a uma agressão *injusta* do policial que o quer prender por desconhecer a existência do mandado de prisão que contra ele foi expedido. Trata-se de erro sobre elemento *normativo* da descriminante e não sobre o elemento objetivo do fato (item 3.11.2).

Exige-se para exclusão da culpabilidade que o erro seja escusável, invencível, ou seja, que, pelas circunstâncias, o agente tenha sido levado ao equívoco. Havendo erro vencível, o agente responde por crime culposo, se previsto em lei (homicídio, lesões corporais etc.).[26] Assim, nos exemplos mencionados anteriormente, se o agente podia verificar que se tratava do guarda-noturno ou de uma brincadeira ou que não existia

---

culposa, em sintonia com a denominada "teoria limitada da culpabilidade". *Culpabilidade e a problemática do erro penal*, de Francisco de Assis Toledo. *Revista dos Tribunais*, 517/251.
23. Cf. JESUS, Damásio E. de. *Direito penal*. 8. ed. São Paulo: Saraiva, 1983. v. 1, p. 353; FRAGOSO, Heleno Cláudio. Ob. cit. p. 213.
24. Cf. GOMES, Luiz Flávio. *Erro de tipo e erro de proibição*. São Paulo: Revista dos Tribunais, 1992. p. 114.
25. O exemplo é de JESUS, Damásio E. de Ob. cit. p. 445.
26. Para a teoria extremada da culpabilidade, o agente deveria responder por crime doloso, tal como previsto no art. 21. Isto porque ou o agente não poderia atingir a consciência da ilicitude do fato (não respondendo pelo crime em decorrência do erro) ou, ao contrário, tinha condições de chegar a essa consciência, devendo responder por crime doloso pela inexistência de causa de exclusão da culpabilidade. Na hipótese das descriminantes putativas, porém, versando o erro sobre uma situação do fato, a punição por crime culposo, mesmo em se tratando de

incêndio, responderá por homicídio, lesões etc. Nos demais exemplos, não será responsabilizado por não existirem crimes de abuso de autoridade ou de sequestro *culposos*.

### 5.2.6 Erro provocado nas descriminantes putativas

Se o erro invencível for causado por terceiro, somente este responde pelo delito (art. 20, § 2º). Suponha-se que alguém tenha sido convencido a "pregar a peça" ao agente, vindo a ser morto por este ao agir em legítima defesa putativa. O autor do induzimento responderá por crime doloso se queria o fato ou assumiu o risco dele, ou por homicídio culposo se podia prevê-lo por saber, por exemplo, que o autor do homicídio costuma andar armado.

## 5.3 COAÇÃO IRRESISTÍVEL E OBEDIÊNCIA HIERÁRQUICA

### 5.3.1 Coação física irresistível

São excludentes da culpabilidade a coação irresistível e a obediência hierárquica nos termos previstos pelo art. 22: "Se o fato é cometido sob coação irresistível ou em estrita obediência a ordem, não manifestamente ilegal, de superior hierárquico, só é punível o autor da coação ou da ordem."

A coação existe quando há o emprego de força física ou de grave ameaça para obrigar o sujeito a praticar um crime. Pode ser assim *física* (*vis corporalis* ou *vis absoluta*) ou *moral* (*vis compulsiva*). Na coação física, o coator emprega meios que impedem o agente de resistir porque seu movimento corpóreo ou sua abstenção do movimento (na omissão) estão submetidos fisicamente ao coator.[27] Não existe, na coação física, ação voluntária do coacto e não se pode falar em conduta (item 3.2.6), o que leva à afirmação na doutrina da *inexistência do próprio fato típico*.[28]

É preciso, porém, distinguir duas hipóteses. Pode haver violência física que retira do agente qualquer possibilidade de atuar voluntariamente, inexistindo a própria conduta. Como exemplos: apertar a mão do agente que dispara o revólver na prática de um crime comissivo (homicídio, lesão corporal etc.); amarrar o sujeito para que não faça o que é devido num crime omissivo puro ou crime comissivo por omissão (omissão de socorro, omissão de notificação de doença, homicídio por ausência de tratamento etc.).

---

erro de proibição, não é desarrazoada, uma vez que o legislador adotou essa mesma solução no caso de excesso nas causas de justificação (item 4.5.1, *in fine*).
27. Alguns doutrinadores incluem, na hipótese de coação, a hipnose. Esta, entretanto, elimina a própria vontade do sujeito, inexistindo, portanto, a própria conduta (item 3.2.6). Na jurisprudência, tem-se entendido que o artigo se refere apenas à coação física ou moral e não à coação meramente *psíquica* (*RT* 380/310). Assim, simples alegação de influências semi-hipnóticas ou espirituais eventualmente exercidas por pai-de-santo não basta ao reconhecimento da coação e, em especial, da coação irresistível (*JTACrSP* 44/373-4).
28. Cf. JESUS, Damásio E. de. Ob. cit. p. 450; FRAGOSO, Heleno Cláudio. Ob. cit. p. 215.

Pode a força física, porém, não eliminar a ação como na hipótese de torturar-se o gerente de uma agência bancária para que forneça a combinação do cofre ou assine uma autorização para retirada de dinheiro, obtendo o coator sua colaboração na prática do roubo ou extorsão. A atividade do gerente, ao declinar o número da combinação do cofre ou assinar a autorização, constitui-se em ação porque há vontade (embora não vontade livre), excluindo-se a culpabilidade pela coação moral (item 5.3.2). O coacto pratica a ação, não pela violência que foi empregada, mas pelo temor de que ela se repita e por não lhe sobrarem forças para resistir.

### 5.3.2 Coação moral irresistível

Existe na coação moral uma ameaça, e a vontade do coacto não é livre, embora possa decidir pelo que considere para si um mal menor; por isso, trata-se de hipótese em que se exclui não a ação, mas a culpabilidade, por não lhe ser exigível comportamento diverso. É indispensável, porém, que a coação seja *irresistível*, ou seja, inevitável, insuperável, inelutável, uma força de que o coacto não se pode subtrair, tudo sugerindo situação à qual ele não se pode opor, recusar-se ou fazer face, mas tão somente sucumbir, ante o decreto do inexorável.[8] É indispensável que a acompanhe um perigo sério e atual de que ao coagido não é possível eximir, ou que lhe seja extraordinariamente difícil suportar.[9] Nessa hipótese, não se pode impor ao indivíduo a atitude heroica de cumprir o dever jurídico, qualquer que seja o dano a que se arrisque.[10]

As condições de resistibilidade ou não de uma ameaça devem ser examinadas concretamente, levando-se em conta a gravidade dela que se relaciona com o mal prometido, relevante e considerável e considerando-se as condições peculiares daquele a quem é dirigida (condições psíquicas, idade, sexo, saúde, força etc.).[11] Considerou-se ocorrer a dirimente na conduta do empregado, que, por não ter outra escolha senão atender à exigência do empregador, sob pena de perder o emprego, dirigiu o veículo da empresa em velocidade incompatível com as circunstâncias, causando lesões corporais em decorrência de choque com um poste. O simples receio de perigo, mais ou menos remoto, porém, não exclui a culpabilidade porque a coação irresistível somente existe quando ele é sério e atual, de tal sorte que não possa o coagido arrostá-lo.[12]

A ameaça geradora da coação moral irresistível pode ter por objeto não a pessoa do coacto, mas outras que estejam sentimentalmente ligadas a este (esposa, filhos, amigos íntimos etc.).

A coação pressupõe sempre três pessoas: o agente, a vítima e o coator.[13] [29] Não há que se falar em coação irresistível da *sociedade,* como se tem feito em casos de homicídios contra cônjuge infiel.[14] A sociedade não pode delinquir, ameaçar ou causar mal ao sujeito, exigindo-se a presença de um agente humano como coator punível. Não se

---

29. Excepcionalmente, é possível não haver vítima imediata, como nos chamados crimes vagos (ato obsceno, vilipêndio a cadáver etc.).

pode falar, portanto, em coação social. A vítima também jamais poderá ser tida como coatora.[15]

Podendo o agente resistir à coação (coação resistível) e não o fazendo, existirá a culpabilidade, respondendo aquele pelo ato ilícito que praticar. Surgirá, porém, uma circunstância atenuante genérica (art. 65, III, *c*, primeira parte).

Ocorrendo ou não a excludente da culpabilidade, é punível sempre o coator, como expressamente o declara o dispositivo, existindo ainda quanto a este uma circunstância agravante genérica (art. 62, II). Trata-se de caso de autoria mediata (item 6.1.8). Entende-se que o coator deverá responder igualmente em concurso formal pelo crime contra o coacto (constrangimento ilegal).[30] A lei consagrou, porém, um *bis in idem*: o coator, por sua conduta, responde pelo constrangimento ilegal como crime e esse mesmo ilícito lhe acarreta a agravação da pena no crime cometido pelo coacto.

Pode-se supor a hipótese de coação moral irresistível putativa. Suponha-se que um empregado receba um bilhete em que se ameaça exterminar seu filho que foi sequestrado, obrigando-o a colaborar num roubo contra a empresa; posteriormente, descobre-se que o bilhete era endereçado a um colega. Há coação moral irresistível porque o sujeito, por erro, estava submetido ao constrangimento e também não se lhe podia exigir comportamento diverso.

### 5.3.3 Obediência hierárquica

A segunda causa excludente da culpabilidade do art. 22 refere-se à prática do crime "em estrita obediência a ordem, não manifestamente ilegal, de superior hierárquico". Trata-se, segundo a doutrina, de um caso especial de erro de proibição. Supondo obedecer a uma ordem legítima do superior, o agente pratica o fato incriminado.

A dirimente exige que a ordem não seja manifestamente ilegal, uma vez que, se flagrante a ilicitude do comando da determinação superior, o sujeito não deve agir. É possível ao subordinado a apreciação do caráter da ordem, inclusive quando de crime militar (art. 38, § 2º, do CPM). Assim, deve desobedecê-la se tem conhecimento da ilicitude do fato. Tem-se entendido que, na dúvida, o agente deve abster-se de praticar o fato sob a pena de responder pelo ilícito, mas o mais correto, diante da lei brasileira, é verificar, no caso concreto, se podia ou não desconhecer a ilegalidade, havendo culpabilidade, na segunda hipótese. Como bem acentua Damásio, se há potencial consciência da ilicitude da ordem, o subordinado responde pelo delito.[31]

Não sendo a ordem manifestamente ilegal, se o agente não tem condições de se opor a ela em decorrência das consequências que podem advir no sistema de hierarquia e disciplina a que está submetido, inexistirá a culpabilidade pela coação moral

---
30. Cf. JESUS, Damásio E. de. Ob. cit. p. 450-451.
31. Cf. JESUS, Damásio E. de. Ob. cit. p. 354.

irresistível, estando a ameaça implícita na ordem ilegal. Em vez de erro de proibição, há inexigibilidade de conduta diversa.

Para que o subordinado cumpra a ordem e se exclua a culpabilidade, é necessário que aquela:

a) seja emanada da autoridade competente;

b) tenha o agente atribuições para a prática do ato; e

c) não seja a ordem manifestamente ilegal.

Não se escusará, pois, aquele que obedecer a ordem de autoridade incompetente ou o que praticar a conduta fora de suas atribuições. Pode existir, porém, erro de proibição escusável se não tinha condições de conhecer a ilicitude do comportamento em virtude de equívoco a respeito desses requisitos.

Refere-se a lei apenas à subordinação hierárquica, que é de Direito Administrativo, sendo subordinados os funcionários de menor graduação em relação aos chefes, o soldado ao cabo ou sargento etc. Estão excluídas do dispositivo, evidentemente, as relações familiares (pai-filho), de emprego (patrão-empregado),[32] religiosas (sacerdote-fiéis) etc. que não implicam subordinação *hierárquica*.

Para que ocorra a excludente, é necessário que o agente pratique o fato em *estrita* obediência à ordem, sendo responsabilizado aquele que se excede na prática do ato. Caso o soldado recruta, por ordem não manifestamente ilegal da autoridade, prive de liberdade alguém, será punido por lesões corporais se, desnecessariamente, agredir a vítima da prisão ilegal.

É punido sempre, segundo o dispositivo, o autor da ordem legal; trata-se também de autoria mediata quando o subordinado desconhece a ilegitimidade da ordem não manifestamente ilegal.

Pode ocorrer a hipótese de obediência hierárquica *putativa*. Esclarece o assunto Damásio: "Pode ocorrer que a ordem seja ilegal, sendo que o subordinado pratica o fato típico por erro de proibição, na *crença firme* de tratar-se de ordem legal. Cuide-se, então, de obediência hierárquica putativa." [33] O agente supôs, por erro plenamente justificado pelas circunstâncias, situação de fato que, se existisse, tornaria a ação legítima (estrito cumprimento do dever legal), aplicando-se o disposto no art. 20, § 1º.

Inovação da Lei nº 7.209 foi estabelecer como atenuante genérica o fato de ter o agente cometido o crime "em cumprimento de ordem de autoridade superior" (art. 65, III, *c*, segunda parte). Não se exclui a culpabilidade quando o agente pratica o crime sabendo ou podendo saber que se trata de ordem ilegal, mas, como a desobediência à

---

32. Não se reconheceu coação irresistível nem obediência hierárquica na conduta do motorista que, a mando do empregador, dirigia veículo automotor sem condições de trafegabilidade e sem segurança ao causar, por essa razão, lesões corporais culposas: *JTAERGS* 66/83.

33. Cf. JESUS, Damásio E. de. Ob. cit. p. 446-447.

ordem de autoridade superior normalmente acarreta consequências em desfavor do subordinado, a reprovabilidade da conduta é diminuída e a pena deverá ser atenuada.

Embora não se refira expressamente à hierarquia, a lei tem em vista esta ao referir-se à ordem de autoridade *superior*. A expressão implica subordinação hierárquica do agente ao autor da ordem que, evidentemente, responderá também pelo ilícito penal em decorrência da participação no fato.

## 5.4 IMPUTABILIDADE

### 5.4.1 Sistemas e conceito

Foi visto que a culpabilidade é um juízo de reprovação e que somente pode ser responsabilizado o sujeito quando poderia ter agido em conformidade com a norma penal. É necessário saber, portanto, quando se pode atribuir ao agente a prática do crime, para se poder falar em censurabilidade da conduta. De acordo com a teoria da imputabilidade moral (livre-arbítrio), o homem é um ser inteligente e livre, podendo escolher entre o bem e o mal, entre o certo e o errado, e por isso a ele se pode atribuir a responsabilidade pelos atos ilícitos que praticou. Essa atribuição é chamada imputação, de onde provém o termo *imputabilidade*, elemento (ou pressuposto) da culpabilidade. Imputabilidade é, assim, a aptidão para ser culpável.

Há imputabilidade quando o sujeito é capaz de compreender a ilicitude de sua conduta e de agir de acordo com esse entendimento.[34] Só é reprovável a conduta se o sujeito tem certo grau de capacidade psíquica que lhe permita compreender a antijuridicidade do fato e também a de adequar essa conduta a sua consciência. Quem não tem essa capacidade de entendimento e de determinação é inimputável, eliminando-se a culpabilidade.

Há vários sistemas ou critérios nas legislações para determinar quais os que, por serem inimputáveis, estão isentos de pena pela ausência de culpabilidade.

O primeiro é o sistema *biológico* (ou *etiológico*), segundo o qual aquele que apresenta uma anomalia psíquica é sempre inimputável, não se indagando se essa anomalia causou qualquer perturbação que retirou do agente a inteligência e a vontade do momento do fato. É, evidentemente, um critério falho, que deixa impune aquele que tem entendimento e capacidade de determinação apesar de ser portador de doença mental, desenvolvimento mental incompleto etc.

O segundo é o sistema *psicológico*, em que se verificam apenas as condições psíquicas do autor no momento do fato, afastada qualquer preocupação a respeito da existência ou não de doença mental ou distúrbio psíquico patológico. Critério pouco científico,

---

34. Cf. MAURACH, Reinhart. *Tratado de derecho penal*. Barcelona: Ariel, 1962. v. 2. p. 94; WELZEL, Hans. Ob. cit. p. 218; ZAFFARONI, Eugênio Raúl. Ob. cit. p. 461-462; FRAGOSO, Heleno Cláudio. Ob. cit. p. 205.

de difícil averiguação, esse sistema se mostrou falho na aberrante "perturbação dos sentidos" da legislação anterior ao Código de 1940.

O terceiro critério é denominado sistema *biopsicológico* (ou biopsicológico normativo ou misto), adotado pela lei brasileira no art. 26, que combina os dois anteriores. Por ele, deve verificar-se, em primeiro lugar, se o agente é doente mental ou tem desenvolvimento mental incompleto ou retardado. Em caso negativo, não é inimputável. Em caso positivo, averigua-se se era ele capaz de entender o caráter ilícito do fato; será inimputável se não tiver essa capacidade. Tendo capacidade de entendimento, apura-se se o agente era capaz de determinar-se de acordo com essa consciência. Inexistente a capacidade de determinação, o agente é também inimputável.

Nos termos do CP, excluem a imputabilidade e, em consequência, a culpabilidade: a doença mental e o desenvolvimento mental incompleto ou retardado (art. 26); a menoridade, caso de desenvolvimento mental incompleto presumido (art. 27); e a embriaguez fortuita completa (art. 28, § 1º).

### 5.4.2 Inimputabilidade por doença mental ou desenvolvimento mental incompleto ou retardado

Dispõe o art. 26: "É isento de pena o agente que, por doença mental ou desenvolvimento mental incompleto ou retardado, era, ao tempo da ação ou da omissão, inteiramente incapaz de entender o caráter ilícito do fato ou de determinar-se de acordo com esse entendimento."

Trata-se da primeira hipótese de causa de exclusão da imputabilidade. Menciona a lei a *doença mental*. Embora vaga e sem maior rigor científico, a expressão abrange todas as moléstias que causam alterações mórbidas à saúde mental. Entre elas, há as chamadas *psicoses funcionais*: a *esquizofrenia* (sobretudo a de forma paranoide, em que são comuns os impulsos em que o sujeito agride e mata por ser portador de mentalidade selvagem e primitiva, sujeita a explosões de fúria, mas que não escolhem nenhuma classe de delitos e cometem mesmo os que demandam meditação e refinamento na execução);[16] a *psicose maníaco-depressiva* (em que existe uma desorganização da sociabilidade e, eventualmente, da personalidade, provocando isolamento e condutas antissociais); a *paranoia* (que afeta o pensamento e sobretudo as relações com o mundo exterior, às vezes associadas à síndrome paranoide) etc. São também doenças mentais a *epilepsia* (neuropsicose constitucional com efeitos determinantes de profundas alterações do caráter, da inteligência, da consciência e dos sentidos);[35] a *demência senil* (em que surgem

---

35. Não se pode ignorar a existência de certas formas de esquizofrenia e outras doenças mentais em que o agente fica sujeito a alucinações e que, assim, ao praticar o fato, não age com dolo, pela ausência de consciência e vontade de integralizar os elementos objetivos do tipo, como, por exemplo, ao matar um homem supondo que enfrenta um "dragão". No caso, estaria excluída a própria conduta típica e não simplesmente a imputabilidade. A lei, contudo, não distingue entre hipóteses tais, considerando apenas excluída sempre e unicamente a imputabilidade.

o enfraquecimento da memória, principalmente quanto a fatos recentes, a dificuldade em fazer julgamento geral das situações, episódicas depressões e ansiedades, mudança de comportamento etc.);[36] a *psicose alcoólica* (embriaguez patológica ou alcoolismo crônico que provoca acessos furiosos, atos de violência, ataques convulsivos etc.);[17] a *paralisia progressiva*; a *sífilis cerebral*; a *arteriosclerose cerebral*; a *histeria* etc.

Alguns doutrinadores incluem no dispositivo os estados crepusculares não patológicos, como o sono normal crepuscular, a febre, o sonambulismo, o desmaio, a hipnose por sugestão etc. Não se pode esquecer, porém, que nessa hipótese existirá um estado de inconsciência, inexistindo a própria conduta e, se presentes a consciência e a capacidade de autodeterminação, não há que se excluir a culpabilidade.

As doenças mentais podem ser *orgânicas* (paralisia progressiva, sífilis cerebral, tumores cerebrais, arteriosclerose etc.), *tóxicas* (psicose alcoólica ou por medicamentos) e *funcionais* (psicose senil etc.). De acordo com a duração da moléstia, pode ser *crônica* ou *transitória*.

Refere-se o art. 26 ainda ao desenvolvimento mental incompleto ou retardado. O *desenvolvimento mental incompleto* ocorre nos menores de idade que, entretanto, são objeto de dispositivo à parte (art. 27). Pode-se reconhecer o desenvolvimento mental incompleto dos silvícolas não adaptados à civilização (item 5.4.3). Entretanto, a condição de silvícola, por si só, não exclui a imputabilidade, mormente se o agente é índio integrado e adaptado ao meio civilizado.[18]

Também estão submetidos ao art. 26 os surdos-mudos que não receberam instrução adequada. O isolamento do surdo-mudo pode impedir o desenvolvimento mental e afetar a capacidade de discernimento no campo intelectual ou ético, ainda que não acompanhado de doença mental ou oligofrenia.

O *desenvolvimento mental retardado* é o estado mental dos oligofrênicos (nos graus de debilidade mental, imbecilidade e idiotia), incapazes de entendimento e por muitos equiparados aos portadores de doença mental. Nas faixas mais baixas, haverá inimputabilidade.

Não basta, porém, a presença de uma dessas situações (doença mental ou desenvolvimento mental incompleto ou retardado) para que fique excluída a inimputabilidade. Há que ser feita uma aferição no aspecto intelectivo e volitivo. Nos termos da lei, só é inimputável aquele que, ao tempo da conduta (ação ou omissão), era inteiramente incapaz de entender o caráter ilícito do fato: o agente pode entender o *fato*, mas não o caráter *ilícito* de sua conduta e, nessa hipótese, é inimputável. Pode o sujeito, porém, apesar de um desses estados mórbidos, ser capaz de entendimento ético, devendo-se, nessa hipótese, verificar o aspecto volitivo, de autodeterminação, que pode não existir. É o que ocorre com alguma frequência em indivíduos portadores de certas psiconeu-

---

36. A senilidade é classificada como *psicose* e a maioria dos autores considera como absoluta a inimputabilidade do demente senil (*RT* 440/379).

roses, os quais agem com plena consciência do que fazem, mas não conseguem ter o domínio de seus atos, isto é, não podem evitá-los.[37] A *cleptomania* (furto compulsivo), a *piromania* (incendiamento compulsivo), a *dipsomania* (impulso irresistível para o álcool), o *exibicionismo* (desvio psicossexual) etc. podem eliminar total ou parcialmente a capacidade de autodeterminação, excluindo ou diminuindo a culpabilidade.

É imputável aquele que, embora portador de doença mental ou desenvolvimento mental incompleto ou retardado, tem capacidade de entender a ilicitude de seu comportamento e de se autodeterminar. Inexistente, porém, a base biológica da inimputabilidade (doença mental etc.), não importa que o agente, no momento do crime, se encontre privado da capacidade de entendimento e autodeterminação; o indivíduo moralmente pervertido que, no momento do crime, não pode controlar seus impulsos deve ser tido por imputável. A inimputabilidade não se presume e para ser acolhida deve ser provada em condições de absoluta certeza.[19]

A prova da inimputabilidade do acusado é fornecida pelo exame pericial. Quando houver dúvida sobre a integridade mental do réu, o juiz ordenará de ofício[20] ou a requerimento do Ministério Público, do defensor, do curador, do ascendente, descendente, irmão ou cônjuge do acusado, seja este submetido a exame médico-legal, conforme determina o art. 149 do CPP ou representação da autoridade policial, na fase de inquérito (§ 1º). Existindo tais indícios, não pode o juiz sequer homologar pedido de desistência do incidente instaurado a requerimento da defesa.[21] Mesmo na hipótese de silvícola, somente a perícia pode comprovar o desenvolvimento mental incompleto;[22] se ele já é plenamente aculturado, tem desenvolvimento mental que lhe permite compreender a ilicitude de seus atos e é plenamente imputável.[23] Não há constrangimento ilegal na determinação de que se recolha o acusado ao estabelecimento psiquiátrico para que seja submetido ao exame.[24] O Código de Processo Penal prevê, aliás, a possibilidade de internação provisória do acusado considerado inimputável ou semi-imputável por exame pericial, como medida cautelar a ser aplicada nos crimes praticados com violência ou grave ameaça a pessoa, se há risco de reiteração criminosa (art. 319, VII, com a redação dada pela Lei nº 12.403, de 4-5-2011).

Excluída a imputabilidade por incapacidade total de entendimento da ilicitude do fato ou de autodeterminação, o autor do fato é absolvido e aplicar-se-á obrigatoriamente a medida de segurança de internação em hospital de custódia e tratamento psiquiátrico ou, à falta, em outro estabelecimento adequado. Tratando-se, porém, da prática de crime apenado com detenção, o juiz poderá submeter o agente a tratamento ambulatorial (art. 97). A comprovada inimputabilidade do agente não dispensa o juiz de analisar na sentença a existência ou não do delito apontado na denúncia e os argumentos do acusado quanto à inexistência de tipicidade ou de antijuridicidade.[25] Inexistindo tipicidade ou antijuridicidade, o réu, embora inimputável, deve ser absolvido pela excludente do dolo ou da ilicitude, não se impondo, portanto, medida de segurança.

---

37. Cf. TOLEDO, Francisco de Assis. *Princípios básicos de direito penal*. São Paulo: Saraiva, 1982. p. 109-110.

### 5.4.3 Culpabilidade diminuída

Prevê o art. 26, parágrafo único: "A pena pode ser reduzida de um a dois terços, se o agente, em virtude de perturbação de saúde mental ou por desenvolvimento mental incompleto ou retardado não era inteiramente capaz de entender o caráter ilícito do fato ou de determinar-se de acordo com esse entendimento."

Embora se fale, no caso, de semi-imputabilidade, semirresponsabilidade ou responsabilidade diminuída, as expressões são passíveis de críticas. Na verdade, o agente é imputável e responsável por ter alguma consciência da ilicitude da conduta, mas é reduzida a sanção por ter agido com culpabilidade diminuída em consequência de suas condições pessoais. O agente é imputável mas para alcançar o grau de conhecimento e de autodeterminação é-lhe necessário maior esforço. Se sucumbe ao estímulo criminal, deve ter-se em conta que sua capacidade de resistência diante dos impulsos passionais é, nele, menor que em um sujeito normal, e esse defeito origina uma diminuição da reprovabilidade e, portanto, do grau de culpabilidade.[38]

Refere-se a lei em primeiro lugar à "perturbação da saúde mental", expressão ampla que abrange todas as doenças mentais e outros estados mórbidos. Os *psicopatas*, por exemplo, são enfermos mentais, com capacidade parcial de entender o caráter ilícito do fato.[26] A *personalidade psicopática* não se inclui na categoria das moléstias mentais, mas no elenco das perturbações da saúde mental pelas perturbações da conduta, anomalia psíquica que se manifesta em procedimento violento, acarretando sua submissão ao art. 26, parágrafo único.[27] Estão abrangidos também portadores de *neuroses profundas* (que têm fundo problemático por causas psíquicas e provocam alteração da personalidade), sádicos, masoquistas, narcisistas, pervertidos sexuais, além dos que padecem de alguma fobia (agorafobia = pavor dos espaços abertos, claustrofobia = pavor de espaços fechados), as mulheres com distúrbios mórbidos que por vezes a gravidez provoca etc. Em segundo lugar, estão os que apresentam desenvolvimento mental incompleto. O silvícola pode ser incluído na cláusula do desenvolvimento mental incompleto desde que fique demonstrada sua inadaptação à vida no meio civilizado. Não se trata de algo patológico ou teratológico, mas da ausência de adaptação à vida social de nosso nível, às normas complexas que a regulam e aos critérios de valores de nossos julgamentos que os põem em condições de incapacidade total ou parcial de entendimento e orientação volitiva na qualidade e grau exigidos pelo Código.[28] Não basta, porém, a condição de silvícola, exigindo-se a demonstração, por meio de perícia, que tenha o agente desenvolvimento mental incompleto.[29] Anote-se, outrossim, que o art. 56 da Lei nº 6.001, de 19-12-1973 (Estatuto do Índio), determina que "no caso de condenação de índio por infração penal, a pena deverá ser atenuada e na sua aplicação o juiz atenderá também ao grau de integração do silvícola".[39]

---

38. MAURACH, Reinhart. Ob. cit. p. 120.
39. STF: *DJU* de 18-3-1983, p. 2.979; STJ: AgRg no AREsp 1916005-MS, j.8.2-2022, *DJe* de 15-2-2022. Além da redução das penas, as privativas de liberdade são cumpridas, se possível, em regime especial de semiliberdade, no local de funcionamento do órgão federal de assistência aos índios mais próximos da habitação do condenado (art. 56, parágrafo único da Lei nº 6.001, de 19-12-1973).

Na hipótese do desenvolvimento mental retardado, estão os oligofrênicos. A oligofrenia, como já se anotou, divide-se em faixas de acordo com a capacidade de entendimento e, se ficar patente que o agente se encontra no nível de debilidade mental limítrofe (fronteiriço), seja por questões culturais ou orgânicas, é irrecusável o reconhecimento da culpabilidade diminuída. Na mesma situação estão os surdos-mudos, dependendo do grau de desenvolvimento da capacidade de entendimento e de autodeterminação. Também em todas as hipóteses aventadas é indispensável verificar não só a *capacidade de entendimento* da ilicitude, como também do *poder de autodeterminação* do agente, não se aplicando o dispositivo se permanecerem ambos íntegros.

Em todas as hipóteses do parágrafo em exame, o agente será condenado, com a pena atenuada de um a dois terços. Discute-se, porém, se a redução da pena é obrigatória ou facultativa. Há decisões, inclusive do STF, de que a redução da pena é facultativa.[30] Entretanto, comprovada a redução da capacidade de entendimento e de autodeterminação, a culpabilidade é sempre menor e o juiz deverá atenuar a sanção e justificar seu grau entre os limites estabelecidos.[31]

Constitui realmente direito público, subjetivo do réu, ter a pena reduzida.[32] O grau da redução deve levar em conta não só a gravidade do fato, mas, principalmente, o vulto da perturbação mental ou da deficiência mental do réu, responsável pela diminuição de capacidade de entendimento ou determinação.[40] A causa de diminuição de pena, estabelecida em tese, afeta inclusive o grau mínimo da cominação, reduzindo-a da respectiva quantidade.[34]

Determina, porém, o art. 98: "Na hipótese do parágrafo único do art. 26 deste Código e necessitando o condenado de especial tratamento curativo, a pena privativa de liberdade pode ser substituída pela internação, ou tratamento ambulatorial, pelo prazo mínimo de um a três anos, nos termos do artigo anterior e respectivos §§ 1º a 4º."

A lei nova substituiu o antigo sistema *duplo binário* (dois trilhos), em que se aplicava a pena reduzida e, também, uma medida de segurança, pelo sistema *vicariante*, em que se aplica a pena, podendo ser ela substituída pela medida de internação ou tratamento ambulatorial, como se explica na exposição de motivos da Lei nº 7.209: "Nos casos fronteiriços em que predominar o quadro mórbido, optará o juiz pela medida de segurança. Na hipótese oposta, pela pena reduzida" (item 22). Já se tem decidido que, reconhecida no laudo pericial a necessidade de isolamento definitivo ou por longo período, como na hipótese de ser o réu portador de personalidade psicopática, deve o juiz, inclusive por sua periculosidade, optar pela substituição da pena por medida de segurança para que se proceda ao tratamento necessário.[35]

---

40. Alude-se também à gravidade do fato, mas essa consideração deve ser feita na fixação da pena pelas circunstâncias do crime.[33]

Substituída a pena pela medida de segurança, porém, o sentenciado passará a sofrer todas as consequências a que está sujeito o inimputável, inclusive quanto à necessidade de perícia médica que comprove a cessação de periculosidade para desinternação do condenado ou cessação do tratamento.

### 5.4.4  Actio libera in causa

A imputabilidade é aferida quanto ao momento em que o agente pratica o fato ilícito; é inimputável aquele que, *ao tempo da ação ou omissão*, não tem capacidade de entendimento e autodeterminação. Passando a sofrer doença mental após o fato, o agente responderá pelo ilícito praticado, embora só passe a ser executada a pena quando não mais for necessário seu internamento no estabelecimento adequado.

Pode ocorrer, contudo, que o agente se coloque, *propositadamente, em situação de inimputabilidade para cometer o crime*, realizando este no estado de inconsciência.[41] O sujeito utiliza a si mesmo como instrumento para a prática do fato. Nessa hipótese, considera-se, para o juízo de culpabilidade, a situação do agente no momento em que se colocou em estado de inconsciência. Aplica-se, então, o princípio das chamadas *actiones liberae in causa sive ad libertatem relatae*. O caso clássico da *actio libera in causa* (ação livre quando da conduta) é o da embriaguez preordenada, em que o indivíduo bebe com a intenção de cometer determinado delito (item 5.7.2, *in fine*). O mesmo acontece se, em vez de bebida alcoólica, intoxica-se com um estimulante, alucinógeno etc. Também é a hipótese daquele que intencionalmente dorme para fugir a uma obrigação, nos crimes omissivos ou comissivos-omissivos (exemplo do guarda-chaves da estrada de ferro ou do vigia de uma empresa que desejam uma colisão na linha de trens ou a subtração por parte de terceiros). O princípio, porém, foi estendido às situações criadas culposamente pelo agente, como nos seguintes exemplos: o do guarda-chaves que se embriaga *culposamente* e deixa de baixar a cancela, causando o desastre; o da mãe que, sabendo que tem sono agitado, intoxica-se com substâncias entorpecentes, deixa o filho recém-nascido em sua cama e ocasiona sua morte por sufocação etc. Não basta, entretanto, que o agente se tenha posto voluntária ou imprudentemente em estado de inconsciência por embriaguez ou por outro qualquer meio para que o fato típico que ele venha a praticar se constitua em *actio libera in causa*. É preciso que esse resultado tenha sido querido ou previsto pelo agente como imputável, ou que ele pudesse prevê-lo como consequência de seu comportamento. Na lei brasileira, porém, não se exclui a imputabilidade pela embriaguez não preordenada, se voluntária ou culposa, pelo álcool ou substâncias de efeitos análogos (item 5.7.1). Já se advogou a instituição do chamado crime de embriaguez para substituir a forçada aplicação do princípio da *actio libera in causa* nesta última hipótese.

---

41. Cf. WELZEL, Hans. Ob. cit. p. 220; MAURACH, Reinhart. Ob. cit. p. 113.

## 5.5 MENORIDADE

### 5.5.1 Menoridade penal

São inimputáveis os menores de 18 anos por expressa disposição do art. 27: "Os menores de dezoito anos são penalmente inimputáveis, ficando sujeitos às normas estabelecidas na legislação especial."

Adotou-se no dispositivo um critério puramente biológico (idade do autor do fato)[36] não se levando em conta o desenvolvimento mental do menor, que não está sujeito à sanção penal ainda que plenamente capaz de entender o caráter ilícito do fato e de determinar-se de acordo com esse entendimento. Trata-se de uma presunção absoluta de inimputabilidade que faz com que o menor seja considerado como tendo desenvolvimento mental incompleto em decorrência de um critério de política criminal. Implicitamente, a lei estabelece que o menor de 18 anos não é capaz de entender as normas da vida social e de agir conforme esse entendimento.

Esse mesmo limite mínimo de idade para a imputabilidade penal é consagrado na maioria dos países (Áustria, Dinamarca, Finlândia, França, Colômbia, México, Peru, Uruguai, Equador, Tailândia, Noruega, Holanda, Cuba, Venezuela etc.). Entretanto, em alguns países podem ser considerados imputáveis jovens de menor idade, como: 17 anos (Grécia, Nova Zelândia, Federação Malásia); 16 anos (Argentina, Birmânia, Filipinas, Espanha, Bélgica, Israel), 15 anos (Índia, Honduras, Egito, Síria, Paraguai, Iraque, Guatemala, Líbano); 14 anos (Alemanha, Haiti); 10 anos (Inglaterra).

Algumas nações, porém, ampliam o limite até 21 anos (Suécia, Chile, Ilhas Salomão etc.). Entretanto, há países em que funcionam tribunais especiais (correcionais), aplicando-se sanções diversas das utilizadas em caso de criminosos adultos.

Há uma tendência moderna em se rebaixar o limite de idade para se submeter os menores à disciplina dos adultos. No art. 33 do CP de 1969 (Decreto-lei nº 1.004), adotando-se um critério biopsicológico, possibilitava-se a imposição de pena ao menor entre 16 e 18 anos se revelasse suficiente desenvolvimento psíquico para entender o caráter ilícito do fato e de determinar-se de acordo com esse entendimento. Pela Lei nº 6.016, de 12-12-1973, porém, na *vacatio legis* do novo Estatuto que não chegou a viger no país, o legislador novamente elevou o limite para 18 anos, sensível às ponderações da magistratura de menores e de significativa parcela de estudiosos que destacaram as graves dificuldades para se aferir a capacidade de culpa na faixa dos 16 a 18 anos, mediante perícia sofisticada e de difícil praticabilidade. De qualquer forma, a Constituição Federal prevê expressamente a inimputabilidade dos menores de 18 anos, sujeitando-os apenas à legislação especial (art. 228). [42]

---

42. O art. 50 do Código Penal Militar (Decreto-lei nº 1.001, de 21-10-1969), que estabelecia a imputabilidade do menor com 16 anos desde que revelasse suficiente desenvolvimento psíquico, foi revogado pela norma constitucional. O artigo foi modificado pela Lei nº 14.688, de 20-9-2023, e ora está assim redigido: "O menor de 18 (dezoito) anos é penalmente inimputável, ficando sujeito às normas estabelecidas na legislação especial."

Ninguém pode negar que o jovem de 16 a 17 anos, de qualquer meio social, tem hoje amplo conhecimento do mundo e condições de discernimento sobre a ilicitude de seus atos. Entretanto, a redução do limite de idade no direito penal comum representaria um retrocesso na política penal e penitenciária brasileira e criaria a promiscuidade dos jovens com delinquentes contumazes. O Estatuto da Criança e do Adolescente prevê, aliás, instrumentos potencialmente eficazes para impedir a prática reiterada de atos ilícitos por pessoas com menos de 18 anos, sem os inconvenientes mencionados.

A idade de 18 anos, como já se tem afirmado, é um limite razoável de tolerância recomendado pelo Seminário Europeu de Assistência Social das Nações Unidas, de 1949, em Paris.[43]

### 5.5.2 Tempo da maioridade

É considerado imputável aquele que comete o fato típico aos primeiros momentos do dia em que completa 18 anos, pouco importando a hora exata de seu nascimento.[37] O art. 1º da Lei nº 810, de 6-9-1949, que define o ano civil, considera ano o período de 12 meses contado do dia do início ao dia e mês correspondentes do ano seguinte, sendo impossível que alguém tenha 18 anos pela lei civil e ainda não os tenha para a lei penal. O art. 10 do Código Penal, aliás, determina que o dia do começo (no caso, o do nascimento) seja incluído no cômputo do prazo e o art. 27 dispõe que é inimputável quem é *menor* de 18 anos, e não se pode considerar menor de 18 anos quem está completando essa idade, pois uma coisa não pode ser e deixar de ser ao mesmo tempo.

É da jurisprudência que o agente deve ser considerado imputável a partir do primeiro instante do dia do 18º aniversário, pouco importando a hora em que ocorreu o nascimento.[38] É imputável quem comete o crime no dia em que atinge a maioridade penal.[39]

O momento para apreciar a imputabilidade, conforme a regra geral prevista no art. 4º, é o da ação ou omissão, não sendo imputável o agente se o resultado ocorrer após ter completado 18 anos, quando praticou a conduta antes do 18º aniversário. Mesmo nessa hipótese, jamais poderá ser responsabilizado penalmente pelo fato. Nos crimes permanentes, porém, embora o agente tenha 17 anos no dia do início da conduta (sequestro, extorsão mediante sequestro etc.), torna-se penalmente imputável se completa 18 anos antes de cessar a permanência, ou seja, enquanto não cessada a consumação, que se prolonga no tempo em decorrência da ação do agente.[40]

Não há que se falar em inimputabilidade, também, se a execução do crime se iniciou numa noite e se prolongou até o dia seguinte, em que o agente atingia a maioridade.[41]

A prova da menoridade deve ser feita em princípio pela certidão do termo do registro civil, já que se impõe a restrição à prova estabelecida na lei civil quanto ao estado

---

43. Nesse sentido, MASSA, Patrícia Helena. A menoridade penal no direito brasileiro. *Revista Brasileira de Ciências Criminais*, nº 4, p. 129.

das pessoas (art. 155, parágrafo único, do CPP).[42] Tem-se admitido, porém, outra prova idônea, exigindo o STF documento.[43] Nesse sentido, o STJ editou a súmula 74: "Para efeitos penais, o reconhecimento da menoridade do réu requer prova por documento hábil." Não faz fé, como prova demonstrativa da inimputabilidade, o registro de nascimento do agente providenciado após a prática de infração penal.[44] É de se ponderar, todavia, que, na dúvida insanável a respeito da idade do agente, vigora o princípio do *in dubio pro reu*, impondo-se a absolvição.[45]

Comprovada a menoridade penal do réu, o processo deve ser anulado *ab initio* por ausência de legitimidade passiva.[46]

### 5.5.3 Legislação especial

As providências referentes à prática de infrações penais por menores de 18 anos são de ordem penal, sendo atribuição do Juiz de Menores a aplicação de medidas administrativas destinadas a sua reeducação e recuperação. A legislação especial a que se refere o art. 27 do CP é, agora, o Estatuto da Criança e do Adolescente (Lei nº 8.069, de 13-7-1990). Dispõe esse diploma legal, no art. 103, sobre a prática de ato infracional pelo menor (conduta descrita como crime ou contravenção penal), a que corresponderão as medidas específicas de proteção previstas no art. 101 para as crianças (pessoa até 12 anos) e estas ou medidas socioeducativas mencionadas no art. 112 para os adolescentes (entre 12 e 18 anos), levando-se em conta a capacidade destes de cumpri-las, as circunstâncias e a gravidade da infração. Prevê ainda o processo de apuração de ato infracional atribuído a adolescente nos arts. 171 e seguintes, com a garantia do devido processo legal (art. 110), permitindo-se a intervenção dos pais ou responsáveis e de qualquer pessoa que tenha legítimo interesse na solução da lide, por meio de advogado, inclusive com o direito da assistência judiciária (art. 206). A medida mais severa, de internação no máximo de três anos, cessa compulsoriamente aos 21 anos de idade (art. 121, § 5º).

O último dispositivo não foi alterado pelo novo Código Civil, que reduziu para 18 anos o tempo da maioridade civil. A presunção estabelecida pela Lei nº 8.069/90, de que o menor de 21 anos, porque ainda em formação, necessita de proteção especial do Estado, é independente da adotada para a fixação da capacidade civil (item 5.5.4). Ademais, entendimento diverso implicaria a impossibilidade de imposição de qualquer sanção ao autor de ato infracional praticado às vésperas de atingir a maioridade.[47]

### 5.5.4 Agentes menores de 21 anos

Prevê a lei alguns benefícios penais e processuais para os réus que têm menos de 21 anos na época do fato ou do processo (denominados *réus menores*). No Código Penal, é circunstância atenuante genérica ter o agente menos de *21 anos na data do fato* (art. 65, I), e os prazos da prescrição, nessa hipótese, são reduzidos de metade (art. 115).

Com a entrada em vigor do novo Código Civil, instituído pela Lei nº 10.406, de 10 de janeiro de 2002, a maioridade civil plena é atingida aos 18 anos e não mais aos 21 anos, conforme dispunha a lei anterior. Adaptando-se às transformações sociais e culturais ocorridas no país, entendeu o legislador que a pessoa que completa 18 anos possui hoje a capacidade de compreensão e a maturidade necessárias para inserir-se plenamente nas relações sociais e, assim, está habilitada para a prática de todos os atos da vida civil (art. 5º do CC). Alcançam-se, portanto, agora, ao mesmo tempo a maioridade civil e a penal.

Dúvidas surgiram, em consequência, com relação à vigência e aplicabilidade de diversas normas penais ou processuais penais, como as previstas nos arts. 65, I, 115 e 220 do CP e nos arts. 15, 34, 50, parágrafo único, 52, 54, 194, 262, 564, III, *c*, do CPP etc.[44]

Embora, por interpretação teleológica ou pelo argumento de que não mais existe a possibilidade de agente imputável *menor,* se possa defender a redução ou perda de sentido das regras que confiram tratamento distinto, mais benevolente, para o agente menor de 21 anos de idade, não é possível afirmar sua imediata revogação. A especificidade das normas penais em relação às de direito civil, inclusive quanto à independência das presunções legais e dos conceitos de imputabilidade penal e capacidade civil, e o disposto no art. 2.043 do novo Código Civil determinam a continuidade de vigência das normas penais cuja aplicabilidade não exija a recorrência a conceitos e regras da lei civil e não se torne inviável em razão das alterações contidas no novo estatuto.

Fundando-se a norma penal, para a concessão de um tratamento diferenciado, não na relativa incapacidade civil, mas em presunção absoluta decorrente da idade cronológica do agente que não atingiu 21 anos, continua ela em vigor.

Assim, permanecem em vigência e continuam aplicáveis o art. 65, I, que prevê como circunstância atenuante ser o agente menor de 21 anos de idade na data do fato (item 7.5.6), e o art. 115 que determina a redução de metade dos prazos de prescrição na mesma hipótese (item 12.4.4).

## 5.6 EMOÇÃO E PAIXÃO

### 5.6.1 Emoção e paixão

Não excluem a imputabilidade penal a emoção ou a paixão (art. 28, inciso I). *Emoção* é um estado afetivo que, sob uma impressão atual, produz repentina e violenta perturbação do equilíbrio psíquico. Sendo intensa, é comparável à torrente que rompe um dique (Kant). São emoções a ira, o medo, a alegria, a surpresa, a vergonha, o prazer

---

44. A respeito dos reflexos da nova idade da maioridade civil sobre as normas processuais penais: *Processo penal.* 15. ed. São Paulo: Atlas, 2003. p. 300-301. O art. 194 do CPP foi expressamente revogado pela Lei nº 10.792, de 1º-12-2003, e o art. 220 do CP pela Lei nº 11.106, de 28-3-2005.

erótico etc. A *paixão* é uma profunda e duradoura crise psicológica que ofende a integridade do espírito e do corpo, o que pode arrastar muitas vezes o sujeito ao crime. É duradoura como uma força que se infiltra na terra, minando o obstáculo que, afinal, vem a ruir. São paixões o amor, o ódio, a avareza, a ambição, o ciúme, a cupidez, o patriotismo, a piedade etc.

Pode-se dizer que a diferença entre a emoção e a paixão reside no fato de ser a primeira aguda e de curta duração e a segunda crônica e de existência mais estável. Em ambos os casos, porém, há modificações no psiquismo que às vezes avançam tanto a ponto de subverterem completamente os fenômenos psíquicos. Isto leva alguns doutrinadores a afirmarem que excluiriam elas as condições exigidas para a imputabilidade. Outros, porém, entendem que, apesar de tudo, o agente é imputável, mesmo porque não há crime sem paixão ou emoção envolvidas. Já se disse, inclusive, que o estado *normal* (quanto à emoção ou à paixão) não existe, sendo simples concepção de espírito. Perante nossa lei, porém, tais afirmações não encontram respaldo, já se tendo negado a inimputabilidade nas alegações de "vício de vontade" [48] e de "paixão mórbida".[49]

O art. 28 seria até dispensável, já que, não tendo caráter patológico nem significando perturbação da saúde mental, a emoção e a paixão não seriam causas excludentes da imputabilidade por não estarem previstas expressamente na lei. Justifica-se, porém, o dispositivo como lembrança e aviso para que não se argumente com a chamada perturbação dos sentidos.

### 5.6.2 Emoção ou paixão e aplicação da pena

Os positivistas dividiam as paixões em sociais (amor, piedade, patriotismo etc.) e antissociais (ódio, inveja, ambição etc.). Dando realce a essa distinção, prescreviam praticamente a impunidade quando o agente praticasse o ato impelido por uma daquelas e a punição mais severa quando impulsionado o sujeito por estas. O Código brasileiro prevê como atenuante genérica ter sido o crime cometido *sob a influência* de violenta emoção, provocada por ato injusto da vítima (art. 65, III, *c*, última parte) e admite como causa de diminuição especial da pena terem sido praticados o homicídio ou as lesões corporais estando o agente *sob o domínio* de violenta emoção, logo em seguida à injusta provocação da vítima (arts. 121, § 1º, e 129, § 4º). Devem estar presentes nessas hipóteses os requisitos previstos nos dispositivos, posto que a emoção, por si, não atenua a responsabilidade, derivando a atenuação apenas dos motivos que a causaram.

Também é circunstância atenuante genérica ou causa de diminuição da pena o motivo de relevante valor social ou moral que pode estar relacionado com uma paixão social (piedade, patriotismo etc.), nos termos dos arts. 65, III, *a*, 121, § 1º e 129, § 4º. Uma paixão antissocial, por sua vez, pode ser uma circunstância agravante genérica (como a cupidez, no art. 62, IV) ou até uma qualificadora (art. 121, § 2º, I).

## 5.7 EMBRIAGUEZ

### 5.7.1 Conceito

A embriaguez pode ser conceituada como a intoxicação aguda e transitória causada pelo álcool ou substância de efeitos análogos que privam o sujeito da capacidade normal de entendimento. Nos termos legais, quanto a sua origem, pode ser classificada em voluntária, culposa e fortuita. A embriaguez *voluntária* é a que existe quando o agente pretende embriagar-se, procurando intencionalmente o estado de ebriedade. Será *preordenada* se o agente bebe para poder melhor cometer o crime. A embriaguez *culposa* ocorre quando o agente, não pretendendo embriagar-se, bebe demais, imprudentemente, chegando assim ao estado etílico. A embriaguez *fortuita* (ou acidental) decorre de caso *fortuito* ou de *força maior*, situações em que o sujeito não quer se embriagar nem fica embriagado por culpa sua. Como caso fortuito, citam-se como exemplos a embriaguez causada por acidente (cair em um tonel de aguardente, por exemplo) ou a provocada por medicamento em pessoa sensível ao álcool que ignora essa predisposição constitucional. Na jurisprudência, há caso de agente que, desconhecendo os efeitos negativos da combinação sobre o comportamento, e estando sob ação de droga que afeta o sistema nervoso, inadvertidamente ingere bebida alcoólica, provocando momentaneamente alteração de sua consciência.[50] Há força maior na embriaguez provocada por terceiro, sem responsabilidade do agente (o agente é forçado a beber, ingere a substância alcoólica que lhe foi ministrada em uma bebida inócua etc.).

Distinguem-se três fases ou graus de embriaguez: *incompleta*, quando há afrouxamento dos freios morais, em que o agente tem ainda consciência, mas se torna excitado, loquaz, desinibido (fase de excitação); *completa*, em que se desvanece qualquer censura ou freio moral, ocorrendo confusão mental e falta de coordenação motora, não tendo o agente mais consciência e vontade livres (fase de depressão); e *comatosa*, em que o sujeito cai em sono profundo (fase letárgica). A lei, porém, refere-se simplesmente a embriaguez completa, que abrange, portanto, a comatosa. Quanto a esta última, é de interesse apenas na prática de crimes omissivos puros ou comissivos por omissão.

### 5.7.2 *Actio libera in causa* e responsabilidade objetiva na embriaguez

De acordo com o art. 28, não exclui a imputabilidade penal a embriaguez, voluntária ou culposa, pelo álcool ou substância de efeitos análogos (inciso II). Discute-se na doutrina se é compatível esse dispositivo com o conceito de imputabilidade adotado pelo Código. Segundo a exposição de motivos do CP de 1940, endossada por Hungria, adotou-se quanto à embriaguez a teoria da *actio libera in causa*, segundo a qual não deixa de ser imputável quem se pôs em situação de inconsciência ou de incapacidade de autocontrole, dolosa ou culposamente (em relação ao fato que constitui o delito), e nessa situação comete o crime (item 5.4.4).[45] A explicação é válida para os casos de

---

45. Cf. FRAGOSO, Heleno Cláudio. Ob. cit. p. 208.

embriaguez preordenada ou mesmo da voluntária ou culposa quando o agente assumiu o risco de, embriagado, cometer o crime ou, pelo menos, quando a prática do delito era previsível, mas não nas hipóteses em que o agente não quer ou não prevê que vá cometer o fato ilícito. Por essa razão, entende-se na doutrina que a lei consagrou um caso de *responsabilidade objetiva*, sem culpa, ou de imputabilidade *legal*, criada por razões de política criminal.[46] Há, porém, autores que justificam a responsabilidade penal pela vontade *residual* no agente embriagado, um resíduo de consciência e vontade que não lhe retiraria a imputabilidade.[47] Essa opinião, se aceita, tornaria dispensável a invocação do princípio da *actio libera in causa*.

Deve-se reconhecer que na embriaguez completa é possível não restar ao sujeito resíduo algum de consciência e vontade e, assim, a lei realmente consagra uma hipótese de responsabilidade objetiva, sem culpa. Há um dilema: de um lado, o imperativo da culpabilidade, base do sistema, com o pressuposto da imputabilidade; de outro, a exigência de proteção empírica e salvaguarda dos interesses sociais em jogo, e o legislador pátrio tem-se decidido por esta. Como já se afirmou, "é o justo preço a pagar, se se não quiser aceitar a impunidade em nome de ideais de justiça; aceita a fórmula preconizada pelo eminente Damásio E. de Jesus, inspirada no direito alemão, criando-se o delito de embriaguez, com sanções próprias, no quadro atual de gritante deficiência dos órgãos de apoio da Justiça Criminal, estaria aberta a porta para escandalosas desclassificações, tanto no júri como no processo comum, tamanha a facilidade de se forjar uma prova de embriaguez".[48] Além disso, a lei não tem dado margem a injustiças, "porque os casos de embriaguez que se apresentam nos tribunais rarissimamente, para não dizer nunca, são de embriaguez completa, que produza total supressão do discernimento".[49]

No caso de embriaguez *preordenada* (caso de *actio libera in causa*) em que o agente bebe para cometer o crime em estado de embriaguez, ocorre uma circunstância agravante (art. 61, II, *l*).

### 5.7.3 Embriaguez fortuita

Nos termos do art. 28, § 1º, "é isento de pena o agente que, por embriaguez completa, proveniente de caso fortuito ou força maior, era, ao tempo da ação ou da omissão,

---

46. Cf. NUVOLONE, Pietro. *O sistema do direito penal*. São Paulo: Revista dos Tribunais, 1981. v. 1. p. 93; BETTIOL, Giuseppe. *Direito penal*: parte geral. Coimbra: Coimbra Editora, 1970. v. 2. p. 382-389; NORONHA, E. Magalhães. *Direito penal*. 15 ed. São Paulo: Saraiva, 1978. v. 1. p. 190-193; GARCIA, Basileu. *Instituições de direito penal*. 5. ed. São Paulo: Max Limonad, 1980. v. 1. p. 388-389; FRAGOSO, Heleno Cláudio. Ob. cit. p. 210; JESUS, Damásio. E. de. Ob. cit. p. 469.
47. Cf. BATTAGLINI, Giulio. *Direito penal*. São Paulo: Saraiva-EDUSP, 1973. v. 1. p. 262-6; HUNGRIA, Nelson. *Comentários ao Código Penal*. 5. ed. Rio de Janeiro: Forense, 1978. v. 1, t. 2. p. 385-390.
48. ARANHA, Antonio Sérgio Caldas de Camargo; VISCONTI, Antonio; MARQUES, João Benedito de Azevedo; FLEURY FILHO, Luiz Antonio; FOZ, Maria Cláudia de Souza; TAVARES, Oswaldo Hamilton; MARQUES, Paulo Edson; CAMPOS, Pedro Franco de; GUILHERME, Walter de Almeida. A reforma do Código Penal: parte geral. *Justitia* 120/112.
49. GARCIA, Basileu. Em torno do novo Código Penal. *RT* 425/260.

inteiramente incapaz de entender o caráter ilícito do fato ou de determinar-se de acordo com esse entendimento". Trata-se de caso de exclusão da imputabilidade e, portanto, da culpabilidade, fundado na impossibilidade da consciência e vontade do sujeito que pratica o crime em estado de embriaguez completa acidental (item 5.7.1)

Cabe evidentemente à defesa a prova da exculpante,[51] que somente é reconhecida:

a) se a embriaguez for provocada por caso fortuito ou força maior;

b) se a embriaguez for completa; e

c) se o agente era inteiramente incapaz de entendimento ou autodeterminação no momento da conduta (ação ou omissão).

Tratando-se de embriaguez fortuita incompleta, na qual o agente, ao tempo do crime, não tem plena capacidade de entendimento e autodeterminação, há imputabilidade pela existência ainda dessa possibilidade de entender e querer. Devido, porém, à diminuição dessa capacidade, ao juiz é facultada a redução da pena de um a dois terços (art. 28, § 2º).

### 5.7.4 Tipos de embriaguez

Refere-se o art. 28, inciso II, também aos casos em que a embriaguez é provocada por substâncias que provocam efeitos análogos ao do álcool, incluindo-se, por interpretação analógica, os entorpecentes e estimulantes, tais como a "maconha" (*cannabis sativa L*), cujo uso configura o diambismo; a cocaína (cocainismo); a morfina ou preparados opiáceos (morfinismo); o éter; o clorofórmio, bem como os alucinógenos, como o LSD etc. O agente que pratica a conduta quando sujeito à ação dessas substâncias tóxicas é tratado pela lei nos mesmos termos reservados ao ébrio etílico. Deve-se verificar, porém, se o agente não é portador de doença mental ou perturbação da saúde mental provocadas pelo uso de drogas, hipóteses em que poderá caber a aplicação do art. 26. Tratando-se de crime descrito na Lei nº 11.343, de 23-8-2006, se a incapacidade ou a redução da capacidade de entendimento ou de autodeterminação decorre da dependência do agente do uso de drogas ou de se encontrar ele sob seu efeito, em razão de caso fortuito ou força maior, determina a Lei de Drogas a isenção (art. 45) ou a redução de pena (art. 46).

Quanto ao art. 28, deve ser efetuada uma interpretação necessariamente restrita, excluindo-se do âmbito do dispositivo a embriaguez patológica ou crônica. Fala-se em embriaguez *patológica* como aquela à que estão predispostos os filhos de alcoólatras que, sob efeito de pequenas doses de álcool, podem ficar sujeitos a acessos furiosos. Na embriaguez *crônica*, há normalmente um estado mental mórbido (demência alcoólica, psicose alcoólica, acessos de *delirium tremens* etc.), e o agente poderá ser inimputável ou ter a culpabilidade reduzida (art. 26). Em relação a certos tipos humanos geneticamente predispostos, a Organização Mundial da Saúde reconhece que o alcoolismo é uma doença, classificando-a, no Código Internacional de Doenças, como Síndrome da Dependência Alcoólica.

Deve-se distinguir a embriaguez crônica da *habitual*. Nesta, não havendo perturbação da saúde mental, pode ocorrer a desintoxicação com a simples suspensão do uso da bebida.

### 5.7.5 Embriaguez e leis especiais

O Código de Trânsito Brasileiro (Lei nº 9.503, de 23-9-1997), com as alterações posteriores, tipifica no art. 306 a conduta de conduzir veículo automotor com capacidade psicomotora alterada em razão da influência de álcool ou de outra substância psicoativa que determine dependência. De acordo com o disposto no § 1º, o estado de embriaguez se caracteriza se a taxa de concentração de álcool no sangue for igual ou superior a 0,6 g/l (art. 306) ou, na hipótese de teste por etilômetro (*bafômetro*), a concentração for igual ou superior a 0,3 mg/l de ar expelido dos pulmões ou pela constatação de sinais que indiquem alteração da capacidade psicomotora. Para a comprovação da embriaguez admitem-se, expressamente, nos termos do § 2º, testes de alcoolemia ou toxicológico, exame clínico, perícia, vídeo, prova testemunhal ou outros meios de prova em direito admitidos, observado o direito à contraprova. Já entendíamos, aliás, que a embriaguez pode ser comprovada no processo penal pelo exame de dosagem alcoólica, pelo exame clínico e até por testemunhas, quando não for possível realizar-se o exame pericial por quaisquer razões, incluindo-se nestas a recusa do motorista, diante do que prevê o art. 167 do CPP.[52] O condutor não pode ser obrigado a se submeter ao exame do bafômetro ou de sangue e, assim, a produzir prova contra si mesmo. No caso, porém, de recusa do condutor a se submeter aos testes ou exames, além da possibilidade de comprovação do ilícito penal pelos citados meios de prova, prevê o CTB a imposição das penalidades administrativas que incluem multa, suspensão do direito de dirigir por 12 meses, recolhimento do documento de habilitação e retenção do veículo (arts. 277, § 3º, 165 e 165-A). Não mais se exige para a caracterização do crime a ocorrência de perigo de dano. Trata-se, portanto, de crime de perigo abstrato, em que se presume o risco de tal conduta à incolumidade pública.[53]

Também constitui crime, igualmente, de perigo abstrato, a entrega da direção de veículo a pessoa em estado de embriaguez (art. 310). Nesse sentido, a Súmula 575 do STJ: "Constitui crime a conduta de permitir, confiar ou entregar a direção de veículo automotor a pessoa que não seja habilitada, ou que se encontre em qualquer das situações previstas no art. 310 do CTB, independentemente da ocorrência de lesão ou de perigo de dano concreto na condução do veículo".

No caso de lesão corporal culposa praticada na direção de veículo (art. 303), a circunstância de estar o condutor sob o efeito de álcool ou de substância psicoativa que cause dependência *impede* que o agente se beneficie da transação penal e da composição dos danos civis e torna a ação penal pública incondicionada (art. 291, § 1º, I).

A condução de embarcação ou aeronave após o consumo de drogas está tipificada no art. 39 da Lei nº 11.343, de 23-8-2006.

É contravenção, por sua vez, "apresentar-se publicamente em estado de embriaguez, de modo que cause escândalo ou ponha em perigo a segurança própria ou alheia" (art. 62 da LCP). Cometendo o agente, nessa situação, um ilícito penal, a contravenção será absorvida. Configura também contravenção servir bebidas alcoólicas a quem se acha em estado de embriaguez; a pessoa que o agente sabe sofrer das faculdades mentais; e a pessoa que o agente sabe estar judicialmente proibida de frequentar lugares onde se consome bebida de tal natureza (art. 63, II, III e IV).

Servir bebidas alcoólicas a menor de 18 anos também era previsto como contravenção penal em dispositivo que foi revogado (art. 63, I). Passou a configurar crime, punido com reclusão de dois a quatro anos, a conduta de vender, fornecer, servir, ministrar ou entregar bebida alcoólica, ainda que gratuitamente, de qualquer forma, a criança ou a adolescente (art. 243 do ECA, alterado pela Lei nº 13.106, de 17-3-2015). Conforme entendimento do STJ na Súmula 669: "O fornecimento de bebida alcoólica a criança ou adolescente, após o advento da Lei n. 13.106, de 17 de março de 2015, configura o crime previsto no art. 243 do ECA".

# 6
# CONCURSO DE PESSOAS

## 6.1 CONCURSO DE PESSOAS

### 6.1.1 Introdução

Um crime pode ser praticado por uma ou várias pessoas em concurso. Pode o sujeito, isoladamente, matar, subtrair, falsificar documento, omitir socorro a pessoa ferida etc. Frequentemente, todavia, a infração penal é realizada por duas ou mais pessoas que concorrem para o evento. Nessa hipótese, está-se diante de um caso de concurso de pessoas, fenômeno conhecido como concurso de agentes, concurso de delinquentes, coautoria, codelinquência ou participação. O Código Penal de 1940 resolveu em termos simples a questão do concurso de pessoas, partindo da teoria da equivalência dos antecedentes adotada quanto à relação de causalidade, igualando os vários antecedentes causais do crime, não distinguindo entre os vários participantes da empresa criminosa e reunindo-os sob a denominação de "coautoria". É inquestionável, porém, que a cooperação de várias pessoas pode verificar-se na fase de ideação ou execução do crime, variando também a importância maior ou menor, bem como as espécies de contribuição para o resultado final, o que tornava por demais estreita a denominação e a disciplina legal acolhidas pelo legislador quanto ao concurso de pessoas.

O Código Penal de 1969 utilizava a designação de "concurso de agentes" que, por seu caráter extremamente abrangente e compreensivo até mesmo dos fenômenos naturais, quanto às leis da causalidade física, não foi aceita pelo legislador na reforma penal, que preferiu a denominação "concurso de pessoas". Conforme René Ariel Dotti, "a reunião de pessoas para cometer um crime é um *concurso de pessoas*, expressão que soa melhor não somente porque reproduz a literatura e a legislação de grande aprimoramento técnico – como o Código italiano – mas também porque evoca a existência da pessoa *humana*, que é a causa e a consequência; o começo e o fim da aventura do Direito".[1]

O concurso de pessoas pode ser definido como a ciente e voluntária participação de duas ou mais pessoas na mesma infração penal.[2] Há, na hipótese, convergência de vontades para um fim comum, que é a realização do tipo penal, sendo dispensável a

---
1. O concurso de pessoas. *Ciência penal*. Rio de Janeiro: Forense, 1981. v. 1, p. 100.
2. Cf. NORONHA, E. Magalhães. *Direito penal*. 15. ed. São Paulo: Saraiva, 1978. v. 1, p. 215.

existência de um acordo prévio entre as várias pessoas; basta que um dos delinquentes esteja ciente de que participa da conduta de outra para que se esteja diante do concurso.

Deve-se distinguir o concurso de pessoas, que é um concurso *eventual*, e assim pode ocorrer em qualquer delito passível de ser praticado por uma só pessoa (crimes unissubjetivos), do chamado concurso *necessário*. Existem numerosos delitos que, por sua natureza intrínseca, só podem ser cometidos por duas ou mais pessoas, como a bigamia, a rixa, o crime de associação criminosa etc. São estes chamados crimes de concurso necessário ou crimes plurissubjetivos (item 3.6.6).

### 6.1.2 Teorias

São várias as teorias a respeito da natureza do concurso de agente quando se procura estabelecer se existe na hipótese um só ou vários delitos, delas defluindo soluções diversas quanto à aplicação da pena.

Segundo a concepção tradicional da teoria *monista*, unitária ou igualitária, o crime, ainda quando tenha sido praticado em concurso de várias pessoas, permanece único e indivisível. Não se distingue entre as várias categorias de pessoas (autor, partícipe, instigador, cúmplice etc.), sendo todos *autores* (ou coautores) do crime. Essa posição foi adotada pelo Código Penal de 1940 ao determinar no art. 29 que "quem, de qualquer modo, concorre para o crime incide nas penas a este cominadas". Dessa regra se deduz que "toda pessoa que concorre para a produção do crime causa-o em sua totalidade e, por ele, se imputa integralmente o delito a cada um dos partícipes".[3] Considerando que todos que participam do crime são autores dele, a lei evitou uma série de questões resultantes da adoção, pela lei anterior, de dispositivos que se referiam a autores, cúmplices, auxílio necessário, auxílio secundário, induzimento, mandato etc. A crítica a essa posição deriva não só da dificuldade de se estabelecer a realidade da "equivalência das condições", bastante discutível, como das próprias exceções da lei, que estabelece, apesar da adoção do princípio unitário, algumas causas de agravação e atenuação da pena.

Para a teoria *pluralista*, à multiplicidade de agentes corresponde um real concurso de ações distintas e, em consequência, uma pluralidade de delitos, praticando cada uma das pessoas um crime próprio, autônomo.[4] A falha apontada nessa teoria é a de que as participações de cada um dos agentes não são formas autônomas, mas convergem para uma ação única, já que há um único resultado que deriva de todas as causas diversas.

Para a teoria *dualística*, ou dualista, no concurso de pessoas há um crime para os autores e outro para os partícipes. Existe no crime uma ação principal, que é a ação do autor do crime, o que executa a ação típica, e ações secundárias, acessórias, que são as realizadas pelas pessoas que instigam ou auxiliam o autor a cometer o delito. Deve-se relembrar, entretanto, que o crime é um só fato e que, por vezes, a ação do executor

---

3. ANTOLISEI, Francesco. *Manual de derecho penal*: parte general. Buenos Aires: Uteha, 1960. p. 395.
4. Cf. MASSARI. *Il momento executivo del reato*. Pisa. p. 198, *apud* ANTOLISEI, Francesco. Ob. cit. p. 393.

é menos importante que a do partícipe (casos de mandato, de coação resistível etc.). Ademais, a teoria não se ajusta aos casos de autoria mediata (item 6.1.8).

A lei vigente, no art. 29, dispõe: "Quem, de qualquer modo, concorre para o crime incide nas penas a este cominadas, na medida de sua culpabilidade." Em princípio, portanto, permanece a lei agasalhando a teoria monista, dispondo que só há um crime, e que todos os participantes respondem por ele, incidindo na mesma pena abstratamente fixada.[5] Sensível às críticas da teoria monista, porém, e em face de decisões reconhecidamente injustas, o legislador procurou regras precisas para distinguir a *autoria* e *participação*, como se reconhece na exposição de motivos da Lei nº 7.209 (item 25)[6]. Enquanto a manutenção da teoria monista se impõe como exigência de certeza, de justiça e de segurança, a referência à culpabilidade é uma *proclamação de princípio* que ilumina todo o quadro do concurso e introduz uma autêntica *cláusula* salvatória contra os excessos a que poderia levar uma interpretação literal e radicalizante do disposto no antigo art. 29 do Código Penal.[7] Embora a lei não distinga expressamente a coautoria da participação, essa divisão é revelada, por exemplo, no art. 62, IV, do CP, que se refere à execução (e, portanto, à autoria ou coautoria) e à participação no crime mercenário.

A ressalva legal de que se atenderá na aplicação da pena à culpabilidade de cada um dos agentes e o disposto no § 2º do art. 29, que determina a punição pelo crime menos grave do concorrente que quis participar desse delito e não do realmente praticado, reduzem de muito a aplicação do princípio da unidade do crime no que diz respeito à fixação da pena em concreto no concurso de agentes. No art. 29, *caput*, determina-se que todos os que deram causa ao resultado respondem por este, mas as ressalvas desse dispositivo e do § 2º impõem a verificação quanto a cada um dos concorrentes do elemento subjetivo do crime (dolo ou culpa) e da censurabilidade da conduta. Nessas exceções, a lei aproxima-se da teoria dualista, distinguindo a *coautoria da participação*.

Assinale-se, aliás, que o Código já consignava exceções ao princípio unitário na Parte Especial. Assim, no aborto consentido o provocador do resultado pratica crime mais grave que a gestante; na bigamia é mais grave o fato para o agente casado anteriormente do que o solteiro que com ele se casa; na corrupção há crimes diversos em relação ao funcionário e ao particular que o corrompe etc.

---

5. Cf. DOTTI, René Ariel. O concurso de pessoas. *Ciência penal*. Rio de Janeiro: Forense, 1981. v. 1. p. 100. Em sentido contrário, afirma-se: "Quanto ao *concurso de agentes*, o anteprojeto abandonou a teoria monista ou unitária do Código vigente, posto que estabelece, acertadamente, aliás, que a punibilidade do participante é determinada segundo sua participação pessoal no crime." LETTERIELLO, Rêmolo. Considerações sobre a reforma da parte geral do Código Penal. *RT* 572/438.
6. "25. Ao reformular o Título IV, adotou-se a denominação "Do Concurso de Pessoas", decreto mais abrangentes, já que a co-autoria não esgota as hipóteses do *concursus delinquentium*. O Código de 1940 rompeu a tradição originária do Código Criminal do Império, e adotou neste particular a teoria unitária ou monística do Código italiano, como corolário da teoria da equivalência das causas (Exposição de Motivos do Ministro Francisco Campos, item 22). Em completo retorno à experiência passada, curva-se, contudo, o Projeto aos critérios dessa teoria, ao optar, na parte final do artigo 29, e em seus dois parágrafos, por regras precisas que distinguem a autoria de participação. Distinção, aliás, reclamada com eloquência pela doutrina, em face de decisões reconhecidamente injustas".
7. Cf. DOTTI, René. Ob. cit. p. 101.

### 6.1.3 Causalidade física e psíquica

Na questão do concurso de pessoas, a lei penal não distingue entre os vários agentes de um crime determinado: em princípio, respondem por ele todos aqueles que concorreram para sua realização. A causalidade psíquica (ou moral), ou seja, a consciência da participação no concurso de agentes, acompanha a causalidade física (nexo causal). Quando a lei determina que aquele que "de qualquer modo concorre para o crime incide nas penas a este cominadas", a amplitude do texto deve ser entendida em correspondência com a causalidade material e psíquica. Consequentemente, quem concorre para um evento, consciente e voluntariamente (visto que concorrer para o crime é desejá-lo), responde pelo resultado.[1]

Diz-se, por isso, que o disposto no artigo em estudo é um corolário da teoria da equivalência dos antecedentes, adotada quanto à relação de causalidade. Entretanto, se fosse apenas esse o verdadeiro significado da regra inscrita na lei no capítulo do concurso de agentes, seria ela redundante. Para que esse dispositivo básico não seja reconhecido como inútil, a melhor interpretação é a expressa por Nilo Batista: o art. 25 do CP (antigo) "diz que quem, de qualquer modo – seja por autoria direta, autoria mediata ou coautoria, ou por instigação ou cumplicidade – concorre para o crime, incide nas penas a este cominadas".[8]

Pode ocorrer concurso de pessoas desde a ideação até a consumação do delito, respondendo pelo ilícito o que ajudou a planejá-lo, o que forneceu os meios materiais para a execução, o que intervém na execução e mesmo os que colaboram na consumação do ilícito. Nesta última hipótese, incluem-se aqueles que colaboram na consumação do crime permanente enquanto não cessa a permanência; do crime habitual, se praticam com o autor atos reiterados; do crime continuado, se colaboram em duas ou mais condutas típicas etc. Responde assim pelo delito em concurso de agentes aquele que contribui para o crime com adesão posterior ao início de sua execução, dispensada a prova de nexo moral anterior, de acordo prévio.[2] Cessada a consumação, porém, o terceiro que auxilia o autor do crime não será concorrente do ilícito (homicídio, furto, extorsão mediante sequestro etc.), respondendo, conforme o caso, por delito diverso (ocultação de cadáver, receptação, favorecimento pessoal ou real etc.).[3] Em outras legislações, a participação após a consumação pode vir a estabelecer a responsabilidade penal pelo delito praticado por outrem.[9]

---

8. BATISTA, Nilo. *Concurso de agentes*. Rio de Janeiro: Liber Juris, 1979. p. 345. Afirma ainda o autor: "O art. 25 do CP tem por escopo nivelar em princípio as penas atribuíveis aos autores e partícipes. Não significa que qualquer contribuição causal é penalmente relevante, o que conflitaria com o princípio constitucional da reserva legal. Deve ser interpretado em conexão com as formas legais de autoria e participação e com os tipos penais da parte especial. Ob. cit. p. 149.
9. Assim, determina, por exemplo, o art. 13 do Código Penal do México que responde pelo crime aquele que, após sua execução, auxilia o autor do fato em cumprimento de uma promessa anterior ao delito.Cf. TREVINO, Sérgio Vela. *Las personas responsables de los delitos*. *Estudios Jurídicos con motivo del 75º aniversario*. México: Escuela Livre de Derecho, 1987. p. 177-189.

Inexistente o nexo de causalidade, não ocorrerá concurso de agentes ainda que o sujeito desejasse participar do ilícito. Assim, se alguém empresta ao executor de um delito de homicídio uma arma que, afinal, não é utilizada na prática do crime, não há que se responsabilizar o fornecedor da arma como concorrente do citado ilícito.

### 6.1.4 Requisitos

Para que ocorra o concurso de agentes, são indispensáveis os seguintes requisitos:

a) pluralidade de condutas;

b) relevância causal de cada uma das ações;

c) liame subjetivo entre os agentes;

d) identidade de fato.

Existentes condutas de várias pessoas, é indispensável, do ponto de vista objetivo, que haja nexo causal entre cada uma delas e o resultado.[4] Havendo essa relação entre a ação de cada uma delas e o resultado, ou seja, havendo relevância causal de cada conduta, concorreram essas pessoas para o evento e por ele serão responsabilizadas.[5]

Há que se exigir, também, um liame psicológico entre os vários autores, ou seja, a consciência de que cooperam numa ação comum. Não basta atuar o agente com dolo (ou culpa), sendo necessária uma relação subjetiva entre os concorrentes. Somente a adesão voluntária, objetiva (nexo causal) e subjetiva (nexo psicológico), à atividade criminosa de outrem, visando à realização do fim comum, cria o vínculo do concurso de pessoas e sujeita os agentes à responsabilidade pelas consequências da ação.[6] Inexistente esse liame psicológico, não há que se reconhecer o concurso de agentes disciplinado no art. 29.[7]

Não haverá esse vínculo na omissão do empregado que se esquece de fechar uma porta da casa do empregador, circunstância que vai favorecer a entrada do autor de um furto. Inexiste no caso o concurso de agentes e apenas o autor da subtração responderá pelo ilícito, apesar de ter sido favorecido pela desídia do criado. Existirá, porém, o liame psicológico quando o empregado, propositadamente, deixa aberta a porta, ainda que o ladrão desconheça a vontade daquele em auxiliá-lo na subtração. Há no caso o concurso de pessoas, pois o criado não só facilitou a conduta do autor do furto, como também desejava concorrer para a subtração. Deve haver, portanto, a consciente e voluntária participação no fato, mas não é indispensável o acordo prévio de vontades para a existência do concurso de pessoas.[8]

A mera ciência, a assistência, ou mesmo a concordância psicológica para o evento, sem que a pessoa concorra com uma causa, porém, difere da instigação e não é punida.[9] Também não há concurso quando a pessoa não denuncia às autoridades que um delito vai ser praticado, exceto se tiver o dever jurídico de impedir o resultado.[10]

### 6.1.5 Autoria

Quando na lei se inscreve uma descrição do crime, a ameaça da pena dirige-se àquele que realiza o tipo penal, ou seja, ao sujeito que realiza a ação tipificada. Pratica homicídio quem "mata" a vítima, pratica furto quem "subtrai" a coisa etc. O art. 29 não distingue, em princípio, entre o autor da conduta típica e o que colabora para a ocorrência do ilícito sem realizar a ação referente ao verbo-núcleo do tipo penal, considerando como autores todos quantos concorrerem para a ação delituosa. Essa distinção está, porém, na natureza das coisas, ou seja, na espécie diferente de causas do resultado por parte de duas ou mais pessoas, devendo ser assinalada a distinção entre autor, coautor e partícipe.

Essa distinção é mais acentuada na lei nova do que na anterior. Expressamente, a lei faz distinção entre autoria e participação ao estabelecer a sanção pelo crime menos grave quando o concorrente "*quis participar*" deste e não do crime mais grave praticado (art. 29, § 2º). Prevê ainda a diminuição de pena para aquele cuja participação "*for de menor importância*" (art. 29, § 1º), referindo-se, evidentemente, ao grau de importância do concorrente na causação do resultado.

Quanto à conceituação de quem é "autor" do crime, foram criadas três teorias.

A primeira delas fornece um conceito *restrito* de autor, em um critério *formal-objetivo*: autor é aquele que pratica a conduta típica inscrita na lei, ou seja, aquele que realiza a ação executiva, a ação principal. É o que mata, subtrai, falsifica etc. Adotam tal conceito, entre nós, Anibal Bruno, Salgado Martins, Damásio E. de Jesus, Heleno Cláudio Fragoso e Frederico Marques. Esse conceito limitado exclui, porém, aquele que comete o crime valendo-se de quem não age com culpabilidade (menor, insano mental etc.), confundindo *autor mediato* com *partícipe*.

Uma segunda corrente formula um conceito *extensivo* do autor, em um critério *material-objetivo*: autor é não só o que realiza a conduta típica, como também aquele que concorre com uma causa para o resultado. Não se faz assim distinção entre autor e partícipe, já que todos os agentes concorreram para o resultado ao contribuírem com uma causa para o evento. Tal orientação, porém, desconhece a realidade de que nem sempre é autor aquele que contribui com uma causa para o resultado e que a própria lei prevê distinção no tratamento penal daquele que quis participar de crime menos grave, daquele que teve uma participação menor no fato etc. Ademais, tal conceito viola o princípio da *nulla poena sine lege* por considerar toda causação do resultado como autoria, em princípio punível, para só posteriormente estabelecer as limitações do citado princípio.

Numa terceira posição, formulada principalmente pela doutrina alemã, conceitua-se como "autor" aquele que tem o *domínio final do fato*.[10] Trata-se, como diz Nilo

---

10. C. WELZEL, Hans. *Derecho penal alemán*: parte general. 11. ed. Santiago: Editora Jurídica de Chile, 1970. p. 145; MAURACH, Reinhart. *Tratado de derecho penal*. Barcelona: Ariel, 1962. v. 2. p. 307; WESSELS, Johan-

Batista, de um critério *final-objetivo*: autor será aquele que, na concreta realização do fato típico, consciente, o *domina* mediante o poder de determinar o seu modo e, inclusive, quando possível, de interrompê-lo.[11] Autor é, portanto, segundo essa posição, quem tem o *poder de decisão sobre a realização do fato*. É não só o que executa a ação principal, o que realiza a conduta típica, como também aquele que se utiliza de uma pessoa que não age com dolo ou culpa (autoria mediata). O agente tem o controle subjetivo do fato e atua no exercício desse controle. Conforme Welzel, autor é só aquele que, mediante a direção consciente do curso causal dirigido à produção do resultado típico, tem o domínio da realização do tipo. O autor diferencia-se do mero partícipe pelo domínio finalista do acontecer; o partícipe, ou bem limita-se a colaborar no fato, dominado pelo autor de modo finalista, ou determina sua realização. Nas palavras de Wagner Brússolo Pacheco: "A teoria do domínio do fato identifica quem seja autor ou quem seja partícipe pela relação de domínio exercida sobre a ação típica, isto é, será autor aquele que dominar a realização da ação típica, exercendo controle sobre a continuidade ou paralisação da ação; e será partícipe aquele que, embora colaborando dolosamente para a realização da ação, não a domina." [12]

Adotamos a teoria *formal-objetiva*, que delimita, com nitidez, a ação do autor (autoria) e a do partícipe (participação), complementada pela ideia da autoria mediata. *Autor* é quem realiza diretamente a ação típica, no todo ou em parte, colaborando na execução (autoria direta), ou quem a realiza por meio de outrem que não é imputável ou não age com culpabilidade (autoria mediata). São autores, por exemplo, tanto os que desfecham golpes contra a vítima como os que a imobilizam para ser golpeada (autoria direta) e quem induz um menor a praticar um furto (autoria mediata). São coautores os que conjuntamente realizam a conduta típica (item 6.1.6). Os demais, ou seja, aqueles que, não sendo autores mediatos, colaboram na prática do delito sem realizar a conduta típica, sem participar da execução, são partícipes (item 6.1.7). Segundo boa parte da doutrina, porém, o Código, na reforma de 1984, diante da aceitação da teoria finalista da ação, passou a adotar a teoria do domínio final do fato.[13] Reconheça-se que a teoria tem suas virtudes, resolvendo problemas surgidos nos casos de cooperação dolosamente distinta (item 6.1.11).

Em se tratando de crimes *próprios*, o autor deve reunir os requisitos previstos no tipo para o sujeito ativo (ser funcionário público, médico etc.). Nada impede a coautoria ou a participação em delitos que tais, bastando que os colaboradores preencham os componentes subjetivos do tipo (o dolo e os demais elementos subjetivos do tipo). Para responderem, porém, pelo delito especial, devem ter consciência da qualidade do

---

nes. *Direito penal*: parte geral. Porto Alegre: Sérgio Antonio Fabris, 1976. p. 120; ZAFFARONI, Eugênio Raúl. *Manual de derecho penal*: parte general. Buenos Aires: Ediar, 1977. p. 633; BATISTA, Nilo. Ob. cit. p. 53.
11. BATISTA, Nilo Ob. cit. p. 53.
12. Concurso de pessoas: notas e comentários, *Revista dos Tribunais* 720, p. 381-2.
13. Sobre o assunto, discorre exaustivamente: PIERANGELLI, José Henrique. O concurso de pessoas e o novo Código Penal. *RT* 680/292-317. Também no mesmo sentido, em estudo aprofundado: PACHECO, Wagner Brússolo. Concurso de pessoas: notas e comentários. *RT* 720/380-398.

autor. Se não a tiverem e se tratar de crime funcional próprio (prevaricação, corrupção passiva etc.), não respondem por qualquer ilícito; se se tratar de crime funcional impróprio (peculato, violência arbitrária etc.), devem ser responsabilizados pelo crime menos grave diante do disposto no art. 29, § 2º.

Em se tratando de crime em que está envolvida uma pessoa jurídica, não basta a mera condição de sócio, diretor etc. para haver concurso de agentes. É indispensável que o sujeito tenha não só dado causa ao resultado, como também atuado com o elemento subjetivo próprio (dolo ou culpa).[11]

### 6.1.6 Coautoria

O concurso de pessoas pode realizar-se por meio da coautoria e da participação. *Coautor* é quem executa, juntamente com outras pessoas, a ação ou omissão que configura o delito.[14] Assim, se duas pessoas disparam suas armas, alvejando a vítima e causando-lhe a morte, responderão como coautores. Também são coautores, por exemplo, aqueles que ameaçam a vítima como os que subtraem a coisa no crime de roubo. A coautoria é, em última análise, a própria autoria. Funda-se ela sobre o princípio da divisão do trabalho; cada autor colabora com sua parte no fato, a parte dos demais, na totalidade do delito e, por isso, responde pelo todo.[15]

Não há realmente necessidade de colaboração efetiva de cada agente em cada ato executivo da infração penal, podendo haver repartição de tarefas entre os coautores.[12] Há, na coautoria, a decisão comum para a realização do resultado e a execução da conduta.[16] Aquele que concorre na realização do tipo também responde pela qualificadora ou agravante de caráter objetivo quando tem consciência desta e a aceita como possível. Já se decidiu, por exemplo, que é coautor de roubo qualificado por lesão grave o agente que, na realização do crime, tinha o *domínio do fato* delituoso pela realização conjunta criminosa, dentro do prévio ajuste e da colaboração material, ainda que outro corréu tenha sido o único autor dos disparos feitos contra a vítima.[13]

Inexistente a consciência de cooperação na conduta comum, não haverá concurso de pessoas, restando a *autoria colateral* (ou coautoria lateral ou imprópria). Caso duas pessoas, ao mesmo tempo, sem conhecerem a intenção uma da outra, dispararem sobre a vítima, responderão cada uma por um crime se os disparos de ambas forem causas da morte. Se a vítima morreu apenas em decorrência da conduta de uma, a outra responderá por tentativa de homicídio. Havendo dúvida insanável quanto à causa da morte, ou seja, sobre a autoria, a solução deverá obedecer ao princípio *in dubio pro reo*, punindo-se ambos por tentativa de homicídio (item 6.1.16).

---

14. FRAGOSO, Heleno Cláudio. *Lições de direito penal:* parte geral. 4. ed. Rio de Janeiro: Forense, 1980. p. 259.
15. Cf. WELZEL, Hans. Ob. cit. p. 155.
16. Cf. ZAFFARONI, Eugênio Raúl. *Teoría del delito*. Buenos Aires: Ediar, 1973. p. 647-648; *RT* 663/320.

## 6.1.7 Participação

Fala-se em *participação*, em sentido estrito, como a atividade acessória daquele que colabora para a conduta do autor com a prática de uma ação que, em si mesma, não é penalmente relevante. Essa conduta somente passa a ser relevante quando o autor, ou coautores, iniciam ao menos a execução do crime. O partícipe não comete a conduta descrita pelo preceito primário da norma, mas pratica uma atividade que *contribui para a realização do delito*. Trata-se de uma hipótese de enquadramento de *subordinação ampliada ou por extensão*, prevista na lei, que torna relevante qualquer modo de concurso, que transforma em típica uma conduta *de per si* atípica.[17] Há na participação uma contribuição *causal*, embora não totalmente indispensável, ao delito e também a vontade de cooperar na conduta do autor ou coautores.

São várias as formas de participação: ajuste, determinação, instigação, organização e chefia, auxílio material, auxílio moral, adesão sem prévio acordo etc. Entretanto, a doutrina considera duas espécies básicas: *a instigação e a cumplicidade*.

*Instiga* aquele que age sobre a vontade do autor, fazendo nascer neste a ideia da prática do crime ou acoroçoando a já existente, de modo determinante na resolução do autor, e se exerce por meio de mandato, persuasão, conselho, comando etc. Já se tem considerado partícipe não só quem encoraja a atuação dos executores diretos,[14] como o próprio mandante, que determina a realização do crime.[15] Deve a instigação dirigir-se à prática do crime determinado, não constituindo participação a incitação genérica para a prática de infrações penais. Se a instigação for realizada publicamente, poderá constituir, em si mesma, o delito de incitação pública ao crime.

*Cúmplice* é aquele que contribui para o crime, prestando auxílio ao autor ou partícipe, exteriorizando-se a conduta por um comportamento ativo (o empréstimo da arma, a revelação do segredo de um cofre etc.). Não se exclui, porém, a cumplicidade por omissão nas hipóteses em que o sujeito tem o dever jurídico de evitar o resultado (item 3.2.7). Cite-se como exemplo a omissão do empregado que não tranca o cofre para que seja facilitada a ação do autor do furto com o qual colabora o partícipe.

Nada impede a participação em contravenção que não se distingue, substancialmente, de crime. Cita-se, como exemplo, a conduta de ceder as chaves do automóvel a pessoa não habilitada para dirigir que, antes da vigência do art. 310 do Código de Trânsito Brasileiro, era punida nos termos do art. 32 da Lei das Contravenções Penais.[16]

Fala Maurach na *participação em cadeia*, que é a cooperação na ação de um partícipe. *A* instiga *B* a auxiliar *C* em um crime; *A* ajuda *B* a persuadir *C* para cometer o ilícito.[18] Damásio E. de Jesus distingue a *participação de participação* (ex.: *A* induz *B* a induzir *C* a matar *D*) da *participação sucessiva* (ex.: após *A* instigar *B* a matar *C*, *D*, que

---

17. Cf. JESUS, Damásio E. de. *Direito penal*. 8. ed. São Paulo: Saraiva, 1983. v. 1, p. 369-370. *RT* 423/319, 451/434, 494/339, 504/296, 572/393; *RJTJESP* 12/288, 36/273, 37/288, 40/317.
18. MAURACH, Reinhart. Ob. cit. p. 367.

desconhece o anterior induzimento, instiga *B* a matar *C*). Nesta última hipótese, se a instigação de *D* for inócua porque *B* já se decidira pelo homicídio, o segundo instigador não responde.[19]

### 6.1.8 Autoria mediata

Como já se assinalou, autor não é apenas o que realiza diretamente a ação ou omissão típica, mas quem consegue a execução por meio de pessoa que atua sem culpabilidade. Chama-se isso *autoria mediata*. Citam-se como exemplos as hipóteses em que a pessoa está insciente da prática de crime (ex.: a enfermeira, por ordem do médico, ministra um veneno ao paciente supondo que se trata de um medicamento) e também nos casos em que a lei prevê a exclusão da culpabilidade do executor (insanidade mental, menoridade, coação moral irresistível etc.). Nessas hipóteses, não há concurso de agentes, mas apenas um autor mediato, pela realização *indireta* do fato típico.

Não há possibilidade de autoria mediata nos crimes de *mão própria* (item 3.6.17). É possível, porém, a participação nesses ilícitos, como, também, nos crimes e contravenções de mera conduta (instigação, mandato, auxílio material etc.).[17]

A nota marcante da autoria mediata – segundo René Ariel Dotti – consiste em que o *domínio do fato* pertence exclusivamente ao autor e não ao executor (autor imediato), o qual não detém o domínio da ação e, consequentemente, do fato.[20]

### 6.1.9 Concurso de pessoas e crimes por omissão

É possível a participação em crime omissivo puro, ocorrendo o concurso de agentes por instigação ou determinação. Assim, se o agente instiga outrem a não efetuar o pagamento de sua prestação alimentícia, responderá pela participação no crime de abandono material. O mesmo ocorre quanto à conduta do paciente que convence o médico a não comunicar a autoridade competente a moléstia de que é portador e cuja notificação é compulsória.

Não se pode falar, porém, em coautoria em crime omissivo próprio. Caso duas pessoas deixem de prestar socorro a uma pessoa ferida, podendo cada uma delas fazê-lo sem risco pessoal, ambas cometerão o crime de omissão de socorro, isoladamente, não se concretizando hipótese de concurso de agentes.

Também é possível a participação por omissão em crime comissivo. Se um empregado que deve fechar a porta do estabelecimento comercial não o faz, para que terceiro possa mais tarde praticar uma subtração, há participação criminosa no furto em decorrência do não cumprimento do dever jurídico de impedir a subtração. Não se pode falar em participação por omissão, todavia, quando não concorra o dever jurídico

---

19. JESUS, Damásio E. de. Ob. cit. p. 385-386.
20. DOTTI, René Ariel. Ob. cit. p. 87-88.

de impedir o crime.[21] A simples conivência não é punível.[18] Também não participa do crime aquele que, não tendo o dever jurídico de agir, não comunica o fato à polícia para que possa esta impedi-lo. É sempre indispensável que exista o elemento subjetivo (dolo ou culpa) e que a omissão seja também "causa" do resultado, vale dizer, que, podendo agir, o omitente não o tenha feito.[19]

Não se exige que o omitente queira o resultado, pois o dolo, na hipótese, consiste apenas na vontade de não impedir o resultado (item 3.2.7). Sob a égide da lei anterior, porém, decidiu-se que não se pode reconhecer a participação se não há, da parte do omitente, a vontade de aderir à infração.[20]

### 6.1.10 Coautoria em crime culposo

De há muito está assentada a possibilidade de concurso em crime culposo.[22] Existente um vínculo psicológico entre duas pessoas na prática da conduta, ainda que não em relação ao resultado, concorrem elas para o resultado lesivo se obrarem com culpa em sentido estrito. São coautores, por exemplo, dois empregados que lançam imprudentemente uma tábua do andaime, ferindo um transeunte; duas pessoas que preparam uma fogueira, causando por negligência um incêndio etc. Também haverá coautoria entre o motorista que dirige em velocidade incompatível com o local e o passageiro que o instigou a tal, causadores ambos de lesões corporais ou morte decorrentes das condutas imprudentes.[23]

O concurso de agentes no crime culposo difere daquele do ilícito doloso, pois se funda apenas na colaboração da *causa* e não do *resultado* (que é involuntário). Disso deriva a conclusão de que é *autor* todo aquele que causa culposamente o resultado, não se podendo falar em *participação* em crime culposo.[24] Nessas hipóteses, há sempre *coautoria* porque os concorrentes *realizam* a conduta típica, concretizam o tipo pela inobservância do dever de cuidado, não praticando simplesmente uma conduta que, em si mesma, seria penalmente irrelevante.

---

21. JESUS, Damásio E. de. Ob. cit. p. 389.
22. Cf. HUNGRIA, Nelson. *Comentários ao Código Penal*. 5. ed. Rio de Janeiro: Forense, 1977. v. 1, t. 2. p. 420; NORONHA, E. Magalhães. Ob. cit. p. 220; JESUS, Damásio E. de. Ob. cit. p. 377; ZAFFARONI, Eugênio Raúl. *Manual de derecho penal*: parte general. Buenos Aires: Ediar, 1977. p. 50; WELZEL, Hans. Ob. cit. p. 143; MAURACH, Reinhart. Ob. cit. p. 307-308; ANTOLISEI. Ob. cit. p. 418; *RT* 422/292, 496/289, 500/325, 613/409; *RJTJESP* 8/145, 72/7; *RF* 257/311; *RTJ* 120/1136.
23. Já se tem admitido a coautoria no homicídio ou lesão corporal culposos na conduta do pai que entrega seu automóvel ao filho menor, sem idade para ser motorista, permitindo que este se aventure a dirigir o veículo motorizado, e cause o evento por imperícia ou imprudência (*RJDTACRIM* 2/64). Inexistindo, porém, nexo de vontade entre a omissão paterna e a imprudência do filho, não há responsabilizar o genitor por imprudente utilização de arma por descendente menor, pena de se admitir, por condenável aplicação da responsabilidade objetiva, a responsabilização dos pais que, na realidade, até mesmo se oponham ao ato concretizado pelos filhos (*JTACrSP* 45/169).
24. Cf. WELZEL, Hans. Ob. cit. p. 143; MAURACH, Reinhart. Ob. cit. p. 307-8; ZAFFARONI, Eugênio Raúl. Ob. cit. p. 501; DOTTI, René Ariel. Ob. cit. p. 90-191; FRAGOSO, Heleno Cláudio. Ob. cit. p. 258; JESUS, Damásio E. de. Ob. cit. p. 377: *RJDTACRIM* 12/136-137.

Aquele que entrega seu automóvel a pessoa não habilitada e, por isso, presumivelmente imperito (principalmente quando se trata de menores, em regra temerários, imprudentes e até irresponsáveis), não transgride somente uma norma de segurança pública, mas viola sério dever de cuidado, respondendo penalmente pelo evento que o motorista venha a produzir por culpa e não apenas pelo crime previsto no art. 310 do CTB, que é de perigo abstrato (Súmula 575 do STJ). Havendo, na hipótese, previsibilidade da ocorrência de resultados, morte ou lesão corporal, é admissível sua responsabilização pelo crime culposo, em coautoria, conforme farta jurisprudência.[21]

Deve-se distinguir o concurso de agente em crime culposo da *concorrência de causas* (ou de *culpas*), em que duas ou mais pessoas contribuam para um resultado sem que haja o conhecimento por qualquer delas de que está colaborando na conduta de outrem. Assim, numa colisão de veículos em que os dois motoristas atuaram com imprudência, vindo com isto a causar a morte de terceiro, não há concurso de agentes, mas *culpas concorrentes*. Não se pode prescindir, quanto ao acolhimento da responsabilidade penal, da existência do nexo psicológico, qual seja, a consciente vontade do comparsa de concorrer para a conduta culposa de outrem.[22]

Diz-se que não existe participação culposa em crime doloso ou participação dolosa em crime culposo, respondendo cada uma das pessoas conforme seu elemento subjetivo.[25] Citem-se os exemplos de Antolisei: *A* instiga *B* para que se imprima a seu automóvel excessiva velocidade nas proximidades de uma curva perigosa, com a esperança de que seja atropelada uma pessoa que pilota uma bicicleta e que este odeia. No caso de atropelamento, não haverá concurso de agentes, respondendo *A* por crime doloso e *B* por crime culposo. Um farmacêutico deixa abandonado por distração um veneno que um terceiro subtrai para matar alguém. Há também crimes distintos.[26] Falta, em ambos os casos, a homogeneidade do elemento subjetivo.

### 6.1.11 Cooperação dolosamente distinta

A participação, conforme a doutrina moderna, é *acessória* de um fato principal. Para a punibilidade do partícipe, basta que o fato seja típico e antijurídico.[27] Em casos de instigação ou outras formas de participação, é possível que o resultado ocorrido seja diverso daquele pretendido pelo partícipe. Há um desvio subjetivo entre os sujeitos, uma cooperação dolosamente distinta entre o partícipe e o autor que *executa um crime mais grave do que o desejado* por aquele. Exemplificando: *A* determina a *B* que dê uma surra em *C*. Por sadismo, *B* mata *C*, no que se convencionou chamar excesso de man-

---
25. Cf. ZAFFARONI, Eugênio Raúl. Ob. cit. p. 501; FRAGOSO, Heleno Cláudio. Ob. cit. p. 261; JESUS, Damásio E. de. Ob. cit. p. 372; ANTOLISEI, Francesco. Ob. cit. p. 420. PIERANGELLI, José Henrique. O concurso de agentes no novo código penal. *Justitia* 129/110-111.
26. ANTOLISEI, Francesco. Ob. cit. p. 420.
27. É a orientação da teoria da acessoriedade limitada aceita, entre outros, por Welzel, Frederico Marques, Damásio E. de Jesus.

dato. *A* planeja um furto para ser executado por *B* que, ao executar a subtração, pratica violência contra o vigia da residência, executando, pois, um roubo.

Perante a lei anterior, ambos responderiam pelo crime mais grave (homicídio ou roubo nas hipóteses mencionadas), podendo o mandante ou o instigador beneficiar-se de uma causa de diminuição de pena.[28]

Na lei vigente, a cooperação dolosamente distinta entre os partícipes e autores mereceu atenção especial com a introdução de ressalva na regra geral da unidade do crime. Dispõe o art. 29, § 2º: "Se algum dos concorrentes quis participar de crime menos grave, ser-lhe-á aplicada a pena deste; essa pena será aumentada até metade, na hipótese de ter sido previsível o resultado mais grave." O dispositivo consagra formalmente a necessidade de se ajustar a pena de acordo com o elemento subjetivo do crime e a culpabilidade do sujeito ativo, linhas mestras da reforma penal. Suponha-se a seguinte hipótese: *A* fornece a *B* uma gazua para que este pratique um furto em uma casa cujos moradores saíram em viagem. *B*, ao penetrar na residência, depara com um imprevisto vigia e pratica violência contra este para obter a subtração. Nos termos da lei, *B* é responsável por roubo enquanto a *A* será imputada apenas a prática de furto qualificado com emprego de chave falsa, já que queria crime menos grave. Se a presença do vigia era previsível para *A*, a ele ainda será imputada a prática do furto, mas a pena deverá ser aumentada até a metade.

Quando o crime mais grave, embora não querido, é previsto e aceito pelo partícipe, responde por esse ilícito a título de dolo eventual. A essa conclusão leva a redação do dispositivo ao se referir apenas à *previsibilidade* do fato e não à previsão do partícipe. Assim, é pacífico na jurisprudência que, no roubo à mão armada, responde pelo resultado morte (latrocínio), situado em pleno desdobramento causal da ação criminosa, todos os que, mesmo não participando diretamente da execução do homicídio (excesso quantitativo), planejaram e executaram o tipo básico, assumindo conscientemente o risco do resultado mais grave durante a ação criminosa ou durante a fuga.[(23)]

É necessário também verificar para a aplicação do dispositivo os tipos penais desejados e executados. Em caso, por exemplo, de *mandato* para um delito de lesão corporal que vem a causar a morte da vítima, havendo previsibilidade quanto ao resultado mais grave, responderão mandante e executor pelo crime de homicídio preterdoloso e não pela simples lesão corporal com pena agravada de metade.

Não se aplica também o dispositivo nos casos de *autoria mediata*, já que nesse caso não se pode falar em participação. O agente é autor do fato e responde pelo resultado ocorrido (item 6.1.8).

---

28. Conforme o art. 48, parágrafo único, da lei anterior. Tratava-se, sem dúvida, de um caso de responsabilidade objetiva. Mesmo durante a vigência da lei anterior, porém, já se entendia que não se podia atribuir o evento mais grave ao partícipe quando este estivesse completamente alheio ao desdobramento causal previsível, excluída a linha de prosseguimento de responsabilidade. Assim, nas hipóteses citadas, não responderiam os partícipes se, eventualmente, os executores praticassem um estupro além do ilícito ajustado. A falta de previsibilidade quanto ao crime mais grave, segundo a doutrina, excluía a responsabilidade do partícipe no ilícito que resultara exclusivamente da vontade do praticante da ação típica.

Incide o dispositivo em estudo nas hipóteses de erro de tipo. Suponha-se que o partícipe pense estar colaborando num crime de furto quando o autor, por ser funcionário público e estar valendo-se dessa facilidade, pratica peculato-furto (art. 312, § 1º). Responderá o partícipe pelo crime previsto no art. 155 por desconhecer aquela circunstância elementar do delito mais grave.

O art. 29, § 2º, consagra o princípio da *individualização* da pena no concurso de pessoas ao determinar que cada concorrente é responsável de acordo com o elemento subjetivo (dolo) e também não descura do princípio da *proporcionalidade* ao prever o aumento da pena quando, além do dolo referente ao crime menor, há um desdobramento psicológico da conduta do partícipe quanto à *previsibilidade* da realização do crime mais grave (culpa).

Havendo previsibilidade quanto à ocorrência do crime mais grave, a pena aplicada não poderá ser superior àquela que seria atribuída pelo crime efetivamente praticado.

Evidentemente, o art. 29, § 2º, refere-se apenas ao *partícipe* e não ao coautor, já que esses querem ou assumem o risco de causar o resultado mais grave, ou seja, querem ou assumem o risco de realizar o tipo penal de maior gravidade. Entretanto, já se decidiu que, mesmo sendo o agente coautor, se, durante a execução de um crime, afasta-se do local, deixando de colaborar com o fato (furto, por exemplo), não pode ser responsabilizado pelos atos subsequentes, para os quais não concorreu (roubo ou latrocínio). [24] O mesmo se pode dizer, por exemplo, no caso do agente que, para a prática de um furto ou roubo, apenas transporta os autores e coautores ao local do crime, que acaba se transformando em latrocínio enquanto permanece de vigia. Tais soluções, diante do art. 29, § 2º, se justificam se adotada a teoria do domínio do fato. O agente, por não ter o domínio do fato, é considerado, não coautor, mas partícipe, devendo responder pelo crime menos grave, já que não se pode a ele imputar a omissão de evitar o resultado mais grave, a morte, por não ter conhecimento da situação de fato que conjuntamente com os demais criou e que exigiria sua intervenção, conforme dispõe o art. 13, § 2º, *c*, do CP. Entretanto, se sabia ele que os coautores se encontravam armados, podia prever o resultado mais grave, e, assim, a pena deve ser aumentada até a metade, conforme dispõe o art. 29, § 2º, segunda parte.

### 6.1.12 Punibilidade no concurso de agentes

Diante do disposto no art. 29, todos os autores, coautores e partícipes incidem nas penas cominadas ao crime praticado, exceto no caso de estes últimos terem querido participar de crime menos grave (item 6.1.11). Entretanto, no processo de aplicação da pena deve o juiz distinguir a situação de cada um, "na medida de sua culpabilidade", ou seja, segundo a reprovabilidade da conduta do coautor ou partícipe. Nessa linha de verificação da culpabilidade, determina-se no art. 29, § 1º: "Se a participação for de menor importância, a pena pode ser diminuída de um sexto a um terço." A circunstância de ter o partícipe desenvolvido uma atividade de menor importância que o autor ou coautores levou o legislador a estabelecer uma causa geral de diminuição de pena para a participação de *menor* importância, ao contrário da lei anterior, que previa apenas uma atenuante genérica quando a cooperação no crime fosse de *somenos* importância.[29]

A participação de menor importância só pode ser a colaboração secundária, dispensável, que, embora dentro da causalidade, se não prestada não impediria a realização do crime.[25] Não deve ser reconhecida a causa de diminuição de pena quando o agente participou da idealização do crime, forneceu instrumento indispensável à prática do ilícito etc.[26]

Trata-se de uma redução facultativa da pena, podendo o juiz deixar de aplicá-la, mesmo convencido da apoucada importância da contribuição causal para o delito.[30] Assim, poderá ocorrer em relação ao sujeito que, embora emprestando um modesto e desnecessário auxílio, revele uma vontade dirigida ao delito em intensidade semelhante à dos demais sujeitos, circunstância que pode autorizar um juízo de equiparação no plano da culpabilidade.[31]

Ao juiz caberá, também, na aplicação da pena, fazer distinção quanto à culpabilidade quando examinar as condições e circunstâncias subjetivas do crime (antecedentes, motivos etc.).

Leis especiais passaram a prever a possibilidade de redução da pena e de concessão de outros benefícios a coautores e partícipes de crimes determinados ou decorrentes de organizações criminosas que colaborarem com a investigação criminal.

A *delação premiada* foi introduzida pela Lei nº 8.072/90 ao dispor que, tratando-se de crime de quadrilha ou bando para a prática de crimes hediondos, tortura, tráfico ilícito de entorpecentes e drogas afins ou terrorismo, a pena, que na hipótese é de três a seis anos de reclusão, será obrigatoriamente reduzida pelo juiz, de um a dois terços, quanto ao associado que denunciar à autoridade o bando ou quadrilha, possibilitando seu desmantelamento (art. 8º, parágrafo único). A providência legal tem raízes no procedimento do *plea bargaining* ("barganha") corrente nos Estados Unidos e no instituto do *pattegiamento* ("acordo") do direito penal italiano, utilizado no caso dos *terroristi pentiti* (terroristas arrependidos), com a redução da pena como uma forma de *direito premial*. Leis posteriores contêm disposições semelhantes. A Lei nº 9.613, de 3-3-1998, que dispõe sobre os crimes de *lavagem* de dinheiro e ocultação de bens e valores, prevê a redução de um a dois terços, e, ainda, a fixação do regime inicial aberto ou semiaberto e a possibilidade de deixar o juiz de aplicar a pena ou substituí-la por pena restritiva de direitos ao autor, coautor ou partícipe que colaborar espontaneamente com as autoridades, viabilizando a apuração das infrações penais e de sua autoria ou a localização dos bens, direitos ou valores objeto do crime (art. 1º, § 5º). Há, também, a

---

29. Conforme o art. 48, inciso II, da lei anterior.
30. Cf. DOTTI, René Ariel. Ob. cit. p. 102. Contra, afirmando que a redução é obrigatória: PIERANGELLI, José Henrique. O concurso de pessoas e o novo Código Penal, *RT* 673/280.
31. Cf. DOTTI, René Ariel. Ob. cit. p. 102.

previsão da mesma redução de pena e da possibilidade de concessão do perdão judicial, se primário, para o réu que colabore efetiva e voluntariamente com o inquérito policial e o processo criminal nos termos dos arts. 13 e 14 da Lei nº 9.807, de 13-7-1999, que dispõe sobre medidas de proteção a vítimas e testemunhas ameaçadas e aos acusados e condenados colaboradores. A Lei de Entorpecentes, Lei nº 11.343, de 23-8-2006, estabelece a mesma redução, de um a dois terços, para o indiciado ou acusado, por crime nela previsto, que voluntariamente colaborar com a investigação policial e o processo criminal na identificação dos coautores ou partícipes e na recuperação total ou parcial do produto do crime (art. 41).

A redução da pena para o "participante" arrependido de organização criminosa já era prevista no art. 6º da Lei nº 9.034, de 3-5-1995. A lei foi, porém, revogada pela Lei nº 12.850, de 2-8-2013, (arts. 3º-A a 7º), que disciplina os meios de investigação e de obtenção de prova nos crimes decorrentes de organizações criminosas (v. item 3.6.23) e entre estes a "colaboração premiada". Para os coautores ou partícipes que colaborarem, voluntária e efetivamente, com a investigação e o processo criminal prevê a lei a possibilidade de abster-se o Ministério Público de denunciá-los e de lhes conceder o juiz o perdão judicial, a redução de até dois terços da pena, a substituição da pena privativa de liberdade por sanção restritiva de direitos e a progressão de regime independentemente do tempo de cumprimento de pena.

### 6.1.13 Qualificadoras e agravantes

O concurso de pessoas pode ser uma qualificadora de delito. Em razão da maior facilidade para a execução do crime e a consequente diminuição do risco do agente, a lei reforça a garantia penal quando, em determinados delitos, há associação de delinquentes. É o que ocorre nos crimes qualificados de constrangimento ilegal (art. 146, § 1º), de perseguição (147-A, III), de violação de domicílio (art. 150, § 1º), de furto (art. 155, § 4º, IV), de roubo (art. 157, § 2º, II) etc. A qualificadora poderá existir com o simples concurso de pessoas (art. 155, § 4º, IV) ou exigirá, por vezes, que a *execução* do crime seja realizada por dois ou mais sujeitos (art. 146, § 1º, art. 158, § 1º).

Há também agravante genérica no caso de concurso de pessoas quando o sujeito "promove, ou organiza a cooperação no crime ou dirige a atividade dos demais agentes" (art. 62, I) ou "executa o crime, ou nele participa, mediante paga ou promessa de recompensa" (art. 62, IV). Também se agravará a pena do caso de autoria mediata (art. 62, III) e de coação (resistível ou irresistível) ou induzimento à execução material do crime (art. 62, II).

### 6.1.14 Concurso e circunstâncias do crime

Dispõe o art. 30: "Não se comunicam as circunstâncias e as condições de caráter pessoal, salvo quando elementares do crime."

Em primeiro lugar, estabeleceu a lei nova a distinção entre *circunstâncias e condições* pessoais. Enquanto as *condições* se referem às relações do agente com a vida exterior, com outros seres e com as coisas (menor de 21 anos, reincidência etc.), além de indicar um estado (casamento, parentesco etc.), as *circunstâncias* são elementos que, embora não essenciais à infração penal, a ela se integram e funcionam para moderar a qualidade e quantidade da pena (motivo do crime, desconhecimento da lei, confissão espontânea etc.).

Refere-se a lei às condições *pessoais* (ou subjetivas) em oposição às condições *reais* (ou objetivas). São essas as circunstâncias referentes ao fato objetivamente considerado, em que não se incluem as condições ou particularidades do agente. Dizem respeito ao tempo (durante a noite, por ocasião de incêndio etc.), ao lugar (em local ermo, em casa habitada etc.), ao meio de execução (emprego de veneno, fogo, explosivo etc.), às condições ou qualidades da vítima (criança, enfermo, funcionário público etc.) etc.

As condições e circunstâncias pessoais não se comunicam entre os coautores ou partícipes. Assim, cada sujeito responderá de acordo com suas condições (menoridade, reincidência, parentesco) e circunstância (motivo fútil, de relevante valor social ou moral, de prescrição etc.).

Entretanto, dispõe a lei que as circunstâncias de caráter *pessoal* "elementares" do crime comunicam-se entre os agentes.[27] Não se trata, na espécie, de verdadeiras "circunstâncias", mas de "elementos" que, necessariamente, fazem parte do tipo penal. Assim, aquele que auxilia, por exemplo, o funcionário público na prática do peculato responde por esse crime ainda que não exerça função pública;[28] aquele que instiga o médico a não comunicar a moléstia cuja notificação é compulsória responderá por esse crime próprio etc. É o que ocorre também no crime de feminicídio, conforme, aliás, expressamente previsto no art. 121-A, § 3º.

Não se comunicam, porém, as causas pessoais de exclusão de pena (como as imunidades diplomáticas ou judiciárias, as escusas absolutórias etc.) ou algumas espécies de causas de extinção da punibilidade (indulto, retratação etc.).

Determinando a lei que não se comunicam as circunstâncias de caráter *pessoal*, a *contrario sensu* determina que são comunicáveis as de caráter *objetivo*. Afirmava-se, perante a lei anterior, que a comunicabilidade dessas circunstâncias, quando não conhecidas pelo partícipe, configurava caso de responsabilidade objetiva. Insurgiu-se a doutrina contra essa interpretação, afirmando que o conhecimento da circunstância era pressuposto da comunicabilidade.[32] Diante da lei nova, essa conclusão ineludivelmente se impõe. Referindo-se ao art. 29 à *culpabilidade* do agente e seu § 2º ao elemento subjetivo do tipo, a aplicação do dispositivo em estudo somente se justifica quando o partícipe conhece a circunstância pessoal que agrava a sanção. O mandante que en-

---

32. Cf. GARCIA, Basileu. *Instituições de direito penal*. 5. ed. São Paulo: Max Limonad, 1980. v. 2, p. 424-426; JESUS, Damásio E. de. Ob. cit. p. 395; NORONHA, E. Magalhães. v. 1, p. 224; DELMANTO, Celso. *Código Penal comentado*. 5. ed. São Paulo: Saraiva, 1984. p. 34.

carrega um pistoleiro profissional de matar a vítima não responderá pela qualificadora do crime de asfixia se o autor do crime, por sua conta, praticar o crime por esse meio. Também não responderá por furto qualificado pelo repouso noturno o agente que induziu o executor a realizá-lo pela manhã, quando o fato, por vontade deste, ocorreu durante a madrugada.

Pelas mesmas razões, não se comunicam as "circunstâncias" elementares de caráter pessoal quando desconhecidas do partícipe. Aquele que auxilia o funcionário na subtração do bem móvel da Administração, ou que esteja na posse desta, responderá apenas por furto comum e não por peculato-furto se desconhecer a qualidade do coautor. Nessa hipótese, aliás, aplica-se o art. 29, § 2º, porque o *extraneus* queria participar de crime menos grave.

### 6.1.15 Concurso e execução do crime

Como somente a prática de atos de execução enseja responsabilidade (art. 14, II), determina o art. 31: "O ajuste, a determinação ou instigação e o auxílio, salvo disposição expressa em contrário, não são puníveis, se o crime não chega, pelo menos, a ser tentado." Ao discorrer sobre a norma citada, prevista anteriormente no art. 27, Hungria esclarece que o dispositivo em exame é um corolário (tão evidente, que é até ocioso) da regra geral de que não há fato punível onde não haja, pelo menos, começo de execução.[29]

*Ajuste* é o acordo feito para praticar crime. *Determinação* é a provocação para que surja em outrem a vontade de praticar o crime. *Instigação* é a estimulação de ideia criminosa já existente. *Auxílio* é a ajuda material, prestada na preparação ou execução do crime.[33] O planejamento de duas ou mais pessoas para a prática do crime (exceto o caso do crime de associação criminosa), o mandato, ou conselho, a ajuda, o induzimento etc. não incidem na esfera penal enquanto não se puder caracterizar a tentativa.

Pode acontecer, porém, que, antes ou depois de iniciado o *iter criminis*, venha a cessar a coerência das vontades dos concorrentes, ou seja, pode ocorrer que um dos concorrentes se arrependa, enquanto os outros persistam no propósito criminoso. Hungria formula as seguintes hipóteses:

a) o arrependido é o designado executor, e não inicia a execução do crime projetado, ou é um partícipe, vindo este a impedir (por qualquer meio) que a execução se inicie, e *não há fato punível*;

b) o arrependido é o executor e, já iniciada a execução, desiste da consumação ou impede que o resultado se produza; ou é um partícipe, que alcança evitar (por qualquer meio) seja atingida a *meta optada*, não há punição pela *desistência voluntária e arrependimento eficaz*, que são circunstâncias comunicáveis;

---
33. DELMANTO, Celso. Ob. cit. p. 34.

c) o arrependido é o partícipe, e resulta inútil seu esforço para impedir a execução ou consumação, e é *punido*.[34]

Deve-se observar, porém, que, quanto ao item *b*, não há também fato típico, eis que inexistente a tentativa (itens 3.10.6 e 3.10.7). Quanto ao item *c,* deve-se entender que o partícipe, tendo agido para impedir o resultado, não pode ser considerado causador dele. O que a lei impõe, no art. 13, § 2º, *c*, para aquele que, com seu comportamento criou o risco da ocorrência do resultado, é apenas o dever de agir, dentro do possível, para impedir o resultado, e não que consiga realmente evitá-lo (item 3.2.7).

Também não poderá ser responsabilizado aquele que planeja um crime, mas permanece nos atos preparatórios, se o comparsa executa outro ilícito que não dependeu de sua atuação física e que foi fruto de uma ideação destacada do companheiro, que resolveu praticar a infração sozinho, por meio de ato voluntário.[30]

O art. 31 ressalva *disposição expressa em contrário*, referindo-se aos fatos típicos que se constituiriam apenas em atos preparatórios de ilícitos penais, como nas hipóteses de incitação ao crime (art. 286), associação criminosa (art. 288) etc. Críticas são feitas ao Código Penal por não prever como conduta típica a ação de quem se oferece para a prática do crime.

A lei nova já não prevê a aplicação de medida de segurança nas hipóteses de ajuste, determinação, instigação e auxílio a crime que não chega a ser tentado.[35]

### 6.1.16 Autoria incerta

Aceita a teoria monista, o Código resolve qualquer problema com relação à autoria *incerta*, determinando que todos respondem pelo resultado, ainda que não se possa saber quem praticou a ação prevista no núcleo do tipo. Ainda que ignorado, por exemplo, quem desferiu o golpe fatal na vítima, todos os que concorreram para o fato responderão pelo homicídio.[31] São também coautores do latrocínio todos os agentes que assumiram o risco da efetivação do resultado letal, sendo irrelevante mesmo a identificação daquele que disparou a arma contra a vítima.[32]

A exceção encontra-se no art. 29, § 2º, que determina seja o agente punido pelo crime menos grave, de que queria participar, mas a ressalva vale apenas para as hipóteses de participação.

Dúvidas podem surgir, como já se anotou, nos casos de coautoria colateral ou imprópria. Inexistente o vínculo psicológico entre os agentes que praticam atos de execução de um crime sem que se saiba qual deles causou o resultado (não há coautoria ou participação), responderão apenas por tentativa e não por um delito consumado.

---

34. HUNGRIA, Nelson. Ob. cit. p. 435-436.
35. A lei anterior previa a aplicação de medida de segurança (liberdade vigiada) quando o sujeito fosse perigoso (arts. 27, parágrafo único, e 94, III).

## 6.1.17 Multidão delinquente

Afastada a hipótese de associação criminosa (art. 288), é possível o cometimento de crime pela *multidão delinquente*, como nas hipóteses de linchamento, depredação, saque etc. Responderão todos os agentes por homicídio, dano, roubo, nesses exemplos, mas terão as penas atenuadas aqueles que cometerem o crime sob a influência de multidão em tumulto, se não o provocaram (art. 65, III, *e*). A pena, por sua vez, será agravada para os líderes, os que promoveram ou organizaram a cooperação no crime ou dirigiram a atividade dos demais agentes (art. 62, I).

# 7
# AS PENAS

## 7.1 AS PENAS EM GERAL

### 7.1.1 Origem

Perde-se no tempo a origem das penas, pois os mais antigos grupamentos de homens foram levados a adotar certas normas disciplinadoras de modo a possibilitar a convivência social. Segundo Manoel Pedro Pimentel, o confronto das informações históricas contidas nos relatos antropológicos, oriundos das mais diversas fontes, autoriza uma forte suposição de que a pena, como tal, tenha tido originariamente caráter sacral.[1] Não podendo explicar os acontecimentos que fugiam ao cotidiano (chuva, raio, trovão), os homens primitivos passaram a atribuí-los a seres sobrenaturais, que premiavam ou castigavam a comunidade por seu comportamento. Esses seres, que habitariam as florestas, ou se encontrariam nas pedras, rios ou animais, maléficos ou propícios de acordo com as circunstâncias, eram os *totens*, e a violação a estes ou a descumprimento das obrigações devidas a eles acarretavam graves castigos. É plausível, portanto, "que as primeiras regras de proibição e, consequentemente, os primeiros castigos (penas), se encontrem vinculados às relações totêmicas".[2] Da mesma época seriam as proibições conhecidas como *tabus*, palavra de origem polinésia que significa ao mesmo tempo o sagrado e o proibido, o impuro, o terrível.[3] As violações das regras totêmicas ou a desobediência ao *tabu* acarretavam aos infratores os castigos ditados pelo encarregado do culto, que também era o chefe do grupo, e tinham um caráter coletivo. Todos participavam de tais castigos porque as infrações atraíam a ira das entidades sobrenaturais sobre todo o grupo (item 1.4.1). A responsabilidade coletiva representava-se na cólera dos parentes, na vingança de sangue, que Von Liszt considerava precursora da pena e a primeira manifestação de cultura jurídica. Era a vingança que atingia todo o grupo.[4]

Da diversidade das tribos surgiram duas espécies de penas, a perda da paz e a vingança do sangue, que evoluíram para o talião e a composição (item 1.4.2).

---

1. PIMENTEL, Manoel Pedro. *O crime e a pena na atualidade*. São Paulo: Revista dos Tribunais, 1983. p. 118-119.
2. PIMENTEL, Manoel Pedro. Ob. cit. p. 118.
3. PIMENTEL, Manoel Pedro. Ob. cit. p. 119.
4. Cf. PEREIRA, Hilton Luiz. A pena e respectivos limites. *RT* 412/13.

Nas antigas civilizações, dada a ideia de castigo que então predominava, a sanção mais frequentemente aplicada era a morte, e a repressão alcançava não só o patrimônio, como também os descendentes do infrator.

Mesmo na época da Grécia Antiga e do Império Romano, predominavam a pena capital e as terríveis sanções do desterro, açoites, castigos corporais, mutilações e outros suplícios. No meio de tanta insensibilidade humana, porém, já Sêneca pregava a ideia de que se deveria atribuir à pena finalidades superiores, como a defesa do Estado, a prevenção geral e a correção do delinquente[5] e, embora nos tempos de Solo e Anaximandro a pena fosse considerada como castigo, na Grécia Clássica, entre os sofistas, como Protágoras, surgiu uma concepção pedagógica da pena.[6] Por vários séculos, porém, a repressão penal continuou a ser exercida por meio da pena de morte, executada pelas formas mais cruéis, e de outras sanções cruéis e infamantes (item 1.4.7).

### 7.1.2 Escolas penais

Investigando-se o direito de punir do Estado (também *dever* de punir), que nasce com a prática do crime, surgiram três correntes doutrinárias a respeito da natureza e dos fins da pena.

As teorias *absolutas* (de retribuição ou retribucionistas) têm como fundamento da sanção penal a exigência da justiça: pune-se o agente porque cometeu o crime (*punitur quia pecatum est*). Dizia Kant que a pena é um imperativo categórico, consequência natural do delito, uma retribuição jurídica, pois ao mal do crime impõe-se o mal da pena, do que resulta a igualdade e só esta igualdade traz a justiça. O castigo compensa o mal e dá reparação à moral. O castigo é imposto por uma exigência ética, não se tendo que vislumbrar qualquer conotação ideológica nas sanções penais. Para Hegel, a pena, razão do direito, anula o crime, razão do delito, emprestando-se à sanção não uma reparação de ordem ética, mas de natureza jurídica. Verifica-se, assim, que, quanto à natureza da retribuição, que se procurava sem sucesso não confundir com castigo, dava-se um caráter ora divino (Bekker, Sthal), ora moral (Kant), ora jurídico (Hegel, Pessina). Para a Escola Clássica, a pena era tida como puramente retributiva, não havendo qualquer preocupação com a pessoa do delinquente (item 1.4.9). A ausência da preocupação com a pessoa do infrator, como acentua Manoel Pedro Pimentel, foi o ponto fraco da referida escola, que a tornou vulnerável às críticas mais sérias.[7]

Nas teorias *relativas* (utilitárias ou utilitaristas), dava-se à pena um fim exclusivamente prático, em especial o de *prevenção*. O crime não seria causa da pena, mas a ocasião para ser aplicada. Feurebach, pai do Direito Moderno e precursor do Positivismo, entendia que a finalidade do Estado é a convivência humana de acordo com o Direito. Sendo o crime a violação do Direito, o Estado deve impedi-lo por meio da

---
5. Cf. PIMENTEL, Manoel Pedro. Ob. cit. p. 125.
6. Cf. LUNA, Everardo da Cunha. A pena no novo Código Penal. *Justitia*. 90/24.
7. Ob. cit. p. 129.

coação psíquica (intimidação) ou física (segregação). A pena é intimidação para todos, ao ser cominada abstratamente, e para o criminoso, ao ser imposta no caso concreto. Jeremias Bentham dizia que a pena é um mal tanto para o indivíduo, que a ela é submetido, quanto para a sociedade, que se vê privada de um elemento que lhe pertence, mas que se justifica pela utilidade. O fim da pena é a *prevenção geral*, quando intimida todos os componentes da sociedade, e de *prevenção particular*, ou *especial*, ao impedir que o delinquente pratique novos crimes, intimidando-o e corrigindo-o. Para os positivistas, com o interesse deslocado do crime para o delinquente, intensifica-se essa proposição. Garófalo, com base em seu conceito de temibilidade de delinquente, fazia depender desta a necessidade e a medida da pena, cujo fim deveria ser a readaptação do criminoso ao meio social. Entendia que a sanção é o meio de defesa social adaptado à personalidade do delinquente. Romagnosi também pregava o fim utilitário da pena afirmando não ser necessária a punição quando se tivesse a certeza moral de que o delinquente não reincidiria. Roeder pregou a instituição de penas indeterminadas, pois estas são úteis apenas até a recuperação do criminoso.

Já para as teorias *mistas* (ecléticas) fundiram-se as duas correntes. Passou-se a entender que a pena, por sua natureza, é retributiva, tem seu aspecto moral, mas sua finalidade é não só a prevenção, mas também um misto de educação e correção. Para Pellegrino Rossi, Guizot e Cousein, a pena deve objetivar, simultaneamente, retribuir e prevenir a infração: *punitur quia peccatum ut ne pecceptur*.[8] Segundo tal orientação, a pena deve conservar seu caráter tradicional, porém outras medidas devem ser adotadas em relação aos autores de crimes, tendo em vista a periculosidade de uns e a inimputabilidade de outros. Seriam essas as denominadas medidas de segurança.

Com o surgimento da *Escola da Defesa Social*, de Adolfo Prins e Filippo Grammatica, e, mais recentemente, com a *Nova Defesa Social*, de Marc Ancel, tem-se buscado instituir um movimento de política criminal humanista fundado na ideia de que a sociedade apenas é defendida à medida que se proporciona a adaptação do condenado ao meio social (*teoria ressocializadora*). Adotou-se, como assinala Miguel Reale Junior, outra perspectiva sobre a finalidade da pena, não mais entendida como expiação ou retribuição de culpa, mas como instrumento de ressocialização do condenado, cumprindo que o mesmo seja submetido a tratamento após o estudo de sua personalidade.[9] Esse posicionamento especialmente moderno procura excluir definitivamente a retributividade da sanção penal.[10]

Desde a origem até hoje, porém, a pena sempre teve o caráter predominantemente de retribuição, de castigo, acrescentando-se a ela uma finalidade de prevenção e ressocialização do criminoso. A retribuição e a prevenção são faces da mesma moeda e, como acentua Everardo da Cunha Luna, "a retribuição, sem a prevenção, é vingança; a

---

8. Cf. BARBOSA, Licínio. Reflexões sobre a pena e seu cumprimento em face do novo Código penal. *RT* 482/280.
9. REALE JUNIOR. Miguel. *Novos rumos do sistema criminal*. Rio de Janeiro: Forense, 1983. p. 46.
10. Cf. PACHECO, Wagner Brússolo. A prisão albergue no Estado do Paraná. *RT* 582/276.

prevenção, sem a retribuição, é desonra".[11] Enquanto se proclama na exposição de motivos da Lei de Execução Penal o princípio de que as penas e as medidas de segurança devem realizar a proteção dos bens jurídicos e a reincorporação do autor à comunidade (item 14)[12], a realidade demonstra que a pena continua a ser necessária, como medida de justiça, reparadora e impostergável, mas "as suas finalidades adicionais, tais como prevenir a prática de novos delitos e promover a reinserção social do condenado, não são satisfatoriamente cumpridas".[13]

De qualquer forma, é certo que a individualização, personalização e humanização da pena são garantias criminais repressivas impostas pela ciência e pela técnica, assegurando ao homem delinquente o tratamento mais justo possível. São, portanto, princípios fundamentais da pena, assegurados em normas constitucionais e imprescindíveis para que o direito penal alcance os objetivos a que se propõe.[14]

### 7.1.3 Conceito, características e classificação

Para Luiz Vicente Cernicchiaro, a pena pode ser encarada sobre três aspectos: *substancialmente* consiste na perda ou privação de exercício do direito relativo a um objeto jurídico; *formalmente* está vinculada ao princípio da reserva legal, e somente é aplicada pelo Poder Judiciário, respeitado o princípio do contraditório; e *teleologicamente* mostra-se, concomitantemente, castigo e defesa social.[15]

Para Soler, "a pena é uma sanção aflitiva imposta pelo Estado, através da ação penal, ao autor de uma infração (penal), como retribuição de seu ato ilícito, consistente na diminuição de um bem jurídico e cujo fim é evitar novos delitos".[16]

Devem existir na pena várias características: legalidade, personalidade, proporcionalidade e inderrogabilidade. O princípio da *legalidade* consiste na existência prévia de lei para a imposição da pena (*nulla poena sine lege*), previsto no art. 1º do Código Penal. A característica da *personalidade* refere-se à impossibilidade de estender-se a terceiros a imposição da pena. Por isso, determina-se que "nenhuma pena passará da pessoa do condenado" (art. 5º, XLV, primeira parte, da CF), proibindo-se, por exemplo, as penas infamantes. A Constituição de 1988, porém, prevê a cominação da pena de "perda de bens" (art. 5º, XLVI, *b*), permitindo expressamente que a decretação do perdimento de bens possa ser, nos termos da lei, estendida aos sucessores e contra eles executada, até o limite do valor do patrimônio transferido (art. XLV, segunda parte). A exceção mutila o princípio da personalidade da pena. Os efeitos secundários da pena de prisão com relação

---

11. Ob. cit. p. 24.
12. "14. Sem questionar profundamente a grande temática das finalidades da pena, curva-se o Projeto, na esteira das concepções menos sujeitas à polêmica doutrinária, ao princípio de que as penas e medidas de segurança devem realizar a proteção dos bens jurídicos e a reincorporação do autor à comunidade".
13. PIMENTEL, Manoel Pedro. Ob. cit. p. 180.
14. Cf. SILVA, José Carlos Sousa. Garantias criminais repressivas. *RT* 698/314-315.
15. *Estrutura do direito penal*. 2. ed. São Paulo: José Bushatsky, 1970. p. 161.
16. SOLER, Sebastian. *Derecho penal argentino*. Buenos Aires: Tipografia Editora Argentina, 1970. v. 2. p. 342.

aos dependentes do criminoso são corrigidos com medidas sociais (auxílio-reclusão, descontos na remuneração do sentenciado etc.) Deve haver, ainda, *proporcionalidade* entre o crime e a pena; cada crime deve ser reprimido com uma sanção proporcional ao mal por ele causado. Essa característica, entretanto, é abrandada no direito positivo: a Constituição Federal determina que "a lei regulará a individualização da pena" (art. 5º, XLVI), e o Código Penal refere-se, quando da aplicação da pena, aos antecedentes, à conduta social, à personalidade do agente (art. 59), à reincidência (art. 61, I) etc. Por fim, a pena deve ser inderrogável: praticado o delito, a imposição deve ser certa e a pena cumprida. Tal caráter também é suavizado em várias situações, conforme a lei penal. São os casos da suspensão condicional, do livramento condicional, do perdão judicial, da extinção da punibilidade etc.

Doutrinariamente, as penas classificam-se em: (a) corporais; (b) privativas de liberdade; (c) restritivas de liberdade; (d) pecuniárias; e (e) privativas e restritivas de direitos.

As penas *corporais*, em seu sentido estrito, atingem a própria integridade física do criminoso. São os açoites, as mutilações e a morte. Em favor das primeiras, dizia-se ser a única adequada aos brutos e degredados, que só se sensibilizariam por estímulos materiais e pelo temor dos castigos, proclamando-se, ainda, a vantagem de dispensar a pena de prisão e todos os inconvenientes desta, inclusive as consequências para a família do condenado.[17] O suplício, porém, como demonstra Foucault, "entra logicamente num sistema punitivo em que o soberano, de maneira direta ou indireta, exige, resolve e manda executar os castigos, na medida em que ele, através da lei, é atingido pelo crime".[18] Tratava-se, assim, mais de um agente político de dominação, em favor do Estado. As penas corporais cruéis foram abolidas na maioria dos países civilizados, embora permaneçam em algumas nações (Irã, por exemplo).[19]

Com relação à pena de morte, tão discutida, seus defensores entendem ser a única que realmente intimida o delinquente perigoso, sendo um meio eficaz e econômico de proteção à sociedade, enquanto seus opositores alegam sua imprestabilidade, inconveniência e ilegitimidade. Alinham-se, em síntese, as principais razões da supressão da pena capital: (a) A exemplaridade da pena de morte não está demonstrada ou parece discutível. (b) Muitos dos crimes com ela punidos são praticados por doentes mentais, alguns dos quais, por isso mesmo, escapam ao castigo supremo. (c) Há chocantes desigualdades na aplicação dessa pena, seja pelos diferentes graus de severidade dos tribunais competentes, seja por motivos de ordem econômica e sociológica, de modo a existir o risco de constituir essa punição ameaça muito maior para os criminosos carentes de meios econômicos que por causa disso estão em piores condições para se defenderem. (d) Apesar de todas as medidas de aperfeiçoamento do processo judicial, existe sempre uma inegável possibilidade de se praticarem erros judiciários. (e) A re-

---

17. Cf. GARCEZ, Walter de Abreu. *Curso básico de direito penal*: parte geral. São Paulo: José Bushatsky, 1972. p. 56.
18. FOUCAULT, Michel. *Vigiar e punir*. Petrópolis: Vozes, 1977. p. 49-50.
19. No Brasil estão elas vedadas pelo art. 5º, XLVII, *e*, da nova Constituição Federal.

percussão da pena de morte é a tal ponto malsã que estudiosos chegam, inclusive, a lhe atribuir caráter criminógeno. (f) Quanto à proteção da sociedade, pode ser convenientemente assegurada pela prisão perpétua. (g) A difusão do pensamento humanista faz a opinião pública considerar a pena de morte como inútil e odiosa. O caráter inviolável da vida humana opõe-se a ela.[20] Diante da redação da Constituição Federal, no Brasil é permitida a pena de morte no caso de "guerra declarada" (art. 5º, XLVII, a) e o Código Penal Militar a prevê nos crimes de traição (art. 355), de favorecer o inimigo (art. 356), de tentativa contra a soberania do Brasil (art. 357) etc.

Tem sido bastante discutida a realização de um plebiscito para se decidir sobre a implantação da pena de morte no país. Esse procedimento eleitoral é inócuo pois a restrição da pena capital aos crimes praticados em estado de guerra é uma garantia individual à vida (garantia material explícita negativa) estabelecida na Constituição Federal, que proíbe emenda com o sentido de abolir "direitos e garantias individuais" (art. 60, § 4º, IV).[21] Aliás, pela Convenção Americana sobre Direitos Humanos (Pacto de São José da Costa Rica), de 22-11-1969, aprovada pelo Decreto nº 678, de 6-11-92, o Brasil se comprometeu a não estender a aplicação da pena de morte "a delitos aos quais não se aplique atualmente" (art. 4.2, *in fine*).

As penas privativas de liberdade são as mais utilizadas nas legislações modernas, apesar do consenso da falência do sistema prisional. Podem ser divididas em *prisão perpétua* e *prisão temporária*, sendo a primeira vedada em dispositivo constitucional brasileiro (art. 5º, XLVII, *b*). Originaram-se as penas privativas de liberdade de outras penas: enquanto aguardavam a execução (pena de morte, desterro, galés etc.), os sentenciados ficavam privados da liberdade de locomoção, passando a ser a prisão, depois, a própria sanção penal. Tem sido bastante combatida, afirmando-se ser ela instrumento degradante, destruidora da personalidade humana e incremento à criminalidade por imitação e contágio moral. Apontam-se na exposição de motivos da Lei nº 7.209 seus inconvenientes: o tipo de tratamento penal frequentemente inadequado e quase sempre pernicioso, a inutilidade dos métodos até agora empregados no tratamento de delinquentes habituais e multirreincidentes; os elevados custos da construção e manutenção dos estabelecimentos penais; as consequências maléficas para os infratores primários, ocasionais ou responsáveis por delitos de pequena significação, sujeitos, na intimidade do cárcere, a sevícias, corrupção e perda paulatina da aptidão para o trabalho (item 27).

As penas *restritivas de liberdade* limitam em parte o poder de locomoção do condenado, embora não sejam eles recolhidos à prisão. Exemplos são o banimento (perda dos direitos políticos e de habitar o país), degredo ou confinamento (residência em local determinado pela sentença), desterro (saída obrigatória do território da comarca e do domicílio da vítima) etc. O banimento (e consequentemente o degredo e o desterro) é

---

20. Cf. DOBROWOLSKI, Silvio. A pena de morte: considerações acerca de propostas pela sua reintrodução no país. *RT* 566/413.
21. Nesse sentido: BARBOSA, Marcelo Fortes. Emenda deve obedecer limite. *Estado de S. Paulo*, 25-9-1991, p. 20.

proibido por norma constitucional (art. 5º, XLVII, *d*), e a Lei nº 7.209 eliminou medidas de segurança que implicavam limitação da liberdade (exílio local e liberdade vigiada). A proibição de frequentar determinados lugares e a de ausentar-se da comarca onde o sentenciado reside sem autorização do juiz, bem como seu comparecimento a juízo, passaram a ser condições a serem impostas no *sursis* (art. 78, § 2º). Por força, porém, da Lei nº 9.714, de 25-11-1998, a proibição de frequentar determinados lugares também constitui modalidade de interdição temporária de direitos (art. 47, IV). As medidas de repatriação, deportação e expulsão de estrangeiros, previstas na Lei nº 13.445, de 24-5-2017, Lei de Migração, não são penas e sim medidas administrativas, ocorrendo o mesmo com a extradição, embora esta tenha por fundamento o direito penal.

As penas pecuniárias são as que acarretam diminuição do patrimônio do condenado ou o absorvem totalmente; elas são de duas modalidades: a *multa* e o *confisco*. Consiste a primeira no pagamento de determinada importância pelo autor da infração penal e é cominada especialmente nos casos em que se percebe a cupidez do agente do crime. Largamente empregada em nosso Código a pena de multa, tem-se apregoado sua imposição como substituto das penas privativas de liberdade de curta duração, dando-se ênfase a esse aspecto na reforma penal. O confisco, que é o perdimento dos bens do agente, não era permitido em nossa legislação, mas a Constituição Federal de 1988 prevê a possibilidade da cominação da pena de "perda de bens", que pode ser executada contra os sucessores até o limite do valor do patrimônio transferido. Esperava-se, contudo, que o legislador penal a reservasse como sanção para as pessoas jurídicas nos crimes contra a ordem econômica e financeira, contra a economia popular (art. 173, § 5º, da CF) e contra o meio ambiente (art. 225, § 3º, da CF). Quanto às infrações penais lesivas ao meio ambiente, foi realmente inserida como uma das penas restritivas de direitos a *prestação pecuniária*, consistente no pagamento em dinheiro à vítima ou à entidade pública ou privada com fim social, de importância fixada pelo juiz, não inferior a um salário mínimo nem superior a 360 salários mínimos (arts. 8º e 12 da Lei nº 9.605, de 12-2-1998). A mesma sanção, de prestação pecuniária, todavia, passou a fazer parte das penas restritivas de direitos substitutivas do Código Penal, previstas no art. 43 com a redação que lhe foi dada pela Lei nº 9.714, de 25-11-1998. Essa mesma lei criou também a pena de *perda de bens e valores*, que terá como teto – o que for maior – o montante do prejuízo causado ou do proveito obtido pelo agente ou por terceiro, em consequência da prática do crime (arts. 43, II, e 45, § 3º, do CP, com a redação determinada pela Lei nº 9.714, de 25-11-1998).

Também podem ser confiscados, como efeito da condenação, os instrumentos do crime, desde que consistam em coisas cujo fabrico, alienação, uso, porte ou detenção constitua fato ilícito, e o produto do crime ou de qualquer bem ou valor que constitua proveito auferido pelo agente com a prática do fato criminoso (art. 91, II, letras *a* e *b*, e art. 91-A do CP).

As penas *privativas* e *restritivas de direitos* retiram ou diminuem direitos dos condenados. São sanções que guardam atualidade e necessidade e mereceram do legislador da reforma penal grande destaque, divididas agora em prestação pecuniária, perda de bens e valores, prestação de serviços à comunidade ou a entidades públicas, interdição temporária de direitos e limitação de fim de semana (art. 43). Como efeito da condenação estão também estabelecidas a perda de cargo, função pública ou mandato eletivo, a incapacidade para o exercício do poder familiar, a tutela ou curatela e a inabilitação para dirigir veículo (art. 92).

### 7.1.4 Sistemas penitenciários

A pena de prisão teve sua origem nos mosteiros da Idade Média, "como punição imposta aos monges ou clérigos faltosos, fazendo com que se recolhessem às suas celas para se dedicarem, em silêncio, à meditação e se arrependerem da falta cometida, reconciliando-se assim com Deus".[22] Essa ideia inspirou a construção da primeira prisão destinada ao recolhimento de criminosos, a *House of Correction*, construída em Londres entre 1550 e 1552, difundindo-se de modo marcante no século XVIII.

Impressionado com as deficiências apresentadas pelas prisões da época, John Howard, *sheriff* do condado de Belfast, pregou e tomou iniciativa de reformas nos estabelecimentos prisionais, divulgando suas ideias no livro *The state of prison in England and Walles* (1776). Já em 1764, Beccaria havia publicado sua obra *Dos delitos e das penas*, com uma nova filosofia penal (item 1.4.8) e, em 1818, Jeremias Bentham editava a *Teoria das penas e das recompensas*. Essas três obras tiveram decisiva influência na revolução do tratamento penal nas prisões.

Quanto à execução das penas privativas de liberdade, são apontados três sistemas penitenciários: o sistema de Filadélfia (pensilvânico, belga ou celular), o de *Auburn* e o *sistema Progressivo* (inglês ou irlandês).

No sistema *da Filadélfia*, utilizava-se o isolamento celular absoluto, com passeio isolado do sentenciado em um pátio circular, sem trabalho ou visitas, incentivando-se a leitura da Bíblia. As primeiras prisões a adotar tal sistema foram a de Walnut Street Jail e a Eastern Penitenciary. Muitas foram as críticas à severidade do sistema e à impossibilidade de readaptação social do condenado por meio do isolamento.

No sistema *auburniano*, mantinha-se o isolamento noturno, mas criou-se o trabalho dos presos, primeiro em suas celas e, posteriormente, em comum. Característica desse sistema penitenciário era a exigência de absoluto silêncio entre os condenados, mesmo quando em grupos, o que levou a ser ele chamado de *silent system*. Sua origem prende-se à construção da penitenciária na cidade de Auburn, do Estado de New York, em 1818, sendo seu diretor Elam Lynds. O ponto vulnerável do sistema, como afirma Manoel Pedro Pimentel, era a regra desumana do silêncio, da qual se originou "o costume dos presos se comunicarem com as mãos, formando uma espécie

---

22. PIMENTEL, Manoel Pedro. Ob. cit. p. 134. Ver, ainda, PIMENTEL, Manoel Pedro. Sistemas penitenciários. *RT* 639/265-274.

de alfabeto, prática que até hoje se observa nas prisões de segurança máxima, onde a disciplina é mais rígida".[23]

O sistema *Progressivo* (inglês ou irlandês) surgiu na Inglaterra, no século XIX, atribuindo-se sua origem a um capitão da Marinha Real, Alexander Maconochie. Levava-se em conta o comportamento e aproveitamento do preso, demonstrados pela boa conduta e pelo trabalho (*mark sistem*), estabelecendo-se três períodos ou estágios no cumprimento da pena. O primeiro deles, período de prova, constava de isolamento celular absoluto; o outro se iniciava com a permissão do trabalho em comum, em silêncio, passando-se a outros benefícios; e o último permitia o livramento condicional. Esse sistema foi aperfeiçoado por Walter Crofton, que introduziu na Irlanda mais uma fase para o tratamento dos presos. Por esse sistema, a condenação é dividida em quatro períodos: o primeiro é de recolhimento celular contínuo; o segundo é de isolamento noturno, com trabalho e ensino durante o dia; o terceiro é de semiliberdade, em que o condenado trabalha fora do presídio e recolhe-se à noite; e o quarto é o livramento condicional.[24] Ainda hoje, o sistema progressivo, com certas modificações, é o adotado nos países civilizados, inclusive no Brasil.

### 7.1.5 As penas na Lei nº 7.209/84

Abandonou-se, no Código Penal, com a reforma operada pela Lei nº 7.209, a distinção entre penas principais (reclusão, detenção e multa) e acessórias (a perda de função pública, as interdições de direitos e a publicação da sentença), declarando-se, no art. 32, que as penas são:

I – privativas de liberdade;

II – restritivas de direitos;

III – multa.

Podem-se, porém, distinguir na nova lei as penas *comuns*, que são as privativas de liberdade (reclusão e detenção) e a multa; e as penas *alternativas* ou *substitutivas* (restritivas de direitos). A multa, porém, pode ser utilizada como substitutiva da pena privativa de liberdade aplicada (itens 7.3.8 e 7.4.2).[25]

Algumas das antigas penas acessórias foram transformadas em penas alternativas de interdições temporárias de direitos: a proibição do exercício de cargo, função ou

---

23. Ob. cit. p. 138.
24. Cf. PINHO, Rodrigo Cesar Rebello. Apreciação crítica do anteprojeto de lei modificativa da parte geral do Código Penal de 1940 no tocante às penas privativas de liberdade. *Justitia* 117/126.
25. Sobre o sistema de penas e a reforma penal: ANDREUCCI, Ricardo Antunes. Fundamentos da reforma penal. *Ciência penal* 1/113. Sobre o assunto: BITENCOURT, Cezar Roberto. *Falência da pena de prisão*: causas e alternativas. São Paulo: Revista dos Tribunais, 1993; HULSMAN, Louck, CELIS, Jacqueline Bernat de. *Penas perdidas*: o sistema penal em questão. Rio de Janeiro: Luan, 1993; MAIA NETO, Cândido Furtado. A inconstitucionalidade da execução da pena privativa de liberdade: flagrante violação aos direitos humanos dos presos. *RT* 707/427-429.

atividade pública bem como de mandato eletivo (art. 47, I); a proibição do exercício de profissão, atividade ou ofício que dependem de habilitação especial, de licença ou autorização do poder público (art. 47, II), a suspensão de autorização ou habilitação para dirigir veículo (art. 47, III).[26]

A suspensão dos direitos políticos (exceto o exercício de mandato eletivo) dar-se-á por decisão judicial, enquanto durarem os efeitos da condenação, conforme preceito constitucional (art. 15, III, da CF).[27]

As penas acessórias de perda de função pública ou mandato eletivo e a incapacidade para o exercício do poder familiar, tutela ou curatela foram transformadas em efeitos da condenação (art. 92, I e II), mas devem ser motivadamente declaradas na sentença (art. 92, parágrafo único). Tais efeitos podem ser excluídos pela reabilitação, vedada a reintegração na situação anterior (art. 93, parágrafo único). Diante da evolução legislativa civil para igualar os cônjuges quanto aos direitos e deveres decorrentes do matrimônio, deixou de existir a sanção consistente na incapacidade, permanente ou temporária, para o exercício de autoridade marital.

Também foi extinta a pena de publicação da sentença por entender-se que era ela infamante: "Se é certo que tanto a doutrina como a jurisprudência procuram (compreensivelmente) ignorar ou rejeitar este reconhecimento, não se pode negar que a publicação da sentença é medida de natureza medularmente infamatória."[28] O Código de Defesa do Consumidor prevê, no entanto, a pena de publicação em órgãos de comunicação de grande circulação ou audiência, às expensas do condenado, de notícia sobre os fatos e a condenação (art. 78, II).

A legislação penal especial prevê ainda outras penas: a prisão simples (LCP), a pena de morte (crimes militares em tempo de guerra), a prisão, a suspensão de exercício do posto e a reforma (CPM), a multa reparatória (CTB) etc.

## 7.2 PENAS PRIVATIVAS DE LIBERDADE

### 7.2.1 Introdução

Apesar de ter contribuído decisivamente para eliminar as penas aflitivas, os castigos corporais, as mutilações etc., não tem a pena de prisão correspondido às esperanças de cumprimento com as finalidades de recuperação de delinquente. O sistema de penas privativas de liberdade e seu fim constituem verdadeira contradição. É praticamente impossível a ressocialização do homem que se encontra preso, quando vive em uma

---

26. As penas acessórias continuaram, porém, previstas na Lei das Contravenções Penais (art. 12).
27. De acordo com a Constituição Federal revogada, a regulamentação deveria provir de lei complementar, que nunca foi editada em termos gerais, prevendo-se apenas algumas hipóteses, de acordo com a espécie do crime praticado. O STF já decidiu no sentido da autoaplicabilidade do art. 15, III, da atual Constituição Federal: RE 179.502-6-SP, j. 31-5-1995, *DJU* 8-9-1995, p. 28389; *JSTF* 311/505.
28. DOTTI, René Ariel. Problemas atuais da execução da pena. *RT* 563/283.

comunidade cujos valores são totalmente distintos daqueles a que, em liberdade, deverá obedecer.[29] Isso sem falar nas deficiências intrínsecas ou eventuais do encarceramento, como "a superpopulação, os atentados sexuais, a falta de ensino e de profissionalização e a carência de funcionários especializados".[30]

Se, do ponto de vista educativo e recuperatório, a pena de prisão apresenta tais aspectos negativos, não se pode, entretanto, questionar que continua ela a ser único recurso aplicável para os delinquentes de alta periculosidade. Mesmo Foucault, acerbo crítico do sistema prisional, reconhece que nessa hipótese não há possibilidade de mudança, sendo a pena de prisão detestável solução de que não se pode abrir mão. E Manoel Pedro Pimentel lucidamente afirma: "A prisão precisa ser mantida, para servir como recolhimento inicial dos condenados que não tenham condições de serem tratados em liberdade."[31] A prisão, deve-se reconhecer, é insuprimível, quer como instrumento de repressão, quer como defesa social.

Tal situação não impede, porém, que se inicie a experiência de evitar o máximo possível o confinamento dos condenados a penas de curta duração. Assinala-se na exposição de motivos da Lei nº 7.209: "Com o ambivalente propósito de aperfeiçoar a pena de prisão, quando necessária, e de substituí-la quando aconselhável, por formas diversas de sanção criminal, dotadas de eficiente poder corretivo, adotou o Projeto novo elenco de penas. Fê-lo, contudo, de maneira cautelosa, como convém a toda experiência pioneira nesta área" (item 29). Institui-se, assim, o sistema das penas substitutivas, a ser apreciado oportunamente (item 7.3.1.).

### 7.2.2 Reclusão e detenção

Há uma tendência moderna em abolir-se a diversidade de espécies de penas privativas de liberdade, e os novos projetos e legislações têm-se orientado no sentido de unificação do sistema prisional. Afirma Everardo da Cunha Luna: "A unificação das penas privativas de liberdade, além de fundamentada cientificamente, inspirou-se, como diz Germain, na ideia da individualização da pena, o que conduz à criação de estabelecimentos penais diferentes, destinados a regimes variados, chegando Marc Ancel a escrever, graficamente, que 'é a unificação legal que permite uma diversificação penitenciária que torna possível o tratamento individualizado.'"[32] Estabelece, aliás, a

---

29. Cf. PIMENTEL, Manoel Pedro. Ob. cit. p. 185-186.
30. Segundo dados de Sistema Integrado de Informações Penitenciárias (InfoPen) do Departamento Penitenciário Nacional, em 2017 o país contava com 1.507 estabelecimentos prisionais; em dezembro de 2019, a população carcerária total era de 748.009 presos existindo somente 442.349 vagas disponíveis e, portanto, o déficit prisional no Brasil estimado era de 312.925 vagas. Segundo dados do Sistema de Informações do Departamento Penitenciário Nacional (SISDEPEN) do Departamento Penitenciário Nacional, no período de janeiro a junho de 2024, a população no sistema prisional era de 663.384 contra 488.951 vagas. Portanto, o déficit prisional estimado no Brasil era de 174.436.
31. Ob. cit. p. 23.
32. Artigo citado, *Justitia* 90/29.

Constituição de 1988 que "a pena será cumprida em estabelecimentos distintos, de acordo com a natureza do delito, a idade e o sexo do apenado" (art. 5º, XLVIII).

Apesar disso, manteve-se na reforma penal a distinção, agora quase puramente formal, das penas de reclusão e detenção, espécies de penas privativas de liberdade previstas no Código Penal. Enquanto na lei anterior se estabelecia uma diferença na execução, consistente no facultativo isolamento absoluto por um período não superior a três meses exclusivamente para a reclusão, a distinção cinge-se agora ao disposto no art. 33, em que se possibilita o cumprimento da pena de reclusão nos três regimes (fechado, semiaberto ou aberto) e a de detenção apenas nos dois menos severos.[33] Permite-se, porém, no caso de regressão, que o condenado a pena de detenção venha a cumpri-la em regime fechado (art. 33 do CP e 118 da LEP).

No mais, sob o aspecto formal, a qualidade da pena pode determinar somente duas consequências. Tratando-se de crime a que é cominada pena de detenção e, sendo o agente inimputável, faculta-se ao juiz a substituição da medida de segurança de internação em hospital de custódia e tratamento psiquiátrico pela sujeição a tratamento ambulatorial (art. 97). A *contrario sensu*, se ao crime praticado pelo inimputável é cominada abstratamente pena de reclusão, aplica-se a medida de segurança detentiva. Além disso, a incapacidade para o exercício do poder familiar, tutela ou curatela, como efeito da condenação, só ocorre quando o agente for condenado por crime cometido contra titular do mesmo poder familiar, contra filho, filha ou outro descendente ou contra tutelado ou curatelado ao qual seja cominada abstratamente pena de reclusão ou por crimes cometidos contra a mulher por razões da condição do sexo feminino, nos termos do § 1º do art. 121-A (art. 92, inciso II).

As mulheres estão sujeitas a um regime especial, cumprindo pena em estabelecimento próprio. Devem ser observados os deveres e os direitos inerentes à condição pessoal da sentenciada, bem como, no que couber, as regras referentes às penas privativas de liberdade (art. 37). Dispõe inclusive a Constituição Federal que "às presidiárias serão asseguradas condições para que possam permanecer com seus filhos durante o período de amamentação" (art. 5º, L). Regulamentando o dispositivo constitucional, a Lei de Execução Penal determina que todos os estabelecimentos penais destinados a mulheres sejam dotados de berçário onde as condenadas possam cuidar e amamentar seus filhos até seis meses de idade (art. 83, § 2º, com a redação dada pela Lei nº 11.942, de 28-5-2009), além das regras especiais aplicáveis às penitenciárias (item 7.2.4). Por força do art. 82, § 1º, da LEP, com a redação que lhe foi dada pela Lei nº 9.460, de 4-6-1997, além da mulher, o maior de 60 anos também deve ser recolhido a estabelecimento próprio e adequado a sua condição pessoal.

---

33. O isolamento absoluto, estabelecido anteriormente para propiciar uma oportunidade de meditação, avaliação do erro e arrependimento, dificulta a observação do condenado, já que é impossível avaliar o comportamento e o relacionamento daquele que está enclausurado e isolado.

Continua-se a adotar na legislação pátria o sistema progressivo consagrado na lei anterior (art. 33, § 2º) (item 7.2.6). A unificação prática das espécies de penas privativas de liberdade não impede, assim, a individualização na execução da pena e mantém a divisão estabelecida pela Lei nº 6.416 a respeito dos regimes de pena: fechado, semiaberto e aberto.

Em se tratando de regime fechado, o condenado será obrigatoriamente submetido, no início do cumprimento da pena, a exame criminológico de classificação para individualização da execução (art. 34 do CP e art. 8º da LEP). O referido exame poderá ser efetuado, facultativamente, no condenado submetido a regime semiaberto (art. 35, *caput*, do CP e art. 8º, parágrafo único, da LEP).

### 7.2.3 Exame criminológico

Para que se cumpram as determinações constitucionais a respeito da personalidade e proporcionalidade da pena (item 7.1.3), é imperioso que se faça a classificação dos condenados para a individualização indispensável ao tratamento penitenciário adequado. Individualizar, na execução, consiste em dar a cada preso as oportunidades e os elementos necessários para lograr a reinserção social, iniciando-se o processo com a observação do condenado para sua classificação.[34] Assim, além do exame de personalidade, que deve ser efetuado no curso do procedimento criminal e que se refere não só ao passado, mas também ao futuro, situando o indivíduo na escala ambiental e social,[35] institui-se na lei nova o exame criminológico. Segundo a exposição de motivos da Lei de Execução Penal, a gravidade do fato delituoso ou as condições pessoais do agente, determinantes da execução em regime fechado, aconselham o exame criminológico, que se orientará a fim de conhecer a inteligência, a vida afetiva e os princípios morais do preso, para determinar a sua inserção no grupo com o qual conviverá, evitando-se também a transferência para o regime de semiliberdade ou de prisão albergue, bem como a concessão do livramento condicional, sem que os sentenciados estejam para tanto preparados, em flagrante desatenção aos interesses da segurança social (itens 31 e 32).

O exame criminológico é realizado pela Comissão Técnica de Classificação de cada presídio, que observará a ética profissional, terá sempre presentes peças ou informações do processo e poderá entrevistar pessoas, requisitar de repartições ou estabelecimentos privados dados e informações a respeito do condenado e realizar outras diligências e exames necessários (art. 9º da LEP).[36]

---

34. PITOMBO, Sérgio de Moraes. Os regimes de cumprimento de pena e o exame criminológico, *RT* 583/313.
35. Cf. PIERANGELLI, José Henrique. Alguns aspectos do sistema de penas no projeto do Código Penal. *RT* 580/306.
36. A Comissão Técnica de Classificação será presidida pelo Diretor e composta, no mínimo, por dois chefes de serviço, um psiquiatra, quando se tratar de condenado à pena privativa de liberdade, um psicólogo e um assistente social (art. 7º da LEP). Nos demais casos (penas restritivas de direito), a comissão atuará junto ao Juízo da Execução e será integrada por fiscais do Serviço Social (art. 7º, parágrafo único, da LEP).

O exame criminológico somente será realizado após o trânsito em julgado da sentença condenatória, já que visa à individualização para a execução da pena privativa de liberdade, e será obrigatória para os que forem submetidos, pela decisão, ao regime fechado, e facultada para os que estão sujeitos desde o início ao regime semiaberto (item 7.2.5).

Dispunha o art. 112, parágrafo único, da LEP, que o exame criminológico também deveria ser realizado previamente à decisão judicial sobre a progressão de regime, quando necessário. O dispositivo foi revogado pela redação dada ao artigo pela Lei nº 10.792, de 1º-12-2003. A Lei nº 13.964, de 24-12-2019, que deu ao art. 112, *caput*) a sua atual redação, nada dispôs a respeito do exame criminológico. Permaneceu, porém, a possibilidade de realização do exame quando o entender indispensável o juiz da execução, com amparo no art. 196, § 2º, da LEP, que dispõe sobre a viabilidade da produção de prova, inclusive pericial, nos procedimentos relativos à execução da pena (item 7.2.6).

Recentemente, a Lei nº 14.843, de 11-4-2024, conferiu ao § 1º do art. 112 a sua atual redação, não somente prevendo expressamente a admissibilidade do exame criminológico antes de qualquer decisão a respeito da progressão de regime, mas tornando obrigatória a sua realização. Lamentavelmente, o texto da lei retirou do juiz da execução, responsável pela individualização da pena e que dispõe de múltiplos informes a respeito do preso, a discricionariedade sobre a conveniência ou não da realização do exame. A sua obrigatoriedade certamente provocará um retardamento significativo na apreciação de dezenas de milhares de pedidos de progressão, com inevitável aumento da pressão sobre o sistema prisional, além de ser impraticável o atendimento à norma dada a notória escassez de peritos e profissionais incumbidos da elaboração dos laudos e pareceres técnicos.

### 7.2.4 Regimes

Com a modificação do sistema de penas do Código Penal, efetuada pela Lei nº 6.416/77, os condenados foram divididos, para efeito do cumprimento da reclusão e detenção, em perigosos e não perigosos. Os primeiros ficavam sujeitos sempre ao regime fechado, e os outros podiam iniciar o cumprimento da pena em regime semiaberto, quando imposta pena até oito anos, ou passar a este após ter cumprido um terço em regime fechado quando ultrapassasse esse limite. Podiam também cumprir a pena em regime aberto desde o início, quando não fosse superior a quatro anos, ou após um terço ou dois quintos em outro regime nas demais hipóteses.

A Lei nº 7.209/84 afastou, porém, a distinção fundada na periculosidade, e os regimes de penas passaram a ser determinados pelo mérito do condenado e, em sua fase inicial, pela quantidade da pena imposta e pela reincidência.

Continuam sendo três os regimes de cumprimento das penas privativas de liberdade: (a) regime fechado, com a execução em estabelecimento de segurança máxima ou média; (b) regime semiaberto, com a execução em colônia agrícola, industrial ou estabelecimento similar; (c) regime aberto, com a execução em casa de albergado ou estabelecimento adequado (art. 33, § 1º).

No *regime fechado* a pena é cumprida em penitenciária[37] (art. 87 da LEP) e o condenado fica sujeito a trabalho no período diurno e a isolamento durante o repouso noturno em cela individual com dormitório, aparelho sanitário e lavatório (art. 88 da LEP). São requisitos básicos da unidade celular: (a) salubridade do ambiente pela concorrência dos fatores de aeração, insolação e condicionamento térmico adequado à existência humana; (b) área mínima de seis metros quadrados (art. 88, parágrafo único, da LEP). A penitenciária de homens deverá ser construída em local afastado do centro urbano a distância que não restrinja a visitação (art. 90 da LEP) e a de mulheres deverá ser dotada de seção para gestante e parturiente, de berçário, para as condenadas amamentarem e cuidarem de seus filhos até os seis meses, e de creche com a finalidade de assistir criança desamparada, maior de seis meses e menor de sete anos cuja responsável esteja presa (arts. 83, § 2º, e 89, *caput*, da LEP com a redação dada pela Lei nº 11.942, de 28-5-2009).

No *regime semiaberto*, a pena deve ser cumprida em colônia agrícola, industrial ou similar,[38] podendo ser o condenado alojado em compartimento coletivo, observados os mesmos requisitos de salubridade de ambiente exigidos na penitenciária (arts. 91 e 92 da LEP). São requisitos básicos das dependências coletivas: (a) a seleção adequada de presos; (b) o limite de capacidade máxima que atenda aos objetivos da individualização da pena (art. 92, parágrafo único, da LEP). A ideia da prisão semiaberta apareceu na Suíça com a construção da prisão de Witzwill. O estabelecimento situava-se na zona rural, abrigando os sentenciados que trabalhavam como colonos de uma fazenda, com vigilância muito reduzida e confiando-se no sentenciado. Manoel Pedro Pimentel aponta as vantagens da prisão semiaberta: "O trabalho ao ar livre, nos estabelecimentos semiabertos, é muito gratificante para o preso, que assim retoma o gosto pela vida e cultiva os benefícios da convivência social."[39] A constatação, porém, de que a maioria dos criminosos provêm dos grandes centros urbanos levou o legislador pátrio a optar pela diversidade de estabelecimentos semiabertos, incluindo os industriais e similares.

Autoriza a Lei que a pena em regime semiaberto possa ser executada em estabelecimento "similar". Assim, não é exigência que o estabelecimento seja uma colônia agrí-

---

37. De acordo com Sistema Integrado de Informações Penitenciárias (InfoPen) do Departamento Penitenciário Nacional, entre julho e dezembro de 2019 o número de presos em regime fechado era de 362.547. De acordo com Dados Estatísticos do SISDEPEN do Departamento Penitenciário Nacional, de janeiro a junho de 2024 o número de presos em regime fechado era de 359.937.
38. A construção de estabelecimentos penais de regime semiaberto tem sido negligenciada no Brasil. A falta de vagas nesses estabelecimentos tem ensejado a permanência indevida em regime fechado de presos já promovidos ao regime intermediário ou a concessão ilegal da prisão albergue domiciliar. Entre julho e dezembro de 2019 havia 133.408 presos em regime semiaberto no país. segundo dados do InfoPen (Sistema Integrado de Informações Penitenciárias) do Departamento Penitenciário Nacional. Entre janeiro e junho de 2024 havia 112.980 presos em regime semiaberto no país, segundo dados do SISDEPEN.
39. Ob. cit. p. 142.

cola ou industrial, desde que atenda às características gerais do regime e aos requisitos previstos no art. 82 da Lei de Execução Penal.[40]

No *regime aberto*, fundado na autodisciplina e senso de responsabilidade do condenado, deverá ele, fora do estabelecimento e sem vigilância, trabalhar, frequentar curso ou exercer outra atividade autorizada, permanecendo recolhido durante o repouso noturno e nos dias de folga na casa do albergado, que deverá conter, além dos aposentos para os presos, lugar adequado para cursos e palestras e instalações para os serviços de fiscalização e orientação dos condenados (art. 95 da LEP). A prisão aberta teve sua origem mais remota em 1868 quando no Estado de New York se fez a primeira experiência, especificamente por meio do *probation system*, ingressando depois no Direito britânico (1907), belga (1915), sueco (1918), tcheco-eslovaco (1919), australiano (1920) e francês (1951).[41] No Brasil surgiu o regime com o Provimento nº XVI, de 1965, do Conselho Superior da Magistratura do Estado de São Paulo, substituído no ano seguinte pelo de nº XXV. A grande vantagem do sistema é representada na obrigatoriedade de o preso trabalhar, preparando-o para o momento em que deixe a prisão definitivamente. Além disso, servirá para afastá-lo do ambiente deletério das prisões coletivas, mantendo-o em contato com a sociedade e com sua família.[42] A legislação local poderá estabelecer normas complementares para o cumprimento da pena privativa de liberdade em regime aberto (art. 119 da LEP).

Diante do reduzidíssimo número de casas de albergado na maioria dos Estados da Federação e da permissão contida no art. 33, § 1º, alínea *c*, do Código Penal no sentido da viabilidade do cumprimento da pena não em casa do albergado, mas em estabelecimento similar ou "adequado", cumpre ao Juiz verificar a higidez e compatibilidade do estabelecimento com as regras gerais do regime aberto. Decidiu o STF, nos termos da Súmula Vinculante nº 56, que inadmissível é a manutenção do condenado em regime prisional mais gravoso do que aquele a que tem direito.[43]

O *regime disciplinar diferenciado*, criado pela Lei nº 10.792, de 1º-12-2003, que alterou a Lei de Execução Penal, não é um novo regime de cumprimento de pena, em acréscimo aos regimes fechado, semiaberto e aberto. Constitui-se em um regime de disciplina carcerária especial, caracterizado por maior grau de isolamento do preso e de restrições ao contato com o mundo exterior, ao qual poderão ser submetidos os condenados ou presos provisórios, nacionais ou estrangeiros, por deliberação judicial,

---

40. O Conselho Nacional de Política Criminal e Penitenciária fixou diretrizes básicas para a arquitetura dos estabelecimentos penais (Resolução nº 9º, de 18-11-2011). O STF, recomendou aos Juízes da execução que procedam à avaliação dos estabelecimentos penais para verificação de sua adequação ao regime semiaberto, ainda na hipótese de não se qualificarem como colônia agrícola ou industrial (RE 641.320-RS, j. em 11-5-2016, *DJe* de 1º-8-2016).
41. Cf. PACHECO, Wagner Brússolo. A prisão albergue no Estado do Paraná. *RT* 582/275.
42. Cf. SALVADOR, Antonio Raphael Silva. As modernas tendências penais e o novo Código Penal. *Justitia* 72/16, e PIMENTEL, Manoel Pedro. Ob. cit. p. 143-145.
43. A Súmula refere-se à observância pelo juiz dos parâmetros fixados no julgamento do RE 641.320-RS, entre os quais o da admissibilidade do cumprimento da pena em regime aberto em estabelecimentos similares à casa do albergado.

como sanção disciplinar, pelo prazo máximo de 2 anos, ou como medida preventiva e acautelatória nas hipóteses de presos sobre os quais recaiam fundadas suspeitas de envolvimento ou participação em organização criminosa, associação criminosa ou milícia privada, ou que representem alto risco para a ordem e a segurança do estabelecimento penal ou para a sociedade, aplicável também pelo prazo de 2 anos, prorrogável por períodos sucessivos de um ano (art. 52, *caput* e §§ 1º a 7º, da LEP, com as alterações introduzidas pela Lei nº 13.964, de 24-12-2019).[44]

Tem-se entendido que o regime de cumprimento de pena privativa de liberdade é matéria de direito penal, de modo que as regras jurídicas que tratam do assunto estão sujeitas aos princípios da retroatividade da lei mais benigna e da irretroatividade da lei mais severa.[1]

### 7.2.5 Regime inicial

Estão *obrigatoriamente* sujeitos ao *regime fechado*, no início do cumprimento da pena, os condenados à reclusão reincidentes[2] ou cuja pena seja superior a oito anos (art. 33, § 2º, *a*).[3] Quando se tratar de tráfico ilícito de entorpecentes e drogas afins, de terrorismo e dos crimes definidos como hediondos (item 3.6.22), consumados ou tentados, ainda que aplicada pena inferior a oito anos, a pena deverá ser cumprida inicialmente em regime fechado, por expressa disposição contida no art. 2º, § 1º, da Lei nº 8.072, de 25-7-1990, com a redação dada pela Lei nº 11.464, de 28-3-2007, que aboliu o regime integral fechado previsto na redação original do dispositivo.

Segundo alguns doutrinadores, a disposição contida no art. 2º, § 1º, da Lei nº 8.072/90, em sua redação original, que previa o regime integral fechado, era inconstitucional por violar o princípio da individualização da pena (art. 5º, XLVI), que deve informar não apenas a aplicação da pena, mas também a sua execução. Entretanto, a individualização no curso da execução da pena somente pode ocorrer no âmbito do conjunto das normas que regulam a aplicação dos diversos institutos e meios previstos para o ajustamento da sanção às condições pessoais de cada condenado com a finalidade de favorecer a sua reintegração social, segundo os parâmetros estabelecidos pelo legislador. Não tendo os regimes de cumprimento de pena e o sistema progressivo *status* constitucional, à lei ordinária foi confiada a disciplina da matéria, não se podendo falar em ofensa ao princípio da individualização da pena tão somente porque não permitida pelo legislador ao juiz a opção da progressão de regime na hipótese de condenação por crime hediondo ou assemelhado, referidos na própria Constituição como merecedores de tratamento mais rigoroso. Assim, não padecia de inconstitucionalidade o art. 2º, § 1º, da Lei nº 8.072/90, que fixava o regime integral fechado para os crimes considerados mais graves, por hediondez, impossibilitando a progressão.

---

44. A respeito do regime disciplinar diferenciado vide: MIRABETE, Julio Fabbrini e FABBRINI, Renato Nascimento. *Execução penal*. 17. ed. São Paulo: Foco, 2024, itens 52.2, 54.2 e 60.1.

[4] Contudo, o STF, após reiteradamente refutar a tese, declarou, por maioria de votos, *incidenter tantum*, a inconstitucionalidade do dispositivo.[5] Com a vigência da Lei nº 11.464/2007, diante da nova redação dada ao art. 2º, § 1º, da Lei nº 8.072/90, não mais subsiste a vedação à progressão de regime ao condenado por crime hediondo ou a este equiparado, impondo-se a fixação do regime fechado como inicial. O regime inicial fechado é também previsto como obrigatório, independentemente da pena aplicada, pela Lei nº 9.455, de 7-4-1997, que define os crimes de tortura. A admissibilidade da progressão de regime contida nesse diploma, aliás, não se estendia aos demais crimes hediondos ou equiparados, segundo a Súmula 698 do STF.[6]

Em suma, de acordo com a lei vigente, os condenados por crimes hediondos, tortura, tráfico ilícito de entorpecentes e terrorismo deverão iniciar o cumprimento da pena privativa de liberdade em regime fechado. Há, no entanto, recentes julgados do STF em que se reconheceu, *incidenter tantum*, a inconstitucionalidade da norma contida no art. 2º, § 1º, da Lei nº 8.072/90, em sua atual redação, sob o fundamento de que a previsão legal afronta o princípio da individualização da pena.[7]

Com relação, especificamente, ao trafico privilegiado, a Lei nº 13.964, de 24-12-2019, alterando o art. 112, inseriu o § 5º, pelo qual se prevê, expressamente, que "não se considera hediondo ou equiparado, para os fins deste artigo, o crime de tráfico de drogas previsto no § 4º do art. 33 da Lei nº 11.343, de 23 de agosto de 2006. Nesse sentido foi editada a Súmula Vinculante 59: "É impositiva a fixação do regime aberto e a substituição da pena privativa de liberdade por restritiva de direitos quando reconhecida a figura do tráfico privilegiado (art. 33, § 4º, da Lei 11.343/06) e ausentes vetores negativos na primeira fase da dosimetria (art. 59 do CP), observados os requisitos do art. 33, § 2º, alínea c, e do art. 44, ambos do Código Penal".

*Podem* iniciar o cumprimento em regime semiaberto os não reincidentes condenados à pena de reclusão superior a quatro anos e não excedente a oito (art. 33, § 2º, *b*). Os reincidentes não estão contemplados nas letras *b* e *c* do § 2º do art. 33, disposições que permitem o início do cumprimento da pena em regime semiaberto e aberto. Numa interpretação liberal, entretanto, o Superior Tribunal de Justiça, entendendo que o art. 33 do CP permite outra interpretação, editou a Súmula 269, com a seguinte redação: "É admissível a adoção do regime prisional semiaberto aos reincidentes condenados a pena igual ou inferior a quatro anos se favoráveis as circunstâncias judiciais."

*Devem* iniciar o cumprimento em regime semiaberto os condenados reincidentes à pena de detenção, qualquer que seja sua quantidade, e os não reincidentes condenados à pena superior a quatro anos (art. 33, *caput*, segunda parte, e art. 33, § 2º, *b*). Ainda que reincidente o condenado, diante do art. 33, *caput*, do CP, não se lhe pode impor inicialmente o regime fechado quando aplicada pena de detenção.[8]

Só *podem* iniciar o cumprimento da pena em regime *aberto* os condenados não reincidentes com pena igual ou inferior a quatro anos (art. 33, § 2º, *c*).

Por regra especial, a pena de prisão simples, aplicada nas contravenções, só pode ser cumprida em regime semiaberto ou aberto (art. 6º, *caput*, da *LCP*). Impossível, pois, ser fixado para ela o regime fechado.[9]

Quando houver condenação por mais de um crime, no mesmo processo ou em processos distintos, a determinação do regime de cumprimento será feita pelo resultado da soma ou unificação das penas, observada, quando for o caso, a detração ou remição (art. 111 da LEP). Determina, também, a lei que o tempo de prisão provisória ou administrativa ou de internação deverá ser computado para o fim de determinação do regime inicial (§ 2º do art. 387 do CPP, inserido pela Lei nº 12.736, de 30-11-2012 (v. item 7.5.7).

A fixação do regime inicial da execução cabe ao juiz da sentença.[10] Se os mencionados critérios legais (natureza e quantidade da pena aplicada e não reincidência) permitirem a opção por mais de um regime inicial, deve o juiz observar as circunstâncias previstas no art. 59, atendendo à culpabilidade, aos antecedentes, à conduta social, à personalidade do agente, aos motivos, às circunstâncias e consequências do crime, bem como ao comportamento da vítima (art. 33, § 3º)[11] (itens 7.5.2 e 7.5.7). Promove-se, assim, segundo a exposição de motivos da Lei nº 7.209, a sentença judicial a ato de prognose, direcionada para uma presumida adaptabilidade social (item 38).

Quanto ao regime de prisão albergue, porém, o sentenciado deverá preencher os requisitos previstos no art. 114 da LEP: estar trabalhando ou comprovar a possibilidade de fazê-lo imediatamente; apresentar, por seus antecedentes ou pelo resultado dos exames a que foi submetido, fundados indícios de que irá ajustar-se, com autodisciplina e senso de responsabilidade, ao novo regime. Evidentemente, quando se tratar do regime inicial, não se terá efetuado nenhum exame do sentenciado, e a opção do magistrado fundar-se-á apenas nas circunstâncias judiciais de fixação da pena (art. 59).

Não se admitia a concessão dos regimes semiaberto e aberto a condenado estrangeiro, com permanência irregular no país ou sujeito a procedimento expulsório em andamento, já que não podia desempenhar ele trabalho remunerado, pressuposto do benefício, além de estar sujeito a expulsão ou deportação.[12] A nova Lei de Migração, porém, não contém vedação e expressamente prevê que o processamento da expulsão em caso de crimes comuns não prejudicará o cumprimento da pena, a progressão de regime e outros benefícios legais, em igualdade de condições ao nacional (art. 54, § 3º, da Lei nº 13.445, de 24-5-2017).

O regime de prisão aberta em residência particular (prisão domiciliar), indiscriminadamente concedido durante a vigência da lei anterior com graves prejuízos à defesa social, somente será admitido se o condenado for maior de 70 anos, se estiver acometido de doença grave,[45] ou se tratar de mulher com filho menor ou deficiente físico ou mental ou se for gestante (art. 117 da LEP). Entretanto, diante da falta de estabeleci-

---

45. Para esse efeito, somente se tem considerado a AIDS como doença grave em sua fase terminal: *RJDTACRIM* 1/41.

mentos adequados ao cumprimento da pena em regime aberto, a jurisprudência voltou a fixar-se no sentido de que, nessa hipótese, deve-se conceder a prisão em domicílio.[13] Nesse sentido, o Supremo Tribunal Federal editou a Súmula Vinculante nº 56: "A falta de estabelecimento penal adequado não autoriza a manutenção do condenado em regime prisional mais gravoso, devendo-se observar, nessa hipótese, os parâmetros fixados no RE 641.320/RS". Assim, não havendo vaga em casa do albergado ou mesmo em estabelecimento similar ou adequado, admite-se o cumprimento da pena em prisão domiciliar.

Por depender o regime aberto de requisitos subjetivos, como dispõe o art. 33, § 3º, c.c. o art. 59, do CP, não pode ser ele concedido em apreciação do pedido de *habeas corpus*, a não ser que fique demonstrada, de pronto, a ilegalidade da imposição do regime mais severo ao paciente.

O ingresso do condenado em regime aberto supõe a aceitação de seu programa e das condições impostas pelo juiz (art. 113 da LEP). Essas condições, porém, não podem constituir restrições que caracterizam penas restritivas de direitos (Súmula 493 do STJ). Poderá ser dispensado do trabalho o beneficiado com a prisão domiciliar, nas hipóteses previstas no art. 117 (art. 114, parágrafo único, da LEP).

Previa-se, expressamente, no art. 146-B, parágrafo único, inciso I, da LEP, inserido pela Lei nº 12.258, de 15-6-2010, a possibilidade de determinar o juiz a sujeição do sentenciado em regime aberto à monitoração eletrônica, que permite a fiscalização à distância por equipamentos. O dispositivo, porém, foi objeto de veto presidencial.[46] Permaneceu admissível, porém, a monitoração eletrônica quando o regime aberto é cumprido em prisão domiciliar (art. 146-B, parágrafo único, inciso IV).[47] Posteriormente, a Lei nº 14.843, de 11-4-2024, restabeleceu, à exceção do *sursis*, as hipóteses de monitoração eletrônica que haviam sido objeto daquele veto presidencial. Assim, além dos casos já anteriormente previstos, de autorização de saída temporária no regime semiaberto (inciso II) e de prisão domiciliar (inciso IV), incluiu-se, na lei vigente, a possibilidade da monitoração quando o juiz aplicar pena a ser cumprida nos regimes aberto ou semiaberto ou conceder progressão para tais regimes (inciso VI).

### 7.2.6 Progressão de regime: requisito objetivo

Iniciado o cumprimento da pena no regime estabelecido na sentença, possibilita-se ao sentenciado, de acordo com o sistema progressivo, a transferência para regime menos rigoroso.

---

46. Os vetos presidenciais às normas que previam a possibilidade de monitoração eletrônica dos condenados em regime aberto ou semiaberto, livramento condicional, *sursis* e dos sujeitos a pena restritiva de direitos consistente em limitação de horários ou de frequência a determinados lugares esvaziaram a salutar iniciativa legislativa. A possibilidade de monitoração eletrônica do condenado no regime aberto contribuiria, certamente, para o aperfeiçoamento do sistema e a moralização da prisão albergue.
47. Sobre a monitoração eletrônica na execução da pena, discorremos em *Execução penal*, 17. ed. São Paulo: Foco, 2024. Itens 146-B.1 a 146-D.1.

Nos termos do art. 112 da Lei de Execução Penal, em sua anterior redação, a progressão de regime dependia do cumprimento de um sexto da pena no regime anterior. A Lei nº 13.964, de 24-12-2019, porém, alterando esse artigo da Lei, disciplinou de forma distinta os requisitos para a progressão de regime. De acordo com as novas regras, a fixação do tempo de cumprimento de pena no regime anterior exigido para a progressão varia de 16% a 70% e tem como critérios a primariedade ou reincidência e a natureza e do crime praticado pelo condenado: se cometido com violência ou grave ameaça ou não, se o crime é comum, hediondo, se este resultou em morte ou não, se o crime é constituição de milícia privada ou exerça ele o comando de organização criminosa (incisos I a VIII).

Tratando-se de crime comum, cometido sem violência ou grave ameaça, o tempo exigido é de 16% da pena se primário o sentenciado e de 20% se reincidente; se o crime foi praticado com violência ou grave ameaça a pessoa é de 25%, caso primário, e de 30% se reincidente.

Se o crime é hediondo ou equiparado e o sentenciado é primário, o tempo exigido é de 40%, a menos que resulta morte, quando então passa a ser de 50%; se é ele reincidente na prática de crime hediondo ou equiparado o tempo é de 60%, exceto se do crime resultar morte, caso em que deverá cumprir 70% da pena no regime anterior.

Os condenados por crime de constituição de milícia privada ou por exercer o comando individual ou coletivo, de organização criminosa estruturada para a prática de crime hediondo ou equiparado, devem cumprir 50% da pena para a progressão, independentemente de serem primários ou reincidentes.[48]

Tratando-se de crime de feminicídio, os condenados primários deverão cumprir 55% da pena para progredirem de regime (inciso VI-A, inserido pela Lei nº 14.994, de 9-10-2024).

A decisão do juiz do processo que fixa o regime prisional inicial é provisória e, a partir do regime fechado, pode-se transferir o sentenciado para o regime semiaberto e deste para o regime aberto. Não é admitida, portanto, a progressão *per saltum*, diretamente do regime fechado ao aberto. Nesse sentido editou-se a Súmula 491 do STJ.

Na progressão, evolui-se, portanto, de um regime para outro menos rigoroso. Essa evolução, nos termos do art. 33, § 2º, do CP, depende não só do cumprimento do tempo de pena no regime anterior (mais severo) como visto acima, como também do *mérito*, que significa *merecimento, aptidão, capacidade,* do condenado, que deve indicar sua compatibilidade com o regime menos rigoroso. O cometimento de falta grave pelo preso que cumpre pena em regime fechado acarreta a interrupção do tempo de pena para efeito

---

48. Sobre regimes de pena, progressão e regressão discorremos detidamente em outro trabalho: *Execução penal*: 17. ed. São Paulo: Foco, 2024. itens 110.1 a 118.4. Sobre os critérios para a avaliação do mérito do condenado: ATAÍDE JR., Vicente de Paula. Critérios para a avaliação do mérito do condenado. As faltas disciplinares e sua apuração. *Revista Jurídica da Faculdade de Direito de Curitiba*, 1993, ano IX, nº 7, p. 67-74.

de progressão, iniciando-se nova contagem do tempo necessário para a obtenção da promoção que terá como base a pena remanescente (art. 112, § 6º da LEP, inserido pela Lei nº 13.964, de 24-12-2019).[14] regra que já constituía jurisprudência prevalente, inclusive do STJ (Súmula 534). O mesmo ocorre se, estando no cumprimento da pena remanescente em regime semiaberto, decretar o juiz a regressão para um dos regimes mais severos.

### 7.2.7 Progressão em crimes hediondos e equiparados

Nas hipóteses de crimes hediondos, tráfico ilícito de entorpecentes e drogas afins e de terrorismo, não cabia a progressão, uma vez que a pena devia ser cumprida integralmente em regime fechado, nos termos do que previa o art. 2º, § 1º da Lei nº 8.072/90, em sua redação original. Quanto ao crime de tortura, definido na Lei nº 9.455, de 7-4-1997, como o art. 1º, § 7º, passou a prever o regime fechado inicial, já não havia mais óbice à progressão. Diante das alterações introduzidas pela Lei nº 11.464, de 28-3-2007, no art. 2º da Lei nº 8.072/90, não mais subsiste a proibição de progressão de regime para os condenados por crimes hediondos ou a estes equiparados. Segundo a lei vigente, nesses crimes, continua obrigatória a fixação do regime inicial fechado (art. 2º, § 1º). A progressão de regime dependia do cumprimento de dois quintos da pena, se primário o condenado, ou três quintos, se reincidente, até a vigência da Lei nº 13.964, de 24-12-2019 que revogou o § 2º do art. 2º da Lei nº 8.072/1990. Antes desta, tratando-se de lei penal mais benigna, por possibilitar a progressão de regime que era vedada na lei anterior, a Lei nº 11.464/07 aplicava-se aos crimes praticados anteriormente à sua vigência.[15] Sustentava-se, porém, que, nesses casos, não seria exigível o cumprimento de mais de um sexto da pena (art. 112 da LEP), sob o argumento de que a observância do requisito previsto no art. 2º, § 2º, da Lei nº 8.072/90 implicaria indevida retroatividade de norma penal mais severa.[16] Nesse sentido se pronunciou o STF ao aprovar a Súmula Vinculante nº 26: "Para efeito de progressão de regime no cumprimento de pena por crime hediondo, ou equiparado, o juízo da execução observará a inconstitucionalidade do art. 2º da Lei nº 8.072, de 25 de julho de 1990, sem prejuízo de avaliar se o condenado preenche, ou não, os requisitos objetivos e subjetivos do benefício, podendo determinar, para tal fim, de modo fundamentado, a realização de exame criminológico." No mesmo sentido, era o da exigência do cumprimento de somente um sexto da pena para os condenados por crimes hediondos praticados anteriormente à Lei nº 11.464/07, é, também, a Súmula 471 do STJ.

Nos termos da lei vigente, conforme dispõe o art. 112 da Lei de Execução Penal com as alterações introduzidas pelas Leis nº 13.964, de 24-12-2019, e nº 14.994, de 9-10-2024, como já assinalado, o condenado por crime hediondo ou equiparado para progredir de regime deverá cumprir 40% se primário (inciso V); 50% se primário, mas do crime resultou morte (inciso VI, a); 55%, se primário, no caso de feminicídio (inciso VI-A); 60% se reincidente em crime hediondo (inciso VII) e 70% se reincidente em crime hediondo com resultado morte (inciso VIII).

De acordo com orientação do STF, o tráfico privilegiado já não era considerado crime hediondo. A alteração jurisprudencial ensejou o cancelamento da Súmula 512 do STJ, que afirmava a hediondez.[49] A Lei nº 13.964, de 24-12-2019, introduziu o § 5º no 112, da LEP, prevendo expressamente que para os fins de progressão de regime não se considera hediondo ou equiparado o crime de tráfico de drogas previsto no § 4º do art. 33 da Lei nº 11.343/2006.

### 7.2.8 Progressão em crime de organização criminosa

Por disposição expressa de lei, os condenados por crimes decorrentes de organização criminosa, qualquer que fosse a quantidade da pena aplicada e independentemente de ser ou não o réu reincidente, deviam obrigatoriamente iniciar o cumprimento da pena em regime fechado, nos termos do que previa o art. 10 da Lei nº 9.034, de 3-5-1995. Esse diploma foi, porém, revogado pela Lei nº 12.850, de 2-8-2013, que não contém disposição semelhante. É certo que, por força de modificações introduzidas pela Lei nº 13.964, de 24-12-2019, prevê-se, agora, que o condenado por integrar organização criminosa ou por crime praticado por meio de organização criminosa, "não poderá progredir de regime de cumprimento de pena ou obter livramento condicional ou outros benefícios prisionais se houver elementos probatórios que indiquem a manutenção do vínculo associativo" (art. 2º, § 9º, da Lei nº 12.850/2013). Não se trata, porém, de vedação absoluta à progressão de regime, o que, ademais, teria o vício da inconstitucionalidade conforme reiteradamente têm decidido os tribunais superiores. A regra deve ser entendida como a previsão de um requisito adicional para a progressão de regime exigido do condenado por crimes dessa natureza, consistente na cessação do vínculo associativo. Assim, revogada a Lei nº 9.034/1995, não mais vigora a regra que previa a obrigatoriedade do regime inicial fechado para o condenado por integrar organização criminosa e este poderá progredir de regime desde que satisfaça todos os requisitos legais, entre os quais a cessação do vínculo associativo. O tempo de cumprimento de pena no regime anterior exigido para a progressão é, em princípio, de 16%, se primário ou 20% se reincidente, ou de 50% caso se trate de organização criminosa estruturada para a prática de crime hediondo ou equiparado (art. 112, incisos I, II e VI, *b*).

### 7.2.9 Progressão: requisito subjetivo

A *progressão de regime*, além do requisito temporal, exige boa conduta carcerária comprovada pelo diretor do estabelecimento, conforme ora dispõe o art. 112, § 1º, com a redação da Lei nº 13.964, de 24-12-2019, regra que antes estava contida no *caput* do artigo. Após a vigência da Lei nº 14.843, de 11-4-2024, que deu ao § 1º do art. 112 sua atual redação, não somente passou a se prever expressamente a admissibilidade do exame criminológico antes de qualquer decisão a respeito da progressão de regime, mas tornou-se obrigatória a sua realização.

Mas a simples apresentação de um atestado ou parecer do diretor do estabelecimento penitenciário, após o cumprimento do tempo da pena exigido no regime anterior, não

---

49. HC 118533-MS, j. em 23-6-2016, *DJe* de 19-9-2016.

assegura ao condenado o direito de ser promovido a regime menos restritivo. Embora se possa inferir da nova redação do dispositivo intuito de redução do *mérito*, previsto na lei anterior, ao *bom comportamento carcerário,* há que se ponderar que, no sistema vigente, a progressão de regime pressupõe não somente o ajustamento do condenado às regras do regime carcerário em que se encontra, mas também um juízo sobre a sua capacidade provável de adaptação ao regime menos restritivo. Essa avaliação mais abrangente e aprofundada, e, portanto, mais individualizada, das condições pessoais do condenado para a progressão é inerente ao sistema progressivo instituído pela reforma penal de 1984;[50] reclamada pela exigência de *mérito*, persistente no Código Penal (art. 33, § 2º); expressamente prevista para a progressão ao regime aberto (art. 114, II, da LEP); e compatível com o princípio constitucional da individualização da pena (art. 5º, XLVI, da CF). Além disso, não estando adstrito o juiz da execução às conclusões de atestado, parecer ou laudo técnico (art. 182 do CPP), podendo apreciar livremente a prova para a formação de sua convicção (art. 155 do CPP) e ordenar diligência e produção de prova, inclusive pericial (arts. 196, § 2º, da LEP e 156, II do CPP), deverá negar a progressão, mesmo quando favorável o atestado ou parecer do diretor do estabelecimento, se convencido por outros elementos de que o condenado não reúne condições pessoais para o cumprimento da pena em regime mais brando.

Essa orientação, no sentido de que permanece a possibilidade de determinar o juiz, em decisão fundamentada, que o sentenciado seja submetido a exame criminológico como diligência prévia ao julgamento do pedido de progressão de regime, é a prevalente no STJ e no STF. Na própria Súmula vinculante nº 26 afirma-se a possibilidade de realização do exame criminológico como medida destinada a aferir a presença dos requisitos subjetivos para a progressão. De acordo, também, com a Súmula 439 do STJ, admite-se a realização do exame criminológico, diante das peculiaridades do caso, a ser ordenado por decisão motivada.

Em se tratando de progressão à prisão aberta, exige-se, ainda, o requisito previsto no art. 114, I, da LEP (item 7.2.5). Para o condenado por crime contra a administração pública é também condição para a progressão de regime a reparação do dano causado ou a restituição do produto do ilícito, com os acréscimos legais, nos termos do § 4º do art. 33 do CP, inserido pela Lei nº 10.763, de 12-11-2003.

A Lei nº 13.769, de 19-12-2018, acrescentou o § 3º ao art. 112 da LEP, prevendo diferentes requisitos para a progressão de regime na hipótese de condenada gestante, mãe ou responsável por crianças ou pessoas com deficiência. Para a progressão, nesses casos, exige-se o cumprimento de apenas 1/8 (um oitavo) da pena no regime anterior e ser a condenada primária e de bom comportamento carcerário. Somente pode ser assim favorecida, porém, a condenada que não tiver cometido crime com violência ou grave ameaça a pessoa ou contra seu filho ou dependente e que não integrar organização criminosa. Esses requisitos eram os exigidos mesmo na hipótese de condenada por

---

50. Exposição de motivos da Lei nº 7.209, de 11-7-1984, itens 27, 29, 37, 119 e 120.

crime hediondo, conforme expressamente previa o art. 2º, § 2º, da Lei nº 8.072/1990, por força da alteração introduzida pela citada Lei nº 13.769/2018. A revogação do § 2º pela Lei nº 13.964, de 24-12-2019, não alterou a disciplina da matéria. Assim, a gestante, mãe ou responsável por crianças ou pessoas com deficiência terá direito à progressão de regime após o cumprimento de 1/8 da pena no regime anterior, ainda que condenada por crime hediondo, desde que não cometido com violência o grave ameaça a pessoa, e satisfaça os demais requisitos previstos no § 3º do art. 112 da LEP.

### 7.2.10 Regressão

Por outro lado, instituiu-se também a *regressão*, ou seja, a transferência de um regime para outro mais rigoroso. O condenado que cumpre pena em regime aberto pode ser transferido para o regime semiaberto ou fechado, e o que cumpre a sanção no regime semiaberto será recolhido a estabelecimento de segurança máxima ou média. Estabelece o art. 118 da LEP, *obrigatoriamente*, a regressão para *qualquer* dos regimes mais rigorosos quando o sentenciado pratica fato definido como crime doloso ou falta grave, ou sofre condenação, por crime anterior, cuja pena, somada ao restante da pena em execução, torna incabível o regime. Para o condenado que se encontra em regime aberto, a regressão ocorrerá também se ele frustra os fins de execução da pena ou se, podendo, não paga multa cumulativamente aplicada (arts. 36, § 2º, do CP, e 118, § 1º, da LEP). Excetuada a hipótese de nova condenação prevista no art. 118, II, da LEP, deve ser ouvido previamente o condenado (art. 118, § 2º, da LEP). Essa obrigatoriedade existe inclusive no caso da prática de crime doloso (arts. 52, *caput*, e 118, I, da LEP), porque não se exige que o sentenciado já tenha sido condenado pelo crime superveniente, conforme, aliás, já decidiu o STF por ocasião do julgamento de recurso extraordinário sobre tema com repercussão geral. Nesse sentido é, também, a Súmula 526 do STJ.

Comete falta grave o condenado à pena privativa de liberdade que: incitar ou participar de movimento que subverter a ordem ou a disciplina; fugir; possuir, indevidamente, instrumento capaz de ofender a integridade física de outrem; provocar acidentes de trabalho; descumprir, no regime aberto, as condições impostas; inobservar os deveres referentes à obediência ao servidor e respeito a qualquer pessoa com quem deva relacionar-se e à execução do trabalho, das tarefas e das ordens recebidas; tiver em sua posse, utilizar ou fornecer aparelho telefônico, de rádio ou similar, que permita a comunicação com outros presos ou com o ambiente externo[51]; recusar submeter-se ao procedimento de identificação do perfil genético (art. 50 da LEP, com a redação dada pela Lei nº 13.964/2019). Para o reconhecimento da falta disciplinar é imprescindível a sua prévia apuração em procedimento administrativo em que se assegurem o direito

---

51. A respeito da caracterização dessa falta disciplinar, editou o STJ as seguintes súmulas: 660 – "A posse, pelo apenado, de aparelho celular ou de seus componentes essenciais constitui falta grave"; 661 – "A falta grave prescinde da perícia do celular apreendido ou de seus componentes essenciais".

de defesa e a defesa técnica (Súmula 533 do STJ).[52] Impõe-se, também, previamente à regressão, que o juiz conceda oportunidade de manifestação ao Ministério Público e à defesa, a exemplo do que prevê a lei para a hipótese de progressão (art. 112, § 2º, da LEP).

### 7.2.11 Deveres e direitos do preso

Cumpre ao condenado, além das obrigações legais inerentes a seu estado, submeter-se às normas de execução da pena (art. 38 da LEP). Além da disciplina, que consiste na colaboração com a ordem, na obediência às determinações das autoridades e seus agentes no desempenho do trabalho (arts. 44 ss da LEP), prevê a lei um conjunto de regras inerentes à boa convivência, em especificação exaustiva que "atende ao interesse do condenado, cuja conduta passa a ser regulada mediante regras disciplinares claramente previstas" (item 64 da exposição de motivos da LEP). Constituem deveres específicos do condenado:

I – comportamento disciplinado e cumprimento fiel da sentença;

II – obediência ao servidor e respeito a qualquer pessoa com quem deva relacionar-se;

III – urbanidade e respeito no trato com os demais condenados;

IV – conduta oposta aos movimentos individuais ou coletivos de fuga ou de subversão à ordem ou à disciplina;

V – execução do trabalho, das tarefas e das ordens recebidas;

VI – submissão à sanção disciplinar imposta;

VII – indenização à vítima ou aos seus sucessores;

VIII – indenização ao Estado quando possível, das despesas realizadas com a sua manutenção, mediante desconto proporcional da remuneração do trabalho;

IX – higiene pessoal e asseio da cela ou alojamento;

X – conservação dos objetos de uso pessoal (art. 39 da LEP).

De outro lado, a prisão não deve impor restrições que não sejam inerentes à própria natureza da pena privativa de liberdade. Por essa razão, segundo preceito constitucional, impõe-se a todas as autoridades o respeito à integridade física e moral do detento ou presidiário (art. 5º, XLIX), dispondo a nova lei que "o preso conserva todos os direitos não atingidos pela perda da liberdade, impondo-se a todas as autoridades o respeito à sua integridade física e moral" (art. 38 do CP). Preocupou-se o legislador em humanizar a pena, assentando-se numa proclamação formal de garantia que ilumina todo o procedimento da execução. Prevê-se na Lei de Execução Penal o direito à assistência *material* (fornecimento de alimentação, vestuário, instalações higiênicas e serviços que atendam a suas necessidades pessoais), de *saúde* (de caráter preventivo e curativo, incluindo atendimento médico, farmacêutico e odontológico); *jurídica* (assistência jurídica nos estabelecimentos penais); *educacional* (instrução escolar e formação profissional do preso e do internado); *social* (amparo do preso para prepará-lo ao retorno

---

52. A respeito do assunto discorremos na obra *Execução penal*. 17. ed. São Paulo: Foco, 2024, itens 59.1 a 59.5.

à liberdade); *religiosa* (liberdade de culto e participação dos serviços organizados no estabelecimento penal, além da posse de livros de instrução religiosa etc.), não se descuidando da assistência ao egresso (orientação e apoio para a reintegração à vida em liberdade, concessão de alojamento e alimentação pelo prazo de dois meses etc.) (arts. 10 ss da LEP).

Além disso, estabelecem-se na lei os direitos do preso:

I – alimentação suficiente e vestuário;

II – atribuição de trabalho e sua remuneração;

III – previdência social;

IV – constituição de pecúlio;

V – proporcionalidade na distribuição do tempo para o trabalho, o descanso e a recreação;

VI – exercício das atividades profissionais, intelectuais, artísticas e desportivas anteriores, desde que compatíveis com a execução da pena;

VII – assistência material, à saúde, jurídica, educacional, social e religiosa;

VIII – proteção contra qualquer forma de sensacionalismo;

IX – entrevista pessoal e reservada com o advogado;

X – visita do cônjuge, da companheira, de parentes e amigos em dias determinados;[53]

XI – chamamento nominal;

XII – igualdade de tratamento salvo quanto às exigências da individualização da pena;

XIII – audiência especial com o diretor do estabelecimento;

XIV – representação e petição a qualquer autoridade, em defesa de direito;

XV – contato com o mundo exterior por meio de correspondência escrita, da leitura e de outros meios de informação que não comprometam a moral e os bons costumes (art. 41 da LEP);

XVI – atestado de pena a cumprir, emitido anualmente, sob pena da responsabilidade da autoridade judiciária competente (art. 41 da LEP, alterado pela Lei nº 10.713, de 13-8-2003).

Somente os direitos previstos nos incisos V, X e XV poderão ser suprimidos ou restringidos, exigindo-se ato motivado do diretor do estabelecimento. Esses mesmos direitos sofrem maiores restrições no regime disciplinar diferenciado criado pela Lei nº 10.792, de 1º-12-2003 e alterado pela Lei nº 13.964, de 24-12-2019 (item 7.2.4). Ressalva-se, ainda, que não poderá usufruir do direito de visita do cônjuge, da companheira, de parentes e amigos (inciso X) o preso condenado por crime contra a mulher por razões da condição do sexo feminino, nos termos do § 1º do art. 121-A do Código Penal (art. 41, § 2º, inserido pela Lei nº 14.994 de 9-10-2024).

---

53. Pela Resolução nº 23, de 4-11-2021, recomenda ao Departamento Penitenciário Nacional e às administrações penitenciárias das unidades federadas a adoção dos parâmetros que estabelece, para a concessão da visita conjugal ou íntima à pessoa privada de liberdade em estabelecimento penal. A Portaria nº 718, de 28-8-2017, do Ministério da Justiça regulamenta a visita íntima no interior das penitenciárias federais. STF, ARE 959620, j. em 18-10-2024 – tese de repercussão geral 998.

## 7.2.12 Trabalho do preso

Impõe-se ao preso o trabalho obrigatório, remunerado e com as garantias dos benefícios da Previdência Social (art. 39). Trata-se de um dever social e condição de dignidade humana, que tem finalidade educativa e produtiva. Como escreve Miguel Reale Junior: "O trabalho não vale tão só por criar bens econômicos, pois tem maior relevo sua importância existencial e social, como meio que viabiliza tanto a autoafirmação do homem como a estruturação da sociedade."[54] Essa obrigatoriedade do trabalho no presídio decorre da falta do pressuposto de liberdade, pois, em caso contrário, poder-se-ia considerar sua prestação como manifestação de um *trabalho livre*, que conduziria a sua inclusão no ordenamento jurídico trabalhista.[55] A jornada normal de trabalho não deve ser inferior a seis, nem superior a oito horas, com descanso nos domingos e feriados, em se tratando de trabalho interno, e sua organização, seus métodos e atribuição estão submetidos às normas da Lei de Execução Penal (arts. 28 ss). Com a finalidade de favorecer a inserção das pessoas presas e dos egressos no mercado de trabalho e na geração de renda, foi editado o Decreto nº 9.450, de 24-7-2018, que instituiu a Política Nacional de Trabalho no âmbito do Sistema Prisional.

Tratando-se de regime fechado, o trabalho será em comum dentro do estabelecimento, na conformidade das aptidões ou ocupações anteriores do condenado, desde que compatíveis com a execução da pena, sendo admissível o trabalho externo em serviços e obras públicas (art. 34, § 3º). Para o trabalho externo, exige-se, além disso, o cumprimento mínimo de um sexto da pena (art. 37 da LEP).

Em regime semiaberto, o trabalho é realizado em colônia agrícola, industrial ou estabelecimento similar, sendo admissível o trabalho externo, bem como a frequência a cursos supletivos, profissionalizantes, de instrução de segundo grau ou superior (art. 35).

Embora o trabalho do preso não esteja sujeito ao regime de Consolidação das Leis do Trabalho, será ele remunerado, mediante prévia tabela, não podendo a remuneração ser inferior a três quartos do salário mínimo. A destinação do produto da remuneração está prevista na Lei de Execução Penal e deverá atender: (a) à indenização dos danos causados pelo crime, desde que determinados judicialmente e não reparados por outros meios; (b) à assistência à família; (c) a pequenas despesas pessoais; (d) ao ressarcimento ao Estado das despesas realizadas com a manutenção do condenado, em proporção a ser fixada e sem prejuízo da destinação prevista nas letras anteriores (art. 29, § 1º). Ressalvadas outras aplicações legais, será depositada a parte restante para constituição do pecúlio, em caderneta de poupança, que será entregue ao condenado quando posto em liberdade (art. 29, § 2º, da LEP).

O condenado por crime político não está obrigado ao trabalho (art. 200 da LEP).

---

54. Ob. cit. p. 83.
55. PIERANGELLI, José Henrique. Artigo citado, *RT* 580/308.

## 7.2.13 Remição

A gravidade jurídica de um crime não tem um valor absoluto para a determinação do tempo de duração da pena. O rigor punitivo não deve, por isso, ser determinado de uma vez por todas, nem ser proporcional, exclusivamente, à importância penal da infração. Uma vez fixada na sentença, a pena pode ser diminuída durante a fase executiva, desde que os fins de integração ou reintegração social do condenado tenham sido atingidos. Embora haja notícia de casos de diminuição de pena em decorrência do trabalho do condenado nas Ordenações Gerais dos Presídios da Espanha em 1834 e 1928, e no Código Penal espanhol de 1822, a *redención de penas por el trabajo* foi instituída nos termos em que hoje é conhecida pelo Decreto nº 281, de 28-5-1937, com relação aos condenados de guerra e por delitos políticos, sendo incorporada ao Código Penal daquele país na reforma de 1944 (art. 100). Também conhecem o instituto o Código Penal da Bulgária (art. 23, § 2º), e da Noruega, bem como alguns Estados norte-americanos, entre eles o da Califórnia.

A *remição* é uma inovação inserida na legislação penal brasileira pela Lei nº 7.210/84 com a finalidade mais expressiva de abreviar, pelo trabalho, parte do tempo da condenação.

Como diretriz básica da política penitenciária nacional foi proposta a viabilização perante o Congresso Nacional da inserção no direito penal brasileiro da "remição da pena pelo processo educacional, em virtude de frequência e aproveitamento em curso de qualquer grau, nível ou modalidade de ensino" [56]

Mesmo na ausência de expresso dispositivo legal, alguns tribunais passaram a admitir, por interpretação extensiva ou analógica do art. 126 da Lei de Execução Penal, a remição da pena pela *frequência a curso de ensino formal* por condenados em regime fechado e semiaberto. A orientação, que já se cristalizara no STJ nos termos da Súmula 341,[17] foi adotada pela Lei nº 12.433, de 29-6-2011, que introduziu modificações na disciplina da remição, privilegiando o estudo como meio de redução do tempo de cumprimento da pena pelo condenado.

Prevê o art. 126 da Lei de Execução Penal, em sua atual redação: "O condenado que cumpre a pena em regime fechado ou semiaberto poderá remir, por trabalho ou por estudo, parte do tempo de execução da pena." A remição pelo estudo, porém, pode ser deferida também ao condenado que se encontra em regime aberto ou em livramento condicional (art. 126, § 6º).

O trabalho que propicia a remição é somente o executado nos regimes fechado e semiaberto. A regra foi mantida pela Lei nº 12.433, de 29-6-2011. A clara restrição legal impede o recurso à analogia para abranger outras hipóteses. Não tem, assim, o condenado o direito à remição por dias trabalhados no regime aberto[18] ou em livramen-

---

56. Art. 4º, b, da Resolução nº 7, de 11-7-1994, do Conselho Nacional de Política Criminal e Penitenciária, revogada pela Resolução nº 8, de 8-10-2020.

condicional. Incluem-se o trabalho interno e o extramuros, quando autorizado pela administração (arts. 36 e 37 da LEP). Nesse sentido firmou-se a Súmula 562 do STJ, "É possível a remição de parte do tempo de execução da pena quando o condenado, em regime fechado ou semiaberto, desempenha atividade laborativa, ainda que extramuros". Não distingue a lei quanto à natureza do trabalho desenvolvido pelo condenado, se manual ou intelectual, agrícola ou industrial. Tem-se admitido qualquer trabalho útil na prisão, como os burocráticos na administração, de faxina etc.

O estudo que autoriza a remição é o desenvolvido mediante frequência a atividades de ensino fundamental, médio, inclusive profissionalizante, ou superior, ou, ainda, de requalificação profissional, no interior do estabelecimento penal ou no meio externo, nos casos de condenados beneficiados pela concessão da saída temporária no regime semiaberto (arts. 122, II, e § 3º) ou que se encontram em regime aberto ou no gozo do livramento condicional. Admite-se que as atividades educacionais sejam desenvolvidas por metodologia de ensino a distância. Em todos os casos exige-se para o cômputo dos dias de estudo na remição a certificação de frequência ao curso pelas autoridades educacionais competentes.

A contagem do tempo será feita, nos termos do art. 126, § 1º, da LEP, à razão de um dia de pena por três de trabalho e, no caso de estudo, de um dia de pena por doze horas de frequência escolar, divididas, no mínimo, em três dias. A jornada diária de trabalho deve ser fixada em no mínimo seis e no máximo oito horas, com descanso nos domingos e feriados, ressalvadas situações especiais (art. 33). Com relação ao estudo, para evitar abusos e também visando incentivar o hábito do condenado, a lei determina a divisão das doze horas em pelo menos três dias de frequência, não estabelecendo, porém, um mínimo de horas diárias. Não será computado, portanto, para a remição o tempo de estudo que, no período de três dias, exceder doze horas e o condenado que cumprir doze horas de frequência ao curso divididas em dois dias, deverá estudar pelo menos uma hora adicional no terceiro dia para adquirir o direito à remição de um dia de pena. Referindo-se a lei a *horas* de frequência escolar, não se pode pretender a acumulação de frações diárias de hora de estudo. Permite a lei a cumulação de horas diárias de trabalho e estudo para a remição (art. 126, § 3º). É possível, assim, ao condenado obter o direito à remição de dois dias de pena por três dias de trabalho e estudo, desde que, diariamente, trabalhe por no mínimo seis horas e estude por outras quatro. O mesmo dispositivo prevê que as horas de trabalho e estudo serão definidas de forma a se compatibilizarem. Incumbe, portanto, ao diretor do estabelecimento penal propiciar ao condenado a possibilidade de trabalhar e estudar no mesmo dia, havendo, porém, que se respeitar a jornada mínima de seis horas de trabalho (art. 33). Deverá ser computado para a remição o período em que o preso permanecer impossibilitado, por acidente, de prosseguir no trabalho ou nos estudos (art. 126, § 4º). Não mais se exige que o acidente decorra da execução do trabalho, como previsto na lei anterior, mas somente se beneficia da remição, na hipótese, o condenado que anteriormente trabalhava ou estudava e que em razão do acidente ficou impossibilitado de desenvolver essas atividades. Prevê a lei um *bônus* para o condenado que concluir o ensino fundamental, médio ou superior durante o cumprimento da pena ao determinar que, nessas hipóteses, o tempo remido por horas de estudo será acrescido de um terço (art. 126, § 5º).

Como cautela para evitar distorções comprometedoras à eficiência e ao critério do instituto, determina-se que a remição depende de declaração do juiz da execução, ouvidos previamente o Ministério Público e a defesa. Deverão estar comprovados os dias de trabalho e estudo efetivos do sentenciado e o número de horas das atividades desenvolvidas. Para esse fim, incumbe à autoridade administrativa o encaminhamento mensal ao juiz dos registros relativos a todos os condenados que trabalhem e estudem. Na hipótese de estudo fora do estabelecimento penal, cabe ao condenado comprovar, também mensalmente, a frequência ao curso e o aproveitamento escolar por meio de declaração da unidade de ensino. Constitui crime de falsidade ideológica declarar ou atestar falsamente prestação de serviço para fim de instruir pedido de remição (art. 130). Tem o condenado o direito à emissão pelo juízo da execução da relação dos dias remidos pelo trabalho e pelo estudo. Contra a decisão que defere ou indefere a remição é cabível o recurso de agravo em execução (art. 197).

Embora certo que a remição havia de ser considerada para fins de indulto e comutação de penas diante da anterior redação do art. 128, e, também, por analogia, para a progressão de regime, discutia-se, antes da vigência da Lei nº 12.433, de 29-6-2011, se o tempo remido pelo condenado devia ser computado como pena cumprida ou descontado do total da pena. Na jurisprudência era praticamente pacífico que o tempo remido devia ser computado como de pena privativa de liberdade cumprida pelo condenado e não simplesmente abatido do total da sanção aplicada.[19] Solucionando definitivamente a divergência, a lei passou a dispor que "o tempo remido será computado como pena cumprida, para todos os efeitos" (art. 128).

Como um dos objetivos do instituto da remição é o incentivo ao bom comportamento do sentenciado e a sua readaptação, prevê a lei a possibilidade de perda de parte do tempo remido quando for punido por falta grave. Nessa hipótese começará a ser computado um novo período a partir da data da infração disciplinar (art. 127). Já se sustentou a inconstitucionalidade da perda da remição, sob o argumento de que a declaração da perda dos dias remidos afrontaria o direito adquirido e a coisa julgada, bem como violaria os princípios da proporcionalidade, da isonomia e da individualização da pena. Deve-se observar, porém, que, nos termos em que é regulada a remição, a inexistência de punição por falta grave é um dos requisitos exigidos para que o condenado mantenha o benefício da redução da pena. Praticando falta grave, o condenado deixa de ter o direito à remição, tal como ocorre, por exemplo, na revogação do *sursis* ou do livramento condicional se o condenado pratica novo crime ou sofre condenação durante o período de prova. Assim, o abatimento da pena em face de remição não se constitui em direito adquirido protegido por mandamento constitucional e é condicional, ou seja, pode ser revogado na hipótese de falta grave, sem que se possa falar em ofensa à coisa julgada.[20] A discussão veio a ser pacificada pelo STF, com a edição da Súmula Vinculante nº 9, que deixa clara a inexistência de ofensa a princípios constitucionais: "O disposto no artigo 127 da Lei nº 7.210/1984 (Lei de Execução Penal) foi recebido pela ordem constitucional vigente, e não se lhe aplica o limite temporal previsto no *caput* do artigo 58." Embora se refira a súmula ao art. 127 em sua anterior redação, no qual se previa a perda da totalidade dos dias anteriormente remidos, o seu enunciado permanece válido em face da lei vigente.

A Lei nº 12.433 conferiu ao juiz da execução margem de discricionariedade para dosar a perda da remição em decorrência de falta grave e estabeleceu como limite máximo o de um terço dos dias remidos. Os critérios legais que devem nortear o juiz são os previstos no art. 57 da LEP, incumbindo-lhe, portanto, ponderar a natureza, os motivos, as circunstâncias e consequências do fato, bem como a pessoa do faltoso e o seu tempo de prisão. Diversamente da anterior redação do dispositivo, em que se previa como efeito necessário da falta grave a perda do direito ao tempo remido, dispõe o art. 127 da LEP que o juiz *poderá* revogar até um terço do tempo remido. É clara a norma no sentido de que o poder discricionário não se restringe à fixação da quantidade de dias remidos a serem revogados, mas abrange a possibilidade de deixar o juiz de declarar a perda. Entendimento contrário, no sentido da obrigatoriedade da revogação, é incompatível com a ausência de previsão de um mínimo de dias a serem perdidos. Embora a perda dos dias remidos não seja um efeito automático e obrigatório da falta grave, a previsão normativa da possibilidade de revogação torna exigível decisão fundamentada do juiz que recebe a comunicação da falta mesmo na hipótese de entender que não é caso de declarar a perda, incumbindo-lhe, sempre, justificar a opção com base nas mencionadas circunstâncias legais.

Diante do princípio de retroatividade da lei mais benigna, a Lei nº 12.433/2011, que passou a prever, em dispositivos mais benignos, a remição pelo estudo e o limite de um terço do total para a perda dos dias remidos, aplica-se aos fatos anteriores à sua vigência.[21] A Constituição Federal prevê, no art. 5º, XL, a retroatividade da lei penal mais benigna e o art. 2º, parágrafo único, do Código Penal determina que a lei retroagirá quando de *qualquer modo favorecer o agente*. Consequentemente, a *novatio legis in mellius* inclui, no direito penal brasileiro, não só o fato, como também a pena e todos os efeitos penais previstos em lei, incluindo-se os direitos públicos subjetivos do condenado. Já se decidiu, aliás, que a remição traduz-se numa redução punitiva e, assim, as normas que a regem são de direito penal (material), embora previstas apenas na Lei de Execução Penal.

As normas que disciplinam a remição de pena aplicam-se também ao preso provisório, que se encontra custodiado em decorrência da decretação de sua prisão cautelar (art. 126, § 7º, da LEP). Não está ele, porém, obrigado ao trabalho e este somente pode ser exercido no interior do estabelecimento penal (art. 31, parágrafo único, da LEP).

## 7.2.14 Detração

Com a rubrica de "detração", determina o art. 42: "Computam-se, na pena privativa de liberdade e na medida de segurança, o tempo de prisão provisória, no Brasil ou no estrangeiro, o de prisão administrativa e o de internação em qualquer dos estabelecimentos referidos no artigo anterior."

A *prisão provisória* a que se refere a lei é a prisão processual, que pode ocorrer em virtude de atuação em flagrante delito, de prisão temporária ou de prisão preventiva, ou seja, em todas as hipóteses em que o criminoso é recolhido à prisão antes da prolação da sentença condenatória definitiva que autoriza a execução da pena.

De acordo com as novas regras processuais, a prisão não é mais efeito direto da pronúncia ou da sentença condenatória recorrível. Nesses casos, deve o juiz proferir decisão a respeito da necessidade de manutenção da anterior prisão provisória ou de decretação da prisão preventiva, se o acusado estiver em liberdade (arts. 316, parágrafo único, 387, § 1º, 413, § 3º, e 492, I, *e*, do CPP).[57]

Computa-se, também, por razões humanitárias, o tempo em que o condenado esteve internado em hospital de custódia e tratamento psiquiátrico, no curso da ação penal, para realização do exame de sanidade mental (art. 150 do CPP) ou porque determinada a internação provisória como medida cautelar (art. 319, VII, do CPP), ou após o trânsito em julgado da condenação, no caso de superveniência de doença mental. Quando, todavia, a doença mental ou a perturbação da saúde mental eclodir durante a execução da pena privativa de liberdade, o juiz poderá determinar a substituição dessa pena por medida de segurança (art. 183 da LEP). Nessa hipótese, o prazo do recolhimento do sentenciado passará a ser regulado de acordo com as normas que regem a medida de segurança e não mais de acordo com os dispositivos relativos à execução da pena (item 10.2.3).

Inexplicavelmente, a lei não se refere expressamente à contagem nas penas de prestação de serviços à comunidade ou limitação de fim de semana do tempo de prisão provisória. Entendemos, porém, de que deve se reconhecer a detração penal nessa hipótese por medida de equidade. Assim, se esteve o sentenciado preso preventivamente por três meses, tal prazo deverá ser descontado, por exemplo, dos quatro meses da limitação de fim de semana ou de prestação de serviços à comunidade que lhe forem aplicados em substituição à pena privativa de liberdade.[22] Solução diversa implica tratamento mais severo para os que, por suas condições pessoais, merecem da lei o tratamento mais

---

57. Em recente decisão, o STF, por maioria, entendeu que a soberania das decisões do Tribunal do Júri, prevista na Constituição Federal, justifica a execução imediata da pena imposta. Dessa forma, a Suprema Corte decidiu: dar interpretação conforme à Constituição, com redução de texto, ao art. 492 do CPP, com a redação da Lei nº 13.964/2019, excluindo do inciso I, "e" o limite mínimo de 15 anos para a execução da condenação imposta pelo corpo de jurados; por arrastamento, exclui do § 4º e do § 5º, inciso II, do mesmo art. 492 do CPP, a referência ao limite de 15 anos; e, assim, fixou a seguinte tese: "A soberania dos veredictos do Tribunal do Júri autoriza a imediata execução de condenação imposta pelo corpo de jurados, independentemente do total da pena aplicada"(STF: RE 1235340, j. 12-9-2024 –Tema 1068).

benigno da substituição da pena privativa de liberdade pela restritiva de direitos. Essa orientação ficou reforçada com o advento da Lei nº 9.714, de 25-11-1998, que alterando o art. 44 do CP prevê expressamente uma espécie de detração das penas restritivas de direito quando convertidas em privativas de liberdade pelo descumprimento injustificado da restrição imposta. Determina o novo dispositivo que "no cálculo da pena privativa de liberdade a executar será deduzido o tempo cumprido da pena restritiva de direitos, respeitado o saldo mínimo de trinta dias de detenção ou reclusão" (art. 44, § 4º, segunda parte).

Inovando, inclui, também, o art. 42 do CP na detração o tempo em que o condenado esteve submetido à *prisão administrativa*.

Classifica-se a prisão em dois ramos: a prisão penal, decorrente da prática de crime ou contravenção, e a prisão civil em sentido amplo, que não decorre da prática do ilícito penal. Esta última subdivide-se em prisão administrativa e prisão civil em sentido estrito.

A possibilidade de decretação da prisão por autoridade administrativa foi revogada pela Constituição Federal, que só permite a prisão por ordem escrita e fundamentada de autoridade judiciária competente, salvo nos casos de transgressão militar ou crime propriamente militar, definidos em lei (art. 5º, LXI). Há entendimento, porém, que admite que a autoridade administrativa peça, fundamentadamente, a decretação da prisão ao órgão judiciário competente nas hipóteses previstas em lei.[23] A decretação da prisão de estrangeiro, como medida cautelar do processo de extradição (art. 84 da Lei nº 13.445, de 24-5-2017), deve ser requerida ao STF, competindo a decisão ao ministro relator do processo.[24] A detração será aplicável nessas hipóteses se for decretada a prisão administrativa.

Em relação à prisão compulsiva da alçada judiciária da antiga Lei de Falências (arts. 35, parágrafo único, e 69, §§ 5º e 7º, do Decreto-lei nº 7.661, de 21-6-1945), embora o STJ tenha decidido anteriormente que não havia ilegalidade em face da atual Constituição na prisão administrativa do falido, desde que o decreto fosse fundamentado e tivesse sido expedido por autoridade judiciária, veio a prevalecer o entendimento contrário, adotado na Súmula 280, no sentido de que o art. 35 da Lei de Falências afrontava o disposto no art. 5º, LXI e LXVII, da CF.[25] No entanto, a Lei nº 11.101, de 9-2-2005, que revogou a antiga Lei de Falências e que dispõe sobre a recuperação judicial, a extrajudicial e a falência do empresário e da sociedade empresária, deixou de prever a prisão administrativa do falido pelo descumprimento de obrigações, mencionando tão somente a possibilidade de decretação da prisão preventiva do falido ou de seus administradores, quando da sentença que decreta a falência, se houver prova da prática de crime falimentar (art. 99, VII).

A *prisão civil em sentido estrito*, ou seja, a prisão por dívida civil, somente é permitida ao depositário infiel e ao responsável pelo inadimplemento de obrigação alimentar voluntário e inescusável (art. 5º, LXVII, da CF, art. 652 do CC, art. 528, §§ 3º a 8º, do novo CPC). O Supremo Tribunal Federal, durante longo período, reconheceu a constitucionalidade das hipóteses legais de prisão do depositário infiel, inclusive no caso de alienação fiduciária. Contudo, recentemente, firmou o STF a orientação no sentido da prevalência sobre essas normas legais da Convenção Americana de Direitos Humanos (Pacto de São José da Costa Rica), que excepciona da proibição geral de prisão por dívida somente o descumprimento inescusável de prestação alimentícia (art. 7º, item 7). Esse entendimento cristalizou-se na Súmula vinculante nº 25: "É ilícita a prisão civil de depositário infiel, qualquer que seja a modalidade do depósito." Decidiu, assim, o STF que a proibição da prisão civil aplica-se a todas as formas de infidelidade de depósito, seja ele voluntário ou necessário. Estão abrangidas pela vedação, por exemplo, as prisões por infidelidade de depósito judicial e de depósito de valor pertencente à Fazenda Pública (art. 4º, § 2º, da Lei nº 8.866, de 11-4-1994). De acordo com os expressos termos da Súmula 419 do STJ, "não cabe a prisão civil do depositário judicial infiel". Foi expressamente cancelada a Súmula 619 do STF e devem ser tidas como superadas as Súmulas 304 e 305 do STJ.

Referindo-se a lei somente à prisão administrativa, excluiria injustificadamente da detração a prisão civil em sentido estrito. Permitir-se-ia apenas a detração nas hipóteses de fatos que constituem crimes contra a Administração Pública (peculato, emprego irregular de verbas públicas etc.), não se computando, porém, o tempo de prisão civil por fato que constitui, por exemplo, o crime de abandono material. Como a finalidade da prisão administrativa e da prisão civil em sentido estrito são, em geral, a mesma, ou seja, a de compelir o devedor ao cumprimento de obrigação, acredita-se que a interpretação extensiva se impõe, considerando-se para os fins do dispositivo, que a prisão administrativa é toda a prisão que não deflui da prática do ilícito penal, devendo ser computada para o efeito da detração.

Questão discutida e não resolvida pela lei nova é a de se saber se, para aplicação do art. 42, deve existir ou não o nexo entre o motivo da prisão anterior e a pena que cumpre o sentenciado.

São várias as correntes a respeito do assunto. Em uma orientação mais restrita, e atualmente em declínio, afirma-se que a prisão computável na duração da pena deve relacionar-se com o fato que é objeto da condenação. A doutrina inclina-se no sentido de abranger também a prisão ocorrida no processo, embora por outro crime, determinando-se a detração por uma conexão formal.[58] Na jurisprudência, aliás, negou-se a detração pela prisão por outro processo em que foi o sentenciado absolvido[26] ou em que se decretou a extinção da punibilidade.[27]

Numa posição liberal, todavia, tem-se admitido tanto na doutrina como na jurisprudência a detração por prisão ocorrida em outro processo, desde que o crime pelo

---

58. Cf. MARQUES, José Frederico. *Tratado de direito penal*. São Paulo: Saraiva, 1968. v. 3, p. 134; NORONHA, E. Magalhães. *Direito penal*. 15. ed. São Paulo: Saraiva, 1978. p. 239-240; JESUS, Damásio E. de. *Direito penal*. 8. ed. São Paulo: Saraiva, 1983. v. 1, p. 485; LYRA, Roberto. *Comentários ao código penal*. Rio de Janeiro: Forense, 1958. v. 3, p. 152; *RTJ* 52/617, 65/272; *RT* 399/275, 575/339; *JTACrSP* 26/326, 34/67.

qual o sentenciado cumpre pena tenha sido praticado anteriormente à sua prisão.[59] Seria uma hipótese de *fungibilidade* da prisão. Evidentemente não se pode admitir a contagem do tempo de recolhimento quando o crime é praticado posteriormente a ele.[28] Admitir-se outro entendimento conduziria a estabelecer uma espécie de "conta corrente" com o criminoso.

A orientação mais liberal é a mais aceitável, sendo de boa política criminal que seja computado em favor do condenado o tempo de prisão que, afinal, não deveria ter cumprido. Aliás, a Constituição Federal prevê que deve ser indenizado o condenado por erro judiciário, assim como aquele que ficar preso além do tempo fixado na sentença (art. 5º, inc. LXXV) e não há indenização mais adequada para o tempo de prisão provisória que se julgou indevida pela absolvição do que ser ele computado no tempo da pena imposta por outro delito.

São inúmeras as decisões, aliás, de que, se não houve solução de continuidade entre o cumprimento da pena que se pretende compensar e aquela que se pretende reduzir, é de se admitir a compensação do tempo em que o acusado esteve preso em virtude de processo do qual veio a ser ao final absolvido.[29]

Prevê a lei, também, o cômputo do tempo de prisão provisória ou administrativa e de internação para o fim de fixação do regime inicial do cumprimento da pena privativa de liberdade (art. 387, § 2º, do CPP inserido pela Lei nº 12.736, de 30-11-2012 (v. item 7.5.7).

A detração aplica-se, também, quanto ao período que esteve preso provisoriamente, para a contagem do prazo prescricional. Se o prazo de prescrição se regula pela pena que o sentenciado tem a cumprir (art. 113), não foge à lógica computar-se aquele prazo como já cumprido na hipótese de contagem para o efeito da extinção da punibilidade do sentenciado foragido.

Tem-se decidido também que é computado o prazo de prisão albergue ou de regime de semiliberdade ainda que irregularmente concedido o benefício.[30] Não há óbice a que se compute na pena o tempo de prisão provisória cumprido em prisão domiciliar, que é uma modalidade de prisão provisória admitida nas hipóteses expressamente previstas em lei (arts. 317, 318 e 318-A do CPP) e que implica, igualmente, restrição à liberdade de locomoção. Em decisão inédita, entendeu o STJ que, sendo impostas ao réu severas restrições ao direito de locomoção antes da condenação, deve ser efetuada a detração desse lapso temporal da pena imposta, como forma razoável de compensação em face dos gravames consequentes do castigo antecipado,[31] Nesse sentido, já se assentou no mesmo STJ que deve ser detraído da pena definitiva imposta ao acusado o período que o investigado ou acusado cumprir a medida cautelar de recolhimento domiciliar noturno e nos dias de folga (art. 319, V, do CPP). Evidentemente não se computa o prazo

---

59. Cf. FRAGOSO, Heleno Cláudio. *Lições de direito penal*: parte geral. 4. ed. Rio de Janeiro: Forense, 1980. p. 303; DELMANTO, Celso. Ob. cit. p. 38; *RT* 551/308, 619/279, 622/304; *RJTJESP* 71/286, 72/290; *JTACrSP* 64/224; *RTJ* 70/324; *RJDTACRIM* 22/27; AgRg no REsp 1687762-DF, j. em 1º-3-2018, *DJe* de 14-3-2018).

em que o condenado esteve sob *sursis,* já que nessa hipótese não esteve ele recolhido à prisão e a execução da pena esteve suspensa.[32]

Por falta de previsão legal, não há que se falar em detração quando é aplicada pena de multa. Entretanto, criou-se no extinto Tribunal de Alçada Criminal de São Paulo, uma corrente jurisprudencial de que, por analogia com o art. 42, se deve descontar dos dias-multa o tempo de prisão provisória,[33] inclusive com a decretação da extinção da punibilidade quando a duração desta for igual ou superior à daquela.[34] Mas invocação da analogia *in bonam partem* somente se justifica quando há evidente lacuna involuntária na lei, o que não ocorre na hipótese do art. 42, que se refere expressamente à detração quanto à pena privativa de liberdade, excluída tacitamente a multa. Por esse motivo, a orientação mencionada já era rechaçada por outra corrente do mesmo tribunal, segundo a qual somente se admite a detração quando efetuada a conversão da multa em detenção.[35] A conversão da multa em pena privativa de liberdade, porém, já não é permitida diante da nova redação dada ao art. 51 do CP.

Também consagra a lei a detração, quanto ao prazo da prisão provisória e de internação, quando o sentenciado for submetido a medida de segurança, para a contagem do lapso de um a três anos, fixados em lei para a duração mínima desta (art. 97, § 1º). Nesse caso, a contagem do prazo de prisão provisória é computada não para o fim de cessar a medida de segurança, mas no prazo mínimo necessário à realização obrigatória do exame de verificação de cessação de periculosidade.[36]

A detração é matéria referente à execução da pena ou medida de segurança aplicada ao condenado, da qual o juiz competente deverá abater o tempo de prisão provisória ou de internação, inclusive o referente a outra ação penal em que houve absolvição ou prescrição. Não cabe ao juiz do processo, pois, na sentença, decretá-la.[37]

## 7.3 PENAS RESTRITIVAS DE DIREITOS

### 7.3.1 Classificação

No que tange a sua aplicabilidade, as penas podem ser classificadas como:

a) *únicas,* quando existe uma só pena e não há qualquer opção para o julgador;

b) *conjuntas,* nas quais se aplicam duas ou mais penas (prisão e multa) ou uma pressupõe a outra (prisão com trabalhos forçados);

c) *paralelas,* quando se pode escolher entre duas formas de aplicação da mesma espécie de pena (por exemplo, reclusão ou detenção);

d) *alternativas,* quando se pode eleger entre penas de naturezas diversas (reclusão ou multa, por exemplo).[60]

---

60. Cf. MENDES, Nelson Pizzoti. Classificação das penas: a pena privativa de liberdade. *Justitia* 99/54.

A Lei nº 7.209, como será visto, deu ênfase ao sistema de penas alternativas, abrindo ao julgador um leque de possibilidades na aplicação das sanções. Essa orientação ditou, aliás, modificações nos arts. 43, 44, 45, 46 e 47 do Código Penal efetuadas pela Lei nº 9.714, de 25-11-1998, que criou novas espécies de penas restritivas e ampliou as possibilidades de substituição da pena privativa de liberdade.

Diante da já comentada falência da pena privativa de liberdade, que não atende aos anseios de ressocialização, a tendência moderna é procurar substitutivos penais para essa sanção, ao menos no que se relacione com os crimes menos graves e aos criminosos cujo encarceramento não é aconselhável. O questionamento a respeito da privação de liberdade tem levado penalistas de numerosos países e a própria Organização da Nações Unidas a uma "procura mundial" de soluções alternativas para os infratores que não ponham em risco a paz e a segurança da sociedade.[61] Há, realmente, uma orientação de restringir a pena privativa de liberdade aos casos de reconhecida necessidade. Afirma René Ariel Dotti: "Diante do reconhecimento universal da crise das penas institucionais, os projetos e códigos dos anos 70 vêm consagrando a previsão de outras sanções que, embora possam recortar a liberdade do condenado, não o afastam da comunidade e, consequentemente, de participar do processo de desenvolvimento da sociedade. A prisão é reservada para as espécies mais graves de ilicitude, ou, em outra hipótese, quando exame dos antecedentes, a personalidade e a conduta social do agente recomendarem tal providência."[62] Nesse sentido, orientam-se as legislações e os projetos legislativos modernos, instituindo ou reforçando certos substitutivos penais à pena privativa de liberdade: substituição por multa das penas até seis meses e admoestação e repressão judiciais (Alemanha); trabalho em favor de uma causa de interesse comum (Inglaterra); prisão de fim de semana (Bélgica); interdições do exercício de cargo público ou de profissão e de licença para dirigir veículos e exílio local (Hungria); limitação de liberdade com trabalho corretivo (Polônia); substituição por multa, prisão por dias livres, admoestação, prestação de trabalho a favor da comunidade (Portugal); prisão de fim de semana, substituição por multa e penas privativas de direitos (Espanha); trabalhos correcionais sem privação de liberdade (URSS). As propostas mais aceitas, são, portanto, a elevação das interdições de direitos à categoria principal, a substituição da pena privativa de liberdade de curta duração por multa e a prestação de serviços sem privação de liberdade.

No Brasil, vingaram tais ideias, e a Lei nº 7.209 inseriu e a Lei nº 9.714 ampliou no Código Penal o sistema de penas alternativas (ou substitutivas) de caráter geral, em vez de se propor a alternatividade apenas para determinados delitos na Parte Especial do estatuto repressivo. As penas substitutivas foram denominadas *penas restritivas de direitos* e classificadas no art. 43, com a redação da Lei nº 9.714/98, em:

---

61. Exposição de motivos da Lei nº 7.209, item 28.
62. Problemas atuais da execução penal, *RT* 563/286.

III – prestação pecuniária;
III – perda de bens e valores;
III – prestação de serviços à comunidade ou a entidades públicas;
IV – interdição temporária de direitos;
IV – limitação de fim de semana.[63]

Previa o projeto, ainda, a pena restritiva de direito de "recolhimento domiciliar", mas o inc. III, que a instituía, foi vetado pelo Executivo, por se entender que era ela totalmente desprovida da capacidade de prevenir nova prática delituosa, carente do indispensável substrato coercitivo e, portanto, contrária ao interesse público. Pela mesma razão foi vetado dispositivo que previa como pena restritiva de direitos a "admoestação verbal" ao condenado ou o "compromisso de frequência a curso ou submissão a tratamento", durante o tempo da pena aplicada. Porém, a Lei de Drogas passou a prever a "advertência sobre os efeitos das drogas" e a "medida educativa de comparecimento a programa ou curso educativo" como penas principais a serem aplicadas ao condenado por crime relacionado com o consumo de drogas (art. 28, I e III, da Lei nº 11.343, de 23-8-2006)[64]. O recolhimento domiciliar, a ser observado nos dias e horários de folga, é previsto como pena alternativa a ser aplicada em crimes contra o meio ambiente (art. 8º, V, da Lei nº 9.605, de 12-2-1998) e como medida cautelar a ser imposta no curso do inquérito ou do processo com o fim de assegurar a investigação ou a instrução criminal ou evitar a prática de novas infrações penais (arts. 282 e 319, V, do CPP, com a redação dada pela Lei nº 12.403, de 4-5-2011). A multa passou também a ser substitutiva da pena privativa de liberdade, quando esta, aplicada, for igual ou inferior a um ano (art. 44, § 2º, com a nova redação).

Como se reconhece na exposição de motivos da Lei nº 7.209, a inovação foi feita de maneira cautelosa, como convém a toda experiência pioneira nessa área, situando a alternativa apenas na faixa anteriormente reservada ao instituto da suspensão condicional da pena, com significativa ampliação para os crimes culposos.[65] Mas, como anota percucientemente Manoel Pedro Pimentel, "o grande problema referente à aplicação das penas alternativas reside no fato de que elas somente podem ser atribuídas a réus que não ofereçam periculosidade, e que possam permanecer em liberdade", o que levou o autor a afirmar que "não contribuirão para aliviar as populações carcerárias, uma vez que o grande número de internos nos presídios encontram-se condenados ao cumprimento de elevadas penas e são delinquentes de acentuada periculosidade".[66]

---

63. A Constituição Federal refere-se expressamente às penas de perda de bens, prestação social alternativa e suspensão ou interdição de direitos (art. 5º, XLVI, *b*, *d* e *e*).
64. Há que se observar, porém, que o STF, no caso da posse da substância *Cannabis sativa*, afastou a existência de crime para consumo pessoal, mantida, porém a ilicitude extrapenal da conduta, e o reconhecimento da ilicitude extrapenal da conduta, com apreensão da droga e aplicação de sanções de advertência sobre os efeitos dela (art. 28, I) e medida educativa de comparecimento a programa ou curso educativo (art. 28, III) sendo aplicadas pelo juiz em procedimento de natureza não penal, sem nenhuma repercussão criminal para a conduta (RE 635659, j. em 26-6-2024, *DJe* de 27-9-2024).
65. Item 29
66. Ob. cit. p. 146.

Nos termos do art. 3º da Lei nº 7.209, dentro de um ano, a contar da vigência da lei, a União, os Estados, o Distrito Federal e os Territórios deveriam tomar as providências necessárias para a efetiva execução das penas restritivas de direitos, sem prejuízo da imediata aplicação e do cumprimento onde seja isso possível. Nas comarcas onde ainda não fosse possível a execução das penas de prestação de serviços à comunidade e limitação de fim de semana, poderia o juiz, até o mesmo prazo, optar pela concessão da suspensão condicional (art. 3º, parágrafo único, da Lei nº 7.209).

A edição da Lei nº 9.714, com o alargamento das possibilidades de substituição da pena privativa de liberdade, exige, mais do que nunca, as providências do Estado para a efetivação das penas restritivas de direitos, evitando-se a prática costumeira de relegá-las a segundo plano ao se dar preferência à concessão da suspensão condicional da pena. Trata-se, agora, de providências imperativas, uma vez que, em grande parte dos casos, diante da quantidade da pena privativa de liberdade, não é cabível o *sursis*, mas, sim, a sua substituição por restritiva de direitos. A falta de infraestrutura para a execução das penas restritivas de direitos cria o risco da desmoralização da iniciativa de alargamento das possibilidades de substituição da pena privativa de liberdade por sanções mais modernas e adequadas.

### 7.3.2 Prestação pecuniária

A prestação pecuniária, pena restritiva de direitos inserida no Código Penal pela Lei nº 9.714, de 25-11-1998, ao dar nova redação ao art. 43, e já prevista no art. 12 da Lei nº 9.605, de 12-2-1998, que dispõe sobre as sanções penais derivadas de atividades lesivas ao meio ambiente, consiste no pagamento em dinheiro à vítima, a seus dependentes ou a entidade pública ou privada com destinação social, de importância fixada pelo juiz da condenação. Por disposição expressa, não pode ser ela inferior a um salário mínimo nem superior a 360 vezes esse salário (art. 45, § 1º, do CP, com a nova redação). Assim, de forma sumária, deve o juiz fixar o *quantum* da reprimenda com base apenas nos dados disponíveis no processo, uma vez que não existe previsão legal específica de procedimento para calcular-se o prejuízo resultante da prática do crime. Não obstante a invasão da esfera civil, com a instituição dessa pena, como, aliás, ocorre em outros países, não há inconstitucionalidade no dispositivo. A Carta Magna permite não só a pena de multa, como também a de perda de bens (art. 5º, XLVI, *b*), e a sanção criada é, indiscutivelmente, um misto de ambas. Ademais não incide a sua institucionalização nas normas de proibição previstas expressamente pela Constituição Federal (art. 5º, XLVII). O dispositivo legal, aliás, fixa expressamente os limites da sanção penal pecuniária, atendendo o princípio da legalidade previsto no art. 5º, XXXIX, da Carta Constitucional.

Não se confunde a pena de prestação pecuniária com a de multa reparatória, cominada no art. 297 da Lei nº 9.503, de 23-9-1997 (Código de Trânsito Brasileiro), uma vez que esta somente é cabível quando houver dano material ao ofendido, causado pelo ilícito, enquanto aquela é admissível ainda na ausência de prejuízo individual.

Havendo dano à vítima, a quantia apurada será a ela destinada ou, na sua falta, a seus dependentes; caso contrário o produto irá para a entidade pública ou privada com destinação social, por decisão do juiz encarregado da execução. Caso o ofendido venha a propor ação de reparação civil, ou a execução civil da sentença condenatória penal transitada em julgado, o valor referente à prestação pecuniária pago ao ofendido será descontado do total da condenação civil ou penal.

Dispõe, ainda, a lei, no art. 45, § 2º, que, se houver aceitação do beneficiário, ou seja, do ofendido ou da entidade pública ou privada com destinação social, a prestação pecuniária poderá constituir-se, por decisão do juiz, em prestação de outra natureza, como, por exemplo, o fornecimento de cestas básicas. É obrigatória, pois, a consulta ao beneficiário, pelo juiz da execução, para que se efetue a referida substituição.

Há expressa vedação à substituição da pena pelo pagamento de cestas básicas ou por outra forma de prestação pecuniária em crime que configure caso de violência doméstica e familiar contra a mulher nos termos da Lei nº 11.340, de 7-8-2006 (art. 17). Disposição análoga à do artigo foi incluída, pela Lei nº 14.344, de 24-5-2022, no ECA no art. 226, § 2º, aplicável aos crimes de violência doméstica e familiar contra a criança e adolescente.

### 7.3.3 Perda de bens e valores

Também instituída pela nova lei que alterou o art. 44 do Código Penal, é pena restritiva de direitos a perda de bens e valores pertencentes ao condenado, autorizada pelo art. 5º, XLVI, *b*, da Constituição Federal. Constitui-se ela, nos termos do art. 45, § 3º, no confisco em favor do Fundo Penitenciário Nacional de quantia que pode atingir até o valor referente ao prejuízo causado ou do provento obtido pelo agente ou por terceiro, em consequência da prática do crime, prevalecendo aquele que for maior. Ressalva a lei a destinação diversa que lhe for dada pela legislação especial, como, por exemplo, os previstos no art. 63, inciso I, §§ 1º e 2º, da Lei de Drogas (Lei nº 11.343, de 23-8-2006), e no art. 1º da Lei nº 8.257, de 26-11-1991. Evidentemente, também fica ressalvado que tais bens e valores serão destinados, com preferência, ao lesado ou a terceiro de boa-fé, conforme dispõe o art. 91, II, do CP ao tratar do confisco.

### 7.3.4 Prestação de serviços à comunidade ou a entidades públicas

Dispõe o art. 46, § 1º, com a redação determinada pela Lei nº 9.714/98: "A prestação de serviços à comunidade ou a entidades públicas consiste na atribuição de tarefas gratuitas ao condenado." E, de acordo com o § 2º, "dar-se-á em entidades assistenciais, hospitais, escolas, orfanatos e outros estabelecimentos congêneres, em programas comunitários ou estatais." Corresponde ela à pena de prestação social alternativa, admitida pela Constituição Federal (art. 5º, XLVI, *d*).

Segundo o legislador, o conjunto de ações, medidas e atitudes que objetivam a ressocialização do condenado não deve ser tarefa exclusiva do Estado, constituindo a participação da comunidade, segundo a moderna Penologia, uma das pedras angulares de um sistema prisional.⁶⁷ De acordo com Miguel Reale Junior, um dos elaboradores dos projetos da reforma penal, "o moderno Estado Democrático deve reconhecer a existência de forças sociais organizadas, que expressam, com legitimidade, o pensamento e a vontade popular, contrapondo-se a um centralismo político, monolítico e opressor".⁶⁸ Por essa razão a Lei de Execução Penal instituiu um Conselho de Comunidade, constituído por representantes de entidades significativas, por meio das quais se une a comunidade à Administração da Justiça Criminal, e o Código Penal previu a pena de prestação de serviços à comunidade (chamada mão de obra temida). Por isso, a maior abrangência que a lei deu à aplicação dessa pena dependerá, e muito, do apoio que a comunidade der às autoridades judiciais, possibilitando a oportunidade para o trabalho do sentenciado, o que já demonstra as dificuldades do sistema adotado diante da reserva com que o condenado é encarado no meio social. Trata-se, porém, de medida de grande alcance e, aplicada com critério, poderá produzir efeitos salutares, despertando a sensibilidade popular. A realização do trabalho em hospitais, entidades assistenciais ou programas comunitários poderá alargar os horizontes e conduzir as entidades beneficiadas a elaborar mecanismos adequados à fiscalização e orientação dos condenados na impossibilidade de serem essas atividades realizadas por meio do aparelhamento judicial.⁶⁹

O trabalho é gratuito e, por isso, já se afirmou que a prestação de serviços à comunidade "corresponde o autêntico trabalho imposto ao condenado, ou seja, verdadeiro trabalho forçado, de há muito banido de nossa legislação penal".⁷⁰ Trata-se, porém de pena amplamente aceitável, de um ônus para o condenado, e não de uma relação de emprego. Certamente, o sentenciado preferirá submeter-se a essa sanção a afrontar a pena privativa de liberdade, quando o trabalho também é obrigatório. Essa pena atende às exigências da retribuição sem degradar ou corromper.

As tarefas devem ser atribuídas pelo juiz da execução conforme as aptidões do condenado, de acordo com o disposto no § 3º do novel art. 46. Evidentemente a escolha deve ter em conta as possibilidades que se oferecem nas entidades estatais ou privadas a que se destinam os condenados a essa sanção. A prestação de serviços à comunidade aplicada com fundamento na Lei de Drogas deve ser cumprida, preferencialmente, em programas ou entidades que se ocupem da prevenção do consumo ou da recuperação de usuários e dependentes de drogas (art. 28, § 5º, da Lei nº 11.343, de 23-8-2006).

Ao contrário do que se fazia na lei anterior, não se determina na lei o número de horas semanais de trabalho do condenado, ressalvando-se apenas que a atribui-

---

67. Cf. SOUZA, Moacyr Benedicto de. A participação da comunidade no tratamento do delinquente. *RT* 583/303.
68. Ob. cit. p. 86.
69. Sobre o assunto, inclusive na legislação comparada: FERREIRA, Gilberto. A prestação de serviços à comunidade como pena alternativa, *RT* 647/255-68. Cf. também: DOTTI, René Ariel. Sobre as penas alternativas, *Livro de Estudos Jurídicos*, 10/69-79; PONTE, Antonio Carlos da. Prestação de serviços à comunidade: análise crítica e conclusiva do art. 46 do CP, *RT* 718/337-341; FELIPETO, Rogério. Prestação de serviços à comunidade. *Revista Brasileira de Ciências Criminais* 7/140-152.
70. Anteprojeto de reforma do Código Penal. Considerações e propostas de um grupo de magistrados paulistas. *JTACrSP* 68/23.

ção pelo juiz não deve prejudicar sua jornada normal de trabalho. Segundo ainda o mesmo dispositivo a pena deve ser cumprida à razão de uma hora de tarefa por dia de condenação à pena privativa de liberdade substituída. Não há limitação expressa do número mínimo ou máximo de horas por dia de trabalho, desde que respeitado, em princípio, o tempo de duração da pena privativa de liberdade fixada inicialmente. Em regra, portanto, deve ter e não pode ultrapassar a carga de sete horas semanais. Permite a lei, porém, que o condenado a pena superior a um ano, por sua iniciativa, mas com o aval do juiz, cumpra a pena em menor tempo, ou seja, prestando serviços por mais de sete horas semanais. Não lhe é facultado, entretanto, fazê-lo de tal forma a que o tempo se reduza a menos da metade da pena privativa de liberdade fixada inicialmente na sentença (art. 46, § 4º).

A pena de prestação de serviços à comunidade ou a entidades públicas é aplicada pelo juiz do processo, mas caberá ao juiz da execução.

> I – designar a entidade ou programa comunitário ou estatal, devidamente credenciado ou conveniado, junto ao qual o condenado deverá trabalhar gratuitamente, de acordo com as suas aptidões;
>
> II – determinar a intimação do condenado, cientificando-o da entidade, dias e horário em que deverá cumprir a pena;
>
> III – alterar a forma de execução, a fim de ajustá-la às modificações ocorridas na jornada de trabalho (art. 149 da LEP). A execução terá início a partir da data do primeiro comparecimento (art. 149, § 2º).

Incumbe ao patronato público ou particular, órgão da execução penal, orientar os condenados à pena restritiva de direitos e fiscalizar o cumprimento das penas de prestação de serviços à comunidade (art. 79, incisos I e II, da LEP).

### 7.3.5 Interdição temporária de direitos

As penas de interdição temporária de direitos, de acordo com a atual redação do art. 47 do CP, são:

> I – proibição do exercício de cargo, função ou atividade pública, bem como de mandato eletivo;
>
> II – proibição do exercício de profissão, atividade ou ofício que dependam de habilitação especial, de licença ou autorização do poder público;
>
> III – suspensão de autorização ou de habilitação para dirigir veículo;
>
> IV – proibição de frequentar determinados lugares;
>
> V – proibição de inscrever-se em concurso, avaliação ou exame públicos.

O legislador elevou as antigas penas acessórias de interdições de direitos à condição de penas principais e autônomas, com categoria de alternativas às penas privativas de liberdade inferiores a quatro anos, nos crimes cometidos sem violência a pessoa, nos termos da Lei nº 9.714, de 25-11-1998, ou às que seriam aplicadas aos autores de crimes culposos, qualquer que seja a sua quantidade. Entende-se que essa espécie de sanção atinge fundo os interesses econômicos do condenado sem acarretar os males representados pelo recolhimento à prisão por curto prazo e que os interditos sentirão de modo muito mais agudo os efeitos da punição do tipo restritivo ao patrimônio.[71] Ademais, tem maior significado na prevenção, já que priva o sentenciado da prática de certas atividades sociais em que se mostrou irresponsável ou perigoso.

A primeira das interdições é a *proibição do exercício de cargo, função ou atividade pública, bem como de mandato eletivo*. O *cargo público* é o lugar instituído na organização do funcionalismo, com denominação própria, atribuições específicas e estipêndio correspondente. *Função pública* "é a atribuição ou conjunto de atribuições que a Administração confere a cada categoria profissional, ou comete individualmente a determinação dos servidores para a execução de serviços eventuais".[72] A expressão deve ser analisada nos termos do que dispõe o art. 327 do CP, que conceitua a figura do funcionário público para os efeitos penais, incluindo cargo, emprego ou função em entidade paraestatal (sociedades de economia mista, empresa pública e fundação instituída pelo poder público). A *atividade pública* é toda aquela efetuada em benefício do Estado, seja remunerada ou não, e que dependa de nomeação, escolha, designação etc. por parte do Poder Público (Executivo, Legislativo ou Judiciário). Inclui-se nesta o *emprego público*, que se refere à admissão de servidores para serviços temporários, contratados em regime especial ou pelo disposto na CLT (contratados, mensalistas, diaristas, tarefeiros, nomeados a título precário etc.). *Mandato eletivo* exercem os componentes do Legislativo (vereadores, deputados e senadores) ou do Executivo (prefeitos, governadores e presidente da República), eleitos por prazos determinados. Há na espécie uma suspensão parcial dos direitos políticos, ou seja, o de não poder o condenado continuar ou passar a exercer qualquer mandato público, ainda que eleito regularmente, durante determinado prazo.

A interdição de que se trata não é apenas a *suspensão* daquele que exerce o cargo, função, atividade pública ou mandato eletivo, mas também a proibição para aquele que deixou de exercê-la (voluntariamente ou não) após a prática do crime. Nessa hipótese, constitui-se em uma *incapacidade* temporária para o exercício de função pública.

A aplicação dessa pena restritiva de direito justifica-se nos casos de infração relativa ao dever funcional praticada quando do cometimento do ilícito penal. A infidelidade, o abuso de poder, a violação do dever funcional indicam a necessidade de aplicação da referida pena alternativa quando não for indicada a pena privativa de liberdade (item 7.3.7). Pode ser ela aplicada, pois, nos crimes de peculato culposo, prevaricação, advocacia administrativa, violência arbitrária, abandono de função etc., quando aplicada pena privativa de liberdade inferior a quatro anos.

---

71. Cf. PIMENTEL, Manoel Pedro. Ob. cit. p. 171-172.
72. MEIRELLES, Hely Lopes. *Direito administrativo brasileiro*. 4. ed. São Paulo: Revista dos Tribunais, 1976. p. 381. Colhe-se, ainda, na doutrina: "No entanto, ao lado do cargo e do emprego, que tem uma individualidade própria definida em lei, existem atribuições também exercidas por servidores públicos, mas em que lhes corresponda um cargo ou emprego. Fala-se, então, em função dando-se um conceito residual: é o conjunto de atribuições às quais não corresponde em cargo ou emprego" (Zanella, Maria Sylvia di Pietro. *Direito administrativo*. 29ª ed. Editora Forense, 2016. p. 663).

A interdição temporária para o exercício de função pública não se confunde nem implica perda do cargo exercido pelo condenado. Esta é efeito da condenação, só ocorre quando a pena aplicada for superior a quatro anos e deve ser motivadamente declarada na sentença (art. 92, inciso I, letra *b*, e parágrafo único).

A segunda interdição é a *proibição do exercício de profissão, atividade ou ofício que dependem de habilitação especial, de licença ou autorização do poder público*. Existem *profissões* (trabalho remunerado de caráter predominantemente intelectual), *ofícios* (trabalho remunerado de caráter predominantemente manual) e *atividades* (remuneradas ou não) que dependem de certos requisitos legais para serem exercidas: cursos superiores ou profissionalizantes, licença da autoridade pública, registros etc., que são controlados e fiscalizados pelo Estado. É o caso dos médicos, engenheiros, advogados, despachantes, corretores de valores e de seguros etc. Aplicada a pena de interdição em estudo, o condenado foi privado do direito de exercer a profissão, ofício ou atividade, pelo tempo da pena, ainda que esteja habilitado legalmente para seu exercício.

A pena em exame pode ser aplicada para o autor dos delitos de violação de segredo profissional (médicos, advogados), de fraude processual e patrocínio infiel (advogados), de omissão de socorro e tentativa de aborto (médicos, enfermeiros etc.), de desabamento culposo (engenheiros), de maus-tratos (professores), de falsidade de atestado (médicos) ou de qualquer crime, ainda que não próprio, em que se violarem deveres inerentes a profissão ou atividade cujo exercício dependa de habilitação ou autorização. A pena de interdição tem um caráter predominantemente preventivo, evitando-se a reincidência daquele que infringiu as regras essenciais no desempenho de suas atividades ou abusando de suas condições profissionais para a prática do ilícito penal.

Não se confunde essa pena de interdição com as medidas não penais que acarretam as mesmas consequências. É possível à Ordem dos Advogados, após o devido procedimento, suspender o advogado do exercício profissional; o Conselho Regional de Medicina tem atribuições para fazer o mesmo com o médico etc. Essas medidas não excluem o processo ou o cumprimento da pena imposta na ação penal.

Outra das interdições previstas pelo art. 47 é a *suspensão de autorização ou de habilitação para dirigir veículo*, aplicável aos crimes culposos de trânsito (art. 57). Não se desconhece a elevada incidência dos crimes culposos no trânsito, e a providência penal de que seus autores fiquem privados da possibilidade de dirigir veículos justifica-se tanto em seu aspecto retributivo como na prevenção dessa espécie de crimes (homicídio e lesão corporal culposos). A proposta da Lei nº 7.209, porém, era tímida, já que a suspensão se daria apenas em substituição e pelo tempo da pena privativa de liberdade aplicada ao sentenciado. Nas hipóteses mais graves, como os casos de reincidência, embriaguez ao volante, "rachas" (disputas de corridas com veículos em vias públicas) etc., já se defendia inclusive a cassação da autorização para dirigir veículo cumulativamente com a pena privativa de liberdade. Tímido também foi o legislador ao prever como efeito da condenação a inabilitação para dirigir veículos apenas nos casos em que estes são utilizados como meio para a prática de crime doloso (art. 92, III). Ademais, como observa Enrique Cury, "se os delitos de trânsito, bem como aqueles que se cometem pelo emprego abusivo de veículos motorizados, constituem um problema candente para o Direito Penal contemporâneo, não são os únicos, e, por isso, a suspensão da permissão para dirigir constitui só um ensaio parcial na exploração de soluções penais melhores".[73]

Entretanto, os crimes culposos de trânsito, cometidos na direção de veículos automotores, passaram a ser tipificados no Código de Trânsito Brasileiro (Lei nº 9.503, de 23-9-1997), cominando-se para eles, além das penas privativas de liberdade e multa, as penas de suspensão ou proibição de se obter a permissão ou a habilitação para dirigir veículo automotor (arts. 302 e 303). A partir, portanto, da vigência do Código de Trânsito Brasileiro, a suspensão de autorização e habilitação para dirigir veículo prevista no Código Penal só poderá ser aplicada, nos crimes culposos de trânsito, em substituição à pena privativa de liberdade, quando não se tratar de infração praticada com veículo automotor. Ela continua aplicável, assim, em substituição à pena privativa de liberdade, para o agente que, habilitado para dirigir veículo, pratica crime culposo de trânsito na condução de veículo de tração humana ou animal (bicicletas, carroças etc.).

No Código de Trânsito Brasileiro, a suspensão ou proibição de se obter a permissão ou a habilitação para dirigir veículo automotor não é prevista como pena substitutiva, mas como pena a ser aplicada isolada ou cumulativamente com as outras sanções (art. 292). Impõe-se a cumulação nos crimes culposos e nos delitos descritos nos arts. 306 a 308, para os quais a pena já é expressamente cominada. Deve ser ela aplicada, também, sem prejuízo das demais sanções, ao reincidente na prática de crime descrito no Código de Trânsito, por força do disposto no art. 296, com a redação dada pela Lei nº 11.705, de 19-6-2008, que substituiu a faculdade antes conferida ao juiz pela obrigatoriedade de sua imposição. Excluídas essas hipóteses, em que a suspensão ou proibição de se obter a permissão ou a habilitação para dirigir veículo automotor *deve* ser aplicada, *pode* o juiz aplicá-la, cumulativamente, com uma das penas cominadas para a infração, nos crimes descritos nos arts. 304, 305, 309 a 312, ainda que se cuide de acusado não reincidente em crime de trânsito, conforme lhe faculta o art. 292.[(38)] Já se decidiu no sentido da inexistência de inconstitucionalidade na aplicação da pena de suspensão da habilitação a motorista profissional.[74] A cassação da habilitação para conduzir embarcação ou aeronave ou a proibição de obtê-la é prevista, como pena principal, na Lei de Drogas (art. 39 da Lei nº 11.343, de 23-8-2006).

A aplicação da pena de suspensão da habilitação do Código Penal, ou a de suspensão e proibição de se obter a permissão ou habilitação para dirigir veículo, do Código de Trânsito, não afasta a inabilitação permanente para dirigir veículo, quando for este

---

73. Contribuição ao estudo da pena. *RDP* 11-12.
74. STF, RE 607107-MG, j. em 12-02-2020, *DJe* de 14-04-2020 – A tese de repercussão geral fixada (Tema 486): "É constitucional a imposição da pena de suspensão de habilitação para dirigir veículo automotor ao motorista profissional condenado por homicídio culposo no trânsito."

utilizado para a prática de crime doloso. Trata-se, agora, de efeito da condenação (art. 92, III, do CP). Também não afasta a aplicação de medidas administrativas previstas no CTB.

Por força da Lei nº 9.714/98, foi inserida no art. 47, pelo inciso IV, mais uma pena de interdição temporária de direitos, ou seja, a de *proibição de frequentar determinados lugares*, já inscrita no Código Penal como uma das condições obrigatórias do *sursis* especial (art. 78, § 2º, *a*), na Lei de Execução Penal como condição facultativa do livramento condicional (art. 132, § 2º, *c*) e na Lei nº 9.099/95 como condição da suspensão condicional do processo (art. 89, § 1º, II). A Lei nº 11.340, de 7-8-2006, prevê, ainda, nos casos de violência doméstica e familiar contra a mulher, a proibição do agressor de frequentar determinados lugares como medida protetiva de urgência, de natureza cautelar (art. 22, III, *c*). Disposição semelhante é prevista no art. 20, V, da Lei nº 14.344, de 24-5-2022, aplicável aos crimes de violência doméstica e familiar contra a criança e adolescente. A proibição de acesso ou frequência a determinados lugares passou a ser prevista também no Código de Processo Penal, como medida cautelar a ser aplicada no curso do inquérito policial ou do processo, para assegurar a regularidade da investigação ou da instrução criminal ou para evitar a prática de novas infrações, quando desnecessária a prisão preventiva (arts. 282 e 319, II, com a redação dada pela Lei nº 12.403, de 4-5-2011).

A pena não pode ser aplicada de forma genérica ou imprecisa e o juiz deverá especificar expressamente na sentença quais os lugares que o sentenciado não pode frequentar. Além disso, é evidente que essa fixação deve guardar relação com o delito praticado e com a pessoa do agente, como forma de prevenir a prática de novo crime pelo condenado. Não teria sentido, beirando a inconstitucionalidade, a decisão do magistrado em proibir a frequência a lugares aleatórios, por ele escolhidos, uma vez que a proibição não se adequaria à prevenção penal, nem possibilitaria a integração social do condenado, finalidade da execução de qualquer sanção penal (art. 1º da LEP). O tempo de duração da pena de proibição de frequentar determinados lugares é o mesmo da pena privativa de liberdade fixada inicialmente (art. 55).

A última interdição temporária de direitos consiste na *proibição de inscrever-se em concurso, avaliação ou exame públicos*, prevista no inciso V, inserido pela Lei nº 12.550, de 15-12-2011. Refere-se a lei aos concursos públicos, exigidos pela Constituição como condição para a investidura em cargo ou emprego público (art. 37, inciso II), e à avaliação ou exame públicos. Estes são procedimentos de natureza pública que visam à aferição de conhecimentos, habilidades ou competência dos inscritos, com vistas à aprovação, seleção ou habilitação para fins determinados, como o ingresso em universidades públicas, a admissão no serviço ou atividades públicos em casos em que o concurso é dispensável etc. Não se confunde a pena com as previstas no inciso I, porque a interdição, ao proibir a inscrição, veta, antecipadamente, a participação no concurso ou exame do qual depende o acesso ao cargo, função ou atividade pública. Embora a pena seja aplicável, principalmente, aos condenados pelo crime descrito no art. 311-A, que tipifica "fraudes em certames de interesse público", inserido pela mesma Lei nº 12.550/2011, pode ela ser imposta em decorrência da prática de outros delitos, observada a necessária relação de adequação a natureza e circunstâncias do fato e à pessoa do agente, que se pode verificar em alguns crimes de falso ou contra a administração pública.

Cabe ao juiz da execução comunicar à autoridade competente a aplicação de qualquer das penas de interdição temporária de direitos, com exceção da proibição de frequentar determinados lugares, impondo-se a intimação do condenado (art. 154, *caput*, da LEP).

Quanto à proibição do exercício de cargo, função ou atividade pública, bem como de mandato eletivo, a autoridade à qual for comunicada a aplicação da pena deverá, em 24 horas, contadas do recebimento do ofício do magistrado, baixar ato a partir do qual a execução terá seu início (art. 154, § 1º, da LEP). Quanto à proibição de exercício de profissão, atividade ou ofício e à suspensão de autorização ou de habilitação para dirigir veículo, o juiz da execução determinará a apreensão dos documentos que autorizam o exercício do direito interditado (art. 154, § 2º, da LEP e art. 293, § 1º, do CTB).

A autoridade administrativa deverá também comunicar imediatamente ao juiz da execução o descumprimento da pena, sem prejuízo da comunicação de qualquer pessoa prejudicada (art. 155, da LEP), já que o descumprimento injustificado da restrição acarreta a conversão da pena restrita de direitos em pena privativa de liberdade (art. 44, § 4º, do CP).

Já não se permite a suspensão *provisória* do exercício do poder familiar, da autoridade marital, da tutela, da curatela e da *profissão* ou *atividade* quando essas interdições poderiam resultar da condenação, como fazia a lei anterior, no art. 71. A Lei nº 11.343, de 23-8-2006, porém, prevê a possibilidade de determinar o juiz o *afastamento cautelar* de suas atividades do funcionário público denunciado por crime relacionado com o tráfico de drogas (art. 56, § 1º) e o Código de Processo Penal, por força da Lei nº 12.403, de 4-5-2011, passou a prever a possibilidade de suspensão do exercício de função pública ou de atividade econômica ou financeira como medida cautelar a ser imposta no curso do inquérito ou do processo quando houver justo receio de que o indiciado ou o acusado possa dela se prevalecer para a prática de outras infrações penais (art. 319, VI). A recente Lei nº 12.850, de 2-8-2013, também prevê o afastamento do cargo, emprego ou função do funcionário público, sem prejuízo da remuneração, quando existentes indícios de integrar ele uma organização criminosa (art. 2º, § 5º). A Lei nº 9.613, 3-3-1998, que versa sobre os crimes de lavagem de dinheiro também prevê que após o indiciamento do servidor público será ele afastado do cargo, sem prejuízo de remuneração e demais direitos previstos em lei (art. 17-D incluído pela Lei nº 12.683, de 9-7-2012).

### 7.3.6 Limitação de fim de semana

A última das penas restritivas de direitos previstas nos arts. 43, VI, e 48 é a *limitação de fim de semana*. Originariamente instituído na Alemanha Ocidental, o confinamento de fim de semana foi adotado, quer como pena *sui generis,* quer como forma de execução, na Bélgica, na Espanha (arresto de fim de semana), Portugal (prisão por dias livres), Mônaco, França e África do Sul.[75] No Brasil, é uma das penas substitutivas e consiste na obrigação de permanecer, aos sábados e domingos, por cinco horas diárias, em casa de albergado ou outro estabelecimento adequado, podendo ser ministrado aos condenados durante essa permanência cursos e palestras, ou atribuídas a eles atividades educativas (art. 48 e parágrafo único).

Em sua essência, foi essa pena criada para o fracionamento da pena privativa de liberdade de curta duração, de tal forma que a sanção fosse cumprida apenas nos fins de semana. Em termos da lei pátria, porém, como deve ter "a mesma duração da pena privativa de liberdade substituída", a limitação de fim de semana corresponderá apenas a dois dias de cada semana do prazo estipulado para a pena privativa de liberdade aplicada inicialmente pelo juiz na sentença condenatória.

Augusto Martinez Perez aponta as vantagens do instituto:

"a)  a permanência do condenado junto à sua família, ocorrendo o seu afastamento apenas nos dias dedicados ao repouso semanal;

b) a possibilidade de reflexão sobre o ato cometido, no isolamento a que é mantido o condenado;

c) a permanência do apenado em seu trabalho, evitando, assim, dificuldades materiais para a família, decorrentes da ausência do chefe;

d) ausência dos malefícios advindos do contato do apenado com condenados mais perigosos, o que fatalmente ocorreria, na hipótese de execução da pena de forma contínua em isolamento celular;

e) o abrandamento da pena acessória de 'rejeição social' que normalmente marca o condenado recolhido a um estabelecimento penitenciário;

f) a oportunidade de se apenar determinados delinquentes, chamados de 'colarinho branco', que por via de regra se furtam à ação da Justiça."[76]

Cabe ao juiz da execução determinar a intimação do condenado, cientificando-o do local, dias e horário em que deverá cumprir a pena, que terá início a partir da data do primeiro comparecimento (art. 151 da LEP). O estabelecimento designado encaminhará, mensalmente, ao juiz da execução, relatório, bem assim comunicará, a qualquer tempo, a ausência ou falta disciplinar do condenado (art. 153 da LEP). Durante o recolhimento, poderão ser ministradas palestras ou designadas atividades educativas (art. 152 da LEP). Tratando-se de condenado por crime cometido com violência doméstica e familiar contra a criança, o adolescente e a mulher e de tratamento cruel ou degradante, ou de uso de formas violentas de educação, correção ou disciplina contra a criança e o adolescente, prevê a lei expressamente a possibilidade da fixação de frequ-

---
75. Cf. PEREZ, Augusto Martinez. Individualização executiva da pena e o confinamento de fim de semana, *Justitia* 118/64; REALE JUNIOR, Miguel. Ob. cit. p. 64; PIERANGELLI, José Henrique. Artigo citado. p. 309-310.
76. Ob. cit. p. 166.

ência obrigatória a programa de recuperação e reeducação (art. 152, parágrafo único, da LEP, com redação dada pela Lei nº 14.344, de 24-5-2022, e art. 22, VI e VII, da Lei nº 11.340, de 7-8-2006).

### 7.3.7 Cominação

Diante da criação do sistema de substituição das penas privativas de liberdade pelas penas alternativas, obrigou-se o legislador a inserir um capítulo referente a seu mecanismo, que não poderia situar-se repetitivamente em cada modalidade de delito.[77]

Quanto às penas privativas de liberdade, continuam elas a ter seus limites estabelecidos na sanção correspondente a cada tipo legal (art. 53), como aliás ocorria na legislação anterior. A pena de multa, porém, prevista em cada tipo legal, tem os limites fixados no art. 49 e seus parágrafos (art. 58), e o mesmo ocorre quando é aplicada em substituição à pena privativa de liberdade, nos termos dos arts. 44, 58, parágrafo único, e 60, § 2º.

A partir do art. 54, porém, o Código prevê a cominação e aplicação das penas restritivas de direitos. Não estão elas cominadas abstratamente para cada tipo penal, mas são aplicáveis a qualquer deles, independentemente de cominação na parte especial, em substituição à pena privativa de liberdade fixada, se atendidos os requisitos previstos no art. 44 (item 7.3.8). Assim, após aplicada pelo juiz a pena privativa de liberdade, conforme cominação específica do crime pelo qual o réu foi condenado, poderá o magistrado do processo substituí-la pela pena restritiva de direito aplicável na espécie. Essa substituição se dá de tal forma que a duração da pena restritiva de direito é a mesma da pena privativa de liberdade fixada inicialmente e substituída, *ex-vi* do disposto no art. 55.[(39)]

Somente após o trânsito em julgado da sentença que aplicou a pena de prestação de serviços ou de limitação de fim de semana é que se determinará, no juízo da Execução, a forma de cumprimento dessas sanções, ajustadas às condições pessoais do condenado, às características do estabelecimento, da entidade ou do programa comunitário ou estatal (art. 46, § 3º, do CP, e 147 a 155 da LEP). Esse entendimento cristalizou-se na Súmula 643 do STJ: "A execução da pena restritiva de direitos depende do trânsito em julgado da condenação". Cabe ao juiz da execução designar entidades ou programas comunitários ou estatais; determinar a intimação do condenado e adverti-lo das obrigações; alterar a forma de execução; verificar a natureza e a qualidade dos cursos a serem ministrados; comunicar à autoridade competente a existência da interdição temporária de direitos; determinar a apreensão dos documentos que autorizam o direito interditado etc.[78]

Permite-se ainda a substituição da pena privativa de liberdade pela de multa, que passou a ser nessa hipótese também uma pena alternativa. Determina a lei a faculdade de o juiz impor a pena pecuniária quando for aplicada a pena privativa de liberdade

---

77. Cf. exposição de motivos de Lei nº 7.209, item 47.
78. Cf. exposição de motivos da Lei nº 7.210, item 138.

igual ou inferior a um ano, nos termos do novel art. 44, § 2º, do CP, observando-se, no caso, os critérios estabelecidos no art. 44, II e III, ou seja, desde que o sentenciado não seja reincidente em crime doloso e que as condições judiciais indiquem ser ela suficiente (art. 44, § 2º e 60, § 2º). Assim, a aplicação da pena de multa, nessas hipóteses, independe de cominação no tipo penal específico.

Leis especiais preveem regras específicas para a aplicação de penas restritivas de direito nos crimes nelas definidos, como ocorre, por exemplo, em crimes de trânsito (arts. 292, 293, 296, do Código de Trânsito Brasileiro), contra o consumidor (art. 78 do Código de Defesa do Consumidor), contra o meio ambiente (arts. 7º a 13 da Lei nº 9.605, de 12-2-1998), previstos na Lei de Drogas (arts. 28, 29 e 48, § 5º, da Lei nº 11.343, de 23-8-2006) etc.

As penas restritivas de direito podem ser aplicadas, ainda, na transação penal prevista no art. 76 da Lei nº 9.099, de 26-9-1995[79]. Algumas das penas restritivas de direito como a prestação de serviços a comunidade, a prestação pecuniária e a perda de bens e valores, são também previstas como condições elegíveis do *acordo de não persecução penal*, passível de ser celebrado entre o Ministério Público e o investigado, quando não cabível a transação, penal, desde que presentes os requisitos legais, conforme dispõe o art. 28-A do Código de Processo Penal, inserido pela Lei nº 13.964, de 24-12-2019 (v. itens 12.2.3, 12.3.3 e 12.4.10).

### 7.3.8 Substituição

A substituição da pena privativa de liberdade por restritiva de direitos ou de multa depende de existência dos requisitos mencionados no art. 44, com a redação que lhe foi dada pela Lei nº 9.714/98.

Em primeiro lugar, como pressuposto objetivo, o juiz só poderá proceder à substituição se a pena privativa de liberdade aplicada inicialmente, por crime doloso, não for superior a quatro anos, com exceção da pena de prestação de serviços à comunidade ou entidades públicas, em que ela só é admitida quando a condenação for superior a seis meses (art. 46, *caput*). Tratando-se, porém de condenação igual ou inferior a um ano, por crime doloso ou culposo, permite-se a substituição por pena de multa. No caso de crime culposo, permite-se a substituição por pena restritiva de direito qualquer que seja a quantidade da pena aplicada.

Havendo concurso de crimes, a substituição é possível quando o total das penas não ultrapassa o limite mencionado, de quatro anos (com exceção dos crimes culposos). Quando se trata de concurso formal ou crime continuado em ilícitos dolosos, a substituição deve ser feita por uma só pena restritiva de direito ou multa, mas, no caso de concurso material, a substituição poderá ser efetuada por duas ou mais penas

---

79. A respeito da transação penal discorremos em *Juizados especiais criminais*. 5. ed. São Paulo: Atlas, 2002. p. 122-178.

alternativas idênticas (quando os crimes forem idênticos), ou mesmo por penas substitutivas diversas (se não o forem). Quando forem aplicadas penas restritivas de direitos, o condenado cumprirá simultaneamente as que forem compatíveis entre si e sucessivamente as demais (art. 69, § 2º). Quando, porém, tiver sido aplicada pena privativa de liberdade sem a concessão do *sursis,* por um dos crimes, para os demais será incabível a substituição (art. 69, § 1º).[40]

Um segundo requisito objetivo foi inserido pela nova lei, ao proibir a substituição da pena quando se tratar de crime praticado com violência ou grave ameaça à pessoa, qualquer que seja a quantidade da pena privativa de liberdade imposta (art. 44, I). Não é possível, portanto, em princípio, a aplicação do disposto no art. 44 aos crimes de roubo, extorsão etc., ainda que tentados. Em tese, porém, alguns desses crimes podem ser cometidos sem grave ameaça ou violência à pessoa, como o roubo executado tendo como meio outro recurso (narcótico, por exemplo), admitindo-se, assim, em tese, o benefício. Também é de se considerar que a expressão crime que não for cometido com violência ou grave ameaça à pessoa não exclui os delitos em que estas modalidades são, não meios, mas constitutivas do próprio ilícito, como os de lesão corporal (art. 129) e ameaça (art. 147), para os quais deve ser permitida a substituição, como já ocorria no dispositivo substituído pela Lei nº 9.714/98. O STJ, porém, decidiu pela inviabilidade da substituição nos casos de infração penal praticada com violência ou grave ameaça no âmbito doméstico e familiar contra a mulher (Súmula 588) (v. *Manual,* v. 2, item 5.1.18).

De outro lado, embora não haja vedação expressa no Código Penal, vinha-se entendendo, prevalentemente, que a substituição não era possível nos crimes hediondos ou a eles equiparados, ainda que não cometidos com violência ou grave ameaça a pessoa, porque, nos termos da redação original do art. 2º, § 1º, da Lei nº 8.072, de 25-7-1990, exigia-se que fosse cumprida integralmente em regime fechado a pena privativa de liberdade imposta (v. item 7.2.5). A alteração genérica da legislação, promovida no art. 44 do CP pela Lei nº 9.714/98, sem explicitação acerca das leis especiais, não revogou o texto da Lei especial de nº 8.072/90.[41] Com a vigência da Lei nº 11.464, de 28-3-2007, que alterou o art. 2º, §§ 1º e 2º (atualmente revogado), da Lei nº 8.072/90, passou-se a admitir, expressamente, a progressão de regime dos condenados por crimes hediondos ou equiparados, sendo obrigatória, porém, a fixação do regime inicial fechado. Persiste, no entanto, a controvérsia. No sentido da permanência da restrição, argumenta-se que seria paradoxal que permitisse a lei a substituição da sanção privativa de liberdade por pena restritiva de direitos quando expressamente é previsto o seu cumprimento obrigatório em regime inicial fechado.[42] Já decidiram, porém, o STF e o STJ que, não mais vedando a Lei nº 8.072/90 a progressão de regime, não subsiste a razão para se proibir a substituição da pena em crimes hediondos ou equiparados.[43] Deve-se observar, contudo, que o Código Penal proíbe a substituição em crimes cometidos com violência ou grave ameaça (art. 44), o que afasta a possibilidade na maioria dos crimes hediondos (art. 1º, incisos I a XII, da Lei nº 8.072/90) e que a Lei de Drogas (Lei nº 11.343, de 23-8-2006) veda expressamente a substituição por penas restritivas de direito nos crimes relacionados com o tráfico de drogas, nos termos dos arts. 33, § 4º, e 44. Em recente decisão, porém, o STF reconheceu a inconstitucionalidade, por ofensa ao princípio da individualização da pena, da vedação contida naqueles dispositivos.[44] O Senado Federal editou, então, a Resolução nº 5, de 2012, suspendendo a eficácia do disposto no art. 33, § 4º, na parte em que proíbe a substituição da pena para o condenado por tráfico que deve ter a sua pena reduzida porque primário e de bons antecedentes e por não se dedicar às atividades criminosas nem integrar organização criminosa. Por fim, o Supremo Tribunal Federal, revendo anteriores decisões, passou a entender que o denominado tráfico privilegiado (art. 33, § 4º, da Lei nº 11.343/2006), dados os seus contornos menos gravosos decorrentes da primariedade e bons antecedentes do réu e da inexistência de vínculos com organização criminosa, não tem natureza hedionda. Em consonância com essa nova orientação do STF, o STJ deliberou pelo cancelamento da Súmula 512 que enunciava, precisamente, o caráter hediondo do tráfico privilegiado. A Lei nº 13.964, de 24-12-2019, alterando o art. 112 inseriu o § 5º que, prevê, expressamente, que "não se considera hediondo ou equiparado, para os fins deste artigo, o crime de tráfico de drogas previsto no § 4º do art. 33 da Lei nº 11.343, de 23 de agosto de 2006". Nesse sentido, editou-se a Súmula Vinculante 59: "É impositiva a fixação do regime aberto e a substituição da pena privativa de liberdade por restritiva de direitos quando reconhecida a figura do tráfico privilegiado (art. 33, § 4º, da Lei 11.343/06) e ausentes vetores negativos na primeira fase da dosimetria (art. 59 do CP), observados os requisitos do art. 33, § 2º, alínea c, e do art. 44, ambos do Código Penal".

Com relação aos crimes de homicídio culposo e lesão corporal culposa cometidos por agente em situação de embriaguez ao volante (arts. 302, § 3º e 303, § 2º do CTB), veda-se a substituição da pena privativa de liberdade por restritiva de direitos (art. 44, I do CP), nos termos do que passou a prever o art. 312-B do Código de Trânsito, inserido pela Lei nº 14.071, de 13-10-2020.

Não basta, porém, o requisito referente à quantidade da pena privativa de liberdade imposta para que se permita a substituição pela pena alternativa. Indispensáveis são também os requisitos subjetivos previstos no art. 44, incisos II e III, que se referem às condições pessoais do sentenciado.

O primeiro deles é não ser o condenado reincidente em crime doloso, ou seja, que na época do crime não fora condenado em sentença transitada em julgado por outro crime doloso, no país ou no estrangeiro (art. 63). Referindo-se a lei ao *não reincidente em crime doloso*, podem ser beneficiados não só aqueles que, embora condenados anteriormente, praticaram o crime antes do trânsito em julgado da sentença condenatória pelo delito precedente, como também os reincidentes em que um dos crimes, pelo menos, seja culposo. Também possibilita-se a substituição àquele que praticou o crime após cinco anos contados da data do cumprimento ou extinção da pena da condenação anterior, computado nesse prazo o período de prova da suspensão condicional da pena ou do livramento condicional se não ocorreu revogação desses benefícios (art. 64, I).

Caso o condenado seja reincidente, mas não em crime doloso, e desde que os crimes antecedente e posterior não sejam idênticos, ou seja, previstos no mesmo tipo penal, a substituição da pena privativa de liberdade só deve ser concedida se a medida for socialmente recomendável. Essa aferição do juiz a respeito da suficiência da substituição deve ser fundamentada nas circunstâncias, não só do crime a ser apenado, mas também do precedente (art. 44, § 3º).

Por fim, é necessário também que esteja presente o último pressuposto, ou seja, que a culpabilidade, os antecedentes, a conduta social e a personalidade do condenado, bem como os motivos e as circunstâncias, indiquem que a substituição é suficiente (art. 44, III).

Essas circunstâncias pessoais, que também devem ser observadas na fixação da pena privativa de liberdade, é que vão dar a medida de conveniência da substituição. Não têm direito à substituição, portanto, os condenados que, pelos elementos colhidos na instrução criminal, demonstrarem incompatibilidade com a convivência social harmônica, que tiverem antecedentes comprometedores, ainda que não tenham sido condenados anteriormente, que apresentem conduta marcada por fatos antissociais ou que não tenham profissão definida, emprego fixo ou residência determinada e, ainda, quando os próprios motivos e as circunstâncias de caráter pessoal indicarem que a substituição não servirá de prevenção penal. Não há sentido na substituição quando, desde logo, verifica-se diante de sua situação pessoal revelada na instrução criminal, que o sentenciado não irá cumprir com as condições e deveres impostos pela condenação à pena restritiva de direitos. Assim, se as condições pessoais forem favoráveis ao condenado, deve o juiz efetuar a substituição. Se, entretanto, demonstrarem incompatibilidade com a convivência social harmônica, deve ser denegada. Como a nova lei permite a substituição de pena até quatro anos, inclusive, inclui nessa possibilidade crimes graves, ainda que não cometidos com grave ameaça ou violência, como os de colarinho branco, associação criminosa, descaminho, moeda falsa, racismo etc., é dever do juiz que faça uma rigorosa apreciação dos requisitos subjetivos no sentido de verificar se, realmente, a pena substituta é suficiente para a reparação e prevenção penais, assegurando a necessária defesa social.

Nada impede que haja a substituição da pena privativa de liberdade por multa, cumulando-a com a pena pecuniária prevista expressamente no preceito sancionador.[45] 80

Vinha-se permitindo também a substituição da pena privativa de liberdade pela multa no caso de condenação por infração ao art. 16 da anterior Lei de Tóxicos,[46] mesmo porque as normas gerais do Código Penal aplicam-se às leis especiais que não disponham de modo contrário. Há julgados, porém, em sentido inverso sob o argumento de que a referida lei possuía sistema próprio de sanções.[47] O STJ, aliás, editou o enunciado 171 da Súmula com a interpretação mais severa: "Cominadas cumulativamente, em lei

---

80. Nesse sentido: FERRAZ, Nelson. Aplicação da pena no Código Penal de 1984, *Justitia* 139/13-28.

especial, penas privativas de liberdade e pecuniária, é defeso a substituição da prisão por multa." A Lei de Drogas contém, igualmente, disciplina específica das sanções aplicáveis e não comina pena privativa de liberdade para a nova figura típica correspondente à do art. 16 da revogada Lei nº 6.368/76 (art. 28 da Lei nº 11.343, de 23-8-2006).

Embora a substituição da pena privativa de liberdade por restritiva de direitos ou multa não seja direito do sentenciado,[48] na função individualizadora da fixação da pena, deve o juiz declinar na sentença as razões por que não a concede,[49] permitindo ao interessado defender o cabimento da medida em eventual recurso.

De acordo com o art. 55 do CP, como já visto, a pena restritiva de direitos deve ter a mesma duração da pena privativa de liberdade por ela substituída, não podendo o juiz dar-lhe duração maior ou menor do que aquela estabelecida na fixação do tempo de reclusão, detenção ou prisão simples fixado em princípio.[50] Também não pode o juiz fixar diretamente a pena restritiva de direito, que, embora autônoma, tem caráter substitutivo da pena privativa de liberdade.[51]

### 7.3.9 Opções do juiz

Preenchidos os pressupostos subjetivos (art. 44, II e III), se entender suficiente a substituição pelas penas alternativas, deverá o juiz, após aplicar a pena privativa de liberdade, observar qual a espécie de sanção a ser imposta definitivamente, obedecendo as complexas regras que a lei prevê para a escolha da pena substituta diante da espécie de crime e da quantidade da pena a ser substituída.

No caso de *crime doloso*, são as seguintes as opções conferidas ao juiz:

1. se aplicada pena privativa de liberdade igual ou inferior a um ano, permite-se, como regra geral, a sua substituição por multa ou por uma restritiva de direitos (art. 44, § 2º, 1ª parte);

2. se aplicada pena privativa de liberdade igual ou inferior a um ano e tendo sido praticado o crime no exercício de cargo ou função pública, permite-se a substituição pela pena prevista no art. 47, I (arts. 44, § 2º, 1ª parte, e 56);

3. se aplicada pena privativa de liberdade igual ou inferior a um ano e tendo sido praticado o crime no exercício de profissão, atividade ou ofício que dependem de habilitação especial, de licença ou autorização do poder público, permite-se a substituição pela pena prevista no art. 47, II (arts. 44, § 2º, 1ª parte, e 56);

4. se aplicada pena privativa de liberdade superior a seis meses e não excedente a quatro anos, permite-se a substituição pela pena de prestação de serviços à comunidade (art. 46);

5. se aplicada pena privativa de liberdade superior a um e não excedente a quatro anos, permite-se, como regra geral, a substituição por uma restritiva de direitos e multa, ou por duas restritivas de direitos (art. 44, § 2º, 2ª parte), desde que a soma delas não ultrapasse a duração da pena originalmente fixada (art. 55);

6. se aplicada pena privativa de liberdade superior a um e não excedente a quatro anos e tendo sido praticado o crime no exercício de cargo ou função pública, permite-se a substituição pela interdição prevista no art. 47, I, e multa, ou por essa interdição e outra pena restritiva de direitos (art. 44, § 2º, 2ª parte), desde que a soma delas não ultrapasse a duração da pena originalmente fixada (art. 55);

7. se aplicada pena privativa de liberdade superior a um e não excedente a quatro anos e tendo sido praticado o crime no exercício de profissão, atividade ou ofício que dependem de habilitação especial, de licença ou autorização do poder público, permite-se a substituição pela interdição prevista no art. 47, II, e multa, ou por essa interdição e outra pena restritiva de direitos (art. 44, § 2º, 2ª parte), desde que a soma delas não ultrapasse a duração da pena originalmente fixada (art. 55).

No caso de *crime culposo* são as seguintes as opções conferidas ao juiz:

1. não se tratando de crime de trânsito, como regra geral a pena privativa de liberdade imposta a crime culposo pode ser substituída de acordo com os mesmos parâmetros previstos para o crime doloso;

2. se se tratar de crime culposo de trânsito, desde que não cometido na direção de veículos automotores, permite-se a substituição de acordo com essas mesmas regras, ou, se o agente for habilitado para dirigir veículo, a pena de suspensão de autorização ou habilitação para dirigir veículos (arts. 47, III, e 57);

3. se se tratar de crime culposo de trânsito cometido na direção de veículo automotor, aplicam-se as regras previstas no Código de Trânsito Brasileiro, sendo que a suspensão ou proibição de se obter a permissão ou a habilitação para dirigir veículo automotor pode ser imposta, isolada ou cumulativamente com outras penalidades (art. 292 do CTB).

Ciente das dificuldades para a execução das penas restritivas de direitos em decorrência das providências materiais e administrativas necessárias à implantação do sistema, determinara o legislador, no art. 3º da Lei nº 7.209: "Dentro de um ano, a contar da vigência desta Lei, a União, Estados, Distrito Federal e Territórios tomarão as providências necessárias para a efetiva execução das penas restritivas de direitos, sem prejuízo da imediata aplicação e do cumprimento dessas penas onde seja isso possível." Além disso, prevendo a impossibilidade absoluta da execução das penas de prestação de serviços à comunidade e limitação de fim de semana pela ausência, por exemplo, de casas do albergado e das entidades assistenciais ou programas comunitários, previu a possibilidade de o juiz, até o vencimento do prazo referido, optar pela concessão da suspensão condicional observado, no que couber, o disposto nos arts. 77 a 82 do Código Penal (art. 3º, parágrafo único, da Lei nº 7.209).

Da conjugação dos dispositivos citados verifica-se que se permitiu a substituição pelas penas de interdição temporária de direitos, ainda que, nesse prazo, não estivesse a Administração equipada devidamente para a execução e fiscalização dessas interdições.

## 7.3.10 Conversão

Não aquinhoado inicialmente com a substituição da pena privativa de liberdade pela restritiva de direitos, o sentenciado poderá obtê-la durante a execução por meio da *conversão*, instituto criado pela lei de Execução Penal. A conversão somente poderá ser efetuada, porém, quando for aplicada pena privativa de liberdade não superior a dois anos (art. 180 da LEP). Procurou-se dinamizar o quadro da execução da pena de tal maneira que a sanção finalmente cumprida não é, necessariamente, a pena aplicada na sentença,[81] permitindo-se melhor individualização da sanção penal.

Prevê-se a possibilidade da conversão nas hipóteses em que, pela quantidade da pena privativa de liberdade aplicada, não era possível a substituição quando da sentença. Além de somente poder ser convertida a pena não superior a dois anos, exige a lei que:

I – o condenado a esteja cumprindo em regime aberto;

II – tenha sido cumprido pelo menos um quarto da pena;

III – os antecedentes e a personalidade do condenado indiquem ser a conversão recomendável (art. 180).

Sendo apenas esses os pressupostos para a conversão, não pode o juiz da execução negá-la com fundamento nas demais circunstâncias exigidas para a substituição quando da sentença (culpabilidade, motivos, circunstâncias e consequências do crime etc.). Essa espécie de conversão não foi alterada pela Lei nº 9.714, de 25-11-1998, que ampliou as hipóteses de admissibilidade da substituição da pena privativa de liberdade.

A conversão, ou seja, a alternatividade de uma pena por outra no curso da execução, poderá, porém, ser prejudicial ao condenado para atender aos interesses da defesa social. Com o fim de dotar de força coativa o cumprimento da pena restritiva de direitos, o art. 44, §§ 4º e 5º, do CP e o art. 181 da LEP preveem a conversão obrigatória desta em pena privativa de liberdade quando:

I – ocorrer o descumprimento injustificado da restrição imposta;

II – sobrevier condenação, por outro crime, à pena privativa de liberdade.

Na primeira hipótese, o sentenciado descumpre injustificadamente qualquer das restrições impostas pelas penas alternativas, passando a descontar a pena privativa de liberdade aplicada na sentença.

A Lei de Execução Penal prevê especificadamente causas de conversão *obrigatória* para a pena privativa de liberdade. Assim, a pena de *prestação de serviços à comunidade* será convertida obrigatoriamente quando o condenado:

a) não for encontrado por estar em lugar incerto e não sabido, ou desatender à intimação por edital;

b) não comparecer, injustificadamente, à entidade ou programa em que deva prestar serviço;

---

81. Cf. exposição de motivos da Lei nº 7.209, item 164.

c) recusar-se, injustificadamente, a prestar o serviço que lhe foi imposto;

d) praticar falta grave;

e) sofrer condenação por outro crime à pena privativa de liberdade, cuja execução não tenha sido suspensa (art. 181, § 1º, da LEP).

O não comparecimento e a recusa justificados pelo sentenciado impedirão a conversão.

Não é possível a conversão, evidentemente, quando se trata de descumprimento de prestação de serviços à comunidade aplicada como pena principal, e não por substituição, como ocorre no caso do art. 28 da Lei de Drogas (Lei nº 11.343, de 23-8-2006), que prevê para a hipótese de descumprimento a admoestação verbal e multa (arts. 28, § 6º, e 29).

A pena de *limitação de fim de semana* será convertida quando o condenado não comparecer ao estabelecimento designado para o cumprimento da pena, recusar-se a exercer a atividade determinada pelo juiz ou se ocorrer qualquer das hipóteses das letras *a*, *d* e *e* do art. 181, § 1º (art. 181, § 2º, da LEP). Ao contrário do que ocorre com a conversão da pena de prestação de serviços, não ressalva a lei a possibilidade da justificação pelo condenado, e a conversão será obrigatória, mesmo no caso de não comparecimento.

Além dessas hipóteses previstas nas letras *a* e *e* do § 1º citado, a pena de *interdição temporária de direitos* será convertida quando o condenado exercer, injustificadamente, o direito interditado (art. 181, § 3º, da LEP). No caso de suspensão ou a proibição de se obter a permissão ou a habilitação para dirigir veículo automotor, prevista no Código de Trânsito Brasileiro como pena principal, a sua violação configura o crime descrito no art. 307 do mesmo estatuto.

Não preveem o Código Penal ou a Lei de Execução Penal, especificamente, a conversão da pena de proibição de frequentar determinados lugares, mas a disposição genérica do art. 44, § 4º, do primeiro estatuto é suficiente para permiti-la. Infringindo a proibição, o juiz deverá converter tal sanção em pena privativa de liberdade. O mesmo se pode dizer do não cumprimento das penas de prestação pecuniária[52] e perda de bens e valores quando o condenado, injustificadamente, impede, de qualquer forma, a execução da sanção. Evidentemente, a conversão somente será admissível depois de tentada pelo Ministério Público, infrutiferamente, a execução dessas sanções restritivas de direitos.

Corrigindo uma lacuna da lei anterior, dispõe o art. 44, § 4º, segunda parte, com a nova redação que, em qualquer das hipóteses de conversão, no cálculo da pena privativa de liberdade a executar, será deduzido o tempo cumprido da pena restritiva de direitos. Instituiu-se, assim, uma espécie de detração, evitando-se que o condenado cumpra parte da pena restritiva de direitos e o total da pena privativa de liberdade imposta, o que constituía *bis in idem* intolerável.[53] Como única exceção, obriga-se, de acordo com o citado dispositivo, o cumprimento de um mês de reclusão ou detenção, se o saldo a cumprir for inferior a esse limite temporal.

A conversão, em qualquer dessas hipóteses, não é automática, exigindo-se que seja ouvido previamente o condenado, que pode justificar o descumprimento da restrição imposta. Não é possível a conversão da pena restritiva de direitos aplicada em transação penal (art. 76 da Lei nº 9.099/95). Nessa hipótese, diante do descumprimento da pena possibilita-se ao Ministério Público a retomada da persecução penal, mediante inquérito policial ou ação penal, conforme entendimento pretoriano cristalizado na Súmula Vinculante nº 35.

Na segunda hipótese, o sentenciado que está cumprindo a pena restritiva de direitos é condenado por outro crime à pena privativa de liberdade, não sendo agraciado com o *sursis*, pois, na maioria dos casos, não poderá cumprir a anterior pena restritiva de direitos. Evidentemente, torna-se, no caso, impraticável ou inócua a execução das penas restritivas de direitos. Ademais, a nova condenação demonstra que a pena restritiva de direito é insuficiente com relação ao condenado, devendo ele cumprir as penas privativas de liberdade impostas. Tratando-se, porém, das penas de prestação pecuniária ou de perda de bens e valores, ou seja, quando é possível ao condenado cumprir a pena substitutiva anterior, o juiz decidirá sobre a conversão, podendo deixar de aplicá-la (art. 44, § 5º). Deve, portanto, ouvir previamente o condenado.

Quando, no curso da execução da pena privativa de liberdade, sobrevier doença mental ou perturbação da saúde mental, o juiz, de ofício, a requerimento do Ministério Público, da Defensoria Pública ou da autoridade administrativa, poderá determinar a substituição da pena por medida de segurança (art. 183 da LEP).

## 7.4 A MULTA

### 7.4.1 Conceito e características

A pena de multa, largamente empregada no direito penal contemporâneo, originou-se da composição do direito germânico (item 1.4.5). Aponta-se como maior vantagem da pena pecuária, em confronto com a pena privativa de liberdade, não ser levado o criminoso à prisão por prazo de curta duração, privando-o do convívio com a família e de suas ocupações, mesmo porque não seria suficiente para a recuperação do sentenciado e apenas o corromperia e o aviltaria. Assinala-se, também, que a pena de multa não acarreta despesas ao Estado e que é útil no contraimpulso ao crime nas hipóteses de crimes praticados por cupidez, já que ele atinge o núcleo da motivação do ato criminoso.

A experiência tem demonstrado, porém, que no país a pena de multa se tem mostrado inócua, principalmente pela desvalorização da moeda decorrente da espiral inflacionária. Afirma Manoel Pedro Pimentel: "Invocando a realidade, verificamos que na prática tudo se converte em irrisória arrecadação, uma vez que a maior parte dos criminosos – podemos mesmo dizer que é a esmagadora maioria – não dispõe de recursos para saldar a multa. Quanto aos afortunados *criminosos de colarinho branco*, a pena pecuniária assume aspecto de bilhete de passagem comprado para a impunidade. Análise fria dos fatos impõe a conclusão de que, se a ideia é generosa, a sua aplicação resulta *despicienda* no Brasil."[82] Aponta-se também como falha principal a injustiça social de sua aplicação, já que afeta mais duramente o pobre que o rico.[83] Com a adoção de novo critério para a quantia da pena de multa fundado no sistema de dias-multa, entretanto, houve um avanço quanto à exequibilidade da sanção pecuniária, já que as multas rígidas, não levando em conta a desigualdade entre os economicamente débeis e os afortunados, tornam-se irrisórias para os últimos. A elasticidade que se confere agora ao juiz na aplicação da pena torna a sanção, ao menos em parte, eficaz na repressão ao crime praticado pelos mais abonados.

A pena de multa consiste, nos termos da lei nova, no pagamento ao fundo penitenciário da quantia fixada na sentença e calculada em dias-multa, sendo, no mínimo, de 10 e, no máximo, de 360 dias-multa (art. 49). Pretendeu-se a revalorização das quantias estabelecidas na legislação anterior, adotando-se o novo critério em parâmetros fixados pela própria lei, e sujeitas à correção monetária no ato da execução.[84]

Embora tida como sendo inspirada no sistema "nórdico" ou "escandinavo", como se afirmava na exposição de motivos do Código Penal de 1969,[85] a pena pecuniária traduzida em dias-multa não é novidade em nosso Direito Penal, já prevista no Código Criminal do Império, em seu art. 55, que dispunha: "A pena de multa obrigará os réus ao pagamento de uma quantia pecuniária, que será sempre regulada pelo que os condenados puderem haver em cada um dia pelos seus bens, empregos ou indústria, quando a lei especificamente não designar de outro modo." O critério, aliás, já havia sido abraçado na legislação penal especial, como na antiga Lei de Tóxicos (Lei nº 6.368, de 21-10-1976), no Código Eleitoral (Lei nº 4.737, de 15-7-1965), e a unidade salário mínimo já vinha sendo utilizada na Lei de Mercado de Capitais (Lei nº 4.728, de 14-7-1965) e na legislação de Pesca (Decreto-lei nº 221, de 28-2-1967), Caça (Lei nº 5.197, de 3-1-1967), no antigo Código Florestal (Lei nº 4.771, de 15-9-1965) etc. As penas de multa da legislação extravagante alcançada pelo art. 12 do CP, porém, passaram a ser reguladas pelo Código Penal após o início da vigência da Lei nº 7.209, conforme determinação do art. 2º desta lei.[54] Dispondo o art. 2º da Lei nº 7.209 a respeito do cancelamento apenas das "referências a valores de multas", permanecem em vigor as cominações referentes a penas de dias-multa e as que se fundam em salário mínimo ou salário-referência.[55]

A regra da substituição, de caráter geral, aplica-se às leis penais especiais, no que não disponham de modo contrário, conforme prevê o art. 12 do CP. Assim já se decidiu em relação às antigas Lei de Tóxicos,[56][86] e de Imprensa, a Lei de Economia Popular etc.

---

82. Ob. cit. p. 173-174.
83. Cf. MENDES, Nelson Pizzotti. A reforma penal no código da República Federal Alemã. *Justitia* 102/45.
84. Cf. exposição de motivos da Lei nº 7.209, item 43.
85. Cf. exposição de motivos do Decreto-lei nº 1.004, de 21-01-1969, item 22.
86. BARTOLI, Márcio. O art. 16 da Lei nº 6.368/76 e a pena de multa – Substituição permitida. *RT* 682/299.

[57] Não é essa, porém, a orientação do STJ, na hipótese de a legislação especial cominar pena privativa de liberdade cumulativa com a de multa. Nesse sentido, acrescentou esse Tribunal à Súmula o enunciado nº 171: "Cominadas cumulativamente, em lei especial, penas privativa de liberdade e pecuniária, é defeso a substituição da prisão por multa." Nesse mesmo sentido, já decidiu o STF.[58] Por disposição expressa da Lei nº 11.340, de 7-8-2006, é vedada a substituição que implique o pagamento isolado de multa nos crimes cometidos com violência doméstica e familiar contra a mulher (art. 17). No Estatuto da Criança e do Adolescente, disposição semelhante foi incluída pela Lei nº 14.344, de 24-5-2022, vedando nos casos de violência e domiciliar contra criança e adolescente a aplicação de cesta básica ou outras prestações pecuniárias, bem como a substituição de pena que implique pagamento isolado de multa (art. 226, § 2º).

O valor do dia-multa é fixado pelo juiz, não podendo ser inferior a um trigésimo do maior salário mínimo mensal vigente ao tempo do fato, nem superior a cinco vezes esse salário (art. 49, § 1º). Isso significa que um dia-multa nunca poderá ser inferior à remuneração devida por um dia de trabalho de acordo com o maior salário mínimo vigente ao tempo do fato, nem superior ao quíntuplo da remuneração por um mês de trabalho, tendo em vista ainda o mesmo salário.

A lei pátria passou a referir-se a *piso nacional de salários*, que substituiu a designação salário mínimo, mas por força do art. 7º, IV, da Constituição Federal de 1988, voltou-se à antiga designação. Discorda-se, *data venia*, da opinião de que deve ser considerado o "salário mínimo de referência" após o Decreto-lei nº 2.351/87.[87] O salário mínimo de referência coexistia com o salário mínimo e destinava-se a regular assuntos extrapenais. É pacífico na jurisprudência, aliás, que não há impedimento de se utilizar o salário mínimo como base para sanções penais.

A pena de multa não pode ser inferior a 10 dias-multa, ou seja, à remuneração devida por 10 dias de trabalho com base no salário mínimo, nem superior a 360 dias-multa, quer dizer, à remuneração devida por esses dias de trabalho com base no quíntuplo do referido salário (art. 49, *caput*, 2ª parte). Concedeu-se ao juiz, assim, a faculdade de fixar a pena de dias-multa de um terço do salário mínimo a um teto de 1.800 salários mensais.

O salário a ser considerado é aquele vigente ao tempo do crime. Considerou o legislador que as penas têm existência certa e determinada, não podendo assim o magistrado aplicar outra sanção que não seja definível ao tempo do fato considerado como delituoso. Deve o juiz aplicar a multa alicerçado nos salários vigentes ao tempo da violação da lei penal.

Dispõe, porém, o art. 49, § 2º, que o valor da multa será atualizado pelos índices da correção monetária. Não há nessa disposição qualquer ranço de inconstitucionalidade, já que a pena é fixada de acordo com os valores do salário mínimo vigente ao tempo do crime, incidindo a correção monetária apenas sobre o valor da quantia fixada pelo juiz

---

87. É a opinião de DELMANTO, Celso. A multa substitutiva do Código Penal. *O Estado de S. Paulo*, 1º-9-1987, p. 28.

para sua atualização em face da desvalorização da moeda. A correção monetária não modifica o valor da multa. Apenas atualiza sua expressão monetária.[59]

Não se estabelecia na lei o índice de correção monetária que deveria ser utilizado na cobrança da pena de multa. Por essa razão, foram utilizados sucessivamente os índices oficiais ORTN, OTN, BTN, TR, Ufir. Entretanto, após a vigência da Lei nº 9.268, de 1º-4-1996, a multa aplicada em sentença irrecorrível é considerada dívida de valor, aplicando-se-lhe as normas relativas às dívidas da Fazenda Pública (art. 51 do CP, com a nova redação). A correção monetária está prevista no art. 49, § 2º, do CP, e é exigida pelo art. 2º, § 2º, da Lei nº 6.830/80.

Questão bastante discutida e para a qual não havia uma orientação pacífica na jurisprudência era a de fixar o termo inicial para a aplicação da correção monetária. Afirmava-se que deveria ser ela contada a partir do primeiro dia após o décimo de prazo para o pagamento voluntário, conforme o disposto no art. 164 da LEP, pois só com a citação para a execução o condenado teria conhecimento do *quantum* devido.[60] Essa posição não era a única.

Já se tem apontado como termo inicial da correção monetária a data do trânsito em julgado da sentença para as partes, momento em que a responsabilidade do réu se torna imutável e a sanção pecuniária devida e exigível;[61] a data da citação, quando se torna certa a pena em seu montante final;[62] a data da sentença, porque antes desta a pena não se concretiza;[63] ou a data do fato, por se entender que o fundamento da correção monetária é apenas atualizar o valor do débito, não elevando nem diminuindo seu valor, e por isso não se violam com esse entendimento os princípios da anterioridade da lei penal ou da coisa julgada.[64][88] Diante da modificação operada quanto à execução da multa pela Lei nº 9.268/96 (item 7.4.3), a dúvida persistirá. Pode-se sustentar que deve ela ser contada a partir da data do fato com fundamento na Súmula 43 do STJ que diz incidir correção monetária sobre dívida por ato ilícito "a partir da data do efetivo prejuízo", já que não se pode negar que o crime é um ato ilícito. Pode-se entender que, em se tratando de dívida de valor e não de dinheiro e constituindo-se a sentença condenatória como título de dívida líquida e certa, deve-se corrigir o débito a partir do momento em que se tornou exigível, correspondente ao vencimento, no primeiro dia subsequente ao décimo do trânsito em julgado da sentença (art. 1º, § 1º, da Lei nº 6.899, de 8-4-1981 – LCM, c.c. o art. 50, *caput*, do CP). Por fim, entendendo-se que o título executivo só se formou com a sentença condenatória irrecorrível, excluído o art. 1º, § 1º, da Lei nº 6.899/81, o cálculo deve ser feito, nos termos do § 2º desse dispositivo, a partir do ajuizamento da ação executiva. Afinamo-nos com a primeira opção. O crime evidentemente é incluído na categoria de atos ilícitos em geral e, por disposição

---

88. PINTO, Sebastião da Silva. Da incidência da correção monetária sobre a pena de multa. *RT* 654/243-262; ZAUHY FILHO, Wilson. Pena de multa: correção monetária. Aplicação. Termo inicial, *RT* 668/250-255; LUZ SOBRINHO, Haroldo Pinto da. Correção monetária da pena de multa. *RJDTACRIM* 19/15; POZZA, Pedro Luiz. Breves considerações sobre a pena pecuniária. *Ajuris* 59/274-277.

expressa, a multa passou a constituir dívida de valor, devendo ser atualizada a partir da data do fato, posição aliás que vinha predominando nas decisões de nossos tribunais.

### 7.4.2 Cominação e aplicação

A multa pode ser uma sanção principal (ou comum) quando cominada abstratamente como sanção específica a um tipo penal, alternativa ou cumulativamente com a pena privativa de liberdade. Foram canceladas, na Parte Especial do Código Penal e nas leis especiais alcançadas pelo art. 12 do Código Penal, quaisquer referências a valores de multas, substituindo-se a expressão *multa de* por *multa* (art. 2º da Lei nº 7.209/84). Por essa razão, a multa, prevista em cada tipo legal de crime, tem os limites fixados no art. 49 e seus parágrafos do CP (art. 58). Isso significa que, qualquer que seja o crime, poderá o juiz utilizar-se dos parâmetros fixados nos referidos dispositivos ao aplicar concretamente a pena de multa (item 7.4.1).

A multa poderá ser imposta também como pena substitutiva, independentemente de cominação na parte especial, quando for aplicada pena privativa de liberdade igual ou inferior a um ano e o sentenciado preencher os demais requisitos exigidos na lei (itens 7.3.7 e 7.3.9). Seguiu nesse passo o legislador a orientação calcada nos códigos penais da Alemanha Ocidental e Áustria.

A pena em dias-multa deve ser fixada, segundo prudente arbítrio do juiz, que não pode desprezar os parâmetros fixados em lei (item 7.4.1). Em sua fixação, o juiz deve atender, *principalmente*, à situação econômica do réu (art. 60). Serão fixados, portanto, principalmente de acordo com a situação de seu patrimônio, rendas, meios de subsistência, nível de gastos ou outros elementos que o juiz considere adequados. Deverá, assim, ser considerada a situação econômica global do condenado, sem que o juiz tenha de ater-se a seu padrão de salário, quando se tratar de assalariado.[89] É claro que, se o condenado viver exclusivamente do produto de seu salário, o dia-multa não deverá ser inferior a sua renda diária.

O disposto no art. 43 da lei anterior, reproduzido no art. 60 da lei vigente, deu margem a duas correntes jurisprudenciais. Em uma primeira posição entendia-se que a pena de multa devia ser imposta tendo em vista apenas a situação econômica do condenado e não as outras circunstâncias, como a natureza do crime, a reincidência,[65] os maus antecedentes etc.[66] Não se acompanharia, assim, a exacerbação da pena privativa de liberdade por outras circunstâncias,[67] e se permitiria a aplicação do máximo da pena prevista quando de sentenciado abastado, independentemente de outros fatores.[68] De outro lado, afirmava-se que a condição econômico-financeira é de ser levada principalmente (*e não unicamente*) em conta, devendo a dosimetria da pena pecuniária atender também a outras circunstâncias, em paralelismo com a pena privativa de liberdade.[69]

---

89. Cf. exposição de motivos do Decreto-lei nº 1.004, item 22.

Quanto à nova lei, deve-se aceitar irrestritamente a segunda orientação. Não bastasse o advérbio utilizado pelo legislador, *principalmente*, é evidente que a pena de multa deve atender também à natureza do crime, já que não há mais, na Parte Especial, limites mínimos e máximos abstratamente considerados para cada tipo penal. Não atende aos princípios da justiça fixar-se a multa tendo em vista apenas a condição econômica do sentenciado sem atender a gravidade do crime por ele praticado. Pela mesma razão devem ser consideradas também as demais circunstâncias do crime para se aferir a culpabilidade do sentenciado, bem como a necessidade da maior prevenção e repressão penal.

Também não há que se afastar da dosimetria da pena de multa a incidência das causas gerais e especiais de aumento de pena previstas no Código Penal, já que o estatuto penal básico não apresenta restrição alguma quanto a elas.[90] Tratando-se de tentativa, a penalidade pecuniária deve ser também reduzida na mesma proporção da diminuição da pena corporal.[91] Esse critério, porém, só deve valer para a fixação do número de dias-multa aplicável ao caso concreto. O valor de cada dia-multa deve ser fixado levando-se em conta *exclusivamente* a situação econômica do réu, como a justa retribuição pelo crime diante das condições pessoais de seu autor.[70][92]

Na hipótese de substituição, não exige a lei equivalência quantitativa entre a pena de multa substitutiva e a pena privativa de liberdade substituída, ao contrário do que ocorre com as penas restritivas de direitos. Sua fixação é regida por critérios próprios.[71]

Como o dia-multa é apenas a unidade de medida da pena pecuniária, no momento da determinação de seu número não se cuida de valores monetários, o que só será feito na fixação do valor do dia-multa. Portanto, nada impede que, em face da aplicação de causas de aumento ou diminuição, o *quantum* final de dias-multa seja fixado de forma fracionada.[72] Somente quando da fixação do valor monetário final é que se devem desprezar as frações de reais (art. 11).

É indispensável que o julgador, ao fixar a pena pecuniária acima do mínimo legal, fundamente a decisão.[73]

### 7.4.3 Pagamento da multa

Deve a multa ser paga dentro de 10 dias depois de transitada em julgado a sentença condenatória (art. 50, *caput*, do CP). Dispunha a Lei da Execução Penal sobre a cobrança da pena de multa perante o juiz encarregado da execução. Entretanto, a exemplo de

---

90. FRANCESCHINI, J. L. V. de Azevedo. *Jurisprudência do Tribunal de Alçada Criminal de São Paulo*. São Paulo: Livraria e Editora Universitária de Direito, n[os] 4.634-A, 4.635, 4.636-A, 4.654; *JTACrSP* 65/197-198.
91. FRANCESCHINI, J. L. V. de Azevedo. Ob. cit. n[os] 4.634 e 4.658.
92. Nesse sentido: o ensinamento de JESCHEK, H. H. *Tratado de derecho penal*: parte general. Barcelona: Bosch, 1981. v. 2, p. 1077-1078; PRADO, Luiz Régis. *Pena de multa*: aspectos históricos e práticos. São Paulo: Sugestões Literárias, 1980. DELMANTO, Celso. *Código penal comentado*. Rio de Janeiro: Freitas Bastos, 1986. p. 77; FRANCO, Alberto Silva. *Temas de direito penal*. São Paulo: Saraiva, 1986. p. 196; ANDREUCCI, Ricardo Antunes. Aplicação da multa. *JTACrSP* 87/11.

outras legislações, o art. 1º da Lei nº 9.268, de 1º-4-1996, deu nova redação ao art. 51, *caput*, do CP, que passou a dispor: "Transitada em julgado a sentença condenatória, a multa será considerada dívida de valor, aplicando-se-lhes as normas da legislação relativa à dívida ativa da Fazenda Pública, inclusive no que concerne às causas interruptivas e suspensivas da prescrição". Pela mesma lei foram revogados os §§ 1º e 2º do art. 51 do CP e o art. 182 da LEP (art. 3º). Assim, para muitos, a multa aplicada em sentença condenatória transitada em julgado, tenha sido aplicada isoladamente ou cumulativamente com outra pena, perde o caráter de sanção penal, transformando-se em mera dívida de valor, com todas consequências desta. Estaria, portanto, tacitamente revogado o art. 164 da LEP, que dispõe sobre a legitimidade do Ministério Público para a execução da multa, a qual passaria para a Procuradoria da Fazenda Pública. Entretanto, segundo outro entendimento, a multa continua a ser uma sanção penal, embora considerada dívida de valor para o simples efeito de execução, cabendo ao Ministério Público promover a sua execução perante o juízo das execuções criminais.[93] Cristalizou-se, porém, no Superior Tribunal de Justiça, nos termos da Súmula 521, o entendimento de que, cumprido o disposto no art. 50 do CP e persistindo o inadimplemento da multa, a legitimidade para a sua execução é de ser reconhecida não mais para o Ministério Público, mas para a Procuradoria da Fazenda, e a competência jurisdicional para a Vara da Fazenda Pública.[74] Entretanto, segundo outro e melhor entendimento, a multa, após o trânsito em julgado da sentença condenatória, continua a ser uma sanção penal, embora considerada dívida de valor para o simples efeito de execução, cabendo ao Ministério Público promover a sua execução perante o juízo das execuções criminais.[94]

Essa é a orientação que finalmente foi adotada pelo Supremo Tribunal Federal por ocasião do julgamento de ação direta de inconstitucionalidade proposta pelo Procurador-Geral da República, questionando os limites de aplicação do art. 51 do Código Penal. Decidiu, também, o STF que, caso o Ministério Público não proponha a execução da multa no prazo de 90 dias após o trânsito em julgado, o juiz criminal comunicará ao órgão competente da Fazenda Pública que, subsidiariamente, efetuará a cobrança perante a vara da execução fiscal. A Lei nº 13.964, de 24-12-2019, colocou fim à discussão, dando nova redação ao art. 51, de acordo com a qual "a multa será executada perante o juiz da execução penal".

Quanto às causas de suspensão e de prescrição aplicáveis à execução da multa, são elas reguladas pelas Leis nº 5.172, de 25-10-1966 (CTN), e nº 6.830, de 22-9-1980. As causas de suspensão e prescrição estão previstas nos arts. 151, *caput*, 155, parágrafo único, e 174 e seu parágrafo único do CTN e no art. 8º, § 2º, da Lei nº 6.830/1980 (itens 12.4.8 e 12.4.10).

---

93. Com base nessa interpretação, a de que a multa preserva a natureza de sanção penal, o Procurador-Geral da República propôs ação direta de inconstitucionalidade objetivando definir os limites de aplicação do art. 51 do Código Penal em conformidade com a Constituição Federal e fixar a atribuição do Ministério Público e a competência do juízo das execuções criminais para a execução da pena de multa (Adin 3150-3).
94. Adin 3150, j. em 13-12-2018, *DJe* de 06-08-2019.

A exclusão tácita da possibilidade de conversão da pena de multa em detenção efetuada com a nova redação dada ao art. 51 do CP, por dar tratamento mais benigno ao condenado, possui retroatividade (art. 2º, parágrafo único, do CP), devendo ser aplicada aos fatos anteriores à vigência da Lei nº 9.268, de 1º-4-1996. Deve cessar inclusive a execução da pena de detenção em que foi convertida a multa por decisão anterior à vigência da lei nova.

A requerimento do condenado e conforme as circunstâncias, o juiz pode permitir que o pagamento se realize em parcelas mensais (art. 50). O requerimento deverá ser apresentado até o término do prazo concedido para o pagamento da multa, ficando a critério do juiz, após eventuais diligências para verificar a real situação econômica do condenado e ouvido o Ministério Público, a fixação do número de prestações (art. 169, § 1º, LEP). Se o condenado for impontual ou se melhorar de situação econômica, o juiz, de ofício ou a requerimento do Ministério Público, revogará o benefício, executando-se a multa ou prosseguindo-se na execução já iniciada (art. 169, § 2º).

Permite-se a cobrança da multa mediante desconto no vencimento ou salário do condenado quando foi aplicada isoladamente, cumulativamente com pena restritiva de direitos ou foi concedida a suspensão condicional da pena (art. 50, § 1º). Na determinação para o desconto, o juiz deverá observar o seguinte: o limite máximo do desconto mensal será o da quarta parte da remuneração e o mínimo o de um décimo;[95] o desconto será feito mediante ordem do juiz a quem de direito; o responsável pelo desconto será intimado a recolher mensalmente, até o dia fixado pelo juiz, a importância determinada (art. 168 da LEP).[96] As parcelas em que for dividida a pena de multa devem ser corrigidas, uma vez que, se o § 2º do art. 49 do CP nada dispôs sobre o *dies ad quem* da correção, é porque esta deve incidir até o efetivo pagamento, ou seja, a quitação final.[75]

Quando a pena de multa for aplicada cumulativamente com pena privativa de liberdade e esta estiver sendo executada, poderá ser cobrada aquela mediante desconto na remuneração do condenado, observados o limite e as condições mencionadas (art. 170 da LEP).

Aplicam-se também as disposições relativas à cobrança quando o condenado cumprir a pena privativa de liberdade ou obtiver livramento condicional sem haver resgatado a multa, bem como se estiver em gozo da suspensão condicional da pena (art. 170, §§ 1º e 2º, da LEP).

---

95. O desconto é limitado a fim de impedir que a execução da pena de multa alcance expressão aflitiva exagerada ou desproporcional, com sacrifício do objetivo da prevenção especial, tanto em se tratando de condenado em meio livre, como de condenado que cumpre, cumulativamente, a pena privativa de liberdade. Cf. exposição de motivos da Lei nº 7.210, item 150.
96. A recusa ou a simples omissão do responsável em atender ao recolhimento, no prazo, configura o crime de desobediência (art. 330 do CP).

Por força da nova redação dada ao art. 51 do CP e nos termos da referida orientação jurisprudencial, o parcelamento e o desconto para satisfação da multa só podem ser determinados antes de iniciada a execução.

É suspensa a execução da pena de multa se sobrevém ao condenado doença mental (arts. 52 do CP e 167 da LEP). Assim como ao inimputável não se aplica pena (detentiva ou pecuniária), toda vez que depois do trânsito em julgado da sentença o condenado vier a padecer de doença mental, não será possível a execução da pena privativa de liberdade ou da multa. Na primeira hipótese, o agente deve ser recolhido a hospital de custódia e tratamento psiquiátrico ou, à falta, a outro estabelecimento adequado (art. 41 do CP) ou o juiz poderá determinar a substituição da pena por medida de segurança (art. 183 da LEP). Na segunda, como se anotou, é suspensa a execução.

As multas constituem recursos do Funpen (Fundo Penitenciário Nacional) criado pela Lei Complementar nº 79, de 7-1-94, que foi regulamentada pelo Decreto nº 1.093, 23-3-94, conforme dispõe o art. 2º, inciso V, do primeiro diploma, ressalvada destinação específica prevista em lei especial.

### 7.4.4 Impossibilidade de conversão da multa

Quanto à possibilidade de o condenado pagar ou não a multa, deve-se estabelecer a distinção, para os efeitos penais, em solvente e insolvente. *Insolvente* é o condenado que não pode efetuar o pagamento da multa nos termos estabelecidos na lei. A insolvência é *absoluta* quando o condenado não pode efetuar o pagamento da multa, mesmo em prestações, sem prejuízo dos recursos indispensáveis a sua manutenção e à família, tanto que o desconto permitido em lei não deve incidir sobre eles (art. 50, § 2º). É *relativamente* solvente o condenado que não pode efetuar o pagamento da multa de uma vez, mas aufere remuneração, vencimento ou salário, em valor tal que permita o desconto, sem prejuízo da manutenção própria e da família.[97] A solvência do condenado não é, porém, presumível, devendo existir prova nos autos dessa situação para que se possa admiti-la como verdadeira.[76]

Dispunha a lei que a multa era convertida em detenção quando o condenado solvente deixasse de pagá-la ou frustrasse a sua execução (art. 51, *caput*, do CP e 182 da LEP). Entretanto, com a nova redação dada ao primeiro, e com a revogação dos §§ 1º e 2º do art. 51, bem como do art. 182 da LEP (item 7.4.3), considerada a multa após o trânsito em julgado da sentença condenatória como dívida de valor, eliminou-se qualquer possibilidade de conversão da multa em outra sanção penal, inclusive as previstas no art. 85 da Lei nº 9.099, de 26-9-1995, que dispõe sobre os Juizados Especiais Cíveis e Criminais. Inclui-se na impossibilidade de conversão, por analogia *in bonam partem*, a hipótese da multa imposta não em sentença condenatória, mas na de homologação da transação prevista na mesma lei.

---

97. As expressões "relativamente insolvente" e "relativamente solvente" equivalem-se.

## 7.5 APLICAÇÃO DA PENA

### 7.5.1 Circunstâncias do crime

Na antiguidade, a fixação da pena ficava inteiramente ao arbítrio judicial. Esse injusto sistema foi substituído, em decorrência do Iluminismo, por um sistema de penas rígido, em que pouca ou nenhuma flexibilidade se dava ao juiz para aplicar a sanção. Mostrou-se esse critério também inadequado por não poder o julgador sopesar devidamente as circunstâncias do delito para uma melhor correspondência da sanção penal ao agente do fato criminoso.

No Brasil, estabeleceu-se, de início, um sistema de penas dosimetricamente pre-estabelecidas, com os respectivos graus fixados previamente na lei. No Código de 1940, porém, instituiu-se um critério em que o juiz exerce relativo arbítrio na fixação da pena, dosando-se de acordo com diversas circunstâncias entre um mínimo e um máximo cominados abstratamente para cada delito. Tal sistema, mais acertado, possibilita ao julgador a faculdade controlada de escolher a sanção mais adequada ao delinquente sem esquecer a gravidade objetiva do crime ou suas consequências particulares. Esse critério tem por base o estabelecimento de determinadas circunstâncias que tornam o fato mais, ou menos, grave.

*Circunstâncias* são dados subjetivos ou objetivos que fazem parte do fato natural, agravando ou diminuindo a gravidade do crime sem modificar-lhe a essência.

Dividem-se as circunstâncias em judiciais e *legais*. As primeiras são mencionadas no art. 59 e devem ser consideradas na fixação inicial da pena a ser imposta a agente de qualquer delito (item 7.5.2). As legais podem ser *genéricas*, quando previstas na Parte Geral do Código Penal (agravantes, atenuantes e causas gerais de aumento ou diminuição de pena) ou *especiais* (ou específicas), constantes da Parte Especial (qualificadoras e causas especiais de aumento ou diminuição de pena). As *atenuantes* e *agravantes* genéricas sempre atenuam ou agravam, respectivamente, a pena em índices não fixados expressamente na lei (arts. 61 a 67). As *causas gerais de aumento ou diminuição de pena* têm previamente demarcado nos correspondentes dispositivos da Parte Geral os limites de aumento ou diminuição (arts. 16, 21, 2ª parte, 26, parágrafo único, 28, § 2º, 29, § 1º etc.). Podem ser encontradas nos mais variados delitos e influem no aumento ou diminuição da pena após terem sido consideradas as circunstâncias judiciais, as agravantes e as atenuantes. As *qualificadoras* fazem parte do tipo chamado qualificado, ao qual é cominada uma pena mais severa em seus limites em decorrência das circunstâncias estabelecidas pelo legislador (arts. 121, § 2º, 150, § 1º, 155, § 4º etc.). As *causas especiais de aumento de pena*, que também são consideradas qualificadoras em sentido amplo, referem-se a determinados delitos, fixando-se um aumento da sanção imposta ao crime simples em decorrência de sua existência no fato, tornado mais grave por essas circunstâncias (arts. 121, § 7º, 122, § 3º, 129, § 12, 146, § 1º, 155, § 1º etc.). As *causas especiais de diminuição de pena*, ao contrário, determinam uma redução da sanção por tornarem o fato menos grave (arts. 121, § 1º, 129, § 4º, 155, § 2º, 170, 171, § 1º etc.).

As circunstâncias podem ser *subjetivas* (ou pessoais), ou *objetivas* (ou reais). As subjetivas relacionam-se com o sujeito ativo do crime, estando entre elas os antecedentes, a personalidade, os motivos do crime (arts. 59, 121, § 2º, incisos I e II), o estado psíquico do agente (arts. 65, inciso III, *c*, 121, § 1º) etc. As circunstâncias objetivas dizem respeito a todas aquelas que não se relacionam diretamente com a pessoa do agente, podendo referir-se ao meio utilizado para a prática do crime (arts. 61, inciso II, *d*, 155, § 4º, inciso III, 157, § 2º-A, inciso I etc.), às consequências do delito (arts. 59, 129, § 3º, 157, § 3º), à pessoa da vítima (arts. 61, inciso II, *h*, 121, § 2º, VII e IX, 141, incisos I e II, 150, § 1º, segunda hipótese etc.), ao concurso de pessoas (arts. 62, 155, § 4º, inciso IV, 157, § 2º, inciso II etc.), à ocasião do fato (arts. 61, inciso II, *j*, 150, § 1º, primeira hipótese, 155, § 1º) etc.

Como já se observou, as circunstâncias de caráter pessoal (subjetivas) não se comunicam aos demais agentes, salvo quando elementares do crime (item 6.1.14).

### 7.5.2 Circunstâncias judiciais

Trata o art. 59 das chamadas *circunstâncias judiciais*, que fornecem ao julgador os critérios necessários à fixação de uma "pena base" entre os limites da sanção fixados abstratamente na lei penal.

O dispositivo denuncia os fins da pena, determinando que seja ela estabelecida conforme seja necessário e suficiente para a *reprovação* e *prevenção* do crime, sendo a culpa do agente a base fundamental para a individualização da sanção a ser aplicada.

Nos termos do dispositivo em estudo, o juiz deve levar em conta, de um lado, a "culpabilidade", os "antecedentes", a "conduta social" e "a personalidade do agente", e, de outro, as circunstâncias referentes ao contexto do próprio fato criminoso, como os "motivos", as "circunstâncias" e "consequências do crime", bem como o "comportamento da vítima". Diante desses elementos, que reproduzem a biografia moral do condenado de um lado, e as particularidades que envolvem o fato criminoso de outro, o juiz deve escolher a modalidade e a quantidade da sanção cabível, segundo o que lhe parecer necessário e suficiente para atender aos fins da pena.

Menciona-se no art. 59, em primeiro lugar, a *culpabilidade* do agente, tida na reforma penal como o fundamento e a medida da responsabilidade penal. Substituem-se na lei as expressões "intensidade do dolo" e "grau de culpa", com a justificativa de que "graduável é a censura cujo índice, maior ou menor, incide na quantidade de pena".[98]

A expressão agora utilizada, porém, não afasta a consideração do elemento subjetivo do delito na fixação da pena. Um dolo mais intenso ou uma culpa mais grave são índices precisos de que a conduta é mais censurável.[77] A intensidade do dolo refere-se à pertinácia ou, ao contrário, à pouca disposição em perseguir a intenção criminosa; o dolo direto, por exemplo, é mais intenso que o dolo eventual, e a premeditação indi-

---

98. Exposição de motivos da Lei nº 7.209, item 50.

ca uma conduta mais reprovável do que aquela desencadeada por dolo de ímpeto. O grau da culpa (grave, leve ou levíssimo) funda-se na maior ou menor previsibilidade do resultado do lesivo e nos cuidados objetivos exigíveis do agente, denunciando, por conseguinte, a maior ou menor censurabilidade da conduta culposa.

Além disso, a utilização na lei da palavra "culpabilidade", que tem caráter de juízo de reprovação, deve levar o julgador a atentar para as circunstâncias pessoais e fáticas, no contexto em que se realizou a ação, conduzindo-o a uma análise da consciência ou do potencial conhecimento do ilícito e, em especial, da exigibilidade de conduta diversa, como parâmetros do justo grau de censura atribuível ao autor do crime. Deve o juiz buscar, assim, a medida da justa reprovação em uma diagnose embebida de significado valorativo.[99]

Deve o julgador observar, também, os *antecedentes* (bons ou maus) do agente. Verifica-se a vida pregressa do réu, com base no que constar do inquérito policial (art. 6º, incisos VIII e X, do CPP) e nos demais dados colhidos durante a instrução do processo, apurando-se se já foi envolvido em outros fatos delituosos, se é criminoso habitual, ou se sua vida anterior é isenta de ocorrências ilícitas, sendo o delito apenas um incidente esporádico. O envolvimento em vários inquéritos e ações penais, antes tidos como maus antecedentes, não mais são reconhecidos como tais em decorrência do princípio de presunção de não culpabilidade, máxime quando arquivados os procedimentos inquisitivos ou absolvidos dos réus (art. 5º, LVII, da CF). De acordo com a Súmula 444 do STJ, "é vedada a utilização de inquéritos policiais e ações penais em curso para agravar a pena base". Decidiu, também, o STF, recentemente, que condenações criminais extintas há mais de cinco anos podem ser reconhecidas pelo juiz como maus antecedentes quando da fixação da pena base, por não ser aplicável a essa circunstância judicial o prazo quinquenal da prescrição da reincidência, previsto no art. 64, I, do Código Penal, por se tratar de institutos distintos[100]. Firmou-se, também, o entendimento de que a folha de antecedentes é documento hábil a comprovar os maus antecedentes e a reincidência. Nesse sentido a Súmula 636 do STJ.

Refere-se ainda a lei à *conduta social* do agente, ou seja, a sua situação nos diversos papéis desempenhados junto à comunidade, tais como suas atividades relativas ao trabalho, à vida familiar etc.

Quanto à *personalidade*, registram-se qualidades morais, a boa ou má índole, o sentido moral do criminoso, bem como sua agressividade e o antagonismo com a ordem social intrínsecos a seu temperamento.

Destacam-se no art. 59 também as circunstâncias referentes ao contexto do fato criminoso.

---

99. Cf. REALE Junior, Miguel. Ob. cit. p. 31. No mesmo sentido; ROCHA, Fernando Antonio N. Galvão da. A culpabilidade como fundamento da responsabilidade penal. *RT* 707/276-288.
100. STF, RE 593818-SC, j. em 18-8-2020, *DJe* de 23-11-2020.

Os *motivos do crime*, ressaltados na pregação positiva, realçam a necessidade de efetuar um perfil psíquico do delinquente e da causação do crime para uma correta imposição de pena. O crime deve ser punido em razão de motivos que podem levar a uma substancial alteração da pena, aproximando-se do mínimo quando derivam de sentimentos de nobreza moral ou elevando-se quando indicam um substrato antissocial. Há diferença sensível entre uma agressão praticada para salvaguardar a honra de uma filha e aquela derivada de sentimentos de inveja. É menos censurável o crime praticado em decorrência do amor, da honra, da fé, do patriotismo, da piedade, do que os cometidos por ódio, vingança, cupidez, libidinagem, malevolência etc. Nesses termos, segundo os positivistas, devem ser consideradas as paixões sociais e antissociais (item 1.4.10).

A referência às *circunstâncias e consequências do crime* é de caráter geral, incluindo-se nelas as de caráter objetivo ou subjetivo não inscritas em dispositivos específicos. As primeiras podem referir-se à duração do tempo do delito, que pode demonstrar maior determinação do criminoso; ao local do crime, indicador, por vezes, de maior periculosidade do agente; à atitude durante ou após a conduta criminosa (insensibilidade e indiferença ou arrependimento) etc. As demais referem-se à gravidade maior ou menor do dano causado pelo crime, inclusive aquelas derivadas indiretamente do delito. Maiores consequências existem, por exemplo, na cegueira ou paralisia da vítima no crime de lesões corporais, na penúria da família atingida pelo homicídio do *pater familias*, no extraordinário desfalque patrimonial produzido pelo roubo etc.

Por fim, inovou a lei ao fixar como uma das circunstâncias judiciais o *comportamento da vítima*, "erigido, muitas vezes, em fator criminógeno, por constituir-se em provocação ou estímulo à conduta criminosa como, entre outras modalidades, o pouco recato da vítima nos crimes sexuais".[101]

Estudos de Vitimologia demonstram que as vítimas podem ser "colaboradoras" do ato criminoso, chegando a falar-se em "vítimas natas" (personalidades insuportáveis, criadoras de casos, extremamente antipáticas, pessoas sarcásticas, irritantes, homossexuais e prostitutas etc.).[102] Maridos verdugos e mulheres megeras são vítimas potenciais de cônjuges e filhos; homossexuais, prostitutas e marginais sofrem maiores riscos de violência diante da psicologia doentia de neuróticos com falso entendimento de justiça própria; quem vive mostrando sua carteira, recheada de dinheiro, aumenta as probabilidades do furto e do roubo. Alguns comportamentos da vítima, embora *não justifiquem o crime*, podem diminuir a censurabilidade da conduta do autor do ilícito, implicando abrandamento da pena (vide item 1.3.4). Em casos especiais a lei prevê, aliás,

---

101. Cf. exposição de motivos da Lei nº 7.209, item 50.
102. Diz Laércio Pelegrino: "A matéria comporta, por isto, um exame acurado das vítimas, principalmente no relacionamento criminoso-vítima, para, daí, partir-se para os tipos de vítimas, isto é, a vítima totalmente inocente, a vítima menos culpada que o criminoso, a vítima tão culpada quanto o criminoso e a vítima totalmente culpada, como as divide Manzanera." A adoção de princípios vitimológicos na nova legislação penal brasileira. *RT* 556/429.

como circunstância atenuante genérica ou causa de privilégio a "injusta provocação da vítima" (arts. 65, III, *c*, última parte; 121, § 1º, 2ª parte; 129, § 4º, última parte etc.).

Leis penais especiais preveem outras circunstâncias a serem consideradas pelo juiz na fixação da pena. A Lei de Drogas (Lei nº 11.343, de 23-8-2006), por exemplo, prevê que a natureza e a quantidade da substância ou do produto, a personalidade e a conduta social do agente preponderam sobre as demais circunstâncias previstas no art. 59 do Código Penal.

### 7.5.3 Circunstâncias agravantes

Agravam sempre a pena, quando não constituem ou qualificam o delito, as circunstâncias referidas nos arts. 61 e 62 do CP. É evidente que uma circunstância *elementar* (elemento) ou *qualificadora,* que faz parte da estrutura do tipo básico ou qualificado, não pode, ao mesmo tempo, torná-lo mais grave, com o reconhecimento dessa circunstância como agravante genérica da pena, o que é vedado pelo princípio *non bis in idem*.

A ressalva legal demonstra existir circunstâncias agravantes genéricas que, em casos específicos, fazem parte integrante do tipo penal ou o tornam qualificado. Assim, num delito de incêndio (art. 250) não se pode falar que ocorra a agravante decorrente de ter sido cometido o crime com emprego de fogo (art. 61, inc. II, *d*). Do mesmo modo, no homicídio qualificado pelo motivo fútil (art. 121, § 2º, inc. II) não responderá o agente pela agravante prevista no art. 61, inciso II, *a*, nem a infanticida pela agravante de ter sido o delito praticado contra criança (art. 61, inciso II, *h*). Não incide a menoridade nos crimes sexuais quando a circunstância é *elementar* (arts. 217-A, 218).[78]

A reincidência é a primeira circunstância agravante prevista no art. 61 (inciso I), mas será examinada separadamente (item 7.5.4).

O inciso II do dispositivo em estudo refere-se às várias circunstâncias que, envolvendo o fato criminoso, tornam-no mais grave e, em consequência, implicam fixação de pena maior do que aquela que seria aplicada se não existissem. Tais agravantes aplicam-se, porém, apenas aos crimes dolosos, já que apenas quando conhecidas e aceitas pelo agente podem ser tidas como índices de maior culpabilidade a exigir censura mais grave do agente.[79]

A letra *a* do citado inciso registra como circunstância agravante o motivo fútil ou torpe.

*Fútil* é o motivo de somenos, destituído de importância, que indica uma desproporção exagerada com relação ao delito praticado. É o motivo insignificante, mesquinho, constituindo-se muitas vezes num pretexto gratuito e inadequado. A prática do crime por uma ninharia, que normalmente não leva o homem a delinquir, demonstra elevada periculosidade do agente que, por quase nada, chega à prática delituosa. Agredir a esposa por que deixou queimar o feijão do almoço ou o garçom por ter encontrado uma mosca na sopa são exemplos dessa agravante. Tem-se entendido que não se pode reconhecer a agravante quando o agente é levado ao crime pelo ciúme.[80] Também tem-se decidido que o motivo fútil é incompatível com a embriaguez do agente.[81]

*Torpe* é o motivo abjeto, indigno, imoral, que suscita repugnância e é próprio de personalidades profundamente antissociais. São ignóbeis e merecem sanção maior os atos de espancar uma meretriz que não quer ser explorada ou a testemunha que prestou depoimento contra os interesses do agente, como é também o dano ao automóvel de corrida do concorrente que está na liderança do campeonato de automobilismo. Em regra, a circunstância em estudo deriva de uma paixão antissocial, como a inveja, o despeito, a cobiça, a concupiscência etc. Por isso, tem-se afirmado que não é torpe o motivo quando o crime é praticado por ciúme,[82] nem indica torpeza, por si mesma, a circunstância de ter sido praticado o crime por vingança.[83]

É agravante, também, a circunstância de ter sido o delito praticado *para facilitar ou assegurar a execução, a ocultação, a impunidade ou vantagem de outro crime* (letra *b*). Existe ela apenas quando da ocorrência de outro delito que pode ser anterior, concomitante ou posterior àquele em que a circunstância deve ser reconhecida. É agravante a circunstância de causar lesão corporal em alguém que procura acudir a vítima de uma tentativa de homicídio para *assegurar a morte* do ofendido. Agrava a pena do incêndio a circunstância de ter sido praticado o ilícito para a *ocultação* de anterior apropriação indébita. Existe a agravante na ameaça à testemunha que vai depor contra o agente para assegurar a *impunidade* do delito pelo qual este está sendo processado ou para subtrair-se à prisão.[84] Agrava o crime de sequestro se for realizado para impedir que alguém impeça a fuga do agente com o produto do crime patrimonial.

Na letra *c*, estão inscritos vários modos insidiosos de cometer o ilícito. A *traição* ocorre no ataque inesperado à vítima e prende-se à quebra de confiança com que o agente surpreende mais facilmente o ofendido. Refere-se o dispositivo, porém, tanto ao aspecto *material* da traição, quando se pratica o crime estando a vítima, por exemplo, de costas ou dormindo, quanto ao aspecto *moral*, em que o agente viola deveres de lealdade ou fidelidade entre pessoas ligadas por qualquer laço de confiança, afinal desmerecida no que se refere ao agente.

Na *emboscada*, o criminoso espera oculto para a prática do delito, surpreendendo, assim, a vítima. É conhecida, pelo caboclo, com o nome de *tocaia*.

A *dissimulação* resume-se no encobrimento do intuito criminoso, no disfarce com que o sujeito ativo procura impedir a reação da vítima para apanhá-la desprevenida. Age com dissimulação, por exemplo, aquele que se veste de mulher ou usa disfarce para surpreender a vítima, ou aquele que, utilizando-se de uniforme de uma empresa prestadora de serviços, penetra na residência para a prática de um crime de roubo.

Refere-se a lei, ainda, a *outro recurso* que dificultou ou tornou impossível a defesa do ofendido. Por interpretação analógica, pode-se afirmar que qualquer recurso que chegue a diminuir a reação da vítima constitui a agravante em apreço. Podem ser citadas a fraude, a "dopagem" da vítima etc. A meretriz que conduz o "cliente" a um local ermo, onde um coautor vai roubá-lo (suadouro), é exemplo desse outro recurso referido na lei.

A *surpresa*, não mencionada expressamente na lei, é figura que se aproxima da traição, da emboscada e da simulação; é não ter a pessoa ofendida razões, próximas ou remotas, para esperar o procedimento do agressor ou mesmo suspeitá-lo. Não haverá a agravante, porém, se na surpresa inexistiu insídia, traição, ardil ou outra forma de dissimulação que houvesse tomado impossível ou dificultado a defesa.[85]

Vários meios utilizados na prática de crimes podem, eventualmente, constituir-se em agravantes, tal como prevê a letra *d*, do art. 61, inciso II.

O *veneno* é o primeiro a ser indicado por seu caráter insidioso que dificulta a defesa do ofendido e provoca-lhe, por vezes, grandes padecimentos. Pode conceituar-se, para os efeitos penais, o veneno com toda substância mineral, vegetal ou animal que, introduzida no organismo, é capaz, de mediante ação química, bioquímica ou mecânica, lesar a saúde ou destruir a vida. Podem ser eles sólidos, líquidos e gasosos e administrados por via bucal, nasal, retal, vaginal, hipodérmica, intravenosa etc.[103] As substâncias inócuas que, por condições especiais, podem causar danos à saúde (açúcar ministrado ao diabético, por exemplo) não podem ser consideradas como venenos, mas não deixa de constituir sua utilização outro meio insidioso.

Quem utiliza *fogo* ou *explosivo* na prática de crime demonstra sua grande periculosidade ou malvadez, quando não a visível despreocupação com a vida e o patrimônio de pessoas não visadas especialmente pela prática do delito. São meios que, também, podem causar perigo comum.

Com a *tortura* inflige-se à vítima um mal ou sofrimento maior, às vezes desnecessário para a prática do crime, denotando-se o sadismo, a insensibilidade e a crueldade do agente. Existe a agravante nos crimes de roubo ou extorsão, por exemplo, em que são aplicados métodos que causam grave sofrimento físico ou moral à vítima (queimadura com cigarro, lesões com alicates etc.). Assim foi considerada a circunstância de ter o agente utilizado ferro quente para queimar o rosto da vítima.[86]

A tortura, porém, pode constituir crime autônomo, quando revestida das circunstâncias previstas expressamente na Lei nº 9.455, de 7-4-1997 (art. 1º, *caput* e parágrafos). Prevê-se no referido diploma legal o crime qualificado pelos resultados lesão grave e gravíssima ou morte (§ 3º) e causas de aumento de pena (§ 4º). Incrimina-se ainda a conduta daquele que submete pessoa presa ou sujeita a medida de segurança a sofrimento físico ou mental, por intermédio da prática de ato não previsto em lei ou não resultante de medida legal (§ 1º). O crime de tortura sofre os rigores das normas previstas para os crimes definidos como hediondos (Lei nº 8.072/90). Como exceção ao art. 13, § 2º, I, *a*, do CP, dispõe a lei que aquele que se omite em face das condutas típicas, quando tinha o dever de evitá-las ou apurá-las, incorre na pena de detenção de um a quatro

---

103. SILVA, A. J. de Costa e. Do homicídio. *Justitia* 42/27.

anos (§ 2º). Pelo art. 4º, ficou revogado expressamente o art. 233 do Estatuto da Criança e do Adolescente (Lei nº 8.069/90), podendo os fatos a ele anteriormente submetidos constituir o crime de tortura comum (art. 1º, II, da Lei nº 9.455/97).

Em fórmula genérica, a lei menciona também outros meios insidiosos, cruéis ou de que podem resultar perigo comum. Os meios *insidiosos* são os que atingem a vítima sub-repticiamente, por meio de um estratagema etc. Meios *cruéis* são os que causam maiores padecimentos à vítima[87] e meios *de que podem resultar perigo comum* são os que eventualmente causam desabamento, inundação, desastres etc.

As agravantes relacionadas na letra *e* derivam das relações de parentesco e casamento, revelando a maior insensibilidade do agente em atingir pessoas a ele ligadas por laços que exigiram maior proteção, estima e afetividade. Existe a agravante no crime praticado contra *cônjuge, ascendentes* (pais, avós etc.), *descendentes (filhos, netos)* ou irmão. Estão incluídas, segundo os doutrinadores, as pessoas ligadas por parentesco decorrente de consanguinidade e de adoção. Assim, o parentesco de que se trata tanto pode ser o legítimo (resultante do casamento) como ilegítimo (união livre ou extralegal), o natural (decorrente da consanguinidade) como o civil (resultante da adoção).[104] De acordo com o art. 227, § 6º, da Constituição Federal de 1988, arts. 20 e 41 do Estatuto da Criança e do Adolescente (Lei nº 8.069, de 13-7-1990), e art. 1.596 do novo Código Civil, que já não permitem tais distinções, não há mesmo razão para excluir a agravante em quaisquer dessas hipóteses. Exige-se, porém, em face do art. 155, parágrafo único, do CPP e do art. 1.543 do CC, a prova documental (certidão) do casamento ou parentesco para o fim do reconhecimento da agravante.[88] Não ocorre a agravante quando se tratar apenas de mancebia,[89] ou mesmo de mero casamento religioso.[90]

Discute-se também a hipótese em que os cônjuges estão separados por ocasião do crime, entendendo alguns que incide a agravante. Deve prevalecer, porém, o sentido teleológico da lei, que reserva a agravante quando necessária a relação de fidelidade, proteção e apoio mútuo, fundamento da exacerbação da pena. Ausentes, entre os cônjuges separados, o afeto e a estima, não se justifica a agravante quando se trata de cônjuge separado judicialmente[91] ou mesmo separado de fato.[92]

Na alínea seguinte (letra *f*), estão incluídas situações diversas mas relacionadas, referindo-se a lei ao abuso de autoridade e às relações domésticas, de coabitação ou hospitalidade.

O *abuso de autoridade,* no dispositivo, diz respeito apenas às relações privadas. Tal interpretação decorre da similitude dessa hipótese com as demais contempladas na mesma alínea, em que se preveem casos de relações não oficiais. O abuso das autoridades administrativas está inscrito na alínea seguinte. Há abuso de autoridade no exercício ilegítimo desta quando se tratar de relações tutor-tutelado, curador-curatelado, patrão-empregado etc.

---

104. Cf. FRANCO, Alberto Silva, BETANHO, Luiz Carlos, FELTRIN, Sebastião Oscar. *Código penal e sua intermediação jurisprudencial.* São Paulo: Revista dos Tribunais, 1979. t. 1, p. 399; JESUS, Damásio E. de Ob. cit. p. 534 (com exclusão de adoção); LYRA, Roberto. Ob. cit. v. 2, p. 302.

As *relações domésticas* são as existentes entre membros da família, entre empregadores e empregados que trabalham em residências etc. Até amigos da família podem ser incluídos na agravante, desde que se positive que se prevaleceram dessa situação para a prática do crime.

As *relações de coabitação* abrangem parentes ou não que convivem sob o mesmo teto (amásios, padrastos e enteados, companheiros de quarto em pensão etc.).

As *relações de hospitalidade* são definidas pela coabitação por prazo diminuto e referem-se ao crime praticado pelo hóspede contra o hospedeiro ou vice-versa. Essa agravante prescinde da noção de intimidade e de permanência demorada no local, bastando que a presença do infrator tenha sido consolidada por razões de cortesia social.[93]

Acrescentou-se à alínea f como nova agravante a circunstância de ser o crime praticado com violência contra a mulher na forma da lei específica. Trata-se da Lei nº 11.340, de 7-8-2006, que dispõe sobre a prevenção e repressão à violência doméstica e familiar contra a mulher. Aplica-se a agravante na hipótese de configurar o crime uma das várias formas previstas de violência, física, psicológica, sexual, patrimonial ou moral, contra a mulher (art. 7º). Para a incidência da agravante exige-se que a violência seja baseada no gênero e praticada no âmbito da família, do convívio doméstico ou de relação de convivência íntima, atual ou pretérita, ainda que ausente a coabitação (art. 5º). Essa desnecessidade, aliás, é afirmada na Súmula 600 do STJ: "Para a configuração da violência doméstica e familiar prevista no artigo 5º da Lei n. 11.340/2006 (Lei Maria da Penha) não se exige a coabitação entre autor e vítima".

Tratando-se de lesão corporal dolosa, algumas circunstâncias previstas nas alíneas *e* e *f* configuram hipóteses de *violência doméstica* que qualificam o crime no caso de lesão leve (art. 129, *caput*) ou constituem causas especiais de aumento de pena se a lesão é grave, gravíssima ou seguida de morte (art. 129, §§ 1º a 3º), por força do disposto nos §§ 9º, 10 e 13 do art. 129. Cuidando-se de feminicídio, as circunstâncias de ser a vítima mulher e de ter sido o delito praticado com violência doméstica e familiar ou com menosprezo ao gênero feminino determinavam a incidência da qualificadora prevista no art. 121, § 2º, VI, afastando-se a agravante genérica correspondente. O feminicídio, porém, deixou de ser uma qualificadora do crime de homicídio e passou a crime autônomo (art. 121-A). Permanece, porém, a necessidade de se afastar a agravante genérica porque a circunstância do crime cometido contra a mulher por razões da condição do sexo feminino é *elementar* do tipo.

Na alínea *g*, com a exasperação da pena a lei dá maior proteção às pessoas que estão submetidas ao agente por uma parcela de mando ou quando existe entre elas uma relação de confiança profissional.

Em primeiro lugar, refere-se o dispositivo ao crime praticado com *abuso de poder*, que reduz a possibilidade de defesa da vítima, cujo bem jurídico é violado por um agente público que se excede no desempenho de suas funções.

Em segundo lugar, estão os delitos praticados com *violação de dever* inerente a cargo, ofício, ministério ou profissão. Há nessas hipóteses um desvio por parte de quem está obrigado a um respeito maior à lei e que transgride o ordenamento jurídico referente a suas atividades para a prática do delito. Encerram o dispositivo os ilícitos penais praticados com violação de *cargo público*, já que a palavra "cargo" tem cunho jurídico, próprio, abrangendo policiais, fiscais etc. Não ocorre a agravante quando o exercício do cargo é elementar do crime, como no peculato, concussão etc.[94] ou mesmo quando se trata de circunstância qualificadora.[95] Também não é possível a exasperação quando o autor do crime foi punido também pelo crime de abuso de autoridade definido na Lei nº 13.869, de 5-9-2019. Refere-se ainda o dispositivo à violação do dever inerente a *ofício*, atividade remunerada predominantemente material ou manual (motorista, serralheiro, vigia etc.), *ministério*, atividades religiosas ou sociais (sacerdotes, "pais--de-santo", assistentes sociais voluntárias etc.), ou *profissão*, atividade remunerada ou liberal predominantemente intelectual (advogado, médico, engenheiro etc.).

É agravada a pena ainda ao crime praticado contra criança, maior de 60 anos, enfermo ou mulher grávida, nos termos do art. 61, II, *h*, conforme redação dada pela Lei nº 10.741, de 1º-10-2003. São as hipóteses em que a vítima, por sua situação, merece maior respeito e tem menores oportunidades de defesa, justificando a exasperação da pena.

*Criança* é o ser humano de pouca idade, não estabelecendo na lei o limite máximo de idade para a exclusão da agravante. Para alguns, a idade infantil vai até os sete a oito anos.[96] Outros, à semelhança do que dispõe o Código Penal em relação aos crimes sexuais (arts. 217-A, 218 etc.), elevam o limite até os 14 anos.[97] Agora, por força do Estatuto da Criança e do Adolescente, em princípio, deve ser considerada como "criança" a vítima que não completou 12 anos de idade (art. 2º, da Lei nº 8.069, de 13-7-1990). Trata-se, porém, de simples dado referencial, e não de interpretação autêntica, já que, nos termos daquele Estatuto, o limite legal é mencionado para os efeitos da própria lei. Enquanto não se pode, realmente, considerar como criança menores com 15 ou 17 anos de idade,[98] diante do desenvolvimento físico e mental do ofendido, pode o juiz não reconhecer a agravante ainda que tenha a vítima idade inferior a 12 anos.

Ao referir-se ao *maior de 60 anos*, a Lei nº 10.741 (Estatuto da Pessoa Idosa), de 1º-10-2003, que deu nova redação ao art. 61, inciso II, alínea *h*, adotou o critério cronológico, a exemplo de outros dispositivos (arts. 65, inciso I, 77, § 2º, 115 do CP), diversamente da lei anterior, que previa como circunstância agravante ter sido o crime praticado contra *velho*, o que exigia a consideração da idade de 70 anos, referida em outros dispositivos,[99] e, abaixo dessa idade, o exame do caso concreto para avaliação do grau de senilidade e das condições físicas e de resistência da vítima frente ao contendor. [100] Ante à nova redação do dispositivo, aplica-se a agravante se ao momento do crime a vítima já completara 60 anos. Afasta-se a agravante genérica se a circunstância de ser a vítima maior de 60 anos é *elementar* do tipo (art. 244 do CP e arts. 96 a 108 da Lei nº 10.741, de 1º-10-2003); configura uma qualificadora (arts. 140, § 3º, 148, § 1º, inciso I, e 159, § 1º, do CP) ou constitui causa especial de aumento de pena (arts. 121, § 4º, 121-A,

§ 2º, II, 129, § 7º, 133, § 3º, inciso III, 141, inciso IV, do CP, art. 21, § 1º da LCP, art. 1º, § 4º, inciso II, da Lei nº 9.455, de 7-4-1997).[105]

*Enfermo* é palavra que deve ser interpretada de forma ampla, incluindo não só os que padecem de moléstia física ou mental, e que por isso não exercem determinada função ou a exercem com deficiência, como também os deficientes físicos (paraplégicos, cegos etc.).[101] A condição de pessoa com deficiência ou portadora de doenças degenerativas que acarretem condição limitante ou de vulnerabilidade física ou mental é prevista, expressamente, no crime des feminicídio (art. 121-A, § 2º, II).

Também é agravada a pena do crime quando a ofendida é *mulher grávida*, que tem menos condições de resistir ao ilícito. Além disso, a conduta indica um desrespeito maior à situação da vítima, podendo o fato eventualmente prejudicar-lhe a gestação. Evidentemente, é indispensável que o agente tenha consciência a respeito da gravidez da ofendida ou, ao menos, tenha dúvida a respeito de seu estado. Só assim a agravante estará coberta pelo dolo do agente. No feminicídio, a circunstância configura causa especial de aumento da pena (art. 121-A, § 2º, I).

Agrava-se ainda a pena *quando o ofendido estava sob a imediata proteção da autoridade* (letra *i*). Enquanto todas as pessoas estão sob proteção mediata, geral, da autoridade, estão *diretamente* protegidas as pessoas que permanecem, por exemplo, em custódia (presos, menores infratores etc.). O crime praticado contra aqueles que estão recolhidos a estabelecimento público, ou estejam sendo conduzidos ao recolhimento, é agravado na forma do dispositivo. Nesse sentido, já decidiu o STF em caso de homicídio contra preso.[102]

Há também agravante no crime cometido por *ocasião de incêndio, naufrágio, inundação ou qualquer calamidade pública ou de desgraça particular do ofendido* (letra *j*). São hipóteses em que, não causada pelo agente, este se aproveita da situação para cometer o delito, valendo-se das facilidades que dela decorrem: dificuldades de policiamento, menor cuidado da vítima etc.[106] Além das situações específicas mencionadas no dispositivo, este abrange os casos de terremoto, seca etc. (calamidade pública) ou velório, acidente, enfermidade de parentes da vítima etc. (desgraça particular).

Por fim, determina a lei a agravação no caso de o crime ter sido praticado pelo agente em estado de *embriaguez preordenada* (letra *l*). O agente, na hipótese, embriaga-se deliberadamente para criar condições psíquicas favoráveis ao crime, animando-se de coragem ou sufocando os resíduos de resistência ao impulso criminoso, ou para acobertar-se com uma atenuante ou dirimente.[107] Trata-se de hipótese de *actio libera in causa*, que indica a maior periculosidade do agente (item 5.7.2).

---

105. Dispositivos citados com a redação dada pela Lei nº 10.741, de 1º-10-2003, à exceção do art. 129, § 7º, que foi modificado pela Lei nº 12.720, de 27-9-2012 e do art. 141, IV, modificado pela Lei nº 14.344, de 24-5-2022.
106. Cf. DELMANTO, Celso Ob. cit. p. 50.
107. Cf. FRANCO, Alberto Silva. Ob. cit. p. 396.

### 7.5.4 Reincidência

A agravante de *reincidência*, prevista no art. 61, inciso I, é contestada por alguns doutrinadores que veem na hipótese um *bis in idem*, ou seja, um agravamento na pena de um crime pela ocorrência de um crime anterior já reprimido por uma sanção penal. Entretanto, a exacerbação da pena justifica-se plenamente para aquele que, punido, anteriormente, voltou a delinquir, demonstrando com sua conduta criminosa que a sanção normalmente aplicada se mostrou insuficiente para intimidá-la ou recuperá-lo. Há, inclusive, um índice maior de censurabilidade na conduta do agente que reincide.

De acordo com a doutrina, duas são as espécies de reincidência: a *real*, que ocorre apenas quando o agente *cumpriu* a pena correspondente ao crime anterior, e a *ficta*, que existe com a simples condenação anterior. Foi esta a adotada por nossa legislação. Segundo o art. 63, "verifica-se a reincidência quando o agente comete novo crime, depois de transitar em julgado a sentença que, no País ou no estrangeiro, o tenha condenado por crime anterior". Assim, para que ocorra a reincidência, com a consequente agravação da pena a ser imposta ao autor de determinado crime, é necessário que já tenha transitado em julgado uma sentença condenatória contra ele proferida no país ou no estrangeiro, por outro crime (crime antecedente). É possível, pois, que o agente já tenha sido condenado anteriormente por outro ilícito penal e que não se reconheça na aplicação da pena do delito posterior a reincidência: basta que a condenação anterior tenha sido imposta em sentença que transitou em julgado após o cometimento do segundo crime.

Exige-se, portanto, que tenha transitado em julgado a anterior sentença condenatória *antes* do cometimento do segundo crime.[103] Não se caracteriza a reincidência, assim, se, na ocasião da prática de novo crime, estiver pendente de julgamento qualquer recurso sobre o delito anterior, inclusive o extraordinário.[104] Por outro lado, atentando-se que a lei acolheu o sistema da reincidência ficta, é indiferente se o criminoso cumpriu ou não a pena anterior.[105] É condenatória a sentença em que o juiz, reconhecendo que o acusado se encontra na situação prevista pelo art. 26, parágrafo único, e necessita de especial tratamento curativo, substitui a pena por medida de segurança (item 10.2.3). Deve ser, pois, considerada como condenação anterior para o efeito de reincidência.

Referindo-se a lei apenas a *crime anterior*, inexistirá a reincidência do delito praticado após a sentença irrecorrível em que o agente tenha sido condenado por contravenção. Será ele, todavia, reincidente se praticar nova contravenção desde que a primeira tenha sido praticada no Brasil (art. 7º, da LCP).

Não há qualquer distinção quanto à natureza dos crimes (antecedente e subsequente), caracterizando-se a reincidência entre crimes dolosos, culposos, doloso e culposo, culposo e doloso, idênticos ou não, apenados com pena privativa de liberdade ou multa, praticados no país ou no estrangeiro. Entretanto, por força do art. 64, inciso II, para efeito de reincidência não se consideram os crimes militares próprios e políticos. Os crimes militares próprios estão previstos expressamente no Código Penal Militar, que os diferencia dos crimes militares relativos (arts. 9º e 10). Os crimes políticos, sejam puros ou relativos, também não geram, como antecedentes, a reincidência para os delitos comuns.[108] De outro lado, o inciso V do art. 83 Código Penal veda o livramento condicional aos condenados por crimes hediondos, prática de tortura, tráfico ilícito de entorpecentes e drogas afins, tráfico de pessoas e terrorismo, se *reincidentes específicos* em crimes de tal natureza. Isso leva a uma situação de reincidência *especial* quando ambos os crimes, pressuposto e posterior, estejam incluídos no elenco do citado inciso para o único fim de negar o livramento condicional (item 7.8.2). Não há que se cogitar aqui da reincidência específica prevista originalmente no Código Penal de 1940, em que a lei se referia a crimes da "mesma natureza" (os previstos no mesmo dispositivo ou que, embora previstos em dispositivos diversos, apresentassem caracteres fundamentais comuns). Revogados há muito os dispositivos (antigo art. 47, § 1º, II, e § 2º), deve-se deduzir novo conceito para a expressão do próprio texto da lei. O que se fez, foi criar uma categoria especial de reincidência, a qual a lei chama de "específica", em que o crime antecedente e o posterior são da "mesma natureza", ou seja, estão ambos entre os citados no inciso V, do art. 83 do CP.

Embora, como regra, a lei não diferencie a reincidência quanto às espécies de crimes, faz algumas distinções quanto a outros efeitos. Assim, por exemplo, somente se impede o *sursis* ao reincidente em crime doloso (art. 77, inciso I) e também não se impede o benefício quando o sentenciado foi condenado anteriormente somente *à pena de multa* (art. 77, § 1º). Também o prazo para a concessão do livramento condicional somente é elevado de metade quando se tratar da reincidência em *crime doloso* (art. 83, inciso II).

Para o reconhecimento da reincidência, é indispensável a comprovação da condenação anterior por documento hábil[106]. Exigia-se a competente certidão cartorária[107] de que conste a data do trânsito em julgado.[108] Não era aceito como suficiente, assim, o assento policial para a comprovação da agravante[109] No entanto, recentemente, firmou-se no STJ o entendimento de que a folha de antecedentes é documento hábil para a comprovação tanto dos maus antecedentes como da reincidência (Súmula 636).

Havendo extinção da punibilidade pela prescrição da pretensão punitiva, não prevalece a sentença anterior para o efeito da reincidência, já que, nessa hipótese, desaparecem os efeitos da decisão.[110] Tratando-se, porém, de prescrição da pretensão executória, que extingue somente a pena, não fica excluída a agravante quando do cometimento de novo crime.[111]

Não prevalece para efeito de reincidência "a condenação anterior, se entre a data do cumprimento ou extinção da pena e a infração posterior tiver decorrido período de tempo superior a cinco anos, computado o período de prova da suspensão ou livramento condicional, se não ocorrer revogação" (art. 64, inciso I).

---

108. A lei referia-se aos crimes *militares* (em geral) e aos crimes puramente *políticos*, art. 47.

Em decorrência da Lei nº 6.416/77, adotou-se no código o sistema da *temporariedade* com relação à caracterização da reincidência. A condenação anterior somente será considerada para o reconhecimento da agravante em estudo se não houver decorrido cinco anos entre a data do cumprimento da pena referente ao delito anterior e a da prática do crime posterior.[112] Refere-se o dispositivo ao cumprimento das *penas*, mesmo unificadas[113] e não às medidas de segurança.[114] Ainda que não cumprida a pena, se foi ela extinta por qualquer causa, da data de sua extinção (e não da data de sua declaração nos autos) começa a ser contado o prazo de cinco anos para o efeito da reincidência.

Ciente dos reclamos da doutrina, o legislador da reforma penal determinou que se passasse a computar no prazo de cinco anos o período de prova da suspensão ou livramento condicional se não ocorreu a revogação do benefício. Argumentava-se, com razão, que o beneficiado com o *sursis*, por exemplo, ficava prejudicado com a redação anterior da lei, que não previa a ressalva agora existente, pois somente após o período de prova (de dois a seis anos) é que se começava a contar para ele o prazo de cinco anos, enquanto o não beneficiado pela suspensão via reconhecido o termo inicial do prazo após o cumprimento da pena inferior a esse período.[109] Na jurisprudência, em que se passou a computar o período de prova para o prazo de cinco anos, apesar do texto da lei em sentido contrário, formaram-se duas correntes a respeito do termo inicial nessa hipótese, fixando-o:

a) na data da audiência de advertência do *sursis*;[115]

b) na data do trânsito em julgado da decisão, acrescentando-se o tempo da pena imposta.[116]

Diante do novo texto, não há dúvida de que a contagem deve ser iniciada a partir da audiência admonitória, ou seja, no dia em que se inicia o período de prova.

Por texto expresso, deixou de ser considerada também, para o efeito da reincidência, a condenação anterior em que foi concedido o perdão judicial (art. 120).

Em consequência da aceitação na lei penal brasileira do critério da temporariedade para o efeito da reincidência, é possível a uma mesma pessoa a concessão do *sursis* por mais de uma vez (item 7.7.2).

Não define a lei o que se deve entender por criminoso *primário*. Formaram-se, por isso, duas orientações a respeito desse assunto. Para a primeira, primário é o *não reincidente*, existindo somente essas duas espécies de condenados.[117] Para a segunda, primário é aquele que não apresenta condenação anterior transitada em julgado no momento em que se tem de verificar sua situação para a prorrogação da sentença ou concessão de benefícios.[118] Optamos pela segunda orientação. Chama-se *primário* aquele que jamais sofreu qualquer condenação irrecorrível. Chama-se *reincidente* aquele

---

109. A redação do texto conduziu a situações injustas: o réu que tenha indeferida a suspensão condicional tem em seu favor a prescrição da reincidência, antes de outro, beneficiado pela suspensão. A distorção consiste em que a pena menos grave produz, no caso, efeitos mais graves.

que cometeu um crime após a data do trânsito em julgado da sentença que o condenou por crime anterior enquanto não transcorrido o prazo de cinco anos contados a partir do cumprimento ou da extinção da pena. A terceira categoria é a do criminoso que *não é primário nem reincidente*. O réu que está sendo julgado e já tem contra si uma sentença condenatória anterior transitada em julgado, *após* o cometimento do segundo crime, não pode ser considerado reincidente ou primário. Também não é primário ou reincidente aquele que já foi condenado anteriormente por sentença transitada em julgado e comete o delito posterior após o prazo de cinco anos a contar do cumprimento ou extinção da pena. Na nova lei penal, porém, somente há referência aos *réus reincidentes e não reincidentes* e, assim, a situação do réu que não é primário nem reincidente será considerada apenas para o efeito da caracterização de maus antecedentes.

São os mais variados os efeitos da reincidência:

a) agrava a pena (art. 63);

b) prepondera essa circunstância na fixação da pena (art. 67);[110]

c) quando em crime doloso, impede a substituição da pena privativa de liberdade por restritiva de direito ou multa (arts. 44, inciso II, e 60, § 2º);

d) impede a concessão do *sursis* quando se tratar de crimes dolosos (art. 77, inciso I);

e) impede que se inicie o cumprimento da pena em regime semiaberto (a não ser quando se tratar de detenção) ou aberto (art. 33, § 2º, *b* e *c*);

f) aumenta o prazo para a concessão do livramento condicional (art. 83, inciso II);

g) aumenta o prazo para a prescrição da pretensão executória (art. 110, última parte);

h) interrompe o prazo da prescrição (art. 117, inciso VI);

i) revoga o *sursis*, obrigatoriamente em caso de condenação por crime doloso (art. 81, inciso I) e facultativamente na hipótese de crime culposo ou contravenção (art. 81, § 1º);

j) revoga o livramento condicional, obrigatoriamente em caso de condenação a pena privativa de liberdade (art. 86) e facultativamente na hipótese de crime ou contravenção quando aplicada pena que não seja privativa de liberdade (art. 87);

l) revoga a reabilitação quando o agente for condenado a pena que não seja de multa (art. 95);

m) causa, eventualmente, a conversão de pena restritiva de direitos em pena privativa de liberdade (art. 44, § 5º);

---

110. Entende-se que, sendo o acusado plurirreincidente em crimes da mesma espécie, justifica-se o apenamento próximo do máximo previsto em lei.[(119)]

n)  torna admissível a decretação da prisão preventiva, em caso de condenação por crime doloso, nos crimes aos quais se comina pena inferior ou igual a quatro anos (art. 313, II, do CPP);

o)  impede o reconhecimento de causas de diminuição de pena (arts. 155, § 2º, 171, § 1º etc.); etc.[111]

### 7.5.5 Agravantes no concurso de agentes

A pena ainda é agravada em crime praticado em concurso de agentes desde que ocorra alguma das circunstâncias referidas no art. 62. Cabe a exacerbação da pena, em primeiro lugar, àquele que "promove, ou organiza a cooperação no crime ou dirige a atividade dos demais agentes". Trata-se de punir mais severamente o organizador, o chefe, o líder, o "cabeça pensante" do delito, mais perigoso por ter tomado iniciativa do fato e coordenado a atividade criminosa. Não se caracteriza a agravante com o simples conselho, convite ou exortação, dependendo ela de efetiva ascendência e atuação do agente como artífice intelectual.[120] Também não ocorre a exasperação da pena quando não houve qualquer ajuste prévio de modo a poder-se distinguir a submissão da vontade de um em relação ao outro coautor.[121]

Ocorre também a agravante no caso daquele que "coage ou induz outrem à execução material do crime" (inciso II). O induzimento não constava da lei anterior como agravante no concurso de agentes, esclarecendo-se na exposição de motivos da Lei nº 7.209 que se estabeleceu paralelismo com os elementos do tipo do art. 122. *Induzir* significa criar a ideia em outrem da prática do crime, referindo-se a lei, portanto, ao idealizador do ilícito penal. Não caracteriza a agravante, mas mero concurso, a ação de instigar, ou seja, de acoroçoar a ideia preexistente. A *coação*, por si só, já é infração penal, por tolher a liberdade individual (art. 146), motivo pelo qual a lei trata mais severamente aquele que obriga, mediante violência ou ameaça, a praticar o delito (item 5.3.1). Não havendo na lei qualquer distinção, ocorrerá a agravante, quer seja a coação irresistível, quer não, não sendo o coacto responsabilizado na primeira hipótese (autoria mediata), e ocorrendo uma atenuante para este na segunda (art. 65, inciso III, *c*). Tem-se entendido que a coação acarreta não só a agravante para o crime praticado pelo coacto como a responsabilidade pelo delito de constrangimento ilegal (art. 146 do CP).[112] Essa opinião, porém, conduz ao *bis in idem*, funcionando o mesmo fato (coação) como *crime* e como *agravante* de outro delito.

Também será mais severamente apenado aquele que "instiga ou determina a cometer o crime alguém sujeito à sua autoridade ou não punível em virtude de condição

---

111. A reincidência também possibilitava o reconhecimento da infração prevista no art. 25 da LCP. O STF, porém, no julgamento do RE 583523 RG/RS em 3-10-2013 (*DJe* de 12-10-2013), reconheceu que esse dispositivo não foi recepcionado pela Constituição Federal de 1988.
112. JESUS, Damásio E. de. Ob. cit. p. 450-451.

ou qualidade pessoal" (inciso III). Reserva a lei maior severidade na pena ao que usa da autoridade (pública ou privada) que mantém com relação ao executor para levar este à prática do delito. Nos casos de não punibilidade do executor, haverá também a chamada autoria mediata.

Por fim, haverá a agravante nos casos em que o agente "executa o crime, ou nele participa, mediante paga ou promessa de recompensa" (inciso IV). A cupidez, paixão antissocial, leva o agente ao delito, demonstrando sua periculosidade, insensibilidade e baixa condição moral, razão da necessidade da maior repressão penal. Inclui o dispositivo não só o que recebe realmente a recompensa pelo crime, como também aquele que age em virtude da promessa ou na expectativa do recebimento de qualquer vantagem econômica ou de qualquer natureza. Nos crimes contra o patrimônio, não se aplica a referida agravante genérica, porque é da índole dessa modalidade de infrações penais a vantagem econômica.[122]

### 7.5.6 Circunstâncias atenuantes

Prevê o art. 65 quais as circunstâncias do crime que devem atenuar a pena, ou seja, os dados objetivos ou subjetivos que, por seu aspecto positivo, levam à diminuição da reprimenda. Em todas as hipóteses previstas no dispositivo, a redução é obrigatória,[123] levando-se em conta, evidentemente, as demais circunstâncias do delito, que podem agravar a sanção (item 7.5.7). Ao contrário das causas de diminuição da pena, porém, não se permite, com o reconhecimento das atenuantes, a redução da pena abaixo do mínimo previsto na lei (item 7.5.7).

A primeira atenuante mencionada na lei é a de ser o agente *menor de 21*, na data do fato, ou *maior de 70 anos*, na data da sentença (inciso I). As razões que levam à diminuição da pena são a imaturidade do agente, que não completou ainda seu desenvolvimento mental e moral, sendo fortemente influenciável em decorrência do menor uso de reflexão (quanto aos menores), e a decadência ou degenerescência provocada pela senilidade, em que o raciocínio é mais lento, a memória mais fraca, o índice de sugestionabilidade e desconfiança maior, sendo menor a periculosidade (quanto ao ancião). Em ambos os casos, também não estão em condições iguais às do delinquente adulto para suportarem o rigor da condenação.[124]

O novo Código Civil, instituído pela Lei nº 10.406, de 10-1-2002, não revogou o art. 65, I, diante do disposto no art. 2.043 do CC, da especificidade da norma penal e da desnecessidade de recorrência a regra de direito civil para sua aplicabilidade (item 5.5.4). A presunção encampada no art. 65, I, não se funda na incapacidade civil, mas expressamente na idade cronológica do agente, já que se refere o dispositivo ao agente *menor de 21*.[125] Lembre-se de que ao tempo de vigência da lei civil anterior não perdiam o direito à diminuição da pena os menores de 21 anos casados ou por outra forma emancipados.[126]

Tornou-se expresso na lei nova que a época para se medir a idade para o efeito da atenuante é, com relação ao menor de 21 anos, a data do fato e, quanto ao maior de 70, a data da sentença.[127] [113]

É francamente predominante a jurisprudência no sentido de considerar que a menoridade do réu é circunstância preponderante sobre os seus antecedentes ou qualquer outra minorante, afirmando-se que seu relevo decorre do ponto de vista biopsíquico.[128] [114] Tal orientação, todavia, contrasta flagrantemente com a lei que não inclui a menoridade como circunstância preponderante (art. 67) e, agora, perde força em razão da redução da maioridade civil para 18 anos pela nova lei civil.

A rigor, a idade do réu, para aplicar-se o dispositivo, deverá ser comprovada por certidão de nascimento ou outro documento hábil. Diz a Súmula 74 do STJ: "Para efeitos penais, o reconhecimento da menoridade do réu requer prova por documento hábil". Já se tem decidido, porém, que, se alegada e não for contestada, deve ser reconhecida.[129]

Ao réu menor de 21 anos e ao que conta mais de 70 anos, além da atenuante, é concedido o benefício de serem reduzidos pela metade os prazos da prescrição (art. 115). Ao segundo também se prevê a concessão do *sursis* quando condenado à pena não superior a quatro anos (art. 77, § 2º).

Também é circunstância atenuante o *desconhecimento* da lei (art. 65, inciso II). Como se viu, enquanto o erro sobre a ilicitude do fato exclui a culpabilidade, o simples desconhecimento da lei não a elimina (item 5.2.3). Entretanto, dispõe a lei que é ele uma circunstância atenuante, seja ou não justificado o erro. Em caso de contravenção, a ignorância ou a errada compreensão da lei, quando escusáveis, é hipótese de aplicação do perdão judicial (art. 8º da LCP). Não sendo justificado o erro de direito em contravenção, haverá apenas a atenuante.

Configura-se também uma atenuante no crime cometido por *motivo de relevante valor social ou moral* (art. 65, inciso III, *a*). Dá-se tratamento benéfico a condutas que, apesar de ilícitas, estão ligadas a um sentimento que não é antissocial por se referirem à honra ou à liberdade individual (caráter moral), ou à pátria, à comunidade e a outros bens jurídicos socialmente relevantes (caráter social). São exemplos da atenuante os casos do sujeito que agride o ofendido por ter sido por ele difamado, do que viola o domicílio do traidor da pátria para destruir folhetos de propaganda de partido político proscrito etc.[130] A atenuante não se aplica quando o motivo já tiver constituído a figura privilegiada do crime (arts. 121, § 1º, 242, parágrafo único etc.).[115]

É também circunstância atenuante ter o agente *procurado, por sua espontânea vontade e com eficiência, logo após o crime, evitar-lhe ou minorar-lhe as consequências, ou ter, antes do julgamento, reparado o dano* (art. 65, III, *b*). São casos de arrependimento

---

113. Embora a lei anterior não fosse expressa a esse respeito, essa era a orientação da doutrina e da jurisprudência.
114. MORAES, Sílvio Roberto Mello. Da prova da menoridade relativa para reconhecimento da atenuante genérica prevista no art. 65, I, do Código Penal, *RT* 655/40-7.
115. DELMANTO, Celso. Ob. cit. p. 56.

ativo do agente que, espontaneamente e com resultados apreciáveis, diminui os efeitos do crime ou repara o dano causado pelo delito. Na primeira hipótese, é necessário que o agente atue logo após o crime, como, por exemplo, o autor de lesão corporal que leva a vítima para ser socorrida. Na segunda hipótese, pode o réu reparar o dano até o julgamento. Se a reparação do dano ocorrer antes do recebimento da denúncia ou da queixa e não se tratar de crime cometido com violência ou grave ameaça à pessoa, o fato constitui causa geral de diminuição de pena (item 3.10.8). Em casos determinados, aliás, a lei considera a reparação do dano como causa de extinção da punibilidade, como ocorre no peculato culposo (art. 312, § 3º, 1ª parte), na apropriação indébita previdenciária (art. 168-A, § 2º), na retratação em crimes contra a honra (art. 143) etc. (itens 12.3.2 e 12.3.3).

No art. 65, inciso III, letra *c*, são previstas três hipóteses de circunstâncias atenuantes. A primeira delas refere-se à *coação resistível*. Enquanto a coação irresistível é causa de exclusão de culpabilidade, aquela a que o agente podia resistir somente atenua a pena (item 5.3.2).[116] A segunda hipótese é a do crime cometido em *cumprimento de ordem de autoridade superior*. Trata-se de inovação na lei penal, justificando-se a inclusão da nova atenuante pela similitude entre a coação e a obediência hierárquica. Se a ordem não for manifestamente ilegal, caso em que se excluiria a culpabilidade, o agente tem a seu favor a diminuição da pena. A terceira é de ter sido o crime cometido sob a influência de *violenta emoção, provocada por ato injusto da vítima*. É indispensável que se comprove, nesse caso, ter o agente sofrido perturbação do equilíbrio psíquico causado por ato injusto, ainda que não ilícito, do ofendido. Decidiu-se pela existência da atenuante na hipótese daquele que revidou insulto golpeando o ofensor[132] e no caso do marido que, após receber de sua mulher tapa no rosto em presença de terceiro, acabou por lhe desferir socos, ferindo-a.[133]

Atenua a pena, também, ter o agente *confessado espontaneamente, perante a autoridade, a autoria do crime* (art. 65, III, *d*). Beneficia-se como estímulo à verdade processual o agente que confessa espontaneamente o crime, não se exigindo, como na lei anterior, que o ilícito seja de autoria ignorada ou imputada a outrem.[134] Não basta a confissão para a configuração da atenuante; é necessário que o agente, arrependido, procure a autoridade para a confissão, já que a lei não fala em ato voluntário, mas em *confissão espontânea*.[135] [117] Para o reconhecimento da atenuante, é necessário que a confissão seja completa, não ocorrendo quando o acusado, admitindo a prática do fato, alega, por exemplo, uma descriminante[137] ou dirimente. Embora a confissão seja cindível, a existência da atenuante depende não da mera conduta objetiva, mas de um motivo moral, altruístico, demonstrando arrependimento etc. É essa motivação que lhe dá o

---

116. Na coação resistível, embora pudesse o agente opor-se aos desígnios do coator, é compreensível se lhe atenue a pena, visto que a pressão externa influi na prática do crime.[131]
117. Já se tem admitido a atenuante em hipótese de confissão que não tenha sido forçada por coação policial desde que o acusado não tenha sido colocado frente a frente com provas irrefutáveis.[136] Melhor seria o reconhecimento da atenuante, nessa espécie, pelo art. 66 do CP (circunstância inominada).

caráter necessário para que a pena seja atenuada. Deve ser reconhecida a atenuante, porém, se o agente presta a confissão em qualquer momento do inquérito policial[138] ou da ação penal, antes do julgamento.[118] A retratação da confissão espontânea exclui a atenuante.[140] Com ela o agente procura comprometer a verdade processual. O STJ firmou, porém, o entendimento de que a atenuante deverá ser reconhecida quando a confissão for utilizada para a formação da convicção do julgador (Súmula 545). Decidiu também o STJ que a incidência da atenuante da confissão espontânea no crime de tráfico ilícito de entorpecentes exige o reconhecimento da traficância pelo acusado, não bastando a mera admissão da posse ou propriedade para uso próprio (Súmula 630). O STJ, em recente deliberação, fixou tese sobre a valoração e a admissibilidade de confissões feitas na fase extrajudicial.[119]

Há também uma circunstância atenuante no ter o agente cometido o crime *sob a influência de multidão em tumulto, se não o provocou* (art. 65, III, *e*). É merecedor de benefício penal aquele que, influenciado pela multidão, comete desatinos por ele não iniciados, comprovada que está a modificação normalmente operada no comportamento das pessoas que participam de um tumulto. A vontade ilícita do agente pode ser originariamente nula ou débil e indecisa, mas orientar-se e exaltar-se pela sugestão da alma coletiva; mesmo aquele de mais fraca criminosidade pode cair na delinquência.[141] Não se exige mais que a reunião seja lícita ou que o agente não seja reincidente, requisitos que eram considerados inaceitáveis pelos comentadores da lei anterior.

Prevê o art. 66 que a pena poderá ser ainda atenuada em razão de *circunstância relevante, anterior ou posterior ao crime, embora não prevista expressamente em lei*. É uma circunstância inominada, facultativa e de conteúdo variável, que permitirá ao juiz considerar aspectos do fato não previstos expressamente. Registre-se a falha no dispositivo que se refere apenas às circunstâncias antecedentes e posteriores, mas não às concomitantes ao crime, lapso não observado pelo subscritor da exposição de motivos da Lei nº 7.209.[120]

Visa o dispositivo uma possibilidade de flexível individualização da pena. A rigor, porém, o juiz já poderá levar em conta na fixação da pena *qualquer* circunstância do crime, diante do disposto no art. 59, orientador da escolha da pena base.

Podem ser apontados alguns exemplos de circunstâncias inominadas: a extrema penúria do autor de um crime contra o patrimônio, o arrependimento do agente, a confissão voluntária de crime imputado a outrem ou de autoria ignorada, a facilitação do trabalho da Justiça com a indicação do local onde se encontra o objeto do crime, a recuperação do agente após o cometimento do crime etc.

---

118. Já se concedeu em apelação a redução da pena por confissão após a sentença.[139]
119. STJ, AREsp 2123334-MG, j. em 20-6-2024, *DJe* de 2-7-2024.
120. Menciona a exposição de motivos a circunstância ocorrida *durante* o crime (item 55, *in fine*).

## 7.5.7 Fixação da pena

É norma constitucional, no Direito Brasileiro, que "a lei regulará a individualização da pena" (art. 5º, XLVI, da CF). A individualização é uma das chamadas garantias criminais repressivas, constituindo postulado básico de justiça. Pode ser ela determinada no plano *legislativo*, quando se estabelecem e se discriminam as sanções cabíveis nas várias espécies delituosas (individualização *in abstracto*), no plano *judicial*, consagrada no emprego do prudente arbítrio e discrição do juiz, e no momento *executório*, processada no período de cumprimento da pena que abrange medidas judiciais e administrativas, ligadas ao regime penitenciário, à suspensão da pena, ao livramento condicional etc.[121]

Quanto ao momento judicial, deve ser a pena fixada inicialmente entre os limites mínimo e máximo estabelecidos para o ilícito penal. Nos termos do art. 59, o julgador, atendendo às circunstâncias judiciais, deve não só determinar a pena aplicável entre as cominadas alternativamente (reclusão ou detenção, reclusão ou multa, detenção ou multa), como também fixar, dentro dos limites legais, a quantidade da sanção (incisos I e II).

Existem ainda, porém, as circunstâncias agravantes e atenuantes e as causas de aumento ou diminuição da pena, gerais ou especiais (circunstâncias *legais*), que devem ser consideradas na aplicação final da reprimenda.

Quanto ao processo a ser estabelecido para a fixação da pena, surgiram com relação à lei anterior duas orientações. Preconizava a primeira uma operação tríplice: fixação da "pena base" com fundamento nas circunstâncias judiciais; aumento ou diminuição em decorrência das circunstâncias atenuantes e agravantes em quantidades deixadas ao prudente arbítrio do juiz; e, finalmente, aumento ou diminuição das causas gerais ou especiais nos limites prefixados na lei. Pela segunda orientação deviam ser realizadas apenas duas operações, a primeira consistente na fixação da "pena base", com apreciação simultânea das circunstâncias judiciais e das agravantes e atenuantes, e a segunda com a consideração das causas de aumento e diminuição previstas na Parte Geral e na Parte Especial. Argumentava-se que a tríplice operação poderia levar o juiz a considerar por duas vezes a mesma circunstância, como, por exemplo, os maus antecedentes e a reincidência.

Resolvendo expressamente a questão, determina a lei nova o cálculo da pena em *três etapas*: "A pena base será fixada atendendo-se ao critério do art. 59 deste código; em seguida serão consideradas as circunstâncias atenuantes e agravantes; por último, as causas de diminuição e de aumento" (art. 68, *caput*). Dessa forma, o juiz deverá fixar a "pena base", tendo em vista apenas as circunstâncias judiciais (culpabilidade, antecedentes etc.). Em seguida, levará em conta as circunstâncias agravantes e atenuantes, aumentando ou diminuindo a pena em quantidade que fica a seu prudente arbítrio e

---

121. Cf. FERREIRA, Sérgio Andrade. *A técnica da aplicação da pena como instrumento de sua individualização nos códigos de 1940 e 1969*. Rio de Janeiro: Forense, 1977. p. 13-7.

dando ênfase às circunstâncias preponderantes. Por fim, sobre este último resultado, aplicará os aumentos e diminuições previstos nas causas gerais e especiais nas proporções previstas nos respectivos dispositivos legais, inclusive a redução referente à tentativa, quando for o caso.[142) 122

Havendo várias causas de aumento ou diminuição em quantidades fixas ou dentro de determinados limites, cada aumento ou diminuição se opera sobre a quantidade da pena resultante da operação anterior.[143) Não pode prevalecer a tese de que cada aumento ou diminuição deve incidir sobre a pena base.[144)

Não havendo circunstância agravante ou atenuante, nem causa de aumento ou diminuição, a "pena base" tornar-se-á definitiva.

O processo adotado pela lei é o mais adequado, pois impede a apreciação simultânea de muitas circunstâncias de espécies diversas e, além disso, possibilita às partes melhor verificação a respeito da obediência aos princípios de aplicação da pena. Como lembra a exposição de motivos da Lei nº 7.209, permite-se o completo conhecimento da operação realizada pelo juiz e a exata determinação dos elementos incorporados à dosimetria da pena (item 7.5.1).

É indispensável, aliás, sob a pena de nulidade ou de redução ao mínimo em grau de recurso, a fundamentação da quantidade da pena, devendo o magistrado esclarecer expressamente quais as circunstâncias que levou em consideração na dosimetria da pena,[145) embora se tenha admitido que não há nulidade quando a sanção for aplicada no mínimo legal.[146) Também não é necessária a fixação de uma "pena base" quando não houver qualquer circunstância atenuante ou agravante, ou causa de aumento ou diminuição da pena, pois, em tais casos, o que seria a "pena base" é a própria pena definitiva.[147) Indiscutível, porém, é a necessidade da fixação da "pena base" quando da fixação da reprimenda em caso de concurso de crimes (material, formal ou crime continuado).[148)

Uma característica fundamental das circunstâncias judiciais atenuantes e agravantes é a de não poder servir para a transposição dos limites mínimo e máximo da pena abstratamente cominada.[149) Assim, a presença de atenuantes não pode levar a aplicação a abaixo do mínimo,[150) nem a de agravantes a acima do máximo. [123] Nos termos

---

122. Sobre o sistema de aplicação da pena: BATISTA, Weber Martins. A fixação da pena. *Livro de Estudos Jurídicos.* Rio de Janeiro: Instituto de Estudos Jurídicos. v. 3. p. 267-290; FERRAZ, Nelson. Aplicação da pena no Código Penal de 1984. *Justitia,* 139/13-28; ROSA, Fábio Bittencourt da. A pena e sua aplicação. *RT* 668/245-9.
123. Diante da redação dada ao Código pela Lei nº 7.209, porém, pode-se defender solução diversa, com a conclusão de que é possível a violação dos limites máximo e mínimo da pena aplicável na hipótese de reconhecimento de agravantes ou atenuantes, respectivamente. Enquanto para a fixação da "pena base" se determina que devem ser obedecidos os "limites previstos" da pena aplicável (art. 59, inciso II), o art. 68 não apresenta essa restrição ao dispor que, após essa fixação, "serão consideradas as circunstâncias atenuantes e agravantes", liberando-se o julgador para a aplicação de pena superior ao máximo ou inferior ao mínimo. Tal interpretação não era possível durante a lei anterior, visto que se entendia serem consideradas na fixação da "pena base" as circunstâncias judiciais e as atenuantes e agravantes. Além disso, o art. 42 da lei anterior, referente à fixação da "pena base", mencionava as "circunstâncias do crime", entendendo-se que se referiam elas às agravantes e atenuantes. Tal

da Súmula 231 do STJ: "A incidência da circunstância atenuante não pode conduzir à redução da pena abaixo do mínimo legal." O entendimento foi ratificado em recente revisão da Súmula.[124]

Não têm as diversas atenuantes e agravantes o mesmo peso na quantidade da pena a ser diminuída ou aumentada, pois deve o juiz, nesses casos, fazer com que a pena se aproxime do limite indicado pelas circunstâncias preponderantes (art. 67, primeira parte). Circunstâncias preponderantes, nos termos da lei, são as de caráter subjetivo referentes aos motivos determinantes do crime, à personalidade do agente e à reincidência (art. 67, segunda parte). Não existe fundamento científico para a preponderância, em abstrato, de determinadas circunstâncias sobre as demais, sejam elas objetivas ou subjetivas, porque o fato criminoso, concretamente examinado, é que deve indicar essa predominância.[125] Melhor seria, portanto, não se estabelecer a preponderância. A jurisprudência demonstra que o julgador não tem absolutamente obedecido à regra agora repetida na lei, fixando a pena base sempre próxima do mínimo legal e considerando como preponderantes, por exemplo, a primariedade e a circunstância de ter o agente menos de 21 anos (item 7.5.6).

Havendo concorrência de causas de aumento ou de diminuição previstas na parte especial, pode o juiz limitar-se a um só aumento ou a uma só diminuição, prevalecendo, todavia, a causa que mais aumente ou diminua (art. 68, parágrafo único). Suponha-se, por exemplo, o crime de corrupção de menores (art. 218). Se o crime é cometido por duas pessoas em concurso e se um dos agentes é padrasto da vítima, existem em relação a este duas causas de aumento, de um quarto e de metade, respectivamente (art. 226, I e II, com a redação dada pela Lei nº 13.718, de 24-9-2018). Poderá o juiz efetuar os dois aumentos ou optar pelo aumento de metade. O dispositivo somente alcança as causas estabelecidas na Parte Especial do Código Penal. Os aumentos e diminuições previstos na Parte Geral acarretam sempre agravações ou diminuições da pena nos limites estabelecidos na lei.

Incidindo *duas qualificadoras do crime*, uma deve funcionar para a fixação de pena base, enquanto a outra servirá, como agravante comum, para cálculo da pena definitiva, especialmente quando for ela também reconhecida pelo art. 62.[(152)] Não é lógico, nem equitativo, fixar-se a mesma pena-base para um crime com uma única ou com duas ou mais qualificadoras. Tratando-se de causa de aumento de pena em limites variáveis, a existência de duas ou mais majorantes implica um aumento de pena superior ao mínimo. Em ambos os casos deve ser respeitado o princípio da proporcionalidade da pena, ferido

---

obstáculo já não existe porque as "circunstâncias" previstas no art. 59 não se referem a elas, como deixa claro o art. 68 ao estabelecer as fases do cálculo de aplicação da pena. Nesse sentido: TUBENCHLAK, James. Atenuantes, *Informativo Adv.*, 1987, p. 416; MACHADO, Agapito. As atenuantes podem fazer descer a pena abaixo do mínimo legal. *RT* 647/388-9; *JSTJ* 20/318; LOEBMANN, Miguel. As circunstâncias atenuantes podem sim fazer descer a pena abaixo do mínimo legal. *RT* 676/390-3.[(151)] Contra: GARCIA, Dionísio. As circunstâncias atenuantes e agravantes continuam adstritas aos limites punitivos do tipo. *RT* 653/403-4.

124. STJ, REsps: 2057181-SE, 2052085-TO e 1869764-MS, j. em 18-4-2024, *DJe* de 18-9-2024.
125. Cf. LUNA, Everardo da Cunha. A pena no novo Código Penal. *Justitia* 90/47; *RT* 692/272.

quando são tratados igualmente crimes de diversas gravidades. Decidiu, porém, o STJ que no roubo agravado a mera indicação do número de majorantes não é suficiente para a exasperação da pena, exigindo-se fundamentação concreta (Súmula 443).

Não se pode, porém, levar em conta duas vezes uma só circunstância em face do princípio do *non bis in idem*.[153] Supondo-se, por exemplo, um crime de homicídio privilegiado (art. 121, § 1º), não é possível que, na segunda fase de aplicação da pena, se considere a circunstância atenuante de ter sido o crime praticado por relevante valor social ou moral ou sob a influência de violenta emoção provocada por ato injusto da vítima (art. 65, III, *a* e *c*, *in fine*). Como os bons antecedentes e a primariedade devem ser objeto de apreciação na fixação da pena base, não podem ser considerados como circunstâncias atenuantes;[154] se a reincidência foi considerada como maus antecedentes para a fixação da pena base, não poderá ser considerada também como agravante.[155] Por isso, dispõe-se na Súmula 241 do STJ: "A reincidência penal não pode ser considerada como circunstância agravante e, simultaneamente, como circunstância judicial." Aliás, condenação anterior somente deve ser considerada mau antecedente (circunstância judicial), quando não gerar reincidência, pois esta já é prevista como agravante.[156] Maus antecedentes, por outro lado, não constituem agravante, mas circunstância judicial para a fixação da pena base.[157]

São da jurisprudência outras regras a respeito da aplicação da pena: quando as circunstâncias judiciais não militam contra o acusado, a pena-base deste deve ficar no mínimo cominada em abstrato,[158] ou aproximar-se desse limite;[159] se forem desfavoráveis, acima dele,[160] quanto às causas de aumento ou diminuição previstas em limites variáveis, elas devem ser calculadas em razão das próprias causas e não das circunstâncias do crime, pois estas já foram apreciadas no cálculo da penalização.[161]

Na fixação da pena de multa, além de todas as demais circunstâncias, o juiz deve atender, quanto ao valor do dia multa, *exclusivamente*, a situação econômica do réu, como já foi visto (item 7.4.2), aumentando a sanção até o triplo se considerar que, em virtude dela, em seu total a pena é ineficaz, embora aplicada no máximo.

Ao fixar a pena privativa de liberdade e torná-la definitiva, o juiz deve também estabelecer o regime inicial de cumprimento da pena privativa de liberdade, como o preceitua o art. 59, inciso III (item 7.2.4).[162] Há casos em que o regime inicial é obrigatório, como o fechado na pena de reclusão superior a oito anos ou imposta ao condenado por crime hediondo ou a reincidente em crime doloso etc. Nessas hipóteses, a omissão da sentença não impede que o condenado seja destinado ao regime mais gravoso, obrigatório por lei. Entretanto, quando o juiz se omite quanto ao regime inicial em que há possibilidade de regimes diversos, são cabíveis os embargos de declaração pela acusação. Não interpostos estes, tem o condenado o direito ao regime menos severo entre os possíveis para a hipótese, não se podendo transferir a decisão para o juiz da execução por falta de competência para a espécie. Aliás, já decidiu o STF que, não se tratando de pena superior a oito anos, a imposição de regime inicial fechado depende de fundamentação adequada, sob pena de nulidade, nesse ponto.[163] Essa obrigatoriedade de motivação idônea para a fixação de regime mais severo, quando outro mais brando é facultado em lei diante da pena aplicada, tornou-se objeto da Súmula 719 do STF. A motivação idônea exige a ponderação das circunstâncias judiciais previstas no art. 59, não justificando a opção mais gravosa ao réu a mera referência à gravidade do crime em abstrato, conforme deixam claro as Súmulas nº 718 do STF e nº 440 do STJ.

A Lei nº 12.736, de 30-11-2012, acrescentou o § 2º ao art. 387 do Código de Processo Penal, no qual se prevê que o juiz ao proferir a sentença condenatória deverá proceder ao cômputo do tempo de prisão provisória ou administrativa ou de internação para o fim de fixação do regime inicial da pena privativa de liberdade. O dispositivo é passível de críticas e pode suscitar interpretações divergentes, inclusive em face de sua deficiente redação. De acordo com uma primeira orientação, que encontra algum apoio na exposição de motivos do projeto de lei, o juiz do processo de conhecimento está autorizado a fixar regime prisional mais brando do que aquele que haveria de aplicar, se o tempo de prisão provisória for superior ao tempo de cumprimento de pena exigido para a progressão. Caso seria, assim, de antecipar o juiz do processo o possível deferimento da progressão de regime pelo juiz da execução, estabelecendo, desde logo, como regime inicial o regime mais brando. No entanto, não se refere a nova lei à progressão de regime e esta, além de constituir matéria que se insere na competência do juiz da execução (art. 66, III, *b*, da LEP), depende também de outros requisitos legais, que incluem o exame do mérito do condenado. Outro entendimento autorizado pelo dispositivo, mais consentâneo com o sistema, é o de que, ao determinar o cômputo do tempo de prisão provisória para o fim de fixação do regime inicial, prevê a lei o abatimento na pena aplicada do período de custódia cautelar para o fim de verificar o juiz o regime cabível em face dos limites estabelecidos no art. 33, § 2º, *a*, *b* e *c*, do CP. Essa orientação, aliás, está em consonância com a norma contida no art. 111 da LEP. Assim, aplicada pena de 8 anos e 1 dia de reclusão a réu não reincidente, qualquer tempo de prisão provisória autoriza o juiz a optar pelo regime inicial semiaberto, lembrando, porém, que na fixação do regime inicial devem se observar as circunstâncias descritas no art. 59, conforme previsto no art. 33, § 3º.

Por fim, deve o juiz verificar, obrigatoriamente, se, aplicada a pena privativa de liberdade, não é caso de substituí-la por uma das penas substitutivas (art. 59, IV), obedecendo aos limites e requisitos indispensáveis a essa substituição (itens 7.3.8 e 7.3.9).[164]

## 7.6 CONCURSO DE CRIMES

### 7.6.1 Sistemas de aplicação da pena

É possível que, em uma mesma oportunidade ou em ocasiões diversas, uma mesma pessoa cometa duas ou mais infrações penais que, de algum modo, estejam ligadas por circunstâncias várias. Quando isso ocorre, estamos diante do chamado *concurso de crimes* (*concursus delictorum*), que dá origem ao concurso de penas. Não se confunde essa hipótese com a reincidência, circunstância agravante que ocorre quando o agente, após ter sido condenado irrecorrivelmente por um crime, vem a cometer outro delito.

São vários os sistemas teóricos preconizados pela doutrina para a aplicação da pena nas várias formas de concurso de crimes.

O primeiro é do *cúmulo material*, em que se recomenda a soma das penas de cada um dos delitos componentes do concurso. Critica-se esse princípio por levar à imposição de uma pena total desproporcionada com a gravidade dos delitos, afirmando-se ainda que o criminoso poderia emendar-se após o cumprimento de uma pena menor.

O segundo é o sistema do *cúmulo jurídico*, pelo qual a pena a ser aplicada deve ser mais grave do que a cominada para cada um dos delitos sem se chegar à soma delas.

Pelo terceiro sistema, da *absorção*, só deve ser aplicada a pena do mais grave delito, desprezando-se os demais. Critica-se essa orientação, por deixar impune a prática de vários crimes.

Por fim, há o sistema da *exasperação*, segundo o qual deve ser aplicada a pena do delito mais grave, entre os concorrentes, aumentada a sanção de certa quantidade em decorrência dos demais crimes.

### 7.6.2 Concurso material

Ocorrendo duas ou mais condutas e dois ou mais resultados, causados pelo mesmo autor, caracteriza-se o *concurso material*. Determina o art. 69, *caput*: "Quando o agente, mediante mais de uma ação ou omissão, pratica dois ou mais crimes, idênticos ou não, aplicam-se cumulativamente as penas privativas de liberdade em que haja incorrido." Como exemplo, pode ser citado o caso do agente que subtrai um automóvel, atropela um pedestre na fuga e arrebata uma mulher com fins libidinosos. Há um concurso material de furto (art. 155), lesão corporal culposa (art. 303 do CTB) e sequestro qualificado (art. 148, § 1º, V). A pena final a ser imposta é a soma das que devem ser aplicadas a cada delito isoladamente, adotado que foi, nesse tipo de concurso, o sistema de cúmulo material. Quando da ocorrência do concurso material, porém, deve o juiz individualizar a pena fixada para cada um dos crimes componentes para, depois, somar as reprimendas.[165]

O concurso material pode ser *homogêneo*, quando se trata de crimes idênticos (vários homicídios, por exemplo), ou *heterogêneo* (como no exemplo supra), não importando se os fatos ocorreram na mesma ocasião ou em dias diferentes. Podem os delitos ser objeto de uma ação penal apenas, quando houver conexão, ou de várias, se não houver entre eles o liame processual (arts. 76 ss do CPP). Nada impede o concurso material entre crime doloso e crime culposo.[166]

Dispõe a lei que, no caso de aplicação cumulativa de penas de reclusão e de detenção, executa-se primeiro aquela (art. 69, *caput*, segunda parte). Concorrendo uma contravenção, a pena de prisão simples imposta será cumprida por último, determinando-se genericamente que, no concurso de infrações, executar-se-á primeiramente a pena mais grave (art. 76).

Havendo concurso material, a substituição da pena deve obedecer ao disposto no art. 69, §§ 1º e 2º (item 7.3.8).

### 7.6.3 Concurso formal

Ocorre o *concurso formal* (ou ideal) quando o agente, praticando uma só conduta, comete dois ou mais crimes. Dispõe o art. 70: "Quando o agente, mediante uma só ação ou omissão, pratica dois ou mais crimes, idênticos ou não, aplica-se-lhe a mais grave das penas cabíveis ou, se iguais, somente uma delas, mas aumentada, em qualquer caso, de um sexto até metade. As penas aplicam-se, entretanto, cumulativamente, se a ação ou omissão é dolosa e os crimes concorrentes resultam de desígnios autônomos, consoante o disposto no artigo anterior."

Para haver concurso formal é necessário, portanto, a existência de uma só conduta (ação ou omissão), embora possa ela desdobrar-se em vários atos.[167] Para fixar o conceito de unidade de ação, em sentido jurídico, apontam-se dois fatores: o *fator final*, que é a vontade regendo uma pluralidade de atos físicos isolados (no furto, p. ex., a vontade de subtrair coisa alheia móvel informa os distintos atos de procurar nos bolsos de um casaco); o *fator normativo*, que é estrutura do tipo penal em cada caso particular (no homicídio praticado com uma bomba em que morrem duas ou mais pessoas, há uma só ação com relevância típica distinta: vários homicídios). Quando com uma única ação se infringe várias vezes a mesma disposição ou várias disposições legais, ocorre o concurso formal.[126] Havendo duas ou mais ações distintas, ainda que em sequência, inexistirá o concurso formal, podendo-se falar, conforme a hipótese, em progressão criminosa (com antefato ou pós-fato não punível), concurso material, crime continuado etc.

Haverá concurso formal *homogêneo* quando o agente, por exemplo, atropela por imprudência dois pedestres causando-lhes a morte (homicídios culposos), ou, desejando matar uma pessoa com explosivo, causa também a morte de outra (homicídio doloso). Nessa hipótese aplica-se a pena de um dos crimes, aumentada de um sexto até a metade. Existirá um concurso formal *heterogêneo* quando no atropelamento uma vítima morre (homicídio culposo) e a outra fica apenas ferida (lesão corporal culposa). Aplica-se a pena do crime mais grave, também aumentada de um sexto até a metade. Adotou-se, nessa hipótese, de concurso formal próprio, o sistema da *exasperação*, e o juiz deverá levar em consideração, para fixar o aumento, principalmente, o número de vítimas da infração ou de resultados. Tratando-se da pena de multa, aplica-se a regra do art. 72; as multas são aplicadas distinta e integralmente, para cada fato delituoso.[168]

Haverá casos, entretanto, que a regra sobre a aplicação de pena não poderá ser aplicada por conduzir a um absurdo. Caso o agente cometa, por exemplo, o delito de

---
126. Cf. CONDE, Francisco Muñoz. *Teoria geral do delito*. Porto Alegre: Sergio Antonio Fabris, 1988. p. 216-217.

estupro (art. 213) e, com a mesma conduta, exponha a vítima a perigo de contágio venéreo (art. 130), haverá concurso formal. Entretanto, desejando o julgador aplicar na espécie a pena mínima, deveria fixá-la, segundo o sistema da exasperação, em sete anos de reclusão (pena mínima do estupro, de seis anos, aumentada de um sexto) quando, se tratasse de concurso material, a pena total somaria apenas seis anos de reclusão e três meses de detenção. Por essa razão, determina a lei nova que "não poderá a pena exceder a que seria cabível pela regra do art. 69 deste Código" (art. 70, parágrafo único) – (*cúmulo material benéfico*).[169]

Nesse caso, o juiz deve individualizar a pena de cada um dos delitos para, depois, fazer incidir as regras do concurso formal se forem mais favoráveis ao acusado do que o cúmulo material das penas.[170] Caso ocorra o contrário, deve estabelecer a pena pela soma das penas dos crimes componentes pelo cúmulo material, desprezando o sistema da exasperação. A regra do concurso formal para aplicação da pena somente deve ser invocada quando beneficiar o réu, pois para tal fim é que foi criada.[171]

Prevê o art. 70, segunda parte, o chamado *concurso formal impróprio* (ou imperfeito), referindo-se a uma só conduta dolosa em que o agente causa dois ou mais resultados com *desígnios autônomos*, ou seja, *desejando os vários resultados*. Suponha-se o caso daquele que amarra dois inimigos para abatê-los com um único disparo ou a hipótese do agente que envenena a sopa na terrina com o intuito de matar todos os componentes de uma família. Ocorrendo vários resultados, ou seja, vários crimes, resultantes da mesma conduta, as penas serão somadas. Enquanto no concurso formal próprio adotou-se o sistema da exasperação, pela unidade de desígnio, no concurso formal impróprio aplica-se o critério do cúmulo material diante da diversidade dos intuitos do agente.

### 7.6.4 Crime continuado

A figura do *crime continuado* foi criada pelos práticos da Idade Média, que tentavam evitar a aplicação da pena de morte imposta àquele que cometia o terceiro furto. Considera-se também, atualmente, que ocorre um arrefecimento da consciência do ilícito, diminuindo a resistência do agente que pratica vários ilícitos em continuação.

Prevê a lei no art. 71: "Quando o agente, mediante mais de uma ação ou omissão, pratica dois ou mais crimes da mesma espécie e, pelas condições de tempo, lugar, maneira de execução e outras semelhantes, devem os subsequentes ser havidos como continuação do primeiro, aplica-se-lhe a pena de um só dos crimes, se idênticas, ou a mais grave, se diversas, aumentada, em qualquer caso, de um sexto a dois terços." A redação é idêntica, quanto à conceituação, à do art. 51, § 2º, da lei anterior, mas acrescentou-se um dispositivo que modifica sua interpretação, como se verá.

A respeito da natureza do crime continuado, existem várias teorias: a da *unidade real*, que considera serem as várias violações componentes de um único crime; a da *ficção jurídica*, em que se afirma derivar a unidade de uma criação legal para a imposição da pena quando, na realidade, existem vários delitos; e a teoria *mista*, pela qual não se cogita de unidade ou pluralidade de delitos, mas de um terceiro crime, que é o próprio concurso. Adotou a lei a teoria da ficção jurídica, determinando o sistema de exasperação da pena ao crime continuado, que é, formalmente, a reunião de vários delitos praticados nas mesmas condições.

Para alguns autores, exige-se, de acordo com a teoria *objetivo-subjetivo*, além dos requisitos de caráter real, uma unidade de desígnios, ou seja, "um programa inicial, antecedente de que cada delito se coloca como realização sucessiva"[172] [127] Adotando-se tal teoria, existiria crime continuado apenas nos delitos que mantivessem uma unidade real, como, por exemplo, na hipótese do empregado que subtrai em várias oportunidades peças componentes de um aparelho que será montado depois de obtidos todos os elementos, ou no caso do cobrador que se vai apropriando de pequenas quantias das cobranças etc. Por vezes, assim se tem decidido.[173]

Para outros doutrinadores, em flagrante maioria, adotou-se na lei a teoria *objetiva pura* (ou realístico-objetiva), que entende ser o crime continuado uma realidade apurável objetivamente, através da apreciação dos elementos constitutivos exteriores, independentemente da unidade de desígnio.[174] Na exposição de motivos da Lei nº 7.209, aliás, afirma-se expressamente que se adotou o critério da teoria puramente objetiva (item 59).

São vários os elementos ou requisitos do crime continuado. Em primeiro lugar é necessário que o mesmo sujeito pratique duas ou mais condutas. Existindo apenas uma ação, ainda que desdobrada em vários atos, haverá concurso formal.[175] Num roubo, por exemplo, com pluralidade de vítimas, aplica-se o disposto no art. 70, e não a continuidade delitiva.

Em segundo lugar, deve existir pluralidade de resultados, ou seja, crimes da mesma espécie. Delitos da mesma espécie, segundo alguns, são os previstos no mesmo dispositivo penal.[176] Tal interpretação, porém, esbarra no próprio texto do dispositivo que se refere a penas "diversas" e, portanto, correspondente a tipos penais diferentes. Há continuação, portanto, entre crimes, que se assemelhem em seus tipos fundamentais, por seus elementos objetivos e subjetivos,[177] violadores também do mesmo interesse jurídico.[178] Nada impede o reconhecimento da continuação entre as formas simples e qualificada de um ilícito,[179] entre crimes tentados e consumados[180] ou entre crimes culposos.

Por fim, é indispensável que se reconheça o nexo da continuidade delitiva, apurado pelas circunstâncias de tempo, lugar, maneira de execução e outras semelhantes.[181] O limite tolerado para o reconhecimento da continuidade, em consonância com a jurisprudência, é de o lapso temporal não ser superior a trinta dias.[182] Quanto ao lugar, tem-se admitido inclusive a prática de crimes em cidades diversas, desde que integrados na mesma região sociogeográfica e com facilidade de acesso.[183] Quanto à maneira de execução, exige-se a presença do mesmo *modus operandi*.[184] Há necessidade, pois,

---

127. Cf. SZNICK, Valdir. Elemento subjetivo no delito continuado e no delito habitual. *Justitia* 117/193.

de homogeneidade de circunstâncias objetivas, sem o que não se aperfeiçoa o crime continuado.[185] Por isso, não se tem reconhecido a continuidade delitiva quando há variedade de comparsas na prática dos ilícitos.[186] Entretanto, não há critérios rígidos para a apuração da continuidade delitiva[187] e nenhuma das circunstâncias é decisiva nessa apreciação, quer para reconhecer, quer para excluir a continuação.

Discute-se na doutrina e na jurisprudência a possibilidade de reconhecer ou não a continuidade delitiva em crimes que *atingem bens personalíssimos* (vida, integridade corporal, honra, liberdade sexual etc.). Sob a égide da lei anterior, o Supremo Tribunal Federal não reconhecia a continuação nessas hipóteses, quando se tratava de vítimas diversas,[188] como nos casos de estupro,[189] lesões corporais[190] etc., chegando a editar a Súmula 605 com o seguinte teor: "Não se admite continuidade delitiva nos crimes contra a vida."

Em orientação mais ampla, porém, tribunais não têm excluído a possibilidade de continuação, ainda que os crimes atinjam exclusivamente bens personalíssimos de vítimas diversas.[191] Essas decisões fundamentam-se no fato de não existir na lei referência expressa à exclusão dos delitos que atingem bens jurídicos de caráter pessoal e na dispensabilidade da existência de unidade de desígnio para a caracterização do crime continuado tal qual se apresenta o dispositivo referente ao assunto.

A nova lei, porém, embora não adotando expressamente uma dessas correntes, inclinou-se para a segunda orientação, determinando o art. 71, parágrafo único: "Nos crimes dolosos, contra vítimas diferentes, cometidos com violência ou grave ameaça à pessoa, poderá o juiz, considerando a culpabilidade, os antecedentes, a conduta social e a personalidade do agente, bem como os motivos e as circunstâncias, aumentar a pena de um só dos crimes, se idênticas, ou a mais grave, se diversas, até o triplo, observadas as regras do parágrafo único do art. 70 e do art. 75 deste Código." A essa espécie de continuação deu-se o nome de crime continuado *específico*.[192] [128] Referindo-se o texto a vítimas diferentes e crimes cometidos com violência ou grave ameaça à pessoa, consagrou o legislador a continuidade delitiva em crimes que atingem bens personalíssimos, indistintamente. Basta, por isso, a existência dos requisitos objetivos para o reconhecimento da continuidade delitiva em quaisquer crimes da mesma espécie.

Não se deve confundir o crime continuado com o habitual. Neste, há apenas uma conduta, composta de vários atos, inócuos penalmente, que, reunidos, constituem uma infração penal (item 3.6.9).[193] Também não há que confundi-lo com o crime permanente, em que há apenas uma violação jurídica com resultado que se prolonga no tempo (item 3.6.4).

Por fim, não há que reconhecer o crime continuado quando se tratar de habitualidade criminosa. O delinquente habitual faz do crime uma profissão e pode infringir a lei várias vezes do mesmo modo, mas não comete crime continuado com a reiteração

---

128. ARAUJO, Francisco Fernandes de. Da aplicação da pena em crime continuado ante a reforma de 1984. *RT* 615/251.

das práticas delituosas (*perseverantia in crimine* ou *perseverantia sceleris*).[129] A continuidade, sucessão circunstancial de crimes, não pode ser confundida com a habitualidade criminosa, sucessão planejada, indiciária do *modus vivendi* do agente e que reclama, não tratamento amenizado, mas reprimenda mais severa.[195]

Para o crime continuado foi adotado o sistema da exasperação, aplicando-se a pena de um só dos crimes, se idênticos (crime continuado homogêneo), ou a do mais grave, se da mesma espécie, mas diversos (crime continuado heterogêneo), sempre aumentada de um sexto a dois terços. Para a dosagem do aumento deve-se levar em conta, principalmente, o número de infrações praticadas pelo agente.[196] Têm-se recomendado como parâmetros aumento de um sexto para duas infrações; de um quinto para três; de um quarto para quatro; de um terço para cinco; de metade para seis; de dois terços para sete ou mais ilícitos. Nesse sentido foi editada a Súmula 659 do STJ.

A lei nova, porém, como foi visto, possibilita a aplicação da pena até o triplo quando se tratar de crimes dolosos contra vítimas diferentes, cometidos com violência ou grave ameaça à pessoa. Esse aumento será possível quando, em primeiro lugar, as condições circunstanciais o indicarem (culpabilidade, antecedentes, conduta social etc.). O dispositivo está destinado, como se afirma na exposição de motivos na Lei nº 7.209, aos delinquentes profissionais, de acentuada periculosidade, que devem ser distinguidos dos ocasionais.[130] Em segundo lugar, não se poderá aplicar um aumento que supere a pena que seria aplicável em caso de concurso material (art. 70, parágrafo único, c.c. o art. 69). Não se permite também aumento superior a dois terços nos crimes que, apesar de praticados com violência ou grave ameaça, tiveram como vítima sempre a mesma pessoa.

Tratando-se de crime continuado, como, aliás, nas demais espécies de concurso (formal ou material), as penas de multa são aplicadas distinta e integralmente (art. 72), não se obedecendo, pois, ao sistema da exasperação, destinado na legislação somente às penas privativas de liberdade.[197] [131]

Resolveu a lei a discussão a respeito da incidência do aumento do crime continuado. Diante da adoção do sistema tríplice de aplicação da pena, deve o aumento incidir não sobre a pena base, mas sobre o resultado da pena aumentada ou diminuída pelas circunstâncias agravantes ou atenuantes. Permanece, contudo, a dificuldade quando houver, entre os componentes do crime continuado, um concurso formal de delitos. A solução mais razoável é a de que o aumento deve incidir sobre a pena mais severa dos crimes componentes, excluído o aumento decorrente do concurso formal, servindo

---

129. Nessa hipótese, numa exegese ético-social, tem se entendido que está ausente a unidade de desígnio referente ao aproveitamento das mesmas circunstâncias, relações e oportunidades até advindas do fato criminoso anterior, faltando a unidade de resolução do agente e a homogeneidade das condutas típicas para a configuração do crime continuado.[194]
130. Cf. item 59.
131. REGO, Hermenegildo de Souza. Crime continuado, unificação de penas e Lei nº 7.209/84. *RT* 622/398-408. No mesmo sentido: ARAUJO, Francisco Fernandes de. Da aplicação da pena em crime continuado ante a reforma de 1984. *Justitia* 140/115-126.

os resultados diversos deste apenas para a contagem do número de ilícitos praticados. Do contrário, o reconhecimento do concurso formal, cujo tratamento é mais benigno que o do crime continuado, trará uma aplicação mais severa da pena afinal aplicada do que se reconhecesse, na conduta com vários resultados, uma continuidade delitiva.

### 7.6.5 Erro na execução

Por razões diversas, pode ocorrer que o agente cause resultado diverso do pretendido ao executar o crime, quer no que se *relaciona com a vítima*, quer no que se refere *ao próprio dano produzido*. Isso leva a lei a disciplinar a aplicação da pena nesses casos, denominados de *aberratio ictus* e *aberratio criminis*.

Nos termos do art. 73, ocorre *aberratio ictus* (erro na execução) quando, por acidente ou erro no uso dos meios de execução, o agente, em vez de atingir a pessoa que pretendia ofender, atinge pessoa diversa: *A* atira em *B*, mas o projétil vai atingir *C*, que estava nas proximidades, matando-o. Nesse caso, o agente responde como se tivesse praticado o homicídio contra *B*, considerando-se as condições ou qualidades da pessoa visada e não da vítima, como se tivesse ocorrido um erro sobre a pessoa (art. 20, § 3º). Assim, se a pessoa visada era idosa e a atingida não, ocorrerá a agravante prevista no art. 61, II, *h*; se a vítima era criança, mas a visada não, inexistirá a agravante do mesmo dispositivo. No caso de ser também atingida a pessoa que o agente pretendia ofender, aplica-se a regra do art. 70, ou seja, do concurso formal (art. 73, 2ª parte).[198]

Pode ocorrer *aberratio ictus* numa causa justificativa, como, por exemplo, no exercício da legítima defesa. O agente, ao repelir injusta agressão de outrem, atinge um terceiro inocente por mero acidente ou erro no uso dos meios de execução. Nem por isso deixa a justificativa de ser admissível, se comprovada, uma vez que quem age em legítima defesa pratica um ato lícito.[199] No erro da execução do fato típico, aliás, manda o dispositivo que o agente responda como se o estivesse praticando contra a pessoa que pretendia atingir, que, no caso, é o autor de uma agressão injusta.

### 7.6.6 Resultado diverso do pretendido

Disciplina o art. 74, sob a rubrica "resultado diverso do pretendido", a *aberratio criminis*. Quando, por acidente ou erro na execução do crime, sobrevém resultado diverso do pretendido, o agente responde por culpa, se o fato é previsto como crime culposo. Exemplificando: *A* tenta quebrar uma vidraça, mas, por erro de pontaria, atinge *C*, causando-lhe lesão corporal. Responderá o agente pelo crime de lesão corporal culposa (art. 129, § 6º) e não por tentativa de dano. Caso ocorra o inverso, pretendendo o agente ferir uma pessoa e a pedra vindo a atingir a vidraça, não se punindo o dano culposo,[200] dever-se-á reconhecer uma tentativa do delito de lesão corporal.

Caso ocorra também o resultado pretendido, aplica-se ao agente a regra do concurso formal próprio (art. 74, segunda parte).

### 7.6.7 Limite das penas

Sendo uma pessoa condenada a longas penas privativas de liberdade por vários crimes, praticados em concurso ou não, não será ela obrigada a cumprir mais do que 40 anos, limite que anteriormente à Lei nº 13.964, de 24-12-2019, era de 30 anos. Determina o art. 75 em sua atual redação: "O tempo de cumprimento das penas privativas de liberdade não pode ser superior a quarenta anos." Transitadas em julgado as sentenças condenatórias e excedendo esse prazo o total das penas impostas ao sentenciado, serão elas unificadas para atender a esse limite máximo (art. 75, § 1º).

Deve-se proceder à unificação logo no início do cumprimento da pena,[201] mas devem ser incluídas todas as condenações anteriores, inclusive as decorrentes de crimes praticados após o encarceramento.[202] De outro lado, se a condenação é posterior à sentença de unificação, aplica-se o art. 75, § 2º, como se verá.[203]

Já sustentamos que é sobre o total unificado das penas que deveriam ser considerados os prazos para eventuais benefícios a que fizer jus o sentenciado (livramento condicional, progressão, comutação, remição etc.).[132] Na jurisprudência, porém, sedimentou-se o entendimento de que a unificação somente se refere à duração da pena.[204] Nesse sentido, a Súmula 715 do STF dispõe que a pena unificada nos termos do art. 75 do CP não é considerada para a concessão de benefícios como o livramento condicional ou a progressão de regime.

Pode ocorrer que o sentenciado cometa novo crime após o início do cumprimento da pena unificada de 40 anos. Sobrevindo condenação por este fato, nova unificação das penas será realizada, para atender ao limite máximo. Não se computa, para esse fim, porém, o período de pena cumprido até a data do crime (art. 75, § 2º). Derivam os dispositivos mencionados do entendimento de que se veda, na Constituição Federal, a aplicação da pena de prisão perpétua, o que na prática levaria à cumulação das penas sem limite máximo, bem como da necessidade de se alimentar no condenado a esperança da liberdade e a aceitação da disciplina, pressupostos essenciais da eficácia do tratamento penal.

A solução acolhida pelo legislador, porém, deixa praticamente impune o sujeito que, condenado a uma pena de 40 anos de reclusão, comete o novo crime logo no início do cumprimento dessa sanção.

Existindo um hiato entre a satisfação das penas anteriores cumpridas pelo sentenciado e o começo de novas penas, impostas após o cumprimento daquelas, não se aplica o dispositivo em estudo.[205] O art. 75 refere-se apenas à duração do cumprimento das penas impostas antes e durante a execução da sanção.

Como já foi visto, a pena de multa tem seu limite máximo em 360 dias-multa, no valor de cinco salários mínimos (art. 49, § 1º), podendo ser triplicada se o juiz considerar

---

132. Sobre os argumentos a respeito dessa posição: *Execução penal*. 16. ed. São Paulo: Foco, 2023, item 66.6.

que, em virtude da situação econômica do réu, é ineficaz, embora aplicada no máximo. Poderá atingir, assim, 5.400 salários mínimos (o vigente no país na época do crime), atualizado pelos índices de correção monetária (art. 49, § 2º).

## 7.7 SUSPENSÃO CONDICIONAL DA PENA

### 7.7.1 Conceito e natureza

São inegáveis os malefícios das penas privativas de liberdade de curta duração. O que mais importa ao Estado não é punir, mas reeducar o delinquente e conduzi-lo à sociedade como parte integrante daqueles que respeitam o direito de liberdade alheia, em seu mais amplo entendimento, que é o limite de outro direito. Toda vez que essa recuperação pode ser obtida, mesmo fora das grades de um cárcere, recomendam a lógica e a melhor política criminal a liberdade sob condições, obrigando-se o condenado ao cumprimento de determinadas exigências.[206]

Entre as propostas para evitar-se o mal do encarceramento, a que contou com maior sucesso foi a da instituição da suspensão condicional da pena. Trata-se de dar-se um crédito de confiança ao criminoso, estimulando-o a que não volte a delinquir e, além disso, prevê-se uma medida profilática de saneamento, evitando-se que o indivíduo que resvalou para o crime fique no convívio de criminosos irrecuperáveis.[207]

Doutrinariamente, duas são as espécies de suspensão condicional: a suspensão de pronunciamento da sentença, conhecida como *probation system*, adotada na Inglaterra e nos Estados Unidos da América e, por isso, denominada sistema anglo-americano, e a suspensão condicional da pena, ou *sursis*, sistema belgo-francês adotado pela legislação brasileira. Pelo primeiro, o réu permanece em liberdade sob condições impostas pelo juiz, suspendendo-se o processo. Pelo segundo, o réu é condenado mas não se executa a pena se ele cumprir, durante determinado prazo, as obrigações e condições impostas pela lei e pelo magistrado.

Na lei vigente, a suspensão condicional da pena está prevista nos arts. 77 a 82 do Código Penal. Ao dispor sobre os Juizados Especiais Criminais previstos pela Constituição Federal, a Lei nº 9.099, de 26-9-1995, permitiu, por proposta do Ministério Público, aceitação do acusado e decisão do juiz, a suspensão condicional do processo nos crimes em que a pena mínima cominada for igual ou inferior a um ano (art. 89).[133]

Embora o art. 77 estabeleça que a pena *poderá ser suspensa*, aparentando à primeira vista que se trata de uma faculdade do magistrado, o *sursis* é um direito do sentenciado que preencha os requisitos indispensáveis a sua concessão.[208] [134] Por isso é que a lei

---

133. A respeito da suspensão condicional do processo: *Juizados especiais criminais*. 5. ed. São Paulo: Atlas, 2002. p. 272-387.
134. Cf. DELMANTO, Celso. Direitos públicos subjetivos do réu no CP. *RT* 554/466.

dispõe o dever do magistrado de se manifestar sobre o *sursis* quando da prolação da sentença, sob pena de nulidade, nos termos do art. 157 da LEP.[209] Como o *sursis* tem nítido caráter sancionatório, é inadmissível concedê-lo sob condição de, no futuro, comprovar o réu qualquer de seus pressupostos.[210]

### 7.7.2 Pressupostos

Para obter a suspensão condicional da pena deve o condenado preencher os pressupostos subjetivos e estarem presentes os requisitos objetivos previstos no art. 77 do Código Penal.

Requisitos objetivos para a concessão do *sursis* são a natureza e quantidade da pena (art. 77, *caput*) e o não cabimento da substituição por pena restritiva de direito (art. 77, inciso III).[211]

Somente se concede o *sursis* à pena privativa de liberdade não superior a dois anos (art. 77, *caput*). Veda-se a suspensão da execução das penas de multa e restritivas de direitos (art. 80),[212] sendo beneficiados os condenados às penas de reclusão, detenção e prisão simples (nas contravenções) até dois anos, inclusive.

Inovação da Lei nº 7.209, porém, foi a inclusão de exceção à regra geral, permitindo-se a concessão do *sursis* ao condenado à pena não superior a quatro anos quando maior de 70 anos de idade – *sursis* etário (art. 77, § 2º). Trata-se, novamente, de se levar em conta a decadência ou degenerescência provocada pela senilidade e a menor periculosidade dos anciãos. Embora não haja referência expressa à circunstância, deve ser considerada a idade do condenado por ocasião da sentença, não só por analogia ou paralelismo com o disposto no art. 65, inciso I, como também por se tratar de matéria não relacionada meramente com a prática do ilícito.

Por razões semelhantes, a Lei nº 9.714 acrescentou mais uma exceção no § 2º do art. 77, a do *sursis humanitário*, ou *profilático*,[135] possibilitando a concessão do benefício ao condenado a pena não superior a quatro anos, por razões de saúde que justifiquem a suspensão. Estando provado nos autos, portanto, que o acusado é portador de moléstia incurável, como a Aids, ou grave, inabilitante etc., pode o juiz conceder a mercê, justificada que está a medida.

Para a concessão do *sursis*, em caso de concurso de crimes, é de se levar em consideração a soma das penas aplicadas. Excedendo de dois anos as penas cumuladamente aplicadas, não pode o sentenciado ser beneficiado com a suspensão condicional da pena, pouco importando que qualquer delas, isoladamente considerada, não exceda o limite a que se refere o art. 77 do CP.[213]

---

135. Esta última denominação é de Marcelo Matias Pereira, que considera a medida um meio de evitar o agravamento do estado de saúde do preso: *Sursis* profilático. *Boletim do IBCCrim* nº 79, junho 1999, ano 7.

Nada impede que seja concedido o *sursis* ao condenado por crime hediondo, de tortura ou terrorismo, que preencha os requisitos legais.[214] Na falta de regra especial que o proíba, aplicam-se as regras gerais sobre a concessão da suspensão condicional da pena. Tratando-se, porém, de crimes relacionados com o tráfico de drogas, descritos nos arts. 33, *caput*, e § 1º, e 34 a 37, da Lei nº 11.343, de 23-8-2006, há expressa vedação à concessão do *sursis*, nos termos do art. 44 da lei especial.

Antes da concessão do benefício deverá o juiz observar, também, se não é cabível a substituição da pena privativa de liberdade aplicada pelas penas restritivas de direitos. A substituição é, em regra, medida mais benigna que a concessão do *sursis*.

É necessário ainda que estejam preenchidos os pressupostos subjetivos previstos no art. 77, incisos I e II, ou seja:

a) que o condenado não seja reincidente em crime doloso;

b) que a culpabilidade, os antecedentes, a conduta social e personalidade do agente, bem como os motivos e as circunstâncias autorizem a concessão do benefício.

A reincidência já foi objeto de exame (item 7.5.4). Observe-se que, no art. 77, a Lei nº 7.209 também inovou, já que pelo dispositivo anterior se previa a concessão do *sursis* apenas àqueles que não tinham sofrido, no País ou no estrangeiro, condenação irrecorrível por outro crime a pena privativa de liberdade (antigo art. 57, I). Mesmo o não reincidente poderia ficar excluído da suspensão condicional da pena, o que agora não mais ocorre. Será possível, em tese, a suspensão condicional da pena aplicada ao réu que já foi anteriormente condenado, mas cuja sentença condenatória não transitou em julgado antes do cometimento do crime pelo qual está sendo julgado.

Além disso, a lei exclui expressamente, para o efeito de concessão do *sursis*, a condenação anterior à pena de multa (art. 77, § 1º).[215] Assim, ainda que reincidente, o réu poderá ser beneficiado se em decorrência do crime antecedente foi aplicada somente pena de multa.

Também não mais se impede a concessão do *sursis* ao condenado reincidente em *crime culposo*, desde que, evidentemente, preenchidos estejam os demais requisitos previstos na lei. É possível o benefício, assim, se ambos os crimes (antecedente e posterior), ou um deles apenas, são culposos.

Nada impede que uma mesma pessoa possa obter por duas ou mais vezes a suspensão condicional da pena. Diante da adoção do critério da temporariedade para o efeito da reincidência, decorridos mais de cinco anos entre o cumprimento ou a extinção da pena (que pode ocorrer pelo decurso do prazo do *sursis* sem revogação), volta o autor de novo ilícito à categoria de não reincidente (art. 64, inciso I) podendo ser beneficiado novamente com a suspensão condicional da pena.[216]

Resulta, ainda, da lei que é possível, ao menos provisoriamente, a concessão contemporânea de *sursis* em dois processos.[217] A suspensão será revogada se as duas condenações passarem em julgado, mas será mantida em um deles se o sentenciado for afinal absolvido no outro.[218] Não cabe a revogação, contudo, se o trânsito em julgado da condenação, com o segundo *sursis*, ocorre no momento em que não havia começado a fluir o prazo do primeiro.[219] Isso porque a revogação apenas se opera quando a condenação posterior ocorre "no curso do prazo" da suspensão condicional (art. 81, I).

O segundo pressuposto subjetivo é a ausência de periculosidade do condenado que, nos termos da lei vigente, é deduzida pela culpabilidade, antecedentes, conduta social e *personalidade* do agente, bem como dos motivos e circunstâncias do crime (art. 77, inciso II). Embora tenha o legislador evitado a palavra "periculosidade" na lei nova, não pôde esconder a realidade, ou seja, a existência de condições pessoais que indicam que o sujeito provavelmente voltará a delinquir. Ao afirmar, no art. 77, inciso II, que as circunstâncias referidas devam ser tais que "autorizem a concessão do benefício", reconhece-se a possibilidade de denegar o benefício àquele que, por circunstâncias pessoais, demonstre a presunção de que voltará a delinquir. O mesmo ocorre, aliás, em outro dispositivo, referente à concessão do livramento condicional (art. 83, parágrafo único). Não deve ser concedido o *sursis*, assim, a réu desocupado, sem endereço certo[220] ou profissão definida etc.

As condições a que se refere o art. 77 já foram examinadas quando do exame das circunstâncias judiciais informadoras para a fixação da pena base (item 7.5.2).

Diante da lei vigente, como da anterior, permite-se que o réu possa obter o benefício, embora esteja foragido ou se tenha mantido revel durante o processo.[221]

Há também incompatibilidade entre o *sursis* e a medida de expulsão do território nacional, já que os institutos se repelem.[222] A Lei nº 13.445. de 24-5-2017 (Lei de Migração), prevê, porém, a possibilidade de concessão ao estrangeiro, no curso do processamento da expulsão, dos benefícios legalmente previstos, em igualdade de condições com o nacional (art. 54, § 3º). Não há, assim, vedação expressa à concessão do *sursis* ao estrangeiro quando em processamento sua expulsão, cabendo, porém, ao juiz a verificação da compatibilidade do benefício ao caso concreto.

Como a suspensão condicional da pena exige requisitos subjetivos a serem apurados pelo juiz, é inviável seu deferimento pelo pedido de *habeas corpus*.[223] Entretanto, indevidamente negado pelo juiz ou reconhecidos os requisitos subjetivos na sentença, é possível sua concessão *ex officio* pelo tribunal ou por meio do remédio constitucional.[224]

### 7.7.3 Espécies

O Código Penal determina que, durante o prazo da suspensão, o condenado ficará sujeito à observação e ao cumprimento das condições estabelecidas pelo juiz (art. 78, *caput*). Ao mesmo tempo, porém, prevê no mesmo artigo, em seu § 1º, que deverá o condenado prestar serviços à comunidade (art. 46) ou submeter-se à limitação de fim de semana (art. 48) pelo primeiro ano do prazo e, no § 2º, a possibilidade de ser substituída essa exigência por outras condições.

Nesses termos, foram estabelecidas pela lei nova duas espécies de suspensão condicional da pena: o *sursis simples*, com prestação de serviços à comunidade ou limitação de fim de semana, acrescido ou não de condições estabelecidas pelo juiz, e o *sursis especial*, menos rigoroso, em que não se exige o cumprimento dessas penas, mas outras condições legais, acrescidas ou não de condições judiciais.

O *sursis simples*, apesar da denominação de suspensão condicional da pena, implica verdadeira execução de sanção penal, já que o sentenciado deverá cumprir por um ano as reprimendas estabelecidas pelo art. 46 ou pelo art. 48. Ciente da finalidade retributiva e de prevenção especial da sanção penal, entendeu o legislador modificar a suspensão da pena, de molde a tornar mais eficaz o instituto, nele encartando condições que correspondem às penas restritivas de direitos mencionadas.[136] A imposição de uma das condições previstas no art. 78, § 1º, é obrigatória.[225] [137] Trata-se de norma cogente, que não outorga ao juiz o arbítrio de sua eventual não aplicação, cabendo, tão só, a possibilidade da substituição de tais condições quando presentes os requisitos constantes do § 2º do mencionado artigo.[226] [138]

Dessa forma, o *sursis simples* é mais severo que a substituição da pena privativa de liberdade por restritiva de direito, já que a suspensão contém uma delas, a ser cumprida durante um ano, além das eventuais condições impostas pelo juiz.

Já com relação ao *sursis especial*, é ele mais benigno que a substituição por pena restritiva de direito. Terá o sentenciado apenas que observar as condições estabelecidas pelo art. 78, § 2º, durante o prazo do *sursis* (item 7.7.4). Paradoxalmente, o condenado a uma pena maior (igual ou superior a um ano e não superior a dois) poderá ter um benefício maior do que o condenado a uma pena menor (inferior a um ano) se a este não for reconhecido o direito ao *sursis especial*.

O *sursis especial* tem caráter excepcional. Dispõe o art. 78, § 2º, do CP, com a redação que lhe foi dada pelo art. 1º da Lei nº 9.268, de 1º-4-1996: "Se o condenado houver reparado o dano, salvo impossibilidade de fazê-lo, e se as circunstâncias do art. 59 deste Código lhe forem inteiramente favoráveis, o juiz poderá substituir a exigência do parágrafo anterior pelas seguintes condições, aplicadas cumulativamente:

a) proibição de frequentar determinados lugares;

b) proibição de ausentar-se da comarca onde reside, sem autorização do juiz;

---

136. Cf. REALE JUNIOR, Miguel. Ob. cit. p. 55.
137. PEREIRA, Joaquim. *Sursis*, "sem condição especial". *Justitia* 149/85-7.
138. FERREIRA, Gilberto. A prestação de serviços à comunidade como pena alternativa. *RT* 647/255-268. Contestando a imposição dessa condição: CHIASSO, Maurimar Bosco. A ilegalidade da obrigação de prestar serviços à comunidade ou limitar-se nos fins de semana para gozo da suspensão condicional da pena. *RT* 710/256-7.

c) comparecimento pessoal e obrigatório a juízo, mensalmente, para informar e justificar suas atividades."

A imposição dessas três condições, que, pela redação anterior, poderiam ser aplicadas isoladas ou cumulativamente, a critério do juiz, agora é obrigatória. Critique-se o legislador por tornar obrigatória a condição de não frequentar determinados lugares porque, por vezes, não terá ela qualquer relação com o crime praticado ou com seu autor.

Essa espécie de benefício somente deve ser concedida ao sentenciado de mínima culpabilidade, irretocáveis antecedentes, de boa índole e personalidade e por serem relevantes os motivos e favoráveis as circunstâncias.[227] [139] Mesmo em se tratando de maior de 70 anos, quando se possibilita o *sursis* a condenado a pena de até quatro anos, a concessão do benefício depende dos pressupostos especiais.[228] Embora não seja considerado reincidente, não preenche tal requisito aquele que anteriormente já foi condenado por contravenção.[229] Conforme se conclui da disposição legal, também é inadmissível a concessão do *sursis* especial quando o condenado não reparou o dano anteriormente à condenação.[230] A concessão dessa espécie de suspensão condicional da pena é da competência do juiz da sentença, mas já se decidiu pela possibilidade de transformação de *sursis* simples em especial durante sua execução.[231]

### 7.7.4 Condições

Algumas leis especificam minuciosamente as condições a que fica subordinado o beneficiário do *sursis* e que, se não obedecidas, podem causar sua revogação. A lei penal brasileira prevê um sistema em que, além das condições *legais*, mencionadas expressamente no texto, podem ser impostas outras, a critério do juiz, e que, por isso, são chamadas de condições *judiciais*.

Quanto ao *sursis simples*, as condições *legais* são:

a) obrigatoriedade de, durante um ano, prestar o sentenciado serviços à comunidade ou submeter-se à limitação de fim de semana, penas substitutivas já examinadas (art. 78, § 1º);

b) não ser condenado em sentença irrecorrível, por crime doloso (art. 81, inciso I);

---

139. Cf. exposição de motivos da Lei nº 7.209, item 66. Os dispositivos sobre o *sursis simples* e o *sursis especial*, por serem mais severos do que os previstos na lei anterior, só podem ser aplicados aos crimes cometidos após o início da vigência da Lei nº 7.209. Para os delitos cometidos anteriormente deve ser aplicada a suspensão condicional da pena tal como prevista no Código Penal com a redação inserida pela Lei nº 6.416/77. O mesmo deve ocorrer quando cabível a substituição pelas penas previstas no art. 43, incisos IV e VI, da lei vigente, já que o *sursis* da lei anterior era mais benigno do que as atuais penas restritivas de direitos mencionados. A Lei nº 7.209 dispõe, no art. 3º, parágrafo único: "Nas comarcas onde ainda não for possível a execução das penas previstas nos incisos I e III do art. 43 do Código Penal, poderá o juiz até o vencimento do prazo de que trata este artigo optar pela concessão da suspensão condicional, observado, no que couber, o disposto nos arts. 77 e 82 do mesmo Código." Essa disposição, porém, só tem significado quanto aos crimes cometidos após o início da vigência da lei.

c) não frustrar, sendo solvente, a execução da pena de multa (art. 81, inciso II, 1ª parte);

d) efetuar, salvo motivo justificado, a reparação do dano (art. 81, inciso II, 2ª parte);

e) não ser condenado por crime culposo ou por contravenção à pena privativa de liberdade ou restritiva de direitos (art. 81, § 1º, 2ª parte).

A suspensão condicional da pena é, perante a nova lei, medida tipicamente sancionatória, pelo que é obrigatória a imposição no *sursis* simples de uma das condições do art. 78, § 1º, do CP.[232] Não há por essa razão qualquer *bis in idem* na imposição de prestação de serviços à comunidade ou limitação de fim de semana, que são também penas autônomas.[233] Como não se especificam as condições do *sursis* na hipótese de contravenção, silenciando a esse respeito a Lei das Contravenções Penais, devem ser impostas as mesmas previstas para a hipótese de crime (art. 12 do CP e art. 1º da LCP).[234]

Não contempla mais a lei o *sursis* "sem condições especiais", fórmula que deve ser evitada diante dos expressos termos legais.[235]

A rigor está implícito que, ao conceder o *sursis* simples, o juiz está subordinando-o às condições legais, devendo apenas explicitar se o condenado está sujeito à prestação de serviços à comunidade ou limitação de fim de semana. Havendo omissão, cabe ao Ministério Público ou ao querelante propor embargos de declaração da sentença para que seu prolator a complemente.[236] Transitada em julgado a sentença sem que se tenha especificado essas condições, cabe ao juiz da execução, *de ofício* ou mediante provocação, especificá-las (arts. 66, III, *d*, e 158, § 2º, da LEP).[237] [140] Na jurisprudência, porém, por vezes se tem decidido de modo contrário, argumentando-se que a definição de uma das condições implicaria *reformatio in pejus* diante de coisa julgada, na ausência de recurso da acusação.[238]

Não é possível, de qualquer forma, a fixação da condição obrigatória nem a execução da prestação de serviços à comunidade ou limitação de fim de semana após ter-se encerrado o primeiro ano do prazo do *sursis*, quando a condição já deveria ter deixado de existir.[239]

O não cumprimento de uma das condições legais acarretará, obrigatoriamente, a revogação do benefício, com exceção de última hipótese, em que a revogação é facultativa (item 7.7.7).

Para o *sursis especial* substitui-se a primeira condição, ou seja, a de prestar serviços à comunidade ou submeter-se à limitação de fim de semana, pelas condições estabelecidas pelo art. 78, § 2º. As limitações referidas nesse dispositivo não são inconstitucionais pois, como já se afirmou, o *sursis* constitui uma verdadeira pena restritiva de direitos.[240]

---

140. Nesse sentido: SILVEIRA, Daniel Prado da, OZAKI, Hideo. Ob. cit. p. 57-9, com citação de jurisprudência; PEREIRA, Joaquim. Ob. cit., p. 87.

A *proibição de frequentar determinados lugares* (alínea *a*), que constituía na lei anterior uma medida de segurança não detentiva, visando à prevenção especial é também prevista no Código Penal, a partir da Lei nº 9.714, de 25-11-1998, como uma das penas de interdição temporária de direitos (art. 47, IV). Impossibilita-se o condenado de frequentar "boates", "inferninhos", casas de jogo, prostíbulos etc., locais que o impeliriam ao cometimento de atos antissociais, numa medida concreta no sentido de impedir a ação deletéria desses ambientes nocivos.

A *proibição de ausentar-se da comarca onde reside o sentenciado, sem autorização do juiz* (alínea *b*) visa à possibilidade de acompanhamento do cumprimento do prazo do *sursis*, a fim de tornar efetivas as condições legais e judiciais impostas à suspensão condicional da pena. O mesmo pode-se dizer do *comparecimento pessoal e obrigatório a juízo, mensalmente, para informar e justificar suas atividades* (alínea *c*). Essa medida salutar, embora combatida na jurisprudência por obrigar o afastamento um dia por mês do sentenciado de seus afazeres profissionais, servirá para propiciar ao juiz da execução a possibilidade de fiscalizar e orientar o sentenciado de modo a não tornar inócuo o instituto.

Não é possível a aplicação cumulativa das condições previstas nos §§ 1º e 2º do art. 78, porque as últimas são substitutivas daquelas, se preenchidos os pressupostos ali estabelecidos.[241]

As condições *judiciais* do *sursis* são aquelas que podem ser impostas pelo juiz, embora não previstas expressamente no Código Penal.[141] Além disso, podem ser estabelecidas as condições previstas no art. 698, § 2º, do CPP: frequentar curso de habilitação profissional ou de instrução escolar; atender aos encargos de família; submeter-se ao tratamento de desintoxicação. A prestação de serviços em favor da comunidade, também prevista no mesmo dispositivo, foi incorporada ao novo texto do Código Penal como condição obrigatória do *sursis simples*.

Seguindo orientação jurisprudencial, determina-se na lei nova que as condições devem ser adequadas ao fato e à situação pessoal do condenado (art. 79). Já sob a vigência da lei anterior, que não dispunha expressamente a respeito do assunto, se decidia que as condições deviam guardar correlação com os fatos pelos quais o sentenciado fora condenado.[242]

Não se pode impor condição que viole direito indisponível do condenado. Considerou-se ilegal condicionar a concessão do *sursis* à doação de sangue a cada seis meses, pois o sangue integra o corpo humano, sendo, portanto, indisponível, salvo se for cedido voluntariamente.[243]

---

141. Antes da vigência da Lei nº 7.209/1984, preconizava-se a adoção das normas de conduta da liberdade vigiada previstas no art. 767 do CPP como condições facultativas. O dispositivo, porém, está tacitamente revogado pela nova lei, que não mais prevê tal medida de segurança. Nada impede, porém, que o juiz possa utilizar-se das referidas normas como inspiração para o estabelecimento das condições.

Também se entende que não se devem aplicar condições *ociosas*, ou seja, aquelas reguladas por dispositivos legais próprios,[244] como a de pagar as custas e a multa;[245] a de indenizar o dano;[246] a de não portar arma;[247] de o contraventor não trazer consigo material de jogo;[248] ou *vexatórias*, como as de realizar o condenado uma redação sobre os perigos de dirigir de maneira imprudente ou descautelada;[249] de apresentar duas vezes por ano relatório sobre as ocorrências presenciadas em pronto-socorro;[250] ou de visitar hospitais.

As condições não podem constituir, em si mesmas, penas não previstas para a hipótese, nem implicar violação de direitos individuais de ordem constitucional ou depender de fatos estranhos ao sentenciado. Por essas razões, têm os tribunais cancelado condições impostas pelo juiz, tais como: a de recolher-se à hora certa;[251] a de não dirigir veículo;[252] a de não beber;[253] a de frequentar culto religioso;[254] a de comprovar o exercício de trabalho honesto[255] etc. Não é possível também combinar condições do sursis simples com as previstas para o especial, que são eventuais substitutas daquelas.[256]

O não cumprimento de uma condição imposta pelo juiz é causa de revogação facultativa da suspensão condicional da pena (art. 81, § 1º).

Como o *sursis* constitui favor, não é obrigatória sua aceitação, podendo ser renunciado por ocasião da audiência admonitória ou mesmo após ter entrado em vigor o prazo do benefício.[257] É indispensável, por isso, a intimação do beneficiário, pessoalmente ou por edital, para que de sua ausência se extraia o propósito de não aceitar o *sursis* ou censurável desapreço ao chamamento judicial.[258] A aceitação ou a recusa do *sursis* pelo sentenciado não lhe subtrai o direito de apelar.[259]

### 7.7.5 Período de prova e efeitos

A suspensão condicional de pena é concedida pelo prazo fixado pelo juiz, estabelecendo a lei um período de *dois a quatro anos*. Reduziu-se na lei nova o limite máximo do período de prova (anteriormente de seis anos), a fim de ajustar o instituto à prática judiciária, uma vez que apenas em casos especialíssimos se justificaria a fixação em um limite elevado.

Para o sentenciado maior de 70 anos que for condenado a pena superior a dois e não excedente a quatro anos, porém, o prazo do período de prova será de quatro a seis anos (art. 77, § 2º). A maior duração decorre de ter sido o ancião condenado a pena mais severa do que aquela imposta aos demais beneficiários.

Quando se trata de condenação por ilícito contravencional, o prazo da suspensão é de um a três anos (art. 11 da LCP).

O período de prova deve ser fixado segundo a natureza do crime, a personalidade do agente e a intensidade de pena, não podendo o juiz, senão em hipóteses excepcionais, estabelecê-lo no prazo máximo,[260] exigindo-se que seja justificada expressamente a exacerbação quando for fixado prazo superior ao mínimo.[261]

O prazo do *sursis* começa a correr da audiência de advertência, em que se dá conhecimento da sentença ao beneficiário (art. 158 da LEP).

Tem-se entendido que as decisões sobre a concessão da suspensão condicional da pena não se tornam definitivas porque o *sursis* constituiria um incidente da execução e, nesta, o juiz não exerceria função jurisdicional e sim administrativa,[262] não fazendo as decisões concessivas coisa julgada material.[263] Assim, conclui-se que o *sursis* indevidamente concedido por ausência de algum requisito, circunstância eventualmente desconhecida pelo juiz do processo, pode ser cassado por este ou pelo juiz da execução.[264] Já se admite, porém, que, além de não ser mais incidente da execução, o *sursis* é um direito subjetivo do condenado. Assim, a decisão a respeito de sua concessão faz coisa julgada material, não podendo ser cassado ainda quando concedido indevidamente.

### 7.7.6 Revogação e cassação obrigatórias

A suspensão da pena é condicional e, assim, pode ser revogada se não forem obedecidas as condições, devendo o sentenciado cumprir integralmente a pena que lhe foi imposta. Existem causas de revogação *obrigatória* e de revogação *facultativa do sursis*. As primeiras têm como consequência ineludível a revogação do benefício, e as últimas devem ser consideradas e sopesadas pelo juiz, que poderá optar pela revogação, pela prorrogação do prazo ou por nenhuma delas.

A primeira causa de revogação obrigatória ocorre quando o beneficiário "é condenado, em sentença irrecorrível, por crime doloso" (art. 81, inciso I). Tratando-se, portanto, de crime doloso, a revogação é de rigor, tenha sido o delito praticado antes ou depois daquele que originou o *sursis* ou ainda durante o prazo da suspensão condicional da pena. Basta que haja nos autos a comprovação de que a sentença condenatória transitou em julgado antes de escoado o prazo da suspensão para que se revogue o benefício.[265] Ocorre a revogação durante o gozo de duplo *sursis* (item 7.7.2) quando uma das condenações transita em julgado.[266]

A segunda causa ocorre quando o beneficiário "frustra, embora solvente, a execução de pena de multa ou não efetua, sem motivo justificado, a reparação do dano" (art. 81, inciso II). Podendo pagar a multa, e não o fazendo por fraude, o sentenciado dá causa à revogação do *sursis*. Antes da revogação, porém, deverá ser feita a prévia notificação do condenado para o pagamento da multa e tentada a execução judicial para sua cobrança (arts. 164 ss da LEP). Quanto à reparação do dano, a revogação somente se justifica se o condenado, podendo efetuá-la, não o fez. Comprovada a impossibilidade da reparação, não pode o juiz revogar o benefício.

Outra causa de revogação obrigatória do *sursis* ocorre quando o beneficiário descumpre a condição referente à prestação de serviços à comunidade ou à limitação de fim de semana, imposta apenas nos casos de *sursis simples* (art. 81, inciso III).[267] A inserção da pena restritiva de direitos como condição do *sursis* conduziu ao estabelecimento dessa causa de revogação para que não se tornasse a determinação inócua.

Há, também, duas causas de cassação do benefício. A primeira delas é não comparecer o réu, injustificadamente, à audiência admonitória, em que deve tomar ciência das condições que foram impostas pela sentença. O juiz tornará sem efeito a suspensão e a pena será executada imediatamente (art. 161 da LEP).[268] Para se evitarem sequelas socialmente desfavoráveis e incidência do *summum ius,* tem a jurisprudência abrandado a inteligência do referido dispositivo, para deixar ao bom critério dos magistrados a possibilidade de restauração do *sursis* cassado nessa hipótese.[269] Entendeu-se haver motivo justificado para a ausência no caso de estar o sentenciado em estado depressivo crônico[270] e também por estar de mudança de domicílio na mesma cidade.[271]

Determina por fim o art. 706 do CPP que "a suspensão também ficará sem efeitos se, em virtude de recurso, for aumentada a pena de modo que exclua a concessão do benefício". A cassação, nessa hipótese, é consequência lógica do provimento do recurso da acusação.

### 7.7.7 Revogação facultativa

As causas de revogação facultativa da suspensão condicional da pena estão previstas no art. 81, § 1º.

Pode o *sursis* ser revogado, em primeiro lugar, se o sentenciado deixar de cumprir qualquer das condições impostas. Refere-se a lei às condições judiciais previstas no art. 79, bem como àquelas escolhidas pelo magistrado, entre as previstas no art. 78, § 2º, quando da concessão do *sursis especial.*

Nessas hipóteses, deve o juiz, antes de revogar o *sursis*, indagar os motivos que originaram a omissão verberada, contribuindo, assim, para que o instituto não se desfigure quanto a suas elevadas finalidades. O condenado, aliás, em seu direito de defesa poderá esclarecer as causas que o levaram a descumprir as condições que lhe forem impostas pelo juiz.[272]

Em segundo lugar, a revogação também é permitida quando o sentenciado é irrecorrivelmente condenado, por crime culposo ou por contravenção, à pena privativa de liberdade ou restritiva de direitos. Não é mais causa de revogação, obrigatória ou facultativa, a condenação por crime culposo ou por contravenção quando imposta, por um ou por outra, somente pena de multa.

Tratando-se de causa de revogação facultativa, o juiz pode, em vez de decretá-la, prorrogar o período de prova até o máximo, se este não foi o fixado (art. 81, § 3º).

### 7.7.8 Prorrogação do período de prova e extinção da pena

Quando o agente está sendo processado por outro crime ou contravenção, considera-se prorrogado o prazo da suspensão até o julgamento definitivo (art. 81, § 2º).
[273] Referindo-se a lei a *processo*, não basta a simples prática da infração penal ou a

instauração do inquérito policial para que se prorrogue o prazo do *sursis*; é necessário o início de nova ação penal.[274] Essa prorrogação é automática, independendo de despacho nos autos.[275] É possível, assim, a revogação do *sursis* mesmo após o término do prazo de sua duração, se verificado que, em seu curso, o réu foi novamente condenado por sentença irrecorrível. Pouco importa que a decisão revocatória seja proferida posteriormente ao fim do prazo se a nova condenação do beneficiário ocorreu durante o período de prova original ou prorrogado automaticamente pela existência de outro processo.[276] [142] Instaurada ou em desenvolvimento a ação penal durante o período de prova, a prorrogação não tem limite expresso e se prolonga até o julgamento definitivo do processo.[277] Caso, porém, não se tenha instaurado a ação penal até o termo final do prazo da suspensão pelo crime, ainda que cometido o crime nesse intervalo de tempo, não ocorrerá a prorrogação.

Expirado o prazo sem que tenha havido revogação, considera-se extinta a pena privativa de liberdade (art. 82). Isso quer dizer que está extinta a pena pelo decurso do prazo do *sursis* e, mesmo que se apure que o sentenciado não tinha direito a sua concessão ou continuação (por uma condenação anterior ignorada, por não ter cumprido alguma condição etc.), não será mais possível a revogação do benefício. Com exceção da hipótese de prorrogação pela instauração de nova ação penal contra o condenado, a revogação, ainda que por fato ocorrido durante o prazo de *sursis*, só pode ocorrer durante o período de prova, não após ter ele se expirado.[278]

## 7.8 LIVRAMENTO CONDICIONAL

### 7.8.1 Conceito

Considerando-se que um dos fins da sanção penal é a readaptação do criminoso, o sistema ideal deveria fundar-se na imposição de penas indeterminadas, desnecessária que é a reprimenda quando já se operou a recuperação do sentenciado. Um dos institutos que se orienta para essa indeterminação, por meio da individualização executiva da pena, é o *livramento condicional*, última etapa do sistema penitenciário progressivo.

Nesse substitutivo penal, coloca-se de novo no convívio social o criminoso que já apresenta índice suficiente de regeneração, permitindo-se que complete o tempo da pena em liberdade, embora submetido a certas condições. O livramento condicional é, portanto, "a concessão, pelo poder jurisdicional, da liberdade antecipada ao condenado, mediante a existência de pressupostos, e condicionada a determinadas exigências durante o restante da pena que deveria cumprir preso".[143] O benefício pressupõe, essencialmente, o reajustamento social do criminoso, porque seu comportamento carcerário e suas condições revelam que os fins reeducativos da pena foram atingidos.

---

142. Sobre o assunto discorremos na obra *Execução penal*. 17. ed. São Paulo: Foco, 2024, item 162.2.
143. NORONHA, E. Magalhães. *Direito penal*. 15. ed. São Paulo: Saraiva, 1978. v. 1, p. 308.

O livramento condicional é um direito do sentenciado; preenchidos os seus pressupostos deve ser concedido pelo juiz.[144]

### 7.8.2 Pressupostos objetivos

O primeiro pressuposto objetivo indispensável à concessão do livramento condicional diz respeito à natureza e à quantidade de pena imposta. O benefício só pode ser concedido ao condenado a pena privativa de liberdade e desde que seja ela por prazo *igual ou superior a dois anos* (art. 83, *caput*). Para a contagem desse tempo mínimo, permite-se a soma das penas aplicadas por infrações diversas, ainda que impostas em processos distintos (art. 84). Isso possibilita ao sentenciado atingir o limite mínimo indispensável à concessão do livramento quando condenado a duas ou mais penas inferiores a dois anos, bem como a reunião de várias delas, ainda que superiores a esse índice, para uma só verificação dos pressupostos do benefício. Permite-se expressamente o livramento condicional na pena de prisão simples, aplicável aos autores de contravenções (art. 11 da LCP).

Apesar das modificações introduzidas no instituto pelas Leis n os 6.416/77, 7.209/84 e 13.964/2019, não se consagrou a possibilidade do livramento ao condenado a penas de curta duração. Os argumentos utilizados para a manutenção de um limite mínimo são o de que nas penas até dois anos cabe o *sursis* e que as penas privativas de liberdade não permitem a observação e a readaptação do condenado. A melhor orientação seria a de não se estabelecer um mínimo de pena para a concessão do benefício, já que pode o agente não obter o *sursis* (por ser reincidente, por exemplo) e recuperar-se com o cumprimento de parte de uma pena de duração inferior a dois anos.

O segundo requisito objetivo é ter o sentenciado cumprido mais de um terço da pena, se não for reincidente em crime doloso (art. 83, inciso I), e mais de metade, se o for (art. 83, inciso II). Por força do inciso V, do art. 83, inserido no Código Penal, tratando-se de crimes hediondos, elencados no art. 1º desse diploma, prática de tortura, tráfico ilícito de entorpecentes e drogas afins, tráfico de pessoas e terrorismo, o livramento condicional só pode ser concedido se cumpridos mais de dois terços da pena, exigindo-se, ainda, que o agente não seja reincidente específico em crimes dessa natureza. Não se concede a liberdade condicional, portanto, ao reincidente específico em crimes hediondos ou equiparados (item 7.5.4). A vedação, na hipótese, veio a ser reproduzida no art. 112, VIII, da Lei de Execução Penal por força das alterações promovidas pela Lei nº 13.964, de 24-12-2019. Essa mesma Lei acrescentou no inciso VI, *a*, do mesmo art. 112, outra vedação à concessão do livramento condicional, proibindo-o também para o condenado primário por crime hediondo ou equiparado, se deste resultou morte.

A Lei de Drogas, ao tratar da concessão do livramento condicional para os condenados por crimes relacionados com o tráfico de drogas, descritos nos arts. 33, *caput*, e §

---

144. Cf. DELMANTO, Celso. Ob. cit. *RT* 554/466, 705/367; *JTJ* 167/324.

1º, e 34 a 37, exige, igualmente, o cumprimento de dois terços da pena, e veda o benefício ao reincidente específico nos crimes mencionados no dispositivo (art. 44, parágrafo único, da Lei nº 11.343, de 23-8-2006). O dispositivo não restringiu o alcance da norma contida no art. 83, inciso V, do CP, mas estendeu a exigência do cumprimento de dois terços da pena aos condenados pelos crimes nele referidos e a vedação ao reincidente específico nesses mesmos crimes, ainda que não tenham estes natureza hedionda. Na existência de outras penas a cumprir pelo sentenciado, o livramento somente poderá ser concedido em relação às penas remanescentes após o cumprimento integral daquelas aplicadas pelos crimes hediondos ou equiparados.[279]

De outro lado, como o livramento condicional é matéria penal, por alterar a execução da pena (esta deixa de ser executada e o condenado é posto em liberdade), o disposto no inciso V do art. 83 do CP só pode ser aplicado aos autores de crimes praticados após o início da vigência da Lei nº 8.072/90. A mesma regra deve ser observada com relação aos autores de crimes que posteriormente foram incluídos entre os crimes hediondos. A isso obriga o princípio da irretroatividade da lei penal mais severa, consagrado no art. 5º, XL, da Constituição Federal.[280]

Em decorrência da detração penal (art. 42), é contado como de cumprimento da pena para os efeitos da concessão do livramento condicional o tempo em que o agente esteve recolhido em decorrência de prisão provisória ou administrativa (item 7.2.14). Também deve ser considerada a remição da pena, a fim de se atingir o limite mínimo necessário para a concessão do benefício (art. 128 da LEP).

Presentes os requisitos legais para a concessão do livramento condicional não se exige que o sentenciado tenha passado por todos os estágios da pena, ou seja, pelos regimes semiabertos e aberto.[281]

A prática de falta disciplinar de natureza grave no curso da execução da pena não determina o reinício da contagem do tempo de cumprimento de pena exigido para a concessão do livramento condicional. Embora alguns tribunais já tenham decidido em sentido contrário, estendendo ao livramento a construção jurisprudencial no sentido da interrupção do prazo para o fim de progressão de regime, deve-se observar que o livramento condicional é instituto que não se subordina ao sistema progressivo dos regimes prisionais e que a exigência do reinício do prazo na hipótese de falta grave, na ausência de norma específica que a ampare, viola o princípio da legalidade. Nesse sentido é firme a orientação adotada no STJ, nos termos da Súmula nº 441.[282] Assim, em relação ao livramento condicional, a existência de falta grave há de ser apreciada na aferição do requisito subjetivo previsto no inciso III, alínea *b*, do art. 83, com a redação dada pela Lei nº 13.964, de 24-12-2019. (item 7.8.3).

O último pressuposto objetivo é ter o sentenciado reparado, salvo efetiva impossibilidade de fazê-lo, o dano causado pela infração (art. 83, IV).[283] Não pode postular o benefício o sentenciado que, não demonstrando haver satisfeito as obrigações civis resultantes do crime, igualmente não faça a prova da impossibilidade de reparar o dano causado pelo delito.

Não se confunde essa impossibilidade com a insolvência do sentenciado. Autoriza-se a concessão do livramento ainda quando o condenado, não sendo insolvente, se encontre, à data da apreciação do pedido, impossibilitado de reparar o dano resultante do crime.[284] Outras escusas, portanto, devem ser admitidas, como a da impossibilidade momentânea, exigência exagerada do ofendido, dificuldade de localizá-lo para o ressarcimento etc.[145] Também já se decidiu que não se impede o benefício quando a apuração da indenização depende de liquidação em execução de sentença.[285]

Por dano causado pelo crime há que se entender o prejuízo que o agente causou à vítima, sendo insuficiente a demonstração pelo interessado da inexistência contra si de qualquer espécie de ação civil de cobrança ou indenização.

### 7.8.3 Pressupostos subjetivos

Prevê ainda a lei penal pressupostos subjetivos para a concessão do livramento condicional. O primeiro deles é ter o sentenciado "bons antecedentes" (art. 83, I, segunda parte), exigência não contida na lei anterior. Já foi visto o que se deve entender por bons antecedentes: não ser criminoso habitual, não ter sofrido outras condenações, não ter sido envolvido em outros inquéritos policiais etc. Refere-se o dispositivo aos antecedentes anteriores ao cumprimento da pena, pois o comportamento após o recolhimento do sentenciado à prisão deve ser apreciado nos termos do art. 83, inciso III. Assim, se o condenado não tiver bons antecedentes, exige-se que, como o reincidente, cumpra mais da metade da pena, para obter o livramento.[286] [146] É o que deflui, a *contrario sensu*, do art. 83, I e II. Não se aplaude a inovação, já que se dificulta a concessão do benefício àquele que, preenchendo os demais pressupostos, demonstra estar recuperado, apesar de sua comprometedora vida pregressa. Já se entendeu, aliás, que não se pode equiparar, *grosso modo*, os condenados primários aos reincidentes e, assim, o art. 83, I, *in fine*, não se refere a ilícitos anteriores àquele cuja pena está sendo executada.[287]

Como segundo requisito subjetivo, deve o sentenciado comprovar "bom comportamento durante a execução da pena" (art. 83, III, *a*). O comportamento a que se refere a lei é um índice importante da adaptação social que há de ser aferida por atos positivos do sentenciado, não bastando a simples abstenção de faltas disciplinares; deflui da boa convivência do sentenciado com os companheiros de prisão, da aplicação no trabalho ou no estudo, do intercâmbio com a família etc. Não tem bom comportamento o sentenciado que já empreendeu fuga,[288] burlou a vigilância e afastou-se do presídio,[289] envolveu-se com tóxicos,[290] apresenta ocorrências carcerárias comprometedoras etc. A simples fuga no início da vida carcerária, todavia, não impede a concessão se compensada, depois, por excelente comportamento na prisão.

---

145. Cf. DELMANTO, Celso. *Código penal anotado*. 5. ed. São Paulo: Saraiva, 1984, p. 75.
146. Contra, entendendo haver lacuna na lei, que deve ser preenchida pela analogia *in bonam partem*, e concedendo o benefício ao réu não reincidente com maus antecedentes com o simples cumprimento de um terço da pena: STEINER, Sylvia Helena de Figueiredo. Livramento condicional e lacuna da lei. *RT* 669/399-402.

O terceiro requisito subjetivo é previsto no inciso III, alínea *b*, e foi acrescentado pela Lei nº 13.964, de 24-12-2019: "não cometimento de falta grave nos últimos 12 (doze) meses". Conforme já examinado acima, o cometimento de falta grave, de acordo com a melhor doutrina e vencedora corrente jurisprudencial, não é causa interruptiva do tempo de cumprimento de pena necessário para a concessão do livramento condicional. No entanto, trouxe a nova lei para o deferimento do favor legal o requisito adicional de que não tenha o sentenciado cometido falta grave no período de um ano que antecede a decisão[147].

Exige-se, também, que se comprove ter o sentenciado bom desempenho no trabalho que lhe foi atribuído (art. 83, III, *c*). Tal requisito é mais um indicativo da importância atribuída pelo legislador à laborterapia como um dos fatores de ressocialização do delinquente.

Como último requisito de ordem geral, deve o sentenciado comprovar "aptidão para prover a própria subsistência mediante trabalho honesto" (art. 83, III, *d*). Referindo-se a lei não só ao trabalho, mas também à possibilidade de cursos profissionalizantes, presume-se que, com o esforço do condenado, pode ele deixar a prisão em condições de prover a subsistência própria no desempenho de atividade laborativa honesta. As intenções do legislador, porém, estão muito além da realidade carcerária em decorrência da dificuldade encontrada para a laborterapia e a profissionalização no cárcere. Comprovando-se, porém, que o sentenciado tem promessa de emprego, o pressuposto está preenchido.

Especial requisito para a concessão do livramento condicional é exigido, expressamente, para o condenado por integrar organização criminosa ou por crime cometido por meio de organização criminosa, consistente na cessação do vínculo associativo (§ 9º do art. 2º, da Lei nº 12.850, de 2-8-2013, introduzido pela Lei nº 13.964, de 24-12-2019). Deve-se observar, porém, que ainda que o sentenciado não tenha sido condenado por delito daquela natureza, a constatação, no curso da execução, de manter ele vínculo associativo com uma organização criminosa pode motivar o indeferimento do livramento condicional, por ausência de um dos requisitos previstos no art. 83, inciso III, alíneas "a" e "b", ou, ainda, com base no parágrafo único. Integrar uma organização criminosa é fato previsto como crime doloso e, portanto, constitui falta grave, nos termos do art. 52, *caput*, da Lei de Execução Penal e sua apuração não depende de prévia condenação, podendo se realizar em regular procedimento administrativo disciplinar.[148]

Não se exige mais, regra geral, que se comprove a ausência ou cessação de periculosidade do sentenciado para a concessão do livramento condicional, mesmo porque, diante da nova lei, não se reconhece o estado perigoso nos agentes imputáveis. Entre-

---

[147]. De acordo com tese firmada no STJ, a valoração do requisito subjetivo para concessão do livramento condicional - bom comportamento durante da execução da pena (art. 83, inciso III, alínea "a", do Código Penal) - deve considerar todo o histórico prisional, não se limitando ao período de 12 meses referido na alínea "b" do mesmo inciso III do art. 83 do Código Penal (tema repetitivo 1161).

[148]. A respeito do assunto discorremos na obra *Execução penal*. 16. ed. São Paulo: Foco, 2023, item 59.1.

tanto, não poderia ignorar o legislador essa característica de alguns condenados. Por isso, determina-se no art. 83, parágrafo único: "Para o condenado por crime doloso, cometido com violência ou grave ameaça à pessoa, a concessão do livramento ficará também subordinada à constatação de condições pessoais que façam presumir que o liberado não voltará a delinquir."

A norma se destina – como se salienta na exposição de motivos da Lei nº 7.209 – ao condenado por crime violento, como homicídio, roubo, extorsão, extorsão mediante sequestro em todas suas formas, estupro e outros da mesma índole, sendo tal exigência mais uma consequência necessária da extinção da medida de segurança para o imputável (item 74).

Embora na exposição de motivos da Lei nº 7.209 conste que se exige a "verificação, em perícia, da superação das condições e circunstâncias que levaram o condenado à delinquir", não corresponde a afirmativa ao texto legal. Na tramitação do projeto da lei foi modificada a redação do dispositivo, exigindo-se apenas, de acordo com o texto aprovado, a "constatação de condições pessoais que façam presumir que o liberado não voltará a delinquir". Dispensável, pois, é a perícia, formando-se a convicção do juiz quanto às condições pessoais do sentenciado diante dos elementos do processo de execução, em especial do próprio procedimento incidental referente ao pedido do benefício.[291] Não constitui constrangimento ilegal, contudo, a determinação do juiz para a realização de exame pericial que entenda necessário para formar sua convicção.[292] De acordo com a Súmula nº 439 do STJ, admite-se a realização do exame criminológico desde que determinada em decisão motivada. José Maria Marlet oferece critérios para a avaliação pelos peritos das condições pessoais do condenado que pretende o livramento condicional na hipótese do art. 83, parágrafo único, do CP.[149]

O fato de ser o réu estrangeiro, por si só, não constitui obstáculo a que, preenchendo os requisitos legais, faça jus ao livramento condicional.[293] Mesmo a instauração de procedimento com vistas a expulsão do estrangeiro não obsta a apreciação de seu pedido de livramento condicional.[294] Aliás, a nova Lei de Migração prevê para o processamento da expulsão a igualdade de condições entre os condenados nacional e estrangeiro com relação ao cumprimento de pena, a progressão de regime e demais benefícios legais no curso da execução da pena (art. 54, § 3º). Desde que, contudo, tenha sido decretada a expulsão, não cabe o benefício.[295] O interesse social é expulsá-lo depois de cumprida a pena, não havendo como liberá-lo antes para que reingresse na comunidade onde se fez indesejável.[296]

### 7.8.4 Concessão e condições

Preenchidos os pressupostos objetivos e subjetivos, o livramento condicional é concedido mediante requerimento do sentenciado, de seu cônjuge ou de parente em linha reta, ou por proposta do diretor do estabelecimento penal, ou por iniciativa do

---

149. Contribuição para a avaliação das condições pessoais dos candidatos a livramento condicional enquadrados no parágrafo único do art. 83 do Código Penal. *RT* 704/439-76.

Conselho Penitenciário (art. 712 do CPP). Exige-se, entretanto, obrigatoriamente, um parecer a respeito da admissibilidade, conveniência e oportunidade do benefício por parte do Conselho Penitenciário.[297] Embora a Lei nº 10.792, de 1º-12-2003, na nova redação conferida ao art. 70, inciso I, da LEP, tenha excluído a referência ao parecer do Conselho Penitenciário do rol de suas atribuições, permanece a exigência por força do disposto no art. 131 da LEP. Preveem-se, também, a prévia manifestação do Ministério Público e do defensor e a obrigatoriedade de motivação da decisão judicial (art. 112, § 2º, e 131 da LEP). Por essa razão, o livramento condicional não pode ser concedido por meio de pedido de *habeas corpus*.[298] Embora não esteja o juiz da execução adstrito às conclusões e pareceres, são eles de elevado valor na aferição dos requisitos subjetivos necessários para a concessão do benefício.

Quando da concessão do livramento condicional, o juiz deve especificar as condições a que fica subordinado o benefício (art. 132 da LEP). Existem, porém, as condições *legais*, obrigatórias, que, não cumpridas, podem ensejar a revogação do livramento (item 7.8.5). Entre elas está a de não ser o liberado condenado, por sentença irrecorrível, a pena privativa de liberdade, quer por crime cometido durante a vigência do benefício, quer por delito anterior (art. 83), ou por crime ou contravenção a pena que não seja privativa de liberdade (art. 87), esta última condição que, não obedecida, é causa facultativa de revogação.

A Lei de Execução Penal impõe outras condições obrigatórias do livramento:

a) obter ocupação lícita, dentro de prazo razoável se for apto para o trabalho;

b) comunicar periodicamente ao juiz sua ocupação;

c) não mudar do território da Comarca do Juízo da Execução, sem prévia autorização deste (art. 132, § 1º).

Entre as condições facultativas, que podem ser impostas ao liberado, a critério do juiz, sugere a lei as seguintes:

a) não mudar de residência sem comunicação ao juiz e à autoridade incumbida de observação cautelar e de proteção;

b) recolher-se à habitação em hora fixada;

c) não frequentar determinados lugares (art. 132, § 2º, da LEP).

As condições judiciais podem ser modificadas no transcorrer da execução. Dispõe o art. 144 da LEP: "O juiz, de ofício, a requerimento do Ministério Público, da Defensoria Pública, ou mediante representação do Conselho Penitenciário, e ouvido o liberado, poderá modificar as condições especificadas na sentença, devendo o respectivo ato decisório ser lido ao liberado por uma das autoridades ou funcionários indicados no inciso I do *caput* do art. 137 desta lei, observado o disposto nos incisos II e III e §§ 1º e 2º do mesmo artigo." Permite-se, a critério do juiz, agravar ou atenuar as condições inicialmente impostas, mas a alteração deve ser justificada pelo magistrado.

A não aceitação pelo liberado das condições impostas ou alteradas torna sem efeito o livramento condicional, como se depreende dos arts. 137, inciso III, e 144 da LEP.

Concedido o benefício e expedida a carta de livramento com a cópia integral da sentença, realiza-se uma cerimônia solene, sendo entregues ao liberado caderneta ou salvo-conduto e seu saldo de pecúlio (arts. 136 a 138 da LEP). A observação cautelar e a proteção do liberado devem ser realizadas por serviço social penitenciário, Patronato ou Conselho da Comunidade (art. 139 da LEP).

### 7.8.5 Revogação obrigatória

Ficando sujeito o liberado às condições legais e judiciais durante o prazo que lhe falta para cumprir a pena, pode o benefício ser revogado se não forem elas observadas.

É causa de *revogação obrigatória* do livramento condicional a condenação a pena privativa de liberdade em sentença irrecorrível:

I – por crime cometido durante a vigência do benefício;
II – por crime anterior, observado o disposto no art. 84 (art. 86).

Assim, se o crime foi cometido durante a vigência do benefício, a revogação decorre da simples comprovação do trânsito em julgado da condenação. Quando se trata, porém, de crime anterior à concessão do livramento, a pena imposta será somada à anterior e poderá subsistir o benefício se, feita essa unificação, resulta que o beneficiário preenche os pressupostos do livramento (cumprimento de um terço da pena, ou de metade, se for reincidente, e os demais requisitos).

Revogado o livramento pela condenação por crime cometido durante a vigência do benefício não se desconta da pena o tempo em que esteve solto o condenado (art. 88 do CP e art. 142 da LEP). Se o livramento for revogado, porém, pela condenação por crime anterior à concessão do benefício, computar-se-á como tempo de cumprimento da pena o período de prova (arts. 88 do CP e 141 da LEP).

Dispõe expressamente a lei que, para a revogação motivada por crime cometido pelo liberado, indispensável é que a sentença condenatória transite em julgado. Permite-se, contudo, que, praticada a infração penal, o juiz ordene sua prisão, ouvidos o Conselho Penitenciário e o Ministério Público, suspendendo o curso do livramento condicional,[299] cuja revogação ficará dependendo da decisão final (art. 145 da LEP).

Não se pode revogar o livramento condicional se a nova infração cometida pelo liberado ocorreu após o prazo de prova ainda que a extinção da pena não tenha sido declarada nos autos da execução.[300]

### 7.8.6 Revogação facultativa

Prevê o art. 87 duas causas de revogação *facultativa* do livramento condicional. A primeira ocorre se o liberado "deixar de cumprir qualquer das obrigações constantes da sentença". Demonstra ele, nessa hipótese, que não está readaptado à vida social, não se submetendo às regras estabelecidas pelo juiz e que foram impostas por ocasião da concessão do benefício.

A segunda causa de revogação facultativa ocorre quando o beneficiário "é irrecorrivelmente condenado, por crime ou contravenção, à pena que não seja privativa de liberdade". A prática de nova infração penal, ainda que não grave, indica a ausência de recuperação e desaconselha a permanência do benefício.

Tratando-se de causa facultativa de revogação do livramento condicional, que não seja a prática de crime ou contravenção, não se permite ao juiz decretar a suspensão provisória do benefício.[301] Por outro lado, se a causa facultativa é a prática de crime ou contravenção, permite-se a suspensão provisória do benefício até o julgamento final do processo (art. 145 da LEP).[302]

Mantido o livramento condicional, na hipótese de ocorrência de causa de revogação facultativa, o juiz deverá advertir o liberado ou agravar as condições que lhe foram impostas (art. 140, parágrafo único, da LEP). O juiz deverá optar por uma das duas medidas.

### 7.8.7 Restauração

Dispõe o art. 88 que, revogado o livramento, não poderá ser novamente concedido. A regra, porém, não é absoluta, devendo-se harmonizar o referido dispositivo com o art. 141 da LEP, que assim dispõe: "Se a revogação for motivada por infração penal anterior à vigência do livramento, computar-se-á como tempo de cumprimento da pena o período de prova, sendo permitida, para a concessão de novo livramento, a soma do tempo das duas penas." As duas penas a que se refere o dispositivo são, evidentemente, a que estava sendo descontada em livramento condicional e a imposta pelo crime cometido antes da vigência do benefício.

Na hipótese de revogação por outro motivo (condenação por crime cometido durante o período de prova ou descumprimento das condições) não se concederá, para a *mesma pena*, novo livramento (arts. 88 do CP e 142 da LEP). Além disso, o condenado deverá cumprir integralmente o restante da pena, não se descontando o tempo em que esteve em liberdade.[303]

### 7.8.8 Prorrogação e extinção

Da mesma forma que no *sursis*, o prazo do livramento condicional será prorrogado enquanto não passar em julgado a sentença no processo a que responde o liberado por crime cometido durante sua vigência. É o que se impõe diante do disposto no art. 89: "O juiz não poderá declarar extinta a pena, enquanto não passar em julgado a sentença em processo a que responde o liberado, por crime cometido na vigência do livramento."[304] Assim, nessa hipótese, revoga-se o livramento, ainda que a decisão ocorra após o período de prova inicial.[305] A prorrogação, porém, só vige para o efeito de aguardar-se a decisão final, não vigorando mais as condições legais ou judiciais do livramento.

Entendemos que é equivocada a orientação adotada em alguns julgados, inclusive do STF e do STJ, no sentido de não se admitir a revogação do livramento condicional após o término do prazo se, no decorrer deste, não houve a suspensão do benefício. A suspensão do livramento condicional é prevista no art. 145 da Lei de Execução Penal: "Praticada pelo liberado outra infração penal, o Juiz poderá ordenar a sua prisão, ouvidos o Conselho Penitenciário e o Ministério Público, suspendendo o curso do livramento condicional, cuja revogação, entretanto, ficará dependendo da decisão final." A suspensão, portanto, está forçosamente vinculada à decretação da prisão pelo juiz da execução. Ordena-se a prisão, suspendendo-se o livramento condicional. A prisão, porém, diz claramente a lei, insere-se no prudente arbítrio do juiz, que pode deixar de ordená-la. A opção conferida pela lei ao juiz da execução de não ordenar a prisão do liberado diante da notícia de novo crime há de ser exercida, criteriosamente, à vista das particularidades do caso concreto, e não pode importar em um prematuro julgamento a respeito da necessidade ou não de posterior revogação do livramento condicional após a final condenação no novo processo, a qual, aliás, frequentemente, ocorre após o término do prazo, porque essa é uma causa legal de revogação e não se insere no poder discricionário do juiz. Entendimento contrário implicaria a necessidade de sempre ser ordenada a prisão, contra a disposição legal que estabelece a discricionariedade do juiz, ou a indevida conversão de uma causa legal obrigatória de revogação do livramento condicional em uma faculdade judicial. A ausência da sustação do livramento condicional durante o seu prazo não se constitui necessariamente em inércia do Ministério Público, órgão fiscalizador, ou do juiz da execução e não tem ela o condão de impedir a revogação em decorrência da nova condenação irrecorrível. Assim, noticiada a prática de novo crime pelo liberado, tenha sido ou não ordenada a prisão e sustado o livramento condicional (art. 145 da LEP), deve o juiz aguardar a decisão definitiva do processo (art. 89 do CP): sendo o réu condenado, revoga se o livramento (art. 86, I, do CP); absolvido, declara se extinta a pena privativa de liberdade (art. 90 do CP e art. 146 da LEP). O STJ, porém, não destaca qualquer hipótese, tendo decidido que a ausência de suspensão ou revogação no curso do prazo do livramento condicional determina a extinção da punibilidade pelo integral cumprimento da pena (Súmula 617).

Se até seu término o livramento não é revogado, salvo a hipótese anteriormente referida, considera-se extinta a pena privativa de liberdade (art. 90).[306] A extinção é declarada pelo juiz, de ofício, a requerimento do interessado, do Ministério Público ou mediante requerimento do Conselho Penitenciário (art. 146 da LEP).

# 8
# EFEITOS DA CONDENAÇÃO

## 8.1 EFEITOS PENAIS

### 8.1.1 Condenação

"Condenação é o ato do juiz através do qual impõe uma sanção penal ao sujeito ativo de uma infração."[1] Produz ela, como efeito principal, a imposição de penas para os imputáveis, ou, eventualmente, medida de segurança para os semi-imputáveis e, como efeitos secundários, consequências de natureza penal ou extrapenal. Entre estas há efeitos civis, administrativos, políticos e trabalhistas.

### 8.1.2 Efeitos penais secundários

Além da imposição da pena ou da medida de segurança, a sentença penal condenatória transitada em julgado acarreta, entre outros, os seguintes efeitos penais secundários:

a) a revogação facultativa ou obrigatória do *sursis* anteriormente concedido (itens 7.7.6 e 7.7.7);

b) a revogação facultativa ou obrigatória do livramento condicional (itens 7.8.5 e 7.8.6);

c) a caracterização da reincidência pelo crime posterior (item 7.5.4);

d) o aumento do prazo da prescrição da pretensão executória quando caracterizar a reincidência (item 12.4.3);

e) a interrupção da prescrição da pretensão executória quando caracterizar a reincidência (item 12.4.8);

f) a revogação da reabilitação, quando se tratar de reincidente (item 9.1.4);

g) a possibilidade da arguição de exceção da verdade nas hipóteses de calúnia e difamação (art. 138, § 3º, inciso I);

h) o impedimento de benefícios vários (arts. 155, § 2º, 171, § 1º, 180, § 5º etc.);

i) a fixação do pressuposto da reincidência como crime antecedente (item 7.5.4);

---

1. JESUS, Damásio E. de. *Direito penal*. 6. ed. São Paulo: Saraiva, 1983. v. 1, p. 604.

j) a regressão de regime quando a soma das penas o torne incabível (art. 118, II, da LEP);[2]

## 8.2 EFEITOS EXTRAPENAIS

### 8.2.1 Espécies

Entre os efeitos extrapenais da condenação estão os *civis*: a obrigação de indenizar o dano (art. 91, inciso I), o confisco (arts. 91, inciso II e 91-A) e a incapacidade para o exercício do poder familiar, tutela ou curatela (art. 92, inciso II). Além disso, em caso de condenação do beneficiário, o doador pode pleitear, no prazo de um ano, a revogação da liberalidade (art. 557 do CC); o interessado pode, em ação ordinária, excluir herdeiro ou legatário nos casos de indignidade (art. 1.814 do CC); pode ocorrer a deserdação (arts. 1.962 e 1.963 do CC) etc.

Como efeitos *administrativos* podem ocorrer a perda do cargo ou função pública (art. 92, inciso I) e a inabilitação para dirigir veículo (art. 92, inciso III).

Efeito *político* da condenação é a perda do mandato eletivo (art. 92, inciso I).

Podem ocorrer, por fim, efeitos indiretos de caráter trabalhista (justa causa para rescisão de contrato de trabalho etc.).

### 8.2.2 Reparação *ex delicto*

O crime ofende um bem-interesse, acarretando uma lesão real ou potencial à vítima. Nos termos da lei civil, aquele que, por ação ou omissão voluntária (dolo), negligência ou imprudência (culpa) (art. 186 do CC), causar prejuízo a outrem comete *ato ilícito*, ficando obrigado a reparar o dano (art. 927 do CC). A imperícia, embora não mencionada expressamente, também caracteriza o crime culposo e acarreta a obrigação de reparar o dano.

Em consonância com o referido artigo, determina a lei penal que é efeito da condenação "tornar certa a obrigação de indenizar o dano causado pelo crime" (art. 91, inciso I). Dispõe ainda a lei processual que, "transitada em julgado a sentença condenatória, poderão promover-lhe a execução, no juízo cível, para efeito da reparação do dano, o ofendido, seu representante legal ou seus herdeiros" (art. 63, *caput*, do CPP).

Conforme acentua Damásio E. de Jesus, a sentença condenatória funciona como sentença meramente declaratória no tocante a indenização civil, pois nela não há manda-

---

2. A condenação anterior também é prevista como circunstância elementar da contravenção de posse não justificada de instrumento de emprego usual na prática de furto, descrita no art. 25 da LCP. Esse dispositivo, porém, não foi recepcionado pela Constituição Federal de 1988, conforme reconhecido pelo STF (RE 583523 RG/RS, j. em 3-10-2013, *DJe* de 12-10-2013).

mento expresso de o réu reparar o dano resultante do crime.³ Confere-se, porém, à sentença condenatória irrecorrível a natureza de título executivo judicial (art. 515, inciso VI, do novo CPC), e o interessado não será obrigado, no juízo cível, a comprovar a materialidade, a autoria e a ilicitude do fato, já assentes na esfera penal, para obter a reparação do dano causado pelo ilícito penal (art. 935 do CC). No juízo cível, não poderá reabrir-se a questão sobre a responsabilidade civil pelo fato reconhecido como crime em sentença com trânsito em julgado.⁽¹⁾ Discutir-se-á apenas o montante da indenização. A Lei nº 11.719, de 20-6-2008, que alterou dispositivos do Código de Processo Penal, inovou na disciplina da matéria ao prever que o juiz, na sentença condenatória, deve fixar valor mínimo para reparação dos danos causados pela infração, considerando os prejuízos sofridos pelo ofendido (art. 387, inciso IV). Assim, transitada em julgado a condenação, o ofendido, seu representante ou herdeiros podem promover, no juízo cível, a execução por quantia certa pelo valor fixado na sentença, sem prejuízo de que, simultaneamente, se proceda à liquidação para apuração do total do dano a ser reparado (art. 63, parágrafo único, do CPP), observando-se as normas pertinentes contidas no Código de Processo Civil (arts. 509 a 525 e 533).

Quanto aos crimes de imprensa, o STJ editou a Súmula 221: "São civilmente responsáveis pelo ressarcimento de dano, decorrente de publicação pela imprensa, tanto o autor do escrito quanto o proprietário do veículo de divulgação."⁴

Segundo o Supremo Tribunal Federal, a sentença em que se concede o perdão judicial é condenatória, valendo, portanto, como título executivo.⁽²⁾ Entretanto, para o Superior Tribunal de Justiça, nos termos da Súmula 18, é ela declaratória de extinção da punibilidade, não subsistindo qualquer efeito condenatório (item 12.2.12). É condenatória a sentença em que o juiz, reconhecendo que o acusado que se encontra na situação prevista pelo art. 26, parágrafo único, e necessita de especial tratamento curativo, substitui a pena por medida de segurança (item 10.2.3). Entretanto, a sentença que julga o agente inimputável, nos termos do art. 26, *caput*, aplicando-lhe medida de segurança, embora considerada na doutrina como *condenatória imprópria*, é, em termos legais, absolutória, não propiciando, assim, a sua execução na esfera civil (art. 386, VI, do CPP). Não é sentença condenatória a decisão em que reconhece a prescrição da pretensão punitiva, ainda que com base na pena em concreto, não servindo ela de título executivo civil.⁽³⁾ Também não são condenatórias as sentenças de homologação da composição civil e da transação penal previstas na Lei nº 9.099/95.

Transitada em julgado a sentença condenatória e morrendo o condenado, a execução civil será promovida contra seus herdeiros, nas forças da herança, em decorrência do princípio da responsabilidade civil (art. 943 do CC e art. 5º, XLV, da CF). Aliás, a extinção da punibilidade por qualquer causa, após o trânsito em julgado da sentença

---

3. Ob. cit. p. 611. José Carlos Barbosa Moreira entende não haver na hipótese sentença condenatória ou declaratória, sendo a exequibilidade civil da sentença criminal apenas a constituição de título para a execução. A sentença penal como título executório civil. *RDP* 4/41-50.
4. O STF declarou, porém, que a Lei de Imprensa (Lei nº 5.250, de 9-2-1967), em sua integralidade, não foi recepcionada pela Constituição Federal de 1988 (ADPF 130-7, j. em 30-4-2009, *DOU* de 12-5-2009, p. 1).

condenatória, não exclui seu efeito secundário de obrigar o sujeito à reparação do dano (art. 67, inciso II, do CPP).

Absolvido o condenado em revisão criminal, perde a sentença seu caráter de título executório ainda que já instaurada a execução civil. Isso porque o título foi desconstituído por decisão judicial do mesmo modo como foi criado. Deverá o ofendido, nessa hipótese, promover a competente ação de conhecimento.

Inexistindo sentença condenatória irrecorrível, a ação ordinária civil para reparação do dano poderá ser proposta contra o autor do crime, seu responsável civil ou seu herdeiro (arts. 63 e 64 do CPP). Na hipótese de correrem paralelamente as ações penal e civil, o juiz poderá suspender o curso desta, até o julgamento definitivo, daquela (art. 64, parágrafo único, do CPP). Visa o dispositivo evitar, o quanto possível, decisões contraditórias. Sendo pobre o titular à reparação do dano, a execução da sentença condenatória ou a ação civil será promovida, a seu requerimento, pelo Ministério Público (art. 68 do CPP).[5]

As indenizações por atos ilícitos estão reguladas no Código Civil. No caso de homicídio, por exemplo, a reparação do dano consiste no pagamento das despesas com o tratamento da vítima, seu funeral e o luto de família, e na prestação de alimentos às pessoas a quem o defunto os devia (art. 948 do CC). Nos delitos de lesões corporais dolosas ou culposas, o ofensor deverá indenizar a vítima das despesas do tratamento e dos lucros cessantes até o fim da convalescença além de outro prejuízo que haja sofrido (art. 949 do CC). Deverá, ainda, na hipótese de cessação ou diminuição da capacidade de trabalho da vítima, pagar pensão correspondente à importância do trabalho para o qual se inabilitou ou da depreciação resultante (art. 950 do CC). Nas hipóteses de homicídio e lesão corporal prevê-se também expressamente o dever de indenizar do profissional que, por negligência, imprudência ou imperícia, causar ao paciente a morte, a lesão ou seu agravamento ou a inabilitação para o trabalho (art. 951 do CC). Dispõe a lei civil, ainda, a respeito da indenização devida nos crimes contra a honra (art. 953 do CC), nas ofensas à liberdade pessoal derivadas de cárcere privado ou de prisão ilegal ou decorrente de queixa ou denúncia falsa e de má-fé (art. 954 do CC) etc. Também é de se assinalar que a maioria dos juristas brasileiros já defendia a obrigatoriedade de reparação autônoma e independente do *dano moral,* que passou a constituir um direito individual previsto pela Constituição Federal de 1988 (art. 5º, V e X).[6] Sobre o dano moral, dispõe-se na Súmula 227 do STJ: "A pessoa jurídica pode sofrer dano moral." No novo Código Civil a obrigação de reparação do *dano moral* decorrente de ato ilícito encontra-se expressamente prevista nos arts. 186 e 927.

---

5. A criação das Defensorias Públicas pela Constituição de 1988 não retirou a atribuição do Ministério Público para a ação civil, *ex-delicto* e ação executória civil da sentença condenatória, que continua com a legitimação extraordinária prevista na legislação processual. Nesse sentido: PRADO JUNIOR, Sérgio de Araujo. Ministério Público e a ação reparatória de danos. *O Estado de S. Paulo,* 27 jan. 1991, p. 25.
6. V. a propósito da indenização do dano moral a obra obrigatória de BITTAR, Carlos Alberto: *Reparação civil por danos morais.* São Paulo: Revista dos Tribunais, 1993. Idem: MARQUES, José Frederico. *Pareceres.* São Paulo: AASP, 1993. p. 81-85.

Tendo sido aplicada a pena de prestação pecuniária prevista nos arts. 43, I, e 45, § 1º do CP, ambos com a redação determinada pela Lei nº 9.714/98, e que consiste no pagamento em dinheiro à vítima, a seus dependentes ou a entidade pública ou privada com destinação social, de importância fixada pelo juiz, o valor pago será deduzido do montante de eventual condenação em ação de reparação civil, se coincidentes os beneficiários. Evidentemente, tal desconto também deve ser efetuado quando se tratar da execução civil da sentença penal condenatória.

### 8.2.3 Efeitos da sentença absolutória

Embora a responsabilidade civil seja independente da criminal (art. 935 do CC), faz coisa julgada no cível a sentença penal que reconhecer ter sido o ato praticado em estado de necessidade, em legítima defesa, em estrito cumprimento de dever legal ou no exercício regular de direito (art. 65 do CPP). Dispõe também o Código Civil que não constituem atos ilícitos os praticados em legítima defesa ou no exercício regular de um direito reconhecido, bem como a deterioração ou destruição da coisa alheia, ou lesão a pessoa, a fim de remover perigo iminente (art. 188 do CC). Tais dispositivos significam que não mais se poderá discutir no juízo cível a existência no fato de uma causa excludente da antijuridicidade, vedando-se, inclusive, a possibilidade da propositura da ação quando se tratar de pedido de indenização pelo autor da agressão ou o causador do perigo que geraram a legítima defesa ou o estado de necessidade.

O autor do fato, porém, deverá indenizar o prejudicado quando não for este o culpado pelo perigo, na hipótese de reconhecimento do estado de necessidade (art. 929 do CC). Terá, entretanto, ação regressiva contra o causador do perigo (art. 930, *caput*, do CC) e contra aquele em favor do qual atuou (art. 930 e parágrafo único do CC). A mesma solução deve ser adotada na hipótese de legítima defesa com erro na execução ou com resultado diverso do pretendido (arts. 73 e 74), impondo-se ao autor do fato a obrigação de indenizar o prejudicado, mas com ação regressiva contra o agressor e, se agiu em defesa de terceiro, também contra este (art. 930, parágrafo único, do CC). Nessas hipóteses, não se discutirá mais a existência da excludente (há nessa parte coisa julgada). No caso de estado de necessidade, se o perigo decorreu de caso fortuito ou se se ignora quem causou o perigo, o sujeito responde pela indenização e arca com o prejuízo.

Faz também coisa julgada no cível a sentença absolutória quando reconhecida categoricamente a inexistência material do fato, *ex-vi* do art. 66 do CPP.

*Não fazem coisa julgada*, permitindo-se a propositura da ação civil, as seguintes decisões:

I – o despacho de arquivamento do inquérito ou das peças de informação;

II – a decisão que julgar extinta a punibilidade;

III – a sentença absolutória que decidir que o fato imputado não constitui crime (arts. 67, incisos I, II e III, e 386, III, do CPP), bem como o reconhecimento na sentença absolutória se nesta ficar declarado:

a) não haver prova da existência do fato;

b) não existir prova de ter o réu concorrido para a infração penal;

c) existir circunstância que exclua o crime ou isente o réu da pena ou houver fundada dúvida sobre sua existência; e

d) não existir prova suficiente para a condenação (art. 386, incisos II, V, VI e VII, do CPP).

Nas absolvições proferidas em julgamento pelo Tribunal do Júri, aplica-se o art. 66 do CPP, permitindo-se a propositura da ação civil, sempre que das respostas aos quesitos não se puder inferir, obrigatoriamente, a conclusão de não ter existido o fato.

### 8.2.4 Confisco

É efeito civil da condenação, ainda, o confisco, ou seja, "a perda, em favor da União, ressalvado o direito do lesado ou de terceiro de boa-fé:

a) dos instrumentos do crime, desde que consistam em coisas cujo fabrico, alienação, uso, porte ou detenção constitua fato ilícito;

b) do produto do crime ou de qualquer bem ou valor que constitua proveito auferido pelo agente com a prática do fato criminoso (art. 91, inciso II)".

Esse tipo especial de confisco não se constitui em pena. A Constituição Federal prevê a possibilidade da cominação da pena de perda de bens, a ser estendida inclusive aos sucessores (art. 5º, XLV e XLVI), mas havia necessidade que fosse ela prevista expressamente na lei penal. Nesses termos, foi ela inserida entre as penas restritivas de direitos, substitutas da pena privativa de liberdade, nos arts. 43, II, e 45, § 3º, do CP, com as redações determinadas pela Lei nº 9.714, de 25-11-1998 (item 7.3.3).

A lei penal não prevê mais, como medida de segurança, o confisco dos instrumentos e produtos do crime de objetos cujo fabrico, alienação, uso, porte ou detenção constitua fato ilícito, quando não apurada a autoria (casos de arquivamento de inquérito, impronúncia, absolvição por negativa de autoria etc.). Permite-se, porém, no caso, a apreensão e, não reclamados legitimamente pelo interessado, são eles vendidos em leilão.

O confisco, como efeito da condenação, é o meio através do qual o Estado visa impedir que instrumentos idôneos para delinquir caiam em mãos de certas pessoas, ou que o produto do crime enriqueça o patrimônio do delinquente.[7]

Quanto aos instrumentos do crime, somente podem ser confiscados os que consistem em objetos cujo fabrico, alienação, uso, porte ou detenção constitua fato ilícito. Não são confiscados, embora possam ser apreendidos, os instrumentos que *eventualmente* foram utilizados para a prática do ilícito. Aplica-se o dispositivo em estudo apenas aos instrumentos que, por destinação específica, são utilizados na prática de

---

7. JESUS, Damásio E. de. Ob. cit. p. 617.

crime (punhais, gazuas, petrechos para falsificação de documentos e moeda, substâncias que causam dependência física ou psíquica etc.) ou cujo porte é proibido (armas de guerra, de exclusivo uso das Forças Armadas etc.). Não se podem confiscar, porém, ainda que utilizados ocasionalmente para a prática de ilícito penal, automóveis,[4] armas permitidas,[5] telefones etc. A Lei nº 9.605, de 12-2-1998, equipara a instrumento do crime o patrimônio da pessoa jurídica constituída ou utilizada preponderantemente para a prática ou facilitação de crimes contra o meio ambiente e prevê o seu confisco.

A perda dos instrumentos e do produto do crime é automática, decorrendo do trânsito em julgado a sentença como efeito da condenação; não é necessário que conste expressamente da decisão.[6]

O confisco legal somente ocorre quando a infração penal pela qual o réu foi condenado constitui *crime*; a expressão contida no art. 91, inciso II, do CP, deve ser interpretada restritivamente, não sendo abrangente das *contravenções penais*.[7] Entretanto, formou-se apreciável corrente jurisprudencial no sentido de que, por força do art. 1º da LCP, o dispositivo autoriza também a perda do bem quando da prática de contravenção penal.[8] [8] Não é admissível o confisco na hipótese de transação penal, por não ter a sentença natureza condenatória, mas meramente homologatória.[9]

Os instrumentos e o produto do crime passam a integrar aos cofres públicos o que não couber ao lesado ou a terceiro de boa-fé, procedendo-se, conforme a hipótese, a leilão público (arts. 122 e 123 do CPP). Por vezes a lei determina sua destruição (arts. 124 e 530-G do CPP) ou que sejam recolhidos a museu criminal, se houver interesse em sua conservação (arts. 124 e 124-A do CPP). Segundo o art. 2º, IV, da Lei Complementar nº 79, de 7-1-1994, regulamentada pelo Decreto nº 1.093, de 23-3-1994, os recursos confiscados ou provenientes da alienação dos bens perdidos em favor da União Federal, nos termos da legislação penal ou processual penal constituirão recursos do FUNPEN (Fundo Penitenciário Nacional).

Pode-se também efetuar o sequestro dos bens imóveis adquiridos pelo indiciado com os proventos da infração, ainda que já tenham sido transferidos a terceiro (arts. 125 ss do CPP). O confisco só ocorre com o trânsito em julgado da sentença condenatória; é inadmissível durante o andamento do processo.[10] A competência para declarar a perda e ordenar a realização do leilão, se for o caso, é do juiz criminal, salvo litígio sobre os bens ou necessidade de liquidação do dano no juízo cível.[11]

Justifica-se, também, a perda em favor da União de todo bem ou valor que, direta ou indiretamente, o agente tenha auferido da execução do crime.[12] Podem ser confiscadas, por exemplo, não só a coisa subtraída no furto, como também a importância havida pelo autor do ilícito ao vendê-la. Após o trânsito em julgado da sentença condenatória, os bens deverão ser avaliados e leiloados, o que não couber ao lesado ou a terceiro de boa-fé.[13]

---

8. No mesmo sentido: GOMES JÚNIOR, Cyrillo Luciano. Confisco de instrumentos e produtos de contravenção. *RT* 703/408-413.

Evidentemente, o produto do crime deverá ser restituído ao lesado ou ao terceiro de boa-fé. É possível também que a perda de bens e valores pertencentes ao condenado, tendo como teto o montante do prejuízo causado ou do proveito obtido pelo agente ou por terceiro em consequência da prática de crime, o que for maior, constitua pena restritiva de direitos aplicada em substituição a pena privativa de liberdade, e que deve ser destinada, ressalvada a legislação especial, ao Fundo Penitenciário Nacional (item 7.3.3). Assim, só se efetivará o confisco previsto no art. 91, II, na hipótese de permanecer ignorado o dono ou não reclamados os bens ou valores e não for aplicada a referida sanção penal.

Os §§ 1º e 2º do art. 91, inseridos pela Lei nº 12.694, de 24-7-2012, versam sobre a hipótese de não serem encontrados ou de estarem no exterior os bens ou valores que constituem produto ou proveito do crime. Autoriza a lei, nesses casos, que o juiz decrete a perda de bens ou valores equivalentes do acusado, sobre os quais, inclusive, podem recair as medidas assecuratórias previstas na lei processual. No Código de Processo Penal, essas medidas são as disciplinadas nos arts. 125 a 144-A.

O art. 91-A, inserido pela Lei nº 13.964, de 24-12-2019, contém regras especiais atinentes à perda do produto ou proveito do crime aplicáveis somente aos crimes para os quais a lei comina pena superior a seis anos de reclusão. Prevê-se a perda dos bens e valores correspondentes à diferença entre o valor do patrimônio do condenado e o valor que seria compatível com os seus rendimentos lícitos. A apuração do patrimônio do acusado deve observar o disposto no § 1º, incisos I e II. Em norma que implica inversão do ônus da prova, presume-se que essa diferença de valores constitua produto ou proveito do crime, admitindo-se, porém, a prova em contrário, ou seja, no sentido da procedência lícita dos bens e valores possuídos pelo acusado (§ 2º).

A perda dos bens deve ser requerida expressamente pelo Ministério Público na sentença, já com uma indicação da diferença apurada, ainda que se cuide de aferição preliminar (§ 3º). Diversamente do que ocorre no confisco em geral, em que a perda é efeito automático da condenação, independentemente de declaração expressa, a perda dos bens disciplinada no art. 91-A deve ser expressamente decretada na sentença, que há, também, de declarar o valor da diferença apurada e especificar os bens cuja perda for decretada (§ 4º).

Cuidando-se de instrumentos utilizados por organizações criminosas ou milícias para a prática de crimes, devem ser eles declarados perdidos, independentemente de, por sua natureza, representarem ou não risco à segurança pública, moral ou ordem pública ou oferecerem ou não sério risco de utilização para o cometimento de novos crimes (§ 5º). Embora deficiente a redação do dispositivo, infere-se a intenção do legislador de não restringir o alcance da norma ao confisco dos instrumentos do crime mencionados no art. 91, inciso II, *a*, restando, assim, autorizada a decretação da perda também de instrumentos cuja posse não configure fato ilícito por si, mas que tenham sido utilizados para a prática do crime, tais como telefones, veículos etc.

O confisco não se confunde com a apreensão, que é o pressuposto daquele. A apreensão dos instrumentos e de todos os objetos que tiverem relação com o crime deve ser determinada pela autoridade policial (art. 6º do CPP), e não podem ser restituídos antes de transitar em julgado a sentença final quando interessarem ao processo (art. 118 do CPP). Pode o interessado, porém, requerer a restituição das coisas apreendidas quando não mais interessem ao processo, ou após o trânsito em julgado da sentença final, desde que não exista dúvida quanto ao direito do reclamado (arts. 118 ss do CPP). Não sendo confiscáveis, por não serem coisas cujo fabrico, alienação, uso, porte ou detenção constituam fato ilícito, devem ser entregues ao legítimo proprietário.[14] A restituição, quando cabível, poderá ser ordenada pela autoridade policial ou juiz, mediante termo nos autos (art. 120 do CPP). Havendo dúvida quanto ao legítimo proprietário, o juiz remeterá as partes, conforme o determina o art. 120, § 4º, do CPP, para o juízo cível.[15] As coisas não reclamadas no prazo de 90 dias a contar da data em que transitar em julgado a sentença final, condenatória ou absolutória, são vendidas em leilão, depositando-se o saldo à disposição do juiz de ausentes (art. 123 do CPP).

Na legislação especial, regulamentando o art. 243 da Constituição Federal, a Lei nº 8.257, de 26-11-1991, dispõe sobre a expropriação das glebas em que se localizarem culturas ilegais de plantas psicotrópicas. Este confisco, porém, independe de ação penal, mas sim de ação expropriatória regulada no referido diploma legal, em conformidade com o que dispõe o art. 32, § 4º, da Lei nº 11.343, de 23-8-2006. Não depende, porém, da ação expropriatória a destruição das plantações ilícitas, que deve ser imediatamente determinada pela autoridade policial, preservando-se amostra suficiente para a prova pericial. Tratando-se, ainda, de crime relacionado com o tráfico de drogas, a mesma Lei de Drogas contém disposições especiais sobre a apreensão, restituição, alienação, perdimento e destinação dos instrumentos (incluindo-se veículos, embarcações, aeronaves, maquinários etc.) e produtos do crime ou proveito auferido com a sua prática. Preveem-se, entre outras normas, que nenhum pedido de restituição será conhecido sem o comparecimento pessoal do acusado e que os bens e valores apreendidos cuja perda for declarada em favor da União serão revertidos ao Fundo Nacional Antidrogas (FUNAD) (arts. 61 a 64 da Lei nº 11.343/2006).

Por força da EC nº 81 de 5-6-2014, que alterou o art. 243 da CF, impõe-se a expropriação das propriedades rurais e urbanas também no caso de exploração de trabalho escravo.

Além do Código de Processo Penal e da Lei de Drogas, a Lei nº 9.613, de 3-3-1998, alterada pela Lei nº 12.683, de 9-7-2012, contém disposições especiais sobre a decretação de medidas assecuratórias de bens, direitos ou valores do investigado ou acusado que sejam instrumento, produto ou proveito de crime de lavagem de dinheiro. É efeito da condenação penal a perda, em favor da União ou do Estado, de acordo com a competência para o processo, dos bens, direitos e valores relacionados, direta ou indiretamente com a prática de crime de lavagem, ressalvado o direito do lesado ou de terceiro de boa-fé (art. 7º, I). Normas da mesma natureza atinentes aos instrumentos, produto ou proveito de crime de terrorismo são previstas na Lei nº 13.260, de 16-3-2016 (arts. 12 a 16) e as relativas ao crime de tráfico de pessoas são mencionadas no art. 8º da Lei nº 13.344, de 6-10-2016, o qual inseriu esse delito no Código Penal (art. 149-A). Especial destinação dos bens e valores utilizados na prática do crime é também prevista no Estatuto da Criança e do Adolescente, que determina sua perda em favor do Fundo dos Direitos da Criança e do Adolescente criado pelos estados (art. 244-A).

Sem caráter penal existe a previsão legal de perda de bens ou valores no caso de enriquecimento ilícito dos agentes públicos no exercício de mandato, cargo, emprego ou função na administração pública (art. 12, I e II, da Lei nº 8.429/92).

### 8.2.5 Incapacidade para o exercício do poder familiar, tutela ou curatela

É ainda efeito civil da condenação a "incapacidade para o exercício do poder familiar, tutela ou curatela" (art. 92, inciso II). Tal incapacidade, com algumas características próprias, era considerada na lei anterior como pena acessória de interdição de direitos.[9] Para a aplicação do dispositivo, nos termos da redação dada pela Lei nº 13.715, de 24-9-2018, posteriormente alterada pela Lei nº 14.994 de 9-10-2024, é indispensável que se trate de condenação por crime *doloso*, embora de qualquer espécie ou natureza, e desde que, em tese, seja possível a aplicação de pena de reclusão quando cometido contra filho, ou outro descendente, tutelado ou curatelado, ou contra pessoa que igualmente era titular do mesmo poder familiar bem como contra mulher por razões de sua condição do sexo feminino (§ 1º do art. 121-A). Regra semelhante foi inserida no Estatuto da Criança e do Adolescente. Prevê o ECA que "a condenação criminal do pai ou da mãe não implicará a destituição do poder familiar, exceto na hipótese de condenação por crime doloso, sujeito à pena de reclusão, contra outrem igualmente titular do mesmo poder familiar ou contra filho, filha ou outro descendente" (art. 23, § 2º, com a redação dada pela Lei nº 13.715, de 24-9-2018).

Ainda que aplicada pelo juiz, no caso concreto, pena diversa (detenção, multa, restritiva de direito etc.) ou suspensa a execução da pena privativa de liberdade, é possível ao juiz declarar tal efeito da condenação. A incapacidade, porém, não decorre automaticamente da condenação, como corolário desta, pois deve ser declarada motivadamente na sentença (art. 92, parágrafo único). Exige-se, assim, o exame dos requisitos objetivos e subjetivos do fato, e a declaração deve ser reservada aos casos de maior gravidade, em que resulte do crime incompatibilidade com o exercício do poder familiar, tutela ou curatela ou abuso de autoridade de seu titular. São exemplos os crimes de estupro, favorecimento à prostituição, maus-tratos com lesão corporal de natureza grave etc.

Declarada a incapacidade, tem ela, em princípio, caráter permanente. Poderá, porém, ser excluída pela reabilitação (item 9.1.3). Esta, porém, não acarreta como con-

---

9. Art. 69, incisos II e III, do CP, com a redação anterior. A lei modificou a natureza jurídica da reprimenda, não impedindo o advento da nova legislação se mantenha a incapacidade, agora como efeito da condenação (*RT* 627/294).

sequência a reintegração do reabilitado na situação anterior (art. 93, parágrafo único, segunda parte). Ainda que concedida a reabilitação, não volta o sujeito ao exercício do poder familiar, da tutela ou curatela em relação ao filho, filha ou outro descendente, tutelado ou curatelado, contra o qual o crime tenha sido cometido.[10] Com relação à vítima, assim, a incapacidade é sempre permanente, o que não ocorre com relação aos demais filhos, tutelados ou curatelados, se deferida a reabilitação. A lei civil, porém, prevê a suspensão do exercício do poder familiar, pelo pai ou pela mãe condenado por sentença irrecorrível a pena privativa de liberdade superior a dois anos (art. 1.637, parágrafo único, do CC). E dispõe, ainda, que a condenação por crime de furto, roubo, estelionato, falsidade, contra a família ou os costumes, com ou sem o cumprimento da pena, impede o exercício ou determina a exoneração das funções de tutela (art. 1.735, IV, do CC) e curatela (art. 1.774 do CC).

### 8.2.6 Efeitos administrativos e políticos

Dada nova redação ao art. 92, I, do Código Penal, pela Lei nº 9.268, de 1º-4-1996, prevê-se como primeiro dos efeitos administrativos da condenação duas hipóteses de perda do cargo, função pública ou mandato eletivo. A primeira delas, prevista pela alínea "a", ocorre "quando aplicada pena privativa de liberdade por tempo igual ou superior a um ano, nos crimes praticados com abuso de poder ou violação de dever para com a Administração Pública". Diminuiu-se, assim, o limite mínimo da pena privativa de liberdade aplicada (reclusão ou detenção) de mais de quatro anos para igual ou superior a um ano. Exige-se, porém, como na lei anterior, que o crime tenha sido praticado com abuso de poder ou violação de dever para com a Administração Pública.

Para a aplicação do dispositivo deve considerar-se não só o conceito de funcionário público previsto no art. 327 do CP, como também examinar-se se o fato ocorreu no exercício das funções do agente. Inaplicável é o dispositivo se não estão implicados o desvalor das atribuições que lhe são próprias da incumbência que lhe foi confiada pelo Estado e a quebra das obrigações pertinentes à relação jurídico-funcional. Incide, portanto, nos crimes funcionais próprios e impróprios, previstos nos arts. 312 a 326 do CP, como nos demais delitos em que ocorreu o abuso de poder ou a violação do dever (arts. 289, § 3º, 290, parágrafo único, 295, 296, § 2º etc.), mas não se o sujeito agiu na qualidade de particular, fora de suas funções.[16]

Não basta, porém, essa característica do crime. Não sendo a perda de cargo ou função pública automática, como corolário da condenação, e determinando a lei que o juiz deve motivadamente declará-la na sentença, exige-se a apreciação da natureza e da extensão do dano e das condições pessoais do sujeito. Nada impede, porém, que, não entendendo o juiz cabível tal efeito da condenação, a Administração providencie

---

10. Cf. exposição de motivos da Lei nº 7.209, item 81.

o competente procedimento extrajudicial para a aplicação da medida administrativa prevista para a hipótese.

Havendo abuso de poder ou violação de dever, é cabível o efeito previsto no art. 92, inciso I, "a", a lei determina a perda *de* função pública e não apenas *da* função pública, com o que não se limita à função momentaneamente exercida pelo agente, mas à função pública *in genere*.

A segunda hipótese de perda de cargo, função pública ou mandato eletivo ocorre no caso de condenação transitada em julgado "quando for aplicada pena privativa de liberdade por tempo superior a quatro anos nos demais casos" (art. 92, I, "b", do CP, com a redação dada pela Lei nº 9.268, de 1º-4-1996). Voltou-se à orientação da antiga Parte Geral do Código Penal, que previa a perda de função pública como pena acessória em caso de crimes graves. Pela lei vigente é possível a aplicação desse efeito da condenação quando ao agente é aplicada pena superior a quatro anos (reclusão ou detenção), por outro crime qualquer. Exige-se, como na hipótese anterior, a manifestação expressa do juiz por sua aplicação, que não é automática.

Essas duas regras, como são mais severas que a lei anterior, só podem ser aplicadas nos casos de crimes praticados a partir de 2-4-1996, data de início de vigência da Lei nº 9.268/96.

A perda do cargo não se confunde com a pena de proibição do exercício do cargo, função ou atividade pública, prevista no art. 47, inciso I, que é temporária e aplicável na hipótese de condenação à pena privativa de liberdade inferior a quatro anos (item 7.3.5). Quem perde o cargo ou a função não mais a tem e, assim, o dispositivo trata de um efeito permanente. Tal efeito da condenação não inabilita o agente, em princípio, para posterior investidura em outro cargo ou função, mas mesmo a reabilitação não possibilita a reintegração na situação anterior, ou seja, fica vedada a volta do reabilitado ao exercício do cargo ou função pública no exercício do qual o crime tenha ocorrido.[11-12]

Por força do art. 1º, § 5º, da Lei nº 9.455, de 7-4-1997, que define os crimes de tortura, a condenação acarreta a perda do cargo, função ou emprego público e a interdição para seu exercício pelo *dobro do prazo da pena aplicada*. Trata-se, nesse caso, de *efeito automático da condenação*.

Para o funcionário público condenado por promover, constituir, financiar ou integrar organização criminosa, são previstos como *efeitos automáticos da condenação* transitada em julgado a perda do cargo, função ou emprego público e a interdição para o exercício de função ou cargo público pelo prazo de oito anos após o cumprimento da pena, nos termos do que prevê o art. 2º, § 6º, da Lei nº 12.850, de 2-8-2013.

---

11. Cf. exposição de motivos da Lei nº 7.209, item 81.
12. A condenação criminal transitada em julgado não impede, porém, a nomeação e posse de candidato aprovado em concurso público, desde que não incompatível com a infração penal, conforme já decidiu o STF (RE 1282553, j. em 4-40-2023, *DJe* de 9-10-2023).

Cuidando-se de crime relacionado com o tráfico de drogas, a Lei nº 11.343, de 23-8-2006, prevê a possibilidade de decretar o juiz, o afastamento cautelar de suas atividades do funcionário público denunciado (art. 56, § 1º), mas a perda do cargo ou função pública na hipótese de condenação rege-se pelas regras do Código Penal.

A nova Lei de Abuso de Autoridade (Lei nº 13.869, de 5-9-2019) inovou na disciplina da matéria, prevendo que a inabilitação para o exercício de cargo, mandato ou função pública, a ser decretada por período de um a cinco anos, e a perda do cargo, do mandato ou da função pública somente podem ser reconhecidos na hipótese de reincidência em crime de abuso de autoridade e não constituem efeito automático da condenação, devendo ser declarados motivadamente na sentença.

Os efeitos específicos da condenação referidos no art. 92, *caput*, incisos I, II e III, não são automáticos já que devem ser motivadamente impostos na sentença e não dependem de pedido expresso da acusação (art. 92, § 1º, inserido pela Lei nº 14.994, de 9-10-2024). Exige-se, assim, que o juiz examine os requisitos objetivos e subjetivos do fato, e a decretação deve ser reservada aos casos de maior gravidade ou na hipótese de ser aconselhável a privação do direito interditado como efeito da condenação. No § 2º, inciso III, do mesmo art. 92, estabelece-se, porém, que se o crime é praticado contra a mulher por razões da condição do sexo feminino, nos termos do § 1º do art. 121-A do Código Penal, os efeitos da condenação previstos nos incisos I e II do *caput* são automáticos. Para essa hipótese, prevê-se, também, a perda de cargo, função pública ou mandato eletivo (§ 2º, inciso I) e veda-se a nomeação, designação ou diplomação em qualquer cargo, função pública ou mandato eletivo entre o trânsito em julgado da condenação até o efetivo cumprimento da pena (§ 2º, inciso II).

A mesma Lei inseriu no Estatuto da Criança e do Adolescente o art. 227-A, o qual prevê que os efeitos da condenação elencados no inciso I do art. 92 do CP, para os crimes previstos no ECA, praticados por funcionários públicos, com abuso de autoridade, serão condicionados à ocorrência de reincidência e que a perda do cargo, do mandato ou da função independerá da pena aplicada no processo que firmou a reincidência.

Os efeitos específicos da condenação referidos no art. 92, *caput*, incisos I, II e III, não são automáticos já que devem ser motivadamente impostos na sentença e não dependem de pedido expresso da acusação (art. 92, § 1º, inserido pela Lei nº 14.994, de 9-10-2024). Exige-se, assim, que o juiz examine os requisitos objetivos e subjetivos do fato, e a decretação deve ser reservada aos casos de maior gravidade ou na hipótese de ser aconselhável a privação do direito interditado como efeito da condenação. No § 2º, inciso III, do mesmo art. 92, estabelece-se, porém, que se o crime é praticado contra a mulher por razões da condição do sexo feminino, nos termos do § 1º do art. 121-A do Código Penal, os efeitos da condenação previstos nos incisos I e II do *caput* são automáticos. Para essa hipótese, prevê-se, também, a perda de cargo, função pública ou mandato eletivo (§ 2º, inciso I) e veda-se a nomeação, designação ou diplomação em qualquer cargo, função pública ou mandato eletivo entre o trânsito em julgado da condenação até o efetivo cumprimento da pena (§ 2º, inciso II).

É efeito administrativo, embora também de natureza civil, a "inabilitação para dirigir veículo, quando utilizado como meio para a prática de crime doloso" (art. 92, inciso III). Refere-se a lei a qualquer crime em que o veículo (automóvel, motocicleta, embarcação, aeronave etc.) é utilizado como meio do cometimento do ilícito. Assim, no homicídio doloso, no roubo, no sequestro, no contrabando etc. em que for utilizado o veículo, pode o juiz declarar a inabilitação para o sujeito dirigi-lo, ainda que não tenha sido ele a pilotá-lo. A declaração da inabilitação, porém, também deve ser motivada pelo juiz da sentença (art. 92, parágrafo único).

A inabilitação de que se trata é permanente, em princípio, mas é passível de ser atingida pela reabilitação, podendo o sujeito habilitar-se novamente para a atividade da qual foi privado pela condenação.

A inabilitação não se confunde com a suspensão da autorização ou de habilitação para dirigir veículo, prevista no Código Penal como pena substitutiva aplicável apenas aos autores de crimes culposos de trânsito, com a duração da pena substituída (arts. 47, III, 55 e 57). Tratando-se, porém, de infração praticada com veículo automotor, o Código de Trânsito Brasileiro prevê a suspensão ou proibição de se obter a permissão ou habilitação como pena a ser aplicada, isolada ou cumulativamente com outras penas, pelo prazo de dois meses a cinco anos (arts. 292 e 293 do CTB). Prevê-se, ainda, na Lei de Drogas, a cassação da habilitação ou a proibição de obtê-la, pelo prazo da pena privativa de liberdade também aplicada, no crime de condução de embarcação ou aeronave após o consumo de drogas (art. 39 da Lei nº 11.343, de 23-8-2006).

Cuidando-se de crime falimentar, previsto na Lei nº 11.101, de 9-2-2005, constituem efeitos da condenação a "inabilitação para o exercício da atividade empresarial"; o "impedimento para o exercício de cargo ou função em conselho de administração, diretoria ou gerência das sociedades sujeitas à Lei" e a "impossibilidade de gerir empresa por mandato ou por gestão de negócio" (art. 181, I, II e III). Esses efeitos devem ser declarados na sentença e perduram por até cinco anos após a extinção da punibilidade, cessando, porém, antes, no caso de concessão da reabilitação (art. 181, § 1º).

Como efeito político da condenação pode ocorrer a perda de mandato eletivo nas mesmas hipóteses de perda do cargo ou função pública (art. 92, I, *a* e *b*, do CP).

O mandato eletivo é o poder político outorgado pelo povo, direta ou indiretamente, a um cidadão, por meio de voto e com prazo determinado, para que governe a Nação, Estado ou Município, ou o represente nas respectivas assembleias legislativas. A perda do mandato também deve ser justificada pelo juiz na sentença condenatória, exigindo-se os mesmos requisitos necessários à aplicação do efeito da perda do cargo ou função pública.

A perda do mandato também é estabelecida na Constituição Federal, que a prevê para o deputado ou senador "que sofrer condenação criminal em sentença transitada em julgado" (art. 55, VI). Trata-se de dispositivo mais abrangente já que não a limita a espécies de crime ou a um mínimo de sanção aplicada. Entretanto, a perda do mandato é decidida pela Câmara dos Deputados ou pelo Senado Federal, por maioria absoluta, mediante provocação da respectiva Mesa ou de partido político representado no Congresso Nacional, assegurada ampla defesa (art. 55, § 2º). Essas disposições não revogaram o efeito da condenação previsto no Código Penal. Aliás, também perde o mandato o deputado ou senador que "perder ou tiver suspensos os direitos políticos" (art. 55, IV, da CF). Qualquer pessoa, porém, terá seus direitos políticos suspensos, por "condenação criminal transitada em julgado, enquanto durarem seus efeitos" (art. 15, III, da CF).[13] Quanto a esse efeito da condenação, dispõe a Súmula 9 do TSE: "A suspensão de direitos políticos decorrente de condenação criminal transitada em julgado cessa com o cumprimento ou a extinção da pena, independendo de reabilitação ou de prova de reparação dos danos."

A perda do mandato eletivo é prevista, também, como efeito da condenação por crime descrito no art. 2º da Lei nº 12.850, de 2-8-2013, que dispõe sobre a repressão às organizações criminosas.

A condenação criminal também é considerada causa de inelegibilidade, nos termos da Lei Complementar nº 64, de 18-5-1990, alterada pela Lei Complementar nº 135, de 4-6-2010, conhecida como "Lei da Ficha Limpa". Segundo a lei vigente, os condenados por decisão transitada em julgado ou proferida por órgão judicial colegiado, pelos crimes nela especificados, são inelegíveis a partir da condenação até o decurso de oito anos após o cumprimento da pena (art. 1º, I, letra *e*). Decidiu, aliás, o STF que esse prazo deve ser observado inclusive na hipótese de condenação por fatos anteriores à vigência da nova Lei.[17]

### 8.2.7 Efeitos trabalhistas

O ilícito penal e o ilícito trabalhista são autônomos, com tratamento jurídico próprio, embora, por vezes, um mesmo fato constitua crime e infração às relações de emprego. Embora não haja disposição expressa na Consolidação das Leis do Trabalho com relação à execução civil *ex delicto*, a sentença penal condenatória ou absolutória faz coisa julgada na reclamação trabalhista ou em outras ações de Direito do Trabalho. Isso porque podem ser aplicados os dispositivos concernentes à ação ou execução civil, no que não for incompatível o Direito do Trabalho, à ação trabalhista, dado que o direito comum é fonte subsidiária deste (art. 8º, § 1º, da CLT). Além disso, o direito processual comum também é subsidiário do processo do trabalho nos casos omissos (art. 769 da CLT).

---

13. Sobre o assunto: ZAVASKI, Teori Albino. Direitos políticos. Perda, suspensão e controle jurisdicional. *Ajuris*, 61/192-204.

Faz coisa julgada na Justiça do trabalho a condenação criminal do empregado, passada em julgado, caso não tenha havido suspensão da execução da pena, como justa causa para a rescisão do contrato pelo empregador (art. 482, *d*, da CLT). Abrange o dispositivo qualquer crime, praticado em qualquer local, contra qualquer vítima.

Fazem coisa julgada também a sentença condenatória penal por crime contra a organização do trabalho e por outros ilícitos, mesmo quando houver suspensão condicional da pena ou aplicação de pena restritiva de direitos, se o fato configurar justa causa para a rescisão: ato de improbidade, como a prática de crimes infamantes (furto, roubo, estelionato etc.); incontinência de conduta, nos crimes sexuais praticados no emprego (assédio sexual, corrupção de menores etc.); violação de segredo de empresa, nos crimes contra a propriedade industrial previstos no art. 195, XI e XII, da Lei nº 9.279, de 14-5-1996; ato lesivo da honra ou da boa fama ou ofensa praticados em serviço ou contra empregador ou superior hierárquico, ainda que não em serviço (art. 482, alíneas *a, b, g, j, k*, da CLT) etc.

É causa de rescisão por justa causa pelo empregado a condenação penal do empregador por crime de perigo (art. 483, *c*, da CLT), por ato lesivo da honra ou boa fama (art. 483, *e*, da CLT), por ofensas físicas (art. 483, *f*, da CLT) etc.

# 9
# REABILITAÇÃO

## 9.1 REABILITAÇÃO

### 9.1.1 Conceito

A reabilitação, considerada na lei anterior como uma das causas de extinção da punibilidade, em virtude de seus aspectos particulares passou a constituir-se, após a reforma penal, em um instituto autônomo, objeto do Capítulo VII do Código Penal. Ao contrário das causas extintivas da punibilidade, a reabilitação é apenas um instituto que faz com que fiquem suspensos condicionalmente alguns efeitos penais da condenação, pois, se revogada, ficam eles restabelecidos.

A reabilitação é a declaração judicial de que estão cumpridas ou extintas as penas impostas ao sentenciado, que assegura o sigilo dos registros sobre o processo e atinge outros efeitos da condenação. É um direito do condenado, decorrente da presunção de aptidão social, erigida em seu favor, no momento em que o Estado, através do juiz, admite seu contato com a sociedade.[1] Estimula-se o condenado à completa regeneração, possibilitando-lhe plenas condições de voltar ao convívio da sociedade sem nenhuma restrição ao exercício de seus direitos. Facilita-se sua readaptação, concedendo-se certidões dos livros do juízo ou folha de antecedentes sem menção da condenação e permitindo-se o desempenho de certas atividades administrativas, políticas e civis das quais foi privado em decorrência da condenação.

Diante de sua natureza e pressupostos, o pedido de reabilitação só cabe em hipótese de ter havido sentença condenatória com trânsito em julgado. É inadmissível, pois, no caso de ter sido decretada a extinção da punibilidade pela prescrição da pretensão punitiva, ainda que intercorrente ou retroativa.[2]

### 9.1.2 Pressupostos

A *reabilitação* somente poderá ser requerida decorridos *dois anos do dia em que for extinta*, de qualquer modo, a pena ou terminar sua execução, computando-se o pe-

---

1. Cf. LOPES, Jair Leonardo. Reabilitação e o sistema de penas no anteprojeto de reforma da parte geral do Código Penal. *Ciência Penal* 1/56.
2. Nesse sentido: SHIMURA, Sérgio Seiji. Prescrição punitiva dispensa reabilitação. *O Estado de S. Paulo*, 7 jul. 1991, p. 17; *RJDTACRIM* 2/222 e 223, 3/159.

ríodo de prova da suspensão e do livramento condicional, se não sobrevier revogação (art. 94, *caput*). Não é indispensável, assim, o cumprimento efetivo das penas impostas, bastando que estejam elas extintas por qualquer forma: decurso do prazo do *sursis* ou do livramento condicional, prescrição da pretensão executória, indulto etc. Não se defere reabilitação sem a prova de que a pena tenha sido cumprida ou extinta.[1] Conta-se o prazo da data da extinção e não do dia em que foi ela declarada nos autos.[2] Tratando-se de pena de multa, conta-se o prazo a partir de seu pagamento ou da prescrição da pretensão executória da pena pecuniária.[3]

A lei não mais faz distinção entre o condenado reincidente e não reincidente no que se refere ao prazo indispensável para a concessão do benefício; em ambos os casos, é ele de dois anos. Inovação também inserida pela reforma penal é a contagem do período de prova da suspensão e do livramento condicional, se não sobrevier revogação.[4] O transcurso desse prazo sem condenação por outro ilícito penal ou pela prática de atos antissociais indica a recuperação do sentenciado. Segundo a exposição de motivos da Lei nº 7.209, o prazo é mais do que razoável para a aferição da capacidade de adaptação do condenado às regras do convívio social.[3]

Em caso de *sursis* ou de livramento condicional com prazos superiores a dois anos é evidente que não se pode conceder a reabilitação após dois anos da audiência admonitória ou da concessão da liberdade, porque uma das exigências para o requerimento da reabilitação é estar cumprida ou *extinta* a pena, o que somente ocorrerá *após* o término do período de prova desses benefícios. De qualquer forma, também, não há que se atender, nas hipóteses de *sursis*, pedido de sigilo do registro da condenação, porque este é secreto por disposição expressa da Lei de Execução Penal (art. 163, § 2º).

Como primeiro requisito para a concessão do benefício, é necessário que o condenado tenha tido domicílio no País no prazo de dois anos a contar do cumprimento ou extinção da pena (art. 94, inciso I). A comprovação não se faz tão só através de atestado de residência fornecido pela autoridade policial, podendo ser suprido por outros meios de prova admitidos em direito, como documentos e declarações de testemunhas (art. 744, inciso II, do CPP).[5]

Em segundo lugar, exige-se que o requerente tenha dado, durante o mesmo período de dois anos, demonstração efetiva e constante de bom comportamento público e privado (art. 94, inciso II). O bom comportamento não pode cingir-se aos dois anos seguintes à extinção da pena, mas deve estar presente em todo o período que antecede o deferimento da reabilitação. Indício que é da regeneração do condenado, tem um prazo mínimo de aferição, mas não um prazo máximo. Quando o ajuizamento da pretensão de ser reabilitado é retardado e o juiz a examina depois daquele prazo, o bom comportamento deve continuar presente, pois do contrário não terá havido a redenção do condenado.[6]

---

3. Item 84.

O atestado de bom comportamento deve ser fornecido por pessoas a cujo serviço tenha estado o requerente (art. 744, III do CPP).

Por último, é necessário que o requerente tenha ressarcido o dano causado pelo crime ou demonstre a absoluta impossibilidade de o fazer, até o dia do pedido, ou exiba documento que comprove a renúncia da vítima ou novação da dívida (art. 94, inciso III).

É indispensável que a reparação se faça mediante restituição do necessário para recompor, da forma mais completa possível, o patrimônio lesado.[7] Deverá a reparação incluir, além dos juros ordinários, a contar da data do crime e dos compostos, a correção monetária, por ser o ressarcimento do dano *ex delicto* dívida de valor.[8]

Permite-se que o interessado demonstre a absoluta impossibilidade de reparar o dano. Essa impossibilidade econômica tem de ser aquela do momento em que pretenda o agente sua reabilitação e não referente à época em que o ilícito foi praticado.[9] Não é necessário que se comprove, porém, a insolvência, bastando a demonstração de que o requerente não se encontra em condições de efetuar o ressarcimento do prejuízo.[10] Outras escusas, portanto, devem ser admitidas, como a exigência exagerada do ofendido; a existência de dívida ilíquida;[11] o longo período de tempo sem ser o condenado procurado ou contra ele haver sido intentada qualquer ação visando indenização[12] etc. Quando não encontrada a vítima ou seu parente, tem-se exigido que se faça a consignação judicial.[13]

Não tendo havido prejuízo resultante do ilícito, como na hipótese de lesão corporal leve, não há que exigir a reparação.[14] Também não se exige o pressuposto quando houve composição entre as partes[15] e é francamente predominante a orientação de que é dispensável a prova do ressarcimento do dano para o deferimento do pedido de reabilitação se já está prescrito pelo direito civil o direito à indenização.[16]

Já se tem decidido que, havendo pluralidade de condenações, nada impede limitar-se o interessado na reabilitação criminal apenas ao processo que entenda preencher os requisitos exigidos por lei, deixando para ulterior oportunidade os demais feitos a que tenha respondido e nos quais fora condenado.[17] Essa, porém, não é a melhor orientação. Sendo duas ou mais as penas impostas, a reabilitação não pode ser deferida enquanto não preenchida a condição do cumprimento de todas elas. É da índole e da finalidade do instituto ser de efeitos totais, gerais. Do mesmo modo que não se compreenderia uma reabilitação em porções, não se justifica uma reabilitação que anule uns efeitos deixando outros de pé.[18] [4]

O procedimento referente ao pedido de reabilitação, bem como a menção aos elementos comprobatórios dos requisitos, estão previstos no Código de Processo Penal (arts. 743 ss). Anote-se que, se o condenado é legitimado a formular o pedido, só ele o pode movimentar e com sua morte extingue-se o processo, não cabendo a

---

4. Nesse sentido, CARVALHO FILHO, Aloysio de. *Comentários ao código penal*. 2. ed. Rio de Janeiro: Forense, 1953. v. 4, p. 421-422; MELCHER, José Lisboa Gama. *Manual de processo penal brasileiro*. Rio de Janeiro: Freitas Bastos, 1980. v. 2, p. 260; DELMANTO, Celso. *Código penal anotado*. 5. ed. São Paulo: Saraiva, 1984. p. 145.

outras pessoas intervir. A iniciativa sendo do condenado, com sua morte durante a tramitação do processo extingue-se este, não se transmitindo aos sucessores a possibilidade de impulsioná-lo.[19] Também é inadmissível o pedido daquele que foi processado, decretando-se a prescrição da pretensão punitiva, já que não se pode falar em condenação na hipótese, o mesmo ocorrendo na hipótese de inquérito arquivado. Nessas e nas demais hipóteses de extinção da punibilidade ocorridas antes do trânsito em julgado da sentença e nos casos de absolvição, as certidões dos registros devem ser expedidas com "nada consta".

Conforme o art. 743 do CPP, é competente para apreciar o pedido de reabilitação o juiz da *condenação* e não o da *execução*.[20] [5] Os arts. 743 a 750 do CPP, que tratam da reabilitação, não foram revogados pela Lei de Execução Penal, que silenciou sobre o instituto.[21]

Satisfeitos os requisitos objetivos e subjetivos previstos no Código Penal e no Código de Processo Penal, impõe-se o deferimento da reabilitação.[22]

Negada a reabilitação, por qualquer motivo, poderá ser requerida novamente, a qualquer tempo, desde que o pedido seja instruído com novos elementos comprobatórios dos requisitos necessários (art. 94, parágrafo único).[6] Não se apresentando com o pedido novos elementos probatórios, não pode ser conhecido.

O recurso cabível da decisão denegatória da reabilitação na lei anterior tinha por fundamento o art. 581, IX, do CPP, já que era ela considerada causa extintiva da punibilidade. Diante da lei nova, que não mais considera a reabilitação como causa extintiva da punibilidade, cabe do despacho denegatório da reabilitação a *apelação*, já que tal decisão tem força de definitiva (art. 593, II, do CPP).[23] Continua a existir, porém, o recurso de ofício previsto no art. 746, do CPP, não revogado pela nova legislação.[24]

### 9.1.3 Efeitos

Embora na lei nova, como na anterior, se declare textualmente que "a reabilitação alcança quaisquer penas aplicadas em sentença definitiva", é evidente que o instituto não tem esse efeito. Como a reabilitação somente pode ser requerida após dois anos do cumprimento ou extinção da pena, é evidente que não pode ela extingui-la. Enquanto na lei anterior ainda se podia falar na reabilitação com relação às penas acessórias, tais sanções foram abolidas na reforma penal (ao menos como *penas*) e, assim, há verdadeira impropriedade na primeira parte do art. 93 do CP.[7]

---

5. Nesse sentido: LYRA, Roberto. *Comentários ao código penal*. Rio de Janeiro: Forense, v. 4, p. 379; NORONHA, E. Magalhães. *Curso de direito processual penal*. São Paulo: Saraiva, 1964. p. 631; MARQUES, José Frederico. *Tratado de direito penal*. São Paulo: Saraiva, 1966. v. 3, p. 439; PENTEADO, Jaques Camargo. Reabilitação criminal e competência, *RT* 714/399-341.
6. Perante a lei anterior, negada a reabilitação não podia ser requerida novamente senão após o decurso de dois anos (art. 119, § 3º).
7. Cf. LOPES, Jair Leonardo. Art. cit., p. 43.

Na verdade, a reabilitação é instituto destinado a suspender, em caráter condicional, os efeitos mencionados expressamente no art. 93 e seu parágrafo único. Assegura-se apenas o sigilo dos registros sobre o processo e condenação e sustam-se os efeitos referidos no art. 92.

O sigilo dos registros, aliás, ao menos em parte, é automático a partir do cumprimento ou extinção da pena. Determina o art. 202 da LEP: "Cumprida ou extinta a pena, não constarão da folha corrida, atestados ou certidões fornecidas por autoridade policial ou por auxiliares da Justiça, qualquer notícia ou referência à condenação, salvo para instruir processo pela prática de nova infração penal ou outros casos expressos em lei." O sigilo decorrente da reabilitação, embora mais amplo, não é absoluto, pois, conforme determina o art. 748 do CPP, a condenação ou condenações anteriores não serão mencionadas na folha de antecedentes do reabilitado, nem em certidão extraída dos livros do juízo, *salvo quando requisitadas por juiz criminal*. O sigilo a que se referem as disposições legais deve ser preservado mediante a omissão da anotação quando da expedição de atestado ou folha de antecedentes ou de certidão judicial, desde que não requisitada a informação pelo juiz criminal. Por vezes, tem-se decidido que, nas referidas hipóteses legais, devem ser excluídos os registros dos sistemas de identificação criminal e dos cadastros dos órgãos públicos.[25] Os precedentes decorrem, porém, das falhas existentes nos diversos sistemas de dados mantidos pela Administração, que, frequentemente, viabilizam acesso indevido de terceiros. Protege a lei, no entanto, não mais do que sigilo das informações. A possibilidade de ocorrer acesso indevido, porque não resultante de requisição judicial, ao prontuário criminal não justifica o cancelamento dos registros, mas somente a adoção das providências necessárias para assegurar o sigilo. Eventual violação do sigilo há de sujeitar os infratores às penalidades cabíveis, de natureza administrativa ou penal, inclusive na hipótese de configuração do crime de violação de sigilo, previsto no art. 325, *caput* e § 1º, ou do descrito no art. 153, § 1º-A, do Código Penal. A manutenção dos registros decorre da necessidade de observância e aplicação da lei penal.[26] Aliás, a reserva legal do acesso à informação mediante requisição do juiz somente confirma a imprescindibilidade da manutenção dos registros, observado o sigilo.

O outro efeito da reabilitação é o de excluir os efeitos da condenação previstos no art. 92, vedada a reintegração na situação anterior quanto aos incisos I e II (art. 93, parágrafo único).

Pode o agente, após a reabilitação, passar a exercer cargo, função ou mandato eletivo, mas está vedada sua reintegração na situação anterior. A reintegração, nessa hipótese, "é a recondução do funcionário ao mesmo cargo de que fora demitido, com o pagamento integral dos vencimentos e vantagens do tempo em que esteve afastado".[8] Na esfera penal, não se impede que o reabilitado se habilite a novo cargo ou função pública ou se

---

8. MEIRELLES, Hely Lopes. *Direito administrativo brasileiro*. 4. ed. São Paulo: Revista dos Tribunais, 1976. p. 420.

candidate ao exercício do mandato eletivo, de qualquer natureza. Também recupera o reabilitado o exercício do poder familiar, tutela ou curatela, com exceção, porém, dos relativos ao filho, filha ou outro descendente, ou contra tutelado ou curatelado contra quem praticou o crime. Nos crimes previstos na Lei de Falências, a reabilitação antecipa a cessação de efeitos específicos da condenação, entre os quais a inabilitação para o exercício de atividade empresarial, que, em princípio, perdurariam por cinco anos após a extinção da punibilidade (art. 181, § 1º, da Lei nº 11.101, de 9-2-2005).

A reabilitação não extingue a condenação anterior para o efeito da reincidência, que tem disciplina própria e exige, para a extinção da condenação anterior como pressuposto da recidiva, o prazo de cinco anos a contar do cumprimento ou extinção da pena. Além disso, a própria lei determina a revogação da reabilitação quando ocorrer a reincidência (item 9.1.4).

### 9.1.4 Revogação

A reabilitação é revogada, de ofício ou a requerimento do Ministério Público, se o reabilitado é condenado, como reincidente, por decisão definitiva, a pena que não seja de multa (art. 95).

São dois, portanto, os requisitos indispensáveis à revogação da reabilitação. O primeiro deles é a condenação do reabilitado como reincidente, por sentença transitada em julgado. Decorrido o prazo de cinco anos contados a partir do cumprimento ou da extinção da pena do crime anterior, a nova condenação, por não caracterizar a reincidência, não acarreta a revogação.

O segundo pressuposto é o de que tenha sido o reabilitado condenado a pena que não seja de multa. A condenação a pena privativa de liberdade ou restritiva de direitos, causa a revogação.

Revogada a reabilitação, os efeitos suspensos voltam a ter eficácia. Desaparece o sigilo dos registros e retorna o condenado à incapacidade para o exercício do poder familiar, tutela ou curatela e à inabilitação para dirigir veículo. Não perderá o condenado, porém, novo cargo, função pública ou mandato eletivo, diante da revogação, já que o efeito previsto no art. 92, inciso I, exauriu-se com a exoneração ou demissão dessas atividades funcionais exercidas quando da prática do crime que deu origem à condenação.

# 10
# MEDIDAS DE SEGURANÇA

## 10.1 MEDIDAS DE SEGURANÇA EM GERAL

### 10.1.1 Conceito

Praticamente demonstrada no Direito Penal moderno a ineficácia da execução da pena quanto à prevenção e à recuperação do criminoso, principalmente quando perigoso, novos caminhos foram trilhados para obter tais resultados. Uma das mais significativas inovações foi a da instituição das chamadas medidas de segurança, cujos fundamentos encontram apoio na pregação da Escola Positiva.

O fundamento da aplicação da pena reside, porém, na *culpabilidade*, enquanto a medida de segurança assenta na *periculosidade*, que, na expressão de Hungria, é um estado subjetivo, mais ou menos duradouro, de antissociabilidade ou, como explica Plácido e Silva, é a que se evidencia ou resulta da prática do crime e se funda no perigo da reincidência.[1]

A medida de segurança não deixa de ser uma sanção penal, embora mantenha semelhança com a pena, diminuindo um bem jurídico, visa precipuamente à prevenção, no sentido de preservar a sociedade da ação de delinquentes temíveis e de recuperá-los com tratamento curativo.

De acordo com a lei anterior, as medidas de segurança podiam ser aplicadas, isoladamente, aos inimputáveis e, cumuladas com penas, aos semi-imputáveis e aos imputáveis considerados perigosos. A tendência moderna, porém, é de buscar uma medida unificada, concluindo-se pela necessidade de adotar o princípio da fungibilidade entre pena e medida de segurança. Seguindo tal orientação, na reforma penal substituiu-se a aplicação para os semi-imputáveis e imputáveis do sistema *duplo binário* (dois trilhos), que conduz a aplicação de pena *e* medida de segurança, para o sistema *vicariante* ou *unitário*, em que se pode aplicar somente pena *ou* medida de segurança para os primeiros e unicamente a pena para os demais. Afirma-se: "A medida de segurança, de caráter meramente preventivo e assistencial, ficará reservada aos inimputáveis. Isso, em resumo, significa: culpabilidade – pena; periculosidade – medida de segurança. Ao réu perigoso e culpável não há razão para aplicar o que tem sido, na prática, uma fração de pena eufemisticamente denominada medida de segurança." [1]

---

1. Exposição de motivos da Lei nº 7.209, item 87.

## 10.1.2 Princípios

Na aplicação da medida de segurança, deve ser observado o princípio da *legalidade* somente sendo possível a imposição daquela que estiver prevista em lei. Vige também agora o princípio da *anterioridade* no que diz respeito à medida de segurança. Mesmo durante a vigência da lei anterior, que previa expressamente a aplicação da medida de segurança vigente ao tempo da sentença ou da execução, já havia manifestações no sentido de que se devia obedecer ao princípio da irretroatividade da lei mais severa.[2] [2] Diante da Carta Constitucional de 1988, não há mais nenhuma dúvida de que vigem também para a medida de segurança os princípios da anterioridade e da retroatividade da lei mais benigna. Prevendo a Constituição Federal em termos gerais que "a lei penal não retroagirá, salvo para beneficiar o réu" (art. 5º, XL), não pode a lei ordinária instituir nova medida de segurança ou torná-la mais severa para os fatos ocorridos antes de sua vigência. Esses princípios, aliás, já vêm definidos no art. 2º e seu parágrafo único do Código Penal, passando agora a ser garantias constitucionais.

Vige, igualmente, o princípio da *jurisdicionalidade*; a medida de segurança, tal como a pena em qualquer de suas espécies, somente é aplicável através de providência jurisdicional.[3]

## 10.1.3 Pressupostos

Embora de forma implícita, permanecem os pressupostos para a aplicação das medidas de segurança: a prática de fato previsto como crime e a periculosidade do agente. É o que se deduz dos arts. 97 e 98 do CP.

Não basta a periculosidade, presumida pela inimputabilidade, ou reconhecida pelo juiz em casos de semi-imputabilidade. Necessário e imprescindível que, na condição de sujeito ativo, tenha a pessoa cometido um fato típico punível.

Não se aplica medida de segurança nestes casos: se não há provas que confirmem a imputação;[3] se o fato não constitui ilícito penal;[4] e se o agente foi absolvido por ter praticado o fato ao abrigo de um excludente de antijuridicidade.[5]

Pressuposto da aplicação da medida de segurança é também a periculosidade, ou seja, o reconhecimento da possibilidade de voltar a delinquir. Embora se tenha afastado quase que completamente do texto legal o termo "periculosidade", o Código Penal ainda reconhece tal estado em algumas hipóteses, como as do art. 77, inciso II, e art. 83, parágrafo único, pelos quais se negam o *sursis* e o livramento condicional àqueles que, por suas condições pessoais, provavelmente voltarão a cometer ilícitos penais. Além disso, o art. 3º da Lei nº 8.072, de 25-7-1990, dispõe: "A União manterá estabelecimentos penais, de segurança máxima, destinados ao cumprimento de penas impostas a

---

2. Nesse sentido: DELMANTO, Celso. *Código penal anotado*. 5. ed. São Paulo: Saraiva, 1984. p. 87-88.
3. Cf. MARQUES, José Frederico. *Tratado de direito penal*. 2. ed. São Paulo: Saraiva, 1966. v. 3, p. 176.

condenados de alta periculosidade, cuja permanência em presídios estaduais ponha em risco a ordem ou incolumidade pública."

Quanto à aplicação da medida de segurança, a lei presume a periculosidade dos *inimputáveis*, determinando a aplicação da medida de segurança àquele que cometeu o ilícito e se apresenta nas condições do art. 26 (art. 97). Nesse caso, a aplicação da medida de segurança é obrigatória, não podendo ser dispensada apenas porque o agente já está sendo voluntária e particularmente submetido a tratamento.[6] No que diz respeito ao *semi-imputável*, a periculosidade pode ser reconhecida pelo juiz, que, em vez de aplicar a pena, a substitui pela medida de segurança (item 10.2.3).

Ao plenamente imputável, ainda que demonstre periculosidade, a lei permite a aplicação somente de pena, abolida que foi a medida de segurança nessa hipótese.[7]

## 10.1.4 Aplicação

Reconhecidos os pressupostos, a medida de segurança é aplicada pelo juiz que decidir o processo de conhecimento (arts. 386, VI e parágrafo único, III, e 492, II, *c*, do CPP). Prevê-se que compete ao juiz da execução determinar "a aplicação da medida de segurança, bem como a substituição da pena por medida de segurança" (art. 66, V, *d*, da LEP). Tal dispositivo, porém, refere-se apenas aos casos de superveniência de doença mental ou de perturbação da saúde mental (art. 183 da LEP) e não da condenação do semi-imputável ou absolvição do inimputável, que, evidentemente, compete ao juiz do processo condenatório.

Durante a vigência da lei anterior defendeu-se a tese de que, para a aplicação da medida de segurança, deviam ser observadas as regras do contraditório, com suas consequências imediatas:

a) a da necessidade da imputação;

b) a da necessidade da defesa; e

c) a da necessidade de motivação da sentença.[8]

Essa orientação podia ter amparo no sistema anterior, que previa o reconhecimento da periculosidade real. Na lei atual, porém, ou a periculosidade é presumida *ex vi legis*, no caso de inimputáveis, ou deve ser reconhecida *pelo juiz* ao condenar o semi-imputável que necessita de especial tratamento curativo, substituindo a pena pela medida de segurança. Nessas condições, dispensável é que conste da imputação o pedido de sua aplicação, devendo o juiz motivá-la apenas na segunda hipótese.

Não se prevê mais a aplicação de medida de segurança para os autores de crime impossível (art. 17) e nas hipóteses de ajuste, determinação, instigação ou auxílio se o crime não chega, pelo menos, a ser tentado (art. 31).

Também não é possível, como ocorria na vigência da lei anterior, a aplicação *provisória* da medida de segurança na hipótese de inimputáveis e dos ébrios habituais ou toxicômanos. Não se permitindo a internação ou o tratamento ambulatorial sem a guia expedida pela autoridade judiciária (art. 172 da LEP) e só podendo esta ser expedida após o trânsito em julgado da sentença que aplicar a medida de segurança (art. 171 da LEP), ficaram derrogados os arts. 378 e 380 do CPP.[9] O Código de Processo Penal, porém, por força da Lei nº 12.403, de 4-5-2011, prevê a possibilidade de internação provisória do acusado que, no curso do processo, teve reconhecida a inimputabilidade ou a semi-imputabilidade por exame pericial, como medida cautelar a ser imposta, nos crimes praticados com violência ou grave ameaça a pessoa, se constatado o risco da prática de nova infração penal (art. 319, VII).

Em decorrência da reforma penal ficaram extintas as medidas de segurança impostas aos semi-imputáveis que estão cumprindo ou já cumpriram pena, e aos imputáveis considerados real ou presumidamente perigosos. A adoção do sistema vicariante impede a execução de medida de segurança em casos que tais, já que a nova lei eliminou a possibilidade de sua aplicação para os imputáveis e a imposição da pena exclui a da medida para os semi-imputáveis.[4]

Dispõe o art. 96, parágrafo único, que, extinta a punibilidade, não se impõe medida de segurança nem subsiste a que tenha sido imposta. Explica-se o dispositivo porque, extinta a punibilidade antes ou depois da sentença irrecorrível no processo, não se deve sujeitar o indivíduo a constrangimentos que a própria causa extintiva está demonstrando inoportunos ou desnecessários.[5] Os inimputáveis e os semi-imputáveis aos quais tenha sido aplicada medida de segurança somente se furtarão a ela quando ocorrer causa qualquer de extinção da punibilidade. No primeiro caso pode ocorrer, por exemplo, a prescrição com base na pena em abstrato;[10] no segundo, a prescrição pela pena concretizada substituída.[11] (item 10.2.5).

De acordo com os arts. 97, § 1º, e 98, deve o juiz fixar o prazo mínimo de execução da medida de segurança de um a três anos, qualquer que seja o ilícito praticado.[12] Deixou a lei de relacionar o prazo mínimo da medida de segurança com a quantidade da pena privativa de liberdade que seria imposta ao autor do fato. Criticava-se, aliás, a lei anterior por fundamentar a duração mínima na quantidade da pena, uma vez que o critério mais correto deve ter por base a maior ou menor periculosidade do sentenciado que irá ser submetido a tratamento psiquiátrico. O critério obedecido na reforma é mais correto, embora se deva lamentar a previsão de prazos bastante reduzidos, máxime quando não se estabeleceu disposição especial a respeito da aplicação de medidas de segurança em caso da prática de vários ilícitos penais pelo agente inimputável ou semi-imputável. Não pode o juiz, em qualquer hipótese, fixar um limite mínimo superior ao previsto em lei (três anos).[13]

---

4. Mesmo na hipótese de estar o semi-imputável ainda no cumprimento da pena, a substituição pela medida de segurança é inadmissível, já que, nos casos do art. 26, parágrafo único, a aplicação desta cabe ao juiz da condenação (art. 98). Ao juiz da execução somente é possível a aplicação intercorrente da medida de segurança na hipótese de *superveniência* de doença mental ou de perturbação da saúde mental (art. 183 da LEP).
5. Cf. HUNGRIA, Nelson. *Comentários ao Código Penal*. Rio de Janeiro: Forense, 1951. v. 3, p. 145.

## 10.1.5 Execução e revogação

A medida de segurança é executada, em princípio, por tempo indeterminado, fixado apenas o prazo mínimo, perdurando enquanto não for averiguada, mediante perícia médica, a cessação da periculosidade (art. 97, § 1º). Hoje, porém, com fundamento nos princípios da legalidade, da proporcionalidade, da igualdade, da intervenção mínima e de humanidade, tem-se pregado a limitação máxima de duração da medida de segurança.[6] Porque a indeterminação do prazo da medida de segurança pode ensejar violação à garantia constitucional que proíbe penas de caráter perpétuo (art. 5º, XLVII, da CF), a ela deve ser estendido o limite fixado no art. 75 do CP, que, em sua atual redação estabelece em 40 anos, e não mais em 30 anos o tempo máximo de cumprimento da pena privativa de liberdade.[14] Cristalizou-se no STJ, também, o entendimento de que o tempo de duração da medida de segurança não pode ultrapassar o limite máximo da pena abstratamente cominada para a infração (Súmula 527). Essa orientação se funda na afirmação dos princípios da proporcionalidade e da isonomia. Ponderam-se, nesse sentido, a necessária observância da proporcionalidade entre a sanção penal e o fato delituoso e a impossibilidade de tratamento desigual mais severo para o inimputável em face daquele que teria sido dispensado ao réu imputável.[15] Acolhida tal orientação, excedido o máximo da pena cominada para o delito, impõe-se a cessação da internação ou do tratamento ambulatorial, ainda que eventualmente constatada a persistência da periculosidade.

A perícia médica é realizada ao termo do prazo mínimo fixado e deverá ser repetida de ano em ano, ou a qualquer tempo, se a determinar o juiz da execução (art. 97, § 2º). Por disposição expressa, computa-se na medida de segurança, para a contagem do prazo mínimo, o tempo de prisão provisória, o de prisão administrativa e o de internação em qualquer estabelecimento referido no art. 41 (art. 42).

Nos termos do art. 97, § 2º, a perícia médica deve ser *obrigatoriamente* realizada ao termo do prazo mínimo fixado pelo juiz da sentença e repetida de ano em ano,[16] permitindo-se que o exame seja determinado, a qualquer tempo pelo juiz, *ex officio*.[7] Mas, enquanto pela redação do dispositivo se deduz que o exame por determinação do juiz somente poderá ser ordenado *após* o transcurso do prazo mínimo, já que se refere à *repetição* da perícia nessa hipótese, admite-se esta a qualquer tempo, ainda no decorrer desse prazo, por determinação do magistrado, quando houver requerimento fundamentado do Ministério Público ou do interessado, seu procurador ou defensor

---

6. Sustentando, de acordo com tais princípios, que quanto aos semi-imputáveis a duração máxima é a da pena substituída pela medida de segurança e que em relação aos inimputáveis é a da pena máxima cominada ao crime: GOMES, Luiz Flávio. Duração das medidas de segurança. *RT* 663/257-267. Também a propósito do assunto: FERRARI, Eduardo Reale. Os prazos de duração das medidas de segurança e o ordenamento penal português. *RT* 701/267-275.
7. Pela lei anterior, a perícia somente poderia ser realizada antes do prazo mínimo quando o determinasse a Superior Instância. Entendeu, porém, o legislador da reforma que se estava suprimindo a instância ordinária e natural, visto que a verificação da cessação da periculosidade é procedimento típico de execução (cf. exposição de motivos da Lei nº 7.210, item 157).

(art. 176 da LEP). Já se decidiu, também, que se entre a data da imposição da medida e a captura do inimputável decorre tempo superior ao prazo mínimo de duração da medida de segurança, a execução deverá ser precedida de exame de verificação de cessação da periculosidade.[17]

Realizada a perícia e comprovada a cessação da periculosidade, o juiz determinará a suspensão da execução da medida de segurança. Transitada em julgado a sentença, o juiz expedirá ordem para a desinternação ou a liberação (art. 179 da LEP). Desse decisório cabe agravo, como em todas as decisões proferidas pelo juiz da execução (art. 197). Ao contrário das demais, porém, o recurso contra a sentença que concedeu a revogação tem efeito suspensivo diante do disposto expressamente no art. 179 da LEP.

Nas hipóteses de suspensão da execução da medida de segurança, ou seja, da desinternação ou de liberação, aplica-se o disposto nos arts. 132 e 133 da LEP, que se referem às condições impostas para o livramento condicional. É o que determina o art. 178 da LEP. Assim, deve ser restabelecida a situação anterior se o agente, antes do decurso de um ano, pratica fato indicativo da persistência de sua periculosidade (art. 97, § 3º). Referindo-se a lei a *fato* e não a crime, dar-se-á o restabelecimento da medida de segurança nas hipóteses de descumprimento de condições, da ausência ou recusa ao tratamento curativo etc. Incumbe ao Ministério Público requerer a internação, a desinternação e o restabelecimento da situação anterior (art. 68, inciso II, *f*, da LEP).

A medida de segurança só fica extinta, portanto, após um ano da desinternação ou liberação, se não ocorrer nesse período fato indicativo da persistência da periculosidade.

Não mais dispõe o Código Penal a respeito da possibilidade de expulsão do estrangeiro ao qual foi imposta medida de segurança. A nova Lei de Migração (Lei nº 13.445, de 24-5-2017) também silencia a respeito. Todavia, porque a sentença que impõe medida de segurança é absolutória imprópria, não está ela abrangida pelas hipóteses previstas no art. 54, § 1º, I e II, que exige, como causa que autoriza a expulsão condenação com trânsito em julgado.

Pode-se executar a medida de segurança imposta por sentença estrangeira, exigindo-se, no caso, a homologação da decisão alienígena, observando-se o disposto do art. 9º, inciso II, e parágrafo único, *b*, do CP (item 2.5.1).

## 10.2 MEDIDAS DE SEGURANÇA EM ESPÉCIE

### 10.2.1 Internação

São apenas duas as espécies de medidas de segurança previstas com a reforma penal: a primeira, detentiva, é a internação em hospital de custódia e tratamento psiquiátrico, ou à falta, em outro estabelecimento adequado, e a segunda, de caráter restritivo, constitui-se na sujeição a tratamento ambulatorial. Ficaram abolidas outras medidas pessoais (internação em colônia agrícola ou em instituto de trabalho, de reeducação ou de ensino profissional, liberdade vigiada, proibição de frequentar determinados lugares e exílio local)[8] e as patrimoniais (interdição de estabelecimento ou de sede de sociedade ou associação e confisco).[9]

A internação em hospital de custódia e tratamento psiquiátrico representa, a rigor, a fusão de medidas de segurança previstas na legislação anterior: internação em manicômio judiciário e internação em casa de custódia e tratamento. Estabeleceu-se uma medida idêntica para os inimputáveis e semi-inimputáveis, que deverão ser submetidos a tratamento, assegurada a custódia dos internados (art. 99). Não há qualquer finalidade expiatória na medida de internação, substituído o fim pela medida terapêutica e pedagógica destinada a um processo de adaptação ou readaptação à vida social.

O internado deverá ser submetido obrigatoriamente aos exames psiquiátrico, criminológico e de personalidade (arts. 100 e 174, c.c. os arts. 8º e 9º da LEP).

Quando o estabelecimento penal não estiver aparelhado para prover a assistência médica psiquiátrica necessária, esta pode ser prestada em outro local mediante autorização da direção do estabelecimento (art. 14, § 2º, c.c. art. 42 da LEP). O STF já decidiu da possibilidade de internação em hospital particular por não haver estabelecimento adequado ao tratamento em hospital público.[18] Evidentemente, deve ser garantida a custódia da pessoa submetida à medida de segurança, já que é ela uma das consequências inelutáveis da providência que, afinal, é eminentemente preventiva. É também garantida a liberdade de contratar médico de confiança pessoal do internato, por seus familiares ou dependentes, a fim de orientar e acompanhar o tratamento (art. 43, *caput*, da LEP). As divergências entre o médico oficial e o particular serão resolvidas pelo juiz da execução (art. 43, parágrafo único, da LEP).[10]

### 10.2.2 Tratamento ambulatorial

A grande inovação introduzida no capítulo das medidas de segurança pela reforma penal é a sujeição do sentenciado a tratamento ambulatorial.

Corresponde a inovação às atuais tendências de "desinstitucionalização" do tratamento ao portador de doença mental ou de perturbação de saúde mental. É lição de Eugênio Raúl Zaffaroni: "É sabido que, na moderna terapêutica psiquiátrica, a internação ocupa lugar cada vez mais reduzido. Existe uma série de análises que tendem para sua

---

8. O recolhimento em colônia agrícola, industrial ou similar constitui somente cumprimento de pena em regime semiaberto (item 7.2.4). A submissão do sentenciado pelo prazo de um ano após a revogação da medida de segurança às condições estabelecidas pelos arts. 132 e 133 da LEP apresenta profundas semelhanças com a liberdade vigiada prevista na lei anterior (item 10.1.5). A proibição de frequentar determinados lugares é ainda uma das condições que podem ser impostas quando da concessão do livramento condicional (item 7.8.4).
9. Embora não se determine mais como medida de segurança o confisco dos instrumentos e produtos do crime, desde que consistam em coisas cujo fabrico, alienação, uso, porte ou detenção constitua fato ilícito, embora não apurada a autoria, a apreensão deles pode ser decretada como medida processual (item 8.2.4).
10. A Resolução nº 487, de 15-2-2023, do CNJ, instituiu a Política Antimanicomial do Poder Judiciário e estabelece procedimentos e diretrizes para implementar a Convenção Internacional dos Direitos das Pessoas com Deficiência e a Lei nº 10.216/2001, no âmbito do processo penal e da execução das medidas de segurança.

abolição, enquanto se fomenta o tratamento ambulatorial." [11] O legislador seguiu essa orientação, prevendo a referida medida de segurança não detentiva, cumprindo ao sentenciado comparecer ao hospital de custódia e tratamento psiquiátrico nos dias que lhe forem determinados pelo médico, a fim de ser submetido à modalidade terapêutica prevista (art. 101 da LEP). Permite-se também a assistência médica em outro local com dependência médica adequada (art. 101 da LEP) e ainda é garantida a liberdade de contratar médico de confiança pessoal, a fim de orientar o tratamento (art. 43 da LEP).

O exame criminológico, quanto aos sentenciados submetidos a tratamento ambulatorial, é facultativo, na dependência da natureza do fato e das condições do agente (art. 174, c.c. arts. 8º e 9º da LEP).[12]

Em qualquer fase do tratamento ambulatorial, se a conduta do sentenciado revelar necessidade de providências para fins curativos, ele poderá ser internado (art. 97, § 4º).

Não faz a lei referência expressa à possibilidade da conversão da internação em tratamento ambulatorial. A solução, porém, vem ao encontro da tendência de desinstitucionalização do tratamento preconizada pela Psiquiatria moderna e adotada pela nova lei penal. Nesse sentido têm-se orientado os juízes da execução e os tribunais, com o beneplácito dos tribunais superiores, ao reconhecerem a legalidade do regime de desinternação progressiva, mediante o qual o sentenciado é favorecido por saídas do estabelecimento progressivamente ampliadas até a substituição da internação pela semi-internação e, subsequentemente, pelo tratamento ambulatorial. Na hipótese de substituição da internação pelo tratamento ambulatorial, o prazo de um ano para a extinção da medida de segurança será contado a partir não da desinternação, mas da liberação (art. 97, § 3º, do CP). Também já se converteu em tratamento ambulatorial a medida de segurança de internação no caso do inimputável que se encontrava irregularmente recolhido à cadeia pública até que houvesse vaga no estabelecimento adequado.

### 10.2.3 Aplicação

Absolvendo-se o réu em decorrência de sua inimputabilidade (art. 26), é obrigatória a aplicação da medida de segurança (art. 97).[19] Aos condenados em que forem reconhecidas as condições previstas no art. 26, parágrafo único (semi-imputáveis), pode o juiz aplicar a pena, com a redução prevista no referido dispositivo, ou substituí-la pela medida de segurança se o sentenciado necessitar de especial tratamento curativo (art. 98).[13] Verificando-se a extrema periculosidade do agente, recomendável é a substituição

---

11. ZAFFARONI, Eugênio Raúl. Reflexões acerca do anteprojeto de lei referente à parte geral do código penal do Brasil. *Ciência penal* 1/13.
12. Cf. exposição de motivos da Lei nº 7.210, item 155.
13. Tem-se criticado a posição do legislador da reforma penal porque a redução obrigatória da pena sem a aplicação da medida de segurança, quando o juiz entender que não necessita de tratamento curativo, poderá implicar abreviação da soltura de condenados de elevada periculosidade (psicopatas, oligofrênicos etc.). Além disso, por força do princípio da retroatividade da lei mais benigna, obriga-se a soltura dos condenados que já cumpriram pena e ainda necessitam de tratamento.

da pena pela medida de segurança, ainda que em recurso exclusivo da defesa.[20] Substituída a pena pela medida de segurança, produzirá esta todos os seus efeitos. Passa o sentenciado à situação de inimputável e, portanto, submete-se às regras previstas pelos arts. 96 a 99. Tratando-se dessa substituição, a duração mínima da medida de segurança não está limitada à duração da pena substituída, dependendo o término da execução dos exames de verificação da cessação de periculosidade.[21] De acordo, porém, com a Súmula 527, o tempo de execução da medida de segurança não pode ultrapassar o limite máximo da pena cominada para o delito (item 10.1.5). O prazo mínimo também será fixado pelo juiz, entre um e três anos (art. 98).

Tratando-se de internamento, deve ser ele efetuado em estabelecimento adequado, ou seja, hospital de custódia e tratamento psiquiátrico ou em outro local de características hospitalares (arts. 99 do CP e 99 da LEP). A Lei nº 10.216, de 6-4-2001, dispõe sobre a proteção e os direitos das pessoas portadoras de transtornos mentais e redireciona o modelo assistencial em saúde mental, abrangendo a internação voluntária e involuntária. Constitui constrangimento ilegal sanável inclusive pela via do *habeas corpus* o recolhimento de pessoa submetida a medida de segurança em presídio comum.[22] Na absoluta impossibilidade, por falta de vagas, para a internação, deve-se substituir o internamento pelo tratamento ambulatorial.[23]

Inimputável ou semi-imputável o sentenciado, poderá o juiz substituir a internação por tratamento ambulatorial se o fato praticado constituir crime apenado com detenção (art. 97). É inadmissível a substituição quando ao fato praticado pelo agente é cominada abstratamente a pena de reclusão.[24] O dispositivo contradiz a filosofia da reforma penal. Enquanto se afirma a distinção precisa entre culpabilidade e periculosidade para o efeito da aplicação de pena e medida de segurança, determina o legislador que pode ser substituída uma medida de segurança detentiva por outra apenas restritiva, tendo em vista a natureza do crime praticado. Não se pode desconhecer que o inimputável que praticou um delito de lesões corporais leves, punido com detenção, pode facilmente executar um homicídio, e que o semi-imputável que praticou o crime de ato obsceno eventualmente poderá cometer um estupro. A substituição prevista em lei, portanto, deve ser aplicada pelo juiz com extrema cautela, mesmo porque todas as doenças e perturbações mentais podem ser ao menos reduzidas em sua intensidade por um tratamento curativo. Como o objetivo da Justiça Penal é a recuperação do autor do fato, inclusive de quem é considerado inimputável, e se a pena a que se sujeitaria seria a de detenção, não havendo prova de temibilidade o tratamento ambulatorial é a medida de segurança recomendável.[25] De outro lado, diante da periculosidade demonstrada, deve ser fixada para o acusado, ainda que a pena cominada para o crime seja a de detenção, a internação.[26]

Permite a lei a conversão da pena em execução em medida de segurança. Diz o art. 183 da LEP: "Quando, no curso da execução da pena privativa de liberdade, sobrevier doença mental ou perturbação da saúde mental, o juiz, de ofício, a requerimento do Ministério Público, da Defensoria Pública ou da autoridade administrativa, poderá determinar a substituição da pena por medida de segurança". A partir daí, o condenado passa à condição de sujeito à medida de segurança, de modo que a duração desta não está submetida à duração da pena.[27] Contudo, já se entendeu, com fundamento no art. 682, § 2º, do CPP, que a medida de segurança não pode ter duração superior ao tempo restante da pena.[28] Ocorre que o referido dispositivo, anterior à vigência da Lei de Execução Penal, refere-se não à conversão da pena em medida de segurança e sim à hipótese de simples transferência do condenado quando lhe sobrevém doença mental durante a execução, medida ainda existente (art. 108, da LEP).[29] Todavia, é entendimento prevalente, inclusive no STJ, o de que, na hipótese de conversão com fundamento no art. 183 da LEP, a duração da medida de segurança não pode exceder o tempo da pena aplicada. De acordo com tal orientação, ultrapassado o tempo da pena imposta, a medida de segurança deve ser julgada extinta e o sentenciado, se necessário, colocado à disposição do juízo cível para a adoção das medidas de proteção adequadas à enfermidade.[30] Quando da vigência da lei anterior, o STF editou a Súmula 525, em que se impedia a aplicação da medida de segurança ao imputável e ao chamado "semi-imputável" em segunda instância quando apenas o réu recorria da decisão. Nos termos da lei vigente, porém, nada impede que se opere a substituição da pena privativa de liberdade por medida de segurança em 2ª instância em recurso exclusivo da defesa, pois que determinada no interesse curativo do semi-imputável.[31]

### 10.2.4 Início da execução

Para a execução das medidas de segurança é indispensável que, transitada em julgado a sentença que as aplicou, seja expedida a guia de execução, sem a qual não se poderá promover a internação ou a submissão a tratamento ambulatorial (arts. 171 a 173 da LEP). Reafirma-se, nesse passo, a garantia de liberdade que deve existir para todas as pessoas, independentemente de sua condição, salvo as exceções legais.[14]

Em curso a execução da medida de segurança, será efetuado obrigatoriamente exame de cessação de periculosidade ao fim do prazo mínimo, repetido de ano em ano, ou facultativamente se o determinar o juiz da execução (arts. 97, § 2º, do CP e 175 e 176 da LEP). Os prazos não são fatais ou peremptórios, não constituindo sua superação constrangimento ilegal.[32]

### 10.2.5 Extinção da punibilidade

Embora ainda persistam entendimentos divergentes,[33] porque a medida de segurança constitui uma espécie de sanção penal e, também, porque a Constituição Federal expressamente afirma os casos de imprescritibilidade (art. 5º, XLII e XLIV), a melhor orientação é no sentido do reconhecimento de que está ela sujeita à prescrição. A lei não prevê prazo específico de prescrição para a medida de segurança, regulando a

---

14. Cf. exposição de motivos da Lei nº 7.210, item 153.

matéria o parágrafo único do art. 96 do CP.[34] Na hipótese de imposição de medida de segurança em sentença absolutória, em razão da inimputabilidade, porque, inexistente pena em concreto, o prazo da prescrição continua regulado pela pena em abstrato após o trânsito em julgado da sentença.[35] Tratando-se, porém, de medida de segurança aplicada em sentença condenatória, em substituição à pena privativa de liberdade para os chamados "semi-imputáveis" (arts. 26 parágrafo único, e 98), o prazo prescricional regula-se pelo *quantum* da pena fixada e substituída,[15] tanto na extinção da pretensão punitiva pela prescrição intercorrente ou retroativa,[36] como, ainda, na prescrição da pretensão executória.[37] A mesma solução deve ser adotada na hipótese de conversão da pena privativa de liberdade em medida de segurança no curso da execução (art. 183 da LEP), diante da existência de uma pena anteriormente concretizada na sentença condenatória e do que dispõe o art. 110, *caput*, do Código Penal.[38]

Extinta a punibilidade pela prescrição ou outra causa, como a *abolitio criminis*, cessa a medida de segurança que tenha sido imposta, e deixa de existir condição para que venha a ser imposta, nesse fundamento.[39]

---

15. Cf. GOMES, Luiz Flávio. Ob. cit. p. 66.

# 11
# AÇÃO PENAL

## 11.1 AÇÃO PENAL PÚBLICA

### 11.1.1 Conceito

Sendo o crime um fato que lesa direitos do indivíduo e da sociedade, cabe ao Estado reprimi-lo com o exercício do *jus puniendi*. O direito subjetivo de punir, entretanto, não é ilimitado, vinculando-se o Estado ao direito objetivo, tanto na imputação, circunscrita aos fatos típicos, como nas penas a serem aplicadas. Além disso, para exercitar o direito de punir é necessário que haja processo e julgamento, já que não pode o Estado impor, arbitrariamente, a sanção. O "direito de punir ou, como se tem preferido ultimamente, o *poder-dever de punir*, só se realiza pelo exercício do *jus persequendi*; é um direito de *coação indireta*, circunscrito ou delimitado em sua executoriedade pelo Direito Positivo".[1] É o *jus persequendi* a investidura do Estado no *direito de ação*, que significa a atuação correspondente ao exercício de um direito abstrato, qual seja, o direito à jurisdição.

A ação penal é, assim "a atuação correspondente ao direito à *jurisdição* – público, subjetivo, abstrato, autônomo –, que se exercita perante os órgãos da Justiça Criminal",[2] ou "o direito de pedir ao Estado-Juiz a aplicação do Direito Penal objetivo"[3] ou, ainda, "o direito de invocar-se o Poder Judiciário para aplicar o direito penal objetivo."[4]

A ação penal desenvolve-se através do *processo*, subordinada às condições previstas em lei. Somente será possível a instauração da ação penal quando estiverem presentes essas condições, as quais, a *contrario sensu*, estão agora disciplinadas no art. 395 do Código de Processo Penal, com a redação dada pela Lei nº 11.719, de 20-6-2008, que revogou o art. 43 do mesmo estatuto. Só será admitida a denúncia se preencher os requisitos legais (art. 41), se estiverem presentes as condições da ação e os pressupostos processuais e se houver justa causa para o exercício da ação penal (art. 395, I, II e III).

---

1. TUCCI, Rogério Lauria. Da ação penal no anteprojeto de reforma da parte geral do Código Penal. *Ciência Penal* 1/126.
2. TOURINHO FILHO, Fernando da Costa. *Processo penal*. 5. ed. Bauru: Jalovi, 1979. v. 1. p. 299.
3. NORONHA, E. Magalhães. *Curso de direito processual penal*. São Paulo: Saraiva, 1964. p. 32.
4. MARQUES, José Frederico. *Tratado de direito penal*. São Paulo: Saraiva, 1966. v. 3, p. 324.

Embora a ação penal seja matéria de Direito Processual Penal, o direito de punir é *direito penal subjetivo*, não sendo desarrazoado, como parece a alguns, que o Código Penal contenha regras fundamentais a respeito de seu exercício.

Com a conclusão do inquérito policial instaurado de *officio* pela autoridade policial ou em decorrência de *notitia criminis* (comunicação de fato criminoso por parte do ofendido ou de qualquer pessoa) ou com a apresentação de elementos suficientes, pode ser instaurada a ação penal. Em razão da titularidade da atuação, nosso Código Penal, num critério eminentemente subjetivo, divide as ações *condenatórias* em ação penal *pública* e ação penal *privada*.[5]

### 11.1.2 Ação penal pública

A ação penal pública, na distinção com relação ao sujeito do exercício do direito à jurisdição, é a promovida pelo Ministério Público. Esse princípio foi inscrito na Constituição de 1988, que prevê como função institucional do MP promover, privativamente, a ação penal pública, na forma da lei (art. 129, I). Em consonância com a norma constitucional, o Código de Processo Penal dispõe que cabe ao Ministério Público "promover, privativamente, a ação penal pública, na forma estabelecida neste Código" (art. 257, I, com a redação dada pela Lei nº 11.719, de 20-6-2008).

O Ministério Público, órgão do Estado-Administração, representado por Promotores e Procuradores de Justiça, pede a providência jurisdicional de aplicação da lei penal exercendo o que se denomina de pretensão punitiva. É um órgão uno e indivisível e, assim, seus membros podem ser substituídos no processo, por razões de serviço, sem que haja solução de continuidade.

Dispõe a lei: "A ação penal é pública, salvo quando a lei expressamente a declara privativa do ofendido" (art. 100). Isso significa que, com relação a determinado ilícito penal, a ação penal será pública se não se dispuser, expressamente, que deve ser intentada pelo ofendido ou por seu representante legal através da *queixa*.

Há, entretanto, duas espécies de ação pública: a *incondicionada*, em que é suficiente a ocorrência do ilícito penal para que seja instaurado o inquérito policial e a consequente ação, e a *condicionada*, em que se exige a representação do ofendido ou de seu representante legal ou a requisição do Ministro da Justiça. É o que se deduz do art. 100, § 1º, quando determina que depende ela de representação do ofendido ou de requisição do Ministro da Justiça em casos previstos na lei.

São princípios informadores da ação penal pública incondicionada a indisponibilidade, divisibilidade, oficialidade, obrigatoriedade e indesistibilidade.

---

5. Cf. TUCCI, Rogério Lauria. Art. cit. p. 136.

### 11.1.3 Representação do ofendido

Pode a ação pública depender da *representação* que se constitui numa espécie de pedido-autorização em que a vítima, seu representante legal ou curador nomeado para a função expressam o desejo de que a ação seja instaurada. A representação é, assim, "a manifestação de vontade do ofendido ou de seu representante legal no sentido de autorizar o Ministério Público a desencadear a persecução penal".[6] É tida, pelos doutrinadores, como *condição de procedibilidade*.

A imposição dessa condição deriva do fato de que, por vezes, o interesse do ofendido se sobrepõe ao público na repressão do ato criminoso quando o processo, a critério do interessado, pode acarretar-lhe males maiores do que aqueles resultantes do crime. Depende de representação do ofendido, por exemplo, a instauração da ação penal nas hipóteses dos crimes de perigo de contágio venéreo (art. 130, § 2º), ameaça (art. 147, parágrafo único), divulgação de segredo (art. 153, § 1º), furto de coisa comum (art. 156, § 1º), estelionato (art. 171, exceto o disposto no § 5º) etc. Por força do art. 88 da Lei nº 9.099, de 26-9-1995, que dispôs sobre os Juizados Especiais Cíveis e Criminais, passaram a depender de representação as ações penais relativas aos crimes de lesões corporais leves e lesões culposas.

O direito de representação só pode ser exercido pela vítima ou seu representante legal, entendendo-se na jurisprudência que essa representação é mais de caráter material que formal, já que se admite a iniciativa por parte da mãe, ainda que casada,[1] dos avós,[2] dos tios,[3] dos irmãos,[4] pais de criação,[5] das pessoas encarregadas da guarda do ofendido,[6] do companheiro ou companheira da vítima ou da mãe da vítima[7] etc.

O direito de representação só pode ser exercido no prazo de seis meses, contados do dia em que a vítima veio a saber quem é o autor do crime, sob pena de ocorrer a extinção da punibilidade pela decadência (item 12.2.8). Não obtida a composição nos casos submetidos ao Juizado Especial, é dada oportunidade ao ofendido de exercer o direito de representação verbal, que deve ser reduzida a termo, mas sua omissão na audiência preliminar não implica decadência do direito, que poderá ser exercido no prazo previsto em lei (art. 75 e parágrafo único da Lei nº 9.099/95).

A jurisprudência de há muito se firmou no sentido de que a representação não exige forma especial, bastando que o representante legal do ofendido, nos casos em que ela é exigida, manifeste seu desejo de instaurar contra o autor do delito o competente procedimento criminal.[8]

Já se tem afirmado que o Ministério Público, à vista dos elementos indiciários de prova que lhe forem fornecidos, tem plena liberdade de denunciar a todos os implicados no evento delituoso, mesmo se não nomeados pela vítima na representação,[9] mas há

---

6. FRANCO, Alberto Silva, BETANHO, Luiz Carlos, FELTRIN, Sebastião Oscar. *Código penal e sua interpretação jurisprudencial*. São Paulo: Revista dos Tribunais, 1979. v. 1, t. 2, p. 48.

decisões no sentido de que não pode ele envolver na denúncia quem não foi visado na representação.[10]

A representação é *irretratável* depois de oferecida a denúncia, conforme determina o art. 102. Permite-se, pois, a retratação da representação até aquele ato processual.[11] Com a retratação tempestiva, a representação perde a validade, tornando-se ilegítima, daí para a frente, a autorizada intervenção do Ministério Público.[12] Após a apresentação da inicial, porém, a retratação nenhum efeito produz e a ação, que teve início com a denúncia, prosseguirá até seu término. Pode o ofendido renovar a representação, da qual se retratou, se ainda não fluiu o prazo de decadência. É possível, assim, a revogação da retratação, ou seja, a retratação da retratação.[13]

Nos crimes cometidos com violência familiar e doméstica contra a mulher, dispõe a Lei nº 11.340, de 7-8-2006, que "só será admitida a renúncia à representação perante o juiz, em audiência especialmente designada com tal finalidade, antes do recebimento da denúncia e ouvido o Ministério Público" (art. 16). Equivocou-se o legislador ao se referir à "renúncia" e não à retratação da representação, porque, evidentemente, o dispositivo visa assegurar a livre manifestação de vontade da vítima contra possível coação após o oferecimento da representação. Entendida a "renúncia" como retratação, o dispositivo excepciona o art. 102 do CP ao permiti-la após o oferecimento da denúncia e antes de seu recebimento.[14]7

Cuidando-se, porém, de crime de lesão corporal leve praticado com violência doméstica e familiar contra a mulher, o STF decidiu que a ação penal é pública incondicionada, não se aplicando o disposto no art. 88 da Lei nº 9.099/1995, não somente em decorrência da regra inserta no art. 41 da Lei nº 11.340/2006, mas também por razões de política criminal.[15] Essa orientação motivou a edição da Súmula 542 do STJ.

A representação da vítima não tem força obrigatória quanto ao oferecimento de denúncia pelo Ministério Público, podendo este concluir pela não instauração da ação em decorrência da atipicidade do fato, da ausência de indícios da autoria etc., requerendo o arquivamento do inquérito ou das peças de informação. Pode ainda requisitar à Autoridade Policial ou a quem de direito as informações que entenda imprescindíveis ou necessárias ao oferecimento da denúncia.

### 11.1.4 Requisição do Ministro da Justiça

A *requisição do Ministro da Justiça* é um ato administrativo, discricionário e irrevogável, que deve conter a manifestação de vontade para a instauração de ação penal, com menção do fato criminoso, nome e qualidade da vítima, nome e qualificação do autor do crime etc., embora não exija forma especial. Tem sua razão de ser por se aten-

---

7. Firmou-se no STJ a tese de que a audiência de retratação da representação não pode ser designada de ofício pelo juiz, dependendo sua realização de prévia manifestação do desejo da vítima de se retratar, trazida aos autos antes do recebimento da denúncia (Resp 1964293-MG, j. em 8-3-2023, *DJe* de 29-3-2023).

der, com sua imprescindibilidade, às *razões de ordem política* que subordinam a ação penal pública em casos específicos a um pronunciamento do ministro. É necessária a requisição nos casos de crimes contra a honra praticados contra o Presidente da República ou chefe de governo estrangeiro (art. 145, parágrafo único, 1ª parte), e nos delitos praticados por estrangeiro contra brasileiro fora do Brasil (art. 7º, § 3º).

No silêncio da lei, entende-se que a requisição pode ser feita a qualquer tempo, enquanto não extinta a punibilidade do agente.[8]

A requisição, como a representação, é mera condição de procedibilidade, não condicionando obrigatoriamente a propositura da ação pelo Ministério Público. Apesar de não ser pacífica a orientação, a requisição é irretratável, mesmo porque não contempla a lei expressamente, como na hipótese de representação, a possibilidade de revogação do ato de iniciativa do ministro.[9]

### 11.1.5 Procedimento de ofício

Espécie anômala, combatida pelos doutrinadores, era a ação penal promovida pela autoridade policial ou judiciária quando da ocorrência de contravenções ou de homicídio e lesão corporal culposos (art. 531 do CPP, em sua redação original, e Lei nº 4.611, de 2-4-1965). Com o objetivo de conferir maior celeridade ao processo, retirava-se do Ministério Público, que representa o Estado-Administração, a titularidade no oferecimento da denúncia para que o procedimento fosse instaurado pelo Delegado de Polícia ou pelo próprio julgador, contrariando-se o princípio *ne procedat judex ex officio*. Com a Constituição de 1988, porém, ficaram revogados os dispositivos que permitiam o procedimento de ofício. Prevendo-se que cabe ao Ministério promover, privativamente, a ação penal pública, na forma da lei (art. 129, I), não pode a lei instituir ação penal pública com outro titular. Assim, passou a ser impossível a instauração da ação penal por portaria ou pelo auto de prisão em flagrante. A Lei nº 4.611/65, que determinou a observância do procedimento previsto nos arts. 531 a 538 do CPP nos crimes de homicídio e lesão corporal culposa foi expressamente revogada pela Lei nº 9.099/95. A Lei nº 11.719, de 20-6-2008, reformulou a disciplina do processo sumário, eliminando do Código de Processo Penal a referência ao procedimento *ex officio*.

### 11.1.6 Ação penal no crime complexo

Sendo o crime complexo uma fusão de dois ou mais delitos, é possível que um de seus componentes seja infração penal que se apure mediante ação pública e outro

---

8. Cf. FRANCO, Alberto Silva, BETANHO, Luiz Carlos, FELTRIN, Sebastião Oscar. Ob. cit. p. 160.
9. NORONHA, E. Magalhães. *Direito penal*. 15 ed. São Paulo: Saraiva 1978, v. 1, p. 378: TOURINHO FILHO, Fernando da Costa. Ob. cit. p. 372. TORNAGHI, Hélio. *Instituições de processo penal*. Rio de Janeiro: Forense, 1977. v. 2, p. 331. Contra: BARAÚNA, José Roberto. *Lições de processo penal*. São Paulo: José Bushatsky, 1978. p. 62; PEDROSO, Fernando A. Ação penal pública condicionada. *RT* 510/298; DELMANTO, Celso. *Código penal anotado*. 5. ed. São Paulo: Saraiva, 1984. p. 109.

seja submetido à ação privada. Afirma-se no art. 101: "Quando a lei considera como elemento ou circunstância do tipo legal fatos que, por si mesmos, constituem crimes, cabe ação pública em relação àquele, desde que, em relação a qualquer destes, se deva proceder por iniciativa do Ministério Público." Essa disposição é tida pelos doutrinadores como inócua e até prejudicial à interpretação. Isso porque a lei adotou o sistema de especificar claramente quando o delito deve ser apurado mediante ação privada, sendo os demais submetidos à ação pública.[10] Assim, no caso de injúria real (de que resultam, por exemplo, lesão corporal), a ação é pública em decorrência do que dispõe o art. 145, embora a simples ofensa à honra seja objeto da ação privada.

Os crimes contra os costumes eram, em regra, submetidos à ação privada, determinando-se o procedimento público somente na ocorrência de lesão corporal *grave* ou *morte*, uma vez que o art. 225 se referia apenas aos delitos mencionados nos capítulos anteriores (de I a III). Tratar-se-ia de dispositivo especial que teria derrogado o art. 101 no que se refere àqueles delitos quando resulta apenas lesão corporal *leve*. No STF, porém, passou-se a entender que o art. 103 derrogou o art. 225, editando-se a Súmula 608: "No crime de estupro, praticado mediante violência real, a ação penal é pública incondicionada." A superveniência da Lei nº 9.099/95, por força de seu art. 88, que passou a exigir a representação no crime de lesões corporais leves, tornaria discutível a vigência dessa súmula. A solução mais adequada tornou-se a da manutenção da Súmula 608, não com fundamento no art. 129 do Código Penal, em que se exige a representação para a ação penal pelo crime de lesões corporais de natureza leve, mas com base no art. 146 do mesmo Estatuto, uma vez que o constrangimento ilegal, apurado mediante ação penal pública incondicionada é, indiscutivelmente, elemento constitutivo do estupro. Diante, porém, da vigência da atual redação dada ao art. 225 pela Lei nº 13.718, de 24-9-2018, a ação penal nos crimes sexuais passou a ser pública incondicionada.

### 11.1.7 O ofendido e a ação pública

O ofendido oferecerá a *notitia criminis* simples, oralmente ou por escrito, nos casos de ação pública incondicionada, ou a *notitia criminis postulatória*, nas hipóteses de ação penal pública dependente de representação (art. 5º, I e III, § 3º do CPP). Nesse caso, a comunicação oral deve ser sempre reduzida a termo, que pode ser, inclusive, o de declarações.

A vítima poderá intervir, ainda, como assistente do Ministério Público, enquanto não passar em julgado a sentença, e receberá a causa no estado em que se achar (arts. 268 e ss do CPP). Trata-se de um reforço da acusação pública, tendo o ofendido direito

---

10. Cf. anteprojeto de reforma do código penal. Considerações e propostas de um grupo de magistrados paulistas. *JTACrSP* 68/36; BRUNO, Anibal. *Direito penal*. Rio de Janeiro: Forense, 1962. v. 3, p. 232; GARCIA, Basileu. *Instituições de direito penal*. 5. ed. São Paulo: Max Limonad, 1980. v. 1, t. 2, p. 728-729; JESUS, Damásio E. de. *Direito penal*. 8. ed. São Paulo: Saraiva, 1983. v. 1. p. 633-634; MARQUES, José Frederico. *Tratado de direito penal*. São Paulo: Saraiva, 1966. v. 3, p. 387; DELMANTO, Celso. Ob. cit. p. 108.

de propor meios de prova, interrogar as testemunhas, participar dos debates, recorrer e arrazoar seus recursos e os do Ministério Público etc. O assistente do Ministério Público pode recorrer, inclusive extraordinariamente, na ação penal, nos casos dos arts. 584, § 1º, e 598 do CPP (Súmula 210 do STF), mas não pode recorrer extraordinariamente de decisão concessiva de *habeas corpus* (Súmula 208 do STF).

Embora o instituto da assistência se prenda precipuamente ao interesse civil do ofendido na reparação do dano, tem-se entendido, inclusive no STF, que tem ele também um interesse objetivo, além da simples condenação, permitindo-se seu recurso na hipótese inclusive de sentença condenatória.[16] Há, porém, decisões em sentido contrário, no sentido de que ao assistente só são conferidas as prerrogativas que o autorizam a postulação de obter indenização e, satisfeita esta com a condenação, não pode recorrer da sentença condenatória por ter deixado de haver o interesse que lhe daria legitimidade.[17] [11]

O prazo para o assistente recorrer supletivamente começa a correr imediatamente após o transcurso do prazo do Ministério Público (Súmula 448 do STF).

Nos crimes de competência do Tribunal do Júri, ou do juiz singular, se da sentença não for interposta apelação pelo Ministério Público no prazo legal, o ofendido ou qualquer das pessoas enumeradas no art. 31, ainda que não se tenha habilitado como assistente, poderá interpor apelação, que não terá, porém, efeito suspensivo (art. 598 do CPP).

Por fim, em caso de inércia do Ministério Público quanto ao oferecimento da denúncia, poderá o ofendido oferecer a queixa-crime que dá origem à ação penal privada subsidiária da ação pública (item 11.2.3).

## 11.2 AÇÃO PENAL PRIVADA

### 11.2.1 Espécies

Embora o *jus puniendi* pertença exclusivamente ao Estado, este transfere ao particular o direito de acusar (*jus accusationis*) quando o interesse do ofendido se sobrepõe ao menos relevante interesse público, nos delitos cuja repressão interessam muito de perto apenas à vítima. Institui-se então a *ação penal privada*, espécie de substituição processual, em que se defende interesse alheio em nome próprio.

Na verdade, a denominação "ação privada" é imprópria. Sendo *públicas* todas as ações, por ser o direito à jurisdição no âmbito da Justiça Penal, o mais que se pode conceder em favor da orientação tradicionalizada é a denominação de "ação penal

---

11. Nesse sentido: TOURINHO FILHO, Fernando da Costa. Ob. cit. v. 2, p. 333-336; LEITE, Paulo Guimarães. Assistente de acusação. *Justitia* 74/179.

pública de iniciativa privada".[12] Determina a lei nova aliás: "A ação de iniciativa privada é promovida mediante queixa do ofendido ou de quem tenha qualidade para representá-lo" (art. 100, § 2º).

A queixa é a equivalente da denúncia, pela qual se instaura a ação penal, devendo conter, em sua forma, os mesmos requisitos desta (arts. 41 e 395, do CPP), e só se diferenciam, formalmente, pelo subscritor: a denúncia é oferecida pelo membro do Ministério Público, e a queixa é intentada pelo particular ofendido, através de procurador com poderes expressos. Contudo, ao invés de vigorar o princípio da oficialidade, próprio da ação pública, quanto à ação privada vige o princípio da *oportunidade*, que exprime o exercício *facultativo* da ação penal por seu titular. Obedece ainda o princípio da disponibilidade, permitindo-se a renúncia (item 12.2.10) e o perdão (item 12.2.11), bem como o da *indivisibilidade*, pelo qual se obriga a queixa, se proposta, a abranger todos os que cometeram a infração penal.

Há duas espécies de ação privada: a *exclusiva*, ou *principal*, e a *subsidiária* da ação pública.

### 11.2.2 Ação privada exclusiva

Ação de iniciativa privada *exclusiva* somente pode ser proposta pelo ofendido ou por seu representante legal. Especifica-se na Parte Especial do Código Penal quais os delitos que a admitem, geralmente com a expressão "só se procede mediante queixa". É o que ocorre, em princípio, nos crimes contra a honra (art. 145, *caput*), em delitos contra a propriedade imaterial ou intelectual (Lei nº 9.279, de 14-5-1996), nos crimes de dano (art. 163), fraude à execução (art. 179) etc. Entretanto, por força do art. 24, § 2º, do CPP, com a redação que lhe foi dada pela Lei nº 8.699, de 27-8-1993, seja qual for o crime, quando praticado em detrimento do patrimônio ou interesse da União, Estado ou Município, a ação penal será pública.

Segundo preceituava o art. 35 do CPP, "a mulher casada não poderá exercer o direito de queixa sem consentimento do marido, salvo quando estiver dele separada ou quando a queixa for contra ele". Mesmo diante da alteração do art. 242 do antigo Código Civil, que passou a prever a igualdade quanto ao pátrio poder entre os cônjuges, discutia-se a prevalência desse dispositivo. Para alguns, fora ele revogado;[20] para a maioria permanecia vigendo.[21] Diante da Carta Constitucional de 1988, não se poderia ter mais dúvida quanto à revogação do art. 35 do CPP. Se "os direitos e deveres referentes à sociedade conjugal são exercidos igualmente pelo homem e pela mulher" (art. 226, § 5º), não pode ficar esta submetida à autorização daquele para propor a ação privada. E em consonância com a norma constitucional, o novo Código Civil prevê a igualdade de direitos e deveres dos cônjuges, de suas responsabilidades pelos encargos da família e no exercício do poder familiar (arts. 1.511, 1.565 e 1.631). De qualquer

---

12. Cf. TUCCI, Rogério Lauria. Art. cit. p. 138-139.

forma, o art. 35 e seu parágrafo único, do CPP, foi expressamente revogado pelo art. 1º da Lei nº 9.520, de 27-11-1997.

O concurso material ou formal entre delitos conexos de ação penal pública e privada pode ser resolvido processualmente pela formação de litisconsórcio entre o promotor e o titular do *jus querelandi*.[22] [13]

### 11.2.3 Ação privada subsidiária

A ação de iniciativa privada pode intentar-se nos crimes de ação pública, se o Ministério Público não oferece denúncia no prazo legal (art. 100, § 3º). Essa possibilidade passou a constituir uma garantia constitucional com a Carta Magna (art. 5º, LIX). A essa espécie de ação se tem denominado "ação privada *subsidiária*". Qualquer que seja o delito, se o Ministério Público não oferece a denúncia no prazo de cinco dias, se o agente estiver preso, ou de quinze dias, se solto (art. 46 do CPP), poderá a ação penal ser instaurada mediante queixa do ofendido ou por quem tenha qualidade para representá-lo. Isso não significa que, ultrapassados esses prazos, não mais possa ser iniciada ação pública, e sim que se faculta à vítima a substituição pela ação privada. Entretanto, se o membro do Ministério Público, de posse do inquérito ou de peças de informação, excede o prazo para a denúncia, sem requerer diligências ou o arquivamento das peças, possibilita-se a ação privada subsidiária.[23]

A ação penal subsidiária, ou supletiva, só tem lugar no caso de inércia do órgão do MP, ou seja, quando ele, no prazo que lhe é concedido para oferecer denúncia, não a apresenta, não requer diligência, nem pede o arquivamento.[24] [14] Pedido de arquivamento posterior à instauração da ação privada subsidiária, entretanto, não torna o ofendido parte ilegítima, devendo ela prosseguir.[25] Arquivado o inquérito policial, por despacho do juiz a requerimento do Promotor de Justiça, não pode a ação penal ser iniciada sem novas provas (Súmula 524 do STF).

A ação privada subsidiária pode ser intentada para a apuração de delitos não incluídos na denúncia formulada pelo Ministério Público ou em seu pedido de arquivamento. Trata-se de hipótese equiparada à abstenção do órgão da acusação pública, ensejadora da iniciativa privada.[26]

O Supremo Tribunal Federal, porém, passou a admitir a ação penal privada, mesmo quando não configurada previamente a inércia do Ministério Público, na hipótese de crimes contra a honra de funcionário público em razão de suas funções, não obstante o disposto nos arts. 5º, LIX, e 129, I, da CF, nos arts. 100, *caput*, do CP e no art. 145, parágrafo único, do CP, em que se prevê para tais infrações a ação penal pública condicionada à representação do ofendido. Nos termos da Súmula 714 do STF, nesse caso,

---

13. Cf. MARQUES, José Frederico. *Elementos de direito processual penal*. Rio de Janeiro: Forense, 1961. v. 1, p. 368.
14. Apesar da mudança na redação do dispositivo (art. 100, § 3º), a conclusão perante a lei nova é a mesma. Cf. JESUS, Damásio E. de. Ação penal subsidiária. *O Estado de S. Paulo*, 24 mar. 1985, p. 54.

é concorrente a legitimidade do Ministério Público e do ofendido.[27] Essa espécie de ação penal, resultante de criação pretoriana, não é *exclusiva* e tampouco *subsidiária*. Embora se possa falar em legitimidade *concorrente*, porque, em princípio, pode vir a ser ajuizada pelo Ministério Público ou pelo ofendido, a ação penal privada, na hipótese, é, por característica, *alternativa*, porque se concede ao ofendido a faculdade de optar pelo ajuizamento da ação a oferecer a representação ao Ministério Público (*Manual*, v. 2, item 8.4.5).

A nova Lei de Abuso de Autoridade reproduz expressamente as regras gerais existente no Código Penal e no Código de Processo Penal no sentido da admissibilidade do ajuizamento da ação privada subsidiária se a ação pública não for intentada no prazo legal e do prazo decadencial de seis meses contado da data em que se esgotar o prazo para oferecimento da denúncia (art. 3º, §§ 1º e 2º, da Lei nº 13.869, de 5-9-2019), não inovando, portanto, na disciplina da matéria.

### 11.2.4 O ofendido e a ação privada

Como já foi exposto, cabe exclusivamente ao ofendido iniciar a ação privada, mas, se a ação pública pode ser instaurada enquanto não ocorrer a prescrição da pretensão punitiva, a queixa só será admitida dentro do prazo de seis meses, contado do dia em que o ofendido veio a saber quem é o autor do crime, ou, no caso de ação subsidiária, do dia em que se esgota o prazo para o oferecimento da denúncia (art. 103). O prazo de decadência do direito de queixa é, portanto, de seis meses, mas a regra admite exceções. Tratando-se de crime contra a propriedade imaterial em que se exige perícia, a ação penal deve ser proposta no prazo de 30 dias a contar da ciência pelo autor da homologação do laudo (art. 529, do CPP).[15] Desobedecidos os prazos (geral ou especial) ocorrerá a decadência, causa de extinção da punibilidade (item 12.2.8).

Em casos de morte do ofendido ou de ter sido ele declarado ausente por decisão judicial, o direito de oferecer queixa ou de prosseguir na ação passa ao cônjuge, ascendente, descendente ou irmão (art. 100, § 4º), salvo nos casos de *ação personalíssima*, como ocorre na hipótese de induzimento a erro essencial e ocultação de impedimento (art. 236), em que há extinção da punibilidade pela morte do ofendido e querelante (item 12.2.9).[16]

Na hipótese de ser o ofendido maior de 18 e menor de 21 anos, prevê o art. 34 do CPP que o direito de queixa poderá ser exercido por ele ou por seu representante legal. Com a entrada em vigor, porém, do novo Código Civil, que reduziu para 18 anos a plena maioridade civil, perdeu aplicabilidade a norma quanto à segunda titularidade, sem que se mostre necessário aguardar a norma adaptadora prevista no art. 2.043 do CC. O art.

---

15. MIRABETE, Julio Fabbrini. *Processo penal*. 15. ed. São Paulo: Atlas, 2003, p. 608-611.
16. Antes da vigência da Lei nº 11.106, de 28-3-2005, que revogou o art. 240 do CP, também era caso de ação penal personalíssima a prevista para o cônjuge ofendido no crime de adultério, que podia exercê-la no prazo decadencial de um mês contado do conhecimento do fato.

100, § 2º, ao dispor que a queixa pode ser oferecida pelo ofendido ou por "quem tenha qualidade para representá-lo", e o art. 34 do CPP, ao referir-se ao "representante legal" do ofendido, remetem-se às regras que disciplinam a incapacidade, absoluta ou relativa, e a representação do incapaz, tornando o alcance dos dispositivos penais dependente do conteúdo da norma de direito civil. Se nos termos do novo Código Civil não há mais que se falar em representante legal, em razão da idade, do maior de 18 anos, porque plenamente capaz, somente a este passa a ser possível o exercício do direito de queixa. Ao representante legal caberá a iniciativa da ação penal privada apenas quando tiver o ofendido menos de 18 anos.

A nova idade para maioridade civil gera outros reflexos sobre a disciplina do exercício e da disponibilidade da ação penal privada, quanto tem o ofendido mais de 18 e menos de 21 anos, como na hipótese de duplicidade do prazo decadencial (item 12.2.8). A partir da vigência do novo estatuto civil, tornaram-se inócuas e inaplicáveis as regras contidas no parágrafo único do art. 50 do CPP, que trata da renúncia do direito de queixa pelo representante legal do menor (item 12.2.10), no art. 52 do CPP, que prevê a possibilidade de concessão do perdão pelo representante legal do ofendido (item 12.2.11), e no art. 54 do CPP, que permite a aceitação do perdão pelo representante legal querelado, quando este estiver na referida faixa de idade (item 12.2.11). A Súmula 594 do STF, segundo a qual "os direitos de queixa e de representação podem ser exercidos, independentemente, pelo ofendido ou por seu representante legal", não mais se ajusta à hipótese do ofendido maior de 18 e menor de 21, mas continua aplicável a outras situações, como a da fluência do prazo decadencial para o ofendido menor de 18 anos (item 12.2.8).

Aplicam-se essas regras, salvo disposições expressas em contrário, ao direito de representação.

# 12
# EXTINÇÃO DA PUNIBILIDADE

## 12.1 PUNIBILIDADE

### 12.1.1 Conceito

A prática de um fato definido na lei como crime traz consigo a punibilidade, isto é, a aplicabilidade da pena que lhe é cominada em abstrato na norma penal.[1] Não é a punibilidade elemento ou requisito do crime, mas sua consequência jurídica, devendo ser aplicada a sanção quando se verificar que houve o crime e a conduta do agente foi culpável. Com a prática do crime, o direito de punir do Estado, que era abstrato, torna-se concreto, surgindo a punibilidade, que é a possibilidade jurídica de impor a sanção.[2]

### 12.1.2 Condições objetivas de punibilidade

Praticado o delito, pode a lei exigir a existência de uma condição objetiva a fim de ser punível o fato praticado. Não registra a lei penal brasileira disposição geral expressa a respeito das chamadas *condições objetivas da punibilidade*. Há casos, porém, em que a punibilidade, por razões de política criminal, está na dependência do aperfeiçoamento de elementos ou circunstâncias não encontradas na descrição típica do crime e exteriores à conduta. São chamadas de condições *objetivas* porque independem, para serem consideradas como condições para a punibilidade, de estarem cobertas pelo dolo do agente. Deve-se entender que, constituindo-se a condição objetiva de punibilidade de acontecimento futuro e incerto, não coberto pelo dolo do agente, é ela exterior ao tipo e, em consequência, ao crime.[3] Exemplo de condição objetiva da punibilidade é a sentença que decreta a falência ou que concede a recuperação judicial ou a extrajudicial em relação aos crimes previstos na Lei nº 11.101, de 9-2-2005, conforme passou a dispor expressamente o art. 180 do estatuto que revogou a anterior Lei de Falências (Decreto-lei nº 7.661, de 21-6-1945).

Não se confundem as condições objetivas de punibilidade com as *condições de procedibilidade*, referentes às questões ligadas à ação penal, como a do trânsito em

---

1. Cf. BRUNO, Anibal. *Direito penal*: parte geral. Rio de Janeiro: Forense, 1962. v. 3. p. 193.
2. Cf. ANTOLISEI, Francesco. *Manual de derecho penal*: parte general. Buenos Aires: Uteha, 1960. p. 531.
3. Nesse sentido: JESUS, Damásio E. de. *Direito penal*. 8. ed. São Paulo: Saraiva, 1983. v. 1, p. 641-642; BARBOSA, Marcelo Fortes. Condições objetivas de punibilidade. *Justitia* 85/139.

julgado da sentença que anula o casamento, no crime definido no art. 236, a representação do ofendido e a requisição do Ministro da Justiça etc. Estas apenas condicionam o exercício da ação penal, são de direito processual e se atêm somente à admissibilidade da persecução penal.[4]

Não se confundem elas também com as chamadas *escusas absolutórias*, em que não se impõe a pena em casos especiais por circunstâncias pessoais do agente ou em decorrência de seu comportamento posterior, como nas hipóteses de isenção de pena previstas nos arts. 181, incisos I e II e 348, § 2º, imunidades referentes a crimes contra o patrimônio e de favorecimento pessoal. Os efeitos dessas imunidades, porém, são idênticos aos das condições objetivas de punibilidade.

## 12.2 EXTINÇÃO DA PUNIBILIDADE – I

### 12.2.1 Causas extintivas

Originado o *jus puniendi,* concretizado com a prática do crime, podem ocorrer causas que obstem a aplicação das sanções penais pela renúncia do Estado em punir o autor do delito, falando-se, então, em *causas de extinção da punibilidade.*

Há causas de extinção *gerais* (ou *comuns*) que podem ocorrer em todos os delitos (prescrição, morte do agente etc.) e as causas *especiais* (ou *particulares*), relativas a determinados delitos (retratação do agente nos crimes contra a honra, a retratação no crime de falso testemunho ou falsa perícia etc.).

Havendo concurso de agentes, as causas de extinção da punibilidade podem ser *comunicáveis,* aproveitando todos os autores, coautores e partícipes, como nas hipóteses de renúncia e perdão nos crimes contra a honra, de casamento do agente com a vítima em relação aos crimes praticados antes da vigência da Lei nº 11.106, de 28-3-2005 (item 12.3.4) etc., ou *incomunicáveis,* que valem para cada um, não atingindo os demais, como na retratação do agente nos crimes de calúnia e difamação, morte etc.

A extinção da punibilidade de crime que é pressuposto, elemento constitutivo, ou circunstância agravante de outro não se estende a este (art. 108, primeira parte). Assim, havendo a extinção da punibilidade do crime de furto, não se estende ela ao de receptação da coisa subtraída, nem a do crime antecedente afeta o delito de favorecimento pessoal (hipótese de crimes pressupostos quanto aos acessórios). A extinção da punibilidade do crime de ameaça ou de lesão corporal não se estende ao de roubo, em que foi meio para a prática desse ilícito (elemento constitutivo). Menciona a lei também a "circunstância qualificadora", como na hipótese da extinção do crime de dano que não se estende à qualificadora do rompimento de obstáculo do furto (art. 155, § 4º, inciso I) ou do crime de lesão corporal quanto à qualificadora do crime de dano (art. 163, parágrafo único).

---

4. Cf. WESSELS, Johannes. *Direito penal:* parte geral. Porto Alegre: Sergio Antonio Fabris, 1976. p. 38.

Decidiu-se que a extinção da punibilidade do crime falimentar não se estende ao de falsidade, mas, na hipótese, tratava-se de crime de falso posterior à decretação da falência, entendendo-se que havia no caso simples conexão, devendo cada ilícito ser considerado de *per si* para o feito da extinção da punibilidade.[1]

Dispõe a lei, também, que "nos crimes conexos, a extinção da punibilidade de um deles não impede, quanto aos outros, a agravação da pena resultante da conexão" (art. 108, segunda parte). Extinta a punibilidade de um crime, continuará a existir a agravante prevista no art. 61, inciso II, *b*, para o delito praticado com a intenção de assegurar a ocultação daquele; extinta a punibilidade do furto, por exemplo, não desaparece a qualificadora prevista no art. 121, § 2º, inciso V, no homicídio praticado para assegurar a impunidade daquele.

Todo o sistema de extinção da punibilidade do Código Penal se aplica exclusivamente às hipóteses de pena criminal, não incidindo em casos de prisão civil, que não se revestem do mesmo caráter de pena, mas encerram somente a natureza da medida coercitiva, destinada a forçar o cumprimento da obrigação civil.[5]

### 12.2.2 Efeitos

As causas extintivas da punibilidade podem ocorrer antes do trânsito em julgado da sentença e, nessa hipótese, regra geral, atinge-se o próprio *jus puniendi*, não persistindo qualquer efeito do processo ou mesmo da sentença condenatória. São exemplos a prescrição da pretensão punitiva, a decadência, a renúncia etc. Eventualmente, porém, podem restar alguns efeitos da condenação, como nas hipóteses de perdão judicial e do indulto.

As causas extintivas podem ocorrer, também, depois do trânsito em julgado da sentença condenatória, e, nessa hipótese, extingue-se, regra geral, apenas o título penal executório ou apenas alguns de seus efeitos, como a pena. São exemplos a prescrição da pretensão executória, o indulto etc. Há casos, porém, em que se extinguem todos os efeitos da sentença condenatória e o próprio delito não mais poderá ser considerado. São as hipóteses da anistia e da *abolitio criminis*, que excluem qualquer efeito penal decorrente do crime.

### 12.2.3 Causas não previstas no art. 107 do CP

Relaciona o Código no art. 107 as causas de extinção da punibilidade, sem distinguir expressamente seus efeitos, ou seja, sem distinção quanto a seu alcance. A enumeração, porém, *não é taxativa*; outras são apontadas em vários dispositivos da lei penal comum ou especial. O ressarcimento do dano no peculato culposo, que constava da relação do art. 108 como causa extintiva da punibilidade, ficou fora do art. 107, mas permanece na legislação

---

5. FRANCO, Alberto Silva, BETANHO, Luiz Carlos. FELTRIN, Sebastião Oscar. *Código penal e sua interpretação jurisprudencial*. São Paulo: Revista dos Tribunais, 1979. v. 1, t. 2. p. 217.

no art. 312, § 3º.[6] É causa extintiva da punibilidade também a conciliação efetuada nos termos do art. 520 do Código de Processo Penal, nos crimes de calúnia, difamação e injúria, de competência do juiz singular, pois, havendo reconciliação, é arquivada a queixa-crime (art. 522 do CPP). É também causa extintiva da punibilidade da contravenção de vadiagem a aquisição superveniente de renda que assegure ao condenado meios bastantes de subsistência (art. 59, parágrafo único, da LCP). Voltou a ser causa extintiva da punibilidade o pagamento do tributo ou contribuição social, em crimes de sonegação fiscal e contra a ordem tributária e nos crimes de apropriação indébita previdenciária e de sonegação de contribuição previdenciária (art. 9º, § 2º, da Lei nº 10.684, de 30-5-2003, art. 69 da Lei nº 11.941, de 27-5-2009, art. 83, § 4º, da Lei nº 9.430, de 27-12-1996, alterado pela Lei nº 12.382, de 25-2-2011 etc.) e, em relação aos dois últimos, há também normas específicas no Código Penal (arts. 168-A, § 2º, e 337-A, § 1º, acrescentados pela Lei nº 9.983, de 14-7-2000) (item 12.3.3). Novos diplomas legais têm contemplado outras causas extintivas da punibilidade relacionadas com a reparação do dano, como o cumprimento do acordo de leniência nos crimes relacionados com a prática de cartel (art. 87, parágrafo único, da Lei nº 12.529, de 30-11-2011) ou o cumprimento do termo de compromisso firmado perante o órgão ambiental para regularização de imóvel ou posse rural (art. 60 da Lei nº 12.651, de 25-5-2012 – Código Florestal) em certos crimes contra o meio ambiente etc.

Por força do art. 89, § 5º, da Lei nº 9.099, de 26-9-1995, que dispõe sobre os Juizados Especiais Cíveis e Criminais, decorrido o prazo da suspensão condicional do processo sem sua revogação, deve ser julgada extinta a punibilidade.

Constitui, também, causa extintiva da punibilidade o cumprimento integral do acordo de não persecução penal celebrado entre o Ministério Público e o investigado e homologado pelo Juiz, nos termos do que prevê o art. 28-A do Código de Processo Penal, inserido pela Lei nº 13.964, de 24-12-2019.

São também causas de extinção da punibilidade a anulação do primeiro casamento no caso de bigamia, o decurso dos prazos do *sursis* e do livramento condicional (extinção da pena) etc.

### 12.2.4 Morte do agente

Extingue-se a punibilidade pela *morte do agente* (art. 107, inciso I) em decorrência do princípio *mors ominia solvit* (a morte tudo apaga). Ao referir-se ao "agente", a lei inclui o indiciado, o réu e o condenado. Não sendo possível a aplicação da pena aos descendentes do agente, não há mais procedimento penal contra o morto nem se executa qualquer pena imposta, nem mesmo a de multa, diante do princípio constitucional de que nenhuma pena passará da pessoa do delinquente (art. 5º, XLV, 1ª parte, da CF). Entretanto, a Constituição Federal de 1988 prevê uma exceção ao princípio, estabelecendo que a decretação do perdimento de bens pode ser estendida, nos termos da lei, aos sucessores e contra eles executadas, até o limite do valor do patrimônio transferido

---

6. MIRABETE, Julio Fabbrini. *Manual de direito penal*. 34. ed. São Paulo: Foco, 2023. v. 3, item 14.2.11.

(art. 5º, XLV, 2ª parte, da CF). Assim, se a lei penal estabelecer tal sanção para as pessoas jurídicas, p. ex., nos crimes contra o sistema financeiro e econômico, contra a economia popular e por danos ao meio ambiente, a pena poderá ser executada contra sua sucessora.

A morte de um coautor não é causa de extinção da punibilidade que se comunique aos demais. Mesmo na hipótese da morte do cônjuge acusado de adultério antes da revogação do art. 240 pela Lei nº 11.106, de 28-3-2005, não havendo disposição expressa em contrário, a ação penal havia de prosseguir contra o coautor, apesar da ilustre opinião em contrário de Aloysio de Carvalho Filho.[7]

No caso de morte do acusado, somente à vista da certidão de óbito, e depois de ouvido o Ministério Público, o juiz declarará extinta a punibilidade. É o que determina o art. 62 do CPP. Não basta, assim, a simples informação verbal, sendo imprescindível a juntada aos autos da competente certidão de óbito.[(2)]

Alguns doutrinadores entendem que se extingue a punibilidade pela morte presumida (arts. 6º e 7º do CC).[8] Exigindo-se, entretanto, a certidão de óbito e valendo a presunção legal apenas para efeitos civis, deve-se concluir que não há extinção da punibilidade nessa hipótese.[9] Poderá ocorrer apenas outra causa de extinção como a prescrição, por exemplo.

A decisão que decreta a extinção da punibilidade pela morte do agente, como nas demais hipóteses contempladas no art. 107, transita em julgado. Assim, ainda que se demonstre a falsidade da prova do óbito, não pode ser ela revista, porque não existe em nosso direito revisão *pro societate*.[10] Somente será possível intentar-se uma ação penal pelos crimes de falsidade ou de uso de documento falso. Na jurisprudência, porém, há decisões em sentido contrário, afirmando-se que o pressuposto da declaração da extinção da punibilidade é a morte e, inexistindo esta, a decisão não faz coisa julgada.[(3)] Deveria o legislador ter incluído a ressalva da possibilidade de revisão nessa hipótese, tal como ocorre na legislação italiana.

A morte do condenado não impede a propositura da revisão criminal, que pode ser pedida pelo cônjuge, ascendente, descendente ou irmão (art. 623 do CPP). Por essa razão não prejudica também o andamento do processo já iniciado.[(4)]

## 12.2.5 Anistia

Extinguem a punibilidade a anistia, a graça e o indulto (art. 107, inciso II). São causas extintivas motivadas por política criminal, além de processo de individualização

---

7. *Comentários ao Código Penal*. 5. ed. Rio de Janeiro: Forense, 1979. v. 4. p. 82-83.
8. HUNGRIA, Nelson. *Novas questões jurídico-penais*, 1945. p. 108; NORONHA, E. Magalhães. *Direito penal*. 15. ed. São Paulo: Saraiva, 1978. v. 1, p. 396.
9. Nesse sentido: JESUS, Damásio E. de. Ob. cit. p. 655.
10. Carta Testemunhável nº 97.709, FRANCO, Alberto Silva et al. Ob. cit. p. 218-219. Nesse sentido: JESUS, Damásio E. de. Ob. cit. p. 656; GARCIA, Basileu. *Instituições de direito penal*. 5. ed. São Paulo: Max Limonad, 1980. v. 1, t. 2. p. 751; NORONHA, E. Magalhães. Ob. cit. p. 396; *RT* 580/349-352.

da pena, para moderar os rigores implacáveis da lei na aplicação ou execução da pena ou, eventualmente, destinadas a remediar erro judiciário.

A *anistia* pode ocorrer antes ou depois da sentença, extinguindo a ação e a condenação e se destina a *fatos* e não a *pessoas*, embora possa exigir condições subjetivas para ser aplicada ao réu ou condenado. Tem a finalidade de fazer-se olvidar o crime e aplica-se principalmente aos crimes políticos. Pode ser geral ou restrita e incondicionada ou condicionada.

Por disposição constitucional (art. 5º, XLIII), regulamentada pela Lei nº 8.072, de 25-7-1990, são insuscetíveis de anistia os crimes hediondos (item 3.6.22), a prática de tortura, o tráfico ilícito de entorpecentes e drogas afins e o terrorismo, consumados ou tentados (art. 2º, I). Nesse sentido também o art. 1º, § 6º, da Lei nº 9.455, de 7-4-1997, que proíbe a anistia ao condenado por crime de tortura, e o art. 44, *caput*, da Lei nº 11.343, de 23-8-2006, que a veda em crime de tráfico de drogas.

Compete à União, através de lei do Congresso Nacional, a concessão de anistia (arts. 21, XVII, e 48, VIII da CF). Não há mais restrição à iniciativa do projeto quando se referir a crimes políticos, como ocorria na norma constitucional anterior.

A anistia opera *ex tunc*, isto é, para o passado, apagando o crime e extinguindo todos os efeitos penais da sentença (pena pecuniária, *sursis*, pressuposto da reincidência etc.).[5][11] Não abrange, porém, os efeitos civis (dever de indenizar, perdimento de instrumentos ou produto do crime etc.).

Sendo condicionada, a mercê pode ser recusada por aquele que não concordar em se submeter às restrições impostas pela lei que a concedeu. Sendo aceita, a anistia não pode ser revogada (art. 5º, XXXVI, da CF) mesmo que o anistiado não cumpra as condições impostas, podendo responder, eventualmente, pelo ilícito previsto no art. 359 do CP.

Concedida a anistia, de ofício, a requerimento do interessado ou do Ministério Público, por proposta da autoridade administrativa ou do Conselho Penitenciário, o juiz declarará extinta a punibilidade (art. 187 da LEP).

### 12.2.6 Graça e indulto

A *graça*, forma de clemência soberana, destina-se a *pessoa determinada* e não a fato, sendo semelhante ao indulto individual. A Constituição Federal vigente, porém, não se refere mais à graça, mas apenas ao indulto (art. 84, XII), exceção feita à regra que veda a concessão do favor nos crimes hediondos e assemelhados (art. 5º, XLIII). Por essa razão, a Lei de Execução Penal passou a tratá-la como *indulto individual*, o que não ocorreu na reforma da Parte Geral do Código Penal.

O indulto individual (ou graça) pode ser *total* (ou pleno), alcançando todas as sanções impostas ao condenado, ou *parcial*, com a redução ou substituição da sanção,

---

11. TOURINHO FILHO, Fernando da Costa. *Processo penal*. 5. ed. Bauru: Jalovi, 1979. v. 1, p. 530-533.

caso em que toma o nome de comutação. Pode ser provocado por petição do condenado, por iniciativa do Ministério Público, do Conselho Penitenciário, ou da autoridade administrativa (art. 188 da LEP).[12] O processamento do pedido deverá obedecer ao disposto na Lei de Execução Penal (arts. 188 a 192).

O *indulto coletivo* abrange sempre um grupo de sentenciados e normalmente inclui os beneficiários tendo em vista a duração das penas que lhe foram aplicadas, embora se exijam certos requisitos subjetivos (primariedade etc.)[6] e objetivos (cumprimento de parte da pena, exclusão dos autores da prática de algumas espécies de crimes etc.).

O indulto coletivo também pode ser *total*, com a extinção das penas, ou *parcial*, caso em que são elas diminuídas ou substituídas. Na comutação não há, verdadeiramente, uma extinção da punibilidade, mas tão somente uma simples diminuição do *quantum* da reprimenda, um abrandamento da penalidade.

Dispõe a Constituição de 1988 que são insuscetíveis de *graça* a prática de tortura, o tráfico ilícito de entorpecentes e drogas afins, o terrorismo e os crimes definidos como hediondos (item 3.6.22). Regulamentando o art. 5º, XLIII, da CF, a Lei nº 8.072 diz que tais crimes, consumados ou tentados, são insuscetíveis de "graça e indulto" (art. 2º, I), vedando, em consequência, tanto o indulto individual quanto coletivo.[7] A mesma vedação, de graça e indulto, é também prevista na Lei de Drogas nos crimes relacionados com o tráfico de drogas que especifica (art. 44, *caput*, da Lei nº 11.343, de 23-8-2006). Não há impedimento a que o decreto de indulto exclua de seus beneficiários o autor de crime hediondo, ainda que ao tempo de sua prática o delito não fosse assim considerado por lei. Tratando-se de ato discricionário do Presidente da República, pode este estabelecer os critérios para a concessão do favor mediante referência às espécies delitivas e, especificamente, ao rol dos crimes hediondos, de acordo com a lei vigente à época do decreto, sem que se possa cogitar de ofensa ao princípio da irretroatividade da lei penal mais severa (art. 5º, XL, da CF). Se o decreto exclui da concessão do indulto e da comutação de penas os autores de crime hediondo, sem ressalvas, não pode ser agraciado o condenado por crime de homicídio qualificado praticado anteriormente à vigência da Lei nº 8.930, de 6-9-1994, que o incluiu no rol previsto no art. 1º da Lei nº 8.072/1990.

Pode obter o indulto aquele que está em gozo do *sursis* ou do livramento condicional,[8] permitindo-se também a soma das penas de duas condenações para verificar-se se estão dentro ou fora dos limites previstos no decreto de indulto.[9]

Como o indulto pressupõe penas impostas, discute-se se é possível sua incidência nos casos de sentenças recorríveis. A melhor solução é a de que estará indultado o

---

12. De acordo com o art. 734 do Código de Processo Penal, o Presidente da República tem a faculdade de conceder espontaneamente o indulto individual o que, de fato, ocorreu, no Decreto de 21-4-2022, que concedeu o indulto individual a deputado federal, condenado por crimes de incitação à abolição violenta do Estado Democrático de Direito e coação no curso do processo (AP 1.044-DF e ADPF 964-DF), mas o STF, por maioria, decidiu pela anulação do referido decreto.

sentenciado quando a decisão tiver transitado em julgado para a acusação, hipótese em que não é possível o aumento da pena e a consequente exclusão dessa causa de extinção da punibilidade. Na jurisprudência, tem-se admitido o indulto mesmo que o réu tenha recorrido da decisão condenatória,[10] não impedindo ele o conhecimento da apelação.[11]

Competente para indultar é o Presidente da República, mas ele pode delegar a atribuição a Ministro de Estado ao Procurador-Geral da República ou ao Advogado-Geral da União (art. 84, inciso XII, e parágrafo único, da CF), não sendo necessário pedido dos interessados.[13]

Com o indulto (individual ou coletivo) extinguem-se somente as sanções mencionadas nos respectivos decretos, permanecendo os demais efeitos da sentença condenatória, sejam penais[12] ou civis, como deixa claro, aliás, a Súmula 631 do STJ "o indulto extingue os efeitos primários da condenação (pretensão executória), mas não atinge os efeitos secundários, penais ou extrapenais". O indulto, regra geral, não pode ser recusado, mas se condicionado admite-se a recusa.

Os requisitos para a concessão do indulto devem ser aferidos pelo juiz de acordo com as exigências contidas no decreto e à época de sua publicação. Assim, se o decreto prevê como requisito o não cometimento de falta grave no período de um ano anteriormente à sua publicação, não se pode negar o benefício ao condenado por haver praticado a falta posteriormente a esse período. Não pode o juiz, também, indeferir o indulto ao condenado que satisfaz todos os requisitos exigidos no decreto, sob o fundamento de ser "grave" o crime pelo qual foi condenado, de não ter ele suficiente "mérito" para ser agraciado ou de ser "criminoso habitual" etc. Não é correto, ainda, conforme pacífica orientação doutrinária e jurisprudencial, o entendimento de que a prática de falta grave interrompe o tempo de cumprimento de pena exigido no decreto para o deferimento do indulto ou da comutação de penas. Na ausência de norma legal e de dispositivo específico, nesse sentido, no decreto de indulto, a orientação implica violação ao princípio da legalidade e indevida invasão judicial de competência privativa do Presidente da República[14], nos termos do que prevê o art. 84, inciso XII, da CF. Essa orientação se cristalizou no Superior Tribunal de Justiça (Súmula 535).

Concedido o indulto individual e anexada aos autos cópia do decreto, o juiz declarará extinta a pena ou ajustará a execução aos termos do decreto, no caso de comutação (art. 192 da LEP). Idêntica providência será tomada tratando-se de indulto coletivo, podendo o juiz atuar de ofício, a requerimento do interessado, do Ministério Público, ou por iniciativa do Conselho Penitenciário ou de autoridade administrativa (art. 193 da LEP).

---

13. Discute-se, porém, no STF a amplitude da competência do Presidente da República na fixação dos critérios para a concessão do indulto coletivo. O Decreto nº 9.246/2017 teve suspensa, em parte, a sua aplicação, por medida liminar, sob o fundamento, em síntese, de indevida violação da separação de poderes em razão da excessiva leniência nos casos de crimes de corrupção e correlatos e do consequente esvaziamento da política criminal estabelecida pelo legislador (ADI 5874-MC/DF, decisão monocrática de 12-3-2018).
14. STF: ADI 5874-DF, j. em 9-5-2019, *DJe* de 5-11-2020.

## 12.2.7 Abolitio criminis

Extingue-se a punibilidade "pela retroatividade da lei que não mais considera o fato como criminoso" (art. 107, inciso III). Trata-se da *abolitio criminis* já prevista expressamente no art. 2º, *caput* (item 2.2.4). Deixando a lei nova de considerar como ilícito penal o fato praticado pelo agente, por revogação expressa ou tácita, extingue-se o próprio crime e nenhum efeito penal subsiste. Não há mais sentido na subsistência de efeitos penais decorrentes de um fato que uma norma posterior, presumidamente mais justa, deixou de incriminar. Assim como não é possível que a definição do crime seja feita por medida provisória (arts. 5º, XXXIX, e 62, § 1º, I, *b*, da CF), também não é ela idônea, para instituir a *abolitio criminis*.[13]

## 12.2.8 Decadência

Extingue-se a punibilidade, ainda, pela prescrição, decadência ou perempção (art. 107, inciso IV). A primeira será objeto de estudo posterior (item 12.4.1) e a última do item seguinte.

*Decadência* é a perda do direito de ação privada ou de representação, em decorrência de não ter sido exercido no prazo previsto em lei. Por via de consequência, ela atinge o próprio direito de punir, de forma direta nos casos de ação privada, em que ocorre a decadência do direito de queixa, e de forma indireta nas ações penais públicas sujeitas à prévia representação do ofendido, porque, desaparecido o direito de delatar, não pode agir o Promotor de Justiça.[15]

Determina o art. 103: "Salvo disposição expressa em contrário, o ofendido decai do direito de queixa ou de representação se não o exerce dentro do prazo de 6 (seis) meses, contado do dia em que veio a saber quem é o autor do crime, ou, no caso do § 3º, do art. 100 deste Código, do dia em que se esgota o prazo para oferecimento da denúncia."

O prazo comum é, portanto, de seis meses, podendo a lei instituir exceções à regra geral. Nos crimes de imprensa o prazo era de três meses a partir da data da publicação ou transmissão (art. 41, § 1º, da Lei nº 5.250, de 9-2-1967).[16] Nos crimes contra a propriedade imaterial em que somente se procede mediante queixa, deve ser obedecido o prazo de 30 dias a contar da ciência da homologação do laudo pericial (art. 529 do CPP).[17] Tratando-se de crime falimentar, a antiga Lei de Falências (Decreto-lei nº 7.661, de 21-6-1945), que previa o prazo não decadencial de três dias para a ação penal privada (arts. 108, parágrafo único, e 194), foi revogada pela Lei nº 11.101, de 9-2-2005, que estabelece expressamente o prazo decadencial de seis meses a contar do escoamento

---
15. Cf. MARQUES, José Frederico. Ob. cit. v. 3. p. 398.
16. Refere-se a lei de imprensa impropriamente à "prescrição" e não à "decadência". O STF declarou que a Lei de Imprensa (Lei nº 5.250, de 9-2-1967), em sua integralidade, não foi recepcionada pela Constituição Federal de 1988 (ADPF 130-7, j. em 30-4-2009, *DOU* de 12-5-2009, p. 1).
17. MIRABETE, Julio Fabbrini. *Processo penal*. 15. ed. São Paulo: Atlas, 2003, item 16.4.4.

do prazo para o oferecimento da denúncia, para o ajuizamento da queixa subsidiária pelo administrador judicial ou credor habilitado (arts. 184, parágrafo único, e 187, § 1º).

Nos crimes de lesões corporais leves ou lesões corporais culposas ocorridos antes da vigência da Lei nº 9.099, o ofendido ou seu representante legal deve ser intimado para oferecê-la no prazo de 30 dias, sob pena de decadência (art. 91). Não intimado, o prazo é o normal, de seis meses.

O texto legal, ao prever o prazo decadencial, condiciona-o à circunstância de saber o ofendido, ou seu representante, quem é o autor do crime.[14] Começa a fluir, portanto, da certeza ou quase certeza do cometimento do crime e não de simples suspeitas.[15] Para a declaração da decadência é indispensável prova inequívoca no sentido de que o ofendido, apesar de ciente da autoria, não atuou no prazo legal.[16] Havendo dúvida a respeito da data da ciência do conhecimento da autoria do fato pela vítima, não pode ser reconhecida.[17]

Para a contagem do prazo, que é de direito penal, conta-se o dia do início, ou seja, a data da ciência da autoria, nos termos do art. 10.[18]

O prazo de decadência é fatal e improrrogável.[19] Não se interrompe, assim, pela instauração do inquérito policial ou pela remessa dos autos deste a Juízo.[20] Entretanto, eventual curso de inquérito policial só pode influir no marco inicial do período de decadência da ação privada quando instaurado para a descoberta do autor do crime. Não interrompe nem suspende o prazo de decadência vista dos autos ao Ministério Público,[21] nem o pedido de explicações ou interpelação judicial.[22]

O direito de queixa ou de representação, depois que o ofendido atinge 18 anos, pode ser por ele pessoalmente exercido. Enquanto não chega a essa idade, age em seu nome o representante legal. Quando a vítima tiver menos de 18 anos, seu prazo decadencial começa a ser contado a partir da data em que completa essa idade. Isso porque, antes de completar 18 anos, não pode ela representar ou oferecer queixa, não sendo jurídico que possa correr, nessa hipótese, prazo para o exercício do direito assegurado em lei. Passados mais de seis meses, contados da data em que o ofendido adquiriu capacidade processual, não pode mais representar ou propor a queixa se teve conhecimento da autoria antes dessa idade.

O art. 34 do CPP dispõe que se o ofendido tiver mais de 18 e menos de 21 anos, o direito de queixa poderá ser exercido por ele ou por seu representante legal. Como o art. 38 do CPP faz depender o início do prazo decadencial do conhecimento de quem seja o autor do crime e como o conhecimento é pessoal, entendia-se que a expiração do prazo para um deles não impedia o exercício do direito de queixa pelo outro, tendo cada um, portanto, prazo próprio. Nos termos da Súmula 594, do STF, aliás, os direitos de queixa ou de representação podem ser exercidos, *independentemente*, pelo ofendido ou por seu representante legal, o que leva à conclusão de que os prazos são contados *separadamente*, de acordo com a ciência que cada um deles teve da autoria do fato.[23] [18] Assim, mesmo

---

18. Nesse sentido: MARQUES, José Frederico. Ob. cit. v. 3. p. 399. Contra: JESUS, Damásio E. de. Ob. cit. p. 669-670; NORONHA, E. Magalhães. Ob. cit. p. 385; NOGUEIRA, Paulo Lúcio. *Questões penais controvertidas*. Rio de Janeiro: Forense, 1979. p. 44.

na hipótese de se escoar o prazo para o ofendido propor a queixa ao completar 18 anos, conservava-o o seu representante legal até completar aquele 21 anos, observado o prazo de decadência.[24]

Com a redução da maioridade civil de 21 anos para 18 anos pelo novo Código Civil (art. 5º), não há mais que se falar em representante legal do ofendido nessa faixa de idade, tornando-se inócua a previsão da titularidade concorrente para o direito de queixa (item 11.2.4). Mas a permanência da Súmula 594 justifica-se para alcançar outras hipóteses, como a acima lembrada, do início do prazo decadencial para o ofendido ao completar 18 anos se antes já tinha conhecimento da autoria.

Tratando-se de curador especial, que é substituto processual agindo na defesa de direito alheio, não recebe ele mais direitos do que aqueles de que o representado era titular. Não adquire, assim, novo direito, cabendo-lhe exercer a queixa ou a representação dentro do prazo assegurado ao representante legal do ofendido. Se o prazo já está em curso, a queixa ou a representação deve ser exercida no lapso temporal que faltar à decadência.[25]

No crime continuado, o prazo decadencial deve ser considerado em relação a cada delito, que deve, para isso, ser apreciado isoladamente.[26] O prazo de decadência do crime habitual deve ser contado a partir do último ato praticado conhecido pelo ofendido.[27] Quanto ao crime permanente, a decadência só alcança os fatos praticados antes do prazo de seis meses, pois seria ilógico entender que seus efeitos são perenes,[28] mas há decisões reconhecendo-a nessa espécie de delitos, contado esse prazo da ciência da autoria mesmo que a infração tenha persistido.[29]

A decadência no tocante à persecução de um ato ilícito não obsta nova fluência do respectivo prazo diante da reiteração do procedimento do agente.[30]

Como o ofendido ou seu representante legal exerce o direito de queixa quando apresenta em juízo a queixa-crime ou representação, pouco importa que o recebimento da primeira ou o oferecimento da denúncia na segunda hipótese, ocorram após o prazo decadencial, já que são estes fatos estranhos à vontade do querelante ou titular da representação.[31] Assim, interrompe-se o prazo da decadência com a distribuição da queixa ou a entrega da representação ao destinatário, ou com o despacho do juiz na inicial.[32]

Exigindo a lei formalidades essenciais ao mandato para a propositura da queixa, as falhas do instrumento da procuração que instrui a queixa-crime não podem ser sanadas após o prazo de decadência.[33]

A decadência deve ser decretada de ofício pelo juiz, consoante estabelece o art. 61 do CPP. [34]

### 12.2.9 Perempção

Prevê a lei penal no art. 107, inciso IV, ainda como causa extintiva da punibilidade, a perempção.

*Perempção* é a perda do direito de prosseguir na *ação penal privada*, ou seja, a sanção jurídica cominada ao querelante em decorrência de sua inércia. Considera-se perempta a ação nas hipóteses previstas no art. 60 do CPP, que somente se aplica aos casos de ação penal privada *exclusiva*.[35] Tratando-se de ação subsidiária, a negligência do querelante não causa a perempção, devendo o Ministério Público retomar a ação como parte principal (art. 29 do CPP).

Pela primeira hipótese prevista no art. 60 do CPP, considera-se perempta a ação penal quando, iniciada, o querelante deixa de promover o andamento do processo durante 30 dias seguidos (inciso I). Pune-se a desídia do querelante que não deu seguimento à ação quando devia tomar determinada providência para impulsioná-la. Exemplos dessa hipótese de perempção são a retenção dos autos em poder do procurador do querelante,[36] a falta de depósito de custas para atos do processo,[37] o não fornecimento de numerário ao oficial de justiça para o cumprimento de mandado de intimação do querelado,[38] a não apresentação de alegações finais[39] etc.

A sanção, porém, não é automática, mas decorre do procedimento negligente do querelante.[40] Não ocorre a perempção se o querelante devia ser intimado para atuar e não se o fez.[41] Também não acarreta a perempção se a paralisação ou demora havida no andamento do processo não se deve à culpa ou negligência do querelante, mas a motivo de força maior.[42]

A perempção somente ocorre se o ato a ser praticado depende exclusivamente do querelante, não ocorrendo a incidência do art. 60, inciso I, se a paralisação é atribuída ao querelado ou a funcionário.[43] O prazo, todavia, é peremptório, nos termos do art. 798 do CPP, não se interrompendo pelas férias forenses.[44] [19]

Ocorre também a perempção quando, falecendo o querelante ou sobrevindo sua incapacidade, não comparece em juízo, para prosseguir no processo, dentro do prazo de 60 dias, qualquer das pessoas a quem couber fazê-lo (art. 60, inciso II, do CPP). No caso de morte do ofendido ou quando declarado ausente por decisão judicial, o direito de oferecer queixa ou prosseguir na ação passará ao cônjuge, ascendente, descendente ou irmão (art. 31 do CPP). Nessas hipóteses e também no caso de interdição do querelante, o cônjuge ou os parentes credenciados deverão assumir a autoria da queixa no prazo de 60 dias, por consequência do falecimento ou incapacidade do autor da queixa sob pena de, não o obedecendo, ser a ação considerada perempta.[45]

Também ocorre a perempção quando o querelante deixa de comparecer, sem motivo justificado, a qualquer ato do processo a que deva estar presente (art. 60, inciso III, primeira parte, do CPP).[46] Somente se exige a presença do autor da ação privada quando se deva realizar ato que demande a participação pessoal dele, não ocorrendo a perempção se, nos demais, comparecer o procurador que o representa legalmente.

---

19. De acordo, porém, com o Código de Processo Penal, suspende-se o curso do prazo processual nos dias compreendidos entre 20 de dezembro e 20 de janeiro, inclusive, com exceção dos casos expressamente previstos (art. 798-A).

[47] Não teria sentido exigir que o querelante que constituiu advogado, conferindo-lhe todos os poderes de representação tivesse a obrigação pessoal de estar presente a toda instrução, como se seu procurador, que tem capacidade para formular a própria queixa, que é ato primordial do processo, não a tivesse para manifestar em cada ato subsequente, a persistência do *animus querelandi*.[48]

Não há necessidade de presença do querelante ou de seu procurador no ato do interrogatório de querelado, já que se trata de ato feito pelo Juízo em relação à pessoa do réu, sem a menor participação de qualquer outra pessoa, ou mesmo de advogado.[49]

Sustenta Celso Delmanto que não há perempção na ausência do querelante à audiência de conciliação prevista no art. 520 do CPP porque, nessa ocasião, a ação ainda não se instaurou.[50] Parece-nos, porém, que, mesmo assim, já se pode falar em "processo", implicando perempção a ausência a esse ato antecedente ao recebimento da queixa.[51]

A perempção somente ocorre se se tiver realizado a competente intimação do querelante para a audiência ou outros atos instrutórios a que deva estar presente.[52] Por essa razão não há perempção na ausência do querelante ou de seu procurador na audiência realizada através de carta precatória, já que nesta hipótese aqueles são apenas intimados de sua expedição e não da data da realização do ato e, além disso, pode ocorrer grave dificuldade ou impossibilidade no comparecimento à audiência de inquirição de testemunha em julgar distante do juízo deprecante.[53]

Também não há perempção na ausência por força maior ou motivo justificado.[54]

Perempta está também a ação penal quando o querelante deixa de formular o pedido de condenação nas alegações finais (art. 60, inciso III, segunda parte, do CPP). Enquanto na ação penal pública é possível a condenação do réu mesmo que o Ministério Público se manifeste pela absolvição, na ação privada a ausência de pedido de condenação extingue a punibilidade. Não se exige, como formalismo sacramental, o "pedido de condenação", sendo suficiente que nas alegações finais se traduza, de modo inequívoco, a pretensão do querelante em obtê-la.[55] Está implícito o pedido quando o querelante pede a procedência da ação,[56] [20] a aplicação da pena,[57] ou "justiça" quando se revela inequivocamente o desejo da condenação.[58] A não apresentação de alegações finais equivale à falta de pedido de condenação,[59] mas é indispensável que tenha sido aberta vista dos autos para a manifestação do querelante.[60]

Há perempção quando o querelante deixa de pleitear nas alegações finais a condenação quanto a um dos delitos capitulados na inicial,[61] embora persista a ação quanto aos demais.

Por último, perempta está a ação penal quando, sendo o querelante pessoa jurídica, esta se extinguir sem deixar sucessor (art. 60, inciso IV, do CPP). Assim, por exemplo, nos crimes contra a propriedade industrial desaparece com a pessoa jurídica o interesse em punir-se o agente que causou danos à sociedade extinta sem sucessora.

---

20. FRANCO, Alberto da Silva et al. Ob. cit. p. 253.

Havendo dois ou mais querelantes, a penalidade da perempção somente incide contra aquele que abandona a ação, ou seja, manifesta seu desejo, mesmo tacitamente, de nela não prosseguir.[62]

Além das hipóteses previstas no art. 60 do CPP, entende-se ainda caso de perempção a morte do querelante nos delitos que são objeto de ação privada personalíssima, como no crime de induzimento a erro essencial e ocultação de impedimento (art. 236) e, antes da revogação do art. 240 pela Lei nº 11.106, de 28-3-2005, no adultério.[21]

### 12.2.10 Renúncia

Extingue-se também a punibilidade pela "renúncia do direito de queixa" (art. 107, inciso V, primeira parte, do CP). A *renúncia*, ato unilateral, é a desistência do direito de ação por parte do ofendido. Não cabe a renúncia quando se trata de ação pública condicionada à representação, já que se refere a lei apenas à ação privada. Já se entendeu, porém, possível a extinção da punibilidade pela renúncia implícita em crime contra honra praticado contra funcionário público no exercício de suas funções.[63] Justifica-se tal orientação, porque na hipótese, a ação pública condicionada substitui a queixa em razão dos motivos de política criminal que a determinaram (item 11.2.3). À renúncia ao direito de representação alude a Lei nº 11.340, de 7-8-2006, ao exigir que seja ela exercida pessoalmente perante o Juiz em audiência especial nos crimes praticados com violência doméstica e familiar contra a mulher. Trata-se, porém, de hipótese de retratação da representação (v. item 11.1.3).

Tendo em vista que o dispositivo do CP (art. 107, V) não faz qualquer distinção, é cabível a renúncia no caso de ação penal privada subsidiária da pública, mas não se impede que o Ministério Público ofereça a denúncia, que é possível enquanto não estiver extinta a punibilidade por qualquer outra causa. Já se decidiu, porém, pela impossibilidade de renúncia nessa hipótese.[64]

Pela redação do dispositivo em exame, percebe-se que a renúncia antecede à propositura da ação penal, isto é, iniciada a ação penal, já não haverá lugar para a renúncia.[22] É, assim, incompatível com a queixa proposta e recebida.[65] Após a propositura da queixa, poderá ocorrer apenas a perempção e o perdão do ofendido.

A renúncia pode ser expressa ou tácita. A renúncia *expressa* deve constar de declaração assinada pelo ofendido, por seu representante legal ou por procurador com poderes especiais, não obrigatoriamente advogado, nos termos do art. 50 do CPP. A renúncia é *tácita* quando o querelante pratica ato incompatível com a vontade de exercer o direito de queixa (art. 104, parágrafo único, primeira parte). Deve tratar-se de atos inequívocos, conscientes e livres, que traduzam uma verdadeira reconciliação, ou o positivo propósito de não exercer o direito de queixa. São exemplos de renúncia tácita

---

21. Cf. MARQUES, José Frederico. Ob. cit. p. 402.
22. TOURINHO FILHO, Fernando da Costa. Ob. cit. p. 553-558.

o reatamento de amizade com o querelado, a visita amigável, a aceitação de convite para uma festa etc. Não têm relevância, porém, as continuadas ou supervenientes relações de necessidade, de subordinação, de civilidade, ou de conveniência social, intercedentes entre o ofendido e o ofensor, nem os meros atos de humanidade praticados por aquele em favor deste, ou os praticados em virtude de coação ou fraude.[23] Por expressa disposição da lei não implica renúncia o fato de receber o ofendido indenização do dano causado pelo crime (art. 104, parágrafo único, segunda parte).

A composição dos danos civis homologada pelo Juiz mediante sentença irrecorrível no Juizado Especial Criminal acarreta, porém, a renúncia do direito de queixa ou representação (art. 74, parágrafo único, da Lei nº 9.099, de 26-9-95). Não obtido o acordo, é dada oportunidade ao ofendido de exercer o direito de representação verbal, que deve ser reduzida a termo, mas sua omissão na audiência preliminar não implica decadência do direito, que poderá ser exercido no prazo previsto em lei (art. 75 e parágrafo único da Lei nº 9.099/95).

A renúncia ao exercício do direito de queixa, em relação a um dos autores do crime, a todos se estende (art. 49 do CPP). O princípio da indivisibilidade obriga ao querelante promover a ação penal contra todos os coautores do fato delituoso em tese, não podendo abstrair nenhum, a menos que seja desconhecido. Excluído algum deles, tem-se que o querelante tacitamente renunciou ao direito de processá-lo, devendo ser estendida a todos sua abdicação.[66] [24] A não propositura da ação penal privada contra um dos autores ou partícipes do crime, de identidade conhecida e em relação a quem militam também os necessários elementos de convicção, importa em renúncia tácita, que aos demais se estende.[67] Não cabe, na hipótese, o aditamento da queixa pelo Ministério Público a pretexto de zelar pela indivisibilidade da ação privada.

Evidentemente, a retratação de um dos coautores do crime, circunstância subjetiva incomunicável, não induz a presunção de renúncia do querelante, que terá o direito de queixa com relação ao outro, inaplicando-se o art. 49 do CPP. [68]

Tratando-se de ação penal pública, incabível é falar-se em renúncia, podendo a denúncia ser aditada a qualquer tempo para incluir coautor do delito.

Nos termos do art. 50, parágrafo único, do CPP, se o ofendido tem entre 18 e 21 anos, a sua renúncia não privará o seu representante legal do direito de ação privada, nem a deste excluirá o direito do primeiro.[69] A redução da maioridade civil para 18 anos pelo novo Código Civil (art. 5º), porém, tornou inaplicável o dispositivo porque não mais subsiste a possibilidade de representação legal, em razão da idade, do maior de 18 anos (item 11.2.4). Também não se estende a renúncia entre os vários ofendidos nos crimes que se apuram mediante queixa. Não produz efeito a renúncia

---

23. Cf. HUNGRIA, Nelson. Ob. cit. v. 5, p. 120.
24. NORONHA, E. Magalhães. *Curso de direito processual penal*. São Paulo: Saraiva, 1964. p. 46; JESUS, Damásio E. de. Ob. cit. p. 664; MARQUES, José Frederico. *Elementos de direito processual penal*. Rio de Janeiro: Forense, 1961. v. 1, p. 360.

do representante da vítima como causa extintiva da punibilidade enquanto esta for menor de 18 anos.[25]

Admite-se qualquer meio de prova para o pedido de reconhecimento da renúncia.

### 12.2.11 Perdão do ofendido

Extingue-se a punibilidade pelo perdão aceito, nos crimes de ação privada (art. 107, inciso V, segunda parte).

O *perdão do ofendido* é a revogação do ato praticado pelo querelante, que desiste do prosseguimento da ação penal. Não havendo queixa devidamente recebida, não há que se falar em perdão.[70] O fato poderá constituir-se, porém, em renúncia ao direito de queixa.

O perdão somente é possível na ação exclusivamente privada, como deixa claro o art. 105, não produzindo qualquer efeito na ação privada subsidiária ou na ação pública incondicionada ou condicionada.[71]

O perdão pode ser concedido pelo ofendido quando maior de 18 anos ou por seu representante legal quando não contar aquela idade. Nos termos do art. 52 do CPP, se o querelante é menor de 21 e maior de 18 anos, o direito de perdão podia ser exercido independentemente por ele ou por seu representante legal, não produzindo efeito o perdão oferecido por um diante da oposição do outro. Mas, entendia-se que, agindo o representante legal como substituto processual e tendo exercido o direito de ação, ao outro não assistia o direito de impedir o prosseguimento da ação penal, cabendo, portanto, somente ao querelante que substituiu o ofendido na propositura da queixa o oferecimento do perdão.[72] Entretanto, inócuo se tornou o dispositivo com a vigência do novo Código Civil e a redução da idade de maioridade civil para 18 anos (item 11.2.4). Não mais se podendo falar em representante legal do ofendido maior de 18 anos, porque plenamente capaz, somente é possível a este, como único titular do direito de ação privada, o oferecimento do perdão ao querelado. O perdão pode ser concedido pelo procurador com poderes especiais (arts. 50 e 56 do CPP). Impedido está de concedê-lo, portanto, o defensor dativo.

Ao contrário da renúncia, o perdão é um ato bilateral, não produzindo efeito se o querelado não o aceita (arts. 107, inciso V, e 106, inciso III). Antes da vigência da nova lei civil, podia aceitar o perdão o próprio querelado ou seu representante legal, se maior de 18 anos e menor de 21, mas a aceitação de um e a recusa de outro impedia a extinção da punibilidade (arts. 52 e 54 do CPP). Não mais tendo o querelado maior de 18 anos representante legal, somente a ele cabe a aceitação do perdão. Se o querelado for mentalmente enfermo ou retardado mental, e não tiver representante legal, ou colidirem

---

25. Cf. CARVALHO, Antonio César Leite de. Renúncia ao direito de queixa exercitada por menor de 18 anos. *Revista do Ministério Público do Estado de Sergipe,* ano IV, nº 6, p. 137-144, 1994.

os interesses deste com os do querelado, a aceitação do perdão caberá ao curador que o juiz lhe nomear (art. 53 do CPP).

Cabe o perdão do ofendido até o trânsito em julgado da sentença (art. 106, § 2º), não o impedindo, assim, a interposição de recurso extraordinário.[73]

O perdão pode ser processual ou extraprocessual. É *processual* quando deduzido em Juízo, exigindo-se petição assinada pelo querelante, seu representante ou procurador com poderes especiais (arts. 50 e 56 do CPP). É *extraprocessual* quando concedido fora dos autos em declaração assinada por quem de direito;[74] se for tácito, admite-se qualquer meio de prova (art. 57 do CPP).

Pode o perdão ser *expresso* ou *tácito* (art. 106). Exemplo de perdão tácito é a readmissão pelo querelante empregador do empregado querelado,[75] além dos atos mencionados como causas de renúncia (item 12.2.10). Não se presume o perdão, porém, de atitudes que possam ter outra explicação válida.[76]

Como na renúncia, o perdão concedido a qualquer dos querelados, a todos aproveita (art. 106, I). Concedido, porém, por um dos ofendidos, não prejudica o direito dos outros (art. 106, II). Se o querelante perdoa um dos querelados e este não o aceita, o perdão atinge o outro pela aceitação deste.

Em caso de repetição da prática do crime, o perdão referente ao primeiro não afeta a possibilidade de nova ação pela prática dos demais.[77]

### 12.2.12 Perdão judicial

O perdão judicial foi também arrolado com a reforma penal entre as causas de extinção da punibilidade (art. 107, inciso IX).

O *perdão judicial* é um instituto através do qual o juiz, embora reconhecendo a coexistência dos elementos objetivos e subjetivos que constituem o delito, deixa de aplicar a pena desde que apresente determinadas circunstâncias excepcionais previstas em lei e que tornam desnecessária a imposição da sanção. Trata-se de uma faculdade do magistrado, que pode concedê-lo ou não, segundo seu critério, e não de direito do réu.[78] [26]Há, porém, posições em sentido contrário.[27]

Pode ser concedido nos crimes previstos nos arts. 121, § 5º, 129, § 8º, 140, § 1º, incisos I e II, 168-A, § 3º, 176, parágrafo único, 180, § 5º, 242, parágrafo único, 249, § 2º, 337-A, § 2º, todos do CP. Também pode ser concedido o perdão judicial ao acusado que, sendo primário, tenha colaborado efetiva e voluntariamente com as investigações e o processo criminal, desde que dessa colaboração tenha resultado a identificação dos demais coautores ou partícipes da ação criminosa, a localização

---

26. Cf. JESUS, Damásio E. de. Ob. cit. v. 2, p. 91. COSTA, Álvaro Mayrink. *Direito penal*: Parte geral. 6. ed. Rio de Janeiro: Forense, 1998. v. 1, t. 3, p. 2113.
27. Cf. BITTENCOURT, Cézar Roberto. *Manual de direito penal*. 6. ed. São Paulo: Saraiva, 2000. p. 669. DAMÁSIO, E. de Jesus. *Código penal anotado*. 15. ed. São Paulo: Saraiva, 2004. p. 393.

da vítima com a sua integridade física preservada e a recuperação total ou parcial do produto do crime, tendo o juiz em conta a personalidade do beneficiário e a natureza, circunstâncias, gravidade e repercussão social do fato criminoso (art. 13 da Lei nº 9.807, de 13-7-1999, que estabelece normas para a organização e a manutenção de programas especiais de proteção a vítimas e a testemunhas ameaçadas). Na Lei nº 9.613, de 3-3-1998, prevê-se também a possibilidade do perdão judicial ao agente que colabora espontaneamente com as autoridades na apuração dos crimes de lavagem ou ocultação de bens, direitos ou valores (art. 1º, § 5º). O perdão judicial pode ser concedido, ainda, ao coautor ou partícipe de organização criminosa que colabora, efetiva e voluntariamente, com a investigação e o processo criminal, conforme previsto na Lei nº 12.850, de 2-8-2013, art. 4º.

Embora não mencionado expressamente, o perdão judicial é também cabível nos crimes de trânsito, de homicídio culposo e lesão corporal culposa, previstos nos arts. 302 e 303 do Código de Trânsito Brasileiro. O veto ao art. 300 do CTB, que o estabelecia, teve como fundamento a sua previsão nos arts. 121, § 5º, e 129, § 8º, do CP. Além disso, o art. 291 do CTB manda aplicar as regras gerais do Código Penal ao referido estatuto, e o perdão judicial é norma de aplicação geral do art. 107, IX, deste último. Ademais, o perdão judicial foi instituído no CP justamente para beneficiar os autores dos crimes culposos de trânsito e não haveria sentido excluí-lo por estarem previstos em lei especial. No mínimo, poder-se-ia falar em *analogia in bonam partem* para a sua aplicação aos arts. 302 e 303 do CTB.

Já se deferiu o perdão judicial à contravenção de falta de habilitação para dirigir veículos, sob a alegação de que seria cabível a fatos mais graves (crimes de homicídio e lesão corporal culposos).[79] Entretanto, é praticamente pacífico que tal não é possível, já que a aplicação do perdão se destina, exclusivamente, às hipóteses expressamente elencadas na lei.[80]

Divergem os autores quanto à natureza jurídica do perdão judicial, e essa discussão se reflete consequentemente na definição da natureza jurídica da sentença em que ele é concedido, a fim de se determinarem quais os efeitos da decisão concessiva do perdão. Na vigência da lei anterior, formaram-se basicamente cinco correntes doutrinárias e jurisprudenciais a esse respeito. Para a primeira, predominante, a sentença que concede o perdão judicial é *condenatória*, subsistindo todos os seus efeitos secundários (inscrição do réu no rol dos culpados, pagamento das custas etc.).[81][28] A segunda corrente é aquela em que se afirma ser a sentença *condenatória*, embora libere o sentenciado de todos os seus efeitos.[82] Para uma terceira corrente, a sentença que concede o perdão é *absolutória*.[83][29]

---

28. JESUS, Damásio E. de. *Questões criminais*. São Paulo: Saraiva, 1981. p. 230-234; NORONHA, *Direito penal*. 13. ed. São Paulo: Saraiva, 1977. v. 2, p. 526; HUNGRIA, Nelson. Ob. cit. v. 7, p. 279; GODOY, Luiz Antonio de. Individualização da pena e perdão judicial. *Justitia* 102/121-146; COGAN, Arthur. O perdão judicial. *Justitia* 84/231-234.

29. É a posição, na doutrina, de Basileu Garcia. Ob. cit. v. 1, t. 2, p. 742-744 e de José Luiz Gonçalves. O perdão judicial como causa de absolvição, *RT* 747/501-506.

Em uma quarta posição, a sentença não é condenatória nem absolutória, mas de *exclusão facultativa de punibilidade*.[84] [30] Para uma quinta corrente, entende-se que se trata de sentença *declaratória de extinção da punibilidade*.[85] [31]

A nova lei não resolveu expressamente o problema. Embora incluído entre as causas de extinção da punibilidade, o perdão judicial implica condenação, extinguindo-se a punibilidade apenas no que diz respeito à pena e ao pressuposto da condenação para o efeito de reincidência. Dispõe o art. 120: "A sentença que conceder perdão judicial não será considerada para efeitos de reincidência." Vale dizer sobre tal dispositivo que a sentença concessória do perdão judicial, a *contrario sensu*, *não exclui* os *demais* efeitos da condenação; caso contrário, o artigo estenderia a exclusão a todos eles.[86] Não extinguindo os efeitos secundários da condenação o perdão judicial, sua concessão não retira do beneficiado o legítimo interesse em recorrer para ver examinado o mérito da sentença.[87] Entretanto, o Superior Tribunal de Justiça editou a Súmula 18, cujo enunciado é o seguinte: "A sentença concessiva do perdão judicial é declaratória da extinção da punibilidade, não subsistindo qualquer efeito condenatório." [88] Deve-se entender porém que, como causa extintiva da punibilidade, o perdão judicial não retira da sentença o caráter condenatório a fim de que possa a sentença ser executada no juízo civil para reparação do dano e outros efeitos extrapenais.

É na sentença (ou acórdão) que se concede o perdão judicial, após a conclusão sobre a culpabilidade do réu.[89] Fernando de Almeida Pedroso, porém, sustenta que o perdão judicial pode ser aceito como motivo para arquivamento de inquérito policial.[32] Evidentemente, o perdão judicial não pode ser recusado.

Sendo condenatória a sentença em que se concede o perdão judicial, e mais do que isso, reconhecendo ela que ocorreu o crime, torna-se certa a obrigação de indenizar o dano, nos termos dos arts. 91, I, do CP, e 63, *caput*, do CPP. Deve ser incluída, portanto, como título executivo judicial (art. 515, inciso VI, do novo CPC).

Também, por essa razão, é possível ao agraciado com o perdão judicial apelar da decisão, para lograr a absolvição. Entretanto, considerando a sentença concessiva do perdão judicial como decisão declaratória de extinção da punibilidade, já se decidiu pela inadmissibilidade do recurso nessa hipótese.[90]

---

30. SILVEIRA, Euclides Custódio da. *Crimes contra a pessoa*. 2. ed. São Paulo: Revista dos Tribunais, 1973. p. 253-254.
31. PACHECO, Wagner Brússolo. O perdão judicial no direito brasileiro. *RT 533/283-297, Jurispenal 39/20-24*; DELMANTO, Celso. Perdão judicial e seus efeitos. *RT 524/311-314, Justitia 102/203-207*. MORAES JUNIOR, Volney Corrêa Leite de. Perdão judicial: natureza da sentença concessiva. Questão aberta? *RJDTACRIM* 11/15-6. Sobre o assunto, exaustivo estudo de TUCCI, Rogério Lauria. Isenção de pena no direito penal brasileiro e seu equivocado tratamento como "perdão judicial". *RT* 559/285-297.
32. Perdão judicial: natureza da sentença concessiva. Possibilidade de sua proclamação também como motivo para arquivamento de inquérito policial. *RT* 708/277-280.

## 12.3 EXTINÇÃO DA PUNIBILIDADE – II (REPARAÇÃO)

### 12.3.1 Introdução

Embora, como regra geral, a reparação do mal causado pelo crime não seja causa de extinção da punibilidade, há casos especiais em que a lei expressamente lhe atribui esse efeito. Assim, em determinados crimes, extingue a punibilidade a reparação do dano patrimonial (como ocorre no ressarcimento do dano ou restituição da coisa apropriada no peculato culposo), do dano moral (por meio da retratação em crimes contra a honra) ou, ainda, de outra espécie de dano, no caso do prejuízo causado à regular administração da Justiça (mediante a retratação ou a declaração da verdade no crime de falso testemunho ou falsa perícia). São os casos de retratação do agente e de reparação do dano. No art. 107, inciso VI, prevê-se como causa extintiva da punibilidade a retratação do agente nos casos em que a lei a admite (item 12.3.2). A reparação do dano não é referida no art. 107, mas é prevista na Parte Especial do Código Penal e em outras leis (item 12.3.3). Previa-se no mesmo art. 107 a extinção da punibilidade pelo casamento do agente com a vítima nos crimes contra os costumes, também por se tratar de uma forma de reparação moral, e, por medida de política criminal, pelo casamento da vítima com terceiro nos mesmos crimes. Os incisos VII e VIII foram, porém, revogados pela Lei nº 11.106, de 28-3-2005 (item 12.3.4).

### 12.3.2 Retratação

Extingue-se a punibilidade pela retratação do agente nos casos em que a lei a admite (art. 107, inciso VI). Retratar-se é retirar o que disse, confessar que errou, dando-se reparação ao ofendido e demonstrações de arrependimento efetivo do agente. É a *retratação*, assim, o ato jurídico pelo qual o agente do crime reconhece o erro praticado e o denuncia *coram judicem*.[33]

Em primeiro lugar cabe a retratação nos crimes de calúnia e difamação (art. 143), não se justificando, porém, a exclusão do delito de injúria. A retratação deve ser prestada antes de proferida a sentença, deve ser feita pelo querelado, não aproveita os coautores, e só é válida como causa extintiva da punibilidade quando irrestrita e incondicional, ou seja, quando é cabal.[34] Não redime a retratação ambígua; deve ser completa, definitiva, exata, terminante.[(91)] Deve ser reduzida a termo pelo juízo[(92)] e independe de aceitação do ofendido.[(93)]

Cabia a retratação, também, nos crimes contra a honra praticados por meio da imprensa, nos termos do art. 26 da Lei nº 5.250, de 9-2-1967, antes do reconhecimento pelo STF da inconstitucionalidade do diploma legal.[35] A Lei nº 13.188, de 11-11-2015,

---

33. FRANCO, Alberto da Silva et al. Ob. cit. p. 254.
34. MIRABETE, Julio Fabbrini. *Manual de direito penal*. 37. ed. São Paulo: Foco, 2025. v. 2, item 8.4.3. *RT* 579/440.
35. O STF declarou que a Lei de Imprensa (Lei nº 5.250, de 9-2-1967), em sua integralidade, não foi recepcionada pela Constituição Federal de 1988 (ADPF 130-7, j. em 30-4-2009, *DOU* de 12-5-2009, p. 1).

disciplinou o direito de resposta ou retificação de matéria divulgada, publicada ou transmitida pelos veículos de comunicação social e, no âmbito penal, inseriu o parágrafo único no art. 143 do CP, em que se prevê o direito do ofendido de que a retratação se realize pelos mesmos meios de comunicação utilizados na prática da ofensa. O dispositivo, porém, não condiciona os efeitos da retratação à aceitação pelo ofendido da suficiência de seus termos, exame que permanece na esfera de avaliação do juiz.

Admite-se a retratação nos crimes de falso testemunho e falsa perícia (art. 342, § 2º). Deve ser prestada antes da sentença referente ao processo em que o agente prestou o falso testemunho ou ofereceu a falsa perícia e exige-se que seja também completa. Ao contrário do que ocorre nos crimes contra a honra, a retratação, nesta hipótese, comunica-se aos coautores.[36]

Justificam-se as previsões legais para a incidência da retratação, quer pela preferência que se deve dar à reparação moral concedida à vítima pelo próprio agente, quer pelo restabelecimento da verdade no processo.

### 12.3.3 Reparação do dano

A reparação do dano decorrente da infração mediante a restituição da coisa ou o ressarcimento dos prejuízos causados não é, em regra, causa extintiva da punibilidade. Há, porém, exceções expressamente previstas em lei.

No Código Penal, prevê-se como causa de extinção da punibilidade a reparação do dano no peculato culposo se ocorrida antes da sentença irrecorrível (art. 312, § 3º). No crime de apropriação indébita previdenciária está extinta a punibilidade se o sujeito ativo, espontaneamente, declara, confessa e efetua o pagamento das contribuições, importâncias ou valores e presta as informações devidas à previdência social, na forma definida em lei ou regulamento, antes do início da ação fiscal (art. 168-A, § 2º).

A Lei nº 10.684, de 30-5-2003, que dispõe sobre parcelamento de débitos tributários, determina a extinção da punibilidade pelo pagamento do tributo ou contribuição social nos casos de apropriação indébita previdenciária, de sonegação de contribuição previdenciária (art. 337-A) e nos crimes contra a ordem tributária definidos nos arts. 1º e 2º da Lei nº 8.137, de 27-12-1990, dispondo, também, que durante o regime de parcelamento do débito permanecem suspensas a pretensão punitiva e a prescrição (art. 9º, *caput* e § 1º). Disposição semelhante contém a Lei nº 9.430, de 27-12-1996 (art. 83, § 4º, inserido pela Lei nº 12.382, de 25-2-2011), entre outros diplomas. A Lei nº 11.941, de 27-9-2009, contém regras similares (arts. 68 e 69). O cumprimento de acordo de leniência celebrado com o CADE (Conselho Administrativo de Defesa Econômica) nos crimes contra a ordem econômica previstos na Lei nº 8.137, de 27-12-1990, e nos demais relacionados com a prática de cartel, incluídos nestes o de associação criminosa (art. 288 do CP) também determinará a

---

36. MIRABETE, Julio Fabbrini. *Manual de direito penal*. 34. ed. São Paulo: Foco, 2025. v. 3, item 18.5.10.

extinção da punibilidade de tais infrações penais, com a entrada em vigor da Lei nº 12.529, de 30-11-2011, por força do disposto em seu art. 87, parágrafo único, que contém rol meramente exemplificativo.[37] O Código Florestal (Lei nº 12.651, de 25-5-2012) determina que o cumprimento do termo de compromisso firmado perante o órgão ambiental para regularização de imóvel ou posse rural é causa extintiva da punibilidade de determinados crimes contra o meio ambiente (art. 60, § 2º).

Além dessas hipóteses, lembre-se que o pagamento do cheque emitido sem suficiente provisão de fundos em poder do sacado antes do recebimento da denúncia é tido como falta de justa causa para a ação penal em relação ao crime previsto no art. 171, § 2º, VI, do CP (Súmula 554 do STF).

Tratando-se de infração de menor potencial ofensivo, se a ação penal é privada ou pública condicionada à representação, a composição dos danos civis homologada pelo Juiz extingue a punibilidade, por acarretar a renúncia ao direito de queixa ou de representação, nos termos do que dispõe o art. 74, parágrafo único, da Lei nº 9.099, de 26-9-1995. Essa norma especial afasta a regra geral do art. 104, parágrafo único, do CP, segundo a qual o recebimento pelo ofendido da indenização do dano causado pelo crime não implica renúncia tácita ao direito de queixa (item 12.2.10).

Se não configurar um caso especial de extinção de punibilidade, a reparação do dano ou a restituição da coisa nos crimes cometidos sem violência ou grave ameaça a pessoa, por ato voluntário do agente, caracteriza o arrependimento posterior que é causa geral de diminuição da pena (art. 16 – item 3.10.8). A reparação do dano pode ser ainda circunstância atenuante para a fixação da pena nas hipóteses de não aplicação do art. 16 (art. 65, III, *b* – item 7.5.6). Prevê-se, também, a reparação do dano como condição a ser estabelecida nos acordos celebrados entre o Ministério Público e o autor do crime para se evitar o oferecimento da denúncia ou a continuidade do processo. Nesse sentido dispõem a Lei nº 9.099/1995, ao tratar da composição civil (art. 74, parágrafo único) e da suspensão condicional do processo (art. 89, § 1º, I), e o Código de Processo Penal ao disciplinar o acordo de não persecução penal (art. 28-A, I).

### 12.3.4 O casamento do agente com a vítima e da vítima com terceiro e a revogação dos incisos VII e VIII, do artigo 107 do Código Penal

Previa o art. 107, incisos VII e VIII, duas outras causas de extinção da punibilidade: o casamento do agente com a vítima e o casamento da vítima com terceiro, nos crimes descritos nos Capítulos I, II e III do Título VI da Parte Especial do Código Penal (arts. 213 a 220). Na primeira hipótese, determinava a lei a extinção da punibilidade, porque, segundo os costumes vigentes, entendia-se que o casamento do agente com a vítima, com a constituição da família, a livrava da desonra e lhe concedia a reparação do mal

---

37. O dispositivo aplica-se também aos crimes praticados em licitações e contratos com a Administração Pública, antes previstos na Lei nº 8.666, de 21-6-1993, e agora descritos no Código Penal (arts. 337-E a 337-P).

causado. A norma era aplicável a todos os mencionados crimes contra os costumes (inciso VII). Na segunda hipótese, do casamento da vítima com terceiro, a extinção da punibilidade não se justificava pela reparação do mal, mas visava resguardar a família, já que a instauração da ação penal ou seu desenvolvimento poderia causar maiores males do que a impunidade do agente. Exigia a lei, porém, nesse caso, que o crime fosse cometido sem violência real ou grave ameaça e se facultava à vítima a possibilidade de requerer, no prazo de 60 dias da celebração do casamento, o prosseguimento do inquérito ou da ação penal privada ou pública condicionada, obstando, assim, a extinção da punibilidade (inciso VIII).

A Lei nº 11.106, de 28-3-2005, editada com o objetivo de adaptar as normas penais à transformação dos costumes ocorrida no meio social desde a elaboração do Código Penal, introduziu diversas modificações no estatuto, abolindo os crimes de sedução (art. 217), rapto violento ou mediante fraude e rapto consensual (arts. 219 a 222) e adultério (art. 240), além de outras alterações. Entre essas, o legislador aboliu também as duas citadas causas de extinção da punibilidade, revogando expressamente os incisos VII e VIII do art. 107. A alteração legislativa não se justifica pela prevalência mais ampla do interesse da repressão penal sobre o interesse da vítima, mas porque na consciência moral existente nos dias atuais não mais predomina o entendimento de que os crimes sexuais, embora provoquem inegáveis sofrimentos, sejam causa de desonra para a vítima e o casamento uma forma eficaz de reparação do mal causado pelo delito. Posteriormente, a Lei nº 12.015, de 7-8-2009, aprofundou a reforma do Título VI, alterando a sua denominação para "Dos Crimes contra a Dignidade Sexual", revogando os arts. 214, 216, 223, 224 e 232, inserindo os arts. 217-A, 218-A, 218-B, 234-A, 234-B e 234-C, e modificando todos os demais dispositivos, à exceção dos arts. 227, 233 e 234. Entre essas alterações, excluiu-se a previsão da ação penal privada, estabelecendo-se, como regra geral, para os crimes definidos nos capítulos I (arts. 213 a 216-A) e II (arts. 217-A a 218-B) a ação pública condicionada à representação do ofendido e, como exceção, na hipótese de ser a vítima menor de 18 anos de idade ou pessoa vulnerável, a ação pública incondicionada. Diante, porém, da vigência da Lei nº 13.718, de 24-9-2018, a regra estabelecida para a ação penal nos mesmos crimes sexuais é a da ação penal pública incondicionada (art. 225).

Assim, diante da revogação dos incisos VII e VIII, e da nova disciplina dos crimes sexuais, e da atual previsão da ação pública incondicionada, independentemente do tipo penal violado ou da idade da vítima, não mais remanesce para esta a possibilidade de evitar o *strepitus judici*, prevalecendo, nos crimes sexuais, o interesse da Justiça na responsabilização penal dos autores do delito.

Na parte em que revogou os incisos VII e VIII do art. 107, a Lei nº 11.106, de 28-3-2005, configura hipótese de *novatio legis in pejus*, não se aplicando, portanto, aos crimes cometidos anteriormente à sua vigência, por força do disposto no art. 5º, XL, da CF, que prevê o princípio da irretroatividade da lei penal (item 2.2.5).

## 12.4 EXTINÇÃO DA PUNIBILIDADE – III (PRESCRIÇÃO)

### 12.4.1 Conceito e espécies

A prescrição é a perda do direito de punir do Estado pelo decurso do tempo. Justifica-se o instituto pelo desaparecimento do interesse estatal na repressão do crime, em razão do tempo decorrido, que leva ao esquecimento do delito e à superação do alarma social causado pela infração penal. Além disso, a sanção perde sua finalidade quando o infrator não reincide e se readapta à vida social.

Ocorrido o crime, nasce para o Estado a pretensão de punir o autor do fato criminoso. Essa pretensão deve, no entanto, ser exercida dentro de determinado lapso temporal que varia de acordo com a figura criminosa composta pelo legislador e segundo o critério do máximo cominado em abstrato da pena privativa de liberdade.[38] Escoado esse prazo, que é submetido a interrupções ou suspensões, ocorre a *prescrição da pretensão punitiva*, chamada impropriamente de prescrição da ação penal. Nessa hipótese, que ocorre sempre antes de transitar em julgado a sentença condenatória, são totalmente apagados todos os seus efeitos, tal como se jamais tivesse sido praticado o crime ou tivesse existido sentença condenatória.[94]

Transitada em julgado a sentença condenatória para ambas as partes, surge o título penal a ser executado dentro de certo lapso de tempo, variável de acordo com a pena concretamente aplicada. Tal título perde sua força executória se não for exercitado pelos órgãos estatais o direito dele decorrente, verificando-se então a *prescrição da pretensão executória*, também denominada prescrição da pena, da condenação, ou da execução da pena.[39] Nessa hipótese, extinguem-se somente as penas. As medidas de segurança, nos termos da lei nova, somente são extintas quando decorrido o prazo da prescrição da pretensão punitiva ou em decorrência de outra causa extintiva da punibilidade (art. 96, parágrafo único). Os demais efeitos da condenação (pressuposto da reincidência, inscrição do nome do réu no rol dos culpados, pagamento de custas, efeitos da condenação etc.) permanecem enquanto não ocorrer causa que os extinga (decurso de cinco anos para a reincidência, reabilitação etc.).

Consagra a lei também a prescrição da pretensão punitiva com base na pena efetivamente aplicada, matéria a ser objeto de exame (item 12.4.11).

Não se confunde a prescrição, em que o direito de punir é diretamente atingido, com a decadência, em que é atingido o direito de ação e, indiretamente, o direito de punir do Estado. Também não se confunde ela com a peremção que atinge diretamente o direito de prosseguir na ação penal privada e, apenas indiretamente, o direito de punir.[40]

---
38. Cf. FRANCO, Alberto da Silva et al. Ob. cit. p. 277.
39. Cf. FRANCO, Alberto da Silva et al. Ob. cit. p. 283.
40. Cf. DELMANTO, Celso. Ob. cit. p. 123.

A prescrição em matéria criminal é de ordem pública, devendo ser decretada *de ofício* ou a requerimento das partes, em qualquer fase do processo, nos termos do art. 61 do CPP.[95] Tanto a prescrição da pretensão punitiva como a da pretensão executória podem ser pleiteadas pela via do *habeas corpus*[96] ou da *revisão*.[97] É do requerente, porém, o ônus da prova da liquidez e certeza do direito, inclusive no que tange à inocorrência de qualquer causa interruptiva.[98] Tratando-se de prescrição da pretensão executória, entretanto, a competência originária para decretá-la é do juiz da execução.[99]

No Código Penal, a prescrição da pretensão punitiva está prevista no art. 109 e no art. 110, § 1º (prescrição intercorrente e retroativa), e a prescrição da pretensão executória é objeto do art. 110, *caput*.

Contrariando a doutrina, que prega a prescritibilidade em todos os ilícitos penais, a Constituição de 1988 determina que são imprescritíveis a ação de grupos armados, civis ou militares, contra a ordem constitucional e o Estado Democrático (art. 5º, XLIV) e a prática do racismo (art. 5º, XLII). Com relação a esta, após o STF decidir que o crime de injúria racial é espécie do gênero racismo e, portanto, imprescritível,[41] a Lei nº 14.532, de 5-1-2023, incluiu a injúria racial como crime de racismo entre os previstos pela Lei nº 7.716/1989 (art. 2º-A).

### 12.4.2 Prazos da prescrição da pretensão punitiva

Dispõe o art. 109, *caput*: "A prescrição, antes de transitar em julgado a sentença final, salvo o disposto no § 1º do art. 110 deste Código, regula-se pelo máximo da pena privativa de liberdade cominada ao crime, verificando-se:

III – em vinte anos, se o máximo da pena é superior a doze;

III – em dezesseis anos, se o máximo da pena é superior a oito anos e não excede a doze;

III – em doze anos, se o máximo da pena é superior a quatro anos e não excede a oito;

IV – em oito anos, se o máximo da pena é superior a dois anos e não excede a quatro;

IV – em quatro anos, se o máximo da pena é igual a um ano, ou, sendo superior, não excede a dois;

VI – em três anos, se o máximo da pena é inferior a um ano."

Exemplificando: para o crime de injúria (art. 140), punido no máximo com seis meses de detenção, o prazo da prescrição será de três anos, diante da alteração do inciso VI pela Lei nº 12.234, de 5-5-2010; para o crime de calúnia (art. 138), punido com a pena máxima de dois anos, a prescrição vai ocorrer ao final do transcurso de quatro anos; em oito anos prescreverá a pretensão punitiva do crime de furto simples (art. 155, *caput*), porque o limite máximo da pena é de quatro anos; etc.

Para o cálculo do prazo prescricional são levadas em consideração as causas de aumento de pena, bem como as de diminuição, quando sejam compulsórias e se achem expressamente enquadradas na acusação, incluindo-se a exacerbação correspondente

---

41. STF, HC 154248-DF, j. em 28-10-2021, *DJe* de 23-2-2022.

à forma qualificada (crime qualificado em sentido amplo).[100] São irrelevantes, porém, para o cálculo do lapso prescricional, as circunstâncias agravantes e atenuantes genéricas, que não influem no limite máximo da pena em abstrato.[101] A reincidência, que faz aumentar o prazo da prescrição da pretensão executória (item 12.4.3), não influi no prazo da prescrição da pretensão punitiva (Súmula 220 do STJ).

Determina ainda a lei que "as penas mais leves prescrevem com as mais graves" (art. 118). Tratando-se da prescrição da pretensão punitiva, o dispositivo está se referindo à pena cominada alternativamente com a mais grave no mesmo crime (reclusão ou detenção, detenção ou multa etc.).[42] Assim também prescreverá a pena de multa cominada cumulativamente com a pena privativa de liberdade no prazo estabelecido para esta. Aliás, agora expressamente prevê a lei que a prescrição da pretensão punitiva ocorrerá "no mesmo prazo estabelecido para prescrição da pena privativa de liberdade quando a multa for alternativa ou cumulativamente cominada ou cumulativamente aplicada" (art. 114, II, do CP, com a redação dada pela Lei nº 9.268, de 1º-4-1996). É de dois anos, porém, o prazo da prescrição quando a pena de multa é a única cominada ou aplicada (art. 114, I, do CP, com a nova redação).

Dissipando qualquer dúvida a respeito da prescrição no concurso de crimes, determina o art. 119, seguindo a orientação praticamente pacífica da jurisprudência, que a extinção da punibilidade incidirá sobre a pena de cada um dos delitos, isoladamente. O dispositivo abrange o concurso material e o formal, bem como o crime continuado. O prazo de prescrição da pretensão punitiva deverá ser calculado sempre para cada um dos crimes componentes e não pela soma ou pela pena exacerbada pelo concurso.

A prescrição é matéria de direito material, aplicando-se, pois, o disposto no art. 10. Conta-se, assim, o dia do início,[102] e o prazo não está sujeito à suspensão por férias, domingos ou feriados e é improrrogável.

### 12.4.3 Prazos da prescrição da pretensão executória

Os prazos referentes à prescrição da pretensão executória estão previstos no art. 110, *caput*, que determina: "A prescrição depois de transitar em julgado a sentença condenatória regula-se pela pena aplicada e verifica-se nos prazos fixados no artigo anterior, os quais se aumentam de um terço, se o condenado é reincidente."

Exemplificando: a prescrição da pretensão executória referente à pena de dois anos de detenção, imposta na sentença condenatória, qualquer que seja o crime, vai prescrever em quatro anos se o condenado não é reincidente; se o for, o prazo é de cinco anos e quatro meses. Pouco importa, agora, quais os limites máximos das penas cominadas abstratamente para o ilícito, tendo-se por base a pena aplicada como fundamento para o cálculo de acordo com os prazos estabelecidos também no art. 109.

---

42. ANDRADE, Christiano J. *Da prescrição em matéria penal*. São Paulo: Forense, 1979. p. 162; PORTO, Rodrigues. *Da prescrição penal*. São Paulo: Saraiva, 1983. p. 41-42; DELMANTO, Celso. Ob. cit. p. 142.

O prazo será aumentado de um terço se o condenado for reconhecido como reincidente na sentença que aplicou a pena a ser considerada para o efeito de prescrição. Não se pode aumentá-lo se a reincidência não foi reconhecida na decisão.[103] A reincidência posterior à sentença condenatória ou o trânsito em julgado da decisão somente tem a força de interromper o lapso prescricional (item 12.4.8).

Diante do disposto no art. 119 do CP, no caso de concurso material de crimes, a extinção da punibilidade incide sobre a pena de cada um, isoladamente, e não sobre a soma das penas.[104] Da mesma forma, no concurso formal e no crime continuado, a prescrição é calculada sobre a pena de um dos crimes, desprezando-se o acréscimo resultante do concurso ideal[105] ou da continuação.[106] Evidentemente, o mesmo ocorre no caso de várias condenações contra a mesma pessoa, correndo simultânea e isoladamente os prazos prescricionais de cada uma das penas.

Previa-se na lei que a prescrição da pena de multa ocorreria em dois anos quando fosse aquela ainda não cumprida (art. 114, última parte), referindo-se, portanto, à prescrição da pretensão executória. Entretanto, diante do art. 51 do CP, com a redação que lhe foi dada pela Lei nº 9.268, de 1º-4-1996, posteriormente modificada pela Lei nº 13.964, de 24-12-2019, transitada em julgado a sentença condenatória, a multa não seria mais considerada como sanção e sim dívida de valor, aplicando-se-lhe as normas da legislação relativa a dívida ativa da Fazenda Pública, inclusive no que concerne às causas interruptivas e suspensivas da prescrição, nesse caso, não haveria de se falar na prescrição da pretensão executória da pena de multa, mas sim da dívida de valor. Contudo, deve prevalecer a ideia de que a multa, mesmo após o trânsito em julgado da sentença condenatória, continua sendo sanção penal, seguindo as regras de prescrição do Código Penal, exceto quanto às hipóteses de suspensão e interrupção (itens 12.4.8 e 12.4.10).

As referências à pena "aplicada" no art. 114, incisos I e II, com a nova redação, dizem respeito apenas à prescrição da pretensão punitiva intercorrente e retroativa (itens 12.4.11 e 12.4.12).

Trata o art. 113 do prazo de prescrição em caso de evasão do condenado ou de revogação do livramento condicional. Dispõe: "No caso de evadir-se o condenado ou de revogar-se o livramento condicional, a prescrição é regulada pelo tempo que resta da pena."[107] Assim, se o sentenciado cumpriu três anos e dois meses de uma pena imposta em um total de cinco anos, evadindo-se a seguir, a partir da data da fuga passa a correr o lapso prescricional sobre o restante da pena, um ano e dez meses, ou seja, prescreverá em quatro anos (art. 109, inciso V). Estando em liberdade condicional e revogado o benefício, deverá o prazo prescricional ser calculado com base na pena que o sentenciado tem a cumprir, observado o disposto no art. 88. Nessas hipóteses, não se calcula mais o prazo com base na pena aplicada na sentença.

Na jurisprudência tem-se admitido a detração na pena do período em que o condenado cumpriu medidas cautelares diversas da prisão que impliquem o comprometimento do *status libertatis*, como nos casos de recolhimento noturno e dias de folga, com ou sem monitoramento eletrônico.[43] Não sendo a analogia proscrita quando pode beneficiar o réu, não é desarrazoado reconhecer a detração prevista no art. 42 nesses casos.

Imposta medida de segurança, o prazo da prescrição da pretensão executória regula-se pela pena em abstrato cominada ao crime.[110] Na hipótese em que a medida de segurança foi aplicada em substituição à pena privativa de liberdade fixada na sentença, o prazo prescricional é calculado com base nesta (item 10.2.5).

### 12.4.4 Redução dos prazos

São reduzidos de metade os prazos de prescrição quando o criminoso era, *ao tempo do crime, menor de 21 anos*, ou, *na data da sentença, maior de 70* (art. 115). O dispositivo aplica-se a qualquer espécie de prescrição: da pretensão punitiva com base na pena em abstrato, da pretensão punitiva com base na pena em concreto (retroativa ou não) e na prescrição da pretensão executória (seja ou não o sentenciado reincidente).

A diminuição da idade em que se atinge a maioridade civil para 18 anos pelo novo Código Civil (Lei nº 10.406, de 10-1-2002) não derrogou o dispositivo (item 5.5.4). A redução do prazo prescricional para o maior de 18 e menor de 21 anos funda-se em presunção penal absoluta que se baseia expressamente na idade do agente e não em sua relativa incapacidade civil. Sua aplicabilidade independe, portanto, dos conceitos e regras da lei civil. Por essa razão, aliás, não se admitia a exclusão do favor a maiores de 18 anos que fossem emancipados. Ademais, o art. 2.043 do Código Civil determina que "até que por outra forma se disciplinem, continuam em vigor as disposições de natureza processual, administrativa ou penal, constantes das leis cujos preceitos de natureza civil hajam sido incorporados a este Código".

Atendendo aos reclamos da doutrina e adotando a posição de corrente jurisprudência liberal, dispõe o art. 115 que se tratando de agente menor de 21 anos deve ser considerada a data do tempo do crime, ou seja, a da conduta criminosa. Ao contrário, quando se trata de maior de 70 anos, examina-se a idade do réu no momento da sentença.

Já se decidiu, por interpretação mais favorável ao acusado, que deve ser reconhecida a prescrição, pela redução de prazo, no julgamento da apelação, quando o réu completou 70 anos enquanto pendente de julgamento seu recurso.[111] O STF também entendeu que a idade deve ser considerada até o último provimento judicial, ocorrendo a prescrição se foi alcançado o limite previsto em lei antes da decisão de segunda instância, porque esta substitui a sentença, quer a confirme, quer a reforme.[112] Há decisões, porém,

---

43. Admitida a detração nessas hipóteses, deve-se proceder à conversão das horas de restrição à liberdade cumpridas em dias, dividindo-se aquelas por 24, desprezada a fração inferior restante (STJ, REsp 1977135-SC, j. em 23-11-2022, DJe de 28-11-2022 – tema repetitivo 1155).

afastando a aplicação do art. 115 na hipótese de acórdão que confirma a decisão de primeiro grau.[113]

Quanto à prova da menoridade para os efeitos da redução do prazo prescricional é predominante o entendimento, principalmente no STF, que deve ser apresentada certidão de nascimento ou documento equivalente. Já se tem decidido, porém, que é suficiente qualquer prova idônea,[114] e mesmo que é dispensável prova documental quando a idade declarada pelo réu foi aceita sem contestação, no curso do processo.[115] Segundo o Superior Tribunal de Justiça, entretanto, "para efeitos penais, o reconhecimento da menoridade do réu requer prova por documento hábil" (Súmula 74).

## 12.4.5 Início do prazo da prescrição da pretensão punitiva

Dispõe o art. 111 quanto ao tempo inicial da prescrição antes de transitar em julgado a sentença final. "Art. 111. A prescrição, antes de transitar em julgado a sentença final, começa a correr:

> III – do dia em que o crime se consumou;
> III – no caso de tentativa, do dia em que cessou a atividade criminosa;
> III – nos crimes permanentes, do dia em que cessou a permanência;
> IV – nos de bigamia e nos de falsificação ou alteração de assentamento do registro civil, da data em que o fato se tornou conhecido.
> V – nos crimes contra a dignidade sexual ou que envolvam violência contra a criança e o adolescente, previstos neste Código ou em legislação especial, da data em que a vítima completar 18 (dezoito) anos, salvo se a esse tempo já houver sido proposta a ação penal."

A regra geral para o início da contagem do prazo prescricional é de que começa a ser contado do dia da consumação do delito. Nos crimes formais ou de mera conduta, em que o tipo descreve conduta e resultado, ou apenas aquela, mas se satisfaz para sua consumação apenas com a manifestação da atividade criminosa, a prescrição começa a correr do dia da prática da ação ou da omissão. Nos crimes qualificados pelo resultado, o prazo é computado a partir do evento lesivo qualificador.

Na hipótese de tentativa, a prescrição começa a correr do dia em que se praticou o último ato executório, já que não há consumação.

Nos crimes permanentes, o reconhecimento da prescrição é condicionado à cessação da permanência, de cuja data começa a fluir o prazo.[116] Isso porque, no crime permanente, a ação é contínua, indivisível e o estado violador da lei se prolonga enquanto durar a consumação, dependente da conduta do agente. No caso em que o agente não cessa a conduta delituosa, o prazo inicia-se na data em que o Estado inicia a repressão criminal, através da instauração do inquérito ou do processo (v. item 3.6.4).[117] Tendo a nova lei omitido a referência ao crime continuado, o prazo prescricional, na hipótese, é contado da forma comum, ou seja, independentemente, da consumação de cada delito que o integra, mesmo porque, segundo o art. 119, no concurso de crimes, a extinção da punibilidade deve incidir isoladamente sobre a pena de cada um.[118]

Nos crimes de bigamia e falsificação ou alteração de assentamento do Registro Civil que, por sua natureza especial, são cercados de sigilo e cautela pelo agente, é possível que permaneçam eles ignorados por prazos dilatados. Determina a lei, assim, que o prazo só começa a correr quando o fato se tornar conhecido.[44]

De acordo com o inciso V, inserido pela Lei nº 12.650, de 17-5-2012, e posteriormente alterado pela Lei nº 14.344, de 22-5-2022, o termo inicial da prescrição da pretensão punitiva nos crimes contra a dignidade sexual ou que envolvam violência contra a criança e o adolescente é o dia em que a vítima completar 18 anos de idade, salvo se a esse tempo já houver sido proposta a ação penal. Justifica-se a alteração legislativa como medida destinada a evitar a impunidade em tais crimes porque diversas razões dificultam a sua imediata apuração. O trauma, a inibição e o temor normalmente provocados por crimes dessa natureza, sobretudo nas vítimas menores que têm sua personalidade em formação, bem como a circunstância, bastante frequente, de serem eles praticados por familiares e por estes acobertados, constituem obstáculos de difícil superação para a responsabilização penal de seus autores. Assim, com a nova regra, pretendeu o legislador resguardar a possibilidade de que a ação penal seja intentada, sem o risco maior da prescrição, após a vítima atingir a maioridade, quando, então, um grau maior de consciência, maturidade e independência pode favorecer a iniciativa de revelar os abusos sofridos. A norma aplica-se aos crimes contra a dignidade sexual praticados contra menores de 18 anos, descritos no Título VI do Código Penal, e nos crimes em geral que envolvam violência contra a criança e o adolescente, bem como aos crimes de mesma natureza previstos em lei especial. Estão, portanto, abrangidos os crimes previstos nos arts. 240 a 241-D da Lei nº 8.069, de 13-7-1990, que tutelam, igualmente, a dignidade sexual da criança e do adolescente, assim como outros crimes que sejam criados para a proteção do mesmo bem jurídico.

Nesses delitos, o prazo da prescrição da pretensão punitiva começa a correr da data em que a vítima completar 18 anos. A norma excepciona a hipótese de nessa data já ter sido proposta a ação penal. Se a ação penal já foi ajuizada quando a vítima ainda era menor, não mais subsiste razão para se impedir o início de fluência do prazo prescricional, que terá início na data do ajuizamento da ação penal, que ocorre com o oferecimento da denúncia, e não na data da consumação do crime, que é a regra geral (art. 111, inciso I). Entendimento contrário conduziria ao absurdo de se retroagir indevidamente a fluência da prescrição precisamente nos casos em que a ação penal é proposta ainda na menoridade da vítima, com risco, inclusive, de extinção da punibilidade nos crimes praticados contra vítimas em tenra idade e que são elucidados anos depois. O termo inicial é a data do oferecimento e não a do recebimento da denúncia, porque com aquele

---

44. Quanto ao termo inicial nos crimes de bigamia e falsificação de registro civil: MIRABETE, Julio Fabbrini. Ob. cit. v. 3, itens 1.1.12 e 11.4.11.

tem início a ação penal, sendo este causa interruptiva do prazo prescricional (art. 117, inciso I). Porque de natureza penal e mais gravosa ao agente, a norma contida no inciso V do art. 111 é irretroativa, não se aplicando aos crimes cometidos anteriormente à vigência da Lei nº 12.650, de 17-5-2012, e, nos casos de violência contra menor, aos praticados antes da Lei nº 14.344, de 22-5-2022.

Sendo a prescrição matéria de Direito Penal, prevalece a regra do art. 10 do CP, incluindo-se na contagem do prazo, qualquer que seja, o dia do começo.[119]

### 12.4.6 Início do prazo de prescrição da pretensão executória

O termo inicial da prescrição após a sentença condenatória irrecorrível é fixado pelo art. 112: "No caso do art. 110 deste Código, a prescrição começa a correr:

> I – do dia em que transita em julgado a sentença condenatória, para a acusação, ou a que revoga a suspensão condicional da pena ou o livramento condicional;
>
> II – do dia em que se interrompe a execução, salvo quando o tempo da interrupção deva computar-se na pena."

Deixou-se expresso com a reforma penal que o termo inicial da prescrição da pretensão executória não é o trânsito em julgado para ambas as partes, mas para a acusação[45]. Contudo, o STF, em recente decisão, adotou o entendimento de que o termo inicial para a contagem da prescrição da pretensão executória é o trânsito em julgado para ambas as partes, em consonância, aliás, com a orientação já adotada no sentido da impossibilidade de execução provisória da pena.[46]

Passada em julgado para a acusação a sentença condenatória, o tempo da pena não pode ser aumentado, diante da impossibilidade da revisão *pro societate*. Assim, começa a ser contado o prazo da prescrição da pretensão executória com relação à pena imposta. [120] Tal prazo não se confunde com o da prescrição intercorrente, que começa a fluir da data da sentença condenatória, da qual não recorre a acusação (item 12.4.11). Tratando-se de prazo da prescrição da pretensão executória só pode ser ele interrompido pelo início do cumprimento da pena (item 12.4.8). Tendo sido concedido o *sursis*, o prazo da prescrição, iniciado na data do trânsito em julgado da sentença para a acusação, só se interromperá pela audiência de advertência,[121] já que o prazo não corre durante o período de prova do benefício.

Inicia-se o prazo da prescrição da pretensão executória também da data em que transita em julgado a decisão pela qual se revoga a suspensão condicional da pena ou o livramento condicional. Não cabendo da decisão qualquer recurso ordinário da citada decisão, o lapso prescricional deve fluir, até que se inicie a execução da pena ou do que resta dela para ser cumprida.

---

45. STJ; AgRg no HC 718118-RS, j. em 14-6-2022, *DJe* de 20-6-2022.
46. STF: AI 794.971-RJ-AgR, j. em 19-4-2021, *DJe* de 28-6-21, ARE 1301223 AgR-ED, j. em 28-3-2022, *DJe* de 29-04-2022; STJ: AgRg no REsp 1983259-PR, j. em 26-10-2022, *DJe* de 3-11-2022.

Também começa a ser contado o prazo da prescrição da pretensão executória do dia em que se interrompe a execução, salvo quando o tempo da interrupção deva computar-se na pena. Havendo fuga do sentenciado, interrompe-se a execução e começa a correr o referido prazo, que somente será interrompido pela reincidência ou pela prisão para a continuação do cumprimento da pena.

A ressalva do dispositivo diz respeito às hipóteses de superveniência de doença mental, em que se interrompe a execução da pena, já que o prazo do recolhimento ao hospital psiquiátrico é computado no prazo de cumprimento da pena em decorrência da detração penal (art. 42).

Para muitos, não há mais que se falar no início do prazo de prescrição da pretensão executória da pena de multa já que, transitada em julgado a sentença, não é ela mais sanção penal, mas dívida de valor, submetida às regras extrapenais, embora executada perante o juízo da execução penal (itens 7.4.4 e 12.4.3). Entretanto, para os que ainda a consideram como sanção penal, tese prevalente em nossos tribunais, o prazo passa a correr do trânsito em julgado da sentença para a acusação, embora as causas interruptivas e suspensivas do lapso prescricional sejam os previstos para a execução da dívida ativa da Fazenda Pública (art. 51 do CP, com a nova redação).

## 12.4.7 Interrupção do prazo de prescrição da pretensão punitiva

Estando em curso a prescrição, pode vir ela a ser obstada pela superveniência de determinadas causas, previstas no art. 117. Ocorrendo uma delas, o prazo anteriormente vencido – salvo a hipótese da prescrição retroativa (item 12.4.12) –, perde sua eficácia, passando a fluir, a partir da interrupção, novo e independente prazo prescricional.[122] As causas interruptivas da prescrição são todos os atos demonstrativos de um exercício ativo do poder punitivo e, como tais, incompatíveis com uma pretensão de renúncia, em relação a este exercício, por parte do Estado.[47] As causas interruptivas, porém, são apenas aquelas taxativamente enumeradas no art. 117, porque a matéria de prescrição penal é de direito substantivo, em que não se admite entendimento ampliativo ou interpretação analógica.[123]

As causas interruptivas da prescrição da pretensão punitiva são as enumeradas nos incisos I a IV do art. 117. Dispõe o referido artigo: "O curso da prescrição interrompe-se:

III – pelo recebimento da denúncia ou da queixa;

III – pela pronúncia;

III – pela decisão confirmatória da pronúncia;

IV – pela publicação da sentença ou acórdão condenatórios recorríveis;

IV – pelo início ou continuação do cumprimento da pena;

VI – pela reincidência."

---

47. FRANCO, Alberto da Silva et al. Ob. cit. p. 375.

O *recebimento da denúncia ou da queixa*, em primeira instância ou em julgamento de recurso, é causa interruptiva. Tem-se considerado a data do despacho de recebimento como o dia da interrupção,[124] mas, na dúvida, deve prevalecer a data da entrega dos autos em cartório pelo juiz, salvo se prejudicar o agente.

Deve tratar-se de recebimento válido, pois o anulado nenhum efeito pode produzir.[125] Eventual retificação ou ratificação do recebimento não tem o efeito de interromper a prescrição, valendo a data do despacho anterior.[126] O recebimento de aditamento da peça inicial, por corresponder a recebimento da denúncia, interrompe a prescrição quando é descrito novo ilícito penal ou é incluído novo acusado,[127] estendendo-se a interrupção a todos os corréus (art. 117, § 1º).[128] Mas já se entendeu que a lei se refere, no primeiro caso, apenas à conexão material, e não à instrumental, ditada por motivos de conveniência.[129] Evidentemente, a rejeição da denúncia não interrompe o prazo prescricional,[130] e a interrupção somente poderá ocorrer na data em que, em recurso, a Superior Instância receber a denúncia ou a queixa.

Discute-se, diante das alterações introduzidas no Código de Processo Penal pela Lei nº 11.719, de 20-6-2008, o momento de interrupção da prescrição pelo recebimento da denúncia. Entendemos que o momento do recebimento da denúncia é único e ocorre logo após o seu oferecimento, se não for caso de rejeição liminar, e antes da citação, diante do que prevê expressamente o art. 396 do CPP. Não sendo caso de absolvição sumária, não há necessidade de novo recebimento da denúncia ou mesmo de ratificação do anterior, impondo-se ao juiz a designação de data para audiência de instrução e julgamento, nos termos do art. 399 do CPP. A referência ao recebimento da denúncia contida nesse dispositivo permaneceu embora a emenda aprovada ao projeto original, dando nova redação ao art. 396, tenha antecipado o recebimento da denúncia ao oferecimento da defesa escrita. Assim, interrompe a prescrição o recebimento da denúncia no momento a que se refere o art. 396 do CPP. Mesmo que o juiz, após o oferecimento da defesa escrita, profira outra decisão recebendo a denúncia, esta não interrompe o prazo prescricional, por se tratar de mera ratificação ou confirmação do ato anterior validamente praticado.

O recebimento da denúncia renovada, porque a primeira foi oferecida a juízo incompetente, é evidentemente válido, interrompendo o lapso prescricional.[131]

Tratando-se de recebimento da denúncia pelo tribunal, em julgamento de recurso da acusação, a interrupção ocorre na data do julgamento e não na da publicação do respectivo acórdão.[132] Isto porque é naquela data que a decisão tornou-se pública.

Nos crimes cuja apuração é da competência do Tribunal do Júri (crimes dolosos contra a vida e infrações que lhe forem conexas), o prazo prescricional sofre nova interrupção pela *pronúncia*.

Havendo diferença entre a data da pronúncia (do despacho) e a de sua publicação, prevalece esta última,[133] salvo se prejudicar o réu. A conclusão impõe-se diante do princípio *in dubio pro reo*. Quando houver desclassificação pelo júri para crime que não é de competência desse tribunal, ainda assim a sentença de pronúncia tem força de interrupção.[134]

Também há interrupção quando a Superior Instância pronuncia o réu em razão de recurso da acusação e quando a *sentença de pronúncia for confirmada pela Corte*. Evidentemente, a sentença de impronúncia e a sentença de absolvição sumária não interrompem o prazo prescricional.

A sentença de pronúncia e a decisão que a confirma interrompem a prescrição ainda que posteriormente desclassificado o delito pelo Júri para outro de competência do juiz singular.[135] A força interruptiva só será retirada se anulado o ato.

É também causa interruptiva a *sentença condenatória recorrível*. Diante do que dispõe o art. 389 do CPP, é hoje praticamente pacífico que a prescrição se interrompe na data da publicação em mãos do escrivão.[136] Antes disso, a sentença não tem vida, sendo mero trabalho intelectual de seu prolator. Mas se a sentença já se encontrava nos autos, gerando efeitos, descabe o reconhecimento da extinção da punibilidade pela desídia do escrivão na publicação.[137] A interrupção pelo recebimento da denúncia é válida ainda que a pena tenha sido reduzida pela instância ordinária recursal. Publicada a sentença em audiência, é nessa data que ocorre a interrupção.[138] A sentença anulada, por não produzir efeitos, não interrompe a prescrição.[139]

O *acórdão recorrível* também interrompe o prazo prescricional quando reforma absolvição, diante do que dispõe o inciso IV do art. 117, com a redação dada pela Lei nº 11.596, de 29-11-2007. No mesmo sentido já era a orientação jurisprudencial prevalente, antes da alteração do inciso.[140] Já se considerou como data da interrupção a data do julgamento, já que a decisão se torna pública na própria sessão,[141] e a da publicação do acórdão.[142] A última solução é a que deve prevalecer em face do texto expresso na nova redação dada ao dispositivo. Há decisão do STF, porém, de que a primeira orientação deve ser adotada mesmo após a alteração do dispositivo.[143] É de se notar que a sentença condenatória em segundo grau fica com a interrupção suspensa se penderem dela embargos infringentes, diante do efeito suspensivo concedido a estes.[144]

Não interrompe a prescrição, por não estar relacionada como causa de interrupção, o acórdão em que se *confirma* a condenação.[145] Nem mesmo o acórdão embargável que mantém a condenação pode ser considerado como sentença recorrível para interromper a prescrição.[146]

Entretanto, o STF já entendeu, que se interrompe a prescrição pelo acórdão que, confirmando a condenação, impõe pena mais grave ao acusado e, mais recentemente, que o acórdão condenatório, ainda quando confirmatório da sentença condenatória de primeiro grau, seja mantendo, reduzindo ou aumentando a pena anteriormente imposta, é causa interruptiva da prescrição.[147]

Quanto à sentença em que se concede o perdão judicial a existência de força interruptiva ou não depende da orientação seguida quanto à natureza jurídica de tal decisão, que, para o Supremo Tribunal Federal, é condenatória, mas que para o Superior Tribunal de

Justiça, conforme a Súmula 18, é declaratória de extinção da punibilidade (item 12.2.12). Segundo a primeira orientação, haverá a interrupção; adotando-se a segunda, não.[148]

## 12.4.8 Interrupção do prazo de prescrição da pretensão executória

A prescrição da pretensão executória é interrompida, em primeiro lugar, pelo *início ou continuação do cumprimento da pena* (art. 117, inciso V).

Preso o agente condenado para o cumprimento da pena, interrompe-se o prazo prescricional iniciado com o trânsito em julgado da sentença para a acusação. Tendo havido evasão ou revogação do livramento condicional, a recaptura ou a prisão do sentenciado interrompe a prescrição. Nessas hipóteses, o prazo não começa a correr novamente (art. 117, § 2º).

Interrompe também a prescrição a *reincidência* (art. 117, inciso VI). O momento da interrupção não é determinado pela prática do segundo crime, mas pela sentença condenatória irrecorrível que reconhece a prática do ilícito,[149] embora encontrem-se decisões em sentido contrário.[150]

A partir da Lei nº 9.268, de 1º-4-1996, com a alteração da redação do art. 51 do CP, determina-se que, transitada em julgado a sentença condenatória, aplicam-se na execução da pena de multa as normas relativas à dívida ativa da Fazenda Pública, inclusive no que concerne às causas *interruptivas* e suspensivas da prescrição. Assim, é causa interruptiva do prazo da prescrição da pretensão executória da pena de multa o despacho do juiz que ordenar a citação (art. 8º, § 2º, da Lei nº 6.830, de 22-9-1980, e art. 174, parágrafo único, I, da Lei nº 5.172, de 25-10-1966 – Código Tributário Nacional, com a redação dada pela Lei Complementar nº 118, de 9-2-2005).

## 12.4.9 Comunicabilidade das causas de interrupção

Dispõe o art. 117, § 1º: "Excetuados os casos dos incisos V e VI deste artigo, a interrupção da prescrição produz efeitos relativamente a todos os autores do crime. Nos crimes conexos, que sejam objeto do mesmo processo, estende-se aos demais a interrupção relativa a qualquer deles."

Corrigiu-se na reforma penal o lapso da lei anterior que não ressalvava a incomunicabilidade da prisão de um autor como causa de interrupção da prescrição com relação aos demais.

Excetuadas as condições de cunho personalíssimo (reincidência e prisão), as causas interruptivas estendem-se a todos os autores do delito e o mesmo ocorre no caso de concurso de crimes, quando ocorre conexão, desde que sejam eles objetos do mesmo processo. Assim, por exemplo, a pronúncia de um réu estende o efeito da interrupção ao corréu no processo ainda que acusado de crime que, em regra, não é de competência do Júri, mesmo que aquele seja absolvido do homicídio.[151] Estende-se também ao réu absolvido a interrupção do prazo prescricional provocada pela condenação de corréu.[152]

## 12.4.10 Suspensão do prazo

Trata o art. 116 das causas impeditivas da prescrição, ou seja, das causas em que há suspensão do prazo da prescrição, que não corre:

I – enquanto não resolvida, em outro processo, questão de que dependa o reconhecimento da existência do crime;

II – enquanto o agente cumpre pena no exterior;

III - na pendência de embargos de declaração ou de recursos aos Tribunais Superiores, quando inadmissíveis; e

IV - enquanto não cumprido ou não rescindido o acordo de não persecução penal.

Nessas hipóteses, há um hiato, uma parada momentânea: o curso da prescrição suspende-se para recomeçar a correr depois que cessa a causa impeditiva.

A primeira causa suspensiva é a existência de questão *prejudicial*, prevista nos arts. 92 e 93 do CPP. Se a decisão sobre a existência da infração depender da solução de controvérsia, que o juiz repute séria e fundada, sobre o estado civil das pessoas, o curso da ação penal ficará suspenso obrigatoriamente, e se depender de decisão sobre questão diversa, a suspensão é facultativa. A primeira hipótese pode ocorrer, por exemplo, no crime de bigamia, em que se discute a validade do casamento anterior. Exemplo do segundo é o delito de esbulho possessório quando pende sobre o imóvel uma ação de reivindicação ou possessória. Não há suspensão na pendência de processo administrativo. A exceção da verdade, nos processos por calúnia e difamação, é apenas um meio de defesa de que o acusado dispõe, não constituindo, pois, questão prejudicial suspensiva do prazo prescricional.[153]

A segunda causa, prevista no início II, é o *cumprimento da pena pelo agente no exterior*. Não se podendo desenvolver o processo no Brasil, não deve correr a prescrição nessa hipótese.

A Lei nº 13.964, de 24-12-2019, criou duas outras causas suspensivas da prescrição ao inserir os incisos III e IV no art. 116. A terceira causa suspensiva é a *pendência de embargos de declaração ou recursos aos Tribunais Superiores, quando inadmissíveis* (inciso III). Com a inovação pretendeu o legislador se não coibir ao menos reduzir o elevado número de prescrições que têm sido decretadas e que decorrem da demora no processamento e julgamento de diversos recursos, principalmente para os tribunais superiores, como embargos, recursos especiais e extraordinários, agravos etc., os quais, embora não sejam admissíveis no caso concreto em face da lei processual, inúmeras vezes são oferecidos pela defesa com o objetivo precípuo de procrastinar o final julgamento do feito e favorecer a ocorrência daquela causa de extinção da punibilidade. Embora esses recursos não tenham, em princípio, o condão de impedir o curso da prescrição, esse efeito suspensivo deve ser reconhecido se por ocasião do julgamento verificar-se que não eram eles admissíveis na espécie. Em relação aos embargos de declaração que se mostrem inadmissíveis aplica-se a causa suspensiva não somente quando opostos perante tribunal superior, mas, também, nos juízos de primeiro e segundo grau. Na pendência desses recursos, portanto, a prescrição não deve ser declarada se a verificação da fluência do prazo prescricional depender do cômputo do tempo de seu processamento, diante da possibilidade de que sejam eles afinal reconhecidos como incabíveis. Evidentemente, não há que se reconhecer a causa suspensiva na hipótese de recurso oferecido pela acusação.

A inclusão da quarta causa suspensiva justifica-se em razão da criação pela Lei nº 13.964, de 24-12-2019, no novel art. 28-A do CPP, do acordo de não persecução penal, que pode ser celebrado entre o Ministério Público e o investigado, uma vez satisfeitos os pressupostos e presentes os requisitos legais, mediante a fixação de condições a serem observadas pelo autor do crime, e que obsta o imediato ajuizamento da ação penal. *Enquanto não cumprido ou não rescindido o acordo de não persecução penal* não corre a prescrição (inciso IV). A suspensão inicia-se na data da homologação do acordo pelo juiz e perdura durante toda a execução dos termos acordados, enquanto não for rescindido em razão do descumprimento de alguma das condições estipuladas. Rescindido o acordo pelo juiz, a prescrição volta a fluir até a verificação da primeira causa interruptiva consistente no recebimento da denúncia. Se o acordo é integralmente cumprido, não mais torna a correr a prescrição, impondo-se a extinção da punibilidade (art. 28-A, § 13, do CPP).

Essas quatro causas, como se observa da redação do art. 116, *caput*, referem-se exclusivamente à prescrição da pretensão punitiva.

Ao dar nova redação aos arts. 366 e 368 do Código de Processo Penal, a Lei nº 9.271, de 17-4-1996, criou mais duas hipóteses de suspensão do curso do prazo de prescrição. Segundo o primeiro dispositivo, se o acusado, citado por edital, não comparecer para ser interrogado nem constituir advogado, fica suspenso o processo e o prazo prescricional, estendendo-se a suspensão até que intervenha ele ou seu procurador nos autos do processo. Não prevê a lei limite para a suspensão do prazo, o que acarretaria a vedada imprescritibilidade, mas se tem aceito, como parâmetro, o lapso temporal referente ao máximo da pena cominada ao delito, de acordo com o previsto no art. 109 do CP. Nesse sentido foi editada a Súmula 415 do STJ: "O período de suspensão do prazo prescricional é regulado pelo máximo da pena cominada." Nos termos do segundo artigo citado, também fica suspenso o prazo da prescrição enquanto o acusado é citado por rogatória por se encontrar no estrangeiro, em lugar sabido, ou em legação estrangeira, cessando a causa suspensiva quando a carta é cumprida.

Também não corre o prazo prescricional quando concedida a suspensão condicional do processo nos termos do art. 89, § 6º, da Lei nº 9.099, de 26-9-1995, que dispõe sobre os Juizados Especiais Cíveis e Criminais, e que é cabível nos crimes em que a pena mínima cominada for igual ou inferior a um ano, pelo prazo de dois a quatro anos. O processo volta a correr a partir da sentença de revogação; não ocorrendo esta, extingue-se a punibilidade pelo decurso do prazo fixado.

É também causa de suspensão do curso da prescrição da pretensão punitiva a suspensão da ação penal obtida por partido político quanto a processo contra deputado ou senador conforme dispõe o art. 53, § 3º c. c. o art. 53, § 5º, da Constituição Federal, na redação que lhes foi dada pela Emenda Constitucional nº 35, promulgada em 20-12-2001.

Para o STJ, a suspensão do prazo não se aplica ao processo criminal contra Governador do Estado, já que na hipótese não se trata de mero pedido de licença para o processo, mas do curso de verdadeiro juízo de admissibilidade da acusação.[154]

Nos crimes de apropriação indébita previdenciária (art. 168-A) e de sonegação de contribuição previdenciária (337-A), bem como nos crimes contra a ordem tributária definidos nos arts. 1º e 2º da Lei nº 8.137, de 27-12-1990, permanecem suspensas a pretensão punitiva e a prescrição durante o período em que a pessoa jurídica relacionada com o agente estiver incluída no regime de parcelamento de débitos conforme previsto no art. 9º, *caput* e § 1º, da Lei nº 10.684, de 30-5-2003, no art. 68, *caput* e parágrafo único, da Lei nº 11.941, de 27-5-2009 e no art. 83, § 4º, da Lei nº 9.430, de 27-12-1996, inserido pela Lei nº 12.382, de 25-2-2011. Efetuado o pagamento integral dos débitos, inclusive acessórios, extingue-se a punibilidade (item 12.2.3). Suspende, também, a prescrição e impede o oferecimento da denúncia, nos crimes contra a ordem econômica e nos demais relacionados com a prática de cartel, a celebração de acordo de leniência com o CADE, conforme previsto no art. 87 da Lei nº 12.529, de 30-11-2011. O cumprimento integral do acordo é causa extintiva da punibilidade (item 12.3.3). Em determinados crimes contra o meio ambiente (arts. 38, 39 e 48 da Lei nº 9.605, de 12-2-1998), a assinatura do termo de compromisso para regularização de imóvel ou posse rural perante o órgão ambiental é, igualmente, causa de suspensão da pretensão punitiva e da prescrição, conforme previsto no novo Código Florestal (art. 60, § 2º, da Lei nº 12.651, de 25-5-2012).

Não suspende o curso do prazo prescricional o incidente de sanidade mental.[155]

Dispõe ainda o art. 116, em seu parágrafo único: "Depois de passada em julgado a sentença condenatória, a prescrição não corre durante o tempo em que o condenado está preso por outro motivo." Trata-se de hipótese de suspensão do prazo da prescrição da pretensão executória, não importando a que título o sujeito está preso: prisão provisória, cumprimento de outra pena[156] etc.

Com relação à pena de multa, porém, foram criadas novas causas suspensivas da prescrição da pretensão executória. Por força da Lei nº 9.268, de 1º-4-96, e da Lei nº 13.964, de 24-12-2019, alterou-se a redação do art. 51 do CP, determinando-se que, transitada em julgado a sentença condenatória, aplicam-se na execução da pena de multa as normas relativas à dívida ativa da Fazenda Pública, inclusive no que concerne às causas interruptivas e *suspensivas* da prescrição. Assim, há suspensão do prazo da prescrição da pretensão executória da pena de multa na hipótese prevista no art. 155, parágrafo único, da Lei nº 5.172, de 25-10-1966 (Código Tributário Nacional).

Embora não contenha o Código Penal dispositivo a esse respeito, durante a suspensão condicional da pena não tem curso a prescrição da pretensão executória.

Nesse período, está suspenso o poder de execução do Estado, que não pode, assim, ser atacado pela prescrição.[157] O mesmo se diga com relação ao livramento condicional. Entretanto, nada impede o curso do prazo da prescrição da pretensão punitiva, durante o livramento condicional, por outra ação.

### 12.4.11 Prescrição intercorrente

Basicamente, como foi visto, duas são as espécies da prescrição:

1. prescrição da pretensão *punitiva*, que ocorre antes do trânsito em julgado da sentença e cujo prazo tem por base de cálculo o máximo da pena cominada ao crime;
2. prescrição da pretensão *executória*, que ocorre após o trânsito em julgado da sentença condenatória para a acusação e cujo prazo tem por base de cálculo a pena aplicada.

Aplicada porém a pena e não havendo recurso da acusação, a sanção privativa de liberdade não pode ser elevada, devendo por isso ser ela a base para o cálculo da prescrição ainda antes do trânsito em julgado da decisão para a defesa. Assim dispunha o art. 110, parágrafo único, c.c. o art. 109, *caput* do Código Penal na redação original. Com fundamento nesses dispositivos, a partir de 1961, o STF passou a entender que, não havendo recurso da acusação, a pena concretizada na sentença devia ser utilizada como base para o cálculo de prescrição da pretensão punitiva (chamada então *prescrição da ação penal*), editando a Súmula 146: "A prescrição da ação penal regula-se pela pena concretizada na sentença, quando não há recurso da acusação." Passou-se a calcular então a prescrição da ação penal também sobre os prazos anteriores à sentença condenatória, instituindo-se a denominada prescrição *retroativa*.

Com a Lei nº 6.416, de 24-5-1977, que modificou vários dispositivos do Código Penal, restringiu-se a incidência dessa espécie de prescrição, dando-se nova redação aos dispositivos citados, a fim de que só se atingisse, na hipótese, a pretensão *executória da pena principal*, vedando-se, ainda, que fosse ela aplicada ao prazo anterior ao recebimento da denúncia.

Na reforma introduzida pela Lei nº 7.209/84, porém, voltou a lei a referir-se, na hipótese, à prescrição da pretensão punitiva, dando-se a essa espécie de prescrição uma abrangência superior até a orientação mais liberal do STF durante a vigência dos mencionados dispositivos. A Lei nº 12.234, de 5-5-2010, deu nova redação ao § 1º e ao art. 110 e revogou o § 2º.

Dispõe, hoje, o art. 110, § 1º: "A prescrição, depois da sentença condenatória com trânsito em julgado para a acusação ou depois de improvido seu recurso, regula-se pela pena aplicada, não podendo, em nenhuma hipótese, ter por termo inicial data anterior à da denúncia ou queixa."

Embora essa disposição esteja no art. 110, que trata da prescrição depois de transitar em julgado sentença final condenatória, essa prescrição, às vezes denominada de *intercorrente*, refere-se à pretensão *punitiva*.[158] Chega-se a essa conclusão não só pelo histórico das modificações legislativas e jurisprudenciais, como também pelo que consta expressamente do art. 109. Fixa ele o máximo da pena privativa de liberdade cominada ao crime como base para o cálculo da prescrição antes de transitar em julgado a sentença, *salvo o disposto no § 1º do art. 110*, com a redação dada pela Lei nº 12.234/2010. Isso significa que a *prescrição da pretensão punitiva* (antes de transitar em julgado a sentença), na hipótese de sentença condenatória com trânsito em julgado para a acusação, ou depois de improvido seu recurso, tem por base para o cálculo *a pena aplicada na sentença*.

Assim, *aplicada a pena na sentença e não havendo recurso da acusação*, a partir da data da publicação da sentença *começa a correr o prazo da prescrição intercorrente*, com prazo calculado sobre essa pena concretizada. Opera-se a prescrição da pretensão punitiva, ou prescrição intercorrente, ao escoar-se esse prazo antes do trânsito em julgado para a defesa ou do julgamento de eventual recurso interposto pelo réu. Pode ocorrer a prescrição intercorrente, portanto, durante a tramitação do recurso especial[159] e do recurso extraordinário.

Sempre se entendeu que o prazo da prescrição da pretensão punitiva com base na pena em concreto para o condenado reincidente não era aumentada de um terço, visto que tal aumento incidiria apenas no prazo de prescrição da pretensão executória.[160] Posteriormente, porém, passou-se a adotar a orientação no sentido de que embora se trate de prescrição da pretensão punitiva, estando a prescrição intercorrente disciplinada no § 1º do art. 110, que, em seu *caput*, prevê o aumento do prazo da prescrição para o reincidente.[161] Não se podendo, na interpretação e aplicação da lei, dissociar os parágrafos do artigo correspondente, essa posição é perfeitamente admissível. Contudo, tornou a prevalecer nos tribunais o entendimento anterior.[162] No STJ a questão se pacificou nos termos da Súmula 220: "A reincidência não influi no prazo da prescrição da pretensão punitiva".

Em tese, não é possível falar-se na prescrição da pretensão punitiva com base na pena em concreto sem que haja a sentença condenatória, ou seja, não é admissível seu reconhecimento tendo como fundamento um previsível ou provável apenamento.[163] Na verdade, somente com a instrução criminal completada, é que o juiz, na sentença, pode aferir todos os elementos probatórios referentes às circunstâncias que influem na fixação da pena, que, em tese, pode sempre atingir o máximo cominado abstratamente. Entretanto, com fundamento no princípio que proíbe a *reformatio in pejus* indireta, tem-se admitido, com razão, inclusive no STF, que se pode decretar a referida prescrição com base na pena fixada em sentença anulada em recurso exclusivo da defesa. [164] Realmente, se a pena aplicada na sentença anulada em recurso exclusivo da defesa não pode ser aumentada, desnecessário é novo julgamento, devendo ser reconhecida a prescrição no próprio acórdão em que se deu provimento ao recurso.[165] Entretanto, não se pode tomar como base para o cálculo da prescrição a pena aplicada em sentença anulada quando se trata de nulidade por incompetência absoluta – *ex ratione materiae*, proclamada em apelação do réu, por não ocorrer *reformatio in pejus* em condenação posterior a pena mais grave.[166]

Com fundamento na falta de interesse de agir e para evitar desgaste do prestígio da Justiça Pública, também se tem afirmado que a prescrição referida no art. 110, § 1º, do CP, pode ser reconhecida antecipadamente, considerada a pena em perspectiva, tendo em vista as circunstâncias do caso concreto em que se antevê uma pena que certamente levaria à prescrição.[167] [48] Entretanto, nossos tribunais, entendendo que não é possível falar-se em prescrição com fundamento em pena aplicada, por simples presunção, quando ainda não há sentença, não têm admitido tal interpretação.[168] [49] Nesse sentido foi editada a Súmula 438 do STJ: "É inadmissível a extinção da punibilidade pela prescrição da pretensão punitiva com fundamento em pena hipotética, independentemente da existência ou sorte do processo penal".

### 12.4.12 Prescrição retroativa

Desde a época da edição da Súmula 146, entendeu-se que, aplicada a pena e não havendo recurso da acusação, servia ela de base para o cálculo da prescrição referente aos prazos anteriores à própria sentença, no que se denominou de prescrição *retroativa*. Até a Lei nº 6.416/77, a prescrição retroativa atingia a pretensão punitiva; depois dela passou a referir-se à pretensão executória da pena principal.

Com a Lei nº 7.209/84, deu-se a essa espécie de prescrição maior amplitude, determinando-se expressamente que a prescrição, com base na pena em concreto e atingindo a pretensão punitiva, "pode ter por termo inicial data anterior à do recebimento da denúncia ou da queixa" (art. 110, § 2º, do CP). A Lei nº 12.234, de 5-5-2010, tornando a inovar na disciplina da matéria, deu nova redação ao § 1º e revogou o § 2º do art. 110 do Código Penal. A intenção inicial do legislador era a de "excluir a prescrição retroativa", conforme enuncia expressamente o art. 1º da Lei. Previa-se no projeto original que a prescrição com base na pena em concreto não poderia "ter por termo inicial data anterior à da publicação da sentença ou do acórdão". A aprovação de emenda ao projeto acabou por manter a prescrição retroativa, restringindo, porém, o seu alcance ao processo penal, ao afastar a possibilidade de seu reconhecimento no período compreendido entre o fato criminoso e a denúncia ou a queixa.

Dispõe o art. 110, § 1º, em sua atual redação, que "a prescrição, depois da sentença condenatória com trânsito em julgado para a acusação ou depois de improvido seu recurso, regula-se pela pena aplicada, não podendo, em nenhuma hipótese, ter por termo inicial data anterior à da denúncia ou queixa". Prevê a lei, portanto, que, não havendo recurso da acusação ou sendo improvido seu recurso, o prazo da prescrição

---

48. LOPES, Maurício Antonio Ribeiro. O reconhecimento antecipado da prescrição. O interesse de agir no processo penal e o Ministério Público. *Revista Brasileira de Ciências Criminais*, nº 3, p. 128-150; BRANDÃO, Edison Aparecido. Prescrição em perspectiva. *RT* 710/391.
49. Nesse sentido: ALOTTI JÚNIOR, Osvaldo. Considerações sobre a prescrição retroativa antecipada. *RT* 709/302-306.

da pretensão punitiva é também calculado com base na pena aplicada na sentença, com efeito retroativo, ou seja, *a posteriori*, e deve ser considerado a partir da denúncia. Não havendo recurso da acusação ou improvido seu recurso, ocorre, assim, a prescrição da pretensão punitiva, com base na pena aplicada, se decorreu o prazo prescricional, observados os termos interruptivos (recebimento da denúncia, pronúncia, decisão confirmatória da pronúncia e sentença condenatória).

Refere-se o § 1º do art. 110 à data da denúncia ou da queixa e não à de seu recebimento, que era a mencionada na lei anterior. A nova redação do dispositivo criou um outro termo inicial para a prescrição retroativa, consistente no oferecimento da denúncia ou queixa. Há, assim, a possibilidade de reconhecimento da prescrição retroativa pelo decurso do prazo prescricional com base na pena aplicada entre a data do oferecimento da denúncia ou queixa e a de seu recebimento, que constitui a primeira causa interruptiva (art. 117, I). É o que pode ocorrer nos casos de recebimento da denúncia ou queixa pelo Tribunal em grau de recurso, de recebimento posterior pelo juiz após a anulação da primeira decisão etc. Não mais admitindo a lei que a prescrição retroativa se inicie na data da consumação do crime (art. 111, I), o prazo da prescrição da pretensão punitiva, antes da denúncia ou queixa, será sempre regulado pela pena máxima cominada para o delito (art. 109, *caput*).

Pendente apelo da acusação objetivando a majoração da pena, influente no prazo prescricional, é impossível cogitar-se da prescrição pela pena concretizada antes do julgamento do recurso.[169]

Ainda que haja recurso da acusação, porém, pode ocorrer a prescrição intercorrente, já que o art. 110, § 1º, se refere também à prescrição regulada pela pena aplicada *depois de improvido o recurso da acusação*. Não merecendo provimento o recurso da acusação, ocorrerá a prescrição retroativa se o lapso prescricional calculado com base na pena em concreto escoou-se entre os termos interruptivos.

Embora a redação do art. 110, § 1º, não seja perfeitamente clara, pois se refere à prescrição "depois de improvido" o recurso da acusação, deve-se concluir que também nessa hipótese haverá a retroatividade para os prazos anteriores ao julgamento. Na exposição de motivos da Lei nº 7.209, assinala-se: "O § 1º dispõe que a prescrição se regula pela pena aplicada, se transitada em julgado a sentença para a acusação *ou* improvido o recurso desta" [50] (o grifo é nosso). Ainda mais, esclarece-se o motivo da redação do dispositivo: "Ainda que a norma pareça desnecessária, preferiu-se explicitá-la no texto, para dirimir de vez a dúvida alusiva à prescrição pela pena aplicada, não obstante o recurso da acusação, se este não foi provido. *A ausência de tal norma tem estimulado a interposição de recursos destinados a evitar tão somente a prescrição*" [51] (os grifos são nossos). Isso significa que se inseriu o dispositivo com essa redação para evitar que a acusação recorra a pretexto de ser aumentada a pena quando, na realidade, deseja apenas

---

50. Item 99.
51. Item 99.

obstaculizar a prescrição. Pretendeu-se, assim, tornar inócuo o recurso interposto com essa finalidade, declarando-se expressamente que o recurso, se improvido, não impede o reconhecimento da prescrição retroativa.

Não há, porém, prescrição retroativa *se o recurso da acusação for provido*. Deixam claro os termos do art. 110, § 1º, que não se poderá reconhecer a extinção da punibilidade quer a pena seja elevada de modo que seja aumentado o prazo prescricional, quer seja aumentada sem afetar esse prazo.[170] O provimento do recurso com a elevação da pena, qualquer que seja o aumento, demonstra que se justificava a apelação e que esta não foi interposta apenas para evitar a prescrição retroativa. Esse o sentido da lei, que se refere apenas ao *improvimento* do recurso da acusação para a aplicação do dispositivo, como bem fica demonstrado pela exposição de motivos da Lei nº 7.209, ao ser manifestado, no trecho transcrito, o velado repúdio apenas aos recursos destinados a evitar tão somente a prescrição.

Não obriga a lei, para o reconhecimento da prescrição retroativa, que o réu recorra da decisão, podendo ser declarada a extinção da punibilidade em revisão ou pedido de *habeas corpus*.

Evidentemente, não pode ser reconhecida a prescrição retroativa antes da prolação da sentença, pois é nesta que se fixa a pena. Por essa razão e porque a lei não autoriza a presunção de que a pena a ser imposta em determinado caso não ultrapassará o mínimo legal ou será inferior ao máximo abstratamente cominado para a infração, não é viável a declaração da prescrição por antecipação (item 12.4.11). Nem mesmo a possibilidade de substituição da pena privativa de liberdade por multa enseja o reconhecimento antecipado da prescrição.[171]

Anulada a sentença em recurso exclusivo da defesa, a prescrição continua a ser contada com base na pena em concreto de decisão anulada, uma vez que, vigendo o princípio que proíbe a *reformatio in pejus*, não pode ser ela aumentada (item 12.4.11).[172]

O recurso da acusação deve ser sempre apreciado ao mérito, mas, se improvido, a Superior Instância declarará a prescrição da pretensão punitiva sem o exame do mérito do recurso da defesa, pois a extinção da punibilidade, na espécie, é a mais ampla possível.

Não pode reconhecer a prescrição retroativa o juiz prolator da sentença recorrível,[173] mesmo porque uma das condições para que ela se concretize é não ser provido o recurso da acusação. Evidentemente, o juiz prolator da sentença não pode saber se existirá tal recurso e muito menos se será ele ou não provido. Mesmo após o trânsito em julgado para a acusação, o juiz do processo não poderá declará-la por já se ter esgotado sua jurisdição. O reconhecimento da prescrição, na espécie, é da competência da Instância Superior, em apelação, revisão, *habeas corpus* etc. Alastra-se, porém, a opinião de que a prescrição retroativa pode ser reconhecida em primeiro grau, pelo juiz do processo ou da execução, por imperativo legal (art. 61, do CPP) e em atendimento à medida de economia processual.[174] [52]

---

52. GOMES, Luiz Flávio. Prescrição retroativa. Pode ser reconhecida em primeiro grau? *RT* 637/371-372.

Como o aumento de um terço no prazo da prescrição está previsto no art. 110, incidiria ele no caso da prescrição intercorrente ou retroativa quando o acusado foi considerado reincidente.[175] Prevalece no STJ, porém, a orientação de que o acréscimo devido à reincidência somente incide no prazo da prescrição da pretensão executória, nos termos da Súmula 220 (item 12.4.11).

### 12.4.13 Recurso da acusação

Aplicada a pena na sentença, o recurso da acusação, ao menos provisoriamente, susta o reconhecimento da prescrição intercorrente, pois, se provido e elevada a pena, não se opera a extinção da punibilidade.

Para impedir, porém, o reconhecimento da prescrição, é necessário que o recurso objetive o aumento da pena privativa de liberdade imposta na sentença, ainda que sobre qualquer fundamento. Caso contrário, poder-se-á, desde logo, reconhecer a causa extintiva da punibilidade. Não impedem o reconhecimento da prescrição intercorrente os recursos: contra a substituição da pena privativa de liberdade por multa,[176] ou por pena restritiva de direitos;[177] para exasperar a multa;[178] contra a concessão da suspensão condicional da pena;[179] pelo reconhecimento do concurso material ou formal ou de crime continuado;[180] com relação ao reconhecimento de outro crime;[181] enfim, que não objetiva aumento da pena privativa de liberdade.[182]

Vale para efeito de impedir o reconhecimento da prescrição intercorrente o recurso interposto pelo querelante[183] ou pelo assistente da acusação.[184]

### 12.4.14 Condenação em segunda instância

Quando o réu é absolvido e recorre com sucesso a acusação, obtendo a condenação em segunda instância, também pode ocorrer a prescrição retroativa, que incide entre a data da denúncia ou queixa e a do seu recebimento ou entre esta e o julgamento do recurso (item 12.4.7).[185]

### 12.4.15 Prescrição das penas restritivas de direitos

Dispõe o art. 44 do Código Penal que as penas restritivas de direito são autônomas e substitutivas da pena privativa de liberdade. O art. 109, parágrafo único, do Código Penal determina: "Aplicam-se às penas restritivas de direito os mesmos prazos previstos para as privativas de liberdade." Como as penas restritivas de direitos disciplinadas no Código Penal não são previstas abstratamente para cada tipo penal, mas aplicáveis a qualquer infração quando preenchidos os pressupostos legais, o dispositivo não se aplica à prescrição da pretensão punitiva com base no art. 109, *caput*. Extinta pela prescrição da pretensão punitiva a pena principal (privativa de liberdade), não mais se poderá cogitar da imposição da pena alternativa, também prescrita em abstrato. Imposta na sentença, porém, a pena privativa de liberdade e substituída esta por pena restritiva de direitos, a regra deve incidir na prescrição da pretensão punitiva, intercorrente ou retroativa. A redação do dispositivo autoriza o entendimento de que o tempo fixado na sentença para as penas restritivas de direitos deve passar a regular o prazo prescricional, mediante o seu cotejo com os prazos estabelecidos nos incisos I a VI do art. 109. Assim, no caso de prestação de serviços à comunidade ou a entidades públicas, interdição temporária ou limitação de fim de semana, o prazo da prescrição dependeria do tempo de duração fixado para tais sanções. A interpretação que tem predominado, porém, inclusive no STJ, é no sentido de que embora operada a substituição por pena restritiva de direito da pena privativa de liberdade, o prazo prescricional continua a ser regulado pela pena substituída. Assim se tem decidido, prevalentemente, nos casos de prescrição intercorrente ou retroativa,[186] inclusive para a hipótese em que o tempo estabelecido para o cumprimento da pena restritiva de direitos é inferior ao fixado para o cumprimento da pena privativa de liberdade.[187] No mesmo sentido já se decidiu também em relação à prescrição da pretensão executória.[188] Nos casos de prestação pecuniária e de perda de bens e valores (arts. 43, I e II, e 45), não estando elas sujeitas a tempo de duração, mas a valores, já se sustentou que o prazo prescricional seria o mesmo previsto para a multa, ou seja, de dois anos (art. 114, I).[189] Contudo, sob o argumento de que as sanções têm natureza distinta da pena de multa, inclusive diante da possibilidade de sua conversão em pena privativa de liberdade, é dominante a orientação de que essas penas restritivas de direitos substitutivas prescrevem no mesmo prazo em que prescreveria a pena privativa de liberdade substituída.[190]

### 12.4.16 Prescrição e mérito

Julgada extinta a punibilidade pela prescrição da pretensão punitiva, inclusive intercorrente ou retroativa, já não se pode discutir, em qualquer instância, sobre o mérito do processo.[191] Isto porque tem ela amplos efeitos, eliminando toda a carta jurídica da sentença e extinguindo qualquer consequência desfavorável ao acusado, de modo que o condenado adquire o *status* de inocente, para todos os efeitos legais. Prepondera, aliás, o interesse social, de ordem pública, sobre a pretensão de inocência expressa procurada pelo acusado.

### 12.4.17 Prescrição e perdão judicial

Concedido o perdão judicial, deve-se indagar qual o prazo da prescrição da pretensão punitiva intercorrente. A razão prende-se na existência dos efeitos penais secundários da sentença concessória do perdão (inscrição no rol dos culpados, pagamento de custas etc.), que ficarão extintos se ocorrida essa espécie de prescrição.

Três são as orientações a respeito do prazo.

1ª) regula-se pelo prazo mínimo previsto em lei, ou seja, dois anos;[192]

2ª) regula-se pelo mínimo da pena que poderia ser aplicada, em abstrato, ao ilícito praticado;[193]

3ª) regula-se pelo máximo da pena em abstrato prevista para o crime.⁽¹⁹⁴⁾

Deve-se aceitar a primeira orientação, já que não pode ser maior o prazo de prescrição quando não se aplica a pena, do que o previsto nos casos em que é imposta qualquer sanção.

### 12.4.18 Prazos paralelos

Condenado o réu, podem correr paralelamente dois prazos de prescrição: a prescrição da pretensão intercorrente (da pretensão punitiva), em caso de não haver recurso da acusação, a contar da data da publicação da sentença (art. 110, § 1º); a prescrição de pretensão executória, não havendo recurso da acusação, a contar da data do trânsito em julgado para a acusação (art. 112, inciso I, e 110, *caput*).

Assim, se não se operar a prescrição da pretensão intercorrente, em face do trânsito em julgado para a defesa (que o faz findar), continua a correr o prazo da prescrição da pretensão executória, iniciado na data do trânsito em julgado para a acusação, até a data do início do cumprimento da pena, que é a primeira causa interruptiva dessa espécie de prescrição, ou até a reincidência. Transposto o prazo e não ocorrendo uma dessas causas de interrupção, operar-se-á a prescrição da pretensão executória.

### 12.4.19 Prescrição e legislação especial

Nos termos do art. 12, as regras da prescrição, como normas gerais que são, aplicam-se aos fatos incriminados por lei especial, se esta não dispuser de modo diverso. Assim, aplicam-se integralmente os dispositivos do Código Penal à Lei das Contravenções Penais (Decreto-lei nº 3.688, de 3-10-1941), à lei de abuso de autoridade (Lei nº 13.869, de 5-9-2019), aos crimes eleitorais (Lei nº 4.737, de 15-7-1965) e às outras leis que não contenham disposições relativas à prescrição.

Quanto aos crimes definidos na Lei de Imprensa, a prescrição da pretensão punitiva ocorria dois anos após a data da publicação ou transmissão incriminada, e a executória, no dobro do prazo em que for fixada a pena (art. 41 da Lei nº 5.250, de 9-2-1967), aplicando-se, quanto à interrupção, as causas constantes do art. 117 do CP.⁽¹⁹⁵⁾ [53]

A Lei nº 11.101, de 9-2-2005, que revogou o Decreto-lei nº 7.661, de 21-6-1945, anterior Lei de Falências, determina expressamente a aplicação das regras do Código Penal a respeito da prescrição aos crimes nela previstos, incluindo-se nestas as normas relativas aos prazos e termos interruptivos, mas estabelecendo como termo inicial do prazo prescricional a data da decretação da falência ou da concessão da recuperação judicial ou da homologação do plano de recuperação extrajudicial e como causa interruptiva especial nos dois últimos casos a decretação da falência (art. 182).

---

53. O STF declarou que a Lei de Imprensa (Lei nº 5.250, de 9-2-1967), em sua integralidade, não foi recepcionada pela Constituição Federal de 1988 – ADPF 130-7, j. em 30-4-2009, *DOU* de 12-5-2009, p. 1.

Sendo omisso o Código Eleitoral a respeito da disciplina jurídica da prescrição penal, tem esta, na própria lei penal comum, o seu específico estatuto de regência diante do que dispõe o art. 12 do CP.[196]

A Lei de Drogas (Lei nº 11.343, de 23-8-2006) determina o prazo de dois anos para a prescrição da pretensão punitiva ou executória nos crimes praticados por usuário de drogas descritos no art. 28, *caput*, e § 1º, aos quais não é cominada pena privativa de liberdade, aplicando-se em relação às causas interruptivas as regras previstas no Código Penal (art. 30). Há que se observar, porém, que o STF, no caso da posse da substância *Cannabis sativa*, afastou a existência de crime para consumo pessoal, mantida, porém a ilicitude extrapenal da conduta.[54]

---

54. STF, RE 635659, j. em 26-6-2024, *DJe* de 27-9-2024.

# REFERÊNCIAS JURISPRUDENCIAIS

## CAPÍTULO 2

(1) STJ: REsp 253.147, j. em 8-8-2000, *DJU* de 4-9-2000, p. 183.

(2) Nesse sentido, *RJDTACRIM* 14/179-180.

(3) *RT* 411/263, 467/313, 538/389; *JTACrSP* 51/430, 53/44.

(4) Na jurisprudência, alguns exemplos: *RTJ* 83/746-7, 97/1.298; *RT* 512/376, 516/292, 525/332, 538/382, 539/303; *RF* 262/324, 267/327; *RJTJESP* 70/343; *JTACrSP* 29/273, 50/296, 65/263.

(5) *RT* 521/434.

(6) Exemplos na jurisprudência: *RTJ* 83/1.001, 95/814; *RT* 363/210 e 243, 488/304, 503/414, 507/412, 510/438, 511/404, 423 e 443; *RF* 272/316; *JTACrSP* 45/268, 295 e 299, 48/300.

(7) *RT* 779/565; STJ: REsp 177.847-CE, j. em 10-8-1999, *DJU* de 6-9-1999, p. 139-140 e REsp 199.318-RS, j. em 14-3-2000, *DJU* de 10-4-2000, p. 134.

(8) Nesse sentido: *RT* 726/505, *RJDTACRIM* 28/152, 153, 31/170-1, 173-4, 178-9 e 182.

(9) *RT* 534/364.

(10) Quanto ao juiz do processo: *RT* 508/433.

(11) Precedentes no STF: *JSTF* 280/397; *RTJ* 85/786, 87/447 e 1067, 88/1082 e 1098, 90/451, 90/881, 92/881, 94/564, 95/758 e *RT* 533/435, 534/457, 537/415. Outras decisões: *JSTJ* 10/211; *RT* 507/385, 509/376, 522/452, 524/499, 525/351 e 352; *RJTJESP* 46/362; *JTACrSP* 46/45, 47/29 e Súmula 23 do TFR.

(12) *RJTJESP* 47/389; *JTACrSP* 46/40, 43, 44, 45 e 50, 47/33 e 35, 50/30, 39, 43, 52, 397.

(13) *RT* 521/425, 522/391, 523/416 e 421; *JTACrSP* 48/31, 41 e 42, 52/73.

(14) *RT* 545/381; *JTACrSP* 46/48, 53/90.

(15) *RT* 507/385; *JTACrSP* 45/139, 48/105. Contra: *JTACrSP* 47/350.

(16) *RTJ* 73/661, 74/590, 116/919; *RT* 473/351, 481/345, 482/440, 492/391, 556/425; *RF* 257/289; *JTACrSP* 40/130.

(17) Nesse sentido: *RT* 548/411; *RSTJ* 73/53; *RT* 592/291-2.

(18) Nesse sentido: *JSTJ* 50/291-292.

(19) Nesse sentido: *RT* 735/539; *JTJ* 184/336; STF, HC 187341-SP, j. em 13-10-2020, *DJe* de 04-11-2020.

(20) Nesse sentido: *RT* 744/504, 750/562; *RSTJ* 100/279, *RT* 751/571, 754/575; *JTJ* 194/309, 195/325, *RT* 750/620; *JTAERGS* 104/148; *RT* 745/599, *RJDTACRIM* 35/321, 434 e 514, 36/137-8.

(21) *RT* 665/353.

(22) *RT* 814/535; *RTJ* 69/85.

(23) *RT* 722/563; Ag. Reg. em Inq. nº 874-6-BA-*DJU*, de 26-5-1995, p. 15.153, *RTJ* 166/133, 167/29.

(24) *RT* 641/308.

(25) *RT* 648/336; *JTAERGS* 72/24.

(26) *RT* 651/368, 601/289.

(27) Nesse sentido: *RT* 659/312, 745/479.

(28) *RTJ* 91/59.

(29) Nesse sentido: *RSTJ* 159/602; *RT* 696/364; *JTAERGS* 83/49-50; *RJDTACRIM* 7/207, 11/66.

(30) Nesse sentido: STJ: RHC 7.898-PR, j. em 17-12-1998, *DJU* de 1º-3-1999, p. 380.

(31) Nesse sentido: *JSTJ* 8/141.

(32) Nesse sentido: STF: Inq. 567-3-DF, questão de ordem, *DJU* de 9-10-92, p. 17.481.

(33) STF: *DJU*, p. 898, 23-2-1973.

(34) *RT* 657/359.
(35) Nesse sentido: *RTJ* 91/8; *RT* 540/376, 555/355, 584/421.
(36) *RT* 554/434.
(37) Nesse sentido: *RT* 660/384.
(38) *RTJ* 106/18; *RT* 583/426.
(39) *RT* 629/370.
(40) *RTJ* 91/13, 94/475; *RT* 536/388, 544/429.
(41) O STF negou a extradição de pessoa já condenada no Brasil: *RT* 659/346.
(42) *RTJ* 75/98.
(43) *RTJ* 86/1.
(44) Nesse sentido: *RT* 706/401.
(45) Nesse sentido: *RT* 711/415.
(46) Nesse sentido: *RTJ* 73/11; *RT* 660/366, 668/358.
(47) Ext 1.085-República Italiana.
(48) *RT* 625/361.
(49) *DJU*, p. 7.759, 24-10-75.
(50) STF: *DJU*, p. 10.711, 13-12-1976.
(51) *RTJ* 47/592, 91/689; *RT* 490/389, 525/389, 535/391; *JTACrSP* 42/86; *RJDTACRIM* 7/142.
(52) *RT* 535/391.
(53) Quanto aos prazos de decadência e prescrição: *RTJ* 78/710; *RT* 490/389, 567/339, 771/625, 773/536; *JTACrSP* 42/86.
(54) *RT* 546/349; *JTACrSP* 69/168.
(55) *RT* 785/571; *JTAERGS* 89/68; *JTACrSP* 44/423.
(56) *RT* 504/358; *JTACrSP* 65/419.
(57) *RTJ* 47/592; *RT* 404/276, 427/420, 485/330, 530/367, 562/339-40; *JTACrSP* 71/147.
(58) *RT* 490/389.
(59) Nesse sentido: *RT* 702/361-362.
(60) Nesse sentido: *RJDTACRIM* 6/125.
(61) Nesse sentido: *RT* 678/314.

## CAPÍTULO 3

(1) Nesse sentido: *RSTJ* 30/355-6.
(2) Nesse sentido: *RSTJ* 17/159.
(3) *RT* 620/316.
(4) *JTAERGS* 75/45.
(5) *RJTJESP* 20/402.
(6) *RT* 386/271.
(7) STJ: RHC 9.389-SP, j. em 4-4-2000, *DJU* de 5-6-2000, p. 182; *RT* 382/97, 387/82, 414/281.
(8) Referindo-se à broncopneumonia ou edema pulmonar decorrente de lesões: *RT* 339/95, 412/290, 580/372.
(9) Nesse sentido: *RT* 788/659; *JTAERGS* 85/40.
(10) *RT* 527/362.
(11) *RT* 536/341.
(12) *RT* 380/68, 385/233, 386/271, 529/368.
(13) *RT* 411/345.
(14) *JTACrSP* 19/245.
(15) *JTACrSP* 43/187.
(16) Nesse sentido: *RJDTACRIM* 7/117; *RDJ* 3/250.
(17) *RT* 469/406.
(18) *RT* 228/336.
(19) *RT* 530/329.
(20) *RT* 453/401.
(21) *RT* 337/130.
(22) *RT* 382/97. Afirma-se que a expressão *causa que por si só produz o resultado* não é perfeita tecnicamente. Em verdade, exige a interpretação conforme o texto citado.
(23) *RJDTACRIM* 11/109.
(24) *JTJ* 161/276.
(25) *RT* 766/538.
(26) *RJTJESP* 25/565.
(27) *RT* 582/386; *JTAERGS* 69/101, 79/25; *JTACrSP* 69/441.
(28) *RT* 705/381, 713/363; *RSTJ* 59/107-8; *JTAERGS* 87/112; *RJDTACRIM* 6/106.
(29) Nesse sentido: TACRSP: *RJDTACRIM* 9/75-76.
(30) *RT* 713/361; *RJDTACRIM* 22/106.
(31) *RJDTACRIM* 22/107.
(32) Não admitindo o princípio da bagatela no direito brasileiro: *JTAERGS* 70/94, 71/41 e 82.

(33) *RT* 605/368; *RSTJ* 53/345.

(34) *RJTJERGS* 133/44.

(35) Nesse sentido: *RJTJERGS* 149/220.

(36) No sentido da inaplicabilidade do princípio da insignificância à Lei de Tóxicos por se tratar de crime de perigo abstrato ou presumido: *RT* 839/519; *RJTJERGS* 151/189.

(37) STF: *RT* 840/538; HC 90.747-PR, j. em 1º-12-2009, *DJe* de 18-12-2009; HC 99.207-SP, j. em 24-11-2009, *DJe* de 18-12-2009; HC 84.412-0-SP, j. em 19-10-2004, *DJU* de 19-11-2004.

(38) STF: HC 92.364-RJ, j. em 2-10-2007, *DJU* de 19-10-2007 – JSTF 352/473.

(39) STF: HC 96.822-RS, j. em 16-6-2009, *DJe* de 7-8-2009; HC 97.189-RS, j. em 9-6-2009, *DJe* de 14-8-2009.

(40) STF: HC 101074-SP, j. em 6-4-2010, *DJe* de 30-4-2010 – JSTF 363/379.

(41) STJ: RSTJ 59/107 e RT 705/381.

(42) STJ: HC 93.859-SP, j. em 13-8-2009, *DJe* de 31-8-2009. Em sentido contrário: STF: HC 135.404-PR, j. em 7-2-2017, *DJe* de 2-8-2017.

(43) STJ: RHC 22372-ES, j. em 15-12-2009, *DJe* de 8-2-2010.

(44) STF: AgRg no RE 454.394-MG, j. em 2-3-2007, *DJU* de 23-3-2007 – RT 862/520.

(45) STJ: HC 132.021-PB, j. em 20-10-2009, *DJe* de 30-11-2009; REsp 1062533-RS, j. em 5-2-2009, *DJe* de 9-3-2009.

(46) *RSTJ* 39/478.

(47) *RT* 656/272.

(48) *JTAERGS* 80/124.

(49) STF: HC 97484-SP, j. em 23-6-2009, *DJe* de 7-8-2009.

(50) STJ: RMS 20601-SP, j. em 29-6-2006, *DJU* de 14-8-2006, p. 304; Resp 564.960, j. em 2-6-2005, *DJU* de 13-6-2005, p. 331; Resp 989.089-SC, j. em 18-8-2009, *DJe* de 28-9-2009; EDcl no Resp 622.724-SC, j. em 2-8-2005, *DJU* de 29-8-2005.

(51) *RT* 776/533, 761/546, 832/495.

(52) *RT* 596/421.

(53) Nesse sentido: STF: RE-QO 430.105-RJ, j. em 13-2-2007, *DJU* de 27-4-2007, p. 69.

(54) *RT* 643/276, 644/354.

(55) STF: HC 86459-RJ, j. em 5-12-2006, *DJU* de 2-2-2007, p. 159. STM: Apelação 1993.01.047105-7-BA, j. em 26-5-1994, *DJU* de 2-9-1994. Apelação 2005.01.050087-1-RJ, j. em 11-4-2006, *DJU* de 23-6-2006.

(56) Nesse sentido: *RT* 781/565, 789/561.

(57) Nesse sentido: STF: HC 90.937-GO, j. em 2-9-2008, *DJe* de 26-9-2008; HC 93.653-RN, j. em 3-6-2008, *DJe* de 27-6-2008; HC 93.991-SP, j. em 3-6-2008, *DJe* de 27-6-2008; HC 92.495-PE, j. em 27-5-2008, *DJe* de 13-6-2008; HC 93.229-SP, j. em 1-4-2008, *DJe* de 25-4-2008; HC 93.000-MG, j. em 1º-4-2008, *DJe* de 25-4-2008; HC 93.302-SP, j. em 25-3-2008, *DJe* de 9-5-2008. STJ: HC 110.148-MT, j. em 25-9-2008, *DJe* de 20-10-2008; HC 108.887-MG, j. em 18-9-2008, *DJe* de 20-10-2008; HC 84.688-PR, j. em 16-9-2008, *DJe* de 28-10-2008; HC 89.089-SP, j. em 22-4-2008, *DJe* de 23-6-2008; RHC 22.379-SP, j. em 27-3-2008, *DJe* de 22-4-2008; RHC 22.476-SP, j. em 21-2-2008, *DJe* de 24-3-2008. Contra: STJ: HC 89.913-GO, j. em 26-2-2008, *DJe* de 24-3-2008; HC 89.599-SP, j. em 27-11-2007, *DJe* de 18-8-2008.

(58) STF: RE 1038925-SP, j. em 18-8-2017, *DJe* de 19-9-2017; HC 104339-SP, j. em 10-5-2012, *DJe* de 6-12-2012. Nesse sentido: STF: HC 113945-SP, j. em 29-10-2013, *DJe* de 12-11-2013; HC 114092-SC, j. em 12-3-2013, *DJe* de 26-3-2013; HC 111073-TO, j. em 19-2-2013, *DJe* de 29-5-2013; HC 114029-SP, j. em 18-12-2012, DJe de 22-2-2013; HC 112766-SP, j. em 6-11-2012, *DJe* de 7-12-2012; HC 104868-RS, j. em 16-10-2012, *DJe* de 8-11-2012.

(59) Nesse sentido: STF: HC 83.104-4-RJ, *DJU* 21-11-2003; HC 84.523-1-PE, *DJU* 17-6-2005. *RSTJ* 189/233; *RT* 807/616, 815/544, 823/568.

(60) Nesse sentido: STF: HC 81.510-PR, j. em 11-12-2001, *DJU* de 12-4-2002, p. 54.

(61) *RT* 441/326.

(62) *RT* 380/302.

(63) *RT* 454/362.

(64) *RJTJERGS* 156/118.
(65) STF: *DJU* de 11-9-70, p. 4.101.
(66) *RT* 733/478.
(67) *RT* 395/104, 416/84, 427/346, 480/369, 492/310-1, 536/307-308; Súmula 593 STJ.
(68) *RJDTACRIM* 6/86.
(69) *RT* 488/376, 490/346, 538/410, 599/345.
(70) Nesse sentido: *RT* 704/371, 711/352.
(71) *RSTJ* 53/186.
(72) *RT* 380/157, 394/323, 400/301, 544/424, 546/377; *RF* 261/340; *JTACrSP* 22/279, 45/414, 49/206 e 269.
(73) *RT* 504/381.
(74) *RT* 407/267, 497/348; *JTACrSP* 35/225, 45/254; STF: *DJU*, p. 4.846, 30-6-78.
(75) *RT* 619/358, 621/376, 697/353; *JTAERGS* 80/69 e 114; *RJDTACRIM* 21/108; *JTACrSP* 19/74 e 196, 40/255 e 294, 42/303, 50/241.
(76) Nesse sentido: *RT* 669/353.
(77) Nesse sentido: *RT* 676/342, 786/658; *JTAERGS* 90/78.
(78) *JTACrSP* 44/388.
(79) *RT* 483/287, 487/271.
(80) STF: *DJU*, 5-6-72, p. 3.532.
(81) *RT* 530/370, 536/288, 545/380; *RJDTACRIM* 7/102 e 103.
(82) *RTJ* 102/216.
(83) *RT* 510/435; *JCAT* 68/408.
(84) *RT* 406/241, 434/357, 458/344.
(85) Nesse sentido: *RJTJERGS* 152/173.
(86) *RT* 613/293. No mesmo sentido: *RJTJERGS* 161/103.
(87) *RTJ* 59/198.
(88) Nesse sentido: *RT* 614/283, 774/687; *RJTJERGS* 150/171, 159/197; *JCAT* 90/464; *JTACrSP* 29/382, 34/59, 35/254, 38/150, 67/59, 70/267; *RJDTACRIM* 9/146, 14/108, 15/148.
(89) Nesse sentido: *RT* 769/635, 822/549; *RJTJERGS* 169/177; *RJDTACRIM* 2/114, 3/147; *RJTACRIM* 57/116, 58/108, 61/258, 67/80.

(90) *RT* 392/330, 503/327; *JTACrSP* 10/255, 20/420, 21/262, 22/345, 23/328, 28/158, 38/291, 44/231.
(91) *RT* 638/326, 793/543; *RJTACRIM* 47/497.
(92) Nesse sentido: *JTAERGS* 80/45.
(93) *RT* 572/324.
(94) Contra: *RT* 620/336, 625/388.
(95) STF: *DJU* de 5-6-72, p. 3.532.
(96) *RT* 451/88, 467/323, 470/327, 471/320 e 333, 486/287, 491/274, 492/307, 495/304, 501/279, 505/321, 517/301, 521/393, 536/369, 537/302, 538/339, 541/448, 544/346, 806/607, 819/723; *RJTJESP* 74/356; *JCAT* 91/517; *RT* 540/398. Súmula 610 do STF.
(97) *RT* 403/127, 664/256, 665/301.
(98) *RT* 564/426.
(99) STF: *DJU* de 18-12-70, p. 6.329; *RJDTACRIM* 4/83-84.
(100) *RT* 481/322, 584/365; *JTACrSP* 21/253.
(101) *RT* 467/339.
(102) STF; *DJU* de 2-10-81, p. 9.774; *RJDTACRIM* 5/89.
(103) *RT* 458/321; *RF* 257/290; *JTACrSP* 66/344.
(104) Nesse sentido: *RT* 695/369; *RJDTACRIM* 18/48-49.
(105) Nesse sentido: *RT* 688/326.
(106) *RT* 664/298; *JTACrSP* 41/135, 65/210; *RJDTACRIM* 4/85; *RJTACRIM* 62/49.
(107) Nesse sentido: *RJTJERGS* 153/139.
(108) *RTJ* 80/733.
(109) *RJDTACRIM* 1/92.
(110) *RT* 544/346, 535/341; *JCAT* 64/270.
(111) *RF* 258/367.
(112) *RT* 546/344.
(113) *RT* 542/317; *RF* 277/274.
(114) *RT* 547/346; *JTACrSP* 65/364.
(115) *RT* 495/307.
(116) *RT* 482/377; *JCAT* 90/464.
(117) *RT* 485/319; *RJTJERGS* 68/396.
(118) *RT* 462/437.

(119) *RTJ* 85/654; *RT* 794/643.

(120) Quanto ao peculato doloso: *RT* 671/302, 766/711.

(121) Nesse sentido já decidiu o TACRSP: *RT* 702/347.

(122) *JSTJ* 5/224.

(123) Nesse sentido: RT 809/621; *RJDTACRIM* 8/77.

(124) Nesse sentido: *RT* 685/325; *RJDTACRIM* 12/49, 22/71.

(125) *RJDTACRIM* 2/177.

(126) STJ: RHC 4.147-1-SP, j. em 5-12-1994, *DJU* de 6-2-1995, p. 1.361.

(127) *JTAERGS* 69/13.

(128) *RT* 699/359.

(129) *RT* 514/336, 568/329.

(130) Nesse sentido: *RT* 423/421, 522/396, 696/414; *JCAT* 68/406; *RJDTACRIM* 12/79, 20/242; *RJ-TACRIM* 47/95.

(131) Nesse sentido: *RT* 673/356; *RJTJESP* 53/271, e 327, 55/328 e 330.

(132) *RJDTACRIM* 3/114 e 220, 4/78, 5/98.

(133) *RT* 613/303.

(134) *RT* 517/363, 531/357, 555/372, 560/339, 573/367, 766/628; *RJTJESP* 80/353; *JTACrSP* 46/18, 65/398, 72/216.

(135) *RJDTACRIM* 8/100.

(136) *RJDTACRIM* 12/84.

(137) Nesse sentido: *JSTJ* 6/351; *RT* 532/367, 533/400-401, 552/441-442, 554/397-398, 573/487 e 488-489, 618/336-337, 626/312, 640/302, 659/307, 801/665; *JTAERGS* 65/144, 71/83; *JTACrSP* 41/320, 44/366, 64/175, 75/458.

(138) Nesse sentido: *RT* 678/315, 689/333; *RJDTA-CRIM* 21/154.

(139) Nesse sentido: *JSTJ* 48/340; *RT* 707/303; *JTJ* 159/310, 171/305; *RJDTACRIM* 22/201.

(140) Nesse sentido, *JTAERGS* 79/25.

(141) *RJDTACRIM* 4/78.

(142) *RTJ* 70/590.

(143) Nesse sentido: *RTJ* 108/173, 118/813; *RSTJ* 20/365, 58/146-7; *RT* 707/303; *JTJ* 159/310, 170/311.

(144) Nesse sentido: *RT* 678/315, 689/333, 707/293, 766/605-6; *JTJ* 160/326; *RJTJERGS* 169/138-9; *STF: HC* 70.235-0-RS, j. em 8-3-1994, *DJU* de 6-5-1994, p. 10.468; *RJDTACRIM* 5/258.

(145) *RT* 649/302.

(146) *RT* 663/300.

## CAPÍTULO 4

(1) *JTAERGS* 74/46-47.

(2) Nesse sentido: *RJDTACRIM* 11/135.

(3) *RT* 400/294, 409/114, 518/377, 535/304, 559/358; *JTAERGS* 73/32; *JTACrSP* 23/336, 28/171, 34/495, 35/334, 36/319, 39/41, 46/354, 65/384.

(4) *JTAERGS* 7/100; *RJDTACRIM* 21/129-130.

(5) Nesse sentido: *JTJ* 153/330; *RT* 684/329; *RJD-TA-CRIM* 11/85, 19/99.

(6) Nesse sentido: *RJDTACRIM* 13/211; *RJTA-CRIM* 66/74.

(7) *RJDTACRIM* 4/89.

(8) Nesse sentido: *RT* 686/370; *JTAERGS* 84/45.

(9) *RT* 404/353, 428/320, 429/396, 559/363, 800/683.

(10) *RT* 549/316; *JTACrSP* 24/317.

(11) *RT* 486/292; *JTACrSP* 63/332.

(12) Nesse sentido: *JTJ* 154/292.

(13) *RT* 381/267, 394/109, 402/273, 425/373, 439/459, 463/417, 484/298, 492/286 e 313, 498/294, 501/283, 539/347, 548/385, 555/381, 564/394, 569/360, 668/302; *JTACrSP* 15/311, 16/156, 18/42, 23/329, 25/316, 27/484, 28/122, 32/163, 50/390; *RJDTACRIM* 5/214.

(14) *RT* 526/358, 548/308, 820/651; *JCAT* 96/555; *JTACrSP* 36/324.

(15) *RT* 533/328, 542/379; *RJTJESP* 52/358.

(16) *RT* 412/282, 458/369; *JSTJ* 50/322; *JTACrSP* 8/161, 21/283, 38/258.

(17) *RT* 425/296; *JTACrSP* 48/361 e 390.

(18) *RT* 378/309, 395/288, 431/335, 437/380, 488/380, 544/382, 551/341, 552/355, 673/362; *JTACrSP* 20/218, 23/122, 24/343, 31/383, 32/222, 49/255.

(19) *RT* 403/300, 443/423, 482/328, 490/297; *JTACrSP* 45/403.

(20) *RT* 377/121, 432/308, 433/381, 440/345, 452/355, 457/333, 473/372, 488/337, 503/295, 505/314, 535/285, 594/304, 574/325; *RF* 263/301, 273/269; *RJTJESP* 68/367, 71/28; *JSTJ* 25/227; *JTACrSP* 42/179. Ainda no mesmo sentido, STJ: REsp 1.517-PR-6ª Turma, j. em 11-3-1991, *DJU* de 15-4-1991, p. 4.309; *RT* 681/373-374; *RJTJERGS* 151/261. Contra, em hipótese de lesão corporal à faca: *RJDTACRIM* 16/202; STF: ADPF 779-DF, j. em 15-3-2021, *DJe* de 19-5-2021.

(21) *RT* 434/328, 800/669; *JTACrSP* 44/159, 71/297. Admitindo o emprego de revólver contra agressão de três pessoas: *RJTJERGS* 50/51.

(22) *RT* 549/312, 556/317.

(23) *RT* 581/282-3, 698/333; *RJDTACRIM* 9/111.

(24) *RT* 534/335, 774/568, 800/579; *JTACrSP* 38/277 e 258, 45/287.

(25) *RT* 542/377, 702/327, 793/638, 804/640.

(26) *RT* 649/311.

(27) *RT* 654/271; *RJTJERGS* 156/166; *JCAT* 62/256, 69/462; *JTACrSP* 15/356, 24/297, 42/323, 55/409.

(28) *RT* 378/182, 467/432, 528/339, 535/358, 540/364, 562/358, 572/340; *RJTJERGS* 151/245; *JTACrSP* 10/233, 25/304, 27/36, 35/233, 36/209, 38/246, 39/159, 41/163, 43/214, 45/402-3, 46/308.

(29) *RT* 581/294.

(30) *RT* 375/81, 409/121, 319/348, 422/359, 437/378, 441/473, 483/375, 542/418, 543/410, 576/396; *RF* 257/303; *JTAERGS* 147/123; *JCAT* 67/348; *JTACrSP* 29/251, 42/132, 44/418, 46/30 e 357, 47/233.

(31) *RT* 540/363-4, 549/316; *JTACrSP* 19/302, 22/414, 43/268.

(32) Nesse sentido: STJ: *RSTJ* 47/478.

(33) *JTACrSP* 59/171.

(34) *RT* 473/368, 519/409, 580/447; *JTACrSP* 38/287.

(35) *RT* 383/193, 516/346; *JTAERGS* 88/115-6.

(36) *RT* 486/277, 517/295, 561/405, 572/297, 716/476; *RJTJERGS* 157/118.

(37) *RT* 580/406-7.

(38) *RT* 552/372.

(39) *RT* 461/341.

(40) *RT* 421/248; *RF* 267/318.

(41) *RT* 569/325. Contra: *RT* 461/444.

(42) *RT* 561/405, 572/297.

(43) STF: *DJU* de 10-4-75. p. 7.440.

(44) *RT* 611/418.

(45) *RJDTACRIM* 8/128.

(46) *RSTJ* 47/481 e *JSTJ* 42/317.

(47) *JTAERGS* 80/99.

(48) *JTAERGS* 87/143.

(49) *RJTJERGS* 148/116; *JTAERGS* 68/101.

(50) *RJTJERGS* 170/106.

## CAPÍTULO 5

(1) *RT* 662/266. Contra, em voto vencido: *RJDTACRIM* 13/108.

(2) *RT* 662/266.

(3) Cf. *RJTJERGS* 157/118-124.

(4) STJ: RHC 4.772-SP, j. em 27-5-1196, *DJU* de 30-9-1996, p. 36.651.

(5) O TACrim de SP reconheceu a excludente em caso de subtração de incapaz por ser a autora de pouca idade e simplesmente alfabetizada (*RT* 630/315). O STF reconheceu o erro sobre a ilicitude do fato no crime eleitoral do agente que praticou conduta generalizada entre os concorrentes a cargos eletivos – pintura de propaganda em pista asfáltica (*RT* 626/360).

(6) Nesse sentido: *JTAERGS* 66/96; *JCAT* 61/264-265.

(7) Nesse sentido: *RJDTACRIM* 8/86-87.

(8) *RT* 410/100, 784/621; *JTACrSP* 44/412.

(9) *RT* 488/382, 557/313.

(10) *RT* 572/354.

(11) *JTACrSP* 49/384.

(12) *JTACrSP* 31/187.

(13) *RT* 393/376, 422/330, 440/449, 507/445, 508/399, 541/446, 560/360; *JCAT* 68/388; *RTJ* 93/1.071; *RF* 270/327.

(14) *RT* 392/103, 394/292, 398/336, 399/121, 414/301, 477/342, 488/394, 511/357, 519/438, 570/368.

(15) *RTJ* 33/55, 50/368, 46/318; *RT* 414/75, 570/358, 781/558; *RSTJ* 52/138.

(16) *RT* 568/260, 582/369.

(17) *RT* 380/156, 411/102.

(18) *RT* 694/364; *RJTJERGS* 156/139.

(19) *JTACrSP* 43/65.

(20) *RJDTACRIM* 7/118.

(21) *RT* 625/308.

(22) *RT* 621/339.

(23) *RTJ* 120/206; *RT* 614/393; *RJDTACRIM* 2/98; *RJTACRIM* 45/194.

(24) *JSTJ* 9/173.

(25) Nesse sentido: *RT* 666/329.

(26) *RT* 550/303.

(27) *RT* 405/133, 442/412, 495/304, 462/409; *RJTJESP* 40/314, 42/382.

(28) *RT* 508/405.

(29) *RT* 544/390, 621/339.

(30) *DJU* de 14-12-79, p. 9.443: *RT* 390/341; *JSTJ* 13/178; *JTAERGS* 70/25; *JTACrSP* 21/62.

(31) *RT* 398/304, 514/316; *JTACrSP* 6/16.

(32) Nesse sentido: *RSTJ* 22/426; *RJTJERGS* 150/35.

(33) *RJTJERGS* 159/154-155, 160/100-101; *JCAT* 69/476-477.

(34) Nesse sentido: *RSTJ* 25/486; *RJTJERGS* 160/115.

(35) Nesse sentido: *RT* 669/283; *RJDTACRIM* 3/131.

(36) *RT* 616/308, 815/584.

(37) *RT* 537/336, 554/356, 605/317, 786/727; *JTACrSP* 15/146, 16/129, 34/480, 55/272, 67/485; JESUS, Damásio E. de. Ob. cit. p. 462.

(38) Nesse sentido: *RJDTACRIM* 8/122.

(39) Nesse sentido: *RT* 782/551, 788/593; *RSTJ* 66/145; *RJDTACRIM* 10/181.

(40) *RT* 532/402, 621/340.

(41) Nesse sentido: *RT* 693/366.

(42) *RT* 512/474; *JTACrSP* 27/303.

(43) *RTJ* 58/95, 70/590, 78/227.

(44) *JTACrSP* 44/428, 56/93, *RT* 609/447, *RTJ* 116/528.

(45) *RT* 485/349, 498/334, 541/368, 558/303; *JTAERGS* 80/36; *JTACrSP* 38/64, 66/243, 68/73, 73/155, 75/242; *RJTACRIM* 57/80.

(46) *RT* 532/401, 543/429; *JTACrSP* 27/226, 66/243; *DJU* de 16-11-76, p. 10.203, e de 3-12-71, p. 68-78; *RJTJERGS* 143/55; 159/143-4; *RJDTACRIM* 6/194; *JCAT* 68/361.

(47) Nesse sentido: STJ: HC 38.019-RJ, j. em 19-5-2005, *DJU* de 27-6-2005, p. 453; HC 36.044-RJ, j. em 9-11-2004, *DJU* de 17-12-2004, p. 587; HC 28.799-MG, j. em 2-10-2003, *DJU* de 10-11-2003, p. 201; HC 31.540-RJ, j. em 9-3-2004, *DJU* de 17-5-2004, p. 254.

(48) *RT* 625/306.

(49) *RT* 625/327.

(50) *JTACrSP* 51/294.

(51) Nesse sentido: *RT* 770/594; *RJDTACRIM* 14/86-87.

(52) STJ: HC 132.374-MS, j. em 6-10-2009, *DJe* de 16-11-2009.

(53) HC 109.269-MG, j. em 27-9-2011, *DJe* de 11-10-2011.

## CAPÍTULO 6

(1) *RT* 531/328, 546/449, 804/679; *RJTJESP* 13/476, 46/332; *JTACrSP* 21/71, 34/293, 39/278, 48/361, 58/169.

(2) Nesse sentido: *RT* 669/355, 779/624.

(3) Nesse sentido: *RT* 378/307, 430/358, 441/410; *JTACrSP* 37/243, 44/289, 54/326.

(4) *RT* 676/325.

(5) *RT* 410/121, 445/329, 448/325, 489/341, 490/344, 537/334, 544/421, 546/342, 558/309, 572/393, 575/466; *RJTJESP* 7/552, 10/477, 23/437, 29/429.

(6) *RJTJESP* 4/314.

(7) *RT* 382/196, 404/117, 416/111, 427/447, 430/321, 433/369, 449/374, 462/349, 466/342, 470/418, 468/307, 471/318, 472/369; *RJTJESP* 39/196; *JTACrSP* 10/224 e 229, 34/435, 36/32, 72/26.

(8) *RT* 542/416; *RJTJESP* 28/380; *RDP* 2/111; *JTAERGS* 67/15; *JTACrSP* 47/258.

(9) *RT* 425/284, 713/367; *RJDTACRIM* 2/70, 11/52.

(10) *JTACrSP* 72/231.

(11) Nesse sentido: *JTJ* 159/324.

(12) Nesse sentido: *RJDTACRIM* 18/134.

(13) *RJDTACRIM* 5/55.

(14) Nesse sentido: *RT* 664/310.

(15) Nesse sentido: *JTAERGS* 66/50.

(16) Nesse sentido: *RJDTACRIM* 7/226, 19/70.

(17) *RT* 619/304.

(18) *RDP* 1/111.

(19) *RT* 442/406.

(20) *RT* 389/101.

(21) Nesse sentido: *RSTJ* 31/137-138; *RT* 684/325; *JTAERGS* 87/17, 90/58; *RJDTACRIM* 7/59, 12/136, 14/41. Contra: *RT* 706/374-375, 717/420; *RJDTACRIM* 14/84-85.

(22) *RT* 378/198, 379/221, 432/348, 444/356 e 378, 447/472, 454/439.

(23) Nesse sentido: *JSTJ* 15/233; *RT* 713/395; *JTJ* 161/276; STF: RHC 133575-PR, j. em 21-2-2017, *DJe* de 16-5-2017; STJ: AgRg no HC 720618-SP, j. em 16-8-2022 *DJe* de 19-8-2022.

(24) Nesse sentido: tratando-se de vigia, ignorando ele o que ocorria no interior do estabelecimento onde se executava o crime: *RT* 691/352-353.

(25) Nesse sentido: *RJDTACRIM* 20/133-134.

(26) Nesse sentido: *RT* 797/611, 800/584, 810/643; *JCAT* 96/560; *RJDTACRIM* 11/50.

(27) *JTACrSP* 6/481.

(28) *RT* 712/465.

(29) *RT* 421/89.

(30) *RJTJESP* 9/540.

(31) *RT* 651/323; *RDJ* 3/194.

(32) *RT* 707/291-292, 716/432, 772/634; *RJTACRIM* 55/135.

## CAPÍTULO 7

(1) Nesse sentido: *RT* 687/349, 708/349; *JTJ* 159/319.

(2) *RT* 716/432, 773/625; *RSTJ* 140/475, 89/385; *RJTACRIM* 57/144.

(3) *JSTJ* 8/192; *RSTJ* 26/340.

(4) Nesse sentido: *JSTF* 326/447 e 454, 325/415, 432, 464 e 487, 323/400 e 473, 294/381, 248/270, 242/336; *RT* 737/551, 731/518, 724/577. *RSTJ* 67/464, 68/299, 121/474, 133/470. *RT* 717/380; *JTJ* 159/310. *RJTJERGS* 215/183, 199/170, 169/62, 90, 95, 156/78. *RT* 714/398. *RT* 700/355. *RJTACRIM* 55/63, STF: HC 82.959-7-SP, j. em 23-2-2006; *DJU* de 1-9-2006, p. 18 – voto vencido – Min. Ellen Gracie, HC 82.959-7-SP, j. em 23-2-2006, *DJU* de 1-9-2006, p. 18 – voto vencido – Min. Celso de Mello.

(5) STF: HC nº 82.959-7/SP, j. em 23-2-2006, *DJU* de 1-9-2006, p. 18. *RJTJERGS* 221/70. *RT* 836/555.

(6) *JSTF* 242/323, 248/269, 260/391, 263/399, 271/386, 279/383; *RT* 766/535, 767/565, 791/539, 811/539; STF: HC 78.006-7-RS, *DJU* de 11-2-98; *RSTJ* 151/565; *RT* 803/538, 811/566; STJ: RHC 7.986-MG, *DJU* de 14-12-98, p. 261. *JCAT* 97/435. *RJTJERGS* 199/69, 212/161.

(7) STF: HC 111840, j. em 27-6-2012. Nesse sentido: STF HC 118222-SP, j. em 29-10-2013, *DJe* de 12-11-2013; HC 117104-PR, j. em 29-10-2013, *DJe* de 12-11-2013; HC 116146-SP, j. em 10-9-2013, *DJe* de 24-9-2013; HC 115917-SP, j. em 20-8-2013, *DJe* de 4-9-2013; HC 116568-DF, j. em 13-8-2013, *DJe* de 12-9-2013; HC 111351-MG, j. em 28-5-2013, *DJe* de 17-6-2013; HC 114100-

MG, j. em 21-5-2013, *DJe* de 5-6-2013; RHC 135527-SP, j. em 5-10-2020, *DJe* de 14.12.2020; HC 201147 AgR-SP, j. em 31-5-2021, *DJe* de 26-2021.

(8) *RT* 605/289, 666/288, 691/315, 783/625, 794/633, 799/587; *RJDTACRIM* 21/286.

(9) Nesse sentido: STF: *Revista Brasileira de Ciências Criminais* 5/172; TACRSP: *RT* 718/424, *RJDTACRIM* 20/75.

(10) Nesse sentido: *RSTJ* 40/486; *RJTJERGS* 163/39; *RT* 667/378-9, *JTAERGS* 73/50; *RJDTACRIM* 5/146, 8/141, 164; *RJTACRIM* 45/297.

(11) Nesse sentido: *RT* 667/378-9, 719/552; *JTAERGS* 73/50; *RJDTACRIM* 5/146.

(12) *RT* 710/283.

(13) Nesse sentido: *RT* 651/272, 652/364, 653/377, 655/340, 656/346, 657/349, e 377, 659/326, 664/279, 665/365, 667/345, 668/283, 669/304 e 371, 672/312, 674/354, 675/422, 699/384, 708/306-7; *JSTJ* 8/201 e 206, 13/173, 17/208, 20/202, 24/236; *RJDTACRIM* 3/65, 4/36. Contra: exigindo o cumprimento da pena em regime aberto em alojamento especial e separado de estabelecimento penal: *RT* 675/390; *JTAERGS* 87/46; *RJDTACRIM* 1/34, 3/34 e 48, 5/37 e 38. Quanto ao regime semiaberto, *RT* 681/393.

(14) Nesse sentido: STF: HC 94820-MS, j. em 2-9-2008, *DJe* de 26-9-2008. RHC-ED 92605-PR, j. em 12-8-2008, *DJe* de 14-11-2008. HC 94652-RS, j. em 10-6-2008, *DJe* de 5-9-2008. RHC 89031-RS, j. em 28-11-2006, *DJU* de 31-8-2007, p. 36. HC 88928-RJ, j. em 20-6-2006, *DJU* de 18-8-2006, p. 52. HC 86990-SP, j. em 2-5-2006, *DJU* de 9-6-2006, p. 19. RHC 85605-SP, j. em 13-9-2005, *DJU* de 14-10-2005, p. 27. HC 85141-SP, j. em 5-4-2005, *DJU* de 12-5-2006, p. 11. STJ: HC 108438-SP, j. em 16-10-2008, *DJe* de 17-11-2008. HC 94652-MS, j. em 21-2-2008, *DJe* de 17-3-2008. HC 92961-SP, j. em 29-4-2008, *DJe* de 8-9-2008. HC 109441-RS, j. em 28-10-2008, *DJe* de 17-11-2008. HC 111749-RS, j. em 16-11-2008, *DJe* de 3-11-2008. HC 100630-SP, j. em 10-6-2008, *DJe* de 4-8-2008. HC 100829-SP, j. em 27-5-2008, *DJe* de 23-6-2008. HC 83032-SP, j. em 6-3-2008, *DJe* de 2-6-2008. Pet 5744-SP, j. em 21-2-2008, *DJe* de 22-4-2008. AgRg no REsp 944833-RS, j. em 29-11-2007, *DJU* de 17-12-2007, p. 330. HC 85292-SP, j. em 8-11-2007, *DJU* de 10-12-2007, p. 409. HC 85092-SP, j. em 25-10-2007, *DJU* de 17-12-2007, p. 254.

(15) TJSP: HC 990.08.062799-6, j. em 23-10-2008. HC 990.08.092221-1, j. em 30-10-2008. HC 990.08.143908-5, j. em 30-10-2008. HC 990.08.075604-4, j. em 23-10-2008. HC 990.08.020682-6, j. em 24-9-2008. TJRS: Agravo 70022725113, j. em 13-2-2008, *DJU* de 19-6-2008. Agravo 70022688683, j. em 13-2-2008, *DJU* de 26-5-2008. Agravo 70022538029, j. em 13-2-2008, *DJU* de 17-6-2008. TJMG: Agravo em Execução 1.0000.07.462333-1/003, j. em 1-7-2008, *DJU* de 18-7-2008. HC 1.0000.07.458493-9/000, j. em 7-8-2007, *DJU* de 14-8-2007. Agravo em Execução 1.0000.08.474186-7/001, j. em 8-7-2008, *DJU* de 18-7-2008. Agravo em Execução 1.0000.08.473345-0/001, j. em 2-7-2008, *DJU* de 16-7-2008.

(16) STF: HC 92477-SP, j. em 21-10-2008, *DJe* de 7-11-2008. HC 95069-MS, j. 5-8-2008, *DJe* de 7-11-2008. HC 94025-SP, j. em 3-6-2008, *DJe* de 1-8-2008. HC 93669-SP, j. em 22-4-2008, *DJe* de 16-5-2008. HC 91631-SP, j. em 16-10-2007, *DJe* de 9-11-2007. STJ: REsp 1030776-RS, j. em 30-5-2008, *DJe* de 23-6-2008. HC 99289-SP, j. em 29-4-2008, *DJe* de 4-8-2008. HC 83998-CE, j. em 25-9-2007, *DJU* de 29-10-2007, p. 290. TJSP: Agravo em Execução 1555537-3/0, j. em 26-2-2008. HC 990.08.013775-1, j. em 23-10-2008. Agravo em Execução Penal 990.08.011568-5, j. em 20-10-2008. Agravo em Execução Penal 990.08.065110-2, j. em 20-10-2008. TJRS: Agravo 70022312003, j. em 23-1-2008, *DJU* de 18-2-2008. Agravo 70021487608, j. em 8-11-2007, *DJU* de 23-11-2007. Agravo em Execução 70020141396, j. em 23-8-2007, *DJU* de 2-10-2007. TJMG: Agravo em Execução 1.0000.08.478867-8/001, j. em 30-9-2008, *DJU* de 15-10-2008. Agravo em Execução 1.0000.08.474534-8/001, j. em 30-9-2008, *DJU* de 14-10-2008. Agravo em Execução 1.0000.08.479394-2/001, j. em 23-9-2008, *DJU* de 6-10-2008. HC 1.0000.08.477629-3/000, j. em 29-7-2008, *DJU* de 14-8-2008. AC 1.0024.03.183049-0/001, j. em 4-3-2008, *DJU* de 29-3-2008. Agravo 1.0000.07.452035-4/001, j. em 2-10-2007, *DJU* de 9-10-2007.

(17) RSTJ 195/497; STJ: RESP 445.942-RS, j. em 10-6-2003, *DJU* de 25-8-2003, p. 352; HC 30.623-SP, j. em 15-4-2004, *DJU* de 24-5-2004, p. 306; RESP 596.114-RS, j. em 21-10-2004, *DJU* de 22-11-2004, p. 376; HC 43.668-SP, j. em 8-11-2005, *DJU* de 28-11-2005, p. 339; HC 80.540-SP, j. em 27-9-2007, *DJU* de 22-10-2007, p. 329; HC 89.519-SP, j. em 13-12-2007, *DJU* de 07-2-2008, p. 01; HC 94.835-SP, j. em 21-2-2008, *DJe* de 17-3-2008; HC 94.841-SP, j. em 17-4-2008, *DJe* de 05-5-2008; HC 98.700-SP, j. em 28-5-2008, *DJe* de 4-8-2008.

(18) STJ: HC 206084-RS, j. em 2-8-2011, *DJe* de 17-8-2011; REsp 920256-RS, j. em 26-10-2010, *DJe* de 16-11-2010; HC 137042-RS, j. em 20-10-2009, *DJe* de 7-12-2009.

(19) RT 709/375.

(20) STF: RE 452.994-7-RS, j. em 23-6-2005, *DJU* de 29-9-2006, p. 36; HC 91.084-0-SP, j. em 17-4-2007, *DJU* de 11-5-2007, p. 105; ED AGR no AI 570188, j. em 8-5-2007, *DJU* de 22-6-2007, p. 60; HC 92.791-2-RS, j. em 26-2-2008, *DJe* de 16-5-2008; HC 90.107-7-RS, j. em 27-3-2007, *DJU* de 27-4-2007, p. 68; AGR AI 580259-RG, j. em 25-9-2007, *DJU* de 26-10-2007, p. 81.

(21) STJ: HC 200046-RS, j. em 18-8-2011, *DJe* de 1-9-2011.

(22) Contra: *RT* 652/330.

(23) O STF assim tem entendido no caso de prisão de extraditando: *RT* 638/335, 642/375. O TJPR, porém entendeu que a prisão administrativa deixou de existir: *RT* 639/330. No mesmo sentido o STJ: *JSTJ* 9/242.

(24) STF: HC 73256/SP, j. em 10-4-1996, *DJU* de 13-12-1996, p. 50161.

(25) Assim também já decidiu o STF: RHC 76.741-MG, j. em 24-4-1998, *DJU* de 22-5-1998, p. 32.

(26) *RT* 381/50, 402/247, 407/252, 609/310; *JCAT* 92/595; *RJDTACRIM* 6/32.

(27) *RTJ* 43/385; *RDP* 1/110.

(28) *RTJ* 70/324, 85/324; *DJU*, p. 976; 3-3-78; *RT* 520/489, 625/339, 768/722; *RJTJERGS* 207/123; *JTACrSP* 17/59, 58/84-85; *RJDTACRIM* 3/47, 8/177.

(29) *RT* 375/289, 552/356; *JTACrSP* 63/140, 75/133.

(30) *RT* 276/256, 530/401; *DJU*, p. 2.461, 19-4-74.

(31) STJ: REsp 1977135-SC, j. em 23-11-2022, *DJe* de 28-11-2022 - tema repetitivo 1155; *RT* 732/574.

(32) *RT* 566/280.

(33) Nesse sentido: *RJDTACRIM* 2/21 (agravo em execução nº 549.713/9), 3/43 (agravo em execução nº 548.759/6), 3/56; *RJTACRIM* 60/63. No mesmo sentido: *RT* 639/326. Contra: *RDJ* 2/371.

(34) Nesse sentido: *JTAERGS* 86/38; *RJDTACRIM* 2/21 (agravo em execução nº 543.363-0), 3/43 (agravo em execução nº 539.811/3).

(35) Nesse sentido: *RJDTACRIM* 1/22, 37 e 58, 2/35, 4/33. No mesmo sentido: *RT* 639/323, 643/314 e 317.

(36) Nesse sentido: *RJTJERGS* 151/201.

(37) Nesse sentido: *RJDTACRIM* 4/88.

(38) Nesse sentido, TJMG: Apelação 1.0223.03.119679-1 – j. em 8-11-2005, *DJU* de 18-11-2005.

(39) *RT* 643/362.

(40) *RT* 612/378.

(41) Nesse sentido: *JSTF* 287/303, 306/482. *RT* 805/556, 811/562, 835/700; *RSTJ* 146/534, STJ: RHC nº 8.406-RJ, j. em 30-6-1999, *DJU* de 27-9-1999, p. 100, HC nº 10.796-MG, j. em 19-9-2009, *DJU* de 22-11-1999, p. 173; RHC nº 9.059-RJ, j. em 4-11-1999, *DJU* de 6-12-1999, p. 103. *RJTJERGS* 211/96.

(42) Nesse sentido: TJSP: AP. Crim. com Revisão 993.06.033231-7, j. em 4-11-2008; AP. Crim. com Revisão 993.06.081816-3, j. em 18-9-2008; AP. Crim. 993.05.024010-0, j. em 29-7-2008.

(43) Nesse sentido: STF: HC 85.894-RJ, j. em 19-4-2007, *DJU* de 28-9-2007, p. 28; HC-ED 91.098-RJ, j. em 26-6-2007, *DJU* de 17-8-2007, p. 90; HC 90.871-MG, j. em 03-4-2007, *DJU* de 25-5-2007, p. 78; HC 88.879-RJ, j. em 6-2-2007, *DJU* de 2-3-2007, p. 38. STJ: HC 76.256-SP, j. em 22-5-2007, *DJU* de 29-6-2007, p. 684.

(44) STF: HC 97.256-RS, j. em 1-9-2010. STJ: HC 163.233-SP, j. em 28-9-2010, *DJe* de 25-10-2010.

(45) TACRSP: *RT 640/306, 721/407.*

(46) Nesse sentido: *TJSP: RT* 609/324 e 72/407, 722/430; *JTJ* 170/309-10, 171/314-5, 177/315, 183/276; TJSC: *JCAT* 73/567; TACRSP: *RT* 727/539.

(47) Nesse sentido: *RT* 608/301 e 325, 627/298, 723/557, 727/452, 735/549-50, 736/608, 739/569, 777/600; *RJTJERGS* 168/113; *RT* 718/383, *JTJ* 168/303, 176/318, *RJTJESP* 95/432, 96/461, 99/457, 100/472.

(48) Nesse sentido: *RJDTACRIM* 21/251.

(49) Nesse sentido: *RJDTACRIM* 12/106, 14/115.

(50) Nesse sentido: *RT* 643/362, 672/321; *JTAERGS* 66/55; *RJDTACRIM* 4/122.

(51) Nesse sentido: RE 776823-RS, j. em 7.12.2020, *DJe* de 23-2-2021.

(52) *RT* 815/505; *JSTF* 273/349; STJ: HC 22.668-MG, j. em 22-4-2003, *DJU* de 2-6-2003, p. 354.

(53) Nesse sentido: *RJDTACRIM* 4/26-7.

(54) Nesse sentido: *RJTJERGS* 94/97; *RJDTACRIM* 7/135.

(55) Nesse sentido: *RJDTACRIM* 7/135.

(56) Nesse sentido: *JTJ* 159/305, 160/319; *RSTJ* 60/405; *RT* 709/395. Contra: *RT* 740/530, 777/600; *JTJ* 152/299.

(57) Nesse sentido: *JTJ* 157/310-1; *JTACRIM* 99/118. Contra, com relação à Lei de Economia Popular: *RT* 677/416.

(58) *RTJ* 152/845; *RT* 752/507; STF: HC 73.517-SP, Rel. Min. Francisco Rezek, j. 2 em 8-5-96, *Informativo STF*, Brasília, 5-6-96, nº 33.

(59) *RT* 628/338.

(60) Nesse sentido: *RT* 689/417, 676/348, 707/318; *JSTJ* 38/296-7; *RSTJ* 45/318-9 (STJ); *JTAERGS* 86/47; *RJDTACRIM* 2/30, 3/54 e 55, 5/34, 16/118, 18/31.

(61) Nesse sentido: *RT* 629/348, 634/304, 661/275, 665/311, 674/319; *JTJ* 158/319; *RJDTACRIM* 1/38-9, 2/31, 3/53, 6/39, 16/52, 19/44.

(62) Nesse sentido: *RT* 633/303; *RJDTACRIM* 2/30 e 32.

(63) Nesse sentido: *RJDTACRIM* 5/33, 8/59. 9/36, 11/23.

(64) Nesse sentido: *RT* 628/338, 667/282, 672/323, 688/330, 694/368, 697/323, 698/414, 716/412, 782/614; *JTJ* 158/318, 161/281; *RJDTACRIM* 7/33, 8/58, 59 e 148, 9/35, 10/32, 13/25, 14/24, 15/132, 17/33-34 e 52, 18/27 e 28, 19/45, 20/136, 21/50, 22/453; *JTAERGS* 86/45, 87/59, 89/20.

(65) *JTACrSP* 36/67, 41/61, 47/249, 73/394.

(66) *JTACrSP* 44/424.

(67) *RT* 385/241, 517/379, 570/338; *JTACrSP* 15/64, 42/178, 67/72, 68/431, 71/311.

(68) *JTACrSP* 28/258, 32/368.

(69) *RT* 493/337 (voto vencido); *JTACrSP* 25/171, 29/148, 38/204.

(70) Nesse sentido; *JTAERGS* 67/144; *RJDTACRIM* 2/117.

(71) Nesse sentido: *RT* 606/335; *RJDTACRIM* 1/124.

(72) Nesse sentido: *RJDTACRIM* 3/150.

(73) Nesse sentido: *JTACrSP* 46/36; FRANCESCHINI, J. L. V. de Azevedo. Ob. cit. nos 4.633 e 4.659.

(74) STJ: REsp 1.166.866-MS, j. em 20-8-2013, *DJe* de 18-9-2013, AgRg no REsp 1.332.225-MG, j. em 18-12-2012, *DJe* de 6-2-2013, AgRg no REsp 1.333.113- MG, j. em 2-10-2012, *DJe* de 9-10-2012, AgRg no REsp 1.332.668-MG, j. em 21-8-2012, *DJe* de 29-8-2012, AgRg no REsp 1.160.207-MG, j. em 1º-12-2011, *DJe* de 19-12-2011, Resp 1.181.905-RS, j. em 14-4-2011, *DJe* de 16-5-2011, HC 147.469-SP, j. em 15-2-2011, *DJe* de 28-2-2011, EREsp 845.902 -RS, j. em 25-10-2010, *DJe* de 1º-2-2011, REsp 1.134.003-MG, j. em 20-5-2010, *DJe* de 28-6-2010, EREsp 699.286-SP, j. em 10-2-2010, *DJe* de 13-5-2010, REsp 832.267-RS, j. em 20-3-2007, *DJU* de 14-5-2007.

(75) Nesse sentido: *RJDTACRIM* 19/46, 47 e 48. Contra: *RTJ* 161/256.

(76) *RT* 419/69, *JTACrSP* 34/268. Contra: *RT* 417/290.

(77) *RT* 628/370; *JSTJ* 22/223; *RSTJ* 17/472-3.

(78) *RT* 464/421, 528/318, 542/336, 578/330, 585/311.

(79) *RT* 437/369, 491/367, 541/344, 552/316, 569/305; STF: HC nº 62.214-3-MG, j. em 18-

9-1984, *DJU* 8-11-1984, 216: p. 18.767, ficha 1.365/84 *TACRIM*; *JTCrSP* 22/348, 28/119.

(80) *RT* 469/320, 572/340; *RJTJERGS* 167/72; *JTACrSP* 18/179.

(81) *RT* 399/387, 435/379, 553/377, 575/358, 668/292. Contra: *RJTJERGS* 167/46-7; *JTACrSP* 41/284.

(82) *RT* 469/320, 477/345, 504/325; *JTACrSP* 39/301.

(83) *RT* 417/285.

(84) *RT* 434/358.

(85) *RT* 519/362.

(86) *JTAERGS* 88/124.

(87) O número de golpes, por si mesmo, não implica agravante do meio cruel: *RT* 448/353, 506/361.

(88) *RT* 502/337, 532/328, 561/366; *RF* 258/380; *JTACrSP* 40/260, 47/345, 52/251. Contra: *RT* 635/343-4.

(89) *JTACrSP* 32/416, 41/317.

(90) *RT* 389/116; *RJTJESP* 5/367.

(91) *RT* 425/85; *RDP* 2/97.

(92) *RT* 565/322; *STJ*: RE 13.564-MG, j. em 22-10-1991, *DJU* 11-11-1991, p. 16.152. *JTACrSP* 69/487, 72/251; *RJDTACRIM* 1/63, 5/121. Contra: *RT* 774/618.

(93) *RJTJ* 81/602.

(94) *RT* 555/327.

(95) *RTJ* 101/1010.

(96) *RT* 410/371, 503/313; *JTACrSP* 22/268.

(97) *RT* 464/421.

(98) *RT* 790/588; *JTACrSP* 53/303.

(99) *RT* 317/70, 378/307, 474/372; *RSTJ* 29/552-3; *RJTJERGS* 229/105; *JTACrSP* 22/372.

(100) *RT* 474/372; *RTJ* 80/285; *RSTJ* 29/552-3; *JTACrSP* 18/130, 29/354, 45/370 e 394, 46/359, 48/268, 59/288; *RJDTACRIM* 3/82-3, 12/56.

(101) *JTACrSP* 12/234.

(102) *RT* 719/534.

(103) *RT* 779/621; *JTACrSP* 15/229, 21/75, 263, 280, 22/57, 27/290, 30/180 e 413, 31/239.

(104) *RT* 503/350.

(105) *RT* 447/415.

(106) *JTACrSP* 15/84, 16/226, 21/206, 23/220, 43/321.

(107) *RT* 454/478, 544/426, 572/313; *RJTJERGS* 161/35; *JTACrSP* 21/351, 31/84, 33/242, 38/44, 43/62, 76/226. Contra: *RT* 806/607.

(108) *RT* 375/202, 386/265, 402/293, 447/422, 561/317, 575/400, 671/335; *RJTJERGS* 142/113; *JCAT* 60/256; *JTACrSP* 6/4, 23/27 e 195, 32/182, 33/151, 34/251, 36/190, 43/302 e 376, 46/339 e 355, 47/360; *RJDTACRIM* 15/39, 22/367.

(109) *RT* 379/217, 422/109, 434/109, 441/348, 512/419, 537/337, 542/317, 573/400, 659/302; *RTJ* 80/739; *JTACrSP* 17/112, 21/165, 25/236, 30/55, 36/47, 41/182, 47/360, 69/492; *RJDTACRIM* 7/235.

(110) *RT* 576/484; *JTACrSP* 20/176, 31/81, 42/263, 44/107.

(111) *RT* 432/377, 676/380; *JTACrSP* 6/52, 22/231, 28/105, 38/158.

(112) *RT* 802/524; *JCAT* 61/277; *JTAERGS* 94/111.

(113) *JTACrSP* 49/334.

(114) *JTACrSP* 49/61, 67/465, 68/54, 71/338.

(115) *RT* 549/324, 574/378; *JTACrSP* 68/332, 70/88, 73/382.

(116) *JTACrSP* 73/347.

(117) *RTJ* 62/182; *RT* 367/192; *RF* 252/274; *RJTJESP* 9/533; *JTACrSP* 27/206 e 283, 44/418.

(118) *RTJ* 71/840; *RJTJESP* 30/375, *RF* 274/274; *JTACrSP* 15/123.

(119) Nesse sentido: *JTAERGS* 80/108-9.

(120) *RT* 484/332; *JTACrSP* 71/239.

(121) *RT* 378/307.

(122) Nesse sentido: *JTAERGS* 80/84.

(123) Nesse sentido: *RT* 713/385; *JTJ* 161/300, 168/318; *JCAT* 71/404.

(124) *RT* 427/379.

(125) Nesse sentido: STJ: HC 40.041-MS, j. em 17-3-2005, *DJU* de 13-6-2005, p. 353.

(126) *RTJ* 99/1126; *RT* 556/400.

(127) *RJDTACRIM* 13/47.

(128) Nesse sentido: *RT* 440/470, 504/377, 642/348, 662/327, 666/342, 707/354; *JTJ* 153/327; *JTAERGS* 84/146; *RJTJESP* 65/262 e 335, 74/354, 76/346; *JCAT* 61/222, 71/404; *RJDTACRIM* 3/84; 19/182 (voto vencido); *JTACrSP* 44/257, 47/17, 52/403, 59/336; RJTACRIM 63/100. Contra: *JTACrSP* 54/322.

(129) Nesse sentido: *RJDTACRIM* 2/118; MORAES, Sílvio Roberto Mello, artigo citado. *RT* 655/405.

(130) Na jurisprudência, entendeu-se haver a atenuante em agressão praticada em repulsa a expressões ofensivas à dignidade da genitora do agente (*JTACrSP* 24/237) e a condutor de veículo que, cometendo ofensa grave, desnecessária e abusivamente obstrui o trânsito do coletivo pilotado pelo agressor (*JTACrSP* 23/140).

(131) *RT* 400/364.

(132) *JTACrSP* 19/111.

(133) *JTACrSP* 19/203.

(134) Nesse sentido: *JSTJ* 7/242; *JTAERGS* 69/114; 702/329.

(135) Nesse sentido: *RT* 634/333, 654/306, 782/641, 812/632; *JTAERGS* 73/48; *JCAT* 64/340.

(136) *JTAERGS* 67/142-3.

(137) Contra: *RSTJ* 37/311.

(138) Nesse sentido: STF: *HC* 69.048-3-RJ, j. em 31-3-1992, *DJU* de 22-5-1992, p. 7.215; *RT* 608/301; *RT* 677/382; *RJTJERGS* 159/83; *RJDTACRIM* 12/134-5. Contra: *RT* 669/377; *RT* 697/357; *JTAERGS* 84/149; *RT* 707/354.

(139) *RJDTACRIM* 18/193.

(140) Nesse sentido: *RT* 775/607; *JTAERGS* 87/41.

(141) Nesse sentido: em confissão policial não confirmada em Juízo diante da revelia do réu: *RJDTACRIM* 5/54.

(142) Há nulidade na desobediência ao sistema trifásico: *JSTF* 326/386; *RSTJ* 142/496, 168/552; *RT* 659/355, 688/312; *JTAERGS* 86/64, 87/98; *RJDTACRIM* 8/143. A inversão de fases, com a consideração de causas de aumento e diminuição de pena antes de agravantes e atenuantes, também é nulidade: *RJDTACRIM* 6/119.

(143) Nesse sentido: *JCAT* 67/385.

(144) *RTJ* 117/813.

(145) *RTJ* 70/660, 71/877, 80/15; *RT* 379/107, 388/366, 393/246, 413/344, 417/257, 441/469, 444/418, 447/484, 460/283, 473/342, 497/371, 620/379, 622/345, 623/376, 639/280, 641/378, 662/292, 717/456, 782/638, 793/665; *RF* 272/333; *RDP* 6/124; *JSTJ* 5/417; *RSTJ* 69/122; *JTACrSP* 16/48, 17/58, 19/33, 69/473; *RJDTACRIM* 1/125, 2/210.

(146) *RTJ* 68/348, 70/502, *RT* 487/349, 552/442; *RT* 602/335, 608/448; *JTACrSP* 68/136.

(147) *RJTJESP* 21/38; *DJU* de 13-10-72, p. 6.954, 30-3-73, p. 1.919, 18-12-70, p. 6.325, 17-6-74, p. 4.157.

(148) *JTACrSP* 70/358.

(149) *RT* 485/323.

(150) *RT* 417/92, 444/383, 496/310, 537/412, 541/367 e 472, 566/344; 632/333, 644/378, 662/288, 671/299, 798/665, 835/526; *RTJ* 104/736, 114/1.027, 118/928; *JTJ* 165/343; *JTACrSP* 23/194, 226, 27/58, 28/285, 29/76, 31/191, 37/25, 38/226, 42/176, 43/369, 44/412, 47/225. Nesse mesmo sentido: *RSTJ* 47/196, 152/484, 161/494; *RT* 690/390, 707/354; RJTJERGS 201/173, 206/163, 231/125; *RJDTACRIM* 13/106.

(151) No mesmo sentido: STJ: Resp. 68.120-MG, j. em 16-9-1996, *DJU* de 9-12-1996, p. 49.296-7.

(152) *RT* 501/347, 624/290, 664/314, 695/314; *DJU* de 20-5-77, p. 3.261; *RJTJESP* 144/65; *JTAERGS* 66/121.

(153) *JTACrSP* 40/32.

(154) *RSTJ* 20/411.

(155) *RT* 688/344-5, 820/527, 822/550; *RJDTACRIM* 9/98.

(156) *JCAT* 59/356; *RJDTACRIM* 8/246, 10/138, 11/133, 15/130.

(157) *RT* 683/328.

(158) Nesse sentido: *RJTJERGS* 150/223.

(159) Nesse sentido: *JTAERGS* 82/48-49.

(160) Nesse sentido: *RJTJERGS* 150/225-226.

(161) Nesse sentido: *RJTJERGS* 150/186.

(162) *RT* 650/356.

(163) STF: HC 72.564-3-SP, j. em 27-6-1995, *DJU*, de 18-8-1995, p. 24.898. No mesmo sentido: *RT* 712/421; *JCAT* 62/305, 69/475.

(164) *RT* 644/347, 647/332.

(165) *RT* 418/347, 537/364, 801/586; *RJTJESP* 95/823; *RF* 277/304; *JTACrSP* 70/250.

(166) Nesse sentido: *RJTJERGS* 166/122.

(167) *RT* 490/326.

(168) Nesse sentido: *JTAERGS* 67/141; *RJDTACRIM* 8/150.

(169) *RT* 644/378; *JCAT* 63/273.

(170) *JTAERGS* 89/59-60; *JTJ* 161/284-5.

(171) *RJDTACRIM* 14/112.

(172) STJ: RE 1.250-SP, j. em 6-3-1990, *DJU* de 26-3-1990, p. 2.177.

(173) Nesse sentido: *RT* 766/575; *RSTJ* 56/360, 141/544; *RJTJERGS* 205/155; *RJDTACRIM* 7/46 e 237, 10/34, 21/41 e 43.

(174) *RTJ* 116/908; *RJTJESP* 124/555; *RT* 380/220, 542/361; *JTAERGS* 70/85, 88/62, *RJTJERGS* 204/94; *JTACrSP* 22/34, 28/100, 33/140, 34/162 e 486, 93/35, 96/56.

(175) *RT* 399/319; *RJDTACRIM* 5/256.

(176) *RT* 427/427; *JTACrSP* 22/547, 28/108, 42/144.

(177) *RSTJ* 129/393; *RJTJESP* 13/473, 46/348; *RT* 710/327, 817/537.

(178) *RT* 400/100, 494/363.

(179) *JTACrSP* 18/187, 20/208, 21/318, 23/60, 42/96, 45/154, 434/407.

(180) *RT* 375/83, 404/87, 426/412, 432/359, 499/342, 524/356, 540/273, 629/364, 823/514; *JTACrSP* 15/86, 18/154, 19/142, 20/114.

(181) *RT* 462/432; *JTACrSP* 42/134.

(182) *RT* 787/742, 794/654; STF: HC 73.219-4-SP, j. em 23-2-1996, *DJU* de 26-4-1996, p. 13.115; *RJDTACRIM* 9/261, 22/37.

(183) Nesse sentido: *RJDTACRIM* 13/50. Não há continuidade quando os crimes são praticados em comarcas distantes: *RJDTACRIM* 1/27.

(184) Nesse sentido: *RT* 695/340; *RJDTACRIM* 1/27, 28 e 46, 7/46, 9/269, 10/34; *RJTACRIM* 61/43.

(185) Nesse sentido: *RJDTACRIM* 9/269, 20/35.

(186) Nesse sentido: *RT* 695/340; *RJDTACRIM* 1/28, 46, 221, 2/19, 4/43, 7/46, 8/260; *RJTACRIM* 55/55.

(187) Nesse sentido: *RJTJERGS* 156/81.

(188) *RT* 583/466, 584/466, 587/436. Outras decisões: *RT* 393/410, 423/357, 436/358, 443/450, 469/321, 507/371.

(189) *RT* 586/426; *RTJ* 93/1.356.

(190) *RT* 555/73.

(191) *RT* 400/121, 404/267, 407/265, 409/325, 414/90, 420/84, 421/75, 427/369, 428/308 e 328, 431/313, 436/323, 445/368, 446/377, 447/399 e 416, 480/305, 523/356, 527/346, 534/316, 536/306, 537/301, 546/343, 550/345, 553/345, 554/345, 596/337, 626/272, *JTACrSP* 35/323, 45/156, 48/60. Pode ser reconhecida, portanto, a continuação em crimes de roubo (*RT* 698/363), estupro (*RJTJERGS* 156/157, *RT* 677/382), lesões corporais (*RJDTACRIM* 7/72) e homicídio (*RT* 706/377, 803/511; *RJTJERGS* 151/105, *RSTJ* 68/289, *JTJ* 165/315, 167/311-312).

(192) *RT* 670/315, 810/601.

(193) *RT* 437/393; *JTACrSP* 19/47.

(194) Nesse sentido: *JSTF* 253/281; *RT* 376/329, 449/405, 471/371, 479/359, 629/350, 636/288, 652/303, 659/291, 666/366-7, 668/298, 671/391, 713/372, 718/388, 767/562; *JCAT* 63/299; STF: HC 71.556-7-SP, *DJU* de 23-9-94, p. 25.330; *RJDTACRIM* 1/28, 45-6 e 46, 3/39 e 40, 4/224, 6/263; *JTACRSP* 9/62, 27/267, 28/100, 38/26. Contra: admitindo a continuação na habitualidade criminosa. *RJDTACRIM* 3/3.

(195) Nesse sentido: *RSTJ* 12/267, 45/381; *RT* 693/350, 695/391, 696/425, 701/368, 703/319, 706/336; 727/430, 728/487; *RJTJERGS* 20/40; *JTAERGS* 88/67; *RJDTACRIM* 7/30, 13/25, 16/45 e 209, 18/198; *RJTACRIM* 52/41.

(196) *RT* 484/323; *RJTJERGS* 214/52; *JTACrSP* 19/49, 22/76, 23/186, 25/265, 27/51 e 53, 36/328, 65/51 e 67.

(197) *RT* 570/360, 676/313, 677/391, 701/330; *RJDTACRIM* 3/148; *JTAERGS* 67/141.

(198) *RT* 696/378, 731/527.

(199) *RT* 370/189, 393/129, 409/394, 416/333.

(200) *RT* 675/398.

(201) Nesse sentido: *RJTJERGS* 161/71.

(202) Nesse sentido: *RT* 678/321.

(203) Nesse sentido: *RT* 683/369; *RJTJERGS* 161/71, 202/104.

(204) *RT* 600/330, 602/331, 603/324, 604, 335 e 339, 605/285, 609/324, 611/455, 612/347 e 402, 668/377, 772/552, 781/612, 787/646; *RTJ* 118/497 e 935; *RJTJESP* 95/484, 97/497, 99/474, 100 e 436; *JSTJ* 19/201; *JTACrSP* 84/146, 184, 86/752 e 198, 87/172. Ainda no mesmo sentido: *RT* 678/321, 693/362, 696/431, 700/398-9, 716/421, 718/465 e 515; *JTJ* 153/303, *RJDTACRIM* 12/37 com voto vencido.

(205) *RT* 488/414.

(206) *RT* 457/390.

(207) *RT* 427/471.

(208) *RTJ* 42/722, 98/135; *RF* 275/275; *RT* 538/355, 571/360; *JTACrSP* 37/162.

(209) *RT* 564/428, 584/437; *RSTJ* 46/421-2, 62/117-8; *RTJ* 104/1.092; *RJTJESP* 33/238; *RDP* 2/104; *RJTJERGS* 151/198; *JTAERGS* 78/78, 86/139; *RJDTACRIM* 11/187.

(210) Nesse sentido: *RT* 718/426-7; *JCAT* 64/318.

(211) Nesse sentido: *RJDTACRIM* 3/60.

(212) Nesse sentido: *RT* 731/497.

(213) Nesse sentido: *RT* 483/386; *RJTJESP* 35/274; *JTACrSP* 15/135.

(214) Nesse sentido: *RT* 676/298, 719/391; *JTJ* 161/311; *JSTF* 315/388. Contra: STJ: REsp 178.150-SP, j. em 19-8-1999, *DJU* de 29-11-1999, p. 217.

(215) Nesse sentido: *RT* 695/366, 779/641; *RJTJERGS* 170/34.

(216) *RT* 536/376, 718/442.

(217) Nesse sentido: *RJDTACRIM* 6/47.

(218) Nesse sentido: *RT* 658/309.

(219) Nesse sentido: *RJDTACRIM* 6/49.

(220) Nesse sentido: *RJDTACRIM* 9/153.

(221) Nesse sentido: *RT* 487/352, 533/321, 539/354; *RJTJERGS* 161/126-7; *RJDTACRIM* 6/188; *JTACrSP* 33/289.

(222) Nesse sentido: *RT* 393/348; *JTACrSP* 49/100.

(223) Nesse sentido: *RT* 719/476; *RJDTACRIM* 7/186.

(224) Nesse sentido: *RT* 666/307 e 345.

(225) Nesse sentido: *RT* 724/567, 769/548, 780/573; *RJDTACRIM* 1/115, 4/107 e 147, 5/93 e 192.

(226) *RT* 623/316.

(227) *RJDTACRIM* 2/166-7.

(228) Nesse sentido: *RT* 713/432.

(229) Nesse sentido: *RT* 686/348-9.

(230) Nesse sentido: *RJDTACRIM* 16/162, 22/404.

(231) Nesse sentido: *JTAERGS* 83/47.

(232) Nesse sentido: *RT* 680/350; *JTAERGS* 94/88; *RJDTACRIM* 7/162, 9/158, 11/156.

(233) Pela ocorrência de *bis in idem*: *RT* 705/329, 714/370; *RJDTACRIM* 8/166, 19/113, 20/177. Contra: admitindo a constitucionalidade e legalidade da imposição: *RT* 724/567, STF: HC 72.387-0-SP, j. em 15-8-1995, *DJU* de 22-9-1995, p. 30.592; *RT* 717/484; *RJDTACRIM* 21/301, 22/406; *RJTACRIM* 47/328, 48/53.

(234) Nesse sentido: *RJDTACRIM* 7/71.

(235) Nesse sentido: *RT* 623/316. Contra: *JCAT* 69/455.

(236) Nesse sentido: *RT* 627/290.

(237) Nesse sentido *RT* 666/344-5, 709/389; *RJDTACRIM* 4/39, 43, 5/39 e 40, 15/168, 18/35.

(238) Nesse sentido: *RT* 643/385, 646/308, 652/305, 657/270, 659/256, 660/278 e 306, 661/264, 671/307, 672/296, 673/313-4, 697/291; *RJDTACRIM* 3/71, 4/39 e 41, 6/48, 7, 42, 43, 44, 45, 8/66, 9/61 e 203, 21/60.

(239) Nesse sentido: *RT* 681/355, 797/589; *JTAERGS* 87/62.

(240) Nesse sentido: *RJDTACRIM* 19/174.

(241) Nesse sentido: *RT* 718/467, 804/627; *JCAT* 96/589.

(242) RT 429/486, 573/401, 625/345; JTACrSP 29/157 e 395-6, 46/361, 56/308. Já na vigência da nova lei: JTAERGS 80/40.

(243) RT 629/319.

(244) JTACrSP 55/250, 70/249.

(245) RT 405/294, 415/258, 420/275, 424/380 e 390, 426/346, 529/311, 534/379, 543/385, 555/347, 570/368, 580/410; JTACrSP 55/358, 56/347, 60/177, 61/366, 74/385. Contra: JSTJ 38/284-5.

(246) RT 389/309, 431/347, 534/379, 543/351; JTACrSP 6/51, 10/156, 28/136, 54/418, 59/285, 75/206.

(247) RT 399/309; JTACrSP 59/171, 61/200.

(248) RT 381/191.

(249) RT 447/498.

(250) RT 394/87.

(251) JTACrSP 47/301.

(252) RT 415/438, 426/415.

(253) RT 561/399; RJDTACRIM 20/136.

(254) RT 520/410.

(255) RT 435/371, 436/387; JTACrSP 20/298, 27/388, 28/210, 66/341 67/437, 72/285.

(256) Nesse sentido: RT 674/316, 679/386, 694/398. Contra argumentando com o art. 79 do CP: JTAERGS 86/75.

(257) RT 448/394.

(258) RT 452/464.

(259) RT 401/329.

(260) RT 481/410, 719/386; JTACrSP 69/316.

(261) RT 537/338; JTAERGS 67/141.

(262) RT 424/392.

(263) JTACrSP 34/153.

(264) RT 382/204, 388/270, 396/279, 424/392, 422/283, 430/361, 440/445, 441/411, 444-348, 445/394 e 430, 457/355, 458/355, 463/347, 488/343, 490/313, 564/428; JTACrSP 15/109, 20/354 e 434, 22/210, 27/318, 33/225, 34/153, 42/56 e 94, 48/239.

(265) RT 799/566; JTACrSP 66/155; JSTJ 25/382; RJDTACRIM 4/213.

(266) Nesse sentido: RJDTACRIM 8/204.

(267) RJTJERGS 157/81; RJTACRIM 46/43.

(268) RT 690/355; RJDTACRIM 1/43.

(269) RT 412/304.

(270) JTACrSP 69/154.

(271) JTACrSP 54/1.115.

(272) RSTJ 52/242.

(273) Nesse sentido: RT 799/566; RSTJ 59/86; RJDTACRIM 11/206.

(274) RT 384/264, 415/237, 420/273, 421/245, 520/434, 641/354; JTACrSP 18/89, 47/65, 67/207.

(275) RTJ 52/129, 121/389; RT 614/326, 619/401, 620/271, 630/397, 631/393, 637/362, 840/587; RSTJ 59/86; RJDTACRIM 3/173, 4/213, 12/41; JTACrSP 72/444.

(276) RT 382/204, 618/408, 619/401, 620/271, 625/397, 630/397, 633/383, 676/332, 680/336, 686/405-6, 711/299, 717/396, 733/486, 799/566; JSTJ 1/310; RT 121/381, 389 e 596. Contra: RT 619/306, 626/302.

(277) RT 426/328; JTACrSP 6/67, 27/231; RJDTACRIM 7/2 34.

(278) Nesse sentido: RJDTACRIM 8/67.

(279) Nesse sentido: STJ: HC 84.189-RJ, j. em 18-12-2007, DJe de 14-4-2008; HC 51.012-RJ, j. em 20-4-2006, DJU de 15-5-2006, p. 258; HC 40.126-RJ, j. em 24-5-2005, DJU de 27-6-2005, p. 455.

(280) Nesse sentido: RSTJ 21/134-5. STF: RE 304.385-RJ, j. em 23-10-2001, DJU de 22-2-2002, p. 55. STJ: HC 28.052-RJ, j. em 18-11-2003, DJU de 19-12-2003, p. 627; HC 28.808-RJ, j. em 18-9-2003, DJU de 13-10-2003, p. 452.

(281) Nesse sentido: RT 676/350, 768/569; JTAERGS 80/29-30.

(282) Nesse sentido: STJ: HC 108438-SP, j. em 16-10-2008, DJe de 17-11-2008. HC 94652-MS, j. em 21-2-2008, DJe de 17-3-2008. HC 109161-SP, j. em 16-10-2008, DJe de 17-11-2008. HC 108533-SP, j. em 7-10-2008, DJe de 3-11-2008. HC 107303-SP, j. em 18-9-2008, DJe de 3-11-2008. HC 104276-SP, j. em 16-9-2008, DJe de 28-10-2008. HC 98394-SP, j. em 8-4-2008, DJe

de 29-9-2008. HC 71139-SP, j. em 27-3-2008, *DJe* de 22-4-2008. HC 85426-SP, j. em 13-12-2007, *DJU* de 7-2-2008, p. 1. HC 92016-SP, j. em 17-4-2008, *DJe* de 12-5-2008. HC 82809-SP, j. em 11-12-2007, *DJe* de 26-5-2008.

(283) Nesse sentido: *JTJ* 153/332.
(284) *RT* 508/436.
(285) *RT* 522/412.
(286) Nesse sentido: STF: *HC 73.002-7-RJ, DJU* de 26-4-96, p. 13.114; *RT* 704/380, 773/689, 787/603; *RJDTACRIM* 10/220-1. Contra: 710/322.
(287) *RT* 629/313, 815/646.
(288) *RT* 702/383; *JTACrSP* 15/156, 36/167, 39/132, 55/410.
(289) *RT* 435/385.
(290) *JTACrSP* 63/180.
(291) Nesse sentido: *RJTJERGS* 159/58-9, 161/68.
(292) Nesse sentido: *RTJ* 116/186; *RSTJ* 26/84; *RJTJERGS* 153/53, 161/68.
(293) *JTACrSP* 72/395.
(294) *RT* 553/372; *JTACrSP* 41/92.
(295) *RT* 442/411, 605/279, 606/418; *RTJ* 117/611.
(296) *RJTJESP* 13/417.
(297) Nesse sentido: *RSTJ* 97/336.
(298) *RJTJERGS* 153/55; *JCAT* 59/242.
(299) Nesse sentido: *RT* 668/332, 788/544; *RJTJERGS* 150/65.
(300) Nesse sentido: *RT* 413/78, 471/340.
(301) Nesse sentido: *RT* 704/378.
(302) Nesse sentido: *RT* 668/332.
(303) Nesse sentido: *RT* 694/357.
(304) *RT* 572/357, 660/309.
(305) *RT* 548/415.
(306) Nesse sentido: *RT* 681/329.

## CAPÍTULO 8

(1) *RTJ* 91/253.
(2) STF: RE 104977-SP, j. em 4-2-1986, *DJU* de 23-5-1986, p. 8784. RE 104679-SP, j. em 22-10-1985, *DJU* de 6-12-1985, p. 22585. RE 104099-SP, j. em 20-11-1984, *DJU* de 7-12-1984, p. 10996. RE 92907-PR, j. em 10-3-1981, *DJU* de 3-4-1981, p. 12856. RHC 57798-SP, j. em 8-4-1980, *DJU* de 16-5-1980, p. 3484. RE 19297, j. em 15-5-1953, *DJU* de 8-4-1954, p. 3720.
(3) *RT* 653/359.
(4) *RT* 577/352; *JTACrSP* 21/247/8.
(5) *JCAT* 68/392-3; *JTACrSP* 46/318, 67/206.
(6) *RT* 548/347, 568/339; *JTACrSP* 65/325.
(7) Nesse sentido: *RT* 356/278, 371/160, 378/307, 442/453, 542/374, 579/352; *JCAT* 70/388; *JTAERGS* 55/160, 65/143, 75/99, 85/111, 87/154, 89/86; *RJDTACRIM* 2/73, 13/112, 19/74, 20/87, 22/315; *JTACrSP* 12/284, 43/359, 46/318, 71/375.
(8) Nesse sentido: *RT* 670/325; 713/370, 714/411; *RSTJ* 21/375; *RJDTACRIM* 12/68, 13/225, 14/151, 19/157; 707/319.
(9) STF: RE 795567-PR, j. em 28-5-2018, *DJe* de 9-9-2015.
(10) *RJDTACRIM* 18/45.
(11) *RSTJ* 18/320.
(12) *RT* 575/363.
(13) *RJDTACRIM* 9/143.
(14) Nesse sentido: *RJDTACRIM* 17/86.
(15) *RT* 584/350; *JTACrSP* 51/266, 55/824, 76/358.
(16) Nesse sentido: *RJTJERGS* 157/134.
(17) STF: RE 929670, j. em 4-10-2017; ADI 6630-DF, j. em 9.3.2022, *DJe* de 24-6-2022.

## CAPÍTULO 9

(1) Nesse sentido: *RJDTACRIM* 20/222.
(2) *RT* 426/355, 448/354, 571/362; *JTACrSP* 44/146.
(3) *JTACrSP* 66/292, 67/274.
(4) *RT* 606/349.
(5) *JTACrSP* 36/155, 55/127.
(6) Nesse sentido: *RT* 575/382; *JTACrSP* 74/166.
(7) *RT* 495/348, 627/326, 629/314; *RTJ* 117/868.

(8) *RT* 495/349; *JTACrSP* 44/139.
(9) *JTACrSP* 55/138.
(10) *RT* 702/352.
(11) *RT* 511/397; *RF* 266/305; *JTACrSP* 50/158.
(12) *JTACrSP* 58/137. Contra: *RJDTACRIM* 4/207.
(13) *RT* 436/354, 492/297, 498/285; *RJTJESP* 19/425.
(14) *RT* 414/277, 492/360, 521/384, 527/330, 641/358; *JTACrSP* 62/127; *RJDTACRIM* 3/212, 4/205.
(15) *JTACrSP* 57/133.
(16) *RT* 525/376, 534/378, 545/376, 550/333, 577/388, 605/344, 640/324, 665/302, 689/338; *RJTJESP* 68/375, 77/363; *JTACrSP* 46/122 e 366, 56/394, 58/302, 60/129 e 158, 70/171, 73/182, 74/159; *RJDTACRIM* 9/219, 22/483.
(17) *JTACrSP* 48/162.
(18) *RT* 383/89, 575/382; *RJDTACRIM* 12/217, 16/201.
(19) *RT* 547/350.
(20) *RT* 401/321, 403/321, 506/367, 507/415, 617/324; *JSTJ* 43/351; *JTACrSP* 53/220.
(21) *RT* 618/330, 620/281, 634/271.
(22) STF: Pet 8314-DF, j. em 27-4-2020, *DJe* de 1-6-2020.
(23) *RT* 610/386; *RJDTACRIM* 4/207, 5/247.
(24) Nesse sentido: *RTJ* 43/351; *RT* 610/386, 694/379, 712/475; *JTAERGS* 89/28; *JCAT* 59/266, 60/245, 62/241; *RDJ* 2/365; *RJDTACRIM* 1/199, 3/21, 13/206. Contra: *RJDTACRIM* 4/205-206.
(25) *JSTJ* 198/358, 196/200. STJ: RMS 25096-SP, j. em 28-2-2008, *DJe* de 7-4-2008.
(26) STJ: RMS 28838-SP, j. em 1º-10-2009, *DJe* de 4-11-2009; RMS 19153-SP, j. em 7-10-2010, *DJe* de 25-10-2010.

## CAPÍTULO 10

(1) *JTACrSP* 49/314.
(2) *RT* 73/48; *RTJ* 85/778; *DJU* 3-3-78, p. 868, 29-10-79, p. 8.110; *JTACrSP* 73/48.
(3) *RJTJESP* 1/194.
(4) *RT* 463/382, 507/375.
(5) *RT* 397/282, 410/394; *RJTJESP* 27/319.
(6) Nesse sentido: *RJDTACRIM* 6/110-111.
(7) *RT* 605/425, 608/365 e 393, 609/393.
(8) *RT* 400/293, 507/375, 514/316, 545/375, 548/334, 562/308, 556/335; *RJTJESP* 79/404; *JTACrSP* 20/404, 25/354, 44/367, 48/48, 65/55, 67/243 e 468, 68/239, 70/45, 71/226 e 256.
(9) Nesse sentido: *JTAERGS* 59/9.
(10) *RT* 623/292.
(11) *RT* 613/348.
(12) *RJDTACRIM* 20/124.
(13) *RTJ* 117/1313.
(14) Nesse sentido: STF: HC 84.219-SP, j. em 16-8-2005, *DJU* de 23-9-2005, p. 16. STJ: HC 135504-RS, j. em 05-10-2010, *DJe* de 25-10-2010. Contra: TJSP: HC 400.866-3/9-00, j. em 26-11-2002.
(15) STJ: AgRg no AREsp 357.508-DF, j. em 16-12-2014, *DJe* de 3-2-2015, HC 286.733 – RS, j. em 25-11-2014, *DJe* de 15-12-2014, HC 269.377-AL, j. em 2-10-2014, *DJe* de 13-10-2014, HC 285.953-RS, j. em 10-6-2014, *DJe* de 24-6-2014, HC 251.296-SP, j. em 25-3-2014, *DJe* de 11-4-2014, HC 156.916-RS, j. em 19-6-2012, *DJe* de 1º-10-2012, HC 174.342-RS, j. em 11-10-2011, *DJe* de 14-11-2011, HC 143.315-RS, j. em 5-8-2010, *DJe* de 23-8-2010.
(16) *RT* 681/344.
(17) Nesse sentido: *RSTJ* 39/351-352.
(18) *RTJ* 121/105. Negou a transferência, entretanto, quando entendeu haver dúvidas sobre a custódia e a segurança de pessoa com nítida periculosidade (*RTJ* 117/608; *RT* 807/601).
(19) *RT* 575/356, 576/357, 577/354, 583/352, 585/362, 586/297, 815/648, 831/573; *JTACrSP* 66/304.
(20) Nesse sentido: *RT* 698/354.
(21) Nesse sentido: *RT* 679/345, 815/571. STJ: HC 48187-SP, j. em 13-12-2005, *DJU* de 1-2-2006, p. 585. HC 42683-SP, j. em 13-9-2005, *DJU* de 3-10-2005, p. 298. Contra: STJ: HC 31138-SP, j. em 18-8-2005, *DJU* de 6-2-2006, p. 330.

(22) *RT* 533/368, 538/381, 545/379, 547/324, 814/529; *JTACrSP* 16/106 e 110, 17/29 e 51, 19/516, 20/316 e 353, 21/97, 107, 22/102 e 182, 26/124, 46/101, 59/74, 61/93, 72/62; RJTA-CRIM 61/202, 67/166.

(23) Nesse sentido: *RT* 698/345; 155/335; *RJTJERGS* 151/129; *RJTACRIM* 56/213, 63/126.

(24) Nesse sentido: *RT* 607/348, 651/260, 693/427, 797/616, 840/641; *RJDTACRIM* 7/125.

(25) Nesse sentido: *RSTJ* 54/242; *RJDTACRIM* 22/286; *RJTACRIM* 66/109, 67/91.

(26) Nesse sentido: *RJDTACRIM* 18/102.

(27) Nesse sentido: *RT* 679/345.

(28) Nesse sentido: *RSTJ* 50/400-401. STJ: HC 24455-SP, j. em 1-4-2003, *DJU* de 19-5-2003, p. 242; RHC 2445-SP, j. em 10-02-1993, *DJU* de 31-5-1993, p. 10678. HC 12957-SP, j. em 8-8-2000, *DJU* de 4-9-2000, p. 175; HC 7220-SP, j. em 12-5-1998. *DJU* de 8-6-1998, p. 148; TJSP: HC 993.08.034814-6-SP, j. em 5-8-2008; HC 280.800-3/6-SP, j, em 7-6-1999.

(29) STJ: HC 9829-SP, j. em 16-12-1999, *DJU* de 26-8-2002, p. 315. TJSP: HC 474.967.3/6-SP, j. em 24-5-2005. HC 395.967-3/0-SP, j. em 29-10-2002. HC 498.888-3/0, j. em 25-8-2005.

(30) STJ: HC 130.162-SP, j. em 2-8-2012, *DJe* de 15-8-2012, HC 141.598-GO, j. em 17-5-2011, *DJe* de 28-6-2011, HC 130.160-SP, j. em 19-11-2009, *DJe* de 14-12-2009.

(31) *RT* 628/297.

(32) *RT* 623/294.

(33) TJSP: Agravo em Execução 267.084.3.1-00-SP, j. em 8-3-1999. TJRS: Agravo em Execução 70023363328-RS, j. em 28-5-2008, *DJU* de 4-9-2008.

(34) *RT* 680/355.

(35) STF: RHC 86888-SP, j. em 8-11-2005, *DJU* de 2-12-2005, p. 14. STJ: HC 100418-SP, j. em 7-8-2008, *DJe* de 20-10-2008. HC 48993-RS, j. em 4-10-2007, *DJU* de 5-11-2007, p. 296. RHC 9815-SP, j. em 1-3-2001, *DJU* de 4-6-2001, p. 296. HC 53019-SP, j. em 7-11-2006, *DJU* de 5-3-2007, p. 308. HC 41744-SP, j. em 2-6-2005, *DJU* de 20-6-2005, p. 322. HC 56980-SP, j. em 19-9-2006, *DJU* de 16-10-2006, p. 398. HC 24612-RJ, j. em 16-12-2004, *DJe* de 22-9-2008. REsp 2021-RJ, j. em 16-5-1990, *DJU* de 4-6-1990, p. 5065.

(36) Nesse sentido: *RJDTACRIM* 21/262.

(37) TJSP: Ag. 317.993.3/8-SP, j. em 28-11-2001.

(38) STF: HC 71253-SP, j. em 21-6-1994, *DJU* de 19-12-1994, p. 35182. STJ: RHC 16106-RJ, j. em 15-6-2004, *DJU* de 2-8-2004, p. 431.

(39) Nesse sentido: *RTJ* 102/121; *RT* 623/84; *JTA-CrSP* 73/398. TJRS: Agravo 70024419657, j. em 26-6-2008, *DJU* de 21-7-2008.

# CAPÍTULO 11

(1) *RT* 410/375, 431/08, 438/491, 491/291; *RJTJESP* 19/425, 27/402, 36/278, 38/205, 42/370.

(2 *RTJ* 57/90, 62/26.

(3) *RT* 396/366; *RTJ* 85/482; *DJU* 18-2-77, 587.

(4) *RT* 392/391, 416/318, 573/347, 586/406; *RTJ* 14/306, 36/82.

(5) *RJTJESP* 9/449, 29/355.

(6) *RT* 378/85, 383/82, 395/95, 400/103, 411/95, 415/94, 498/340, 709/391; *RTJ* 61/343; *RJTJESP* 20/439, 33/238, 56/339.

(7) STJ: APn 912-RJ, j. em 7-8-2019, *DJe* de 22-8-2019. *RT* 397/59; *RDP* 1/152.

(8) *RT* 422/98, 545/437, 656/317, 659/266, 670/317, 685/368, 702/413, 703/360, 768/679, 769/570, 815/537; *RTJ* 95/578; *RJTJESP* 6/456, 24/440, 25/498 e 523, 46/333, 48/345, 49/339; *RJTJER-GS* 154/135; *JCAT* 71/434.

(9) *RT* 491/297, 501/364; *RTJ* 79/406, 88/86, 89/330.

(10) *RT* 460/295; *RJTJESP* 42/368; *DJU* 22-4-83, p. 4.998.

(11) *JSTJ* 7/447; *RT* 670/288.

(12) *JTJ* 152/308.

(13) *RT* 371/136, 390/204, 581/382; *RTJ* 72/50.

(14) STJ: Resp 1964293-MG, j. em 8-3-2023, *DJe* de 29-3-2023; TJSP: RSE 990.08.043325-3, j. em 2-10-2008. HC 990.08.018378-8, j. em 10-9-2008. HC 993.08.025633-0, j. em 26-6-2008. HC 1.158.670.3/8-00, j. em 27-2-2008.

HC 1.158.674.3/6-00, j. em 21-2-2008. AC 1066764.3/1-00, j. em 16-10-2007. TJRS: AC 70023338635, j. em 12-6-2008, *DJU* de 19-6-2008. AC 70023154123, j. em 12-6-2008, *DJU* de 19-6-2008.

(15) STF: Adin 4424-DF, j. em 9-2-2012, *DJe* de 17-2-2012.

(16) *RTJ* 49/109, 51/629, 69/367, 83/557; *RT* 404/84, 409/100, 432/366.

(17) *RTJ* 56/877, 60/348; *RT* 376/207, 462/381, 489/329, 518/389, 520/436, 540/417.

(18) *RTJ* 59/676; *RT* 371/253, 410/305; *JTACrSP* 7/98, 9/188, 36/311.

(19) *RT* 422/284, 428/390; *JTACrSP* 9/195.

(20) *RT* 435/309; *RJTJESP* 10/611.

(21) *RT* 446/432, 458/423, 614/314; *RDP* 11-12/113; *RJTJESP* 34/264.

(22) *RDP* 13-14/135; *RT* 508/393; *JTACrSP* 47/40.

(23) Nesse sentido: *RSTJ* 40/123, 62/101; *JSTJ* 49/309-310.

(24) *RT* 376/202, 542/328, 612/284; *RTJ* 99/454; *JTJ* 153/271; *JTACrSP* 72/161-162.

(25) *RT* 647/345.

(26) *RT* 627/316.

(27) Nesse sentido: *RT* 711/403, 758/475; *JSTF* 249/260.

# CAPÍTULO 12

(1) *RT* 103/996, 569/384.

(2) *JTACrSP* 16/213.

(3) *JSTF* 315/405; *RTJ* 93/986, 104/1.063; *RT* 475/293, 691/323.

(4) *DJU* de 16-6-72. p. 3.902.

(5) *RT* 537/414; *RJTJESP* 72/316.

(6) *RJTJESP* 33/247.

(7) Entendendo que a vedação ao indulto é inconstitucional por não estar expressamente prevista a proibição na Constituição Federal: *RT* 671/323. Pela legalidade: *JTJ* 167/322, 171/322-323; *RT* 834/557, 840/557.

(8) *RT* 507/436, 712/396; *JTJ* 161/292, 167/320, 171/321.

(9) *RTJ* 93/109.

(10) *RT* 178/610, 180/567, 314/55, 316/43, 318/294, 433/471, 439/322; *RTJ* 56/539, 66/58; *RF* 200/242, 201/284; *JTACrSP* 36/148. Contra: *RT* 317/74, 340/107, 341/147, 372/157; *RTJ* 63/39; *RF* 229/276, 245/268; *JTACrSP* 25/233, 48/314. NORONHA E. Magalhães. Ob. cit. p. 402; BRUNO, Anibal. Ob. cit. p. 205; GARCIA, Basileu. Ob. cit. p. 755.

(11) *RT* 518/438, 538/464; *RTJ* 33/53, 56/530, 66/58, 88/1038, *DJU* de 11-12-70. p. 6.173, 5-5-78. p. 2.979.

(12) *RT* 513/423; *RJTJESP* 61/210; *RF* 264/304. Com relação à pena pecuniária, se omisso o decreto de indulto, existem duas posições. Pela primeira, a multa não é extinta porque o decreto deve ser interpretado restritamente: *RT* 430/352; *RJTJESP* 17/437; *JTACrSP* 31/135; GARCIA, Basileu. Ob. cit. p. 757; JESUS, Damásio E. de. Ob. cit. p. 662. Pela segunda, estende-se a pena pecuniária o decreto de indulto apesar de omisso a respeito o respectivo decreto: *RT* 435/316-317, 440/383; *RJTJESP* 19/414, 17/441. MARQUES, José Frederico. *Tratado de direito penal*. São Paulo: Saraiva, 1966. v. 3. p. 435.

(13) Nesse sentido: *RJDTACRIM* 9/164.

(14) *RT* 621/411; *RJTJESP* 8/498, 42/343.

(15) *RDP* 4/97.

(16) *RT* 571/350; *RSTJ* 31/159-160; *JTACrSP* 73/172.

(17) *RT* 519/360, 534/360, 768/599, 814/542; *RF* 279/424.

(18) Nesse sentido: *RJDTACRIM* 1/207, 21/370, 22/508.

(19) Nesse sentido: *RT* 385/245, 448/368, 482/300, 485/330, 552/329, 562/341; *RTJESP* 10/408, 36/257; *RDJ* 3/280; *JTAERGS* 66/162; JCAT 97/395; *JTACrSP* 65/140 e 160, 71/148; *RJDTACRIM* 1/207. Contra: *JTAERGS* 64/40.

(20) Nesse sentido: *RTJ* 78/142; *RT* 470/394, 504/370, 509/368, 511/400, 513/383, 542/402, 564/384; *RJTJESP* 76/78; *JTACrSP* 57/140, 66/236.

(21) Nesse sentido: *RT* 409/74; *RJTJESP* 10/427.

# REFERÊNCIAS JURISPRUDENCIAIS

(22) *RT* 400/315, 420/282, 537/334; *RTJ* 83/662; *JTACrSP* 71/285.

(23) Nesse sentido: *RT* 437/409, 446/450, 521/464 e 471, 525/340; *RDP* 4/109; *RTJ* 75/649, 70/655; *RJTJESP* 19/380 e 412, 30/362. Contra *RT* 394/111; 402/108, 415/98, 429/394, 515/340, 552/369; *RTJ* 58/26; *RJTJESP* 6/421, 13/420.

(24) *RJTJESP* 19/380, 30/362; *DJU* de 19-9-75, p. 6.740, 13-10-72, p. 6.955; *RDP* 4/109.

(25) *RT* 578/306.

(26) *RT* 421/280, 427/415, 444/391, 452/461, 523/418, 578/359, 610/376. Contra: *RT* 562/341; *JTACrSP* 71/148, 73/106.

(27) *RT* 375/285.

(28) *JTACrSP* 67/182.

(29) *RT* 562/341; *JTACrSP* 66/425, 71/147.

(30) *RT* 570/321; *DJU* de 6-5-83, p. 6.024; *JTACrSP* 57/135.

(31) *RT* 612/369 e 417; *JTACrSP* 26/119.

(32) *RT* 496/318, 507/382, 513/365; *RTJ* 71/656, 103/582; *RF* 257/292; *JTACrSP* 26/119.

(33) *RT* 539/322, 542/414, 544/417, 545/378, 564/384; *RJTJESP* 76/307. Contra: *JTACrSP* 72/253.

(34) *RT* 493/345; *DJU* de 2-3-79, p. 1.334.

(35) *RT* 542/356.

(36) *RT* 549/342-343.

(37) *RT* 521/435, 568/322, 650/324.

(38) *RT* 413/342.

(39) *RT* 774/643; *JTACrSP* 68/362. Há perempção na desídia durante processamento de recursos: *JTAERGS* 68/124; *RJDTACRIM* 17/45.

(40) *RT* 651/364-5, 814/624.

(41) *RTJ* 57/603.

(42) *RT* 384/267.

(43) *RT* 435/395, 487/305, 578/360, 580/458, 800/617.

(44) *RT* 580/371; STJ: AgRg no Inq 1.105-DF, julgado em 29-3-2017, *DJe* 19-4-2017.

(45) *JTACrSP* 6/58.

(46) *RT* 676/279; *JTAERGS* 87/67.

(47) *RTJ* 95/142; *RT* 388/311, 418/103, 450/403, 461/391, 490/394, 492/293, 540/395, 556/343, 585/370, 608/409; *JTACrSP* 24/173, 27/238, 36/147, 60/372, 65/243, 67/219.

(48) *RT* 442/354.

(49) *RT* 420/273, 550/328, 558/376; *JTACrSP* 65/180, 69/210.

(50) Ob. cit. p. 117; *RT* 608/348; *RF* 278/299.

(51) *JTJ* 291/862; *RT* 646/323; *JTAERGS* 69/59; *JTACrSP* 52/142.

(52) *RT* 409/126, 425/309, 450/430, 464/406, 516/343, 532/379; *RTJ* 71/235, 95/164.

(53) *RTJ* 71/235, 95/164; *DJU* de 26-10-73, p. 8.100; *RT* 27/350, 36/147, 59/184, 516/43, 532/379; *JTACrSP* 27/350, 36/147, 59/184. Contra: *RTJ* 48/746, 50/163; *JTACrSP* 73/171; *RT* 437/336, 442/354.

(54) *RT* 393/357, 409/313.

(55) *RT* 575/451-453.

(56) *RT* 484/327.

(57) *RT* 579/346.

(58) *RTJ* 95/1.235; *RT* 543/461.

(59) *RT* 774/643; *JTACrSP* 68/362.

(60) *RT* 585/339.

(61) *RT* 576/390.

(62) *RT* 554/374.

(63) *RT* 536/362.

(64) *RTJ* 86/781.

(65) *RT* 580/432.

(66) *JSTF* 314/492; *RTJ* 43/827-828, 47/308-310, 89/438, 91/480; *RT* 437/418, 452/375, 469/347, 484/360, 523/403, 536/362, 559/336, 588/370, 653/337, 682/353, 833/465; *JTACrSP* 10/341, 70/124.

(67) *RT* 614/303, 798/564.

(68) Nesse sentido: *RT* 692/311.

(69) *JTACrSP* 10/427, 21/377.

(70) *RT* 558/336; *JTACrSP* 69/211.

(71) *RT* 382/76, 389/295, 409/410.

(72) *RT* 510/385; *JTACrSP* 48/178.

(73) *RTJ* 44/444.
(74) *RT* 580/432.
(75) *RT* 461/354.
(76) *RT* 445/503.
(77) *RT* 427/402.
(78) *RT* 538/374; *JTACRIM* 68/452, 56/231; *RJDTA-CRIM* 5/156.
(79) Nesse sentido: *RT* 685/332; *RJDTACRIM* 13/83.
(80) Nesse sentido: *RT* 709/343; *RJDTACRIM* 7/65, 10/122, 15/137.
(81) *RTJ* 97/576, 101/1.132, 116/329, 117/309, 842, 1.289, 1.307, 1.321; *RT* 170/70, 178/97, 224/370, 235/359, 260/373, 265/600, 266/478, 282/520, 285/551, 288/571, 299/461, 316/327 e 329, 422/423, 327 e 372, 347/344, 372/159, 375/203, 381/205, 398/311, 402/354, 403/385, 406/236 e 237, 422/273, 443/449, 447/388, 448/390, 504/360, 522/371, 524/372, 543/357, 552/337 e 428, 560/381, 561/341 e 367, 563/348, 573/376, 620/310, 630/399; *JTACrSP* 2/59, 8/262, 10/245, 21/391, 22/225, 32/181, 34/454, 36/130, 38/213, 43/217, 44/245, 51/307, 52/103, 107, 179 e 340, 53/81, 101 e 263, 60/276, 61/95 e 295, 62/282, 66/446, 67/417, 68/95, 69/225 e 315; *RJDTA-CRIM* 2/120, 122 e 124, 3/151, 4/124, 5/155.
(82) *RT* 361/264, 368, 372/181, 429/452, 452/394, 659/281-2.
(83) *RT* 238/341, 281/538, 314/367, 318/309, 406/236, 411/373, 508/413; *JTACrSP* 8/262 (voto vencido)       e 25/255 (voto vencido).
(84) *RT* 411/347, 508/413.
(85) *RT* 192/913, 471/253, 290/292, 297/434, 426/438, 506/432, 519/447, 521/461, 525/441, 530/357, 547/336 e 345, 540/310, 553/422, 556/347, 569/362, 572/395, 624/369, 626/310, 674/336, 675/387, 696/354; *JTACrSP* 58/358, 61/295, 62/280, 64/258, 65/329, 67/404, 68/316, 72/344.
(86) Nesse sentido: o STF: *RT* 602/457, 604/473, 606/433, 607/415, 608/435. Contra, os tribunais estaduais: *RT* 605/333, 607/319, 608/352, 610/367; e o STJ: RE 2.667, *DJU* de 4-6-90, p. 5.068.

(87) *RT* 650/321.
(88) Ainda de acordo com essa orientação: *JSTJ* 21/231; *RT* 657/323; 659/329, 660/300, 661/344, 666/318, 711/344, 715/480, 716/467; *JTAERGS* 67/145; *RJDTACRIM* 1/146.
(89) *RJDTACRIM* 22/489.
(90) Nesse sentido: *RJDTACRIM* 8/153.
(91) *RT* 623/356.
(92) *RT* 579/440.
(93) *JTACrSP* 67/205.
(94) *RJDTACRIM* 20/139.
(95) *RT* 452/460; *RJTJESP* 49/364; *DJU* de 29-3-78, p. 3.728; *JTAERGS* 68/124; *JTACrSP* 48/387.
(96) *RT* 514/306; *JTACrSP* 50/119.
(97) *RT* 610/338.
(98) Nesse sentido: *RT* 671/319.
(99) *RJDTACRIM* 8/177.
(100) *RTJ* 79/443; *RT* 465/381, 556/427; *RSTJ* 54/375.
(101) *RSTJ* 54/375.
(102) Nesse sentido: *JTAERGS* 63/71, 68/123, 70/159; *JTJ* 171/294; *JCAT* 61/211.
(103) *RTJ* 67/408, 90/727; *RT* 558/398; *JTACrSP* 73/118.
(104) *RTJ* 120/82.
(105) *RT* 604/383, 684/346; *JTAERGS* 73/48, 80/52; *RJDTACRIM* 9/129.
(106) *RT* 627/349; *JTAERGS* 66/164, 73/29.
(107) Nesse sentido: *RJTJERGS* 250/251/63; *JTARGS* 63/128; *RSTJ* 59/55.
(108) *RT* 393/134, 456/398, 482/392, 484/324, 666/308; *RJTJESP* 19/426; *RJDTACRIM* 8/216; *RJTACRIM* 61/172.
(109) *JSTF* 310/465, 315/470; *RTJ* 43/313, 66/348, 76/711; *RJTJESP* 9/472; *RT* 294/117, 301/119, 306/125, 401/90, 430/365, 447/464, 498/273, 505/385, 834/495, 840/523; *JTACrSP* 25/114. STF: HC 71.799, 3-PR-*DJU* de 19-5-95, p. 13.995.
(110) Nesse sentido: *RJTACRIM* 49/252; *RJDTA-CRIM* 4/127.

(111) Nesse sentido: *RT* 614/282, 700/335; *RJDTACRIM* 18/118.

(112) Extradição 591-0-*DJU,* 22-9-95, p. 30.588.

(113) STF: HC 96968-RS, j. em 1º-12-2009, *DJe* de 5-2-2010; HC 86320-SP, j. em 17-10-2006, *DJU* de 24-11-2006.

(114) Nesse sentido: *RTJ* 50/372, 58/795, 92/1.303; *RSTJ* 18/381-382; *RT* 166/167, 175/176, 184/318, 287/288, 342/343, 447/448, 521/396, 646/321, 662/357, 663/299, 808/687; *JSTJ* 15/230; *JTACrSP* 13/156, 22/148, 28/377, 43/370, 44/430, 68/272, *RJDTACRIM* 10/228-229.

(115) *RT* 379/217, 456/415; *JCAT* 66/543; *JTACrSP* 9/86, 14/339, 21/164, 26/320, 29/282, 31/244, 37/291, 38/291, 43/370, 44/425, 45/54 e 407, 47/97, 73/259.

(116) *JSTF* 302/397; *RT* 377/256, 499/404, 718/512; *RJDTACRIM* 4/128.

(117) *RT* 634/298.

(118) Nesse sentido: *RT* 696/359, 710/316.

(119) *RT* 612/297; *JTAERGS* 63/71, 68/123, 70/159, 80/52; *RJDTACRIM* 7/144.

(120) *RT* 645/309; *RJDTACRIM* 10/190, 12/40.

(121) *RJDTACRIM* 14/231.

(122) *RT* 376/99, 378/183, 382/182.

(123) *JTACrSP* 23/93.

(124) *RT* 472/410.

(125) *RTJ* 69/758, 90/459, 95/1.058; *RSTJ* 34/386-387, 45/256; *RT* 684/382 e 389, 685/354.

(126) *RTJ* 59/404; *JTAERGS* 88/164.

(127) Nesse sentido: *RJDTACRIM* 4/132.

(128) Nesse sentido: *RJDTACRIM* 2/128.

(129) Nesse sentido: *RJDTACRIM* 5/161.

(130) *RTJ* 55/303.

(131) *RT* 620/400.

(132) *RSTJ* 30/104-105; *RJDTACRIM* 9/193, 14/255.

(133) *RJTJESP* 73/317.

(134) *RT* 513/427, 650/264, 710/316; *RJTERGS* 159/195; *RJDTACRIM* 12/182; *RJTJESP* 70/344, 75/289. Contra: *RJTJESP* 77/410; *RT* 533/369, 568/285, 609/316; *JTACrSP* 68/448; *RJDTACRIM* 2/130.

(135) Nesse sentido: Súmula 191 do STJ; *JSTJ* 18/233; *RT* 671/332; *JTJ* 165/326.

(136) *RTJ* 71/85; *RSTJ* 17/149; *RT* 431/361, 472/419, 522/481, 508/349, 529/391, 545/381, 625/276, 627/289, 666/357; *JTAERGS* 67/109; *RJDTACRIM* 12/206; *JTACrSP* 33/274 e 404, 36/295, 45/303, 46/193, 65/68, 67/386.

(137) *RTJ* 58/781.

(138) Nesse sentido: *RT* 715/471.

(139) *RTJ* 467/446, 474/305, 479/379, 491/294, 537/364; *RJTJESP* 42/346; *RTJ* 61/336, 59/794; *JTACrSP* 27/398. Contra: *RT* 460/322, 442/345.

(140) *RT* 636/267, 678/380; *RSTJ* 56/334.

(141) Nesse sentido: *JSTF* 305/444; *RT* 713/366, 715/483; *RJDTACRIM* 21/309.

(142) Nesse sentido: *JSTF* 305/444; *RT* 713/366, 715/483; *RJDTACRIM* 21/309.

(143) STF: RHC 125078-SP, j. em 3-3-2015, *DJe* de 8-4-2015.

(144) Nesse sentido: *RJDTACRIM* 6/162.

(145) *RT* 544/384, 679/414; *RSTJ* 22/281; *JTACrSP* 65/75, 68/92 e 96. STJ: REsp 684.562-SP, j. em 22-3-2005, *DJU* de 23-5-2005, p. 337.

(146) *RT* 639/275, 686/344, 705/308; *RJDTACRIM* 14/154, 15/190.

(147) STF: HC 176473-RR, j. em 27-4-2020, *DJe* de 10-9-2020; *RT* 689/423, 819/519.

(148) *RJDTACRIM* 21/145.

(149) *RT* 208/64, 248/108, 255/94, 372/187, 437/347, 353/313, 424/366.

(150) *RT* 326/103, 371/56, 374/290, 376/332, 437/348 (voto vencido), 474/319, 510/366; *RJDTACRIM* 7/210.

(151) *RT* 613/423.

(152) STF: HC 71.552-4-SP, j. em 20-6-1995, *DJU* de 18-8-1995, p. 4.896; *RT* 729/475 e 477.

(153) Nesse sentido: *RJDTACRIM* 8/80.

(154) *RSTJ* 54/437.

(155) *RT* 575/399; *RJTACRIM* 48/363.

(156) *RT* 831/536; *RSTJ* 68/73.

(157) *RT*179/567, 214/417, 256/315, 296/457, 355/254, 342/339, 360/257, 375/219, 405/306, 414/241, 415/282, 427/350, 441/437, 544/470; *RTJ*97/190; *JCAT* 64/272-3; *JTACrSP* 8/246, 9/32 e 119, 10/114, 12/154, 19/138, 21/178, 22/62.

(158) *RT* 605/418, 638/321.

(159) *RT*823/560; *RSTJ*22/312.

(160) Nesse sentido: *JTJ* 291/820; *RT* 662/300, 794/606; *JTAERGS* 65/69; *RJDTACRIM* 5/229.

(161) Nesse sentido: *RSTJ* 4/1.481; *RTJ* 123/984; *RT* 695/320.

(162) Nesse sentido: STJ: HC 7.942-PR, j. em 23-11-1998, *DJU* de 14-12-1998, p. 304; Resp 54.398-PR, j. em 17-9-1996, *DJU* de 18-11-1996, p. 44.912; Resp 31.285-PR, j. em 12-5-1993, *DJU* de 7-6-1993, p. 11.270.

(163) Nesse sentido: *RT* 658/333, 667/328, 716/492, 767/706, 804/519, 836/435, 842/656; *JTJ* 169/290; *RSTJ* 68/97; *JTAERGS* 74/19; *RJDTACRIM* 22/51-2.

(164) Nesse sentido: *RTJ* 17/155, 40/474, 32/54-5; *RT* 607/416, 658/369, 660/371, 666/304-5, 682/337, 691/379, 796/679; *JTAERGS* 67/127, 81/74, 84/52; *RJDTACRIM* 3/218, 6/112, 9/131. Contra: *RSTJ* 22/412.

(165) Nesse sentido: *JTAERGS* 65/99, 70/155.

(166) Nesse sentido: *RT* 705/391.

(167) Nesse sentido: *RSTJ* 46/433-4; *RT* 668/289, 669/315.

(168) Nesse sentido: *RT* 688/323, 697/337, 700/363, 703/349; *JTJ* 153/273; *RJDTACRIM* 8/226, 14/127, 17/136 e 217, 18/185, 186, 189 e 191, 19/201, 213, 243; STJ: REsp 154.210-CE, j. em 7-10-1999, *DJU* de 3-11-1999, p. 122.

(169) Nesse sentido: *RT* 682/381.

(170) *RTJ* 120/398. Contra: 121/212.

(171) No sentido da inadmissibilidade do reconhecimento da denominada prescrição *antecipada* ou *virtual*: *RT* 727/443, 623/399; *RTJ* 135/90; *RT* 807/556; *RSTJ* 68/97. Pela mesma razão não se permite na hipótese a rejeição da denúncia: *RJDTACRIM* 22/492.

(172) *RT* 605/404, 636/364, 796/679.

(173) *RT* 628/357, 693/380, 767/718, 823/727.

(174) Nesse sentido: *RT* 639/317, 699/364; *JSTJ* 25/354; *JTACrSP* 86/161; *RJDTACRIM* 8/242, 22/317.

(175) Nesse sentido: *JSTJ* 1/314; *RT* 652/341.

(176) *RTJ* 89/688; *RT* 628/357. Contra: *RT* 631/284.

(177) *RTJ* 87/338.

(178) *JTACrSP* 65/204; *DJU* de 29-5-78, p. 3.732.

(179) *RTJ* 66/382; *JTACrSP* 77/395.

(180) *JTACrSP* 47/355, 67/398, 68/417; *DJU* de 29-5-78, p. 3.732.

(181) *RT* 561/413, 564/309; *RJTJESP* 71/322; *JTACrSP* 70/304.

(182) *RT* 547/356, 553/422; *RJDTACRIM* 1/171.

(183) *RTJ* 94/132; *RT* 540/418, 543/472.

(184) *RTJ* 65/659, 101/1.117; *JTACrSP* 31/298; *DJU* de 8-6-73, p. 407.

(185) *RTJ* 73/112, 76/148 e 236, 88/68, 89/423, 96/1.094; *RT* 413/123, 442/366, 496/366, 520/394, 529/400, 541/377, 548/413, 572/415, 575/481; *RJTJESP* 21/446, 31/390, 48/355, 49/343, 50/340 e 351; *RF* 266/280; *JTACrSP* 41/82 e 262, 42/252, 43/366, 44/419, 45/223, 46/352, 47/329.

(186) Nesse sentido: STJ: Resp 1.012.846-SP, j. em 01-8-2008, *DJe* de 20-8-2008; REsp 827.385-SP, j. em 31-3-2008, *DJe* de 8-4-2008; Resp 878.780-SP, j. em 11-2-2008, *DJe* de 21-2-2008; HC 784.817-SP, j. em 12-9-2006, *DJU* de 9-10-2006, p. 350; HC 48.972-SE, j. em 1º-6-2006, *DJU* de 1º-8-2006, p. 473; Resp 503.366-SP, j. em 27-4-2006, *DJU* de 9-5-2006, p. 537; HC 49.124-MG, j. em 2-5-2006, *DJU* de 12-6-2006, p. 513; REsp 684.562-SP, j. em 22-3-2005, *DJU* de 23-5-2005, p. 337.

(187) Nesse sentido: STJ: AgRg no Ag 344.717-SP, j. em 03-12-2002, *DJU* de 24-2-2003, p. 268.

(188) Nesse sentido: STJ: HC 74.872-SP, j. em 25-10-2007, *DJU* de 03-12-2007, p. 341; RHC 14.192-MG, j. em 11-11-2003, *DJU* de 9-12-2003, p. 297.

(189) *RJTACRIM* 50/126, 55/151, 59/118.

(190) Nesse sentido: STF: HC 92.224-SP, j. em 20-11-2007, *DJe* de 11-4-2008; STJ: Resp 1.028.908-

SP, j. em 28-4-2008, *DJe* de 2-5-2008; HC 61.030-RJ, j. em 20-11-2007, *DJU* de 10-12-2007, p. 402; Resp 913.321-SP, j. em 19-6-2007, *DJU* de 06-8-2007, p. 685; Resp 815.894-SP, j. em 17-10-2006, *DJU* de 18-12-2006, p. 495; RHC 14.192-MG, j. em 11-11-2003, *DJU* de 09-12-2003, p. 297.

(191) Nesse sentido: *RSTJ* 25/293; *RT* 689/332, 700/321; *JTAERGS* 80/17 e 82, 88/17; *RJDTACRIM* 19/230.

(192) *RT* 624/417, 647/317; *JTACrSP* 38/283, 48/249, 53/378, 54/388, 56/289, 65/440.

(193) *RT* 409/305, 614/320; *RJDTACRIM* 5/155; *JTACrSP* 11/168, 47/264, 51/304, 52/179, 55/311, 56/326, 70/379.

(194) *JTACrSP* 55/64.

(195) *RTJ* 38/558, 54/224, 61/581, 66/61, 68/712, 71/656, 53/96, 83/662, 117/79; *RSTJ* 22/337, 27/401, 47/299; *RT* 279/565, 299/423, 403/318, 441/411, 443/501, 510/461, 585/325, 809/539; *RDP* 4/105; *JSTJ* 28/248; *RJDTACRIM* 86/62; *JTACrSP* 16/475, 361/249, 48/350. Contra: *RT* 707/360.

(196) Nesse sentido: *RT* 710/360.

# BIBLIOGRAFIA

ALMEIDA, Agassiz de. A nação e o "impeachment". *RT* 686.

ALMEIDA NETO, Amaro Alves de. *Ação reparatória de dano ex-delicto*. São Paulo: Associação Paulista do Ministério Público.

ALTAVILLA, Enrico. *Psicologia judiciária*. 2. ed. Coimbra: Armênio Amado, 1957.

ALVES, Roque de Brito. A vitimologia. *RT* 616.

_____. *Programa de direito penal*: parte geral. 2. ed. Recife: Fasa Editora, 1997.

_____. *Ciência criminal*. Rio de Janeiro: Forense, 1995.

_____. *Conferências pronunciadas na Europa sobre a nova parte geral do código penal brasileiro*. Companhia Editora de Pernambuco.

ALVIM, Rui Carlos Machado; ROSSETTI, Janora Rocha. *Das medidas de segurança. Jurisprudência*. São Paulo: Leud, 1994.

ANDRADE, Chiristiano J. *Da prescrição em matéria penal*. São Paulo: Forense, 1979.

ANDREUCCI, Ricardo Antunes. Fundamentos da reforma penal. *Ciência penal* 1.

_____. Aplicação da multa. *JTACrSP* 87.

ANTOLISEI, Francesco. *Manual de derecho penal*: parte general. Buenos Aires: Uteha, 1960.

ARANHA, Antonio Sérgio Caldas de Camargo e outros. A reforma do Código Penal: parte geral. *Justitia* 120.

ARAÚJO, Alcyr Menna Barreto de. O juiz não pode ignorar lei ainda em vigor. *O Estado de S. Paulo*, Justiça, 8-2-92.

ARAUJO, Francisco Fernandes de. Da aplicação da pena em crime continuado ante a reforma de 1984. *RT* 615, *Justitia* 140.

ARAUJO, Francisco Gomes de. *A pena de morte*. 2. ed. Teresina: Junior, 1987.

ARAUJO JR., João Marcello de. Cooperação internacional na luta contra o crime. Transferência de condenados. Execução da sentença penal estrangeira: novo conceito. *Livro de Estudos Jurídicos*, nº 9.

ARRUDA JUNIOR, Célio de. Furto: valor irrisório da *res furtiva*. *Justiça* 125/255.

ASÚA, Luís Jiménez de. *Tratado de derecho penal*. Buenos Aires: Losada, 1950.

ATAÍDE JR., Vicente de Paula. Critérios para a avaliação do mérito do condenado. As faltas disciplinares e sua apuração. *Revista Jurídica da Faculdade de Direito de Curitiba*, 1993, ano IX, nº 7.

AZEVEDO, David Teixeira de. A culpabilidade e o conceito tri-partido de crime. *Revista Brasileira de Ciências Criminais*, nº 2.

AZEVEDO, Vicente de Paulo Vicente de. O centenário do código criminal. *Justitia* 109.

BACIGALUPO, Henrique. *La nocion de autor en el codigo penal*. Buenos Aires, 1965.

BAPTISTA, Cleômenes Mário Dias. As imunidades parlamentares. *RT* 562.

BARATTA. Alessandro. Funções instrumentais e simbólicas do direito penal. Lineamentos de uma teoria do bem jurídico. *Revista Brasileira de Ciências Criminais,* São Paulo: Revista dos Tribunais, nº 5.

BARAÚNA, José Roberto. *Lições de processo penal.* São Paulo: José Bushatsky, 1978.

BARBOSA, Licínio. Reflexões sobre a pena e seu cumprimento em face do novo código penal. *RT* 482.

BARBOSA, Marcelo Fortes. *Concurso de normas penais.* São Paulo: Revista dos Tribunais, 1976.

_____. O consentimento do ofendido. *RT* 718.

_____. Condições objetivas de punibilidade. *Justitia* 85.

_____. Emenda deve obedecer limite. *O Estado de S. Paulo,* 25-9-91.

_____. Culpabilidade, conceito e evolução. *RT* 720/374-379.

BARCELOS, Pedro dos Santos. Prescrição retroativa. *RT* 620.

BARRETO, S. Silva Brasil. A primeira sistematização penal do Brasil. *Justitia* 109.

BARROS, Luiz Celso de. A Constituição paulista e os crimes de responsabilidade, *RT* 651.

BARTOLI, Márcio. O artigo 16 da Lei nº 6.368/76 e a pena de multa: substituição permitida. RT 682.

BATISTA, Nilo. *Concurso de agentes.* Rio de Janeiro: Liber Juris, 1979.

BATISTA, Weber Martins. A fixação da pena. *Livro de Estudos Jurídicos.* Rio de Janeiro: Instituto de Estudos Jurídicos, 1991. v. 3.

BATTAGLINI, Giulio. *Direito penal.* São Paulo: Saraiva: Edusp, 1973. v. 2.

BENETI, Sidnei A. Responsabilidade penal da pessoa jurídica: notas diante da primeira condenação na justiça francesa. *RT* 731.

BETANHO, Luiz Carlos e outros. *Código penal e sua interpretação jurisprudencial.* 4. ed. São Paulo: Revista dos Tribunais, 1979. v. I, t. 1 e 2.

BETTIOL, Giuseppe. *Direito penal*: parte geral. Coimbra: Coimbra Editora, 1970. v. 3.

BITTAR, Carlos Alberto. *Reparação civil por danos morais.* São Paulo: Revista dos Tribunais, 1993.

BITTENCOURT, Cézar Roberto. *Lições de direito penal.* 2. ed. Porto Alegre: Livraria Editora Acadêmica, 1993.

_____. *Teoria Geral do Delito.* São Paulo: Revista dos Tribunais, 1997.

_____. *Penas pecuniárias, RT* 619.

_____. *Do crime consumado e do crime tentado. RT* 646.

_____. *Falência da pena de prisão*: causas e alternativas. São Paulo: Revista dos Tribunais, 1993.

_____. O objetivo ressocializador na visão da Criminologia Crítica, *RT* 662.

BONATELLI, Calmette Satyro. Do nexo causal subjetivo no futuro código penal. *Justitia* 70.

BRANCO, Victorino Prata Castelo. *Criminologia.* São Paulo: Sugestões Literárias, 1980.

BRANDÃO, Edison Aparecido. Prescrição em perspectiva, *RT* 710.

BRUNO, Aníbal. *Direito penal.* Rio de Janeiro: Forense, 1959. v. 1 e v. 2; 1962 v. 3.

CACCURI, Antonio Edying. Imunidades parlamentares. *RT* 554.

CALIXTO, Nagi. Indisponibilidade do controle jurisdicional na extradição, *RT* 658.

CALLEGARI, André Luís. Dolo eventual, culpa consciente e acidente de trânsito, *RT* 717.

CAMARGO, Ruy Junqueira de Freitas. O delito como fato cultural e o problema das justificativas supralegais. *Justitia* 89.

CAMPOS, Pedro Franco de et al. *A reforma do Código Penal:* parte geral. *Justitia* 120.

_____. A reforma e o tribunal do júri. *RT* 557.

CAPELLI, Silva. Responsabilidade penal da pessoa jurídica em matéria ambiental, *Revista AJUFE* 44.

CARVALHO, Antonio César Leite de. Renúncia ao direito de queixa exercitada por menor de 18 anos. *Revista do Ministério Público do Estado de Sergipe*, ano IV, nº 6, 1994.

CARVALHO, Hilário Veiga de. *Manual de introdução ao estudo da criminologia*. Coletânea Acácio Nogueira. Secretaria de Segurança Pública, São Paulo, 1953.

CARVALHO FILHO, Aloysio de. *Comentários ao Código Penal*. 2. ed. Rio de Janeiro: Forense, 1953. v. 4.

CELIS, Jacqueline Bernat de, HULSMAN, Louck. *Penas perdidas:* o sistema penal em questão. Rio de Janeiro: Luan, 1993.

CERNICCHIARO, Luiz Vicente. *Estrutura do direito penal*. 2. ed. São Paulo: José Bushatsky, 1970.

CHIASSO, Maurimar Bosco. A ilegalidade da obrigação de prestar serviços à comunidade ou limitar-se nos fins de semana para gozo da suspensão condicional da pena. *RT* 710.

COELHO, Walter. *Teoria geral do crime*. Porto Alegre: Sergio Antonio Fabris, 1991.

COELHO FILHO, Mauro de José. A personalidade de Tobias Barreto. *Justitia* 109.

COGAN, Arthur. O perdão judicial. *Justitia* 84.

CONDE, Francisco Muñoz. *Teoria geral do delito*. Porto Alegre: Sérgio Antonio Fabris, 1988. Tradução de Juarez Tavares e Luiz Regis Prado.

COSTA JUNIOR, Heitor. Aspectos da "parte geral" do anteprojeto do Código Penal. *RT* 555.

COULANGES, Fustel de. *Cidade antiga*. 8. ed. Porto: Livraria Clássica Editora, 1954.

CRETELLA JUNIOR, J. Ilícito penal e ilícito administrativo. *Justitia* 29.

CURY, Enrique. Contribuição ao estudo da pena. *RDP* 11-12.

DELMANTO, Celso. *Código penal comentado*. 5. ed. São Paulo: Saraiva, 1984. Rio de Janeiro: Freitas Bastos, 1988.

_____. Direitos públicos subjetivos do réu no CP. *RT* 544.

_____. Perdão judicial e seus efeitos. *RT* 524.

_____. A multa substitutiva do Código Penal, *O Estado de S. Paulo,* 1-9-87.

DOBROWOLSKI, Silvio. A pena de morte: considerações acerca de propostas pela sua reintrodução no país. *RT* 566.

DOTTI, René Ariel. O concurso de pessoas. *Ciência penal*. Rio de Janeiro: Forense, 1981. v. 1.

_____. Problemas atuais da execução da pena. *RT* 563.

_____. A incapacidade criminal da pessoa jurídica, Revista Brasileira de Ciências Criminais 11.

_____. Sobre as penas alternativas. *Livro de Estudos Jurídicos* 10.

DOUGLAS, William. Legítima defesa antecipada. *RT* 715.

D'URSO, Luiz Flávio Borges. Obstáculo de defesa divide doutrina e jurisprudência, *O Estado de S. Paulo*, 1-3-91.

FELIPETO, Rogério. Prestação de serviços à comunidade. *Revista Brasileira de Ciências Criminais* 7.

FELTRIN, Sebastião Oscar et al. *Código penal e sua interpretação jurisprudencial*. 4. ed. São Paulo: Revista dos Tribunais, 1979. v. I. t. 1 e 2.

FERRARI, Eduardo Reale. Os prazos de duração das medidas de segurança e o ordenamento penal português. *RT* 701.

FERRAZ, Nelson. Aplicação da pena no Código Penal de 1984. *Justitia* 139.

FERREIRA, Gilberto. A prestação de serviços à comunidade como pena alternativa. *RT* 647.

FERREIRA, Manuel Alceu Affonso. Amplitude da inviolabilidade parlamentar, *O Estado de S. Paulo*, 26 de nov. 1990.

FERREIRA, Sérgio Andrade. *A técnica de aplicação da pena como instrumento de sua individualização nos códigos de 1940 e 1969*. Rio de Janeiro: Forense, 1977.

FERREIRA, Zoroastro de Paiva. A extradição e o direito internacional penal. *Tribuna da Justiça*, 30 nov. 1981.

FERRI, Henrique. *Discursos de defesa:* defesas penais. 4. ed. Coimbra: Arménio Amado.

FILOMENO, José Geraldo Brito. Infrações penais e medidas provisórias. *RT* 659.

FLEURY FILHO, Luiz Antonio et al. A reforma do Código Penal: parte geral. *Justitia* 120.

_____. A reforma penal e o tribunal do júri: aspectos relevantes. *RT* 557.

FONSECA, Edson. A natureza jurídica dos bens ambientais como fundamento da responsabilidade penal da pessoa jurídica. *Boletim do IBCCrim* 38.

FOUCALT, Michel. *Vigiar e punir*. Petrópolis: Vozes, 1977.

FOZ, Maria Cláudia de Souza. A reforma do Código Penal: parte geral. *Justitia* 120.

FRAGOSO, Heleno Cláudio. *Lições de direito penal*: parte geral. 4. ed. Rio de Janeiro: Forense, 1980.

_____. Observações sobre o princípio da reserva legal. *RDP* 1.

_____; HUNGRIA, Nelson. *Comentários ao Código Penal*. 5. ed. Rio de Janeiro: Forense, 1977.

FRANCESCHINI, J. L. V. de Azevedo. *Jurisprudência do Tribunal de Alçada Criminal de São Paulo*. São Paulo: Livraria e Editora Universitária de Direito, 1975. v. 1, 2 e 3.

FRANCINI, Karina Prado. Responsabilidade da pessoa jurídica. *Doutrina* 2.

FRANCO, Alberto Silva. *Temas de direito penal*. São Paulo: Saraiva, 1986.

FRANCO, Alberto Silva et al. Código Penal e sua interpretação jurisprudencial. 4. ed. São Paulo: Revista dos Tribunais, 1979. v. 1. t. 1 e 2.

_____. As "margens penais" e a pena relativamente indeterminada. *JTACrSP* 45.

_____. A medida provisória e o princípio da legalidade. *RT* 648.

_____. Do princípio da intervenção mínima ao princípio da máxima intervenção. *Justiça e Democracia* 1.

FURTADO, Marcelo Gasque, MAGALHÃES, Lúcia Helena. Da tentativa. *RT* 705.

GARCEZ, Walter de Abreu. Curso básico de direito penal: parte geral. São Paulo: José Bushatsky, 1972.

GARCIA, Basileu. *Instituições de direito penal*. 5. ed. São Paulo: Max Limonad, 1980. v. 2.

_____. Em torno do novo código penal. *RT* 452.

GARCIA, Dionísio. As circunstâncias atenuantes e agravantes continuam adstritas aos limites punitivos do tipo. *RT* 653.

GARCIA, Waléria Garcelan Loma. O instituto do arrependimento posterior e o problema da reparação do dano ou da restituição da coisa de forma parcial. *Ministério Público Paulista*, maio/jun. 1995.

GESSINGER, Ruy Armando. *Da dispensa da pena*: perdão judicial. Porto Alegre: Sergio Antonio Fabris, 1984.

GODOY, Luiz Antonio de. Individualização da pena e perdão judicial. *Justitia* 102.

GOMES, Luiz Flávio. *Erro de tipo e erro de proibição*. São Paulo: Revista dos Tribunais, 1992.

_____. A lei formal como fonte única do Direito Penal (incriminador). *RT* 657.

_____. Duração das medidas de segurança. *RT* 663.

_____. Tendências político-criminais quanto à criminalidade de bagatela. *Revista Brasileira de Ciências Criminais*, número especial de lançamento.

_____. Prescrição retroativa. Pode ser reconhecida em primeiro grau? *RT* 637.

GOMES JÚNIOR, Cyrillo Luciano. Confisco de instrumentos e produtos de contravenção. *RT* 703.

GONÇALVES, José Luiz. O perdão judicial como causa de absolviçnão. RT 747-501-506.

GUASQUE, Denise Freitas Fabião. O "impeachment" do Presidente da República. *RT* 684.

GUILHERME, Walter de Almeida e outros. A reforma do Código Penal: parte geral. *Justitia* 120.

HULSMAN, Louck, CELLIS, Jacqueline Bernat de. *Penas perdidas*: o sistema penal em questão. Rio de Janeiro: Luan, 1993.

HUNGRIA, Nelson; FRAGOSO, Heleno. *Comentários ao Código Penal*. 5. ed. Rio de Janeiro: Forense, 1978. v. 1. t. 2. 5. ed. v. 3. 1951.

_____. *Novas questões jurídico-penais*, 1945.

JESCHECK, Hans-Heinrich. *Tratado de derecho penal*: parte general. Barcelona: Bosch, 1981. v. 1 e v. 2.

JESUS, Damásio E. de. Ação penal subsidiária. *O Estado de S. Paulo*, 24 mar. 1985.

_____. *Direito penal*. 8. ed. São Paulo: Saraiva, 1983. v. 1.

_____. *Imunidades parlamentares*. RT 568.

_____. *Questões criminais*. São Paulo: Saraiva, 1981.

JORGE, Sheila. *Dos tipos plurissubjetivos*. Belo Horizonte: Del Rey, 1997.

JOUVERT, R. *Curso de filosofia*. 5. ed. Rio de Janeiro: Agir, 1961.

LEAL, João José. *Curso de direito penal*. Porto Alegre: Sergio Antonio Fabris, 1991.

_____. *Direito penal geral*. São Paulo: Atlas, 1998.

LEITE, Paulo Guimarães. Assistente de acusação. *Justitia* 74.

LEME, Pedro de Alcântara da Silva. O erro médico e suas implicações penais e civis. *Revista Brasileira de Ciências Criminais*, nº 1.

LETTERIELLO, Rêmolo. Considerações sobre a reforma da parte geral do Código Penal. *RT* 572.

LEVAY, Emeric. O julgamento de Susana. *Justitia* 57.

_____. Retratação penal. *Revista de Processo* 21.

LIMA, Gilberto Baumann de. Culpabilidade do médico e a *lex artis. RT* 695.

LIST, Fran von. *Tratado de derecho penal*. Madri: Reus, 1929. v. 3.

LOEBMANN, Miguel. As circunstâncias atenuantes, podem sim fazer descer a pena abaixo do mínimo legal. *RT* 676.

LOPES, Jair Leonardo. Reabilitação e o sistema de penas no anteprojeto de reforma da parte geral do código penal. *Ciência Penal* 1.

LOPES, Maurício Antonio Ribeiro. O reconhecimento antecipado da prescrição. O interesse de agir no processo penal e o Ministério Público. *Revista Brasileira de Ciências Criminais*, nº 3.

LUISI, Luiz. *O tipo penal, a teoria finalista e a nova legislação penal*. Porto Alegre: Sergio Antonio Fabris, 1987.

LUNA, Everardo da Cunha. Causalidade e responsabilidade objetiva no Código Penal de 1969. *Justitia* 77.

_____. A pena no novo Código Penal. *Justitia* 90.

LUZ SOBRINHO, Haroldo Pinto da. Correção monetária da pena de multa. *RJDTACRIM* 19.

LYRA, Roberto. *Comentários ao Código Penal*. Rio de Janeiro: Forense, 1958. v. 3 e 4.

MACHADO, Agapito. As atenuantes podem fazer descer a pena abaixo do mínimo legal. *RT* 647.

MACHADO, Miguel Pedrosa. Breve confronto entre normas penais em branco e tipos abertos. *Livro de Estudos Jurídicos* 111.

MACHADO NETO, Zahidé. Direito penal e estrutura social. São Paulo: Edusp – Saraiva, 1979.

MAGALHÃES, Lúcia Helena, FURTADO, Marcelo Gasque. Da tentativa. *RT* 705.

MAGGIORE, Giuseppe. *Diritto penale*. 5. ed. Bolonha: Nicola Zanelli, 1951.

MAIA NETO, Cândido Furtado. A inconstitucionalidade da execução da pena privativa de liberdade: flagrante violação aos direitos humanos dos presos. *RT* 707.

MARLET, José Maria. Contribuição para a avaliação das condições pessoais dos candidatos a livramento condicional enquadrados no parágrafo único do art. 83 do Código Penal. *RT* 704.

MARQUES, João Benedito de Azevedo e outros. A reforma do Código Penal: parte geral. *Justitia* 120.

MARQUES, José Frederico. *Curso de direito penal*. São Paulo: Saraiva, 1954. v. 1, 2 e 3.

_____. *Tratado de direito penal*. São Paulo: Saraiva, 1966. v. 3.

_____. *Elementos de direito processual penal*. Rio de Janeiro: Forense, 1961. v. 1, 2 e 3.

_____. *Pareceres*. São Paulo: AASP, 1993.

MARQUES, Oswaldo Henrique Duek. Sistema penal para o terceiro milênio. *RT* 663.

MARQUES, Paulo Edson et al. A reforma do Código Penal: parte geral. *Justitia* 120.

MARREY NETO, José Adriano. Exclusão da ilicitude. *RJDTACRIM* 1.

_____. Transplante de órgãos – Nova disciplina – Lei Federal nº 8.489, de 18-11-92. *RJDTACRIM* 16.

MARTINS, Ives Gandra da Silva. Aspectos procedimentais do instituto jurídico do "impeachment" e conformação da figura da improbidade administrativa. *RT* 685.

MARTINS, José Salgado. *Direito penal*. São Paulo: Saraiva, 1974.

MASSA, Patrícia Helena. A menoridade penal no direito brasileiro. *Revista Brasileira de Ciências Criminais*, nos 2 e 4.

MAURACH, Reinhart. *Tratado de derecho penal*. Barcelona: Ariel, 1962. v. 1 e 2.

MAXIMILIANO, Carlos. Comentários à Constituição brasileira. 5. ed. Rio de Janeiro: Freitas Bastos, 1954. v. 11.

MEDICI, Sérgio de Oliveira. Imunidades parlamentares na nova Constituição. *RT* 666.

MEIRELLES, Hely Lopes. *Direito administrativo brasileiro*. 4. ed. São Paulo: Revista dos Tribunais, 1976.

MELCHER, José Lisboa Gama. *Manual de processo penal brasileiro*. Rio de Janeiro: Freitas Bastos, 1980. v. 2.

MELLO, Celso D. de Albuquerque. *Direito penal e direito internacional*. Rio de Janeiro: Freitas Bastos, 1978.

MELLO FILHO, José Celso de. A imunidade dos deputados estaduais. *Justitia* 114.

MENDES, Nelson Pizzotti. Classificação das penas. A pena privativa de liberdade. *Justitia* 99.

_____. A reforma penal do Código da República Federal Alemã. *Justitia* 102.

MESQUITA JÚNIOR, Sidio. Rosa de. *Prescrição penal*. São Paulo: Atlas, 1997.

MESTIERI, João. *Teoria elementar do direito criminal*. Rio de Janeiro: Cadernos Didáticos, 1971.

MIR, José Cerezo. O finalismo, hoje. *Revista Brasileira de Ciências Criminais* 12.

MIRABETE, Julio Fabbrini e FABBRINI, Renato Nascimento. *Manual de Direito Penal*. São Paulo: Foco, 2025. v. 2 e 3.

_____. *Execução penal*. São Paulo: Foco, 2024.

MONZHEIN, Paulo. A responsabilidade penal do médico. *Justitia* 81/69-84.

MORAES, Silvio Roberto Mello. Da prova da menoridade relativa para reconhecimento da atenuante genérica prevista no art. 65, I, do Código Penal. *RT* 655.

MORAES JUNIOR, Volney Corrêa Leite de. Perdão judicial: natureza da sentença concessiva. Questão aberta? *RJDTACRIM* 11.

MOREIRA, José Carlos Barbosa. A sentença penal como título executório civil. *RDP* 4.

MORSELLI, Elio. O elemento subjetivo do crime à luz da moderna criminologia. *Revista Brasileira de Ciências Criminais* 8.

MOTTA JÚNIOR, Eliseu Florentino da. Dolo eventual ou culpa consciente? Em busca da distinção. *Justitia* 162.

NAVES, Nilson Vital. Estrutura jurídico-penal do crime. *Justitia* 65.

NICOLAIDIS, Michel Basile. *Reabilitação*. *RT* 550.

NOGUEIRA, Paulo Lúcio. *Questões penais controvertidas*. Rio de Janeiro: Forense, 1979.

NORONHA, E. Magalhães. *Direito penal*. 15. ed. São Paulo: Saraiva, 1978. v.1.

_____. *Curso de direito processual penal*. São Paulo: Saraiva, 1964.

NUVOLONE, Pietro. *O sistema do direito penal*. São Paulo: Revista dos Tribunais, 1981. v. 1.

_____. Il principio di oggettivita e il principio di suggettivita nel nuovo codice penale brasiliano. *JTACrSP* 33.

_____. Scienza e tecnica nel nuovo codice penale brasiliano. L'oggeto del reato: problemi di scienza, di tecnica e di politica legislativa. *JTACrSP* 32, *Justitia* 86.

OLIVEIRA, Edmundo. *Comentários ao Código Penal:* parte geral. Rio de Janeiro: Forense, 1994.

OZAKI, Hideo, SILVEIRA, Daniel Prado. *Prática de Execução Penal.* São Paulo: Saraiva, 1991.

PACHECO, Wagner Brússolo. O perdão judicial no direito brasileiro. *RT* 533.

_____. A prisão albergue no Estado do Paraná. *RT* 587.

_____. Concurso de pessoas: notas e comentários. *RT* 720/380-398.

PALOTTI JÚNIOR, Osvaldo. Considerações sobre a prescrição retroativa antecipada. RT 709.

PEDROSA, Ronaldo Leite. Pessoa jurídica delinque? *Revista de Estudos Jurídicos*, nº 8, p. 173-175.

PEDROSO, Fernando de Almeida. *Direito penal.* São Paulo: Leud, 1993.

_____. Ação típica: teoria da vontade direcionada. *RT* 702.

_____. Perdão judicial: natureza da sentença concessiva. Possibilidade de sua proclamação também como motivo para arquivamento de inquérito policial. *RT* 708.

_____. Ação penal pública condicionada. *RT* 510.

_____. Nexo causa, imputação objetiva e tipicidade conglobante. *RT* 794/462.

PELLEGRINO, Laércio. A adoção de princípios vitimológicos na nova legislação penal brasileira. *RT* 556.

PENTEADO, Jaques Camargo. Reabilitação criminal e competência. *RT* 714.

PEREIRA, Joaquim. *Sursis,* "sem condição especial". *Justitia* 149.

PEREIRA, Hilton Luiz. A pena e respectivo limite. *RT* 412.

PEREZ, Augusto Martinez. Individualização executiva da pena e o confinamento de fim de semana. *Justitia* 118.

PEREZ, Gabriel Nettuzi. A conduta e a tipicidade indireta. *Justitia* 58.

PIEDADE JUNIOR, Heitor. *Direito penal:* a nova parte geral. Rio de Janeiro: Forense, 1985.

PIERANGELLI, José Henrique. *Códigos penais do Brasil:* evolução histórica. Bauru: Jalovi, 1980.

_____. *O consentimento do ofendido:* na teoria do delito. 2. ed. São Paulo: Revista dos Tribunais, 1995.

_____. A norma penal em branco e sua validade temporal. *RJTJESP* 85.

_____. Conduta: "pedra angular" da teoria do delito. *RT* 573.

_____. Alguns aspectos do sistema de penas no projeto do Código Penal. *RT* 580.

_____. O início da codificação penal ibero-americana. *Justitia* 38.

_____. Culpabilidade e o novo sistema penal. *RT* 616.

_____. Culpabilidade, inexigibilidade de quesitação do Júri. *Livro de Estudos Jurídicos*, Instituto de Estudos Jurídicos, v. 2.

_____. O concurso de pessoas e o novo Código Penal. *RT* 673 e 680.

_____. A responsabilidade penal das pessoas jurídicas e a Constituição. *RT* 684.

_____. O concurso de agentes no novo Código Penal. *Justitia*, 129.

_____; ZAFFARONI, Eugênio Raúl. *Manual de direito penal brasileiro*. São Paulo: Revista dos Tribunais, 1997.

_____; ZAFFARONI, Eugênio Raúl. *Da tentativa*. Bauru: Jalovi, 1980.

PIMENTEL, Manoel Pedro. *O crime e a pena na atualidade*. São Paulo: Revista dos Tribunais, 1983.

_____. *Contravenções penais*. 2. ed. São Paulo: Revista dos Tribunais, 1978.

_____. *Crimes de mera conduta*. São Paulo: Revista dos Tribunais, 1968.

_____. A culpabilidade na reforma penal. *RT* 605.

_____. Sistemas penitenciários. *RT* 639.

PINHO, Rodrigo Cesar Rebello. Apreciação crítica do anteprojeto de lei, modificativa da parte geral do Código Penal de 1940 no tocante às penas privativas de liberdade. *Justitia* 117.

PINHO, Ruy Rebello. *História do direito penal brasileiro*: período colonial. São Paulo: Universidade de São Paulo, 1973.

_____.*A reparação do dano causado pelo crime e o processo penal*. São Paulo: Atlas, 1987.

PINTO, Sebastião da Silva. Crime e relação de causalidade. A concausa superveniente. *RT* 624.

_____. Da incidência da correção monetária sobre a pena de multa. *RT* 654.

PITOMBO, Sérgio de Moraes. Os regimes de cumprimento de pena e o exame criminológico. *RT* 583.

PLAWSKY, Stanislaw. *Études des principes fondamentaux du droit internacional penal*. Paris: Librairie Générale de Droit et de Jurisprudence, 1972.

PONTE, Antonio Carlos da. Prestação de serviços à comunidade: análise crítica e conclusiva do art. 46 do CP, *RT* 718.

PORTO, Rodrigues. *Da prescrição penal*. São Paulo: Saraiva. 1983.

POZZA, Pedro Luiz. Breves considerações sobre a pena pecuniária. *Ajuris* 59.

PRADO, Luiz Régis. Responsabilidade penal da pessoa jurídica: o modelo francês. *Boletim do IBCCrim* 46.

_____. *Pena de multa*: aspectos históricos e práticos. São Paulo: Sugestões Literárias, 1980.

_____. Teoria da Imputação objetiva do resultado: uma abordagem crítica. *RT* 798/445.

PRADO JUNIOR, Sérgio de Araujo. Ministério Público e a ação reparatória de danos. *O Estado de S. Paulo*, 27-1-91.

PUIG, Santiago Mir. *Derecho penal*: parte general. 3. ed. Barcelona: PPU, 1990.

QUEIROZ, Carlos Alberto Marchi. A autoridade policial e o princípio da insignificância. *RT* 710.

RABINOWICZ, Leon. *O crime passional*. 2. ed. Coimbra: Armênio Amado, 1961.

RAMOS, André de Carvalho. *Curso Direitos Humanos*. 8ª Edição. São Paulo: Saraiva jur, 2021.

RAMOS, Pedro Lúcio Tavares. *Erro médico*: aspecto jurídico e médico-legal. *RT* 625.

REALE JUNIOR, Miguel. *Antijuridicidade concreta*. São Paulo: José Bushatsky, 1974.

_____. *Novos rumos do sistema criminal*. Rio de Janeiro: Forense, 1983.

REGO, Hermenegildo de Souza. Crime continuado, unificação de penas e Lei nº 7.209/84. *RT* 622.

RIBEIRO, Arthur Ferraz. O "estado de necessidade" e o "habeas corpus" e sua sustentação e impetração por pessoa jurídica. *RT* 674.

ROCHA, Fernando Antonio N. Galvão da. A culpabilidade como fundamento da responsabilidade penal. *RT* 707.

RODRIGUES, Eduardo Silveira Melo. A relevância causal da omissão. *Revista Brasileira de Ciências Criminais* 14.

RODRIGUES, Francisco Cesar. Paradoxos da pena. *RT* 651.

ROMEIRO, Jorge Alberto. Crime propriamente militar. *Ajuris* 61, p. 191.

ROSA, Fabio Bittencourt da. Concurso aparente de leis em casos concretos. *RT* 537.

_____. A pena e sua aplicação. *RT* 668.

ROSSETTI, Janora Rocha, ALVIM, Rui Carlos Machado. *Das medidas de segurança:* jurisprudência. São Paulo: Leud, 1994.

ROTHENBURG, Walter Claudius. A pessoa jurídica criminosa. *RT* 717.

ROXIN, Claus. *Problemas fundamentais de direito penal.* 2. ed. Lisboa: Vega Limitada, 1993.

SALES, Selim de. *Dos tipos subjetivos.* Belo Horizonte: Del Rey, 1997.

SALES, Sheila Jorge Selim de. Do sujeito ativo na parte especial do Código Penal. Belo Horizonte: Del Rey, 1993.

SALVADOR, Antonio Raphael Silva. As modernas tendências penais e o novo Código Penal. *Justitia* 72.

SANGUINE, Odone. Observações sobre o princípio da insignificância. *Fascículos de Ciências Penais.* Porto Alegre, v. 3/47, nº 1, 1990.

SANTANA, J. B. de. Delito permanente. Momento de sua consumação. *Justitia* 59.

SANTOS, Lycurgo de Castro. Princípio da intervenção mínima do direito penal e crimes de menor potencial ofensivo: Lei 9.099/95. *Justiça e Democracia* 1.

_____. O princípio da legalidade no moderno direito penal. *Revista Brasileira de Ciências Criminais*, v. 15/182-199.

SCHOLZ, Leônidas Ribeiro. A eficácia temporal das normas sobre prisão e liberdade. *Revista Brasileira de Ciências Criminais*, v. 14/192-200.

SENDEREY, Israel Drapkin. *Manual de criminologia.* São Paulo: José Bushatsky, 1978.

SHIMURA, Sérgio Seiji. Prescrição punitiva dispensa reabilitação. *O Estado de S. Paulo*, 7 jul. 1991.

SHÖNE, Wolfgang. Conduta: ação e omissão. *RDP* 27.

SILVA, A. J. da Costa e. Do homicídio. *Justitia* 42.

_____. Lesões corporais. *Justitia* 52/81.

SILVA, Jorge Medeiros. O direito penal dos hebreus. *Justitia* 107.

SILVA, José Carlos Sousa. Garantias criminais repressivas. *RT* 698.

SILVA, Paulo César Pereira da. A questão da transfusão de sangue em face dos direitos da criança e da crença religiosa dos pais. *Revista de Estudos Jurídicos*, nº 9, p. 48-54.

SILVEIRA, Daniel Prado da, OZAKI, Hideo. *Prática de execução penal.* São Paulo: Saraiva, 1991.

SILVEIRA, Euclides Custódio da. *Direito penal*: crimes contra a pessoa. 2. ed. São Paulo: Revista dos Tribunais, 1973.

SIQUEIRA, Geraldo Batista de. A teoria finalista da ação no STF. *Jurispenal do STF* 30/30-35.

SOLER, Sebastian. *Derecho penal argentino*. Buenos Aires: Tipografia Editora Argentina, 1970. v. 2.

SOUZA, Carlos Aurélio Mota de. Lacunas e interpretação na lei penal. *RJDTACRIM* 21.

SOUZA, Moacyr Benedicto de. A participação da comunidade no tratamento do delinquente. *RT* 583.

STEINER, Sylvia Helena de Figueiredo. *Livramento condicional e lacuna da lei*. *RT* 669.

SZNICK, Valdir. Elemento subjetivo no delito continuado e no delito habitual. *Justitia* 117.

TAVARES, Juarez. Alguns aspectos da estrutura dos crimes omissivos. *Revista Brasileira de Ciências Criminais* 15.

_____. *Teoria do delito*: variações e tendências. São Paulo: Revista dos Tribunais, 1980.

TAVARES, Oswaldo Hamilton. A escola positiva e sua influência na legislação penal brasileira. *Justitia* 77.

_____. A reforma do Código Penal: parte geral. *Justitia* 120.

TIEDEMANN, Klaus. Responsabilidad penal de personas juridicas y empresas en derecho comparado. *Revista Brasileira de Ciências Criminais* 11.

TINTORI, José Walter. Da apreensão de carteira de habilitação de motorista e suspensão do direito de dirigir antes de condenação criminal. *RJDTACRIM* 10.

TOLEDO, Francisco de Assis. *Princípios básicos de direito penal*. São Paulo: Saraiva, 1982. 2. ed. 1986.

_____. *O erro no direito penal*. São Paulo: Saraiva, 1977.

_____. Erro de tipo e erro de proibição no projeto de reforma penal. *RT* 578.

_____. Sistema criminal brasileiro. *Justitia* 112.

_____. Inexigibilidade de outra conduta e quesitação no Júri. Revista de Estudos Jurídicos, nº 8.

TORNAGHI, Hélio. *Instituições de processo penal*. Rio de Janeiro: Forense, 1977. v. 2.

TOURINHO FILHO, Fernando da Costa. *Processo penal*. 5. ed. Bauru: Jalovi, 1979.

TREVINO, Sérgio Vela. Las personas responsables de los delitos. *Estudios Jurídicos con motivo del 75º aniversário*, Escuela Livre de Derecho, México, 1987.

TUBENCHLAK, James. *Estudos penais*. Rio de Janeiro: Forense, 1986.

TUCCI, Rogério Lauria. Da ação penal no anteprojeto de reforma da parte geral do código penal. *Ciência Penal*. 1.

_____. Isenção de pena no direito penal brasileiro e seu equivocado tratamento como "perdão judicial". *RT* 559.

VARGAS, José Cirilo de. *Instituições de direito penal*: parte geral. Belo Horizonte: Del Rey, 1997.

VENOSA, Sílvio de Salvo. *Direito civil*. São Paulo: Atlas, 2004. 7. v.

VIEIRA, Antonio Cláudio de Lima. Sobre o "impeachment" na Câmara dos Deputados, *RT* 685.

WELZEL, Hans. *Derecho penal alemán*: parte general. 11. ed. Santiago: Jurídica de Chile, 1970.

_____. *Manual de derecho penal*: parte general. Buenos Aires: Roque Depalma, 1956.

WESSELS, Johannes. *Direito penal*: parte geral. Porto Alegre: Sergio Antonio Fabris, 1976.

ZAFFARONI, Eugênio Raúl. *Manual de derecho penal*: parte general. Buenos Aires: Ediar, 1977.

_____. *Teoría del delito*. Buenos Aires: Ediar, 1973.

_____. Reflexões acerca do anteprojeto de lei referente à parte geral do código penal do Brasil. *Ciência Penal* 1.

_____. *Manual de derecho penal*: parte general. Buenos Aires: Ediar, 1977.

_____. *Manual de direito penal brasileiro*: parte geral. São Paulo: Revista dos Tribunais, 1997.

_____; PIERANGELLI, José Henrique. *Da tentativa*. Bauru: Jalovi, 1981.

ZANELLATO, Marco Antonio. La responsabilité penale des persones morales. *Ministério Público Paulista*, jan./fev. 1996.

ZAUHY FILHO, Wilson. Pena de multa: correção monetária. Aplicação. Termo inicial. *RT* 668.

ZAVASCKI, Teori Albino. Direitos políticos. Perda, suspensão e controle jurisdicional. *Ajuris* 61.

# ÍNDICE REMISSIVO

## A

**ABOLITIO CRIMINIS**
extinção da punibilidade, 12.2.7
lei penal do tempo, 2.4.4

**ABSOLUTAS**
imunidades, 2.6.4

**ABSOLUTÓRIA**
efeitos da sentença –, 8.2.3

**AÇÃO**
crimes de – única e de – múltipla, 3.6.12
ofendido e a:
– privada, 11.2.4
– pública, 11.1.7
penal, 11
penal no crime complexo, 11.1.6
penal privada, 11.1
penal pública, 11.2
privada:
– exclusiva, 11.2.2
– subsidiária, 11.2.3

**AÇÃO PENAL**
privada:
– 11.2.1 a 11.2.4
– ação privada:
exclusiva, 11.2.2
subsidiária, 11.2.3
– espécies, 11.2.1
– ofendido e a ação privada, 11.2.4
pública:
– 11.1.1 a 11.1.7
– ação penal do crime complexo, 11.1.6
– ação penal pública, 11.1.2
– conceito, 11.1.1
– ofendido e a ação pública, 11.1.7
– procedimento de ofício, 11.1.5
– representação do ofendido, 11.1.3
– requisição do Ministro da Justiça, 11.1.4

**ACESSÓRIOS**
crimes principais e crimes –, 3.6.18

**ACTIO LIBERA IN CAUSA**
e responsabilidade objetiva na embriaguez, 5.7.2
imputabilidade, 5.4.4

**ACUSAÇÃO**
recurso da –, 12.4.13

**ADJETIVO**
Direito penal substantivo e Direito Penal –, 1.1.8

**ADMINISTRATIVOS**
efeitos – e políticos da condenação, 8.2.6

**AGENTE(S)**
agravantes no concurso de –, 7.5.5
casamento do – com a vítima e da vítima com terceiro e a revogação do artigo 107, incisos VII e VIII, do Código Penal, 12.3.4
menores de 21 anos, 5.5.4
morte do – como causa de extinção da punibilidade, 12.2.4
punibilidade no concurso de –, 6.1.12

**AGRAVANTES**
circunstâncias –, 7.5.3
no concurso de agentes, 7.5.5
qualificadores e –, 6.1.13

**AGRESSÃO**
atual ou iminente e injustiça, 4.3.2

inevitabilidade da – na legítima defesa, 4.3.5
ALHEIO
   direito próprio ou – na legítima defesa, 4.3.3
ANALÍTICOS
   conceitos – de crime, 3.1.4
ANALOGIA
   fontes do Direito Penal, 1.5.4
ANISTIA
   extinção da punibilidade, 12.2.5
ANTIJURIDICIDADE
   Antijuridicidade:
   – 4.1.1 a 4.1.5
   – antijuridicidade material, 4.1.2
   – caráter da antijuridicidade, 4.1.3
   – causas supralegais de exclusão da antijuridicidade, 4.1.5
   – conceito, 4.1.1
   – exclusão da antijuridicidade, 4.1.4
   estado de necessidade, 4.2
   estrito cumprimento do dever legal e exercício regular de direito, 4.4
   excesso nas causas justificativas, 4.5
   legítima defesa, 4.3
APLICAÇÃO
   cominação e – de multa, 7.4.2
   competência para a – da lei benéfica, 2.4.9
   da lei penal:
   – 2.1 a 2.7
   – disposições finais sobre a –, 2.7
   – lei penal:
   em relação às pessoas, 2.6
   no espaço, 2.5
   no tempo, 2.4
   – princípio da legalidade, 2.1
   da pena:
   – 7.5.1 a 7.5.7
   – agravantes no concurso de agentes, 7.5.5
   – circunstâncias:
   agravantes, 7.5.3

atenuantes, 7.5.6
do crime, 7.5.1
judiciais, 7.5.2
– fixação da pena, 7.5.7
– reincidência, 7.5.4
disposições finais sobre a – da lei penal, 2.7
emoção e paixão e – da pena, 5.6.2
medidas de segurança:
– em espécie, 10.2
– em geral, 10.1
princípios de – da lei penal no espaço, 2.5.2
sistemas de – da pena, 7.6.1
ARREPENDIMENTO
   eficaz, 3.10.7
   posterior, 3.10.8
ATENUANTES
   circunstâncias, 7.5.6
ATIVO
   capacidade:
   – especial do sujeito ativo, 3.3.3
   – penal do sujeito ativo, 3.3.2
   sujeito – do crime, 3.3
ATUAL(IS)
   agressão – ou iminente e injustiça, 4.3.2
   leis posteriores à reforma e – tendências do legislador, 1.4.14
AUTORIA
   coautoria, 6.1.6
   coautoria em crime culposo, 6.1.10
   incerta, 6.1.16
   mediata, 6.1.8
   no concurso de pessoas, 6.1.5
AUXILIARES
   relações do Direito Penal com as disciplinas –, 1.2.4

**B**

BAGATELA
   princípio da insignificância (ou da bagatela), 3.2.13

**BENÉFICA**
competência para a aplicação da lei mais –, 2.4.9

**BENS**
perda de – e valores, 7.3.3

**BIOLOGIA**
criminal, 1.3.3

**BRASIL**
Direito Penal no –, 1.4.12

## C

**CANÔNICO**
Direito –, 1.4.6

**CAPACIDADE**
especial do sujeito ativo, 3.3.3
penal do sujeito ativo, 3.3.2

**CARACTERÍSTICAS**
conceito:
– da multa, 7.4.1
– e classificação das penas, 7.1.3
– e elementos da conduta, 3.2.6
do crime sob o aspecto formal, 3.1.5

**CARÁTER**
da antijuridicidade, 4.1.3

**CASAMENTO**
do agente com a vítima e da vítima com terceiro e a revogação do artigo 107, incisos VII e VIII, do Código Penal, 12.3.4

**CASO FORTUITO**
e força maior, 3.2.8

**CASOS**
especiais em relação ao sujeito passivo do crime, 3.4.2
específicos do estado de necessidade, 4.2.4

**CASSAÇÃO**
revogação e – obrigatórias da suspensão condicional da pena, 7.7.6

**CAUSA(S)**
comunicabilidade das – de interrupção, 12.4.9
excesso nas – justificativas, 4.5
extintivas da punibilidade, 12.2.1
extintivas da punibilidade não previstas no art. 107 do Código Penal, 12.2.3
superveniente, 3.2.11
supralegais da exclusão da antijuridicidade, 4.1.5

**CAUSALIDADE**
física e psíquica, 6.1.3
relação de –, 3.2.10

**CAUSALISTA**
teoria –, 3.2.3

**CIÊNCIA(S)**
criminologia e – penais, 1.3
do Direito Penal, 1.1.1
jurídicas:
– relações do Direito Penal com as – fundamentais, 1.2.2
– relações do Direito Penal com outros ramos de –, 1.2.3

**CIRCUNSTÂNCIAS**
agravantes, 7.5.3
atenuantes, 7.5.6
concurso e – do crime, 6.1.14
do crime, 7.5.1
judiciais, 7.5.2

**CIRÚRGICAS**
intervenções médicas e –, 4.4.5

**CIVIL**
ilícito –, 1.1.3
ilícito penal e ilícito –, 3.1.7

**CLÁSSICA**
Escola –, 1.4.9

**CLASSIFICAÇÃO(ÕES)**
conceito, características e – das penas, 7.1.3
da lei penal, 1.6.2
dos crimes, 3.6.2
penas restritivas de direitos, 7.3.1
título e – das infrações penais, 3.6

COAUTORIA
concurso de pessoas, 6.1.6
em crime culposo, 6.1.10
COAÇÃO
irresistível e obediência hierárquica:
– 5.3
– coação física irresistível, 5.3.1
– coação moral irresistível, 5.3.2
– obediência hierárquica, 5.3.3
CÓDIGO PENAL
casamento do agente com a vítima e da vítima com terceiro e revogação do artigo 107, incisos VII e VIII, do –, 12.3.4
causas de extinção da punibilidade não previstas no artigo 107 do –, 12.2.3
dolo no –, 3.7.3
leis posteriores à reforma e atuais tendências do legislador, 1.4.14
COMINAÇÃO
e aplicação de multa, 7.4.2
penas restritivas de direitos, 7.3.7
COMISSIVOS
crimes –, omissivos puros e omissivos impróprios, 3.6.5
COMPENSAÇÃO
e concorrência de culpas, 3.8.10
COMPETÊNCIA
para a aplicação da lei mais benéfica, 2.4.9
COMPLEXO(S)
ação penal no crime –, 11.1.6
crimes –, 3.6.16
COMUM(NS)
crimes –, crimes próprios e crimes de mão própria, 3.6.17
crimes – e crimes políticos, 3.6.20
Direito Penal – e Direito Penal especial, 1.1.7
COMUNICABILIDADE
das causas de interrupção, 12.4.9
COMUNIDADE
prestação de serviços à – ou a entidades públicas, 7.3.4
CONCEITO(S)
ação penal pública, 11.1.1
analíticos de crimes, 3.1.4
antijuridicidade, 4.1.1
características:
– e classificação das penas, 7.1.3
– e elementos da conduta, 3.2.6
culpa, 3.8.1
de crime:
– 3.1.1 a 3.1.10
– características do crime sob o aspecto formal, 3.1.5
– conceitos:
analíticos, 3.1.4
formais, 3.1.2
materiais, 3.1.3
– crime na teoria geral do Direito, 3.1.8
– ilícito penal e ilícito civil, 3.1.7
– introdução, 3.1.1
– requisitos, elementos e circunstâncias do crime, 3.1.6
– tipo(s):
dolosos e tipos culposos, 3.1.10
penal, 3.1.9
Direito Penal:
– 1.1.1 a 1.1.8
– características do Direito Penal, 1.1.4
– conceito de Direito Penal, 1.1.3
– denominação, 1.1.2
– Direito Penal:
comum e Direito Penal especial, 1.1.7
objetivo e Direito Peal subjetivo, 1.1.6
substantivo e Direito Penal adjetivo, 1.1.8
– nota introdutória, 1.1.1
– posição enciclopédica, 1.1.5
e características da multa, 7.4.1
e elementos do dolo, 3.7.2

e espécies de prescrição como causa de extinção da punibilidade, 12.4.1
e fundamento da legítima defesa, 4.3.1
e histórico do princípio da legalidade, 2.1.1
e natureza da suspensão condicional da pena, 7.7.1
embriaguez, 5.7.1
estado de necessidade, 4.2.1
fontes do Direito Penal, 1.5.1
formais de crime, 3.1.2
livramento condicional, 7.8.1
materiais de crime, 3.1.3
medidas de segurança em geral, 10.1.1
punibilidade, 12.1.1
reabilitação, 9.1.1
sistemas e – da imputabilidade, 5.4.1
teorias e – da culpabilidade, 5.1.1
território, 2.5.4

CONCESSÃO
e condições do livramento condicional, 7.8.4

CONCORRÊNCIA
compensação e – de culpas, 3.8.10

CONCURSO
agravantes no – de agentes, 7.5.5
de crimes:
– 7.6.1 a 7.6.7
– concurso formal, 7.6.3
– concurso material, 7.6.2
– crime continuado, 7.6.4
– erro na execução, 7.6.5
– limite das penas, 7.6.7
– resultado diverso do pretendido, 7.6.6
– sistemas de aplicação da pena, 7.6.1
de pessoas:
– 6.1.1 a 6.1.17
– autoria, 6.1.5
– autoria incerta, 6.1.16
– autoria mediata, 6.1.8
– causalidade física e psíquica, 6.1.3
– coautoria, 6.1.6
– coautoria em crime culposo, 6.1.10
– concurso:
de pessoas e crimes por omissão, 6.1.9
e circunstâncias do crime, 6.1.14
e execução do crime, 6.1.15
– cooperação dolosamente distinta, 6.1.11
– introdução, 6.1.1
– multidão delinquente, 6.1.17
– participação, 6.1.7
– punibilidade no concurso de agentes, 6.1.12
– qualificadoras e agravantes, 6.1.13
– requisitos, 6.1.4
– teorias, 6.1.2
formal, 7.6.3
material, 7.6.2

CONDENAÇÃO
efeitos penais, 8.1.1
em segunda instância, 12.4.14

CONDICIONADA
extraterritorialidade –, 2.5.7

CONDICIONAL
livramento –, 7.8
suspensão – da pena, 7.7

CONDIÇÕES
concessão e – do livramento condicional, 7.8.4
objetivas de punibilidade, 12.1.2
suspensão condicional da pena, 7.7.4

CONDUTA
conceito, características e elementos da –, 3.2.6
crime(s):
– culposo, 3.8.2
– materiais, formais e de mera –, 3.6.14
formas de –, 3.2.7
inexigibilidade de – diversa, 5.1.4
teorias sobre a –, 3.2.2

CONFISCO
  efeitos extrapenais da condenação, 8.2.4
CONFLITO
  aparente de normas, 3.2.15
CONJUGAÇÃO
  de leis, 2.4.8
CONSENTIMENTO
  do ofendido, 4.4.6
CONSULARES
  imunidades diplomáticas e –, 2.6.2
CONSUMAÇÃO
  crime consumado e tentativa, 3.10.1
CONSUMADO
  crime – e tentativa, 3.10
CONTAGEM
  de prazo, 2.7.2
CONTEMPORÂNEA
  Escolas mistas e tendência –, 1.4.11
CONTINUADO
  crime –, 7.6.4
CONTRAVENÇÃO(ÕES)
  crime, delito e –, 3.6.3
  elementos subjetivos nas –, 3.7.8
CONVERSÃO
  impossibilidade de – da multa, 7.4.4
  penas restritivas de direitos, 7.3.10
COOPERAÇÃO
  dolosamente distinta, 6.1.11
CRIMES(S)
  ação penal no – complexo, 11.1.6
  acessórios, 3.6.18
  características do – sob o aspecto formal, 3.1.5
  casamento do agente com a vítima e da vítima com terceiro e a revogação do artigo 107, incisos VII e VIII, do Código Penal, 12.3.4
  circunstâncias do –, 3.1.6 e 7.5.1
  classificação dos –, 3.6.2

coautoria em – culposo, 6.1.10
comissivos, 3.6.5
complexos, 3.6.16
comuns, 3.6.17
conceitos de –, 3.1
concurso:
– de crimes, 7.6
– de pessoas e crime por omissão, 6.1.9
– e circunstâncias do crime, 6.1.14
– e execução do crime, 6.1.15
consumado e tentativa, 3.10
continuado, 7.6.4
culposo, 3.8
de ação múltipla, 3.6.12
de ação única, 3.6.12
de dano, 3.6.15
de mão própria, 3.6.17
de mera conduta, 3.6.14
de perigo, 3.6.15
delito e contravenção, 3.6.3
doloso, 3.7
elementos do –, 3.1.6
exaurido, 3.6.11
excepcionalidade do – culposo, 3.8.11
formais, 3.6.14
habitual, 3.6.9
hediondos, 3.6.22
impossível, 3.10.9
instantâneos, 3.6.4
instantâneos de efeitos permanentes, 3.6.4
lugar do –, 2.5.5
materiais, 3.6.14
militares, 3.6.21
na teoria geral do direito, 3.1.8
objetos do –, 3.5
omissivos impróprios, 3.6.5
omissivos puros, 3.6.5
organização, 3.6.23

permanentes, 3.6.4
plurissubjetivos, 3.6.6
plurissubsistentes, 3.6.13
políticos, 3.6.20
preterdoloso, 3.9
principais, 3.6.18
privilegiados, 3.6.7
profissional, 3.6.10
progressivo e progressão criminosa, 3.6.8
próprios, 3.6.17
provocado, 3.10.11
putativo, 3.10.10
qualificados, 3.6.7
qualificados pelo resultado, 3.9.1
requisitos, elementos e circunstâncias do –, 3.1.6
simples, 3.6.7
sujeito:
– ativo do –, 3.3
– passivo do –, 3.4
tempo do –, 2.4.13
unissubjetivos, 3.6.6
unissubsistentes, 3.6.13
vagos, 3.6.19

CRIME CONSUMADO E TENTATIVA
3.10.1 a 3.10.11
arrependimento:
– eficaz, 3.10.7
– posterior, 3.10.8
consumação, 3.10.1
crime:
– impossível, 3.10.9
– provocado, 3.10.11
– putativo, 3.10.10
desistência voluntária, 3.10.6
elementos da tentativa, 3.10.3
inadmissibilidade da tentativa, 3.10.5
*iter criminis* e tentativa, 3.10.2
punibilidade da tentativa, 3.10.4

CRIME CULPOSO
3.8.1 a 3.8.11
compensação e concorrência de culpas, 3.8.10
conceito de culpa, 3.8.1
conduta, 3.8.2
dever de cuidado objetivo, 3.8.3
espécies de culpa, 3.8.8
excepcionalidade do –, 3.8.11
graus de culpa, 3.8.9
modalidades de culpa, 3.8.7
previsibilidade, 3.8.5
resultado, 3.8.4
tipicidade, 3.8.6

CRIME DOLOSO
3.7.1 a 3.7.8
conceito e elementos do dolo, 3.7.2
dolo:
– e pena, 3.7.7
– no Código Penal, 3.7.3
elemento(s) subjetivo(s):
– do tipo, 3.7.5
– nas contravenções, 3.7.8
espécies de dolo, 3.7.6
teorias sobre o dolo, 3.7.1
tipo subjetivo, 3.7.4

CRIME PRETERDOLOSO
3.9.1 a 3.9.3
crime preterdoloso, 3.9.2
crimes qualificados pelo resultado, 3.9.1
responsabilidade objetiva, 3.9.3

CRIMINAL
Biologia –, 1.3.3
Sociologia –, 1.3.4

CRIMINOLOGIA
e Ciências Penais:
– 1.3.1 a 1.3.5
– Biologia Criminal, 1.3.3

- conclusão, 1.3.5
- Criminologia, 1.3.1
- Criminologia crítica, 1.3.2
- Sociologia Criminal, 1.3.4

CRIMINOLÓGICO
exame –, 7.2.3
período – e Escola Positiva, 1.4.10

CRIMINOSA
crime progressivo e progressão –, 3.6.8
organização –, 3.6.23

CRIMINOSO
grupo – organizado, 3.6.23

CUIDADO
dever de – objetivo, 3.8.3

CULPA(S)
compensação e concorrência de –, 3.8.10
conceito de –, 3.8.1
espécies de –, 3.8.8
graus da –, 3.8.9
modalidade de –, 3.8.7

CULPABILIDADE
5.1.1 a 5.1.4
coação irresistível e obediência hierárquica, 5.3
culpabilidade, 5.1
diminuída, 5.4.3
elementos da –, 5.1.2
embriaguez, 5.7
emoção e paixão, 5.6
erro de proibição, 5.2
exclusão da –, 5.1.3
imputabilidade, 5.4
menoridade, 5.5
teorias e conceito, 5.1.1

CULPOSO(S)
coautoria em crime, 6.1.10
crime –, 3.8
erro –, 3.11.3

excepcionalidade do crime –, 3.8.11
excesso doloso e –, 4.5.1
tipos dolosos e tipos –, 3.1.10

CUMPRIMENTO
estrito – do dever legal e exercício regular de direito, 4.4

CURATELA
incapacidade para o exercício do poder familiar, tutela ou –, 8.2.5

# D

DANO
crimes de – e de perigo, 3.6.15

DE OFÍCIO
procedimento –, 11.1.5

DECADÊNCIA
extinção da punibilidade, 12.2.8

DEFESA – vide LEGÍTIMA DEFESA

DELINQUENTE
multidão –, 6.1.17

DELITO
crime –, e contravenção, 3.6.3
título do –, 3.6.1

DEPUTADOS ESTADUAIS
imunidades de – e vereadores, 2.6.6

DESAFIO
provocação e – na legítima defesa, 4.3.9

DESCONHECIMENTO
da lei, 5.2.3

DESCRIMINANTES
erro provocado nas – putativas, 5.2.6
putativas, 5.2.5

DESENVOLVIMENTO
inimputabilidade por doença mental ou – mental incompleto ou retardado, 5.4.2

DESISTÊNCIA
voluntária, 3.10.6

DETENÇÃO
reclusão e –, 7.2.2

**DETRAÇÃO**
  penas privativas de liberdade, 7.2.14
**DEVER(ES)**
  de cuidado objetivo, 3.8.3
  e direitos do preso, 7.2.11
  estrito cumprimento do – legal e exercício regular de direito, 4.4
**DIMINUÍDA**
  culpabilidade –, 5.4.3
**DIPLOMÁTICAS**
  imunidades – e consulares, 2.6.2
**DIREITO(S)**
  canônico, 1.4.6
  conceito de – Penal, 1.1
  crime na teoria geral do –, 3.1.8
  criminal, 1.1.2
  deveres e – do preso, 7.2.11
  estrito cumprimento o dever legal e exercício regular de –, 4.4
  germânico, 1.4.5
  interdição temporária de –, 7.3.5
  medieval, 1.4.7
  Penal:
  – breve história do –, 1.4
  – caracteres do –, 1.1.4
  – ciência do –, 1.1.1
  – competência legislativa da União, 1.1.2
  – comum e – especial, 1.1.7
  – conceito de –, 1.1
  – dos hebreus, 1.4.3
  – fontes do –, 1.5
  – no Brasil, 1.4.12
  – objetivo e – subjetivo, 1.1.6
  – posição enciclopédica, 1.1.5
  – relações do –, 1.2
  – substantivo e – adjetivo, 1.1.8
  penas restritivas de –, 7.3
  positivo, 1.1.1
  prescrição das penas restritivas de –, 12.4.15

  próprio ou alheio na legítima defesa, 4.3.3
  romano, 1.4.4
**DISCIPLINAS**
  relações do Direito Penal com as – auxiliares, 1.2.4
**DISPOSIÇÕES**
  finais sobre a aplicação da lei penal:
  – 2.7.1 a 2.7.4
  – contagem de prazo, 2.7.2
  – eficácia de sentença estrangeira, 2.7.1
  – frações não computáveis na pena, 2.7.3
  – legislação especial, 2.7.4
**DOENÇA**
  inimputabilidade por – mental ou desenvolvimento mental incompleto ou retardado, 5.4.2
**DOLO**
  conceito e elementos do –, 3.7.2
  e pena, 3.7.7
  espécies de –, 3.7.6
  no Código Penal, 3.7.3
  teorias sobre o –, 3.7.1
**DOLOSO(S)**
  cooperação dolosamente distinta, 6.1.11
  crime –, 3.7
  excesso – e culposo, 4.5.1
  tipos – e tipos culposos, 3.1.10

## E

**EFEITOS**
  administrativos e políticos da condenação, 8.2.6
  crimes instantâneos, permanentes e instantâneos de – permanentes, 3.6.4
  da condenação:
  – 8.1.1 a 8.2.7
  – efeitos extrapenais, 8.2
  – efeitos penais, 8.1
  da extinção da punibilidade, 12.2.2

da sentença absolutória, 8.2.3

extrapenais:

– 8.2.1 a 8.2.7

– confisco, 8.2.4

– efeitos:

administrativos e políticos, 8.2.6

da sentença absolutória, 8.2.3

por crime praticado contra a mulher por razões da condição do sexo feminino, 8.2.6

trabalhistas, 8.2.7

– espécies, 8.2.1

– incapacidade para o exercício do poder familiar, tutela ou curatela, 8.2.5

– reparação *ex delicto*, 8.2.2

penais:

– 8.1 a 8.1.2

– condenação, 8.1.1

– efeitos penais secundários, 8.1.2

período de prova e – da suspensão condicional da pena, 7.7.5

reabilitação, 9.1.3

trabalhistas da condenação, 8.2.7

EFICÁCIA

de sentença estrangeira, 2.7.1

EFICAZ

arrependimento –, 3.10.7

ELEMENTO(S)

conceito, características e – da conduta, 3.2.6

conceito e – do dolo, 3.7.2

da culpabilidade, 5.1.2

da tentativa, 3.10.3

de interpretação, 1.6.6

do fato típico, 3.2

erro sobre – do tipo, 3.11.2

requisitos, – e circunstâncias do crime, 3.16

subjetivo(s):

– da legítima defesa, 4.3.8

– do tipo, 3.7.5

– nas contravenções, 3.7.8

EMBRIAGUEZ

5.7.1 a 5.7.4

*actio libera in causa* e responsabilidade objetiva na –, 5.7.2

conceito, 5.7.1

e leis especiais, 5.7.4

fortuita, 5.7.3

tipos de –, 5.7.4

EMOÇÃO

e paixão:

– 5.6.1 e 5.6.2

– emoção e paixão, 5.6.1

– emoção ou paixão e aplicação da pena, 5.6.2

ENTIDADES

prestação de serviços à comunidade ou a – públicas, 7.3.4

ERRO

culposo, 3.11.3

de proibição:

– 5.2.1 a 5.2.6

– desconhecimento da lei, 5.2.3

– descriminantes putativas, 5.2.5

– erro:

de proibição, 5.2.2

provocado nas descriminantes putativas, 5.2.6

– sobre a ilicitude do fato, 5.2.4

– introdução, 5.2.1

de tipo:

– 3.11.1 a 3.11.5

– conceito, 3.11.1

– erro:

culposo, 3.11.3

provocado por terceiro, 3.11.4

sobre a pessoa, 3.11.5

sobre elementos do tipo, 3.11.2

na execução, 7.6.5
provocado:
– nas descriminantes putativas, 5.2.6
– por terceiro, 3.11.4
sobre a ilicitude do fato, 5.2.4
sobre pessoa, 3.11.5

ESCOLA(S)
Clássica, 1.4.9
mistas e tendência contemporânea, 1.4.11
penais, 7.1.2
Período Criminológico e – Positiva, 1.4.10

ESPECIAL(AIS)
capacidade – do sujeito ativo, 3.3.3
casos – em relação ao sujeito passivo do crime, 3.4.1
Direito Penal comum e Direito Penal –, 1.1.7
embriaguez e leis –, 5.7.4
legislação –, 2.7.4
legislação – em relação a menores, 5.5.3
prescrição e legislação, 12.4.18

ESPÉCIE(S)
ação penal privada, 11.2.1
conceito e – de prescrição como causa de extinção da punibilidade, 12.4.1
de culpa, 3.8.8
de dolo, 3.7.6
de interpretação, 1.6.5
efeitos extrapenais, 8.2.1
medidas de segurança em –, 10.2
suspensão condicional da pena, 7.7.3

ESPORTIVA
violência –, 4.4.4

ESTADO DE NECESSIDADE
4.2.1 a 4.2.6
casos específicos, 4.2.4
conceito, 4.2.1
excesso, 4.2.5
exclusão do estado de necessidade, 4.2.3

legítima defesa e –, 4.3.11
putativo, 4.2.6
requisitos, 4.2.2

ESTRANGEIRO(A)
eficácia de sentença –, 2.7.1
pena cumprida no –, 2.5.8

ESTRITO
cumprimento do dever legal e exercício regular de direito:
– 4.4.1 a 4.4.6
– consentimento do ofendido, 4.4.6
– estrito cumprimento do dever legal, 4.4.1
– exercício regular de direito, 4.4.2
– intervenções médica e cirúrgicas, 4.4.5
– ofendículos, 4.4.3
– violência esportiva, 4.4.4

*EX DELICTO*
reparação –, 8.2.2

EXAME
criminológico, 7.2.3

EXAURIDO
crime, 3.6.11

EXCEPCIONAIS
leis temporárias e –, 2.4.10

EXCEPCIONALIDADE
do crime culposo, 3.8.11

EXCESSO
estado de necessidade, 4.2.5
legítima defesa, 4.3.7
nas causas justificativas:
– 4.5.1
– excesso doloso e culposo, 4.5.1

EXCLUSÃO
causas supralegais de – da antijuridicidade, 4.1.5
da antijuridicidade, 4.1.3
da culpabilidade, 5.1.3
do estado de necessidade, 4.2.3

EXCLUSIVA
   ação privada –, 11.2.2
EXECUÇÃO
   concurso e – do crime, 6.1.15
   e revogação das medidas de segurança em geral, 10.1.5
   erro na –, 7.6.5
   início da – das medidas de segurança em espécie, 10.2.4
EXECUTÓRIA
   início do prazo de prescrição da pretensão –, 12.4.6
   interrupção do prazo de prescrição da pretensão –, 12.4.8
   prazos da prescrição da pretensão –, 12.4.3
EXERCÍCIO
   estrito cumprimento do dever legal e – regular de direito, 4.4
   incapacidade para o – de poder familiar, tutela ou curatela, 8.2.5
EXTINÇÃO
   da punibilidade na medida de segurança em espécie, 10.2.5
   prorrogação do período de prova e – da pena, 7.7.8
   prorrogação e – do livramento condicional, 7.8.8
EXTINÇÃO DA PUNIBILIDADE
   12.1.1 a 12.4.18
   extinção da punibilidade – I:
   – 12.1.1 a 12.2.12
   – *abolitio criminis*, 12.2.7
   – anistia, 12.2.5
   – causas extintivas, 12.2.1
   – causas não previstas no art. 107 do Código Penal, 12.2.3
   – decadência, 12.2.8
   – efeitos, 12.2.2
   – graça do indulto, 12.2.6
   – morte do agente, 12.2.4
   – perdão do ofendido, 12.2.11
   – perdão judicial, 12.2.12
   – perempção, 12.2.9
   – renúncia, 12.2.10
   extinção da punibilidade – II (reparação):
   – 12.3.1 a 12.4.12
   – casamento do agente com a vítima e da vítima com terceiro e a revogação do artigo 107, incisos VII e VIII, do Código Penal, 12.3.4
   – introdução, 12.3.1
   – reparação do dano, 12.3.3
   – retratação, 12.3.2
   extinção da punibilidade – III (prescrição):
   – 12.4.1 a 12.4.18
   – comunicabilidade das causas de interrupção, 12.4.9
   – conceito e espécies, 12.4.1
   – condenação em segunda instância, 12.4.14
   – início do prazo da prescrição da pretensão:
   executória, 12.4.6
   punitiva, 12.4.5
   interrupção do prazo de prescrição da pretensão:
   executória, 12.4.8
   punitiva, 12.4.7
   – prazos da prescrição da pretensão:
   executória, 12.4.3
   punitiva, 12.4.2
   – prazos paralelos, 12.4.17
   – prescrição:
   das penas restritivas de direitos, 12.4.15
   e legislação especial, 12.4.18
   e mérito, 12.4.15
   e perdão judicial, 12.4.16
   intercorrente, 12.4.11
   retroativa, 12.4.12
   – recurso da acusação, 12.4.13

– redução dos prazos, 12.4.4
– suspensão do prazo, 12.4.10
punibilidade:
12.1 a 12.1.2
– conceito, 12.1.1
– condições objetivas de punibilidade, 12.1.2

EXTRADIÇÃO
lei penal em relação às pessoas, 2.6.8

EXTRAPENAIS
efeitos –, 8.2.1 a 8.2.7

EXTRATERRITORIALIDADE
condicionada, 2.5.7
incondicionada, 2.5.6

**F**

FACULTATIVA
revogação:
– livramento condicional, 7.8.6
– suspensão condicional da pena, 7.7.7

FATO
erro sobre a ilicitude do –, 5.2.4

FATO TÍPICO
3.1.1 a 3.11.5
conceitos de crime, 3.1
crime:
– consumado e tentativa, 3.10
– culposo, 3.8
– doloso, 3.7
– preterdoloso, 3.9
erro de tipo, 3.11
fato típico:
– 3.2.1 a 3.2.15
– caso fortuito e força maior, 3.2.8
– causa superveniente, 3.2.11
– conceito, características e elementos da conduta, 3.2.6
– conflito aparente de normas, 3.2.15
– elementos, 3.2.1
– formas de conduta, 3.2.7
– princípio:
da insignificância (ou da bagatela), 3.2.13
da intervenção mínima, 3.2.14
– relação de causalidade, 3.2.10
– resultado, 3.2.9
– teoria(s):
causalista, 3.2.3
finalista, 3.2.4
sobre a conduta, 3.2.2
social, 3.2.5
– tipicidade, 3.2.12
objetos do crime, 3.5
sujeito:
– ativo do crime, 3.3
– passivo do crime, 3.4
título e classificação das infrações penais, 3.6

FIM DE SEMANA
limitação de –, 7.3.6

FINALISTA
teoria –, 3.2.4

FÍSICA
causalidade – e psíquica, 6.1.3
coação – irresistível, 5.3.1

FIXAÇÃO
da pena, 7.5.7

FONTES
do Direito Penal:
– 1.5.1 a 1.5.4
– analogia, 1.5.4
– conceito, 1.5.1
– fontes formais, 1.5.3
– fontes materiais, 1.5.2

FORÇA MAIOR
caso fortuito e –, 3.2.8

FORMAL(AIS)
características do crime sob o aspecto –, 3.1.5

conceitos – de crime, 3.1.2
concurso –, 7.6.3
crimes materiais, – e de mera conduta, 3.6.14
fontes –, 1.5.3
FORMAS
de conduta, 3.2.7
FORTUITO(A)
caso – e força maior, 3.2.8
embriaguez –, 5.7.3
FRAÇÕES
não computáveis na pena, 2.7.3
FUNDAMENTO
conceito e – da legítima defesa, 4.3.1

## G

GERAL
medidas de segurança em –, 10.1
as penas em –, 7.1
GERMÂNICO
Direito –, 1.4.5
GRAÇA
e indulto como causas de extinção da punibilidade, 12.2.6
GRAUS
da culpa, 3.8.9
GRUPO
criminoso organizado, 3.6.23

## H

HABITUAL
crime –, 3.6.9
HEBREUS
Direito Penal dos –, 1.4.3
HEDIONDOS
crimes –, 3.6.22
HIERÁRQUICA
coação irresistível e obediência –, 5.3
HISTÓRIA

breve – do Direito Penal:
– 1.4.1 a 1.4.14
– a reforma do sistema penal, 1.4.13
– Direito:
canônico, 1.4.6
germânico, 1.4.5
medieval, 1.4.7
Penal dos hebreus, 1.4.3
Penal no Brasil, 1.4.12
Romano, 1.4.4
– Escola(s):
Clássica, 1.4.9
mistas e tendência contemporânea, 1.4.11
– fases da vingança penal, 1.4.2
– período:
criminológico e Escola Positiva, 1.4.10
humanitário, 1.4.8
– tempos primitivos, 1.4.1
HISTÓRICO
princípio da legalidade, 2.1
HUMANITÁRIO
período –, 1.4.8

## I

ILÍCITO
civil, 1.1.3
jurídico, 1.1.3
penal, 1.1.3
penal e – civil, 3.1.7
ILICITUDE
erro sobre a – do fato, 5.2.4
IMINENTE
agressão atual ou – e injusta, 4.3.2
IMPOSSÍVEL
Crime –, 3.10.9
IMPUTABILIDADE
5.4.1 a 5.4.4
*actio libera in causa*, 5.4.4

culpabilidade diminuída, 5.4.3

inimputabilidade por doença mental ou desenvolvimento mental incompleto ou retardado, 5.4.2

sistemas e conceito, 5.4.1

IMUNIDADES

absolutas, 2.6.4

de deputados estaduais e vereadores, 2.6.6

diplomáticas e consulares, 2.6.2

parlamentares, 2.6.3

relativas, 2.6.5

INADMISSIBILIDADE

da tentativa, 3.10.5

INCAPACIDADE

para o exercício do poder familiar, tutela ou curatela, 8.2.5

INCERTA

autoria –, 6.1.16

INCONDICIONADA

extraterritorialidade –, 2.5.6

INCRIMINADORA

*novatio legis* –, 2.4.3

INDULTO

graça e – como causas de extinção da punibilidade, 12.2.6

INEVITABILIDADE

da agressão na legítima defesa, 4.3.5

INEXIGIBILIDADE

de conduta diversa, 5.1.4

INFRAÇÕES

de menor potencial ofensivo, 3.6.24

título e classificação das – penais, 3.6

INICIAL

regime, 7.2.5

INÍCIO

da execução das medidas de segurança em espécie, 10.2.4

do prazo de prescrição da pretensão:

– executória, 12.4.6

– punitiva, 12.4.5

INIMPUTABILIDADE

por doença mental ou desenvolvimento mental incompleto ou retardado, 5.4.2

INJUSTA

agressão atual ou iminente e –, 4.3.2

INSIGNIFICÂNCIA

princípio da – (ou da bagatela), 3.2.3

INSTÂNCIA

condenação em segunda –, 12.4.14

INSTANTÂNEOS

crimes –, permanentes e – de efeitos permanentes, 3.6.4

INTERCORRENTE

prescrição –, 12.4.11

INTERDIÇÃO

temporária de direitos 7.3.5

INTERMEDIÁRIA

lei –, 2.4.7

INTERNAÇÃO

medidas de segurança em espécie, 10.2.1

INTERPRETAÇÃO

da lei penal, 1.6.4

elementos de –, 1.6.6

espécies de –, 1.6.5

INTERRUPÇÃO

comunicabilidade das causas de –, 12.4.9

do prazo de prescrição da pretensão:

– executória, 12.4.8

– punitiva, 12.4.7

INTERVENÇÃO(ÕES)

médicas e cirúrgicas, 4.4.5

princípio da – mínima, 3.2.14

INTRODUÇÃO

1.1.1 a 1.6.7

breve história do Direito Penal, 1.4

conceito de Direito Penal, 1.1

Criminologia e Ciências Penais, 1.3

fontes do Direito Penal, 1.5

lei penal, 1.6
relações do Direito Penal, 1.2
IRRESISTÍVEL
  coação física –, 5.3.1
  coação – e obediência hierárquica, 5.3
  coação moral –, 5.3.2
*ITER CRIMINIS*
  e tentativa, 3.10.2

## J

JUDICIAL(AIS)
  circunstâncias –, 7.5
  perdão – como causa de extinção da punibilidade, 12.2.12
  prescrição e perdão –, 12.4.16
JUIZ
  opções do –, 7.3.9
JURÍDICA(O)(S)
  objeto –, 3.5.1
  relações:
  – com as ciências – fundamentais, 1.2.2
  – com outros ramos de ciências –, 1.2.3
JUSTIFICATIVAS
  excesso nas causas –, 4.5.1

## L

LEGAL
  estrito cumprimento do dever – e exercício regular de direito, 4.4
LEGALIDADE
  princípio da –, 2.1
LEGISLAÇÃO
  especial, 2.7.4
  especial em relação a menores, 5.5.3
  prescrição e – especial, 12.4.18
LEGÍTIMA DEFESA
  4.3.1 a 4.3.11
  agressão atual ou iminente e injusta, 4.3.2
  conceito e fundamento, 4.3.1

direito próprio ou alheio, 4.3.3
e estado de necessidade, 4.3.11
elemento subjetivo, 4.3.6
excesso, 4.3.7
inevitabilidade da agressão, 4.3.5
provocação e desafio, 4.3.9
putativa, 4.3.10
recíproca, 4.3.8
sucessiva, 4.3.7
uso moderado dos meios necessários, 4.3.4
LEI(S)
  as penas na – nº 7.209/84, 7.1.5
  competência para a aplicação da – mais benéfica, 2.4.9
  conjugação de –, 2.4.8
  desconhecimento da –, 5.2.3
  disposições finais sobre a aplicação da – Penal, 2.7
  embriaguez e – especiais, 5.7.4
  intermediária, 2.4.7
  penal:
  – análise, 1.6
  – aplicação da –, 2.1
  – disposições finais sobre a aplicação da –, 2.7
  – em relação às pessoas, 2.6
  – interpretação da –, 1.6.4
  – no espaço, 2.5
  – no tempo, 2.4
  – princípios da – no tempo, 2.4.2
  – princípios de aplicação da – no espaço, 2.5.2
  – retroatividade e a – em branco, 2.4.11
  – vigência e revogação da lei –, 1.6.7
  retroatividade e – processual, 2.4.12
  temporárias e excepcionais, 2.4.10
LEI PENAL
  1.6.1 a 1.6.7
  caracteres, 1.6.1

classificações, 1.6.2
elementos de interpretação, 1.6.6
espécies de interpretação, 1.6.5
interpretação da –, 1.6.4
norma penal em branco, 1.6.3
vigência e revogação da –, 1.6.7
LEI PENAL EM RELAÇÃO ÀS PESSOAS
   2.6.1 a 2.6.8
   extradição, 2.6.8
   imunidades:
   – absolutas, 2.6.4
   – de deputados estaduais e vereadores, 2.6.6
   – diplomáticas, 2.6.2
   – parlamentares, 2.6.3
   – relativas, 2.6.5
   introdução, 2.6.1
   outras prerrogativas, 2.6.7
LEI PENAL NO ESPAÇO
   2.5.1 a 2.5.8
   conceito de território, 2.5.4
   extraterritorialidade:
   – condicionada, 2.5.7
   – incondicionada, 2.5.6
   introdução, 2.5.1
   lugar do crime, 2.5.5
   pena cumprida no estrangeiro, 2.5.8
   princípios de aplicação da –, 2.5.2
   territorialidade, 2.5.3
LEI PENAL NO TEMPO
   2.4.1
   *abolitio criminis*, 2.4.13
   competência para aplicação da lei mais benéfica, 2.4.9
   conjugação de leis, 2.4.8
   introdução, 2.4.1
   lei(s):
   – intermediária, 2.4.7
   – temporárias e excepcionais, 2.4.10

*novatio legis*:
– *in mellius*, 2.4.6
– *in pejus*, 2.4.5
– incriminadora, 2.4.3
princípios da –, 2.4.2
retroatividade:
– e lei penal em branco, 2.4.11
– e lei processual, 2.4.12
tempo do crime, 2.4.13
LIBERDADE
   penas privativas de –, 7.2
LIMITAÇÃO
   de fim de semana, 7.3.6
LIMITE
   das penas, 7.6.7
LIVRAMENTO CONDICIONAL
   7.8.1 a 7.8.8
   conceito, 7.8.1
   concessão e condições, 7.8.4
   pressupostos:
   – objetivos, 7.8.2
   – subjetivos, 7.8.3
   prorrogação e extinção, 7.8.8
   restauração, 7.8.7
   revogação:
   – facultativa, 7.8.6
   – obrigatória, 7.8.5
LUGAR
   do crime, 2.5.5

## M

MAIORIDADE
   tempo da –, 5.5.2
MÃO PRÓPRIA
   crimes comuns, crimes próprios e crimes de –, 3.6.17
MATERIAL(AIS)
   antijuridicidade –, 4.1.2

conceitos – de crime, 3.1.3
concurso –, 7.6.2
crimes –, formais e de mera conduta, 3.6.14
fontes –, 1.5.2
objeto –, 3.5.2
MEDIATA
autoria –, 6.1.8
MÉDICAS
intervenções – e cirúrgicas, 4.4.5
MEDIDA(S) DE SEGURANÇA
10.1.1 a 10.2.5
em espécie:
– 10.2.1 a 10.2.5
– aplicação, 10.2.3
– extinção da punibilidade, 10.2.5
– início da execução, 10.2.4
– internação, 10.2.1
– tratamento ambulatorial, 10.2.2
em geral:
– 10.1.1 a 10.1.5
– aplicação, 10.1.4
– conceito, 10.1.1
– execução e revogação, 10.1.5
– pressupostos, 10.1.3
– princípios, 10.1.2
MEDIEVAL
Direito –, 1.4.7
Penal dos hebreus, 1.4.3
Romano, 1.4.4
Germânico, 1.4.5
Canônico, 1.4.6
MEIOS
uso moderado dos – necessários, 4.3.4
MENORES
agentes – de 21 anos, 5.5.4
MENORIDADE
5.5.1 a 5.5.4
agentes menores de 21 anos, 5.5.4
legislação especial, 5.5.3

penal, 5.5.1
tempo de maioridade, 5.5.2
MÉRITO
prescrição e –, 12.4.15
MILITARES
crimes –, 3.6.21
MINISTRO DA JUSTIÇA
requisição do –, 11.1.4
MODALIDADES
de culpa, 3.8.7
MORAL
coação – irresistível, 5.3.2
MORTE
do agente como causa de extinção da punibilidade, 12.2.4
MULTA
7.4.1 a 7.4.4
cominação e aplicação, 7.4.2
conceito e características, 7.4.1
impossibilidade de conversão da –, 7.4.4
pagamento da –, 7.4.3
MULTIDÃO
delinquente, 6.1.17
MÚLTIPLA
crimes de ação única e de ação –, 3.6.12

## N

NATUREZA
conceito e – da suspensão condicional da pena, 7.7.1
NECESSIDADE – vide ESTADO DE NECESSIDADE
NORMA(S)
conflito aparente de –, 3.2.15
penal em branco, 1.6.3
*NOVATIO LEGIS*
*in mellius*, 2.4.6
*in pejus*, 2.4.5
incriminadora, 2.4.3

## O

**OBEDIÊNCIA**
coação irresistível e – hierárquica, 5.3

**OBJETIVA(O)(S)**
*actio libera in causa* e responsabilidade – na embriaguez, 5.7.2
condições – de punibilidade, 12.1.2
dever de cuidado –, 3.8.3
Direito Penal – e Direito Penal subjetivo, 1.1.6
pressupostos – do livramento condicional, 7.8.2
responsabilidade –, 3.9.3

**OBJETOS**
do crime:
– 3.5.1 e 3.5.2
– objeto:
jurídico, 3.5.1
material, 3.5.2

**OBRIGATÓRIA(S)**
revogação e cassação – da suspensão condicional da pena, 7.7.6
revogação – do livramento condicional, 7.8.5

**OFENDÍCULOS**
estrito cumprimento do dever legal e exercício regular de direito, 4.4.3

**OFENDIDO**
consentimento do –, 4.4.6
e a ação:
– privada, 11.2.4
– pública, 11.1.7
perdão do – como causa de extinção da punibilidade, 12.2.11
representação do –, 11.1.3

**OMISSÃO**
concurso de pessoas e crimes por –, 6.1.9

**OMISSIVOS**
crimes comissivos – puros e – impróprios, 3.6.5

**OPÇÕES**
do juiz, 7.3.9

**ORGANIZAÇÃO**
criminosa, 3.6.23

**ORGANIZADO**
crime –, 3.6.23
grupo criminoso –, 3.6.23

**ORIGEM**
as penas em geral, 7.1

## P

**PAGAMENTO**
da multa, 7.4.3

**PAIXÃO**
emoção e –, 5.6
emoção ou – e aplicação da pena, 5.6.2

**PARALELOS**
prazos –, 12.4.17

**PARLAMENTARES**
imunidades –, 2.6.3

**PARTICIPAÇÃO**
concurso de agentes, 6.1.7

**PASSIVO**
sujeito – do crime, 3.4

**PECUNIÁRIA**
prestação –, 7.3.2

**PENA(S)**
7.1 a 7.8
aplicação da –, 7.5
concurso de crimes, 7.6
cumprida no estrangeiro, 2.3.8
dolo e –, 3.7.7
em geral:
– 7.1.1 a 7.1.5
– as penas na Lei nº 7.209/84, 7.1.5
– conceito, características e classificação, 7.1.3
– escolas penais, 7.1.2

– origem, 7.1.1
– sistemas penitenciários, 7.1.4
emoção ou paixão e aplicação da –, 5.6.2
fixação da –, 7.5.7
frações não computáveis na –, 2.7.3
limite das –, 7.6.7
livramento condicional, 7.8
multa, 7.4
prescrição das – restritivas de direitos, 12.4.15
privativas de liberdade:
– 7.2.1 a 7.2.14
– detração, 7.2.14
– deveres e direitos do preso, 7.2.11
– exame criminológico, 7.2.3
– introdução, 7.2.1
– progressão de regime: requisito objetivo, 7.2.6
– progressão em crimes hediondos e equiparados, 7.2.7
– progressão em crime de organização criminosa, 7.2.8
– progressão: requisito subjetivo, 7.2.9
– reclusão e detenção, 7.2.2
– regime inicial, 7.2.5
– regimes, 7.2.4
– regressão, 7.2.10
– remição, 7.2.13
– trabalho do preso, 7.2.12
prorrogação do período de prova e extinção da –, 7.7.8
restritivas de direitos:
– 7.3.1 a 7.3.10
– classificação, 7.3.1
– cominação, 7.3.7
– conversão, 7.3.10
– interdição temporária de direitos, 7.3.5
– limitação de fim de semana, 7.3.6
– opções do juiz, 7.3.9

– perda de bens e valores, 7.3.3
– prestação de serviços à comunidade ou a entidades públicas, 7.3.4
– prestação pecuniária, 7.3.2
– substituição, 7.3.8
sistemas de aplicação da –, 7.6.1
suspensão condicionada da –, 7.7

PENAL(AIS)
ação –:
– no crime complexo, 11.1.6
– privada, 11.2
– pública, 11.1
a reforma do sistema –, 1.4.13
capacidade – do sujeito ativo, 3.3.2
Código –:
– casamento do agente com a vítima e da vítima com terceiro e revogação do artigo 107, incisos VII e VIII, do –, 12.3.4
– causas de extinção da punibilidade não previstas no artigo 107 do –, 12.2.3
– dolo no –, 3.7.3
Criminologia e Ciências –, 1.3
Direito –:
– breve história do –: 1.4
– caracteres do –: 1.1.4
– ciência do –, 1.1.1
– competência legislativa da União, 1.1.2
– comum e – especial, 1.1.7
– conceito de –, 1.1
– dos hebreus, 1.4.3
– fontes do –, 1.5
– no Brasil, 1.4.12
– objetivo e – subjetivo, 1.1.6
– posição enciclopédica do –, 1.1.5
– relações do –, 1.2
– substantivo e – adjetivo, 1.1.8
dolo no Código –, 3.7.3
efeitos –, 8.1

efeitos – secundários, 8.1.2
escolas –, 7.1.2
fases da vingança –, 1.4.2
ilícito – e ilícito civil, 3.1.7
lei –:
– análise, 1.6
– aplicação da –, 2
– disposições finais sobre a aplicação da –, 2.7
– em relações às pessoas, 2.6
– interpretação da –, 1.6.5
– no espaço, 2.5
– no tempo, 2.4
– princípios da – no tempo, 2.4.2
– princípios de aplicação – no espaço, 2.5.2
– retroatividade e a – em branco, 2.4.11
– vigência e revogação da lei –, 1.6.7
menoridade –, 5.5.1
norma – em branco, 1.6.3
tipo –, 3.1.9
título e classificação das infrações –, 3.6

PENITENCIÁRIOS
sistemas –, 7.1.4

PER SALTUM
progressão –, 7.2.6

PERDA
de bens e valores, 7.3.3

PERDÃO
do ofendido como causa de extinção da punibilidade, 12.2.11
judicial como causa de extinção da punibilidade, 12.2.12
prescrição e – judicial, 12.4.16

PEREMPÇÃO
extinção da punibilidade, 12.2.9

PERIGO
crimes de dano e de –, 3.6.15

PERÍODO
Criminológico e Escola Positiva, 1.4.10
de prova e efeitos da suspensão condicional da pena, 7.7.5
humanitário, 1.4.8
prorrogação do – de prova e extinção da pena, 7.7.8

PERMANENTES
crimes instantâneos, – e instantâneos de efeitos –, 3.6.4

PESSOA(S)
concurso de –, 6
concurso de – e crimes por omissão, 6.1.9
erro sobre a –, 3.11.5
lei penal em relação às –, 2.6

PLURISSUBJETIVOS
crimes unissubjetivos e –, 3.6.6

PLURISSUBSISTENTES
crimes unissubsistentes e –, 3.6.13

PODER FAMILIAR
incapacidade para o exercício do –, tutela ou curatela, 8.2.5

POLÍTICOS
crimes comuns e crimes –, 3.6.20
efeitos administrativos e – da condenação, 8.2.6

POSITIVO(A)
direito –, 1.1.1
Período Criminológico e Escola –, 1.4.10

POSTERIOR
arrependimento –, 3.10.8

PRAZO(S)
contagem de –, 2.7.2
da prescrição da pretensão:
– executória, 12.4.3
– punitiva, 12.4.2
início do – de prescrição da pretensão:
– executória, 12.4.6
– punitiva, 12.4.5
interrupção do – de prescrição da pretensão:

– executória, 12.4.8
– punitiva, 12.4.7
paralelos, 12.4.17
redução dos –, 12.4.4
suspensão do –, 12.4.10
PRERROGATIVAS
outras –, 2.6.7
PRESCRIÇÃO
como causa de extinção da punibilidade, 1.2.4
comunicabilidade das causas de interrupção, 12.4.9
conceito e espécies, 12.4.1
condenação em segunda instância, 12.4.14
das penas restritivas de direitos, 12.4.15
e legislação especial, 12.4.19
e mérito, 12.4.16
e perdão judicial, 12.4.17
início do prazo de – da pretensão:
– executória, 12.4.6
– punitiva, 12.4.5
intercorrente , 12.4.11
interrupção do prazo de – da pretensão:
– executória, 12.4.8
– punitiva, 12.4.7
prazos da – da pretensão:
– executória, 12.4.3
– punitiva, 12.4.2
prazos paralelos, 12.4.18
recurso da acusação, 12.4.13
redução dos prazos, 12.4.4
retroativa, 12.4.12
suspensão do prazo, 12.4.10
PRESO
deveres e direitos do –, 7.2.11
trabalho do –, 7.2.12
PRESSUPOSTOS
medidas de segurança em geral, 10.1.3
objetivos do livramento condicional, 7.8.2
reabilitação, 9.1.2
subjetivos do livramento condicional, 7.8.3
suspensão condicional da pena, 7.7.2
PRESTAÇÃO
de serviços à comunidade ou a entidades públicas, 7.3.4
pecuniária, 7.3.2
PRETENDIDO
resultado diverso do –, 7.6.6
PRETENSÃO
início do prazo de prescrição da –:
– executória, 12.4.6
– punitiva, 12.4.5
interrupção do prazo de prescrição da –:
– executória, 12.4.8
– punitiva, 12.4.7
prazos da prescrição da –:
– executória, 12.4.3
– punitiva, 12.4.2
PRETERDOLOSO
crime –, 3.9
PREVISIBILIDADE
crime culposo, 3.8.5
PRINCIPAIS
crimes – e crimes acessórios, 3.6.18
PRINCÍPIO(S)
da insignificância (ou da bagatela), 3.2.13
da intervenção mínima, 3.2.14
da legalidade:
– 2.2.1 a 2.1.3
– conceito e histórico, 2.1.1
– outros princípios e garantias constitucionais, 2.2
– princípios decorrentes, 2.1.2
da lei penal no tempo, 2.4.2
de aplicação da lei penal no espaço, 2.5
medidas de segurança em geral, 10.1.2
PRIVADA
ação penal –, 11.2

ação – exclusiva, 11.2.2
ação – subsidiária, 11.2.3
ofendido e a ação –, 11.2.4
PRIVATIVAS
penas – de liberdade, 7.2
PRIVILEGIADOS
crimes simples, qualificados e –, 3.6.7
PROCEDIMENTO
de ofício, 11.1.5
PROCESSUAL
retroatividade de lei –, 2.4.12
PROFISSIONAL
crime, 3.6.10
PROGRESSÃO
crime progressivo e – criminosa, 3.6.8
– crimes hediondos e equiparados, 7.2.7
– crime de organização criminosa, 7.2.8
– requisito subjetivo, 7.2.9
– requisito objetivo, 7.2.6
– *per saltum*, 7.2.6
PROGRESSIVO
crime – e progressão criminosa, 3.6.8
PROIBIÇÃO
erro de –, 5.2
PRÓPRIO(A)(S)
crimes comuns, crimes – e crimes de mão –, 3.6.17
direito – ou alheio na legítima defesa, 4.3.3
PRORROGAÇÃO
do período de prova e extinção da pena, 7.7.8
e extinção do livramento condicional, 7.8.8
PROVA
período de – e efeitos da suspensão condicional da pena, 7.7.5
prorrogação do período de – e extinção da pena, 7.7.8
PROVOCAÇÃO
e desafio na legítima defesa, 4.3.9

PROVOCADO
crime –, 3.10.11
erro –:
– nas descriminantes putativas, 5.2.6
– por terceiro, 3.11.4
PSÍQUICA
causalidade física e –, 6.1.3
PÚBLICA(S)
ação penal –, 11.1
ofendido e a ação –, 11.1.7
prestação de serviços à comunidade ou a entidades –, 7.3.4
PUNIBILIDADE
conceito, 12.1.1
condições objetivas de –, 12.1.2
da tentativa, 3.10.4
extinção da –, 12
no concurso de agentes, 6.1.12
prescrição como causa de extinção da –, 12.4
reparação como causa de extinção da –, 12.3
PUNITIVA
início do prazo de prescrição da pretensão –, 12.4.5
interrupção do prazo de prescrição da pretensão –, 12.4.7
prazos da prescrição da pretensão –, 12.4.2
PUTATIVO(A)(S)
crime –, 3.10.10
descriminantes –, 5.2.5
erro provocado nas descriminantes –, 5.2.6
estado de necessidade –, 4.2.6
legítima defesa –, 4.3.10

## Q

QUALIFICADORAS
e agravantes, 6.1.13
QUALIFICADOS
crimes – pelo resultado, 3.9.1
crimes simples, – e privilegiados, 3.6.7

## R

**REABILITAÇÃO**
9.1.1 a 9.1.4
conceito, 9.1.1
efeitos, 9.1.3
pressupostos, 9.1.2
revogação, 9.1.4

**RECÍPROCA**
legítima defesa –, 4.3.8

**RECLUSÃO**
e detenção, 7.2.2

**RECURSO**
da acusação, 12.4.13

**REDUÇÃO**
dos prazos, 12.4.4

**REFORMA**
do sistema penal, 1.4.13
leis posteriores à – e atuais tendências do legislador, 1.4.14

**REGIME(S)**
inicial, 7.2.5
penas privativas de liberdade, 7.2.4
progressão, 7.2.6 a 7.2.9
regressão, 7.2.10

**REINCIDÊNCIA**
aplicação da pena, 7.5.4

**RELAÇÃO**
de causalidade, 3.2.10

**RELAÇÕES**
do Direito Penal:
– 1.2.1 a 1.2.4
– introdução, 1.2.1
– relações com:
as ciências jurídicas fundamentais, 1.2.2
as disciplinas auxiliares, 1.2.4
outros ramos de ciências jurídicas, 1.2.3

**RELATIVAS**
imunidades –, 2.6.5

**REMIÇÃO**
penas privativas de liberdade, 7.2.13

**RENÚNCIA**
extinção da punibilidade, 12.2.10

**REPARAÇÃO**
do dano como causa de extinção da punibilidade, 12.3.3
*ex delicto*, 8.2.2

**REPRESENTAÇÃO**
do ofendido, 11.1.3

**REQUISIÇÃO**
do Ministro da Justiça, 11.1.4

**REQUISITOS**
concurso de pessoas, 6.1.4
elementos e circunstâncias do crime, 3.1.6
estado de necessidade, 4.2.2

**RESPONSABILIDADE**
*actio libera in causa* e – objetiva na embriaguez, 5.7.2
objetiva, 3.9.3

**RESTAURAÇÃO**
livramento condicional, 7.8.7

**RESTRITIVAS**
penas – de direitos, 7.3
prescrição das penas – de direitos, 12.4.15

**RESULTADO**
como elemento do fato típico, 3.2.9
crime(s):
– culposo, 3.8.4
– qualificados pelo –, 3.9.1
diverso do pretendido, 7.6.6

**RETARDADO**
inimputabilidade por doença mental ou desenvolvimento mental incompleto ou –, 5.4.2

**RETRATAÇÃO**
como causa de extinção da punibilidade, 12.3.2

**RETROATIVA**
prescrição –, 12.4.12

RETROATIVIDADE
   e a lei penal em branco, 2.2.11
   e lei processual, 2.2.12
REVOGAÇÃO
   casamento do agente com a vítima e da vítima com terceiro e a – do artigo 107, incisos VII e VIII, do Código Penal, 12.3.4
   e cassação obrigatórias da suspensão condicional da pena, 7.7.6
   execução e – das medidas de segurança em geral, 10.1.5
   facultativa:
   – livramento condicional, 7.8.6
   – suspensão condicional da pena, 7.7.7
   obrigatória do livramento condicional, 7.8.5
   reabilitação, 9.1.4
   vigência e – da lei penal, 1.6.7
ROMANO
   Direito –, 1.4.4

## S

SECUNDÁRIOS
   efeitos penais –, 8.1.2
SEGUNDA INSTÂNCIA
   condenação em –, 12.4.14
SEGURANÇA – vide MEDIDAS DE SEGURANÇA
SENTENÇA
   efeitos da – absolutória, 8.2.3
   eficácia de – estrangeira, 2.7.1
SERVIÇOS
   prestação de – à comunidade ou a entidades públicas, 7.3.4
SIMPLES
   crimes –, qualificados e privilegiados, 3.6.7
SISTEMA(S)
   a reforma do – penal, 1.4.13
   de aplicação da pena, 7.6.1
   e conceito de imputabilidade, 5.4.1
   penitenciários, 7.1.4

SOCIAL
   teoria –, 3.2.5
SOCIOLOGIA
   Criminal, 1.3.4
SUBJETIVO(S)
   Direito Penal objetivo e Direito Penal –, 1.1.6
   elemento(s) –:
   – da legítima defesa, 4.3.6
   – do tipo, 3.7.5
   – nas contravenções, 3.7.8
   pressupostos – do livramento condicional, 7.8.3
   tipo –, 3.7.4
SUBSIDIÁRIA
   ação privada –, 11.2.3
SUBSTANTIVO
   Direito Penal – e Direito Penal adjetivo, 1.1.8
SUBSTITUIÇÃO
   penas restritivas de direitos, 7.3.8
SUCESSIVA
   legítima defesa –, 4.3.7
SUJEITO
   ativo do crime:
   – 3.3.1 a 3.3.3
   – capacidade:
   especial do sujeito ativo, 3.3.3
   penal do sujeito ativo, 3.3.2
   – sujeito ativo, 3.3.1
   passivo do crime:
   – 3.4.1 e 3.4.2
   – casos especiais, 3.4.2
   – sujeito passivo, 3.4.1
SÚMULA
   vinculante:
   – espécies de interpretação, 1.6.5
SUPRALEGAIS
   causas – de exclusão da antijuridicidade, 4.1.5

*SURSIS* – vide SUSPENSÃO CONDICIONAL DA PENA

SUSPENSÃO
  condicional da pena:
  – 7.7.1 a 7.7.8
  – conceito e natureza, 7.7.1
  – condições, 7.7.4
  – espécies, 7.7.3
  – período de prova e efeitos, 7.7.5
  – pressupostos, 7.7.2
  – prorrogação de período de prova e extinção da pena, 7.7.8
  – revogação e cassação obrigatórias, 7.7.6
  – revogação facultativa, 7.7.7
  do prazo, 12.4.10

## T

TEMPO
  da maioridade, 5.5.2
  do crime, 2.4.13
  lei penal no –, 2.4

TEMPORÁRIA(S)
  interdição – de direitos, 7.3.5
  leis – e excepcionais, 2.4.10

TENDÊNCIA(S)
  leis posteriores à reforma e atuais – do legislador, 1.4.14

TENTATIVA
  crime consumado e –, 3.10
  elementos da –, 3.10.3
  inadmissibilidade da –, 3.10.5
  *iter criminis* e –, 3.10.2
  punibilidade da –, 3.10.4

TEORIA(S)
causalista, 3.2.3
concurso de pessoas, 6.1.2
crime na – geral do Direito, 3.1.8
e conceito da culpabilidade, 5.1.1
finalista, 3.2.4

sobre a conduta, 3.2.2
sobre o dolo, 3.7.1
social, 3.2.5
  TERCEIRO
casamento do agente com a vítima e da vítima com – e a revogação do artigo 107, incisos VII e VIII, do Código Penal, 12.3.4
erro provocado por –, 3.11.4

TERRITORIALIDADE
  lei penal no espaço, 2.5.3

TERRITÓRIO
  conceito de –, 2.5.4

TIPICIDADE
  como elemento do fato típico, 3.2.12
  crimes culposos, 3.8.6
  fato típico, 3 e 3.2

TÍPICO
  fato –, 3

TIPO(S)
  de embriaguez, 5.7.4
  dolosos e – culposos, 3.1.10
  elementos subjetivos do –, 3.7.5
  erro de –, 3.11
  erro sobre elementos do –, 3.11.2
  penal, 3.1.9
  subjetivo, 3.7.4

TÍTULO E CLASSIFICAÇÃO DAS INFRAÇÕES PENAIS
  e classificação das infrações penais:
  – 3.6.1 a 3.6.25
  – classificações dos crimes, 3.6.2
  – crime(s):
  comissivos, omissivos puros e omissivos impróprios, 3.6.5
  complexos, 3.6.16
  comuns, crimes próprios e crimes de mão própria, 3.6.17

comuns e crimes políticos, 3.6.20
de ação única e de ação múltipla, 3.6.12
de dano e de perigo, 3.6.15
delito e contravenção, 3.6.3
exaurido, 3.6.11
habitual, 3.6.9
hediondos, 3.6.22
instantâneos, permanentes e instantâneos de efeitos permanentes, 3.6.4
materiais, formais e de mera conduta, 3.6.14
militares, 3.6.21
organizado, 3.6.23
principais e crimes acessórios, 3.6.18
profissional, 3.6.10
progressivo e progressão criminosa, 3.6.8
simples, qualificados e privilegiados, 3.6.7
unissubjetivos e plurissubjetivos, 3.6.6
unissubsistentes e plurissubsistentes, 3.6.13
vagos, 3.6.19
– infrações de menor potencial ofensivo, 3.6.24
– outras classificações, 3.6.25
– título do delito, 3.6.1

TRABALHISTAS
efeitos – da condenação, 8.2.7

TRABALHO
do preso, 7.2.12

TRATAMENTO
ambulatorial como medida de segurança em espécie, 10.2.2

TUTELA
incapacidade para o exercício do poder familiar, – ou curatela, 8.2.5

## U

ÚNICA
crimes de ação – e de ação múltipla, 3.6.12

UNISSUBJETIVOS
crimes – e plurissubjetivos, 3.6.6

UNISSUBSISTENTES
crimes – e plurissubsistentes, 3.6.13

USO
moderado dos meios necessários, 4.3.4

## V

VAGOS
crimes –, 3.6.19

VALORES
perda de bens e –, 7.3.3

VEREADORES
imunidades de deputados estaduais e –, 2.6.6

VIGÊNCIA
e revogação da lei penal, 1.6.7

VINCULANTE
súmula –:
– espécies de interpretação, 1.6.5

VINGANÇA
fases da – penal, 1.4.2

VIOLÊNCIA
doméstica e familiar, 8.2.6
esportiva, 4.4.4

VÍTIMA
casamento do agente com a – e da – com terceiro e a revogação do artigo 107, incisos VII e VIII, do Código Penal, 12.3.4

VOLUNTÁRIA
desistência –, 3.10.6

# ANOTAÇÕES